Wilhelm Junker

Reisen in Afrika

1875-1886

Wilhelm Junker

Reisen in Afrika
1875-1886

ISBN/EAN: 9783743304383

Hergestellt in Europa, USA, Kanada, Australien, Japan

Cover: Foto ©Andreas Hilbeck / pixelio.de

Manufactured and distributed by brebook publishing software
(www.brebook.com)

Wilhelm Junker

Reisen in Afrika

Dr. Wilh. Junkers

Reisen in Afrika

1875—1886.

Zweiter Band

(1879—1882).

Nach seinen Tagebüchern bearbeitet und herausgegeben

von dem

Reisenden.

Mit 33 Vollbildern, 130 Illustrationen im Text und 6 Karten.

Wien u. Olmütz
Eduard Hölzel
1890.

Den Manen seines Bruders

Ernst Friedrich Junker

widmet den zweiten und dritten Band dieses Werks,

die Darstellung seiner zweiten Reise durch Afrika,

in Liebe und Dankbarkeit

der Verfasser.

Vorwort zum zweiten und dritten Band.

Der zweite Band dieser Forschungsreisen in Afrika umfaßt die ersten Jahre meiner zweiten siebenjährigen Reise (Ende 1879 bis Anfang 1887), und zwar den Zeitraum von 1879 bis zur Jahreswende von 1881 auf 1882. Die Kreuz- und Querzüge während dieser Periode überschreiten die Nil-Kongowasserscheide gegen Süden und bewegen sich fast ausschließlich in dem nordöstlichen Teil des Entwässerungsgebiets des Kongo, speciell seines größten nördlichen Zuflusses, des Uelle-Makua.

Der im Anschluß folgende dritte Band enthält die unmittelbare Fortsetzung jener Forschungsreisen im Süden und Norden des Uelle-Makua während der Jahre 1882 und 1883, schildert dabei die Zeit der schweren Kämpfe Lupton Beys, Gouverneurs des Bahr el-Ghasalgebiets, gegen die Dinka, ferner meinen gezwungenen Rückzug nach Labó, die Invasion der Mahdisten, die Vorgänge in der Äquatorialprovinz Emin Beys in den Jahren 1884 und 1885 und meine Reise durch Unyoro, Buganda, über den Victoria-Nyansa nach Tabora und endlich die Rückreise mit dem Elfenbeinhändler Tippo-Tipp an die Ostküste nach Bagamójo und Sansibar im Jahr 1886.

Zu der äußern Form des Textes sei hier bemerkt, daß jene Schreibung, und Accentuierung der arabischen Wörter, welche im ersten Band allerdings mit wissenschaftlicher Berechtigung durchgeführt erscheint, auf mehrfach geäußerten Wunsch, um das Lesen zu erleichtern, für die Folge aufgegeben wurde, sodaß man statt aller ungewohnten Schrift- und Tonzeichen nur den Wortlaut möglichst genau wiedergegeben findet. Eine Ausnahme bilden die mehrsilbigen Wörter und Namen aus den Negersprachen, denen das Betonungszeichen belassen wurde, da der Ton dort oft auf einer Silbe ruht, wo ihn unser natürliches Sprachgefühl nicht vermutet, z. B. Népoko (nicht Nepóko), Ndóruma (nicht Ndorúma), Mambangá (nicht Mambánga) u. s. w.

Insbesondere aber sei es mir gestattet, an dieser Stelle meinen aufrichtigsten Dank abzutragen für die vielen Beweise von Zuneigung, die mir vor Antritt meiner Reise, sowie nach der Rückkehr aus Afrika zu teil wurden, und für die mannigfache Förderung meiner Interessen von Seite hilfsbereiter Freunde. Herzlich verpflichtet fühle ich mich auch für die freundliche Aufnahme und Unterstützung, die ich nach schwer durchlebter Zeit bei den englischen und französischen katholischen Missionen in Buganda und südlich vom Victoria-Nhansa gefunden habe. Und mit warmem Dank, den ich mit Dr. Emin Pascha und Major G. Casati teile, gedenke ich weiters jener Herren in Deutschland und Österreich, welche den Anlaß zu Hilfsexpeditionen nach der Provinz Emin Paschas gaben, zu einer Zeit, da ich noch mit meinen Leidensgefährten vereint in der Äquatorialprovinz weilte und keinerlei Nachricht über uns in die Welt drang. In solcher Empfindung sei namentlich der k. k. Geographischen Gesellschaft in Wien und der von ihr entsendeten Expedition unter Prof. Dr. O. Lenz und Dr. O. Baumann erwähnt; ferner der Initiative, die von Justus Perthes' Geographischer Anstalt zu Gotha in der Form eines Aufrufs zu demselben Zweck ausging und von der Geographischen Gesellschaft in Hamburg, wie auch anderweitig unterstützt wurde. Mein Dank gebührt desgleichen den Herren Vorstehern an dem k. k. naturhistorischen und ethnologischen Museum in Wien, die mir gütigst ihr Material zum Zeichnen einer Anzahl von Illustrationen für mein Reisewerk zur Verfügung stellten.

Mit schmerzlich tiefgefühlter Dankbarkeit schließe ich endlich diese Worte im Andenken an meinen einzigen, seitdem dahingeschiedenen Bruder Ernst Friedrich Junker, welcher in Liebe und Sorge um mich seinerzeit aus eigenen Mitteln eine Expedition unter der Leitung von Dr. G. A. Fischer ausrüsten ließ. Das Gefühl des Dankes bindet mich dabei an den leider bald nach seiner Rückkehr verstorbenen Leiter dieser Expedition, sowie auch an die Namen der Herren Geheimrath Prof. Dr. A. Bastian, Prof. Dr. G. Schweinfurth und anderer, die meinem Bruder bei der Entsendung Dr. Fischers mit Rat und That hilfreich an die Hand gingen.

Wien, den 6. Oktober 1890.

Dr. Wilh. Junker.

Inhaltsverzeichnis.

Verzeichnis der Illustrationen und Karten.

I. Außer dem Text.

Karten (gezeichnet von Dr. Bruno Hassenstein).

Erinnerung an die Heimat.

Reise von Europa nach Chartum.[1]

Ein Jahr in der Heimat. Abschied von der Kulturwelt. Korfu. Alexandrien. Kairo. Verzögerte Abreise. Garten beim Hôtel du Nil. Nachrichten von Gordon Pascha bleiben aus. Notwendigkeit eines specialisierten Fermans zur Reise. Ungnädiger Empfang im Ministerium. Abschied und Abreise nach Sues. Reisegesellschaft nach Suakin. Köstliche Nächte auf dem Meer. Suakin. Depeschen von Gordon Pascha. Einheimische Kost. Abgeschwächte Eindrücke. Abreise nach Berber. Projektierte Fahrstraße. Handelsbestrebungen Marquets. Berber. Fahrt nach Chartum. Fieberkrank. Begrüßung alter Freunde. Skorpion im Bett. Nachrichten aus dem Süden. Haus Abu chamsa mije. Europäer in Chartum. Sylvesterfeier. Ankunft der „Jsmailia" aus dem Bahr el-Ghasalgebiet. Ich rüste zur Abreise. Kisten. Berliner Körbe. Mannigfaltigkeit der Ausrüstung. Art der Verpackung. Letztes Lied. Vorabend der Abreise im Freundeskreise.

Als ich im September des Jahrs 1878 nach meiner ersten Reise in die ägyptischen Negerländer wieder in meine Heimat St. Petersburg einzog, dachte ich nicht im entferntesten an eine nochmalige Forschungsreise. Aber das Schicksal fügte es anders. Im nächsten Jahr bereits, gleichfalls im September, war meine Ausrüstung für eine zweite Reise nach Centralafrika

---

[1] Die Schreibweise und Accentuierung einzelner Namen, die von der des ersten Bandes abweicht, wird im Vorwort zum zweiten Bande ihre Rechtfertigung finden.

unterwegs nach Alexandrien. Die Wintermonate in der nordischen Hauptstadt hatte ich abwechselnd der Arbeit und dem mir fremd gewordenen geselligen Verkehr geweiht. Durch letztern reifte alsbald mein Entschluß zu neuer Wanderschaft, um so mehr, als die Bearbeitung meiner Aufnahmen rasch von statten ging, die denn auch bald nach meiner Abreise in mehreren Specialkarten mit kurzem Reisebericht erschienen sind. [1]) Die Herausgabe der Tagebücher meiner ersten Reise unterblieb damals und sie haben erst jetzt in dem ersten Bande dieser Reiseerlebnisse ihre Bearbeitung gefunden.

Den Wonnemonat Mai verträumte ich in Deutschland und besuchte noch einmal vor meiner Abreise die Orte, die mir in der Erinnerung lieb geblieben. Jugenderinnerungen aus der ersten Kinderzeit und den sorglosen Studentenjahren führten mich namentlich nach Göttingen, wo mancher frühe Jünglingstraum mir wieder lebendig wurde. Im Juli reiste ich nochmals nach St. Petersburg. Es galt den letzten kurzen Abschied von denen, die mir lieb und teuer waren. Die folgende Zeit war in Berlin der Ausrüstung gewidmet, wobei die Erfahrung, die ich während meiner ersten Reise in den Negerländern gewonnen, mir als Lehrmeisterin diente. In demselben Gebiet, in welchem 1878 meine Wanderungen ihr Ende gefunden, beabsichtigte ich meine Reisen wieder aufzunehmen und die westlichen und südlichen von Ägypten erworbenen Negergebiete in der Äquatorialprovinz kartographisch zu erforschen, daher denn meine dermalige Ausrüstung der in diesen Ländern üblichen Art des Reisens angepaßt wurde. Über die Ausrüstung selbst, die ich fast ausschließlich in Berlin zusammenstellte — weniges nur bezog ich aus Paris und London, anderes kam in Kairo und Chartum hinzu — soll später genauer berichtet werden. Während der letzten Wochen meines Aufenthalts in Berlin wurde mir mancher liebe Freundschaftsdienst erwiesen, zu einer Zeit, wo die beschlossene Reise täglich näher rückte und mich, wenn auch nicht mutlos, doch, ich gestehe es offen, durchaus nicht freudig und hoffnungsvoll stimmte. Aus diesem Grunde war es mir höchst erfreulich, daß ein lieber Freund mich bis Ägypten begleitete. Mein Diener Farag Allah, den ich von meiner ersten Reise aus den Negerländern nach Europa mitgebracht, kehrte gleichfalls mit mir nach Afrika zurück. Von Wien aus erreichten wir Triest. Ein letztes, auf dem Semmering entgegengenommenes Edelweiß barg ich als Andenken. Gedanken verschiedenster Art, immer wieder an den Abschied aus der Kulturwelt mahnend, die ich für

---

[1]) Petermanns „Geographische Mitteilungen" 1879, S. 445 mit Taf. 23; 1880, S. 81 mit Taf. 4; 1880, S. 179 mit Taf. 9; 1881, S. 411 mit Taf. 20.

lange, unbestimmte Zeit aufs neue entbehren sollte, beschäftigten mich während der Fahrt.

Am 10. Oktober 1879 ging der Dampfer „Progresso" nach Alexandrien ab. Im Anblick des tiefblauen Meeres stellte ich unwillkürlich Vergleiche an zwischen den verschiedenen Zeitperioden, in denen ich bereits das Mittelländische Meer gesehen und befahren hatte. Die Erinnerung an eine genußreiche Fahrt auf der Abria im Jahr 1862, von Triest nach Venedig wurde wieder wach; gern hafteten die Gedanken an den Fahrten meiner ersten Reise nach den afrikanischen Küstenländern, nach Tunis, in den Jahren 1873 und 1874. 1875 endlich hatte mich dieses liebgewonnene Meer nach Ägypten getragen. Reisemüde und abenteuersatt, doch nach der glücklichen Rückkehr aus den Negerländern in gehobener Stimmung, hatte ich vergangenes Jahr die so lang ersehnten blauen Fluten freudig begrüßt. Die Freude an der jetzigen neuen Fahrt aber, die mich zu meiner letzten Reise an das afrikanische Gestade bringen sollte, war mir verkümmert. Ich ahnte es wohl, daß ich dem Vollgenuß, den der Anblick des Meeres unter andern Verhältnissen auf mich ausgeübt, mich erst nach langen, sorgenvollen Jahren eines ruhelosen Wanderlebens und im Gefühl einiger gewonnener Resultate bei meiner endlichen Heimkehr würde wieder hingeben können. Auch machte der „Progresso" seinem Namen wenig Ehre. Bei dem herrlichsten Wetter, in offener See, rollte das Schiff so heftig, daß die sehr zahlreiche Reisegesellschaft alsbald in ihre Kajüten flüchten mußte. Der Verkehr zwischen Ägypten und den europäischen Häfen gestaltet sich besonders in den Frühjahrs und Herbstmonaten lebhaft; im Frühjahr verlassen die Touristen und die in Ägypten ansässigen wohlhabenden Europäer das Land der Pharaonen; im Herbst treten die Wintertouristen die Reise an und die Europäer, welche dem heißen ägyptischen Sommer ausgewichen waren, kehren in ihr zweites Heimatsland zurück. Der Sommer ist für den Personenverkehr zwischen den südeuropäischen Häfen und der Nordküste Afrikas — saison morte. Als wir das in südlicher Üppigkeit prangende Eiland Korfu anliefen, hatte die Sonntagnachmittagsmusik gerade die dortige Gesellschaft auf der Promenade vereinigt. Der „Progresso" ging erst spät abends wieder in See und so fanden wir vollauf Zeit, dieses durch Klima und Natur bevorzugte herrliche Stückchen Erde zu besichtigen.

Am 16. Oktober betrat ich in Alexandrien wieder afrikanischen Boden. Ich stieg in dem kleinen, nach dem Meer hin gelegenen Hôtel des Messageries ab, wo ich auch vor vier Jahren während eines mehrwöchentlichen Aufenthalts meine bescheidene Ausrüstung für die Reise in die Libysche Wüste zusammengestellt hatte. Von hier zog ich damals aus und begann damit die Ausführung des langgehegten Plans ausgedehnter Forschungsreisen. In Alexandrien hielt ich mich jetzt nur kurze Zeit auf, kehrte jedoch eine Woche nachher aus Kairo zurück, um meine Kisten, die mittlerweile im russischen Konsulat deponiert waren, nach Sues vorauszuschicken. Die erste Zeit in Kairo brachte mich wieder mit alten Bekannten zusammen, auch war ich viel mit meinem Freunde, der mich aus Europa hierher begleitet hatte. Bei seiner Rückreise nach Europa geleitete ich ihn noch in Alexandrien an Bord des Dampfers und gab ihm tausend Grüße an die Lieben in der Heimat mit, dann aber ging ich sofort energisch an die Vorbereitung meiner Reise.

Mein erstes Reiseziel war Chartum, welches ich über Suakin und dies-mal Berber baldmöglichst erreichen wollte. Die schon in Berlin für den Kamel-transport gepackten Kisten schickte ich aus Alexandrien direkt nach Sues, während ich mehrere Gepäckstücke und verpackte Gegenstände, die aus Paris an das russische Konsulat in Alexandrien abressiert waren, nach Kairo senden ließ; dort gedachte ich aus ihnen und andern Ausrüstungsgegenständen, deren Anschaffung in Ägypten ich für zweckmäßiger hielt, neue Kamellasten herzustellen. In der zuvorkommendsten Weise übernahm auch diesmal Herr Pirona die Vergleichung meiner Instrumente für meteorologische Beobachtungen mit seinen eigenen Normalinstrumenten. Von Herrn Marquet aber, der jetzt die Geschäfte seines im vorigen Jahr zu Chartum verstorbenen Bruders weiterführte, erhielt ich genauere Mitteilungen über das Schicksal, welches damals meine Sammlungen betroffen. Viele der Kisten waren bei dem steigenden Wasser in Berber förmlich umhergeschwommen, später dann auf dem Wege von Berber nach Suakin waren sie von den Kamelführern in unwirtlicher Gegend zurückgelassen worden, und als sie endlich doch in Suakin ankamen, belegten die Behörden sie mit Beschlag als angebliches Eigentum des ältern Marquet, welcher sich inzwischen das Leben genommen haben sollte; von ihrer Absendung nach Europa konnte also nicht die Rede sein. Erst als das russische Konsulat sich ins Mittel gelegt und das ägyptische Ministerium Nachforschungen angeordnet hatte, gelangte ich spät im Winter zu St. Petersburg in den Besitz derselben. In welchem Zustand ich damals einen Teil der Sammlungen vorfand, habe ich bereits früher geschildert. In Alexandrien, an der Börse, trat ich auch mit Herrn Maximo in Verbindung, der sich seit meinem letzten Aufenthalt in Suakin dort als europäischer Geschäftsmann niedergelassen hatte; er war nun im Begriff, dahin zurückzukehren und hat bei meiner spätern Anwesenheit daselbst meine Reiseinteressen in zuvor-kommendster Weise gefördert. Bei der Rückkehr aus Alexandrien nach Kairo traf ich zu meiner größten Freude unerwartet mit meinem sehr geehrten Freunde Georg Schweinfurth zusammen, welcher mit dem letzten Dampfschiff aus Europa nach Ägypten zurückgekehrt war; bis zu meiner Abreise von Kairo blieb ich mit ihm in regem Verkehr, der mir genußreiche und belehrende Stunden bot. Schweinfurth war und blieb mir auch ferner ein lieber, treuer, selbstloser Ratgeber.

Insel Roda bei Kairo.

Obwohl Kairo mir auch jetzt noch manches Neue und Sehenswerte bieten konnte, war doch all mein Sinnen und Trachten nunmehr auf die bevorstehende Reise gerichtet. Mein Wunsch, diese baldmöglichst anzutreten, sollte sich jedoch nicht so bald verwirklichen. Vor allen Dingen mußte ich die nötigen Papiere und Befehle von der viceköniglichen Regierung erlangen. Mein erster Besuch in Kairo galt dem russischen Generalkonsul v. Lex, der die Güte hatte, mich am 2. November in einer Audienz dem neuen Vicekönig, Seiner Hoheit Mohammed Tewfik Pascha vorzustellen. Das Jahr vorher, bei meiner Rückkehr aus dem Sudan, hatte ich noch dem Chediw Ismail Pascha meinen Dank aussprechen können. Seitdem war der Thronwechsel in Ägypten erfolgt. Mein Gesuch um die not-

wendigen Befehle an die sudanischen Beamten wurde vom Vicekönig günstig aufgenommen und ich erhielt die besten Zusagen betreffs Erleichterung meiner
Reisen. Beiläufig sei hier erwähnt, daß Gordon Pascha zu jener Zeit noch einer
viceköniglichen Mission in Abessinien oblag und erst in einigen Wochen zurückkehren sollte. Der Chediw hielt seine Rückkehr noch vor Ende des Monats für
wahrscheinlich und wünschte, ich möchte meine Abreise bis dahin verschieben.

Mein eigenes inniges Verlangen, Gordon vor meiner Rückkehr in den
Sudan noch persönlich zu sprechen, stimmte damit überein und so rückte sich
meine Abreise in die Ferne. In voller Muße beschaffte ich also die letzten
Ausrüstungsgegenstände und verpackte sie sorgfältig für die Kamelreise. Mancher
Rundgang durch den arabischen Bazar war nötig und die griechischen Händler,
denen ich ihre Konserven und Weine abnahm, machten ein gutes Geschäft.
Zugleich aber genoß ich vollauf die Annehmlichkeiten des Aufenthalts im Hôtel
du Nil zu Kairo, wo ich noch jedesmal gewohnt hatte. Der reizende, im südlichen Pflanzenschmuck prangende Garten ist von den Wohnräumen des Hotels
umgeben, die meisten Zimmer münden unmittelbar in dieses ringsum ab-
geschlossene kleine Paradies, das mich stets neu bezaubert hat. Hier ist die Kunst
der Natur zu Hilfe gekommen und bietet einen ungeschmälerten Genuß, dem ich
mich noch einmal nach Herzenslust hingab.

Endlich nahmen auch die Besuche und Gegenbesuche viel Zeit in Anspruch,
denn ich hatte mich gleich nach meiner Ankunft einzelnen Vertretern der Mini-
sterien vorgestellt, um später die verschiedenen mir nötigen Dokumente zu
erlangen. Die alten wie die neuen Freundschaften wollten kultiviert sein, und
wenn ich schließlich gegen Abend eine Fahrt in die Schubra-Allee unternahm,
wo die feinere Welt ihren Korso abhält, da durfte ich mir selten vorwerfen, ich
hätte meinen Tag verloren.

Noch immer aber fehlten die Nachrichten von Gordon! Es war für mich
dringend, die Negerländer noch vor Beginn der Regenzeit zu erreichen. In den
letzten Tagen des November sollte ein Dampfschiff der Gesellschaft Rubattino
von Sues nach Suakin laufen. Benützte ich dieses nicht, so war meine Abreise
wieder für geraume Zeit hinausgeschoben. Ich telegraphierte also nach Chartum,
ob nichts über Gordon bekannt sei. Gleichzeitig aber erfuhr ich von anderer
Seite, daß er von Galabat nochmals nach Abessinien zurückgekehrt sei; seine
Ankunft in Kairo war nun ganz unabsehbar. Es blieb mir nur die leise Hoffnung, ihn möglicherweise in Suakin anzutreffen. In einer zweiten Audienz
beim Chediw am 22. November teilte ich also Seiner Hoheit meinen Entschluß mit, baldigst abzureisen, und wiederholte mein schriftliches Gesuch um

Garten des Hôtel du Nil in Kairo. Nach einer Photographie gezeichnet von L. H. Fischer.

den viceköniglichen Ferman. Der Vicekönig bestätigte mir, daß Gordon, auf der Rückreise nach Galabat begriffen, laut Befehl des Königs Johannes wieder habe umkehren müssen, und billigte meinen Entschluß. Nun galt es, schleunigst die Papiere aus dem Ministerium zu erlangen, denn in wenigen Tagen begann das Fest des Bairam, dem eine Reihe arbeitsloser Tage für die Beamtenwelt folgt, das Dampfschiff aber sollte bereits Ende der kommenden Woche in See gehen. Da ich die Verhältnisse im Sudan bereits kannte, wußte ich, daß ein von der Regierung in üblicher Form ausgestellter, allgemein gehaltener Befehl ohne detaillierte Vorschriften, deren Ausführung allein dem Reisenden das Vorgehen in jenen Gegenden erleichtert, mir keinen erheblichen Nutzen leisten konnte. Ich hatte daher beim Ministerium schriftlich angesucht, gewisse von mir specialisierte Punkte in dem Ferman berücksichtigen zu wollen. Diese waren in Kürze folgende:

1. Unentgeltliche Lieferung von Fleisch und Getreide für mich und meine Diener in den ägyptischen Stationen der Negerländer, dort, wo keine Märkte abgehalten werden und sich keine Kaufgelegenheit findet. Diese Lieferungen beanspruchte ich nach Maßgabe der Rationen, wie sie dem gewöhnlichen Soldaten zukommen;

2. unentgeltliche Beistellung der nötigen Träger in den Negerländern;

3. Ansiedlungsrecht zur Erbauung von Hütten, wo es mir beliebe;

4. Befugnis, jede in den Negerländern von den Stationsverwaltern zur Beschaffung von Elfenbein oder sonstigen Zwecken unternommene Expedition für meine Forschungszwecke zu begleiten;

5. Verantwortlichkeit der Beamten für meine Sicherheit auf ägyptischem Gebiet, wogegen ich meinerseits mich verpflichten wollte, auf eine solche an den Grenzen und außerhalb des ägyptischen Gebiets zu verzichten, anderseits aber durch Beamte nicht gehindert zu sein wünschte, nach eigenem Ermessen jene Grenzen zu überschreiten.

Einen ausführlichen Befehl direkt von der Regierung zu erlangen schien mir jetzt destomehr geboten, je wahrscheinlicher es war, daß ich Gordon nicht sehen würde, dessen Rückkehr als Generalgouverneur nach Chartum mit Abschluß seiner abessinischen Reise mir sehr fraglich erschien. Was ich jetzt verlangte, war im Grunde weniger, als was mir Gordon auf meiner ersten Reise aus freien Stücken bewilligt und für weitere Reisen bereits versprochen hatte. Wer in die Verhältnisse des Sudan nicht eingeweiht ist, dem mögen meine Forderungen anmaßend und unmäßig erscheinen. So beliebte anfänglich auch das in diesen Angelegenheiten wenig orientierte Ministerium in Kairo zu urteilen.

Unter den Umständen aber, die in den Stationen der Negergebiete obwalteten, war es für einen Forschungsreisenden von der größten Wichtigkeit, seine Unabhängigkeit von dem Beamtentum zu wahren und anderseits den Willkürlichkeiten der Verwalter und Stationsvorsteher in den entferntesten Gebieten nicht ausgesetzt zu sein. Der Trägerdienst ist unbezahlter Frondienst; das Getreide ist der von den Negern eingeholte Tribut; das Fleisch ist das Resultat der jährlichen Razzien. Meine Forderung bedeutete daher für die Stationsvorsteher kein Opfer und belastete in keiner Weise den Staatssäckel. In der Befürchtung, daß die Genehmigung meines Gesuchs auf Schwierigkeiten stoßen würde, da selbst in den leitenden Kreisen von Kairo über sudanische Verhältnisse vielfach große Unkenntnis herrschte, hatte ich mir beizeiten die gütige Mitwirkung und Fürsprache eines als ägyptischer Beamter angesehenen Europäers, des kenntnisreichen, inzwischen verstorbenen D. Bey erbeten, welcher mit leitenden Personen befreundet war und auch meiner Audienz bei dem Premierminister beiwohnte. Ich wurde trotzdem recht ungnädig empfangen; wiederholt unterbrach der Minister die Unterhandlungen durch andere kurze Privatarbeiten, Durchlesen von Briefen und Papieren u. s. f. Er betonte, daß solche Forderungen niemals gestellt und bewilligt seien, daß es viele Reisende gebe und man nicht allen solche Konzessionen machen könne. D. Bey antwortete hierauf: „Mais, Excellence, monsieur le docteur ne va pas à Zagazik (Stadt im Nildelta; D. Bey wollte damit andeuten, daß meine Reise keine Touristenfahrt in das Nildelta sei) et ne demande pas plus que jadis Gordon lui avait déjà accordé" u. s. w. Ich reichte darauf dem Minister den von Gordon damals für mich ausgestellten Ferman. Er drehte das vergilbte Papier hin und her und äußerte: „Mais ce n'est pas de Gordon." Ich war durch diese Äußerung gereizt, doch schwieg ich, während D. Bey erwiderte: „Veuillez bien regarder, Excellence!" Die Antwort war: „Gordon kann schließlich in seiner Provinz thun, was er will, wir können solchen Forderungen nicht willfahren" u. s. w., „den vielfachen Anforderungen, die von Ausländern an die ägyptische Regierung gestellt und von den Konsulaten befürwortet werden, ist nicht nachzukommen" u. s. w. Hierauf folgte wieder eine Pause, die durch Privatunterhaltung mit D. Bey und Erledigung anderer Geschäfte mit eingetretenen Persönlichkeiten ausgefüllt wurde. Endlich wandte sich der Minister direkt an mich und sagte, daß er ein Empfehlungsschreiben, einen Befehl, wie es üblich sei, an die sudanischen Behörden ausstellen lassen wolle; ob ich damit zufrieden sein würde? Ich fühlte mich durch die Art der Verhandlung verletzt, um so mehr, als er wenige Wochen vorher meine Kartenarbeiten von der ersten

Reise anscheinend mit Interesse gemustert und manche auf jene Gebiete bezüglichen Fragen gestellt hatte. Ich hielt meine Sache für verloren, die verschiedensten Gedanken kreuzten mir den Kopf, selbst die rasch aufblitzende Absicht, von Sansibar aus ins Innere vorzudringen. Ich antwortete also erregt und gereizt, wie ich selbst durchfühlte: „Excellenz, für jegliches Empfehlungsschreiben, welches Sie die Güte haben werden, mir ausstellen zu lassen, müßte ich Ihnen dankbar sein. Sollte ich auch gar keine Erleichterung der Reise in meinem Sinne von der ägyptischen Regierung erlangen, so würde ich doch nicht von meinem gefaßten Plan zurücktreten, der Wissenschaft und durch kartographische Arbeiten auf ägyptischem Gebiet auch direkt Ihrem Lande nützlich zu sein. Obgleich mir die Reise nach meinen Erfahrungen ohne bestimmt ausgedrückte Befehle an die Behörden doppelt erschwert wird, so werde ich mein Ziel zu erreichen streben, selbst wenn ich jetzt als Bettler reisen muß (si même je dois faire mon voyage en mendiant),

Straße in Kairo.

da ein nicht präcisierter Befehl im Sudan mich nur der Gnade der Beamten empfiehlt." Auf meine Worte erfolgte keine Antwort, dagegen wieder das Durchsehen von Papieren und wieder ein Gespräch mit D. Bey. Plötzlich und für mich unerwartet wandte sich aber dann der Minister zu mir und sagte kurz, er werde den Befehl in meinem Sinne ausfertigen lassen, fügte aber die Schlußbemerkung hinzu, ich müsse in Suakin den Zoll für meine Effekten entrichten;

ich hatte nämlich auch ein Gesuch um Befreiung von diesem eingereicht. Die Bewilligung desselben ging indes von einer andern Behörde aus, und dort erhielt ich anstandslos das gewünschte Dokument. Ermattet von den endlosen Schritten und Gängen war ich herzlich froh, vor Beginn des arabischen Festes aller dieser Sorgen überhoben zu sein.

Während der letzten Tage meines Aufenthalts in Kairo wurde mir noch die unerwartete große Freude zu teil, mit Gerhard Rohlfs heitere Stunden verleben zu können. Er kehrte eben von seiner leidensvollen Reise nach der Oase Kufra zurück, kam auf wenige Tage hierher und verließ Kairo bereits wieder am 29. November.

In jener Zeit, erst kurz vor meiner Abreise, entschloß ich mich auch auf Anraten meiner Freunde, Bohndorff für die Reise in meine Dienste zu nehmen; er war in der Folge mein einziger europäischer Begleiter. Außer Farag Allah als Diener folgte mir von Kairo keine weitere Dienerschaft in den Suban. Bohndorff war bei mir Präparator für zoologische Objekte und Gehilfe zur Beschaffung von naturhistorischen Sammlungen. Obgleich ich auch für diese Zwecke bereits ausgerüstet war, so mußte nun doch manches andere und auch Nötiges für die Privatausrüstung Bohndorffs in größter Eile beschafft werden.

Der Abgang des Dampfers von Sues sollte erst am 3. Dezember erfolgen, ein Zeitgewinn für uns, um auch die letzten Geschäfte in Kairo zu beenden. Die Plätze für die Überfahrt von Sues nach Suakin waren belegt (200 Franken für ein Billet I. Klasse mit Beköstigung; 50 Franken der Deckplatz für Farag Allah). Am 30. November schickte ich aus Kairo noch 20 größere und kleinere Kisten nach Sues an den russischen Konsularagenten Costa; 18 große Kisten waren vor einem Monat direkt aus Alexandrien dorthin abgegangen. Im Gedanken an die abermalige baldige Trennung von allem, was an behaglichen Komfort, an ein kulturmäßiges Wohlleben erinnert, in dem wehmütigen Gefühl, von trauten Freunden scheiden zu müssen, verliefen mir bis zur endlichen Abreise die Tage und Stunden. In diesem Vorgefühl des baldigen Verwaistseins sah ich gern Freunde als Gäste bei mir am Mittagstisch des Hotels. Ihnen verdanke ich manches auf die Reise mitgegebene liebe Andenken; im letzten Augenblick legte ich noch zu meinen Büchern: „Gaudeamus", den „Trompeter von Säckingen", die „Lieder eines Wandervogels" u. a. m.

Am 1. Dezember 1879 reisten wir von Kairo ab nach Sues; in der Bahnhofshalle wartete meiner der Freundeskreis. Das umfangreiche Handgepäck vermehrte sich auch jetzt noch um nützliche Dinge, von fürsorglicher, lieber Hand für die Reise gespendet. Einem letzten herzlichen Lebewohl mit

unterdrückter Thräne folgte das Zeichen zur Abfahrt, noch ein freundliches
Winken der Hand, und ich blieb allein im Coupé, nur begleitet von meinen
Gedanken. Neben mir lag ein prächtiges Rosenbouquet.

Erst jetzt fühlte ich mich auf sichern Reisefüßen, denn bisher war ich
nie die Besorgnis losgeworden, daß durch irgend etwas mein Unternehmen
vereitelt werden könnte. Ich blieb bis Sues allein im Coupé und fand endlich
Muße, nach der aufreibenden Thätigkeit der letzten Tage in Kairo aufzuatmen.
Wir fuhren unvermerkt durch die Kulturfelder des Nildeltas. Der Zug hielt
in Sagasig. Unwillkürlich gedachte ich der Worte D. Beys und der unliebsamen Erörterungen im Ministerium zu Kairo. D. Bey hatte dem Wortlaut
nach Unrecht gehabt. Sagasig war erreicht, wo aber war das Ende der Reise!

Abreise von Kairo.

Hinter Ismailia verrieten die über Sandhügel und Dünen emporragenden Mastbäume die Nähe des Sueskanals, dem der Bahnkörper folgt.
In Sues stellte sich heraus, daß meine lange Zeltstange auf dem Bahnhof in
Kairo zurückgeblieben war; sie wurde tags darauf nachgeschickt. In dem kleinen,
uns bereits bekannten bürgerlichen Hôtel d'Orient nahmen wir Quartier. Der
kühle Abend, unter dem Laubbach weit umherrankender Schlinggewächse verbracht, entschädigte für Hitze und Staub des Tags. Zum letztenmal genossen
wir, was die Kultur bietet. Eine durch Wanzen verursachte schlaflose Nacht
mahnte aber auch an die Schattenseiten unserer civilisierten Gasthäuser und ich
sehnte mich schon jetzt nach Feldbett und Wüste. Ich wechselte tags darauf
Zimmer und Bett, da kam ich aber aus dem Regen in die Traufe, denn ich
hatte die an mir bereits gesättigten „vilaines bêtes", wie meine wohl-
beleibte Wirtin die Blutsauger zu bezeichnen beliebte, mit andern noch

hungrigen vertauscht. Meiner eindringlichen Rede an das Hauspersonal gelang
es indes, dasselbe zu einer Wanzenjagd und gründlichen Reinigung mit Abbrühen der Bettstellen zu veranlassen. Der unbekannte Nachfolger in den von
mir bewohnten Räumen bleibt mir, falls er empfindliche Nerven besaß und
kein dickhäutiger, gefühlloser Alltagsmensch war, zu Dank verpflichtet.

In Sues stellte es sich heraus, daß die Abfahrt des Dampfers eine Verzögerung erlitt und wir erst am 5. Dezember in See gingen. Solange aber
dem Reisenden, dem auf Jahre hinaus die Möglichkeit benommen sein wird,
im Innern uncivilisierter Länder Gegenstände unserer europäischen Kultur zu
beschaffen, noch die Gelegenheit bleibt, vor dem Aufbruch in das wilde Land
solche Dinge zu erwerben, solange findet sich auch immer etwas, woran früher
nicht gedacht worden, oder was doch wohl nötig oder nützlich sein könnte. So
wurde auch in Sues noch wiederholt der Bazar durchwandert und das eine
und andere Begehrenswerte erstanden. Eine starke Eisenkette für ein noch ganz
zuletzt in Kairo von Freundeshand erhaltenes Schlageisen zum Fangen von
Raubtieren, ein großes Buttergefäß, Blecheimer, ein indischer Korbstuhl, der
mir später während der jahrelangen Reisen bis zu meiner Rückkehr nach Europa
die besten Dienste leisten sollte, kamen zu dem übrigen Gepäck. Die Zollforma-
litäten waren bald erledigt und die 33 Kisten gingen nach Entrichtung von
80 Franken Schiffsgebühr unter Aufsicht von Bohndorff und Farag Allah an
Bord. Die letzten Stunden am Lande waren dem Briefschreiben gewidmet. Am
4. Dezember nachmittags endlich brachte uns ein Ritt zu Esel den langen
Molo entlang hinaus nach dem Hafen, während noch endloses Handgepäck,
doch keine Kartons und Hutschachteln, wie im Gefolge unserer reisenden Damenwelt, auf einem Eselskarren folgte. Farag Allah trug behutsam mein Quecksilberbarometer. Obgleich uns aber der Bescheid, noch heute an Bord zu kommen,
erteilt war, kamen wir unnützerweise zu früh. Auch am folgenden Morgen noch
wurde Ware gestaut und erst mittags erfolgte die Abfahrt.

Seit kurzer Zeit hatte die Compagnie Rubattino eine geregelte Dampf-
schiffahrt auf dem Roten Meer eröffnet. Ein Schiff lief alle 25 bis 30 Tage
von Sues über Djidda, Suakin, Massaua nach Hodeida und kehrte auf demselben Wege zurück. Unser Dampfschiff, die „Palestina", berührte Djidda nicht,
um der Quarantäne in Suakin zu entgehen, die wegen der Pilgerfahrten nach
Mekka verhängt war. Ägyptische Dampfer vermittelten gleichfalls den Verkehr im
Roten Meer, doch waren ihre Fahrten unregelmäßig und man fand keine Verpflegung an Bord. Auf der „Palestina" befanden sich nur wenige Passagierkajüten;
sie waren fast alle besetzt. Die Reisegesellschaft bestand aus zwei Engländern,

Sinaigebirge. Nach einer Zeichnung von L. H. Fischer.

die von Kassala in die wildreichen Gegenden am Bahr es-Setit und Bahr es-Salaam zur Jagd reisen wollten. Denselben Zweck verfolgte ein junger Pole mit seinem Majordomus. Der Italiener Tagliabue, Agent der Gesellschaft Rubattino in Massaua, und ein italienischer Geschäftsmann, Conte Sapelli, dessen Ziel Chartum war und der in Suakin zur Weiterreise sich mir anschloß, vervollständigten die kleine Reisegesellschaft. Die zahlreichen Deckpassagiere waren hauptsächlich aus jenen zwei Gesellschaften von Nubiern zusammengesetzt, welche vergangenen Sommer in Berlin und Paris sich und ihre sudanischen Künste zur Schau gebracht hatten und nun in ihre Heimat zurückkehrten. Jenen beiden Engländern war es schlimm ergangen. Ihr Hauptgepäck war von England direkt nach Sues verschifft, während sie selbst sich einige Zeit in Kairo aufgehalten hatten. Aus Versehen oder infolge falscher Disposition waren aber die für Suakin bestimmten Kisten auf einen Australienfahrer verladen worden und nach dem fernen Weltteil abgegangen, während die Herren nun in kürzester Zeit eine neue notdürftige Ausrüstung beschaffen mußten, da sie den Jagdausflug nicht aufgeben wollten. Als unser Dampfer sich bereits langsam vom Ufer entfernte, erschienen endlich verspätet und in Hast ein Grieche und ein Nubier. Voll Zuversicht, daß unser Schiff anhalten und sie noch aufnehmen würde, warfen sie ihre Habseligkeiten in die erste beste Barke, hißten Segel und folgten unserm Dampfer. Der Kapitän ließ Gnade vor Recht ergehen; die Maschine stoppte und keuchend kamen die Nachzügler an Bord, ein Ereignis, welches keine Erwähnung verdiente, wenn es uns nicht nachträglich eine unliebsame Verzögerung, 24 Stunden Quarantäne, in Suakin zugezogen hätte.

Nach dem ersten Tage Meerfahrt saß ich noch lange in die Nacht hinein auf Deck, allein mit mir selbst in stummer Betrachtung des leuchtenden Meeres. Gegen 3 Uhr des folgenden Tags wurden die zwei Felseninseln, The Brothers der Seekarten, passiert. Eine ungemein feuchte Luft und starker Tau durchnäßten bei eingetretener Nacht die auf Deck befindlichen Gegenstände. Das angenehm kühle Wetter während der ersten Tage wich am dritten Tage der Fahrt zunehmender Wärme. Die Nächte dagegen waren köstlich. Das unvergleichliche Leuchten des Meeres, die milden, über die ruhige Wasserfläche hinflimmernden Strahlen der im Aufsteigen begriffenen Mondsichel, der südliche Himmel und die laue Nacht, sie wiegten mich in Träumerei, sodaß ich mein Lager stets erst in der zweiten Nachtwache aufsuchte. Am dritten Abend bereitete mir die fern am Horizont aus dem Meer auftauchende Mondsichel eine beängstigende Täuschung. In greller Glutfärbung hoben sich die beiden Spitzen der Mondsichel aus der Meeresflut empor und wurden langsam immer größer, indem sie gleichsam in Flammen aufgingen. Die erste Wahrnehmung erinnerte täuschend an ein in der Ferne brennendes Schiff. Auch eigenartige Verzerrungen der Küstenlinie oder von Inseln in der Ferne, von Schiffen und andern wahrnehmbaren Gegenständen wirken häufig märchenhaft auf den Beschauer. Es sind nicht Luftspiegelungen im gewöhnlichen Sinne, die dem Auge etwas Nichtvorhandenes vorzaubern, sondern Zerrbilder von wirklich Bestehendem. Terrestrische Refraktion und Strahlenbrechung dürften vereint die Ursache solcher Erscheinungen bilden. Die Objekte erscheinen dann oft über der Wasserfläche von ihr getrennt, häufig auch in ihrem Zusammenhang unterbrochen, in absonderlicher Art gehoben, gedehnt, geteilt, verzerrt. Am vierten Tage unserer Fahrt kam im Westen die Küstenlinie wieder in Sicht. Die dunkeln Gebirgsmassen des Fest-

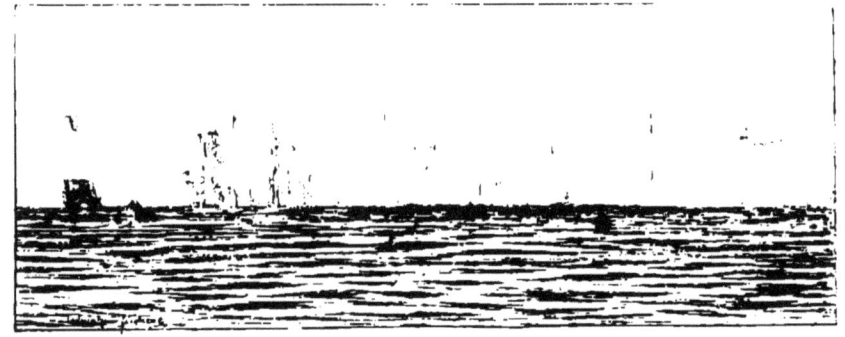

Optische Täuschung auf dem Meer.

landes waren in graue Wolken gehüllt und ließen sich streckenweise kaum voneinander unterscheiden. Die Wolkenmassen zogen sich später in dunkler, graublauer Färbung über den dem Auge näher gerückten Bergspitzen zusammen, die Sonne sandte strahlige Lichtstreifen herab; allem Anschein nach regnete es auf dem Festlande, während über uns sich ein wolkenloser, blauer Himmel wölbte. Bei greller Beleuchtung der bereits niedergehenden Sonne wurden endlich die weißgetünchten Häuser von Suakin auf weite Entfernung hin sichtbar. Untiefen und Korallenriffe gefährden die Hafeneinfahrt, die durch mehrere aufgemauerte, in grellem Weiß leuchtende Steinmassen bezeichnet wird.

Am 8. Dezember, zu später Nachmittagsstunde, warf die „Palestina" angesichts der Häuser von Suakin neben einem im Hafen liegenden ägyptischen Dampfer ihre Anker aus. Die Sanitätskommission kam an Bord, doch sehr unerwartet für uns alle belegte der Beamte, ein Italiener, unser Schiff mit 24 Stunden

Quarantäne, angeblich aus dem Grunde, weil die nachträglich an Bord aufgenommenen Passagiere in den Papieren des Kapitäns nicht verzeichnet waren. Ich lasse es unerörtert, wie weit der Beamte zu solchem Vorgehen befugt war, in jedem Falle aber hätte die an Bord gekommene Kommission nach dem Wortlaut des Gesetzes gleichfalls die Quarantäne auf unserm Dampfer durchmachen müssen, da die Leute sich nicht begnügten, die Verhandlungen von einem Boot aus zu führen, sondern thatsächlich unser Schiff bestiegen hatten. Der Fall führte zu unliebsamen Erörterungen, und eine gegen den italienischen Beamten aufgesetzte Klageschrift wurde von uns allen unterschrieben. Die Herren Marquet und Maximo fand ich bereits in Suakin vor, auch feierte ich unerwartet ein fröhliches Wiedersehen mit Herrn Kohn, dem seit vielen Jahren im Sudan als Aufkäufer von wilden Tieren herumreisenden Händler, der eben mit seinem kleinen Töchterchen hier weilte. Auf dem Zollamt fand ich anstandslos beschleunigte Erledigung des Geschäftlichen und bald konnte ich mit meinem umfangreichen Gepäck das leerstehende Haus eines griechischen Händlers beziehen.

Da gerade aus Berber viel Ware, besonders Gummi arabicum, nach Suakin befördert wurde, waren nach Berber zurückkehrende Kamele genugsam zu beschaffen. Ich hätte ungesäumt abreisen können, doch hielt mich die Nachricht, daß Gordon in Massaua angekommen sei oder doch in wenigen Tagen dort erwartet werde, und die abzuwartende Antwort auf ein an Gordon aufgegebenes Telegramm in Suakin zurück. Das im Hafen vor Anker liegende ägyptische Dampfschiff hatte den Befehl erhalten, Gordon in Massaua an Bord zu nehmen. Ob die Fahrt von dort direkt nach Sues eingeschlagen oder Suakin angelaufen werden sollte, war unbekannt. Erst nach einigen Tagen traf die Antwort auf meine Depesche ein, sie lautete: „Abreisen, da mein Kommen unbestimmt. Gordon."

Zugleich erhielt auch die Behörde in Suakin von Gordon den Befehl, meine Weiterreise zu fördern. Herrn Giegler in Chartum aber, der inzwischen zur angesehenen Stellung eines Wekil der Hokmdarije mit Vertretung Gordons ernannt war und den Paschatitel erworben hatte, verständigte ich auf telegraphischem Wege von meiner baldigen Ankunft. Während der wenigen Tage unsers Aufenthalts in Suakin gab es Arbeit in Hülle und Fülle. Stets besorgt, mein Gepäck bestmöglichst zu schützen, ließ ich alle Kisten, bis auf die wenigen für die Reise nach Chartum nötigen Gegenstände, in geflochtene Matten einnähen und fest verschnüren. Wasserschläuche und manches nur für die Reise mit Kamelen Übliche, Mundvorrat, wie ihn der Markt in Suakin

2*

oder die griechischen Kleinhändler boten, wurden noch angekauft, um schon jetzt an meinen Vorräten zu sparen.

Der Reisende thut unter allen Umständen wohl daran, den Sitten und Gebräuchen im Lande sich möglichst anzupassen und danach seine Ernährungsweise einzurichten. Diejenigen, die bald lernen, mit Appetit den einheimischen Speisen zuzusprechen, haben halb gewonnenes Spiel und entgehen später, wenn mit- geführter Proviant spärlich wird oder ganz ausgeht, manchen Unbequemlich- keiten und Prüfungen, an denen schon häufig der Erfolg einer Forschungsreise gescheitert ist. Wenn ich im Lauf der Erzählung derartige, während so vieler Reisejahre gesammelte Erfahrungen mit einflechte, so halte ich dies für geboten, da nur zu häufig Reisende aus den Erzeugnissen des Landes nicht genügenden Nutzen zu ziehen wissen, weil sie alte Gewohnheiten und Vorurteile nicht zu ihrem eigenen Besten ablegen können. Der in afrikanische Verhältnisse nicht Ein- geweihte aber wird aus meinen Angaben, z. B. hier über die Küche und die Art und Weise, wie die Naturprodukte des Landes besser verwertet und mundgerechter gemacht werden können, lernen, daß doch manches Brauchbare dem Reisenden zur Verfügung steht. Wahrscheinlich werden manche meiner Zumutungen, diese oder jene Dinge nach dem Beispiel der einheimischen Bevölkerung, seien es Araber oder Neger, in den Küchenzettel des reisenden Europäers als mit Appetit genießbar aufzunehmen, von verwöhnten und im Genuß von Speisen schwierigen Leuten zurückgewiesen werden. Es ist aber unbestreitbar, daß jeder bald an sich selbst die Erfahrung machen wird, welche Vorteile die Anpassung an die Lebensweise, und dazu gehört die Nahrung der zu bereisenden Länder, bietet. Ja, ich gehe weiter und behaupte, daß der Europäer durch Gewöhnung an die einfache, einheimische Kost in jenen Ländern sich dauernder gesund zu erhalten vermag, als durch die beste europäische Küche.

Die erste Probe aus meinem empfehlenswerten Küchenzettel — honny soit qui mal y pense — ist der im Suban lebenden Beduinenbevölkerung auf ihren Wanderzügen und im Zelt abgelauscht. Das geschmeidige Fell einer jungen Ziege, wie es zu Wasserschläuchen, Girba der Araber, Verwendung findet, wird für die Reise mit den gewöhnlichen, auf den arabischen Märkten feilgebotenen, sehr harten, kleinen, geformten Quarkkäsen bis etwa drei Viertel angefüllt, worauf frische Milch gegossen wird. Eine Zuthat von Salz, rotem Pfeffer und andern arabischen Gewürzen erfolgt nach Belieben. Auf der Reise hängt der Schlauch am Sattel eines Kamels, bei der Bewegung des Höckertiers wird der Inhalt der Girba beständig und gleichmäßig durchgeschüttelt, die sehr harten Käse schleifen sich langsam, nach Tagen, ja erst Wochen ab und die Milch verdick sich, wobei die wässerigen Bestandteile durch Verdunstung verloren gehen, welche dem übrigen, allmählich zu einem Brei umgestalteten Inhalt, ebenso wie es bei dem in solchen Schläuchen aufbewahrten Wasser der Fall ist, eine köstlich kühle Temperatur bewahrt. Die Wohlthat, diesen halbflüssigen erfrischenden Käse zum Brot zu genießen, habe ich nach ermüdendem Marsch täglich empfunden und solch frugales Mahl häufig lieber zu mir genommen, als Fleisch und Konserven. Der umsichtige Reisende wird natürlich darauf bedacht sein, den begehrenswerten, so erfrischenden Käse- und Milchborn durch beständiges Nach= füllen der Substanzen, wo diese zu erlangen sind, vor dem Versiegen zu bewahren. Solche Käsegirba mit Inhalt lieferte mir auch der Markt in Suakin, dazu das nötige Brot, Datteln, die in Wasser geweicht stets angenehm ein aufkeimendes Hungergefühl stillen, ferner die großen, nicht scharfen, sondern süßen Zwiebeln, die ohne Nachteil in Menge als Salat genossen werden können, wie auch die lange, arabische Gurkenart (Cucumis Melo L. var. chate).

Für eigene Benützung kaufte ich auch jetzt wieder einen Esel und mietete 19 Kamele zu 6½ Thaler für die Strecke, wovon 4½ in Suakin voraus=, 2 Thaler später in Berber nachgezahlt wurden. Herr Maximo hatte sich den ein= fachen Verhältnissen gemäß wohnlich und recht hübsch eingerichtet. Ein uns gespen= detes Diner mit sehr guter Küche und auserlesenen Weinen ließ wahrlich für Augen= blicke vergessen, daß man sich in Suakin befand. Seit meinem Aufenthalt am Ort vor vier Jahren war eine wichtige Verbesserung vorgenommen worden. Damals stand die Insel Suakin mit dem Marktflecken Gef nur durch kleine Kähne in Verbindung; in der Zwischenzeit aber war ein verbindender breiter Erddamm aufgeworfen worden und nun konnten die Waren direkt in der Nähe des Hafens verladen werden. Der Eindruck allerdings, welchen Land und Leute, das bunte wechselvolle Treiben auf der Marktstraße, die auffallenden, fesselnden Gestalten und Typen der Eingeborenen mit ihren hammeltalgumgossenen Haar= frisuren, in denen zu jedwedem augenblicklichen Gebrauch die zugespitzte Holz- oder Elfenbeinnadel steckt — sei es dem Zweck des Kamms zu entsprechen, oder sei es das Sprichwort zu bewahrheiten: „Was dich juckt, das kratze" — jener Eindruck, sage ich, den die vielen neuen Erscheinungen vor vier Jahren auf mich ausgeübt, war jetzt nicht mehr vorhanden. Das Auge hatte sich im Lauf der Zeit an Bizarres und für uns Europäer Widersinniges gewöhnt. Von dem Reiz, den der Neuling und scharfe Beobachter im fremden Lande und unter ihm fremden und heterogenen Menschen noch voll empfindet, ging mir jetzt viel verloren. Ich sehnte mich fort von hier, weit, weit in fremde Länder und zu neuen, mir unbekannten Menschen. Abends kehrte ich von meinem

Ausflug nach Gef und seiner Umgebung zurück; wehmütig haftete mein Blick
seitwärts an jener kleinen Insel, auf der ich vor Jahren mehrere Wochen in
stiller Beschaulichkeit mit meinem Begleiter Kopp verlebt hatte. Er lag nun in
Mákaralás Erde gebettet; mir war es beschieden gewesen, Europa wiederzusehen, um nun abermals den Pfad einzuschlagen, der mehr als jeder andere
Lebensweg in eine verschleierte Zukunft führt.

Für die Strecke von Suakin nach Berber warb ich einen Diener an,
der mein Quecksilberbarometer, welches vor jeder Erschütterung bewahrt bleiben
mußte, behutsam zu tragen hatte. Eine Dankesäußerung nebst letztem Gruß —
es sollte dies in Wirklichkeit der letzte Abschiedsgruß im Leben an meinen
heldenmütigen Gönner sein — sandte ich Gordon noch auf telegraphischem Wege
nach Massaua.

Am 14. Dezember waren meine Kamele zur Abreise bereit. Der Aufbruch
erfolgte aber erst nachmittags. Mittags lief ein ägyptischer Dampfer ein, auf
dem sich Dr. M. und Baron T. befanden, welche eine Jagdexkursion in das
Innere antreten wollten. Um 4 Uhr setzte sich meine Karawane unter Bohndorffs
Leitung in Bewegung. Ich selbst trank mit den zurückbleibenden Herren das
letzte Glas heimatlichen Biers, um bald gleichfalls meinen Leuten und den
Kamelen zu folgen. Der schon bejahrte Kohn begleitete mich noch ein gut
Stück Wegs. Bevor die Karawane später in den üblichen Gangschritt kam,
wurde gewohnheitsgemäß das eine und andere störrische Kamel niedergelegt und
umgepackt. Dann erst begann der geordnete Zug, und unter mehrfachem Anrufen
des Namens ihres Schutzpatrons, des Scheichs Abd el-Kader, folgten die Kamel-
führer schweigsam den beladenen Tieren. Der Italiener Sapelli hatte gewünscht,
sich meiner Karawane anzuschließen. Seine wenigen Lasttiere waren beim Abgang noch nicht bereit, doch holte er uns spät abends am ersten Lagerplatz
ein. Unvermutet wurde auch noch eine Depesche von Gordon an mich nachgesandt — der Mudir in Suakin hatte eine solche gleichen Inhalts erhalten —
sie enthielt den Befehl, mir jetzt für die Reise nach Berber, wie auch bei meiner
spätern Rückkehr überall unentgeltlich Kamele zur Verfügung zu stellen. Aus
diesem letzten Akt des Wohlwollens, den mir Gordon erwies, konnte ich für
mich keinen Vorteil ziehen; die größere Hälfte des Betrags hatte ich bereits
an die Kamelbesitzer entrichtet und in Berber zahlte ich auch den Rest aus.
An diesem ersten Reisetage wurde erst in später Abendstunde gelagert. Heute,
wie auch an den folgenden Tagen, machte ich von dem kleinen mitgeführten
Zelt keinen Gebrauch; allnächtlich prangte dagegen der herrlich gestirnte Himmel
über unserm Lager. Die Lasten wurden auf beiden Seiten von den Kamelen

herabgelassen und blieben in derselben Lage, sodaß beim Beladen am nächsten Morgen die Tiere einfach zwischen die Lasten hineingeführt und ohne Zeitverlust wieder bepackt werden konnten.

Auf eine eingehende Beschreibung der Reise von Suakin nach Berber verzichte ich um so mehr, als die klassischen Schilderungen meines geehrten Freundes Dr. G. Schweinfurth den Stoff in jeder Beziehung erschöpfen und diese Strecke von mir nicht zum Zweck specieller Forschung durchzogen wurde, sondern einzig und allein mit dem Wunsch, baldmöglichst Chartum zu erreichen. Aus diesen Gründen unterließ ich auch die Routenaufnahme, was mich nachträglich gereute, da in dem östlichen Teil der von mir eingeschlagene Weg merklich von der durch Dr. G. Schweinfurth und Th. von Heuglin bereisten Route abweicht. An manchen für die Kamele früher schwierig zu begehenden Stellen in dem bergigen Teil des östlichsten Gebiets hatte Gordon zur Erleichterung bei beschwerlichen Übergängen Verbesserungen der Straße vornehmen lassen. Auch Herr Marquet hatte bereits begonnen, wenn auch noch mit bescheidenen Kräften, seine Pläne für eine Verbesserung des Wegs und sogar für die Anlage einer fahrbaren Straße zur Ausführung zu bringen. Dank diesen Arbeiten wäre unstreitig mit der Zeit, wenn nicht das für den Sudan schwere Unglück des Mahdistenaufstands und das Zurückweichen der Engländer allen civilisatorischen Bestrebungen · in jenen Ländern ein jähes Ende bereitet hätte — der Route von Berber nach Suakin für Ex- und Import der Vorzug zuerkannt worden. Den reisenden Händlern wäre es dann wohl schwerlich mehr eingefallen, mit ihrer Ware die Bajudasteppe von Kerreri bei Chartum nach Debbeh in Dongola oder gar die wasserarme Koroskowüste von Abu Hamed nach Korosko zu durchziehen, und es würde durch den festgelegten Weg für alle kommenden Zeiten die Straße Berber-Suakin als geeignetste Kommunikationslinie den Vorrang davongetragen haben.

Diese drei Routen allein kommen als bereits seit jeher bestehende Verbindungslinien zwischen dem centralen ägyptisch-arabischen Sudan, respektive Chartum, mit Ägypten in Frage. Den Weg durch die Bajudasteppe lernte ich auf der Rückkehr von meiner letzten Reise kennen; die Koroskostraße führt durch unwirtliche Wüstenei, ermangelt während langer Tagemärsche des Wassers und wird nur von leichtern Karawanen durchzogen; sie blieb mir auf meinen Reisen fremd; desgleichen auch der direkte Weg von Suakin nach Kassala, der das Rote Meer mit dem östlichen arabischen Sudan verbindet. Ich erreichte damals, bei meinem ersten Betreten des Sudan, Kassala, wie früher ausführlich geschildert ist, auf einem Umweg, dem Chor Bárata folgend.

Noch eine wesentliche Besserung war seit meinem Aufbruch vor vier Jahren eingetreten; sie betraf die Beschaffung der Transportmittel. Damals, zur Zeit des abessinischen Kriegs und nach demselben, waren infolge der beständigen Requisitionen von Seite der ägyptischen Regierung Kamele schwierig zu beschaffen gewesen, weil die Besitzer derselben aus Furcht vor herabgedrückten Fronbienstpreisen sich ungern den Sitzen der Verwaltung näherten und Orte wie Suakin, Kassala, Berber ꝛc. zu meiden suchten; heute dagegen waren reichlich Kamele zu finden. Hunderte hätte ich mieten können, die hauptsächlich Gummi arabicum gebracht hatten. Tausende von Lasten aber wurden noch erwartet und in der That begegneten wir bis Berber fast täglich langen Kamelzügen. Auch begannen althergebrachte, seit Jahrhunderten bestandene patriarchalische Verhältnisse der Kamelbesitzer besserer Einsicht und der Verträglichkeit unter den Stämmen zu weichen. Das Monopol der Straßen lag, wie bereits früher auseinandergesetzt, in den Händen verschiedener Volksstämme in der Art, daß jeder Stamm bestimmte Straßen und Wege einhielt, während das Begehen derselben durch Nachbarstämme oft blutig gerächt wurde. Der lebhaftere Verkehr und eine geregeltere Verwaltung hatten jedoch diesem Unwesen ein Ende bereitet und es fanden sich jetzt Kamelbesitzer der verschiedensten Stämme mit ihren Lasttieren in Suakin zusammen. Einen wesentlichen Anteil an diesem günstigen Umschwung hatte das Geschäftshaus des Herrn Marquet in Chartum, welches gerade damals verschiedene Neuerungen und kulturelle Verbesserungen in Angriff nahm. Mit der Regierung hatte er Verträge abgeschlossen, durch welche er zum Transport von Waren ꝛc. sich verpflichtete; namentlich aber beschäftigte ihn eben die Überführung der einzelnen Teile von zerlegbaren Dampfbooten nach Chartum, zu welchem Zweck Hunderte von Kamelen in seinem Dienst standen. Bei der Herstellung einer primitiven, mit Karren zu befahrenden Straße von Suakin nach Berber rechnete er folgendermaßen: Um in das Unternehmen kein großes Kapital zu stecken, sollte von Strecke zu Strecke der Weg von losem Gestein gereinigt und die Strecke, einmal fahrbar, sogleich als solche benützt werden. Bei einer Quantität Ware, die sonst zehn Lastkamele erforderte, hoffte Marquet durch den Transport mit Karren, die von Kamelen gezogen wurden, sechs Lasttiere zu ersparen. Den Wert dieser ersparten Kamele betrachtete er als neu gewonnenes kleines Kapital für den Arbeitslohn einer zweiten zu reinigenden und fahrbar zu machenden Strecke u. s. w. In Suakin hatte ich Gelegenheit, Kamele in Anspann zu sehen und traf später auch gegen 20 Arbeiter in Thätigkeit. Um über die Handelsbestrebungen Marquets des weitern zu berichten, erwähne ich hier gleich, daß jetzt in Chartum viele neue Einfuhrartikel zu finden

waren, die in früherer Zeit durch die den Import fast ausschließlich monopoli-
sierenden, kleinen griechischen Händler und Levantiner nicht eingeführt wurden.
Marquet brachte auch die erste Maschine zum Reinigen des Gummi arabicum
nach Chartum. Dasselbe war bis dahin ungereinigt und unsortiert zur Versendung gelangt, gegenwärtig aber wurde es, entsprechend dem Bedarf für verschiedene Zwecke in den Fabriken Europas, schon in Chartum mittels der Maschine,
je nach der Stärke der Körner und Stücke, in verschiedene Größen bis zum
Gummipulver herab sortiert und so versandt. Desgleichen waren bis dahin die
Straußenfedern aus dem Sudan unsortiert auf den europäischen Markt gekommen
und hatten infolge dessen nur Durchschnittspreise erzielt. Marquet versandte

Berber am Nil.

dieselben nun nach Qualität und Bedarf, je nach dem Zweck, dem sie in Europa
dienen sollten, wodurch er natürlich bessere Preise erzielte.

Vornehmlich in dem östlichen Teil der Strecke von Suakin nach Berber,
in der Region der Berge, sproßt eine reiche Vegetation und sind Landschafts-
bilder zu verzeichnen, die des Reizes nicht entbehren. Von der Küste des Roten
Meeres steigt das Land allmählich zu bergiger Höhe empor. Hier in der Berg-
gegend, die während der ersten Reisetage durchzogen wird, weichen die Routen
der frühern Reisenden auseinander, um sich später auf der Hochebene wieder zu
treffen. Über unfruchtbaren Boden mit eingestreuten Akazienbäumen läuft die
Straße nach Berber weiter. Ermüdende, lange Märsche bis zur Beschaffung
neuer Wasservorräte müssen auch auf dieser Route zurückgelegt werden. Loses,
verwittertes Geröll, fußgroß und darüber, ist häufig über den Weg verstreut

und es bedarf nur der Wegräumung desselben, um eine für fest konstruierte
Karren fahrbare Straße herzustellen. Größern Schwierigkeiten aber dürfte die
Anlage einer solchen in einer breiten Zone von Flug- und Dünensand begegnen,
die sich mehrere Tagereisen vor Berber zu Hügeln auftürmt. Nach Marquets
Angabe soll indes weiter nördlich ein gangbarer Weg, der zur Anlage einer
fahrbaren Straße geeignet ist, vorhanden sein. Das ganze Gebiet zwischen der
Küste und Berber, vorwiegend aber der östliche Teil, wird von den Hadendoa
durchzogen, deren Ansiedlungen sich hier auch vielerorts finden. Die Nächte
waren während der Reise stellenweise feucht und kühl, sodaß ich mich im Lager
gern warmer Kleidung bediente. Die letzten Tage vor Berber brachten mir
Ärger und Verdruß über meine Leute, auch fühlte ich mich am letzten Reisetage
recht unwohl; Fieber schüttelte mich und ich erreichte endlich Berber müde,
sorgenvoll und krank. Die einzelnen Tagereisen, zu durchschnittlich 7 Stunden
der Tag, waren für das Reisen mit Kamelen mäßig groß, sodaß wir für die
auf 95 Stunden berechnete Reise 14 Tage gebrauchten und am 27. Dezember
in Berber eintrafen.

Der gegenwärtige Mudir von Berber, Mani Bey, den ich schon von
Chartum her kannte, empfing mich in seinem Diwan mit Gruß und Speise.
Ein kleines Dampfboot aus Chartum lag zu meiner Einschiffung bereit. Vom
Rücken der Kamele herab wurden meine Kisten sogleich in den Schiffsraum ver-
staut und auch ich nahm dort Unterkunft, obgleich der Dampfer zum Einladen
von Regierungsgut noch den folgenden Tag in Berber bleiben mußte. Trotz
meines leidenden Zustands konnte ich mich den Besuchen, die gar nicht enden
wollten, nicht entziehen; die Leute kamen teils nur der Begrüßung wegen, teils
als Patienten, um Arzneimittel bittend, oder mit andern Anliegen an mich;
der eine oder andere bat wohl auch um meine Fürsprache und Empfehlung an
Vorgesetzte in Chartum. Ein Rundgang zu kühlerer Abendstunde durch den Ort,
der zu den bedeutendern arabischen Städten des Sudan zu rechnen ist, zeigte
mir kaum Bemerkenswertes. Viele aus Lehmziegeln neu aufgeführte Häuschen
mahnten an die im vergangenen Jahr plötzlich hereingebrochenen Regengüsse
und Überflutungen, durch die auch größere Baulichkeiten so sehr gefährdet waren,
daß manche damals zusammenstürzten. Unliebsam erinnerte mich all dies jetzt
wieder an meine dabei erlittenen herben Verluste und geschädigten Sammlungen.

Am 29. Dezember erfolgte die Abfahrt nach Chartum. Während der
folgenden Tage der Nilfahrt bot sich kein wechselvolles Landschaftsbild der
Flußufer, welches im stande gewesen wäre, eine fröhliche Erinnerung zu erwecken. Freudlos, allerdings auch leidlos, war mir noch das Weihnachtsfest

vorübergegangen, jetzt aber gestalteten sich das Neujahrsfest und die ersten Tage im Jahr 1880 für meine Gesundheit recht unerquicklich. Fiebernd fühlte ich mich so schwach, daß ich mich oft kaum auf den Beinen erhalten konnte; erst kurz vor der Ankunft in Chartum schwand das Fieber und damit erlangte ich auch meine völlige Gesundheit wieder. In der Mittagsstunde am 4. Januar 1880 fuhren wir an dem Ort Kerreri vorüber, von wo aus ich vor noch nicht 1½ Jahren meine Rückreise nach Kairo durch die Bajudasteppe angetreten hatte. Bald darauf beleuchtete die Nachmittagssonne das weithin sichtbare Minaret von Chartum. In gedehntem Bogen nahm endlich unser Dampfer beim Zusammenfluß des Weißen und Blauen Nil öst-

liche Richtung und umfuhr behutsam die Untiefen, welche die Landzunge Ras el-Chartum
noch eine geraume Strecke weit in die der
Vereinigung zustrebenden Flüsse entsendet. Allmählich stieg die Häuserreihe der Metropole des
Suban vor meinen Blicken empor. Ich komman-
dierte: „suffàra!" (Signalpfeife des Dampfers),
um womöglich jetzt schon meine Chartumer
Freunde von unserer Ankunft zu verständigen.
Bald ließen wir die ersten Palmenhaine und
Gärten hinter uns, dann das Missionsgebäude
mit seiner herrlichen Gartenanlage. Weiterhin
reihten sich Barken an Barken, und hinter ihnen
auf erhabenem Ufer lagen ganze Berge von
Durra aufgehäuft. Dann folgte die kleine Front
der am Flußufer sich hinziehenden Baulich-

Skorpion.

keiten, die mit dem Post- und Telegraphengebäude, dem Hause des öster-
reichischen Konsuls Hansal, der Mudirije und dem Regierungspalais ihren Abschluß findet. Gellende Pfiffe unsers Dampfers verkündeten wiederholt unsere
Annäherung, bald legte derselbe am Ufer an und ich begrüßte herzlich die herbeigeeilten Freunde und Bekannten. Aber noch in der letzten Nacht vor Chartum
war ich einem kleinen, drohenden Mißgeschick entgangen; beim Aufrollen der
Bettdecke fand sich nämlich unter derselben ein mächtiger, gelber Skorpion,
dessen Stich mich jedoch verschont hatte.

Von den Nachrichten, die ich in Chartum über die gegenwärtige Lage der
Dinge in den Negerländern und über die Verbindungen mit denselben einzog,
hing meine Weiterreise ab und die Richtung, welche ich einzuschlagen hatte.

Die Grasbarre, der Sedd, im obern Teil des Nil, im Bghr el-Gebel, war
noch nicht beseitigt, Lado von Chartum seit mehr als einem Jahr auf dem
Wasserwege abgeschlossen. Seit Monaten arbeitete Ernst Marno mit mehreren
Dampfschiffen, Barken und zahlreicher Mannschaft an der Beseitigung der Verstopfung, doch entzog sich die endliche Wiedereröffnung der geregelten Flußschiffahrt nach Lado jeder Berechnung und ich mußte daher meinen Plan fallen
lassen, von Lado aus, in Mdkarakd an meine frühern Reisen anknüpfend, das
Land Mangbattu zu erreichen. Auch im Gazellenfluß (Bahr el-Ghasal), der
Wasserstraße zwischen den westlichen Gebieten der der ägyptischen Machtsphäre
unterworfenen Negerländer und Chartum, war die Schiffahrt in den letzten
Monaten durch Grasbarren gestört gewesen, welche jedoch leicht durchbrochen
werden konnten, sobaß eine vollständige Verhinderung des Verkehrs noch nicht
eingetreten war. Ein von dort zurückkehrender Dampfer wurde eben erwartet.
Im Verlauf des verflossenen Jahrs hatte Romolo Gessi mit größtem Erfolg
den Aufstand von Soliman Bey im Bahr el-Ghasalgebiet niedergeworfen und
weilte gegenwärtig, mit dem Rang eines Pascha bekleidet, dort als Gouverneur der ganzen Äquatorialprovinz, mit Einschluß des Verwaltungsbezirks von
Dr. Emin, der inzwischen den Titel eines Bey erhalten hatte. Ohne Zögern
entschloß ich mich also, meine Landreise vom Bahr el-Ghasal aus anzutreten
und mit dem nächsten dorthin abfahrenden Dampfer Chartum zu verlassen.

In der Voraussicht eines längern Aufenthalts am Ort richtete ich mich
in dem für mich bereits gemieteten Hause ein, welches allen Chartumern unter
dem Namen „Haus des Abu chamsa mije" (Vater oder Urbild der Fünfhundert)
wohl bekannt ist. Ein früherer Mudir von Chartum, damals Besitzer des
Hauses, hatte den Spitznamen „Abu chamsa mije" erhalten, weil er bei Prügel-
strafen gern die runde Summe von 500 Hieben diktierte. Das Haus lag etwas
abseits vom Fluß zwischen dem Gouvernementspalast und der Mudirije, enthielt
große bequeme Räumlichkeiten nach Chartumer Bauart und war für uns zum
endgiltigen Verpacken meiner Sachen, sowie zur Herrichtung der Lasten für die
Negerländer höchst geeignet.

Beim Eintritt in den Hof lagen zur linken Seite, abgesondert, die Küchen-
räume. Ein Halbkreis von einigen Stufen führte in eine von den Wohnräumen
umgebene, oben gedeckte, nach dem Hof zu offene Veranda. Feldtische, Stühle,
Angareb (sudanische Bettstelle), Feldbett, Hängematten, Kisten und Kasten füllten
bald alle Räume, Strohmatten wurden auf den Lehmsitzbänken ausgebreitet und
binnen kurzem hatte ich mir ein gemütliches Arbeitszimmer und einen Empfangs-
diwan, deren Fenster sich auf einen Garten der Nachbarschaft öffneten, eingerichtet.

Rechts von der Veranda, in gut abschließbarem Raum, fanden reihenweise geordnet die zur Reise herzurichtenden Lasten Platz; links schlug Bohndorff sein Asyl auf. Die Veranda diente in den folgenden Wochen tagsüber zu Arbeiten jeglicher Art; dort wurden kleine Kisten für die Reise hergestellt, es wurde gesägt, gehämmert, genagelt, genäht, gepinselt, Lasten geschnürt; abends aber, nachdem der Boden gereinigt und, um Abkühlung zu schaffen, mit Wasser besprengt war, vereinigten sich meine Bekannten häufig daselbst zu einem gemütlichen Plauderstündchen. Aus dem Kreise vorjähriger Freunde fehlte der Konsul Rosset, der bald nach seiner Ankunft in Dar-For als neuernannter Gouverneur daselbst gestorben war. Gessi weilte im Bahr el-Ghasal, doch waren Giegler Pascha, Konsul Hansal und

Dr. Zurbuchen, ein Schweizer Arzt, der seit dem vergangenen Jahr aus Wadi-Halfa hierher übersiedelt war, meine immer gern gesehenen häufigen Abendgäste. Außer den genannten Herren, mit denen ich in näherm Verkehr stand, befand sich zur Zeit auch Messadaglia Bey, ein Italiener, Rossets Nachfolger in der Stellung als Gouverneur von Dar-For, in Chartum. Er war aus seiner Stellung bereits wieder abberufen

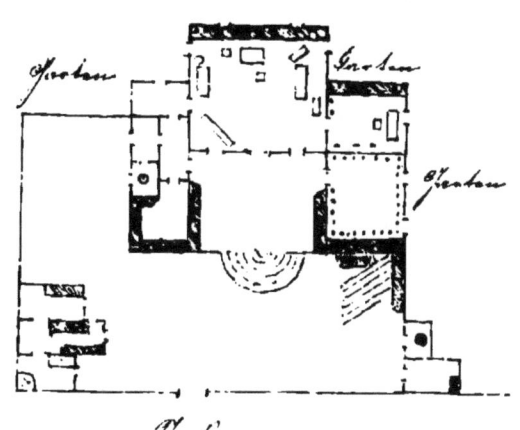

Plan meines Wohnhauses in Chartum.

und kehrte bald nach Kairo zurück. Auch der Italiener Zughenetti weilte am Ort. Er hatte Gessi auf dem Kriegszuge in das Bahr el-Ghasalgebiet begleitet, kehrte jedoch vor dem Ausbruch der eigentlichen Kämpfe auf dem Kriegsschauplatz nach Chartum und später nach Ägypten zurück. Im Lauf des verflossenen Jahrs waren in Geschäften mehrere Europäer, Italiener, nach Chartum gekommen, von denen einige sehr bald dem Klima erlagen, während andere den Sudan wieder verließen, und so behielt Marquet für die nächsten Jahre bis zum Zusammenbruch aller Dinge durch den Mahdi-Aufstand das Hauptmonopol des Handels im ägyptischen Sudan in seinen Händen. Die katholische Mission in Chartum hatte zu jener Zeit bedeutenden Zuwachs aus Europa erhalten, doch hatten einige Mitglieder als ungeeignete Persönlichkeiten wieder ausscheiden müssen. Herr Lumbroso war auch jetzt noch in seiner Stellung als Post- und

Telegraphendirektor, der Tiroler Klein, neben dem Konsul Hansal die längste
Zeit in Chartum ansässig, führte nach wie vor (schon Schweinfurth erwähnt
ihn in seinem Reisewerk) als Schneider von Handwerk die Nadel, doch leider
nur während jener kurzen lichten Pausen, in denen sein Geist nicht durch Alkohol-
genuß umnachtet war. Auf ihn hatte die dankenswerte Erfindung der Näh-
maschine, deren auch er in Chartum sich bereits zu bedienen gelernt, die nachteilige Folge ausgeübt, daß die Arbeit nun zwar rascher von der Hand ging,
er aber dafür mehr Muße zum Trinken fand. In lichten Momenten und infolge
meiner eindringlichen Ermahnungen stichelte jedoch Freund Klein, der, nebenbei
erwähnt, uns noch vor wenigen Jahren als Sänger mit einer selten schönen
Tenorstimme erfreut hatte, für Bohndorff und mich einige Reiseanzüge aus dem
im Sudan „Damûr" genannten, in Dongola gewebten Stoff zusammen. Obgleich ich in dieser Beziehung meine Ausrüstung bereits in Europa vollendet
hatte, ließ ich dennoch diese Reiseanzüge nähen; kannte ich doch die Vorteile
des „Damürzeuges" für unsere Zwecke, namentlich die Widerstandskraft des
Stoffs, der sich, ähnlich wie Tricot, besonders in Busch und Wald und
zwischen Dornen bewährt.

Die ersten Tage meines Aufenthalts in Chartum vergingen mit der
Einrichtung in meinem zeitweiligen Heim, mit Besuchen, die ich machte und zu
Hause empfing. Für die Zeit meines Aufenthalts in der Stadt nahm ich einen
Diener und eine Köchin in Dienst. Letztere begleitete mich später auch in die Negerländer. Aus einem Bericht, welchen Ernst Marno im Monat November über die
bestehende Verstopfung des Nilflusses an die Chartumer Verwaltung erstattet hatte,
ersah ich, mit welchen Schwierigkeiten er kämpfen mußte und wie ungewiß die
Wiedereröffnung des Flusses war. Seine Schilderung der Verhältnisse bestimmte
mich zu der Reise nach der Meschra er-Rek im Bahr el-Ghasal. Marno arbeitete
mit drei Dampfschiffen am Sedd, deren eins an der Grasverstopfung selbst
beschäftigt war, worüber ich später Gelegenheit finden werde, Näheres zu
berichten. Das zweite führte beständig Brennmaterial für die Maschine des
ersten und dritten herbei, welch letzteres die losgelösten Grasinseln vor der
Verstopfung weiter stromabwärts schleppte und die neue Ansammlung von Grasmassen verhindern sollte. Somit waren drei Dampfschiffe an der Eröffnung des
Flusses beschäftigt. In Lado bei Emin Bey befand sich ein vierter Dampfer,
welcher im Jahr 1878 durch die hinter ihm sich schließenden Grasbarren überrascht und an der Rückfahrt nach Chartum verhindert worden war. Da diese
Dampfschiffe an dem regelmäßigen Dienst nicht teilnehmen konnten und die
übrigen zur Verfügung stehenden Schiffe auf dem Weißen und Blauen Nil andere

nötige Verwendung fanden, teilweise aber auch nicht geeignet waren, die Fahrten in das Grasmeer des verrammelten Nilgebiets zu wagen, wo sie stets von unerwartet eintretenden Ereignissen bedroht waren, so konnte der Verkehr mit dem Bahr el-Ghasal nur noch durch den Dampfer „Ismailia" aufrecht erhalten werden.

Inzwischen war Gordon von Massaua nach Kairo zurückgekehrt. Eine Depesche brachte uns die Nachricht, daß er nicht nach Chartum wiederkehren würde; an seine Stelle als Generalgouverneur sollte Rauf Pascha treten.

Meine weitere Ausrüstung für die Reise in die Negerländer nahm ihren Fortgang. Zu dem Esel, der mir bereits von Suakin bis Berber gedient hatte, kaufte ich einen zweiten Esel und ein Maultier hinzu. Der Ankauf der gewöhnlich gangbaren Artikel für meine Zwecke — hauptsächlich der im ägyptischen Suban bevorzugten einfachen Baumwollzeuge: tirqa (blau), trumba und Mabapolam (in verschiedener Güte und Größe, weiß), ferner von roten Schuhen, Tarbuschen (d. h. türkischen und ägyptischen Fes), von Salz, Reis, Kaffee und vielen andern kleinen, noch nötigen Gegenständen — hatte ich für Chartum aufgespart, da solche, wie mir von meiner ersten Reise bekannt, hier zu beschaffen waren.

Nachrichten von Gessi, welche zu dieser Zeit auf dem Landwege über Schekka eintrafen, teilten uns mit, daß R. Buchta von seiner Reise aus dem Süden und desgleichen die Missionäre Dr. Felkin und Wilson aus Buganda im Bahr el-Ghasalgebiet angekommen seien. Letztere waren über Schekka nach Chartum weitergereist, während Herr Buchta mit dem nächsten Dampfer von der Meschra er-Rek nach Norden zurückzukehren beabsichtigte.

Das russisch-griechische Neujahrsfest 1880 war für uns herangekommen. Die verflossenen Weihnachtstage waren dieses Mal wieder nur der Erinnerung geweiht gewesen an das vergangene Jahr, an den Glanz und die Herrlichkeit eines Christbaums und die ihn umjubelnde Kinderschar. Den Sylvesterabend wenigstens beabsichtigte ich jetzt in bescheiden würdiger Weise zu feiern und im Kreise einiger Freunde bei einem Glas Wein der verlassenen Heimat zu gedenken. Festlich wurde mein Diwan für den Abend ausgestattet. Die russische Fahne, ein liebes Geschenk des Ägyptologen Herrn G. in Petersburg, schmückte die Wand; aus Europa mitgenommene bunte Papierlaternen hingen an Schnüren zu den Seiten des Tisches, der für die Sylvestermahlzeit aufgestellt worden. Mit der Hauptdelikatesse für den kommenden Abend hatte ich für meine Freunde eine Überraschung vorbereitet. Die Leser dieser Zeilen werden gewiß erstaunt lächeln, wenn sie erfahren, daß die von mir geplante Überraschung in drei auf verschiedene Weise hergestellten Kartoffelgerichten bestand. Um nämlich in den

Negerländern Kartoffeln zu pflanzen, hatte ich einen Korb voll mit mir genommen. Ein Teil jedoch begann bereits zu keimen und wäre nach monatelangen Reisen für den erwähnten Zweck untauglich geworden, sodaß ich mich entschloß, statt dieselben der sichern Verderbnis auszusetzen, sie lieber für meine Freunde in Chartum zuzubereiten, denen ich damit einen dort nie gebotenen Leckerbissen vorsetzte. So zierte denn den Festtisch an diesem Abend eine dampfende Schüssel mit in der Schale gekochten Kartoffeln; ihnen folgten als Beilage zu einem

Sylvesterfeier in Chartum.

Fleischgericht in Scheiben geschnittene und mit Kümmel geröstete Kartoffeln, und schließlich zum Braten ein allerseits belobter, von mir selbst gemischter Kartoffelsalat, mit Zusatz von etwas Sardellensauce und feingeschnittenen Mixed Pickles. Der Jubel über das bescheidene Kartoffelmahl war groß, und nicht geringer war zu meiner Freude der Zuspruch, sodaß die vollen Schüsseln sich schnell leerten und Freund Zurbuchen sogar noch am selbigen Abend über eintretende Verdauungsbeschwerden klagte, während der biedere Hansal zum Schluß noch einige Kartoffeln in der Schale, sein erklärtes Lieblingsgericht, in die Tasche wandern ließ. So wird auch das Einfachste und Bescheidenste, was dem Menschen durch frühe Gewohnheit und in der Erinnerung lieb und begehrenswert geworden, in der Fremde nach langer Entbehrung zum wirklichen materiellen Genuß. Bei magischer Beleuchtung durch die bunten Papierlaternen blieben wir in geselligem Verein bis über die Mitternachtsstunde hinaus beisammen. Selbst die Pfropfen einiger Flaschen übrigens recht fraglichen Champagners knallten zur Neujahrs-stunde los; ich hatte ihn bei einem Händler in Chartum aufgespürt. Gegen-seitiges und fremdes Wohl wurde nach guter alter Sitte getrunken und dabei im Fluge der Gedanken still auch der fernen Heimat Gruß und Glückwunsch dargebracht. Von der damaligen europäischen Gesellschaft Chartums sollte ich nach vielen Jahren auf meiner Rückkehr in Ägypten nur Giegler Pascha wieder-sehen. Ihm verdanke ich, bei seiner damals angesehenen amtlichen Stellung, die bestmögliche Förderung meiner Reiseinteressen. Dr. Zurbuchen wurde bereits im nächsten Jahr ein Opfer des Chartumer Klimas; Marquet starb später in Kairo; Konsul Hansal, wie auch die meisten übrigen, gehörten zu den Opfern des Mahdistenaufstands. Die Feier des griechisch-russischen Neujahrs fand übrigens auch in dem Umstand ihre Berechtigung, daß der größere Teil der europäischen Kolonie in Chartum aus Griechen bestand. So gestaltete sich auch der erste Tag des neuen Jahrs nach griechisch-katholischem Kalender als offizieller Festtag. Viele Mitglieder der Chartumer Gesellschaft, Griechen, Levantiner, Italiener rc., boten mir an diesem Morgen Gruß und Glückwunsch, und es ging in meinem Diwan bei all dem Kommen und Gehen, nicht ohne das übliche Gläschen Mastikaschnaps und Wermut, nebst orientalischen Süßigkeiten als Zubiß, festtäglich lebhaft zu.

Am 18. Januar überraschte uns, obwohl die Rückkehr des Schiffs um diese Zeit erwartet wurde, die Ankunft der „Ismailia" aus dem Bahr el-Ghasalgebiet. Freudig wurden die eingetroffenen Nachrichten von Gessi Pascha und Emin Bey besprochen, freudig aber sah besonders ich das Dampfschiff am Ufer landen, denn erst seine Ankunft setzte meiner Abreise aus Chartum einen annähernd bestimmten Termin. Die „Ismailia" sollte, so lautete die bereits früher getroffene Bestimmung, spätestens nach Ablauf von 14 Tagen eine neue Fahrt nach dem Bahr el-Ghasal antreten. Nun erst entwickelte sich in meiner Behausung, in dem Lagerraum der Kisten, in der als Arbeitsatelier benützten Veranda, im Hof, ja selbst in den Küchenräumen für uns alle eine doppelt regsame Thätigkeit. Seit Tagen arbeitete ein Tischler bei mir; für die vielen neu hinzugekauften und täglich sich noch mehrenden Gegenstände stellte er passende, für den Transport durch Träger in den Negerländern geeignete Kisten her. In Berücksichtigung dieser Notwendigkeit hatte ich bereits in Berlin einem Teil der für den Kameltransport berechneten großen Kisten eine längliche Form geben lassen, sobaß manche derselben jetzt nur in zwei oder drei Teile zersägt und mit Seitenwänden versehen zu werden brauchten, um passende kleinere und leichtere Gepäckstücke zu erhalten. Das für Kisten nötige Fichten- und Tannenholz ist in Chartum teuer, weil es aus Europa eingeführt wird; die gewöhnlichen, für den Handel zugeschnittenen langen Bretter kosten in Chartum das Stück 3 ägyptische Thaler, und daher hatte ich dort vor 1½ Jahren auf die Herstellung der Kisten für meine Sammlungen große Summen verwenden müssen.

Die Verteilung und Verpackung des Hunderterlei von Gegenständen in die fertiggestellten Kistchen war ausschließlich meine eigene Arbeit. Auch diese

Halsschmuck eines Pferds aus
Dar-For.

Holzkisten, wie meine später näher zu beschreibenden, aus Berlin mitgebrachten Tragvorrichtungen waren zum Öffnen und Schließen mit Deckel und Vorhängeschloß eingerichtet und meistens von 4 zu 4, nach den verschiedenen Größen, numeriert; die Nummern aller Gepäckstücke aber waren behufs leichtern Erkennens und „Lesens" für die Negerdienerschaft bildlich in verschiedenen Farben (weiß, blau, rot, gelb) durch große Punkte, Kreise, Striche, unter der eigentlichen, doch nur für mich und Bohndorff verständlichen Ziffer, wiedergegeben. Ja, auf einigen Kisten brachte ich deutliche farbige Zeichnungen an: eine Schlange, eine erkennbare Tierform, ein Menschenbildnis, Dinge, die sich meinen Negerjungen später besser als Nummer und Zahl einprägten, und wonach rasch und leicht das gewünschte Gepäckstück herbeigeschafft wurde. Alle diese Holzkistchen wurden nach der Verpackung noch mit besondern Deckeln von Kuhhaut versehen, welche naß über die Kiste gespannt wurde, eine Handbreit an den Seitenteilen übergriff und dann an der Sonne trocknete. Ein leicht zu lösender, über dem aufliegenden, harten Hautdeckel gekreuzter Strick hielt diesen fest. So schaffte ich dem Inhalt der Kisten auf einfache Weise ausgezeichneten Schutz gegen Durchnässung während der schweren Regenzeit. Mit solchen geweichten Kuhhäuten, die später in den Negerländern durch Büffelhäute und Antilopenfelle bei allen möglichen Arten von Verpackung mit größtem Nutzen ersetzt werden sonnten und vielfach Verwendung fanden, ließ ich jetzt auch sechs „Dame-Jeannes", d. h. durch Korbgeflecht bereits geschützte, große Glasbehälter, sogenannte Ballons, zu mehrerer Sicherheit noch umspannen, sodaß nur der kurze Hals des Gefäßes hervorsah, der aber auch noch einen abnehmbaren, hutförmigen Verschluß erhielt. Ebenso wurden Streifen von Kuhhaut zum netzförmigen Bespannen der eigens bestellten, leichten Holzgestelle benützt, welche als Reiseangareb für Bohndorff und mich dienten.

Viele der mitzuführenden Ausrüstungsartikel, die als Reservegegenstände unbedingt erst in später Zukunft zur Verwendung kommen sollten, waren in festgepackten, vernagelten Kisten enthalten. Die in Chartum erworbenen Zeuge, Anzüge für die Neger, unter denen sich auch sechs Dutzend äußerst dauerhafte, russische Bauernanzüge (bunte Hemden und Hosen) befanden, überhaupt weiche Gegenstände, wurden zu Ballen geschnürt und in doppelte Säcke von bester Qualität, von denen jedesmal der äußere mit grauer Ölfarbe angestrichen war, eingelassen. Diese Säcke, welche ich aus Berlin leer mitgebracht hatte, sind zum Verpacken von weichen Gegenständen — auch Kistchen und harte Dinge habe ich in der Mitte der Längsachse der Säcke zu bergen gewußt — sehr praktisch; sie sind leicht, werden von den Negern gern getragen und können durch passende Vorrichtung hermetisch gegen Regen und Feuchtigkeit abgeschlossen werden.

Auf meinen frühern Reisen hatte ich die mancherlei Mängel der von den Reisenden aus Europa mitgeführten Tragevorrichtungen: Eisen-, Blech- und Holz- kisten, wie ich sie bei Gordon, Gessi, Lucas sah, wie auch Sir Samuel Baker sie mit sich führte, Kisten, von denen ich etliche zur Probe in eigenem Gebrauch nahm, hinreichend kennen gelernt. Bei meiner diesmaligen Ausrüstung in Berlin ersann ich ein neues System und machte den Versuch mit Körben, wie man sie vielfach in Haushaltungen und auf Reisen in Europa verwendet. Solche Körbe von länglicher Form, in mehreren Größen, aus Weidengeflecht, überzogen und gefüttert mit dem stärksten Segeltuch, außen mit grauer Ölfarbe wiederholt angestrichen, innen mit passenden Einsätzen aus dünnem Blech, nämlich Extra- kistchen zum Herausheben mit Vorhängeschlößchen, die Körbe selbst außen mit Schließvorrichtung versehen und das Ganze für eine Traglast berechnet, dienten mir auf allen meinen langjährigen Rundreisen. Sie bewährten sich in jeder Beziehung vorteilhaft; heute noch sind die wenigen, die ich überhaupt nach Europa zurückbringen konnte, fast unversehrt. Eisenblechkisten ohne äußere schützende Hülle verbiegen sich leicht; stärker konstruierte Eisenkistchen, die davor bewahrt sind, wiegen dagegen zu schwer, sie müßten daher mit Rücksicht auf den Gewichts- zuwachs durch den Inhalt so klein hergestellt werden, daß ihr Fassungsraum zu gering würde. Bei meinen Blechkisten jedoch, welche durch die leichte Korb-

3*

hülle geschützt waren, konnte ich auch verhältnismäßig recht dünnes Blech verwenden lassen und erhielt eine leichte Tragevorrichtung. Wie ich übrigens in
nötigen Fällen später in den Negerländern die Teile, Korb und Blechkiste, einzeln
verwendete und mir so zwei Beförderungsmittel verschaffte, wird später erzählt
werden. Es empfiehlt sich für den Reisenden, Tragevorrichtungen, verschieden an
Größe und Fassungsgehalt, mit sich zu führen, da die mancherlei Gegenstände
der Ausrüstung doch von sehr verschiedenem Gewicht sind. So waren meine
größern Blechkisten auf der Hinreise mit leichten Gegenständen aller Art gefüllt
und dienten später in den Negerländern für die leichten, getrockneten, naturhistorischen Objekte, wie Bälge von Vögeln und kleinen Säugetieren. In diese
Blechkisten paßte bei eventuellem Nichtgebrauch die zweite kleinere Form der
Körbe hinein. Die dritte Serie, die kleinste Form, fand nötigenfalls in den
Blechkisten der zweiten Größe Raum. Sie enthielten vier oder sechs genau ein-
gepaßte Blechkistchen mit eindrehbarem Verschluß, welcher der Hand und dem
Vorderarm den Zugang gestattete. An Stelle des schützenden Korbgeflechts waren
sie nur von einem mit Ölfarbe gestrichenen Segeltuchfutteral umgeben, in dem
als Basis für die Kiste, und damit diese nicht durch das Tragen auf dem
Kopf von unten her eingedrückt würde, ein dünnes Brettchen eingelassen war.
Die Serie der eingepaßten kleinen Blechkistchen diente mir für schwerwiegenden
Proviant, Hülsenfrüchte u. dgl., später wurden darin ängstlich zu schonende
Objekte, wie Schmetterlinge in Papiertütchen zwischen Watte, Käfer in Seidenpapier u. s. w., untergebracht. Dieses Einschachtelungssystem wurde mir für die
Folge, obgleich in der ersten Zeit alle Kisten gefüllt waren, von Nutzen. Einige
sehr flache, aber lange Körbe enthielten Gewehre und Gegenstände, die in den
übrigen Tragevorrichtungen keinen Raum fanden. Alle diese Körbe und Blechkisten wurden bereits in Berlin mit Waren, Reiseutensilien und einem Teil
des Proviants gefüllt und je zwei nebst andern beigepackten Gegenständen für
die Kamelreise in den größern Holzkisten untergebracht.

Für eine Anzahl der Gepäckstücke hatte ich beim Verpacken bereits in
Berlin ein bestimmtes System verfolgt. Das Wichtigste und Notwendigste auf
der Reise, was der Vereinsamte in unkultivierten Ländern am schwersten entbehren lernt, war in zehn gleiche Teile geteilt und in verschiedenen Lasten untergebracht, sodaß der Inhalt dieser Gepäckstücke, der Platz, der den einzelnen
Dingen in den Kisten angewiesen war, bis auf das kleinste übereinstimmte. Von
den abgezählten Stahlfedern, Schreibutensilien, Notizheften und leeren Tage-
büchern, von den nötigsten Medikamenten, von den wichtigsten Nahrungsmitteln,
gepreßten Suppen, ungern zu missenden Genußmitteln, Thee, Tabak und andern

Kleinigkeiten, bis zur Leibwäsche, den Reserveinstrumenten, Uhren, dem Revolver nebst Munition — glich der Inhalt der einen Blechkiste vollkommen dem der andern. Bei der später von mir befolgten Art des Reisens, nämlich die Negergebiete auf Rundreisen zu erforschen, während deren ich den weitaus größten Teil der Ausrüstung in dem Hauptquartier zurückließ, lag bei einer derartigen Verteilung im Fall einer Feuersbrunst in der Station, selbst wenn ein Teil der Lasten verloren gehen sollte, doch die Gefahr ferner, des ganzen Vorrats dieser notwendigsten Gegenstände verlustig zu gehen. Auf die Rundreise aber nahm ich mehrere solcher Reservelasten mit und wußte, daß ich in denselben, nach Verbrauch des Inhalts der täglich zu öffnenden Kisten, den nötigen Ersatz finden würde.

Die Verhältnisse, Sitten und Gebräuche, denen sich der in Centralafrika eindringende Forscher anpassen und unterordnen muß, sind je nach den Ländern verschieden. Demzufolge muß bei der Ausrüstung und hauptsächlich auch der Auswahl der mitzuführenden Waren und Tauschartikel darauf Rücksicht genommen werden, von welchem Ausgangspunkt, ob von Ägypten, von der Ost- oder Westküste aus, die Reise beginnen, oder ob nur Südafrika durchzogen werden soll, und schließlich auf welche Gebiete sich die Forschung erstrecken werde. Meine Erfahrungen beziehen sich auf die östliche Hälfte des Kontinents, und ich berühre hier nur vorläufig die weit auseinander gehenden Verhältnisse, unter denen ich meine Reisen in den Negerländern nördlich vom Äquator, gleichsam in ägyptischem Fühlungsgebiet, und später südlich des Äquators, vom Viktoria-See bis zur Ostküste nach Sansibar, ausgeführt habe. Im Verlauf der Schilderungen werden diese Unterschiede deutlich hervortreten. In Bezug auf das südliche Gebiet erwähne ich nur vorübergehend, daß die seit Jahrzehnten von den Küsten aus auf bestimmten Wegen direkt nach den Negerländern südlich vom Äquator ziehenden Karawanen dort im Lauf der Zeit Zustände hervorgerufen haben, die nicht nur Handel und Verkehr im Gefolge hatten, sondern auch für die Neger in mancher Beziehung geregelte und vorteilhafte Verhältnisse schufen, anderseits aber das Reisen für den Forscher, der die dort entstandenen Unkosten nicht durch Tauschhandel wie die arabischen Händler einbringen kann, besonders kostspielig machen. Der Umstand, daß die Eingeborenen, die sich auf Monate und Jahre als Träger verdungen haben, unterwegs meistens durch gesetzliches Einhandeln der Lebensbedürfnisse ernährt werden müssen, der Mißstand bedeutender Durchgangszölle, die Tribute, welche durch die Häuptlinge vieler Gebiete und die Ortschefs von den Karawanen willkürlich erpreßt werden, und noch andere Ursachen zwingen den weit in das Innere reisenden Forscher, eine zahlreiche Trägermannschaft mitzuführen, mit gangbarer Ware zum Einhandeln des Bedarfs und zur Entrichtung der nun einmal üblichen, durch Feilschen zwar herabzubrückenden, aber immer noch bedeutenden Tribute. Der Kauf und Verkauf, der bestehende Handel mit dem Neger in jenen Gebieten, die dort übliche Ernährung der Mannschaft, das Anwerben derselben für vorher bestimmten Lohn, wurde bei dem regen Verkehr der dortigen Karawanenstraßen, auf denen alljährlich Tausende von Leuten einherziehen und ernährt sein wollen, eine conditio sine qua non, wenn nicht die Gebiete an den begangenen Straßen von den Eingeborenen verlassen, der Verwüstung und Veröbung preisgegeben werden sollten. Wüstenei aber, wo die Leute auf dem Durchmarsch nicht ernährt werden können, ist für die Karawane in Afrika ebenso gefahrdrohend, wie der Sturm auf hoher See, der an Schiffbruch mahnt.

Von diesen hier kurz berührten, doch vorläufig für das Verständnis genügend skizzierten Verhältnissen weichen die Zustände in den ägyptischen Äquatorialprovinzen und den angrenzenden, von Handelskarawanen und Forschern nur teilweise durchzogenen Gebieten sichtlich ab, ja sie stehen in vieler Beziehung dem oben Geschilderten diametral gegenüber. Hier hat sich nicht, wie anderwärts, der Handel nach und nach gesetzmäßig ausgebreitet, sondern raublustige Händler aus dem angrenzenden arabischen Sudan überschwemmten in kurzer Zeit die Gebiete des obern Nils und schufen ein System des Frondienstes unter Mißachtung der Segnungen eines geregelten Handels. Selbst die fortgeschrittene Verwaltung unter ägyptischer Regierung, die mit jenen Gebieten auch die bestehenden Krebsschäden früherer Verhältnisse übernehmen mußte, hatte bis in die letzte Zeit, wenn auch bessere Zustände angebahnt wurden, doch nicht die Kraft gehabt, Bestehendes und Eingewurzeltes zum Wohl der Länder zu ändern.

Diese bedauernswerten Mißstände in den von mir zu bereisenden Ländern schützten mich zwar in pekuniärer Beziehung vor der kostspieligen Ausgabe der Tribute und der regelmäßigen Bezahlung und Ernährung der Träger, die meine Lasten in den meisten Fällen nur auf einzelne Tagemärsche weiter beförderten und beständig durch andere ersetzt wurden, aber anderseits hatten sie auch schwerwiegende Schattenseiten im Gefolge. Diese von der ersten Reise her mir genügend bekannten Verhältnisse, denen sich begreiflicherweise der Einzelreisende zu fügen hat, mußten nun für die diesmalige Art meiner Ausrüstung maßgebend sein.

Während der Reisende, der sich zum Aufbruch in das Innere von Sansibar ausrüstet, darauf bedacht sein muß, lange Reihen von Warenballen, hauptsächlich landesübliche Zeuge, Perlen, Kupfer- oder Messingdraht u. dgl. zum regelrechten Handel behufs Ernährung seiner zahlreichen Karawane mit=

Helm aus Dar=For.

zuführen, brauchte ich keine gangbare, zum Handel oder Trägerlohn bestimmte Ware mitzunehmen, sondern konnte mich mit solchen Artikeln versehen, welche als Geschenke oder selbstbemessene Entschädigung für entgegengenommene, zum Teil wohl auch erzwungene Dienstleistungen bestimmt waren. Natürlich trug ich dem Herkömmlichen soweit Rechnung, daß ich bei der Auswahl denjenigen Artikeln den Vorzug gab, die bereits früher von den Chartumer Händlern und gegenwärtig von der Regierung für die niedere Beamtenschar und die Negerhäuptlinge in jene entfernten Gebiete eingeführt wurden. Da aber alle diese Dinge in verhältnismäßig spärlicher, nie genügender Menge dahin gekommen waren, so hatten sie auch für den Neger einen um so höhern Wert. Die geringsten Gaben wurden hier ohne Murren und mit Befriedigung entgegengenommen, während auf den Hauptkarawanenstraßen im Süden häufig um ganze Lasten gefeilscht werden mußte.

Ich betone hier nochmals und ausdrücklich, daß Handelsartikel als solche bei den Negern in den ägyptischen Äquatorialprovinzen noch keine oder nur sehr geringe Verwertung gefunden haben, da der Handel mit dem Neger dort kaum das Anfangsstadium überschritten hat. Wenn vom Import von Waren aus Chartum nach Lado und in das Bahr el-Ghasalgebiet die Rede ist, so darf darunter nur verstanden werden: erstens der minimale Handel, welchen einige mit Erlaubnis der Regierung zeitweilig hinaufgekommene Privathändler mit den dortigen arabischen Beamten treiben, zweitens die Warensendungen der Verwaltung in Chartum, welche die Bedürfnisse der in den Negerländern stationierten Beamten und Soldaten decken sollen. Ich glaube, daß von der ganzen Wertsumme kaum 10 Prozent in Perlen, Zeugen und Kupfer als Entschädigung für geliefertes Elfenbein auf die Negerhäuptlinge entfallen. Wenn in der nächsten Nähe von Lado auf kaum einstündige Entfernung unter den Augen von Emin Bey mit den dortigen Barihäuptlingen und Negerdragomanen sich auch ein sichtbarlich freudig begrüßter kleiner Handel anbahnte, die Dragomane dort selbst die ägyptischen Thaler und kleinern Münzen annahmen und in der Station wieder verausgabten, so waren das doch nur sehr lokale Erscheinungen, die sich dicht bei der Centralstelle wohl entwickeln konnten, doch anderwärts fehlten. Das Handeln und Feilschen blieb auf die Stationsinsassen beschränkt; der Neger draußen war und blieb bis zu meinem endlichen Abgang aus jenen Ländern geknechtet bei Frondienst und gewaltsamer Eintreibung, durch die ja das Nötige beschafft werden konnte. Genügende Ware von Chartum, deren Angebot allmählich einen geregelten Handel hätte anbahnen können, blieb stets aus, und lähmte die besten Absichten und Emin Beys erwünschten Erfolg. Unter den

Beamten aber hatte niemand ein Interesse, Neurungen freudig zu begrüßen, durch die sie sich in ihrem egoistischen Trachten benachteiligt sahen.

Infolge dieser Verhältnisse bedurfte der Reisende in den ägyptischen Äquatorialprovinzen einer bedeutend geringern Quantität an Stoffen, Perlen, Kupfer u. dgl., die, wie erwähnt, in Chartum beschafft und verpackt wurden. Es war mir möglich, eine große Anzahl von Gegenständen mitzunehmen, welche, wenn auch nicht absolut notwendig, doch wenigstens niemals nach Centralafrika gekommen waren und als bessere europäische Ware mir teils als gern entgegengenommene Gegenstände dienen konnten, teils den Eingeborenen andere Begriffe von unserer Kunstindustrie, obgleich die gewählten Gegenstände ja nur bescheidene Erzeugnisse europäischen Gewerbfleißes waren, beibringen sollten. Überdies hoffte ich den Neger, der in vieler Beziehung bis in sein Alter noch im Kinderstadium verharrt, durch Vorzeigen von ihm verständlichen, doch nie gesehenen und geahnten Scherzen und Spielereien, die zum Schluß auch als begehrte Geschenke dienten, in leutseliger Stimmung zu erhalten und dadurch mir den Verkehr mit ihm zu erleichtern, ihn selbst mir dienstwilliger zu machen. In die Binnenländer Afrikas wird mit sehr wenig Ausnahmen die billigste, schlechteste Ware versandt, die in bestimmten Fabriken Europas nur für diesen Zweck erzeugt und kaum irgendwo auf einem europäischen Markt angetroffen wird. Ich erwähne hier nur als Beispiel eine Art von Rasiermessern, Messern und Scheren von staunenswerter Billigkeit, dafür aber auch von so schlechter Beschaffenheit, daß der Neger, der in der Bearbeitung des Eisens solche Erzeugnisse weit übertrifft, von dem Können und Schaffen in Europa einen sehr falschen Begriff gewinnen muß. So war ich darauf bedacht, neben dem Notwendigen und Nützlichen Belehrendes und den Eingeborenen Unterhaltendes, sowie Gaben besserer Güte mitzunehmen, welche mir zum Teil auch als Geschenke für arabische Beamte und Stationsvorsteher dienen sollten. Ich unterlasse es, die lange Liste der endlich in Chartum für die Negerländer verpackten Gegenstände hier aufzuführen, da im Lauf der Erzählung sich häufig Gelegenheit bieten wird, von den einzelnen Dingen zu sprechen. Je nach den Orten der erworbenen Ausrüstungsartikel lasse ich hier nur noch einige allgemeine Angaben folgen:

1. In Berlin beschaffte ich allen persönlichen Bedarf an Kleidern, Wäsche und Schuhwerk, ferner weiß und blau emailliertes Koch- und Eßgeschirr, an Zahl weit über das eigene Bedürfnis hinaus, um auch davon das meiste als Geschenk verwerten zu können, dann zehn Gewehre verschiedenen Systems und hunderterlei Artikel, die als nötige, jedenfalls sehr wünschenswerte Dinge den Reisenden begleiten müssen. Von dem leichten Nähfaden und der Nadel bis

zum Bügeleisen und der schweren Fleischhackmaschine wurde ein ganzes Arsenal verschiedenartigster Objekte verpackt. Eine in drei gleichwertige Teile gebrachte große Menge Sämereien bezog ich von Haage und Schmidt in Erfurt. Von Lebensbedürfnissen nahm ich nur den geringern Teil der Konserven aus Berlin mit, vorwiegend gute Suppen und getrocknetes Obst, den nötigen Theebedarf u. s. w. Dagegen traf ich in Berlin die Auswahl einer ganzen Anzahl von Tauschobjekten und Gegenständen, die zu Geschenken für die Neger und Araber taugten. Ich führe davon an: Messer, Scheren, Rasiermesser, Genickfänger, viele Schmuckgegenstände der verschiedensten Art, Spiegel, Bronzeketten, meterweise verkäuflich, wie sie für Aufhängelampen dienen und die später sehr begehrt waren u. dgl. m. Alle diese Gegenstände wählte ich in guter Qualität. Als Muster und zum Vorzeigen für die ersten Jahre nahm ich von manchem selbst das Beste, wenigstens Imponierende, gleichsam Sensationelle unserer Kunstindustrie mit, z. B. schöne, vielklingige Messer, wertvolle Hirschfänger u. dgl. Ich kannte erfahrungsgemäß die Vorliebe der Neger für Musik und war somit darauf bedacht, alle unsere kleinen Tonwerkzeuge, von der Maultrommel und Harmonika an, von der Okarina und Kinderflöte bis zur großen Ziehharmonika, von den kleinsten bis zu den großen wertvollen Spieldosen, manches davon in vielen Exemplaren, mitzunehmen. Zu diesen Musik- und Lärminstrumenten kam in Kairo noch eine über metergroße, volltönende Drehorgel hinzu. Von Kinderspielzeugen wählte ich mancherlei: plastisch gearbeitete und verständliche, zu Erklärungen geeignete Gegenstände, Tierformen, kleine Modelle von Schiffen, Häuschen, Soldaten, selbst ein Eisenbahnzug befand sich unter dem Vielerlei. Das ganze Tierreich war auf den Blättern von Kinderbilderbüchern deutlich in Farben zu sehen, andere Darstellungen boten die Münchener Bilderbogen. Auch von leichter Cartonnage hatte ich manche Scherze und Überraschungen verpackt: vom Knallbonbon an, das sich wunderbar zu einem Anzug aus buntem Seidenpapier entfaltet, vom Cotillonorden und Luftballon angefangen bis zu den monströsen Tiergesichtern, den farbigen und dunkeln Negermasken, waren da noch so manche Dinge vorhanden, deren Aufzählung mich zu weit führen würde. Ich erwähnte bereits, daß ich einen Teil der wissenschaftlichen Instrumente aus London bezog. Ein Reservefeldbett, eine Hängematte zum Aufstellen, ein großes Sonnendach in Form eines Schirms, ein Zelttisch und zwei zerlegbare Sessel kamen aus Paris.

2. In Kairo vervollständigte ich die Ausrüstung, sowohl was persönliche Bedürfnisse anbetrifft, als auch an Artikeln, die von hier aus tief in die arabischen Länder importiert werden. Diese sind weit zweckmäßiger in Kairo zu beschaffen,

wo bei den Großhändlern die nötige billige Ware auf Lager gehalten wird und
die Geschäftsleute die begehrtesten Artikel für die verschiedenen arabischen Länder
kennen.

Auch bei den meisten mitgeführten Lebensmitteln verfolgte ich das System
der gleichwertigen Verteilung. Vier Traglasten der üblichen Konserven wurden
sortiert und gleichwertig bereits für den Transport in den Negerländern sorgfältig in Werg verpackt. Der Inhalt einer Kiste, verschiedene Weine und Cognac,
zu denen in Chartum noch Öl und Essig in Flaschen hinzukam, wurde später
in derselben Weise gleichwertig in mehrere kleinere Lasten verteilt. Genauere
Angaben über mitgeführte Genuß- und Nahrungsmittel finden später bei einzelnen Gelegenheiten Platz. Auch andere Artikel des persönlichen Bedarfs aller
Art wurden in Kairo vervollständigt. Die Umständlichkeit der Einfuhr von
Schießmaterial, bei notwendiger Deklaration und besonderer Verfrachtung, wo-
durch häufig Verzögerung entstehen konnte, veranlaßte mich, meinen Bedarf an
Pulver und Munition, zu dem auch Schrot und Blei kam, in Kairo zu erwerben.
Sattelzeug, Apothekerware und manches andere, in den letzten Tagen auch noch
die Privatausrüstung von Bohndorff, kam zu den für persönliche Zwecke nötigen
Dingen hinzu. In Kairo erwarb ich aber auch eine Anzahl der für den arabischen
Sudan, für Kordofan und Dar-For üblichen Handelsartikel, welche mir später
als kleine, billige Geschenke von besonderm Nutzen wurden. Die Zusammen-
stellung, umsichtige Auswahl und Verpackung zu festgeschlossenen Lasten für den
Transport mit Trägern verdanke ich dem selbstlosen, warmen Interesse eines
Kairiner Freundes, des Herrn Gustav Koch, dem, als Importeur und Geschäftsmann in diesen Artikeln, eine reiche Erfahrung bei Auswahl der Dinge für
mich zu Gebote stand. Auch unter dieser Sammlung von Allerlei fand sich
manches als Probe und Muster vor, geeignet, durch Vorzeigen bei den Negern
auf die Mannigfaltigkeit unserer Industrieerzeugnisse hinzuweisen. Aber auch
Dinge, die in den beigegebenen Listen meines geehrten Freundes nicht aufgeführt
waren, fand ich später nach Jahren bei Öffnung der einzelnen Kistchen zu
meinem persönlichen Gebrauch als freudige, wertvolle Überraschung.

3. In Chartum kamen die eigentlichen Handelsartikel, vermittelst deren
auch die Regierung ihre in den äquatorialen Provinzen stationierten Beamten
teilweise entlohnt, zu meiner übrigen Ausrüstung hinzu. Auch Dinge für meinen
eigenen Gebrauch, die ich zufällig in Chartum vorfand und für nützlich und
begehrenswert hielt, wurden erworben. Ist Chartum doch der letzte Vorposten
der Civilisation, wo der Reisende im Gefühl der bald eintretenden Unmöglichkeit, seine klingende Münze zu verwerten, sich emsig nach etwa noch ver-

gessenen, wünschenswerten oder nötigen Dingen umsieht. Solche Gegenstände aber, von denen ich wußte, daß ich sie in Chartum beschaffen konnte, wurden auch erst hier erworben. Von den Provisionen erwähne ich nur eine Last Kaffee, einige Traglasten Salz, Zucker, Reis, Maccaroni, eine Quantität Konserven für den Gebrauch während der ersten Monate, Stearinlichte, gewöhnliche Waschseife u. s. f. Körbe voll Zwiebeln, frische Gemüse und anderes lieferte uns noch im letzten Augenblick der Chartumer Markt. Die früher erwähnten, durch Korbgeflecht und Kuhhaut geschützten Flaschenballons, deren jeder eine Traglast bildete, waren mit flüssiger Butter, Spiritus, auch griechischem Wein für die nächsten Wochen, und mit Mastikaschnaps gefüllt. Ein Kistchen mit Schweizer Magenbitter vervollständigte meinen kleinen aus Kairo mitgeführten Vorrat an Getränken, deren Genuß nur für besondere Fälle berechnet war. Der in Chartum erworbene, von den Griechen dort auf Bestellung gebackene, derbe, feste Zwieback (Buxmat), nebst einer Kiste mit besserem Genueser Schiffszwieback, erforderte später im Beginn der Landreise allein zehn Träger. Zu dem Kochgeschirr aus Berlin kamen hier noch dauerhaftere, arabische Kochtöpfe aus verzinntem Kupfer hinzu, desgleichen ein großes, zwar schweres, aber fast unverwüstliches Wasch- und Badegefäß aus demselben Stoff, und außerdem erwarb ich noch bei Herrn Marquet eine leichtere, große, runde Sitzwanne. Unter diese ließ ich zum Schutz einen festen Holzboden zimmern, der mir später, auf einen Fuß gestellt, in den Negerländern als vorzüglicher zweiter Tisch diente. Diese großen Gefäße benützte ich auf der Reise als Behälter für täglich nötige leichte Gegenstände; sie erhielten als Deckel einen Tierhautverschluß und waren in große, leicht zu öffnende Säcke geschnürt. Durch alle diese neu bewerkstelligten Anschaffungen nahm die Zahl der nach und nach fertiggestellten Lasten für mich in erschreckender Weise zu.

Es begann schon hier die ängstliche Sorge, ob ich auch später im Bahr el-Ghasalgebiet die nötigen Träger für alle diese schönen und wünschenswerten Dinge erlangen würde, um so mehr, als doch der kaum beendete Krieg gegen Soliman Bey ohne Zweifel nicht ohne nachteilige Wirkung in dieser Beziehung geblieben war. Und doch hatte ich meine materiellen Bedürfnisse trotz der auf Jahre berechneten Reise so knapp als möglich bemessen. Konserven, andere Nahrungsmittel und Wein betrachtete ich nur als periodisch anzusprechende, nötige Aushilfe; dagegen aber bedurfte es unzähliger Dinge, deren Mitnahme allein die Erreichung verschiedener Zwecke ermöglichte. Teils waren es Gegenstände, die zum systematischen Sammeln, Erhalten und Bergen naturhistorischer Objekte dienten, teils Dinge, deren ich bedurfte, um meinem Plan gemäß zeit-

weilig Stationen mit häuslicher Einrichtung und Gartenanlagen zu gründen
wie sie den Aufenthalt des Europäers auch in jenen der Kultur entrückten
Gebieten angenehm, wenigstens erträglich machen können. So fand sich bei
meiner Ausrüstung, außer Handwerkszeugen aller Art, selbst eine kleine Bibliothek,
die, abgesehen von den verschiedenen Bilderwerken, schon eine Traglast ausmachte.
Gern hätte ich auch jetzt noch, um später in den Negergebieten mehr geben zu
können, mehr von den gewöhnlichen Chartumer Handelsartikeln verpackt, doch
mußte ich mich bei der Ungewißheit in betreff der Trägerfrage auf verhältnismäßig wenige Lasten der üblichen Baumwollzeuge (Madapolam, Trumba, Tirqa)
beschränken. Zu diesen kamen noch verschiedenfarbige, bunte Stoffe, welche Herr
Marquet als neue Artikel eingeführt hatte, und endlich noch viele Dutzende der
überall beliebten arabischen Fes (Tarbusche) und roten arabischen Schuhe. Zur
Kennzeichnung der Mannigfaltigkeit all dieser, der schließlichen Einschiffung
harrenden Gepäckstücke, sowohl ihrer Form, als auch ihrem Zweck nach), führe
ich zum Schluß noch an, daß selbst ein tragbarer Hühnerkäfig aus Drahtgitter, auf zusammengezimmerte Bretter gesetzt, eine starke Rolle zweier Arten
von Drahtgitter zu verschiedentlichem Bedarf in den später zu errichtenden
Stationen, ein zur landesüblichen Mehlbereitung nötiger Reibstein (Murhaka)
u. dgl. je eine Traglast darstellten. Da waren eigens geformte Kisten mit
Abteilungen für Gläser, die zur Konservierung von anatomisch-zoologischen
Präparaten mit Spiritus gefüllt waren; in Bündel zusammengeschnürte Kupfer-
stangen, aus denen ich später die Hand- und Fußringe für Geschenke formen
ließ; Körbe mit Nahrungsmitteln vom Chartumer Markt; Hängematte, Sonnen-
dach, Gummidecken, ein kleines Zelt, bis zum spätern Gebrauch in Sackleinen
und Chartumer Matten eingenäht; endlich die täglich benötigten wasserdichten
Säcke mit den Gegenständen für die Nacht, nämlich einem Teppich, der die
Matratze ersetzte, einer wollenen Decke, einem leichten arabischen Schlafanzug,
einem Kopfkissen, welches aus etwas glattgelegter Wäsche und einem leichten
Anzuge in einem Säckchen mit Kissenüberzug bestand, einem langen, wollenen
Paletot, der mir bei kühlen Abenden und Nächten diente, und dem Moskitonetz
(Namussije). Die zwei für Bohndorff und mich hergestellten sudanischen Bett-
gestelle (Angareb) vervollständigten neben den winzigen, aber schweren Lasten
der in Kuhhaut eingenähten Schrote und des Bleis den Formenreichtum der
Gepäckstücke und die Mannigfaltigkeit einer afrikanischen Ausrüstung.

In den letzten Tagen des Monats Januar kam ich mit der Verpackung
meiner sämtlichen Sachen zu Ende und ließ zwei Tage vor Abgang des Dampfschiffs „Ismaïlia" gegen 130 Gepäckstücke, die mit wenigen Ausnahmen

bereits alle in der erforderten Weise als Traglasten für die Negerländer hergerichtet waren, an Bord bringen. Ein geselliger Abend vereinigte uns noch im
Hause des Konsuls Hansal. Ich ließ dabei einen kleinen Luftballon steigen, der
eilig über Chartum hinwegschwebte und unsern Blicken, sowie denen der staunenden Menge, in südlicher Richtung entschwand. An diesem Abend erfreute
auch das letzte Lied, von Konsul Hansal bei Klavierbegleitung gesungen, mein
Ohr. Noch einmal flüsterten liebe, bekannte Melodien wehmütig mir Abschieds-
grüße zu. Für viele lange und bange Jahre sollte ich ja nun auch die Wohlthat
der Musik entbehren. Den Vorabend der Abreise verbrachten meine Chartumer
Freunde bei mir. In fröhlicher Stimmung ahnte niemand von uns, welch
herbes Schicksal die nächste Zukunft für die meisten in sich barg. Während
eine gütige Vorsehung mich schützte und mich den Weg zurück zur Heimat finden
ließ, gingen sie fast alle dem frühen, baldigen Tod entgegen, um mir nur die
freundliche, liebe Erinnerung an sie zu hinterlassen. Nachts, bis in die frühe
Morgenstunde, floh mich der Schlaf; ich schrieb Berichte und Briefe nach
Europa.

Reisekorb mit Blechkiste als Einsatz.

Om-Terman.

Reise von Chartum nach Meschra er-Rek.

Letzte Sorge um die Ausrüstung. Trennung von den Zurückbleibenden. Dampfer „Ismailia".
Das „süße Nichtsthun" an Bord. Lebenslauf Bohndorffs. Hochwasser des Weißen Nils;
veränderter Anblick. Sobatbremse. Mücken- und Rattenplage. Aufenthalt in Faschoda.
Dampfer „Burdehn", Marno an Bord. Noch eine letzte Kaufgelegenheit. Neue Holzstation
und vier Dampfer beisammen. Fesselnder Anblick des Steppenbrandes. Erste Grasbarre.
Abschied von Marno. Einfahrt in den Bahr el-Ghasal. Ödes, trostloses Gebiet der Nuër.
Zahllose Grasbarren. Parra africana. Erfolglose Jagd auf Balaeniceps rex. Papyrus.
„Embába" bleibt zurück. Hilfeleistung unsers Kapitäns. Gefahr im brennenden Gras.
Vom Dampfer verletztes Krokodil. Schildkröte als Schutz gegen Ratten. Ambatschwald.
Kolonie der Schlangenhalsvögel. Bahr el-Arab. Einmündung des Djur. Kit, über-
schwemmtes Gras. Niedriger Wasserstand 1878. Elefanten auf einer Insel. Ankunft in
Meschra er-Rek. Kartographische Flußaufnahme. Elend, Hunger und Tod auf der Fahrt
Gessis nach Chartum. Entstehung der Grasbarren. Ankunft Gessi Paschas. Der Sorge
um Träger enthoben.

Am 31. Januar, dem Tage unserer Einschiffung für die Fahrt nach dem
Bahr el-Ghasal, schickte ich die letzten Sachen und die drei Reittiere
an Bord. Mehrere mit Durra gefüllte Körbe und neun Lasten Stroh-
futter für die Esel kamen noch zu all dem bereits Vorhandenen. Nach einigen
nötigen Geschäftsgängen und den Abschiedsbesuchen verbrachte ich die letzten
Augenblicke an Bord unsers Schiffs im kleinen Kreise der zurückbleibenden

Freunde. Ein wiederholtes Händeschütteln, ein letztes fröhliches Winken, und aufs neue entführte mich das Schicksal hinaus in die blaue Ferne, meines Zwecks wohl bewußt, aber doch ohne Ziel!

Dem Dampfschiff „Ismaïlia“ folgte auch der Dampfer „Embába“ mit mehreren Barken im Schlepptau, während ein eisernes Frachtboot, auf dem sich meine Reittiere befanden, von unserm Schiff gezogen wurde. Eine Anzahl Dongolaner und arabisches Gesindel, von Gessi Pascha aus dem Bahr el-

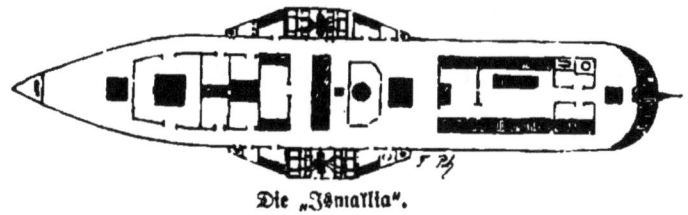

Die „Ismaïlia“.

Ghasalgebiet ausgewiesen, desgleichen eine bedeutende Menge Elfenbein, sollten auf allen diesen Fahrzeugen nach Chartum zurückgebracht werden. An Bord galt es nun vor allem, sich für die lange Fahrt möglichst gut einzurichten und, um Platz zu gewinnen, das viele Gepäck in unserer Salonkajüte richtig zu stauen. Der für Ware bemessene, beschränkte Raum diente dem Regierungsgut; der eigentliche untere und obere Schiffsraum aber bleibt auf allen Dampfern im obern Nil notgedrungen und unbedingt dem Brennholz vorbehalten. Auf meiner ersten Reise hatte ich bereits mit der „Ismaïlia“ eine Fahrt auf dem Blauen Nil nach Sennâr und auf dem Weißen Nil nach Lado gemacht. Der hintere Teil des Schiffs über Deck stand uns allein zur Verfügung. Die Räumlichkeiten daselbst waren erstens: eine vordere Kajüte mit zwei Lagerstellen an den Seiten und einem Tisch, dann der Salon, gleichfalls mit zwei, allerdings langen und für vier Personen Schlafstellen bietenden Polsterbänken, sowie einem langen Tisch, der fast die Hälfte dieser Abteilung einnahm, ferner ein kleiner Raum, der, wie auch ein viertes, ursprünglich für die Toilette bestimmtes Gelaß bis an die Decke mit Regierungsgut für Faschoda angefüllt war. Da wir genötigt waren, beinahe das ganze Gepäck zu uns in die Kajüten zu nehmen, blieb uns bis zur Ankunft in Faschoda, wo ich auch die beiden letztern Räume mit meinem Gepäck belegen konnte, herzlich wenig Platz zu freier Bewegung. Über alle diese und andere über Deck liegende Räume, fast in der ganzen Länge der „Jsmaïlia", lief ein Hochdeck, durch ein Segeltuchdach gegen die Sonnenstrahlen geschützt. Der Kapitän und die Mannschaft waren mir von den frühern Fahrten her wohlbekannt.

Die Reise auf dem Nil, die ich nun bis zum Sobat zum fünftenmal machen sollte, erregte bei mir nicht mehr jenes Interesse, welches mich bei den wechselvollen Eindrücken während der ersten Fahrten gefesselt hatte.

Bei dem verhältnismäßig seltenen Verkehr der Dampfer mit der obern Nilregion hatte ich es als einen glücklichen Zufall, als ein mir beschiedenes Reiseglück anzusehen, daß ich Chartum bereits so bald nach meiner Ankunft verlassen konnte. In zuvorkommender Weise war von der Chartumer Verwaltung für mich, meine Leute, die Saumtiere und das umfangreiche Gepäck unentgeltliche Fahrt gewährt. Durch die Erfahrung auf meiner ersten Reise gewarnt, hütete ich mich diesmal, in Chartum arabische Dienerschaft anzuwerben, nur die Negerköchin Saida folgte mir außer Farag Allah in die obern Nilländer. Dort hoffte ich Negerjungen für meine Zwecke finden und bald abrichten zu können. Beim Beginn unserer Flußfahrt blieb am westlichen Nilufer der in den letzten Jahren in der Geschichte des Mahdi so häufig genannte Ort Om-Derman bald hinter uns zurück. Doch eile ich in meiner Beschreibung über die täglich ins Tagebuch eingetragenen Details der bereits geschilderten Flußscenerien hinweg. Die Fahrt verzögerte sich unliebsam, weil auf den Holzstationen mehrmals auf das langsamer folgende zweite Dampfschiff und die Barken gewartet werden mußte und dann die vielen Schiffe erst mit Holz beladen wurden. Bei solchen Gelegenheiten war die Jagd in den Uferwaldungen eine Unterhaltung; manches Perlhuhn wanderte in die Küche, manches Exemplar aus der Vogelwelt wurde der Sammlung einverleibt oder es wurde auch mit Angel und Netz gefischt. An einem solchen Halteplatz südlich von Kaua in getreidereicher

Gegend erwarb ich noch drei Ardeb Durra, um davon Vorrat nach dem endlich zu erreichenden Landungsplatz am Bahr el-Ghasal mitnehmen zu können.

Die sonst einförmigen Tage der langsamen Fahrt vergehen mit Schreibereien und Lesen. Die Arbeit ist häufig auch von dem „süßen Nichtsthun" unterbrochen, welches in südlichen Breiten selbst den arbeitsamsten Europäer schleichend überkommt. Für den denkenden Menschen ist ja auch jenes träumende Grillenfangen nicht Langeweile, sondern es sind Stunden einer Gedankengymnastik, in denen unser Geist blitzschnell kreuz und quer durch das Weltall reist, aus höchster Höhe in dunkle Thäler schaut, Erforschtes und Unerforschtes sich vorträumt, in der Erinnerung Liebgebliebenes und nun Wachwerdendes nachhängend festzuhalten sucht, bis ein neuer Gedankensprung ihn mit Blitzeseile wieder von Welt zu Welt, von längst geschwundener und jüngstverlebter Vergangenheit hinüberführt zu ahnungsloser, geheimnisvoller Zukunft.

Die Abendstunden an Bord der „Ismailia" vergingen auch wohl im Geplauder mit Bohndorff. Bei solcher Gelegenheit erzählte er mir von seinem Lebenslauf, der im Hinblick auf seine bereits früher und noch späterhin ausgeführten Reisen für weitere Kreise Interesse haben dürfte. Bohndorff war am 16. August 1849 zu Plau in Mecklenburg geboren und trat bei einem Goldschmied in die Lehre. Von Hamburg wanderte er als Handwerksbursche über Köln, später durch die Schweiz, nach Savoyen. Dort wurde er während des deutschfranzösischen Kriegs grundlos als preußischer Spion gefaßt, in Gewahrsam genommen und rücksichtslos in Ketten an die italienische Grenze geleitet; er ging hierauf nach Turin und dann nach Genua, wo er Arbeit nahm. Der Wandertrieb führte ihn später nach Tunis und bald darauf nach Ägypten. Zu Kairo arbeitete er abermals längere Zeit in seinem Fach, trat 1874 in Gordons Dienste als Diener und Proviantmeister und gelangte mit ihm bis Gondokoro. Erkrankt kehrte er nach Ägypten zurück. Dann, als ich Ende 1875 im Begriff stand, meine erste Reise nach dem Suban anzutreten, bot Bohndorff mir seine Dienste an, die ich damals ablehnen mußte, da ich bereits einen deutschen Präparator angeworben hatte. Mit eigener Ausrüstung reiste der Unternehmende im Mai 1876, bald nachdem ich Ägypten verlassen hatte, aus Kairo über Dongola direkt nach Dar-For und mit Hilfe der damaligen Siber'schen Seribenverwalter in die westlichen Gebiete der Niam-Niam. Dort erreichte er im Gebiet der Njáktara, westlich vom Fluß Schinko, auf einer provisorischen Station von Rába, einem Hauptanführer Siber'scher Truppen, welcher in der Geschichte des Soliman'schen Aufstands bekannt geworden ist, seinen westlichsten Punkt. Da inzwischen damals dieser Aufstand ausgebrochen war, wurde Bohndorff auf der

Rückreise ausgeraubt und kam flüchtig, dem Tode nahe, nach Schella, wo
Gordon damals zufällig weilte. Mit seiner Unterstützung und Hilfe kehrte
Bohndorff kurz vor meiner zweiten Ankunft 1879 nach Kairo zurück und trat
dann bei mir in Dienst.[1]) Um hier gleich auch über seine spätern Irrfahrten
zu berichten, führe ich, in der Geschichte meiner eigenen Reisen zeitlich vorgreifend, an, daß ich ihn wegen häufiger Krankheit, welche seine Rückkehr
nach Europa nötig machte, auf seinen eigenen Wunsch im Oktober 1882 aus
dem Niam-Niamlande entließ. Infolge des Aufstands der Dinka im Bahr el-
Ghasalgebiet, durch welche der Weg nach der Meschra er-Rek versperrt wurde,
konnte er jedoch erst im Dezember 1883 die Negerländer verlassen.[2]) Nach

Faschoda am Weißen Nil.

kurzem Aufenthalt in Europa trat er in die Dienste des Kongostaats und
war einige Zeit als Stationsvorsteher in Manjánga thätig. Als 1885 die
österreichische Expedition unter Professor Dr. O. Lenz und Dr. O. Baumann
vom Kongo aus die Provinz Emin Beys zu erreichen trachtete, erhielt Bohndorff die Erlaubnis, die Expedition zu begleiten und gelangte, mit Professor
Lenz den Kontinent durchquerend, 1887 an die Südostküste bei Quillimane.
In Europa litt es ihn jedoch nicht. Schon im Herbst desselben Jahrs war

---

[1]) Ausführliche Mitteilungen über diese Reise Bohndorffs veröffentlichte G. Schweinfurth im „Ausland" 1884, S. 541 bis 545 und 565 bis 571.

[2]) Die Aufnahmen von Bohndorff im Niam-Niamlande und auf der Rundreise im
Bahr el-Ghasalgebiet wurden von Dr. B. Hassenstein veröffentlicht in „Petermanns
Mitteilungen" 1885, S. 339 bis 350, mit Taf. 16.

er wieder in Ägypten und steht gegenwärtig im Dienst der ostafrikanischen Expedition unter dem Reichskommissär Major Wißmann.

Die häufigen Unterbrechungen der Fahrt verzögerten unsere Ankunft in Faschoda bis zur Nacht auf den 9. Februar. Im Vergleich zu frühern Jahren bot der Nil auf der zurückgelegten Strecke vielfach ein anderes Bild. Sein Wasserstand war auch zu jetziger Zeit noch beträchtlich hoch, sodaß z. B. Uferteile bei Kaka, die in andern Jahren überhaupt frei von Überschwemmungen blieben, gegenwärtig noch unter Wasser standen. Die seltene Höhe des Weißen Nils im vergangenen Jahr war die Ursache davon. Auch andere auffallende Veränderungen waren zu vermerken. Massenhaft stromabwärts treibende Grasvegetation mahnte an die durch Grasbarren verlegten Teile des obern Nils, in denen die stagnierenden Wasserflächen von Überschwemmungsgebieten der vermehrten Neubildung von flottierenden Grasmassen Vorschub leisten, während andere Teile der Grasbarren, auf natürlichem oder künstlichem Wege gelöst, wie gerade gegenwärtig durch Marnos Arbeiten, in die Strömung und bei dem hohen Stand des Nils weit nach Norden treiben. So trafen wir auf unserer Fahrt schon wenige Tage südlich von Chartum große flottierende Grasinseln, die zum Teil im Fahrwasser noch weiter nach Norden trieben, zum Teil sich an den Ufern festgesetzt hatten. Daher kam es, daß wir jetzt die Papyrusstaude, losgetrennt vom heimatlichen Sitz, mit der übrigen Grasvegetation in weit nördlichern Gegenden antrafen. Südlich von Kaka begann die Plage der großen Sobatbremse, deren Stich empfindlich schmerzt. Sie war die Veranlassung, daß ich tagsüber unter dem Moskitonetz arbeitete. Auch meine Reittiere mußte ich gegen diese Bremsen und die später nach Sonnenuntergang auftretenden Mückenschwärme durch eine Umkleidung schützen; Sackleinentücher, welche unter dem Bauche zusammengebunden wurden, hatte ich eigens zu diesem Zweck in Chartum passend herrichten lassen. Zu grauenhafter Plage für uns wurden in diesem Jahr auf der „Ismailia" die Ratten. Vor ihnen mußte nachts alles verschlossen werden. Abends tobten sie geräuschvoll in der Kajüte zwischen den aufgeschichteten Gepäckstücken umher, erkletterten an den Stricken die hochgehängten Gegenstände, ja entblödeten sich nicht, hinter mir in nächster Nähe auf der Bank ihr haftiges Spiel zu treiben und, während ich las, selbst auf meinen Tisch zu kommen. Mit kleinen Schrotpatronen aus der Flobert-Pistole brachte ich die Plagegeister zeitweise zur Ruhe.

Da die „Embâba" mit ihren Schleppschiffen nur langsam nachkommen konnte, wurde uns auch in Faschoda ein Aufenthalt von mehreren Tagen zu teil. Meine Reittiere ließ ich für diese Zeit ausschiffen und täglich reiten.

Auch wir waren häufig am Lande, obgleich Faschoda nebst Umgegend herzlich wenig Erfreuliches bietet und wahrlich nur für eine Verbrecherkolonie erschaffen zu sein scheint, die der Ort ja auch in der That war. Gegenwärtig konnte man wenigstens trockenen Fußes umhergehen; in der Regenzeit aber löst sich der Boden in Sumpf und Morast auf. Bei allen meinen frühern Besuchen hatte ich Faschoda von schwerem Regen umhüllt gefunden und — ein eigentümlicher Zufall, ja fast unerhört für die jetzige Jahreszeit — in der ersten Nacht wurde ich auch diesmal durch das Geprassel von niedergehendem Regen geweckt.

Schilluk-Waffen.

Eine freudige Überraschung machte mir indes den Aufenthalt in Faschoda sogar höchst angenehm. Das Dampfschiff „Burdehn", so benannt nach einem Ort in Unterägypten, bei dem der frühere Premierminister Scherif Pascha eine große Besitzung hat, war aus dem Süden von den Arbeiten an den Grasbarren unvermutet angelangt und hatte E. Marno an Bord, der für die Arbeiten neue Taue, und für die Mannschaft Provisionen aus Faschoda holen wollte. Da die noch immer ausstehende „Embába" auch für die am Sedd (Grasbarre) stationierten Schiffe nötige Dinge geladen hatte, blieb die „Burdehn" wartend bei der „Ismaïlia" liegen. Obgleich ich Ernst Marno, der seit Jahren zu wiederholten Malen weite Reisen im ägyptischen Sudan gemacht hatte und auch in Mátará mein Vorgänger gewesen war, hier zum erstenmal traf und kennen lernte, so entspann sich zwischen uns doch sogleich ein reger und herzlicher Verkehr. Ich erhielt von ihm genauere Angaben über die gegenwärtige Beschaffenheit der obern Nilregion und verdankte ihm wertvolle

Papyrusdicht und Nilpferde.

Skizzen einzelner Flußstrecken. Das Gebiet der Schilluk war seit meiner letzten Anwesenheit fast gänzlich der ägyptischen Regierung tributär gemacht worden, und man sollte seither anstandslos in Begleitung weniger Soldaten von Faschoda in südwestlicher Richtung mittels dreier Tagemärsche in einen Teil des Gebiets gelangen können, den man mit Tungu nannte.

In Faschoda war mir auch noch einmal Gelegenheit geboten, manches käuflich zu erwerben. Wer hätte diese Gelegenheit, dieweil noch einige Thaler in der Tasche klangen, unbenützt vorübergehen lassen? Solange die Möglichkeit sich bietet, sucht der der Kultur entfliehende Reisende noch gern in den ihm erreichbaren, kleinen materiellen Genüssen zu schwelgen. Die Zeit notwendiger Entsagung, die magern Jahre, das Darben tritt an ihn immer noch früh genug und bedingungslos heran. Mein auf die langen Jahre kärglich bemessener Proviant mußte geschont bleiben. Ich vervollständigte daher meine Vorräte bei dem dortigen griechischen Kleinhändler Juffuf noch einmal durch Ankauf von etwas Zucker, Kaffee, Salz, Butter, Seife, Datteln u. dgl. Auch wurden frisches arabisches Gemüse, ein Schaf und für einen Thaler zwölf Hühner eingehandelt. Mein mit Käsemilch gefüllter Ziegenschlauch aber glich jenem edlen Wein, der „Rose" im Ratskeller zu Bremen, dessen Born bei fortwährendem Nachfüllen niemals versiegt. Jene Milch blieb unser häufig genossenes, bescheidenes Labsal, wenn auch nur ein kümmerlicher Ersatz für die „Rose", und ängstlich trug ich Sorge um ihre Nachfüllung, wie denn auch in Faschoda wieder der käsebereitende Schlauch seinen Milchzuguß erhielt.

Die Ankunft der täglich erwarteten Schiffe verzögerte sich bis zum 15. Februar. Sie kamen mit voller Holzladung an, und tags darauf wurde gemeinschaftlich weitergedampft, da auch die „Burdehn" zu der Arbeit an der Grasbarre zurückkehrte. Vor der Station Sobat lagen wir nur während der Nacht auf den 17. Februar vor Anker. Wehmütig gedachte ich meines letzten Aufenthalts hier vor 1½ Jahren, als ich auch meinen zweiten mich damals begleitenden Europäer Gustav Eberle durch den Tod verlor und hier der Erde übergeben mußte. Wenige Stunden Fahrt brachten uns weiter an eine neuerdings durch Holzfällen ausgebeutete Stelle. Gegen fünfzig Soldaten waren bei der Arbeit, um für die Dampfer vor dem Sedd in den hier noch ausgedehnten Waldungen, da sie stromauf spärlicher werden, das nötige Brennholz vorzubereiten. Die Soldaten hatten sich Hütten gebaut, und so war eine förmliche Ansiedlung entstanden; auch lag das Dampfschiff „Mansura" hier vor Anker, und somit waren nach unserer Ankunft vier Dampfer und eine große Anzahl Barken in jener unwirtlichen Gegend beisammen. In dieser Jahreszeit wird das Auge dort fast allabendlich durch das erhabene Schauspiel des Steppenbrandes erfreut. Ein solcher entwickelte sich an einem Abend nördlich von Faschoda zu bewunderungswerter und erschreckender Großartigkeit. Zwischen uns und dem in der Ferne auflodernden Steppenbrand lag der Berg Achmet Agha und verdeckte durch seine Massen die zerstörende Glut des Feuermeers selbst; in der dunkeln Nacht aber hoben sich die deutlich gezeichneten, goldig gefärbten Umrisse der uns zugekehrten dunkeln Bergesmasse scharf am Himmel ab, der sich fast bis zum Zenith hinauf in lichtem Feuerschein über der nächtigen Landschaft wölbte; ein fesselnder, überwältigender Anblick.

Das stets rasch verbrauchte Holz zur Heizung der Dampfkessel wurde für die Fahrt im Bahr el-Ghasal auch auf unserm Dampfer im Lauf eines Tags ergänzt und darauf die Fahrt fortgesetzt. Sehr unerwartet und überraschend fanden wir an jenem Tag vor dem sogenannten Maijeh bita Signora (Hinterwasser, benannt nach der kühnen Reisenden Alexine Tinne, die es zuerst befuhr) die ganze Breite des Weißen Nils durch eine etwa 100 Meter messende Grasbarre verlegt. Diese Neubildung war daselbst erst in den letzten Tagen entstanden, denn die kürzlich aus dem Bahr el-Gebel gekommenen Schiffe hatten den Strom hier vollständig von Seddbildung frei getroffen. Für die Beurteilung der allgemeinen Verhältnisse derartiger, sich rasch bildender Grasbarren war aber gerade dieser Sedd äußerst bemerkenswert und für mich lehrreich; ich komme später bei eingehender Besprechung meiner Wahrnehmungen über die Bildung von Grasbarren im obern Nil darauf zurück. Wenige Stunden Arbeit gestatteten uns die Durchfahrt durch die bisher noch lose zusammenhängende Masse. Abends schon warfen wir in dem seeartig erweiterten Becken der Vereinigung des Bahr el-Gebel und des Bahr el-Ghasal, genannt Moqren el-Bahur, (Nosce der ältern Karten), neben der „Burdehn" und der „Embâba" Anker. Der Dampfer „Mansura" war früher direkt zur Arbeit an der großen Verstopfung im Bahr el-Gebel zurückgekehrt, um das dritte dort stationierte Schiff, die „Telhauin", an welches von Chartum gleichfalls Ware zu übergeben war, zu uns zu beordern. Auch trennte sich die „Burdehn" wieder von uns. Mit ihr Ernst Marno, dem ich ein Lebewohl und Glückauf zu seiner schwierigen, noch der Lösung harrenden Aufgabe zurief. Auch ihn sollte ich nicht wiedersehen. Wenige Jahre darauf, am 31. August 1883, fiel er als Opfer des sudanischen Klimas, dem er so viele Jahre widerstanden hatte.

Mit unserer Einfahrt in den Bahr el-Ghasal trat an mich auf dieser Reise zum erstenmal die ernstere Arbeit heran. Den Bahr el-Gebel bis Lado hatte ich früher befahren, jetzt sollte ich auch den zweiten Hauptfluß, durch dessen Vereinigung mit jenem der Weiße Nil gebildet wird, kennen lernen. Ich beabsichtigte eine genaue Aufnahme des Flusses zu machen, welche bisher noch fehlte, während der Lauf des Bahr el-Gebel von Chippendall und Watson 1874 vermessen worden war und jetzt nochmals von Marno bei der Beseitigung der Grasbarren genau aufgenommen wurde. Zu diesem Zweck hatte ich bereits mehrfach die Fahrgeschwindigkeit unsers Dampfers gemessen, doch gab mir dieselbe bei den enorm schwierigen Verhältnissen der Fahrt im Bahr el-Ghasal später gar keine Anhaltspunkte, und es mußten für die Berechnungen der zurückgelegten Strecken auf Schätzung beruhende Mittelwerte angenommen werden. Daß wir mit dem andern Dampfer, der „Embába" und der Anzahl Barken gemeinschaftlich die Fahrt ausführen mußten, hatte seine Ursache in der bestimmt vorauszusehenden Notwendigkeit, eventuell mit Hilfe der „Jsmaïlia", welche mit einer stärkern Maschine ausgerüstet war, die andern Schiffe, falls sie sich in den Grasmassen festfahren sollten, aus schwierigen Lagen zu befreien.

Bei der Abfahrt am 21. Februar begann ich vom Oberdeck aus von Minute zu Minute die Winkelmessungen dieses Flußlaufs einzutragen und das Bemerkenswerte über die Verhältnisse des Flusses und seiner nächsten Umgebung zu verzeichnen. Die ganze Gegend des Moqren el-Bahūr bildet in der Regenzeit einen ausgedehnten See, während er bei niedrigem Wasserstand in zwei Teile getrennt ist, die durch einen nur etwa 1000 Meter langen Kanal miteinander verbunden sind. Selbst nachdem die Fahrt auf dem eigentlichen Fluß begonnen hat, sucht das Auge, über das Flußgras hinüberschweifend, das bedeutend niedriger ist als im Bahr el-Gebel, vergeblich nach einem erhabenen Gegenstand, sei es auch nur ein Busch. Der Fluß, der im Beginn noch einige hundert Schritt breit sichtbarer, freier Wasserfläche zeigt — beständig überschwemmtes Gebiet erstreckt sich weithin nach beiden Seiten — verengt sich anscheinend bis auf die Hälfte, ja auf ein Drittel, behält aber immerhin an diesem ersten Tag der Fahrt bis in die zweite Nachmittagsstunde wenigstens 50 Schritt freier Wasserfläche. Auf dieser Strecke zeigte sich am Morgen nach wenigen Stunden Fahrt rechts, auf dem vielleicht weit und breit einzigen, trockenen Plätzchen, ein elendes Nuerdorf, eine bescheidene menschliche Ansiedlung, deren Insassen, Fischer, ihr Dasein gleich Sumpftieren fristen; das Reich der Amphibien und Fische ist in der That auch ihre Existenzbedingung. Das flußähnlich weit in das Binnenland hineinziehende Maijeh bita Komundári (Keilal der ältern Karten) wird gleich darauf ebenfalls auf der rechten Seite sichtbar. Ihm folgt auf derselben Seite ein zweites und bald darauf links das Maijeh bita er-Nek; kleinere solche Hinterwasser aber stehen auch weiterhin zu beiden

Seiten des Flusses mit demselben in Verbindung. Sie lassen häufig kaum wahrnehmen, ob man Ausmündungen von Nebenflüssen oder nur Hinterwasser vor Augen hat. Endlos scheinende Einförmigkeit bleibt vorherrschend, selten überragt eine Papyrusstaude das niedere Grasmeer. Die sonst für jene Sumpf- und Wasserregionen charakteristische Vegetationsform sah ich erst in den spätern Morgenstunden wieder reichlicher auftreten, dagegen stauen sich zu den Seiten der freien Wasserfläche die kelchförmigen Pistien, die während meiner Fahrt auf dem Sobat massenhaft am Schiff vorbeitrieben; auch sieht man vielerorts die weißblühenden Wasserlilien (Nymphaea Lotus). Behend und zierlich schreitet dort die leicht gebaute, reizende Parra africana, ein kleiner Wasservogel der Nilregion, auf den schwimmenden Blättern der Pflanzen umher. Ein freies Gewässer, das ich gegen 11 Uhr links sich weit in das Grasmeer hineinziehen sah, wurde mir von unserm Reïs (Piloten) als Chor Deleb bezeichnet. Endlich trat

Parra africana.

eine halbe Stunde später wieder ein armseliges Fischerdorf der Nuër in unsern Gesichtskreis; ich zählte durch das Fernrohr gegen zehn Hütten, die von etlichen 80 Personen erklettert waren, welche unsere Schiffe besser beobachten wollten. In unmittelbarer Nähe mündet rechts ein bedeutendes Gewässer ein; es soll mit dem Chor el-Arab in Verbindung stehen und einen nördlichen Mündungsarm desselben bilden. Zwei Delebpalmen (Borassus flabelliformis) bezeichnen kurz vor Mittag auf der linken Seite deutlich die Landmarke; hier mündet das früher erwähnte Chor gleichen Namens. Einzelne in der Ferne aus dem Gras aufragende Büsche und alte Termitenhügel lassen erkennen, daß in der trostlosen Gegend erst von dort an fester Untergrund vorhanden ist. Die Termitenbauten lehnen sich häufig an solches Buschwerk; stehen sie als kahle Erderhebungen in der Nähe des Wassers, so erscheinen sie vielfach durch Unrat der Wasservögel weiß gefärbt; ab und zu sieht man den Schlangen= halsvogel (Plotus melanogaster) darauf sitzen und seine ausgestreckten Flügel in der Sonne trocknen. Kurz vor 1 Uhr gewahrte ich in dieser Gegend links das dritte Nuerdorf; es mochten wohl zwanzig aus Lehm geformte Hütten mit Strohdächern sein, die auf einige Entfernung landeinwärts aus dem Gras aufragten. Während bis in die zweite Nachmittagsstunde der Fluß eine wenigstens 50 Schritt breite, grasfreie Wasserfläche gezeigt hatte, trat jetzt eine plötzliche und für das Auge überraschende Änderung ein. Die vege= tationslose Fahrstraße schien sich in scharfer Biegung nach rechts hinzuziehen; ich war daher höchst erstaunt, als geradeaus auf eine schmale Öffnung im Gras zugesteuert wurde, die nur einem scharfen und mit der Localität vertrauten Auge nicht entgehen konnte. So gelangten wir ganz plötzlich aus breitem Fahr= wasser in einen engen Kanal, in dem die Radkasten des Dampfers an beiden Seiten das Gras streiften. Das war die Fortsetzung des Bahr el-Ghasal, während das anscheinend bedeutendere Gewässer mir als Bahr bita el-Arab bezeichnet wurde. Die Breite des freien Wassers maß 15, an den breitesten Stellen höchstens 20 Schritt; nur einige Male kreuzte das Schiff teichartige Ausbuchtungen. Eine eigentliche Uferlinie, eine Trennung von Festland und Wasser, war selten erkennbar. Die aus dem Grasmeer inselartig erhabenen, sonst kaum bemerkbaren Landteile waren nur durch die Termitenbauten und spärliches Buschwerk kenntlich gemacht; das Überschwemmungsgebiet aber zog sich vielerorts weit in die trostlose Einöde hinein. Bei dieser beängstigenden Einförmigkeit berührte gegen 3 Uhr der Anblick einiger weit entfernter Bäume gegen Südwest das Auge recht angenehm. Was nun die Fahrt selbst betrifft, hatten wir sie bisher ohne Unterbrechung, wenn auch langsam, fortsetzen können; jetzt begannen die Schwierigkeiten, indem einesteils Gras die Schaufeln der Räder füllte, die dann beständig gereinigt werden mußten, andernteils die ganze Flußbreite durch Barren verlegt wurde, die nur mit mehr oder weniger Mühe zu entfernen oder zu durchbrechen waren. Die Fahrgeschwindigkeit wurde dadurch eine sehr verschiedene und machte die Flußaufnahme besonders schwierig. Um 3 Uhr trafen wir auf die erste wirkliche Grasbarre, die jedoch schon nach

20 Minuten beseitigt war, wobei freilich die Stricke unserer Schleppschiffe mehrmals rissen. Später folgten einzelne lose Verstopfungen des Flusses, die zwar keine mühselige Arbeit erforderten, wie ich solche später zu schildern Gelegenheit nehmen werde, die aber trotz voller Dampfkraft dem Schiffe nur gestatteten, sich allmählich und langsam fortzuschieben. Ein um 5 Uhr zu bewältigender kompakter Sedd von etlichen 40 Schritt Ausdehnung nahm eine Stunde Arbeit in Anspruch. Um die „Embâba" zu erwarten, welche bald zu uns stieß, warfen wir bei Sonnenuntergang für die kommende Nacht Anker. In später Nachtstunde aber war ich noch mit Berechnungen und Aufzeichnung des Wahrgenommenen beschäftigt.

Am folgenden Tage, dem 22. Februar, früh morgens, nahm ich meinen Beobachtungsplatz wieder ein. Die Fahrt wurde fortgesetzt und bald begann aufs neue der Kampf unserer ächzenden und schnaubenden Maschine mit der hindernden Grasmasse. Es würde mich zu weit führen, alle am heutigen und an den folgenden Tagen aufgetretenen Hindernisse einzeln zu erwähnen, die der Art nach dieselben blieben und sich nur durch Ausdehnung und Festigkeit der Barren unterschieden, wodurch auch die Zeitdauer der Arbeit bedingt wurde. Zum erstenmal trat an diesem Morgen links in etwa halbstündiger Entfernung Baumwald auf. Ein solcher, in weiter Entfernung an demselben Ufer sichtbarer Wald labte auch später das Auge, während zur rechten Seite kaum eine Viertelstunde weit zwei Bäume eine sichere Landmarke zeigten. Ein in nächster Nähe sich ausbreitendes Wäldchen, das um 10 Uhr erreicht wurde, heißt Ghaba Djer Dekta. Jenseits desselben beschreibt der Fluß in dem einförmigen Flachlande, in welchem das Auge abermals vergeblich nach irgend einem emporragenden Objekt sucht, unzählige Windungen. An dieser Stelle häufen sich die hinderlichen Grasbarren derart, daß bis Mittag eine ganze Anzahl derselben durchbrochen werden mußte. Dann aber kamen wir unerwartet in sehr gutes, breites Fahrwasser. Bei einer abermaligen starken Biegung des Flusses zeigte sich rechts ein umfangreiches Maijeh, während auf viertelstündige Entfernung links ein großer, vereinzelter Baum, bei dem einige Negerhütten sichtbar wurden, die Landmarke angab. Zwei Delebpalmen, ungefähr eine Marschstunde vom Ufer, waren die nächsten Objekte, die den Blick während der Weiterfahrt gefesselt hielten. Die gegenwärtige Jahreszeit, die Zeit der Dürre, in welcher am Festland das Gras vertrocknet und vergilbt und vielerorts durch Anzünden den Flammen preisgegeben wird, blieb auch auf die aus dem Wasser emporragende Grasmasse nicht ohne Wirkung; der Regenerationsprozeß macht sich ja überall fühlbar. Auch hier vertrockneten die obern Schafthalme und starben ab, angezündet fingen sie Feuer und ver-

breiteten es, nachdem es von unsern Leuten nicht nur in die halbdürre Grasmasse der Seitenarme des Flusses, sondern selbst an die Oberfläche der Grasbarren mit ihren vielfach geknickten und verdorrten Stengeln von kleinen
Papyrushorsten gelegt worden. Unser sach- und ortskundiger Pilot machte mich
auf die Barren aufmerksam, die seit den letzten Fahrten sich neu gebildet hatten
und bei größerer Ausdehnung zugleich der Arbeit größere Schwierigkeiten ent-
gegensetzten, während die schon einmal durchbrochenen Barren, wenn sie sich
auch nachher teilweise wieder geschlossen haben, doch leichter bewältigt werden.
Unser Dampfer, die „Jsmaïlia", war somit für die nachfolgende „Embába"
und für die von beiden Schiffen geschleppten Fahrzeuge von ähnlicher Wirkung,
wie die Fahrzeuge, die eine geschlossene Eisfläche zu teilen haben; trotzdem aber
hatte auch noch die „Embába" mit den breit gebauten Barken im Schlepptau,
vor denen die Grasmassen sich häufig wieder schlossen, schwere und böse Arbeit.
In der späten Nachmittagsstunde durchfuhren wir noch einen bedeutenden Sebb.
Am nahen Ufer fristete hier auf festem Untergrund eine große, kaktusartige
Euphorbie (E. candelabrum Trem.) auffallenderweise einsam ihr Leben. Als
der Abend näher kam, gewahrte ich in der Ferne einen jener seltenen, nur in
diesen Sumpf- und Wasserregionen des Bahr el-Gebel und Bahr el-Ghasal
vorkommenden, stelzbeinigen Vögel, den Schuhschnabel (Balaeniceps rex). Ich
wollte versuchen ihn zu erlangen, und der Kapitän legte, um meinem Wunsch
zu willfahren, das Schiff schon jetzt für die Nacht vor Anker. Der Steuermann
Ibrahim hatte jedoch in der ihn weit überragenden Grasvegetation, wo ihm
das Wasser bis zur Brust reichte, den Standort des Vogels, den ich vom
Schiff aus beständig im Auge behielt, nicht ausfindig machen können und
kehrte bei bereits eintretender Dunkelheit leider unverrichteter Sache zu uns zurück.

Der folgende Tag brachte uns, besonders aber der „Embába" und den
Barken, schwerere Arbeit. Kleine Hindernisse im Flusse während der Morgenstunden wurden leicht bewältigt, während eine filzig zusammenhängende Grasbarre von nahezu 600 Schritt Ausdehnung erst nach mehreren Stunden durchbrochen war. Nach einer Stunde Fahrt in grasfreiem Wasser kamen wir an die
Stelle, wo von der linken Seite her das Maijeh bita el-Deleb, wie der Reïs angab, in die scharfe Krümmung des Flusses mündet; zugleich betonte er, daß in
dasselbe, aus dem Süden kommend, ein fließendes Gewässer einmünde, vermutlich
der weit im Süden im Abakálande entspringende Djau. Längs des Maijeh ziehen
sich, dem Auge wieder einmal wohlthuend, Waldstreifen hin, auch fesselt das
hier häufigere Vorkommen von Euphorbien den Blick. Die Papyrusstaude trat
heute reichlicher auf und mischte sich an den seichtern Uferpartien des Flusses

mit Sprößlingen des Ambatsch (Herminiera Elaphroxylon). Die Ufer des Maijeh, dort, wo die Waldbäume emporragten, waren von Nuer[1]) bewohnt, deren Hütten wir sehen konnten. Vergeblich warteten wir hier auf die Ankunft der „Embába", welche mit den Schleppschiffen zurückgeblieben war; der Nachmittag kam, doch sie blieb aus. Endlich gewahrte ich durch mein Fernglas die Segelstange und den weißen Schornstein, zugleich aber auch eine in halber Höhe gehißte Flagge am Hinterdeck. Ohne Zweifel galt das Zeichen uns, ich verständigte also den Kapitän. Die von der „Ismailia" geschleppten Schiffe wurden nun mit einigen Gewehren und Munition für die Besatzung zurückgelassen, während wir selbst wieder flußabwärts fuhren. Bald stellte sich denn heraus, daß die „Embába" und alle Schiffe noch bewegungslos im Anfang der letzten großen Grasbarre verharrten. Wir gaben Zeichen, worauf wenigstens die „Embába" näher kam, deren alter Kapitän noch nie im Bahr el-Ghasal gewesen war und weder die Kenntnis der nötigen Manipulationen, noch die Energie dazu besaß. Er behauptete, mit den Schiffen nicht vorwärts kommen zu können. Viel Geschrei tönte noch abends und im Mondschein zu uns herüber, aber auch damit kamen die Barken nicht weiter, sondern befanden sich am folgenden Morgen fast auf derselben Stelle. Der Kapitän der „Ismailia" mußte nun selbst eingreifen, und so waren die Barken endlich gegen Mittag aus dem Grasmeer herausgeschleppt und hinter die „Embába" gebracht. Wir aber nahmen nun unsere eigenen, zurückgelassenen Fahrzeuge abermals ins Schlepptau und folgten mit ihnen aufs neue den Windungen des Flusses, der die Fahrgeschwindigkeit des Dampfschiffs überall durch kleine Hindernisse beeinträchtigte. Allein schon in der zweiten Nachmittagsstunde hemmte wieder ein unübersehbarer Sedd die rasche Weiterfahrt. Wir kamen nur langsam, schrittweise vorwärts und erst gegen 4½ Uhr wieder in freies Fahrwasser. Unachtsamkeit und leichtsinniges Gebaren unserer Leute versetzten uns hier in ernstliche Gefahr. Wegen des ungünstigen Winds hatte ich davor gewarnt, die bereits zum Teil durchfahrene Grasbarre anzuzünden. Ein Vorwitziger that es dennoch, und nach wenigen Augenblicken umgab uns ein Feuermeer, das durch Benetzen der nächsten Graspartien vom Schiff aus gedämpft werden mußte. Die Hauptgefahr drohte aber den Schiffen im Schlepptau und hauptsächlich der noch weit hinter uns fahrenden „Embába" und den Barken. Das Feuer hatte das am nahen linken

---

[1]) Da ich mit den Nuer nicht in persönliche Berührung gekommen bin, so verweise ich auf die Schilderung Schweinfurths (Im Herzen von Afrika, Bd. I, S. 127), welche in meisterhafter Weise den Einfluß der physikalischen Beschaffenheit des Landes und der Existenzbedingungen auf die Bewohner darstellt.

Ufer vollkommen trockene Gras erfaßt, die Glut trieb mit Windeseile gegen die Schiffe heran und die Flammen züngelten schon in nächster Nähe an den Schiffswänden empor. Ängstlich, ja aufgeregt beobachtete ich, wie dort die Mann- schaft hastig das nächststehende Gras benetzte, sich aber vor der herangekommenen Glut kaum zu schützen wußte. So rasch indessen, wie die Gefahr entstanden, ging sie auch vorüber, schon nach wenigen Minuten hatten wir das frohe Gefühl, einer ernsten Bedrängnis entgangen zu sein. Die letzte große Grasbarre mochte wohl 2000 Schritt messen; ihr folgte nach kurzer Fahrt in freiem Fahrwasser eine ähnliche von gleicher Ausdehnung. Wir ankerten vor ihr für die kommende Nacht, erwarteten jedoch vergebens die „Embába". Auf der Wasserfläche sahen wir ein Krokodil treiben, dem Anschein nach durch die Bewegung unsers Schiffs verletzt; die Mannschaft verfolgte es im Boote, es entschwand aber bald in der Grasmasse unsern Blicken.

Balaeniceps rex.

Der Sebb, vor dem wir während der Nacht auf den 25. Februar geankert hatten, erwies sich in seiner Zusammen- setzung besonders kompakt und filzig. Die auf etwa 2000 Meter geschätzte Strecke erforderte einen Tag anstreng- endster, gemeinschaftlicher Arbeit der ganzen Mannschaft und der Maschine, sodaß uns dieser Tag in unsrer Weiter- reise nur um jene kaum nennenswerte Strecke förderte. Die Grasbarre füllte eine Flußkrümmung aus und zeigte nur in ihrer Mitte eine kleine, grasfreie Stelle. Regungslos, mit tief eingezogenem Kopf, den auffallend großen, schuh- förmigen Schnabel auf die Brust geneigt, wie in sich selbst versunken, wohl aber vor sich im Wasser nach Beute spähend, saß in geraumer Entfernung von unserer mühevoll arbeitenden Mannschaft der stattliche Balaeniceps rex. Er bot mir lange ein interessantes Beobachtungsobjekt, war aber auch diesmal leider nicht zu erlangen. Meine Arbeiten pflegte ich jetzt, trotz der Mücken- und Ratten-

plage, bis Mitternacht fortzusetzen. Seit der Anwesenheit einer großen Schildkröte bei mir, die abends in der Dunkelheit von Zeit zu Zeit munter und
polternd in der Kajüte umherstieg, schien das Volk der Ratten manierlicher
geworden zu sein; wenigstens belästigten sie mich in letzter Zeit weniger und
ihr Getöse verstummte, sobald die Schildkröte zu poltern begann.

Auch der 26. Februar brachte uns nur wenig vorwärts. Kaum 10 Minuten,
nachdem wir am Morgen die Fahrt wieder aufgenommen, befanden wir uns
aufs neue vor einer Grasbarre, die ich auf 400 Meter Länge schätzte. Wieder
war die „Embába", statt zu ihrer eigenen Erleichterung möglichst in unserm
Fahrwasser zu folgen, zurückgeblieben und mußte erwartet werden. Mittags
erst fuhren wir in den Sedd ein, der sich hier weniger dichtgeartet zeigte, und
ankerten für die kommende Nacht jenseits desselben. Der zweite Dampfer war
uns in kurzem Abstand gefolgt und blieb diesmal für die Nacht an unserer
Seite. Die an verschiedenen Punkten gemessene Tiefe des gegenwärtigen Wasserstands im Bahr el-Ghasal ergab zwischen 6½ und 9 Meter.

In der Morgendämmerung des folgenden Tags ging es bereits wieder
an die Arbeit. Eine kaum viertelstündige Fahrt führte zu einem 300 Meter
breiten Sedd, welcher 1½ Stunden Arbeit kostete. Wir fuhren darauf an
einem in das nördliche Flußufer einschneidenden Maijeh vorüber. Der Fluß und
seine Ufer gewinnen von hier ab ein verändertes Ansehen; jener nimmt allmählich an Breite zu, auf den deutlicher hervortretenden höhern Flußufern aber
mehrt sich der Waldbestand, auch werden Behausungen der Eingeborenen sichtbar.
Der Bahr el-Ghasal zieht zwar auch weiterhin seine Mäander, hier aber bietet
er nach tagelanger einförmiger Fahrt dem Auge wechselvollere Uferbilder. An
einer Stelle des nördlichen Ufers bildet ein förmlicher Ambatschwald — kleine
Bestände dieses eigentümlichen Pflanzengebildes mit seinem äußerst leichten
Schaftholz wurden auch an frühern Tagen beobachtet — den alleinigen Ufer-
schmuck. In den Morgenstunden zwischen 9 und 10 Uhr nahm der Fluß bis auf
100 Meter Breite zu und bewegte sich zwischen deutlich gezeichneten, beiderseits
mit Wald bestandenen Ufern; erst hier gewinnt der Beobachter einen richtigen
Begriff von seiner wirklichen Größe und Bedeutung. Einzelne Negerhütten
werden auch hier im lichten Uferwald sichtbar. Ein interessantes Schauspiel bot
uns das Zusammenleben einer Kolonie von Schlangenhalsvögeln. (S. Abbildung
in Bd. I, S. 313.) Hunderte und wieder Hunderte der schwarzen Vögel, aufgescheucht durch die Annäherung der Schiffe, umschwirrten mehrere hohe, ent-
blätterte, von ihrem Unrat vollkommen weißgefärbte Bäume. Aus unzähligen
Nestern äugten die nicht flüggen Jungen hervor, während andere aus Angst wohl

ihren erſten Flugverſuch wagten und dabei teils auf den Uferſaum, teils in das
Waſſer hinabpurzelten. Für die hungrige Schiffsmannſchaft aber waren die armen
Tierchen im vollen Sinne des Worts ein gefundenes Eſſen, und zwar unleug-
bares Fleiſch. Viele Dutzende der Vögel auf allen Altersſtufen wurden erbeutet
und an Bord gebracht. Auch in meinen Kochtopf gelangten einige Exemplare. Die
Bälge von andern wurden für die Sammlung hergerichtet, und etliche erhielt
ich in dem Badegefäß unter Netzwerk ſogar noch tagelang am Leben. Das
Fleiſch der Vögel war thranig.

Bei der Ghaba bita 'l-Arab mündet am Nordufer in den Bahr el-Ghaſal
der Bahr el-Arab ein; infolge des geringen Gefälles entſteht hier eine ſeeartige
Erweiterung, die nach einer von meinem Vorgänger Schweinfurth mir zu-
gegangenen Mitteilung zu ſeiner Zeit (1869 und 1871) hier nicht vorhanden
geweſen. Auch der weitere Lauf des Fluſſes weiſt eine Breite von noch
150 Meter auf, eine Folge der weitreichenden Waſſerſtauung. Auf eine zweite
ſeeartige Erweiterung gegen 11 Uhr folgen ſichtbare Veränderungen im Regime
des Fluſſes: die freie Waſſerfläche nimmt anfänglich bis auf 50, ſpäter bis
auf 20 Meter ab. Der Wald wird ſpärlicher und macht aufs neue endloſer über-
fluteter Grasfläche Platz, an einzelnen Stellen überragt Ambatſchwald die
niedrige Grasvegetation. In dem ſchmalen Fluſſe beginnt gegen 1 Uhr von
neuem die Arbeit an einer etwa 150 Meter breiten Grasbarre, deren Gefüge
ſich ausnehmend filzig und derb erweiſt, ſodaß, um den Leuten die mühevolle
Arbeit zu erleichtern, zu dem Zugſeile gegriffen werden muß. Nach zwei
Stunden erſt war die Barre bewältigt. Der Fluß erweitert ſich abermals auf
50 Meter, doch überſieht das Auge weit und breit nur Ambatſch und Gras,
von Baum oder Strauch fehlt jede Spur. Die ſtärkſten Ambatſchſtämme ſind
zu jetziger Zeit arm- bis beindick und ragen 1 bis 1½ Fuß aus dem Waſſer
hervor. Aus dem obern Teil ſproſſen die buſchbildenden, aufragenden Zweige
empor und heben ſich weit über die Grasvegetation. Der eigentliche Schaft von
10 bis 15 Fuß Länge befindet ſich unter Waſſer. In der Nähe des baum-
artigen Gewächſes wähnt man ſeichtes Waſſer zu finden, während der Ambatſch
oft trügeriſch gerade aus tiefem Waſſer emporſchießt. [1] Er beginnt gegenwärtig zu
blühen, und ſeine Kronen ſind bereits vielfach mit den hübſchen, gelben Blüten
bedeckt. Aus dem leichten Schaftholz binden die Schilluineger ihre primitiven
Flußfahrzeuge zuſammen. [2] Der Ambatſchſtrauch (Herminiera Elaphroxylon)

[1] Über die Periodicität der Entwicklung des Ambatſch vgl. Schweinfurth,
I, S. 67 und 115.
[2] Vgl. die Abbildung in Bd. I, S. 255.

ist von mehrjähriger Dauer und erreicht im ausgewachsenen Zustand eine Höhe von 4 Meter. Der Stamm ist im untern Teil angeschwollen und wird bis ¼ Meter dick. Der äußerst leichte Holzkörper gleicht in hohem Grade dem der indischen Aeschynomene, aus welchem Sonnenhelme und zierliche Spielsachen, Hausmodelle u. s. w. verfertigt werden. Das Ambatschholz hat daher gewiß noch eine Zukunft hinsichtlich seiner Verwendung für technische Zwecke. Die großen, goldgelben Schmetterlingsblüten und das zierliche, fein geteilte Laub würden die Pflanze, die sich durch die in den schneckenartig spiratigen Hülsen enthaltenen Samen leicht vermehren läßt, sehr für die Kultur in unsern Viktoria-Häusern empfehlen. Sie gedeiht in Kairo vortrefflich. Das Filzgeflecht von Wurzelfasern, das sich am Fuß des Stammes ausbreitet, steckt voll kleiner Knöllchen, deren Bedeutung nicht recht einleuchtet, da sie weder Wurzelsprossen erzeugen, noch geeignet scheinen, die Schwimmfähigkeit des Wurzelgeflechts zu erhöhen.

Nach abermaliger teichartiger Erweiterung des Flußlaufs fahren wir bei Sonnenuntergang an der Einmündung des von Westen herkommenden Flusses Djur vorüber. Südlich davon, in dem sich seeartig ausbreitenden Labyrinth von Ambatsch, Gras und Wasser, geht die „Ismailia" für die Nacht vor Anker.

Der 28. Februar brachte uns endlich an das langersehnte Ziel der Flußfahrt. Die letzten Stunden boten im Vergleich zu dem zurückgelegten Teil des Bahr el-Ghasal ein in vieler Beziehung verschiedenes Bild. Hatten schon bisher die Merkmale eines Flusses nach den herkömmlichen Begriffen an vielen Stellen gefehlt, so war doch der vorgeschriebene Weg für das Auge meistens durch die sichtbare Strömung erkennbar geblieben. Die Wasserfläche aber, welche südlich von der Einmündung des Djurflusses sich ausbreitet, zeigt nichts, was noch an einen Fluß erinnert. Dieser Teil, der sogenannte Kit, erscheint dem Auge als ein unermeßliches Gras- und Schilfmeer mit freien Wasserflächen, durch welche die Fahrt zur Meschra er-Rek geht, dem eigentlichen Ausschiffungsplatz. Das thatsächliche Fahrwasser ist nur dem genauen Beobachter und Ortskundigen kenntlich, der die auch hier immerhin vorhandene, wiewohl schwache Strömung wahrnimmt; mündet doch noch weiter südlich in den Kit der Fluß Molmul. Diese verhältnismäßig flache, binnenseeartig sich ausbreitende Wassermasse des Kit ist als die Wirkung des zurückgestauten Wassers des Djur anzusehen. Die gestaute Wassermenge wird außerdem durch den von Südwest in den Kit einmündenden Molmul gespeist, wahrscheinlich auch noch durch einen Arm des Tondj, der angeblich in den südöstlichen Teil dieses Wasser- und Graslabyrinths einfließen soll.

Nach halbstündiger Fahrt am Morgen wurde mir in der fast endlos erscheinenden Wasserfläche die durch nichts Besonderes gekennzeichnete Stelle gezeigt, bis wohin und noch weiter im Jahre 1878 das Wasser nach der starken Regenzeit sich zurückgezogen hatte. Das damals aus Chartum angekommene Dampfschiff mußte schon hier vor Anker gehen und lag später, da sich das Wasser noch weiter zurückzog, vollkommen auf dem Trockenen. Die eigentliche Meschra ließ sich damals von hier aus trockenen Fußes erreichen. Der Ort wurde jetzt als Matrak el-Wapor, d. h. die „Stelle des Dampfers“, bezeichnet. Die fast unbewegte Wasserfläche des Kit ist vielerorts mit schwimmenden Wasserpflanzen, prächtigen Lotus, Nymphäen u. dgl. bedeckt. Häufig hört man des Abends den eigentümlichen Knall, mit dem die Kelchhüllen der aufblühenden, oft handgroßen, prachtvollen, milchweißen Blumenkrone platzen. Ab und zu ragen aus dem Wasser trockene Stellen hervor, die zum Teil nur aus abgeschwemmten Termitenbauten bestehen, ein Zeichen, daß der Kit in frühern Jahren eine längere Periode hindurch trocken gewesen ist; zum Teil aber sind sie auch wirkliche kleine Inseln. Auf einer derselben fesselten meinen Blick abermals einige Exemplare der regungslos dasitzenden Abu merküb (Schuhschnabel). Zur Linken, etliche Tausend Schritt entfernt, zeigte sich ein Negerdorf, dessen Hütten anscheinend in Halbkugelform nur aus Lehm aufgeführt waren; dann erschien südlich in weiter Ferne halbkreisförmig ein Waldsaum, das Wahrzeichen des endlich wieder auftauchenden Festlandes, und bald erblickten wir aufjubelnd die Strohdächer der Hütten am Landungsplatz und die Masten einiger Nilbarken. Bevor wir unser Ziel erreichten, erregte noch auf der rechten Seite in geraumer Entfernung ein Trupp von 10 bis 12 Elefanten unsere Aufmerksamkeit. Sie standen auf einer licht mit Buschwerk bedeckten Insel, die in jener Richtung durch seichtes Wasser mit dem Festland in Verbindung zu sein schien. Wir näherten uns allmählich bis auf etwa 1000 Schritt. Von mehreren Kugeln, die ich zu den Tieren hinübersandte, sollte nach Ansicht der Leute ein Elefant verwundet worden sein. Er schien zu hinken; während die übrigen davoneilten, blieb dieser weit zurück und folgte nur langsam. Das überschwemmte Gebiet war indes für eine Verfolgung ungünstig und sie mußte daher unterbleiben. Ohne weitern Aufenthalt erreichten wir dann nach vierstündiger Fahrt vom letzten Ankerplatz, kurz nach 10 Uhr, das wohl von uns allen ersehnte Ziel, die Meschra er-Ref, denn die Meschra et-Tudjär (Landungsplatz der Händler), früher der Ausgangspunkt für die Reisen in das Innere des Landes, liegt weiter nordwestlich und ist jetzt verlassen. Angesichts einer kleinen Insel warf die „Ismailia“ zum letztenmal Anker. Ein halbes Dutzend Hütten, von regierungswegen erbaut, waren das einzige Bemerkenswerte auf der Insel. Hinter ihr, gegen Süden, begrenzte den Horizont noch immer halbkreisförmig der früher erwähnte Waldrand, bis zu dem das Wasser sich ausdehnte.

Wir waren am 21. Februar aus dem Moqren el-Bahūr in den Bahr el-Ghasal eingefahren; am 28. Februar, also erst nach fast acht Tagen, fand wegen der vielen Hindernisse die beschwerliche Fahrt ihr Ende. Um die kartographische Aufnahme des Flusses zu ermöglichen, nahm ich nach Maß und Schätzung eine sechsfach verschiedene Fahrgeschwindigkeit der „Ismallia" an und benützte dieses Schema bei den Berechnungen je nach den Hindernissen der Fahrt. Den Flußlauf legte ich durch 1781 visierte Winkel fest; die Länge des

Flusses berechnete ich auf 214.025 Meter, also 214 Kilometer. Ich erwähne beiläufig, daß das gewonnene Resultat auffallend mit einer später von Marno aufgenommenen Karte,[1] wie auch mit der von Lupton Bey aufgenommenen Strecke[2] übereinstimmt.

Bevor ich jene Gegenden voll Gras und Wasser endgültig verlasse, wo der Mensch häufig gezwungen ist, mit der Natur einen schweren Kampf zu bestehen, aus dem er nicht immer siegreich hervorgeht, lasse ich noch einige nähere Angaben über die Art und Bildung der Gras-

Situationsplan von Meschra er-Rek.

barren im Gebiet des obern Nils folgen. Wie verhängnisvoll jene Grasbarren den Flußfahrern unter Umständen werden können, davon zeugt der unglückliche, schaudererregende Ausgang der noch in demselben Jahr von Gessi Pascha unternommenen Fahrt von Meschra er-Rek nach Chartum. Das Dampfschiff „Sjafia" hatte mit einigen Schleppbarken, auf denen sich mehr als 400 aus dem Bahr el-Ghasalgebiet nach dem Krieg mit Soliman ausgewiesene Araber und Beamte befanden, am 25. September 1880 Meschra er-Rek verlassen und wurde in der Nähe der Ghaba Djer Defta in einer Grasbarre eingekeilt. Alle Anstrengungen, loszukommen, scheiterten. Die Provisionen waren bald auf-

---

[1] „Petermanns Mitteilungen" 1882, S. 121 bis 129 und Taf. 6.

[2] „Petermanns Mitteilungen" 1885, S. 34.

Meschra er-Ref; rechts vorn Ambatschsträucher. Nach einer Zeichnung von L. H. Fischer.

gezehrt, Hungertyphus brach aus, der Tod raffte über die Hälfte der Mannschaft
weg, die Überlebenden aßen das Fleisch der Toten und nicht einer von ihnen
hätte Chartum wiedergesehen, wenn nicht nach Monaten voll Qual und entsetz-
lichen Elends am 4. Januar 1881 Ernst Marno als rettender Engel mit dem
Dampfschiff „Burdehn" den Überlebenden zu Hilfe gekommen wäre.[1])

Die Grasbarren weisen in betreff der Festigkeit ihres Gefüges bedeutende
Verschiedenheiten auf. Die eine Art kann, wenn auch oft nur mit großem
Aufwand von Geduld, Mühe und Nachhilfe, doch endlich von einem Dampfschiff mit kräftiger Maschine überwunden werden, während die andere Art jedes
Versuchs, mit dem Schiff durchzubrechen, spottet. Zur letztern Art der Sebbbildung ist der Bahr el-Gebel geeigneter, welcher viel reicher an ausgedehnten,
aber mehr abgeschlossenen, stagnierenden Seitengewässern, Altwässern ist als der
Bahr el-Ghasal. In der That kommt es im Bahr el-Gebel auch weit häufiger
zur Bildung dieser Art von Grasbarren, während im Bahr el-Ghasal meistens
die leichtern Formen angetroffen werden. Triftige Momente sprechen gegen die
Möglichkeit, daß die Vegetation der Grasbarren an der Stelle entstanden sei,
wo die Verstopfung eines mächtigen Flusses wie der obere Nil erfolgt. Die
hindernden Ursachen sind Breite, Tiefe und Strömung des Flusses. Wenige
Flüsse der Erde haben ein so geringes Gefälle, wie der obere Nil und sein
westlicher Zufluß, der Bahr el-Ghasal. Jener durchzieht in seinem Verlauf von
vielen Breitengraden ein einförmiges Flachland, und an vielen Stellen wird die
Strömung lediglich durch den Druck der nachkommenden Wassermassen aus dem
höher gelegenen obersten Teil des Bahr el-Gebel unterhalten. Durch das alljährliche periodische Steigen des Nils, welches in Bezug auf die Wassermenge
großen Verschiedenheiten unterliegt, da diese sich nach der Heftigkeit der in den
Tropen fallenden Regen richtet, werden die am Flusse gelegenen, niedrigsten
Uferpartien überflutet, welche an vielen Stellen aus beckenförmigen, flachen Ein-
senkungen bestehen, in denen das Nilwasser nach der Überschwemmung stehen
bleibt. Diese sind mit dem Nil zum Teil auch während des niedrigsten Wasserstands fortwährend in Verbindung, sie bilden gleichsam Buchten; oder sie werden
in der trockenen Jahreszeit zu kleinen Seen und Teichen, die nur bei Hochwasser mit dem Nil in Verbindung treten. Dies sind die Alt- oder Hinterwasser
des Nilstroms, von den arabischen Nilfahrern Maijeh geheißen, die infolge des
immerfort wechselnden Wasserstands gleichfalls je nach der augenblicklichen
Wasserhöhe einen veränderten Anblick gewähren. Sie bilden Hunderte von

[1]) Mitteilungen der k. k. Geographischen Gesellschaft in Wien 1882, S. 260 bis
267 mit Karte, und Mitteilungen von R. Gessi im „Esploratore".

Sackgassen und -gäßchen und erschweren dem Unkundigen die Nilfahrt. Diese Verhältnisse beziehen sich nicht auf den Sobat, der ein sehr regelmäßiges Ufer mit hohen Seitenwänden hat, wohl aber teilweise auf die Strecke zwischen dem Sobat und dem Moqren el-Bahūr und hauptsächlich auf den Bahr el-Gebel bis jenseits der Station Bōr. Der Bahr el-Ghasal jedoch unterliegt wieder andern Bedingungen. Hier sind, wie bereits erwähnt, die eigentlichen Maijeh seltener, dagegen finden sich mehr gleichmäßig ausgebreitete Überflutungsgebiete.

Die jahraus, jahrein bestehenden Altwasser des Nils begünstigen bei fehlender Strömung das üppige Aufsprossen und Gedeihen einer Vegetation von treibenden Schwimmpflanzen, die Maijeh sind denn auch in der That die Hauptentstehungs- und Bildungsorte für alle den Strom hinabschwimmenden Grasinseln und für die zeitweilig durch andere Umstände begünstigten Verstopfungen des Stroms. Das Flachwasser leistet einerseits der Bildung von Grasinseln Vorschub, anderseits aber hält dieses stehende Wasser die Masse, welche nur leicht am Untergrund haftend, sich zur Grasinsel formt, zeitweise zurück. Ja, es würden die immer mehr zu dichten Massen verwachsenden Grasinseln beständig stabil bleiben und die Maijeh mit der Zeit fast ausfüllen, wenn dies nicht durch zwei Faktoren vereitelt würde. Sobald nämlich das Nilwasser bei seinem periodischen Steigen die Maijeh füllt, sei es durch den Verbindungsarm, sei es durch Überflutung, so wird die bereits zu festen Inseln zusammengewachsene Grasmasse vom Untergrund gelöst und gehoben. Winde und Stürme, welche gleichfalls zur Loslösung der Vegetation vom Boden beitragen, sind sodann die alleinige Triebkraft für ihre Entfernung vom Entstehungsort, sie treiben die in verschiedenen Festigkeitsstadien gelösten Grasinseln durch das Thor der Altwasser in den Nilstrom hinein. Einen schlagenden Beweis und ein belehrendes Beispiel für diese Thatsachen erhielt ich, wie früher bereits kurz angedeutet, auf meiner Fahrt zwischen dem Sobat und dem Moqren el-Bahūr. Der dort angetroffene große Sedd war während der letzten Tage gebildet, denn die erst kürzlich vorübergefahrenen Schiffe hatten an dieser Stelle vollkommen freies Fahrwasser angetroffen. Der Pilot wies auf ein ausgedehntes Maijeh hin, das sich oberhalb der Grasbarre dem Nordufer entlang erstreckte. Gegenwärtig eine vollkommen grasfreie, spiegelnde Wasserfläche, war es bei der letzten Fahrt, so betonte mein Gewährsmann, durch Vegetationsmassen vollständig geschlossen gewesen. Während unsers Aufenthalts in Faschoda, selbst noch in der letzten Nacht vor unserer Ankunft bei der Grasbarre, hatten beständig heftige Nordwinde geweht. Zog man diese in Betracht und sah zugleich das Maijeh freigeworden, so lag die direkte Ursache für die Entstehung des Sedd klar vor Augen. Ohne Zweifel war die zusammenhängende, große Vegetationsmasse aus der sehr ausgedehnten, nördlichen Ausbuchtung des Nilufers in den Strom herausgetreten und dort zusammengepreßt und eingekeilt worden. In wenige Worte zusammengefaßt, sind für die Entstehung der Sebb im obern Nil erforderlich oder begünstigend:

a) Das Steigen des Wassers über die normale Höhe, um die Hinterwasser mit dem Strom in Verbindung zu bringen uud flottierende Grasmassen zu lösen und zu heben.

b) Günstige Winde, um solche Grasinseln gleichfalls zu lösen und sie in die Nilströmung einzuführen. Dort angelangt, treiben die kleinern schwimmenden Inselchen, ohne Hindernisse zu verursachen, entweder stromabwärts, oder sie vereinigen sich mit andern und bilden oder verstärken an geeigneten Stellen Grasbarren. Der Wind kann aber begreiflicherweise unter Umständen auch eine entgegengesetzte Wirkung ausüben. So können die in die Flußströmung eingeführten Grasinseln durch günstige Winde aus der Strömung abgelenkt und weit von ihrem eigentlichen Entstehungsort wieder in freigewordene Hinterwasser hineingeleitet werden. Ja, dieselben Ursachen sind ebenso wie die Strömung im stande, bereits gebildete Grasbarren wieder zu beseitigen. Infolge dieser Ursachen, durch das Steigen des Wassers, durch Wind und Sturm, durch die Wirkung der Strömungen, sind die in beständiger Bildung und Umbildung begriffenen flottierenden Vegetationsmassen der obern Nilregion einem ewigen Geschiebe, einer beständigen Veränderung ihres Standorts unterworfen. Da, wo sich gestern vielleicht noch eine ausgedehnte freie Wasserfläche hinzog, kann heute schon ein Meer von Gras wahrgenommen werden; umgekehrt erscheinen vollständig durch Gras verschlossene Altwasser über Nacht bereits von ihrem Grase gereinigt.

c) Unter den die Sebbbildung begünstigenden Faktoren ließen sich endlich noch jene unzähligen kleinen Pflanzen aufzählen, welche an ruhigen und geschützten Wasserstellen entstehen und dann durch Wind und veränderte Strömungsverhältnisse zwischen die vorhandenen Grasinseln getrieben werden, wo sie wie ein Kitt verbindend und das Wurzelgeflecht noch mehr verdichtend wirken, wie z. B.: Azolla, Pistia, Aldrovandia, Lemna, Ottelia, Utricularia, Ceratophyllum, Potamogeton, Najas, Lagarosiphon, Jussieua ꝛc.

Trotz dieser Verhältnisse ist eine anhaltende Verstopfung des Nils, die, wenn sie auch mehrere Meter in die Tiefe reichen kann, immer nur oberflächlich ist, da die Strömung unter der Barre hinfließt, ein verhältnismäßig seltenes Ereignis. Hierauf bezügliche Beobachtungen aus längst vergangenen Jahren liegen nicht vor. Nach den Urteilen der arabischen Nilfahrer aus den vierziger und fünfziger Jahren sollen die damaligen Flußverhältnisse ähnlich wie jetzt gewesen sein. Niemals jedoch sollen die Verstopfungen damals zu so kompakten und filzigen Grasbarren geführt haben, wie solche in einzelnen spätern Jahren und gegenwärtig sich bildeten. Die bekanntgewordenen namhaften Verlegungen des Nils fallen auf das Jahr 1863, die Zeit der Expedition der kühnen Reisenden Fräulein Alexine Tinne in die obere Nilregion; ferner auf die Jahre 1870 und 1871, wo die Expedition Sir Samuel Bakers durch die

Azolla.

bestehenden Grasbarren eine bedeutende Verzögerung erlitt. Damals konnte wohl von einer wirklichen Verlegung des Nils die Rede sein, denn die Expedition konnte die Barre im Bahr el-Abiad oberhalb der Maijeh Signora nicht durchbrechen und umging endlich das Hindernis während des Hochwassers auf dem Bahr el-Seraf (Giraffenfluß), einem sonst unzugänglichen Verbindungsarm mit dem Bahr el-Gebel. Erst unter persönlicher Leitung des damaligen energischen Gouverneurs von Chartum,

Ismail Ejub Pascha, wurde 1874 der so lange unbewegliche Sedd beseitigt. In den folgenden Jahren blieb die Schiffahrt bis in die Herbstmonate 1878 unbehindert; bei Antritt meiner Reise war sie schon seit mehr als einem Jahr wieder geschlossen. Die hieraus ersichtliche Periodicität dieser Erscheinungen findet in dem außergewöhnlichen Steigen des Nils bei ausnahmsweise starken Regenjahren in der Äquatorialgegend ihre Vorbedingung. Das Jahr 1878 mag als Beweis dafür dienen; der Nil stieg damals zu seltener Höhe und verursachte noch im Nildelta ausgedehnte Überschwemmungen. In solchen Jahren sind begreiflicherweise in dem wenig geneigten Flachland die Überschwemmungen allgemeiner und ausgedehnter als in normalen Jahren, und wohl geeignet, abnorme Verhältnisse herbeizuführen. Gewöhnlich werden die Grasinseln, ohne in der erwähnten Weise schädlich zu wirken oder nach nur vorübergehender Verstopfung stromabwärts getrieben, wenn sie nicht etwa, wie erwähnt, in freigewordene Maijeh eintreten. Von der Einmündung des Sobat an, wo der Nil sich bedeutend verbreitert, werden die herabkommenden Grasinseln für die Flußfahrzeuge kein Hindernis mehr. Die Grundbedingungen der Seitenufer sind hier andere, die gleichmäßigere und kräftige Strömung treibt die flottierende Vegetation über Faschoda hinaus weit nach Norden, ja wir trafen, wie ich bereits erwähnte, auf der letzten Fahrt angestaute Grasvegetation und Papyrusdichte schon wenige Tage südlich von Chartum. Hierbei mag erwähnt sein, daß nur in den seltensten Fällen und alsdann nur kleine Reste dieser Vegetationsmassen bis nach Ägypten hinunter gelangen. Kleine Papyrusexemplare, die dort im Nil aufgefischt worden waren, galten bis auf die Tinne'sche Reise als einziger Beleg für das Vorhandensein dieser berühmten, in Ägypten ausgestorbenen Pflanze innerhalb der obern Nilregionen.

Ismail Ejub Pascha, ehemals Gouverneur von Chartum.

Aber die Hauptmasse der erstaunlich zahlreichen Grasinseln, welche auf der endlosen Wasserfläche des Weißen Nils verteilt umherschwimmen, wird teils an geeigneten Uferstellen abgesetzt und verkommt, teils sinkt sie, durch die aus dem trüben Wasser aufgenommenen Thonpartikelchen allmählich immer mehr beschwert, auf der langen Fahrt in den Strom hinab und fällt dort, ein verbrauchter Filter, dem Verwesungsprozeß anheim — eine Mahnung an das ewige Kreisspiel eines üppigen Wachstums und Werdens und eines baldigen, naturgesetzmäßigen Zugrundegehens.

Die qualitative Zusammensetzung der Sedd ist zwar keine mannigfaltige, doch verschiedenartig genug. In den meisten Fällen überwiegt, wenigstens
im Bahr el-Ghasal, das von den Arabern Om-Ssuf, d. h. „Mutter der
Wolle" (Vossia procera), genannte Wassergras. Es erscheint dem Laien-
auge eher als eine Schilfart, denn als ein Gras, bildet aber ein beliebtes
Futter für Tiere und wurde auch von meinen Eseln willig gefressen. In
dieses Wassergras sind Papyrushorste eingestreut, während der Ambatsch vom
Boden des tiefern Wassers aufschießt und nur einen zufälligen Bestandteil der
Sedd bildet. Ein kenntnisreicher Beobachter, mein geehrter Freund und Belehrer
G. Schweinfurth, sagt in seiner Schilderung der Entstehung der Sedd: „Dichte
Massen einer auf den freien Stellen der Wasserflächen flottierenden Vegetation
von kleinen Kräutern (Lemna, Azolla, Jussieua u. s. w.) bilden einen grütze-
artigen Brei, welcher offenbar die Vereinigung der Grasmassen zu vollständigen
Decken sehr erleichtert. Wie ein cementierender Kitt verstopft dieser Brei von
Kräutern alle Spalten und Löcher zwischen den Gras- und Ambatschinseln, welche
sich an den Windungen oder der Strömung minder zugänglichen Stellen der
Hinterwasser anhäufen."

Ich wies im Beginn dieser Erörterungen auf die ungleiche Widerstandskraft hin, welche die verschiedenen Grasbarren dem eindringenden Dampfer
entgegensetzen. Sie ist von verschiedenen Umständen abhängig, ob nämlich die
angeschwemmte Grasinsel schon älter ist und an anderer Stelle bereits eine
große zusammenhängende Fläche gebildet hat, oder ob die Grasbarre bereits
längere Zeit besteht und ob sie sich aus vielen aufeinanderfolgenden Inselchen
zusammengesetzt und losere Stellen und Wasserlücken in sich eingeschlossen hat.
Berücksichtigt man die Stärke oder Dicke der Grasbarre, die häufig mehr als
einen Meter unter die Wasserfläche taucht, das unter Wasser verschlungene
Wurzelwerk, die hinabragenden Rhizome, so wird es begreiflich, daß außer den
neuen Nachschüben solcher Inselchen auch die anpressende Strömung als
bedeutende Mitursache der Verdichtung wirkt. Die horizontal gegen den Sedd
anströmende Wassermasse übt, ehe die obern Wasserschichten zu den tiefern
und unter die Grasbarre hinabgelenkt werden, einen Druck auf den unter dem
Wasserspiegel befindlichen Teil des Sedd in seiner ganzen Breite und preßt
die hintern Partien der Barre mit aller Macht der Strömung gegen die
vordern eingeteilten. Die Festigkeit einer Barre wird endlich noch wesentlich
vermehrt, wenn die Strömung infolge Durchbruchs einer weiter stromauf
gelegenen Barre sich verstärkt hat; ein solches Ereignis, durch verschiedene
Ursachen, etwa plötzliches Schwellen des Flusses veranlaßt, bewirkt, daß zu-

gleich mit den losgeriſſenen Grasinſeln die aufgeſtaute, ungeheure Waſſer-
menge ſchnell ſtromabwärts geführt wird. Widerſteht die untere Grasbarre
dieſer verſtärkten Strömung, ſo erfährt ſie durch den Zuwachs der antreiben-
den Inſeln nicht nur eine bedeutende Vergrößerung, ſondern ihre Feſtigkeit
wird noch weſentlich vermehrt, indem die hintern, der Strömung zunächſt aus-
geſetzten Teile der Barre von der andrängenden Waſſermaſſe mit großer Kraft
in die vordern Teile hineingezwängt werden. Zwar wird ſich die Verſtopfung
eines Fluſſes um ſo weniger bilden können, je ſtärker die Strömung und je
breiter der Fluß iſt, weshalb auch die Verſtopfungen ſich vornehmlich an Bie-
gungen des Stroms finden; hat aber die Bildung einmal begonnen, ſo wird
durch die ſtärkere Strömung eine um ſo ſtärkere Verdichtung der in allen
Fällen ſehr dehnbaren, elaſtiſchen, flottierenden Vegetationsmaſſen die Folge ſein.
Bei langem Beſtehen der Sedd kommt als mitwirkende Urſache der Verdichtung
auch noch der Regenerationsprozeß in Betracht: das Abſterben und Verkommen
von Vegetationsteilen an der Oberfläche der Barre und das ſtetige Wieder-
aufkeimen neuer Schößlinge. So verwandelt ſich mit der Zeit die anfänglich
locker zuſammenhängende Grasbarre in eine filzige, feſte Maſſe. Die Zähigkeit
dieſer ſo zuſammengepreßten Vegetation wird ganz beſonders dadurch bewieſen,
daß bisweilen ſelbſt große Tiere, wie Nilpferde und Krokodile, die auf irgend
eine Weiſe da hineingeraten, ſich nicht mehr befreien können, ſondern in der
Barre eingekeilt zu Grunde gehen. Die Stromſtärke iſt im Bahr el-Ghaſal weſentlich geringer als im Bahr el-Gebel; ſie kann infolgedeſſen dort bei der Verdichtung der Sedd nicht jene Rolle ſpielen, wie die ſtärkere Strömung im Nil.
Die geringere Strömung im Bahr el-Ghaſal bildet ſomit neben der erſten
bereits gekennzeichneten Urſache, günſtigerer Geſtaltung der Ufer mit ſpärlicherm
Auftreten der Maijeh, ein zweites urſächliches Moment für das hier ſeltenere
Vorkommen der feſten, filzigen, kompakten Grasbarren.

Aus dieſen Verhältniſſen geht anderſeits hervor, daß durch die Bildung
von Grasbarren der Flußſchiffahrt im Bahr el-Gebel und im Nil größere
Schwierigkeiten bereitet werden, als es im Bahr el-Ghaſal gewöhnlich der Fall iſt.
Hier können die Verlegungen, wie wir geſehen haben, wenn auch langſam und
ſchrittweiſe, doch allmählich mit dem Dampfſchiff durchfahren werden, während
es dort der Nachhilfe von Apparaten und beſonderer ſchwieriger Arbeit bedarf,
um ans Ziel zu kommen. [1)]

[1)] Von den Grasbarren im Bahr el-Gebel giebt E. Marno eine eingehende Schilderung in „Petermanns Mitteilungen“ 1881, S. 411 bis 426, nebſt Tafel 20. Mitteilungen der k. k. Geographiſchen Geſellſchaft in Wien 1881, S. 284 bis 324, 405 bis 431.

Sehen wir nun, in welcher Weise die Arbeiten erfahrungsgemäß in den verschiedenen Festigkeitsstadien der Grasbarren durch die Schiffsmannschaft ausgeführt werden. In den meisten Fällen ist der Zweck der Arbeit nur, die einmalige Durchfahrt durch den Sedd zu ermöglichen, ohne Rücksicht darauf, ob sich die Barre hinter dem Schiff wieder schließt oder nicht. Tritt aber die Notwendigkeit ein, wie damals im Bahr el-Gebel, systematische und anhaltende Arbeiten vorzunehmen, so haben diese zum Zweck, die Grasbarre partienweise zu lösen und die abgetrennten Teile in die Strömung zu leiten, um einen neuen Verschluß wenigstens an der betreffenden Stelle zu verhindern. Bei festen, kompakten Barren ist die Arbeit nur an der Nordseite der Verstopfung, d. h. gegen den Strom anfahrend, erfolgreich. In diesem Fall übernimmt die Strömung die Hauptarbeit, indem sie die gelösten Teile am Schiff vorbei flußabwärts führt, wodurch die weitere Arbeit des Dampfers nicht behindert werden kann. Dränge aber dieser bei kompakter Verschließung mit der Strömung in den Sedd ein, so könnten die losgerissenen Teile der Barren nicht forttreiben und das Schiff selbst liefe bei dem Nachdrängen der Vegetationsmassen Gefahr, ähnlich wie im Packeise eingeschlossen zu werden. Daher konnte Dr. Emin Bey im November 1878 mit dem Dampfer, der durch die Barrenbildung auf der Rückfahrt nach Chartum abgeschnitten worden war, diese Hindernisse nicht durchbrechen, sondern mußte unverrichteter Sache nach Lado zurückkehren. Derselbe Umstand veranlaßte auch das schwere Unglück, welches Gessi Pascha und dessen Leute Ende 1880 im Bahr el-Ghasal traf. Was die nötigen Arbeiten betrifft, sind es folgende: Das Dampfschiff fährt an geeigneter Stelle mit voller Kraft in den elastischen Sedd ein, entweder wo sich vielleicht eine Wasserspalte zeigt, oder wo die Barre geringern Widerstand zu leisten verspricht. Wenn irgend möglich, sucht das Schiff in dem Spalt zwischen dem Flußufer und der Grasbarre vorzudringen, denn dort sind gewöhnlich die elastischen Teile am leichtesten zu trennen. Ein Teil der Schiffsmannschaft hilft mit langen gegabelten Stangen nach und leitet abgelöste Vegetationsmassen hinter das Schiff, während andere Leute unmittelbar vor der Spitze des Dampfers auf der Barre selbst arbeiten, indem sie die Teile, welche das Vorrücken des Schiffs zunächst behindern, durch beständiges Niedertreten vermöge ihrer eigenen Körperschwere tief unter Wasser hinabzudrücken suchen. Sie arbeiten bis an Hüften und Brust im Wasser und erklettern immer wieder die vor dem Fahrzeug höher liegenden Teile der Barre, um auch sie unter Wasser zu treten. Eine Fortbewegung des Dampfers ist kaum sichtbar und doch peitschen seine Seitenräder beständig das Wasser und die abgelöste Vegetation. Ist nun aber diese Arbeitsmethode erfolglos und spottet das Hindernis der vereinten Anstrengungen von Maschine und Mannschaft, so muß eine andere zeitraubende Arbeit vorgenommen werden, die jedoch zugleich die möglichst vollkommene Beseitigung der Grasbarre ins Auge faßt.

Der Dampfer fährt auch diesmal mit voller Kraft in das elastische, zurückweichende Gewebe ein, wird aber sehr bald in seiner Fahrt gehemmt. Enthält die Barre abgestorbene, vertrocknete, brennbare Stoffe, z. B. geknickte, dürre Stengel der Papyrusdickichte, so werden diese angezündet und abgebrannt. Eine Anzahl Leute begiebt sich dann auf den breit vor dem Schiff liegenden Sebb und befestigt 30 bis 50 Schritt von der Spitze des Dampfers zwei auf die Barre hinauslaufende divergierende Seile. Die Befestigung derselben

Arbeit zur Beseitigung der Grasbarren.

geschieht folgendermaßen: am Ende jedes Seils befindet sich ein armdicker, mehrere Meter langer Holzpfahl, dessen Mitte vom Seil umspannt wird. Mit den daran befestigten Seilen werden die zwei Holzpfähle durch die ganze Dicke der Grasbarre getrieben und legen sich, sobald vom Dampfer aus angezogen wird, unter der Barre quer, wodurch ein Ausreißen aus den Löchern verhindert ist. Nach dieser Vorarbeit fährt der Dampfer rückwärts und reißt nach mehrfachen Versuchen, oder schon bei dem ersten Anziehen, gewöhnlich an den Befestigungsstellen der Seile, eine Grasinsel los. Diese wird von der Strömung erfaßt und stromabwärts getrieben oder von einem zweiten Dampfer bis zu einer Flußstrecke mit stärkerer Strömung geschleppt, wo sie die Schiffahrt nicht mehr hindern kann. Die auf der Barre arbeitende Mannschaft sucht im Augenblick der Loslösung schwimmend und kletternd entweder das Schiff, oder den noch festsitzenden Teil der Grasbarre zu erreichen. Glückt auch dieser Versuch nicht,

so bleibt als letztes Mittel das Ausgraben von kleinern Feldern, die der
Dampfer dann losreißen kann. Im Bahr el-Gebel erfordern Arbeiten dieser
Art Monate. Marno war mit vier Dampfern und mehreren Hundert Leuten
vom September 1879 bis April 1880 thätig, die Verlegungen dieses Flusses
zu beseitigen. Die eigentümlichen Vegetationsverhältnisse dieser Wasserflora verleihen auch andern Strömen des tropischen Afrika, die nur geringes Gefälle
haben, einen ähnlichen Charakter. Am obern Nil mit seiner verhältnismäßig
hoch entwickelten Flußschiffahrt drängen sie sich eben in um so höherm Grade
der Beobachtung auf; aber sie sind auch für die ökonomischen Verhältnisse der
Nilbewohner, sowie für den gesamten Haushalt der Natur nicht ohne Bedeutung. Der Weiße Nil heißt der „klare", im Gegensatz zum dunkeln oder
„trüben", dem Blauen Nil, wie wir sagen; denn der letztere enthält eine starke
Beimengung von vermöge der starken Strömung beständig wieder aufgewirbelten
unorganischen Bestandteilen, während im Weißen Nil und ebenso in seinen
zahllosen Nebenflüssen die vorhandenen Vegetationsmassen wie ein Filter wirken
und das während der Regenzeit überall thonig getrübte Hochwasser in fast
völlig geklärtem Zustand an den großen Fluß von Ägypten abliefern, ein
Prozeß, dem die langsame Strömung fördernd zur Seite steht.

Unsere Ankunft in Meschra er-Rek brachte meiner Geduld neue Prüfungen.
Die Ankunft der Dampfschiffe wurde sogleich nach den entfernten südlichen
Stationen gemeldet, doch mußte erst Gessi Pascha mit den für die viele Ware
benötigten Trägern in der Meschra erwartet werden. Außer einer kleinen Station,
die auf dem Festland in einer Entfernung von zwei Stunden für die Zwecke
der ankommenden Dampfer erbaut war, fand sich weit und breit keine Niederlassung. Dort herrschte gegenwärtig in der dürren Jahreszeit fühlbarer Wasser-
mangel, und deshalb blieb ich für die kommende Wartezeit noch an Bord der
„Ismailia". In meinem Bericht an Gessi schloß ich mich der Ansicht der
Kapitäne und Piloten an, daß eine ernste Arbeit zur Beseitigung der Grasbarren auch im Bahr el-Ghasal notwendig erscheine und mehr Mannschaft für
die Rückfahrt mitgenommen werden müßte. Herr R. Buchta, der, wie ich im
ersten Band erwähnt, damals in Chartum vor seiner Abreise nach dem Süden
stand, war aus Lado zurückgekehrt und wartete in der kleinen Station auf dem
Festland seine Einschiffung nach Chartum ab. Er kam an Bord, wo wir gemeinsam
die folgenden Tage verlebten. Schöne photographische Aufnahmen und künstlerisch
ausgeführte Typenbilder aus den Gebieten des obern Nils, Magungo und Mä-
karalá, von denen zahlreiche Proben diesen Bänden beigefügt sind, waren das
Resultat seiner Bemühungen. Die Tage bis zur Ankunft Gessi Paschas vergingen

gleichförmig. Die Hitze wurde lästig, abends litten wir verzweifelt von den
Mücken. Auch die Ratten und Schaben waren kaum zu bewältigen. Trotz aller
Verschlüsse fanden sie den Weg in Kisten und Kasten und verunreinigten den
in Körben und Säcken aufgestauten Chartumer Zwieback (Buzmat). Betrüblich
war mir auch die Erfahrung, daß mein mit Mühe und Sorgfalt bis hierher
gebrachtes Quecksilberbarometer ohne äußere Veranlassung untauglich geworden
war. In feinen, kaum sichtbaren Kügelchen war das Quecksilber ausgetreten
und ich konnte dem leider nicht abhelfen.

Am 10. März traf zu meiner großen Freude Gessi ein. Es folgten nun
Stunden und Tage des Erzählens und Fragens und der gegenseitigen Mitteilungen. Gestört wurden sie durch ein um diese Zeit erlebtes Sturmwetter
mit heftigem tropischen Regen, für die Jahreszeit eine seltene Erscheinung;
meine Tischplatte wurde dabei über Bord entführt und selbst das verankerte Schiff
trieb weit ab. Durch Gessi, welcher in freundlichster Weise meine Weiterreise
förderte, wurde ich auch der Sorge um die Zahl der Träger enthoben, indem er
mir die Leute, welche das für Chartum bestimmte Elfenbein nach der Meschra
geschafft hatten, zur Verfügung stellte. Ich bedauerte nun, nicht noch mehr von
begehrenswerten Artikeln mitgenommen zu haben. Einen neuen Vorrat an Salz
und Zeugen übernahm ich für mein letztes Bargeld von der Schiffsmannschaft.

Am 13. März konnte ich meine erste Sendung, 105 Traglasten, nach
der Station Djur Ghattas, unserm vorläufigen Reiseziel, abgehen lassen.

Abreise von Meschra er-Rek.

Reise von Meschra er-Rek nach Dem Soliman.

Verhängnisvolle Wirkung des Mangels einer festen Station in Meschra er-Rek. Thätigkeit und Verwaltung Gessi Paschas. Sein Zutrauen zu den Negern; sein Fatalismus. Letzte Zeit an Bord der „Ismailia". Balaeniceps rex; sein Nutzen für uns als „Polizei". Schimpansen. Tapferkeit und weiches Gemüt Gessis. „Ismailia" als zeitweilige Heimatsstätte. Abfahrt von der Meschra in einem „Einbaum". Erstes Nachtlager. Mahnwort Gordons. Eigenes Verschulden der Reisenden, wenn sie darben. Ordnung erhält die Welt. Reiz des freien Lagerlebens. Ausgetrocknete Moräste. Nuër. Dinka. Überschwemmungsgebiet des Flusses Tondj. Inseln als Oasen. Aufenthalt in Djur Ghattas. Feststellung des Reiseplans. Großer Schimpanse dem Käfig entsprungen. Aufbruch nach Westen. Djur- und Bongoneger. Station Kutschuk Ali. Wasserstand der Flüsse. Station Wau; bevorzugte Lage als Mudirije. Vergleichung des Barivolks mit den Stämmen im Bahr el-Ghasalgebiet. Verbindungswege und Ausfuhr. Station Biselli. Marsch nach Gauba. Trennung von meinem Gepäck. Gemeinsamer Ritt mit Gessi zur Mudirije Dem Soliman. Furcht vor Bienen. Gastfreundschaft Gessis. Letzte Möglichkeit, Geld zu verwerten.

Unsere zwei Dampfer hatten für die Mudirije Bahr el-Ghasal Regierungsgüter mitgebracht, welche, um später an die Stationen verteilt zu werden, gleichfalls nach Djur Ghattas geschafft werden sollten. Bis zu diesem Posten waren in dem ausgedehnten Lande der Dinkastämme seit der ersten Einwanderung der arabischen Händler keine festen Niederlassungen gegründet worden. Die Scriben der Händler bei der Meschra, in der Nähe der durch Dr. Schweinfurths Reise historisch gewordenen, seither verstorbenen „alten Schol", waren nur temporär angelegt, um den Ankömmlingen bis zum Antritt ihrer Züge in das Innere und den wenigen bei den Barken zurückgebliebenen Mannschaften zu dienen. Eine ähnliche Rolle spielte auch gegenwärtig die bereits erwähnte kleine Seriba, welche einige Stunden landeinwärts vom Meschrauser auf dem Festland erbaut war. Eine feste Station, von der doch in erster Linie die Beherrschung und Verwaltung der umliegenden Negerdistrikte abhing, gab es weit und breit nicht. Wie verhängnisvoll gerade dieser Umstand in den folgenden Jahren werden sollte, lehrt im spätern Krieg das Schicksal des unglücklichen Lupton Bey, der ein volles Jahr, bevor er den Mahdisten erlag, harte Kämpfe gerade mit diesem Teil der Dinkabevölkerung zu bestehen hatte, eine Zeit, wo der Weg von Meschra er-Rek nach Djur Ghattas nur mit 800 Bewaffneten zurückgelegt werden konnte, und der Reisende Schuver, als er voreilig aufbrach, von den Dinka ermordet wurde. Zur Zeit meiner Ankunft bedurfte man zur Reise nach Djur Ghattas kaum einer militärischen Bedeckung; dafür waren aber auch die Eingeborenen dieser ganzen Strecke bis jetzt von dem ihnen lästigsten Frondienst, dem Trägerdienst, verschont geblieben. Geschulte Träger bildeten sich im Lauf der Jahre nur in der nächsten Umgebung der festen Stationen aus, wo die Häuptlinge unter der Aufsicht der Seribenverwalter standen und von den Seribensoldaten angehalten, für die Beschaffung von Trägern zu sorgen hatten.

Nach der Übernahme der Stationen im Bahr el-Ghasalgebiet durch die Regierung war die Gründung einer festen Niederlassung in der Nähe von Meschra er-Rek dringend notwendig geworden, denn nach dem erfolgreichen Feldzug Gessis gegen Soliman-Siber mußte für die nächste Zeit ein möglichst regelmäßiger Dampferverkehr mit Chartum in Aussicht genommen werden. Leider unterblieb der Bau einer solchen Station sowohl während der folgenden kurzen Verwaltungszeit Gessis, wie auch nach ihm, am Anfang der vielseitigen Thätigkeit Luptons, welchem Anfang sehr bald die Rebellion der Dinka folgte. Lupton hatte leider die Provinz des Bahr el-Ghasal übernehmen müssen als Erbstück aus einer Zeit der gewaltthätigen Schreckensherrschaft der Araber und nach der kurzen Verwaltung Gessis, der bei seinem schonungslosen Vorgehen gegen das Arabertum dem Neger plötzlich zu viel Konzessionen gemacht hatte und stellenweise in den entgegengesetzten Fehler, wie die Araber, verfallen war. Gessi setzte ein fast blindes Vertrauen auf die Negerhorden, die er während des Kriegs mit Soliman gegen alles, was Araber (d. h. mohammedanische Sudaner, Nubier u. s. w.) hieß, gehetzt hatte und die sich ihrem Befreier und Erlöser anfangs begreiflicherweise sehr willfährig zeigten; nach seinem baldigen Fortgang aber, als die wirkliche Verwaltungsmaschine mit dem in diesen Ländern notwendig geworbenen Fronbienst wieder einsetzte, erschwerte gerade diese Neurung unstreitig die ausgiebige Thätigkeit Luptons.

Ohne das große Verdienst Geffis, der auch mir persönlich stets ein lieber Freund war, im geringsten schmälern zu wollen, muß ich doch bekennen, daß er infolge seiner Furchtlosigkeit und beispiellosen Tapferkeit häufig einem blinden Glück vertraute. Es sicherte ihm zwar viele Erfolge, doch sollte dieser Fatalismus ihm auch sein Grab graben. Als er, leider leichtsinnigerweise und gegen den Rat einer kundigen Umgebung, den letzten Rückzug nach Chartum auf dem Bahr el-Ghasal antrat, hätte er die Verhältnisse desselben kennen sollen. Wie häufig hatte ich die Notwendigkeit, die Grasbarren zu beseitigen, mit ihm besprochen und selbst Skizzen einiger Hilfsapparate angefertigt, die mir für die Bekämpfung der Grasmassen praktisch erschienen. Daß ohne die nötige Hilfe von Chartum aus die Arbeiten im Lauf des Jahrs nicht gemacht werden konnten, gereicht Geffi nicht zur Schuld, wohl aber, daß er die nötigen Vorsichtsmaßregeln unterließ und so viel Menschen von der Meschra mitnahm, ohne genügende Nahrungs-mittel für unvorhergesehene, in diesen Gebieten leicht eintretende Zwischenfälle. So war auch die Anlage einer festen Station bei Meschra er-Rek unter-blieben, da Geffi sich damals mit der Idee vertraut zu machen begann, der Landweg nach Djur Ghattas werde in der Folge nur spärlich von Träger-kolonnen begangen werden, indem er hoffte, bei Hochwasser die Flüsse Djur und Wau bis zur Station Wau vielleicht mit Dampfern, eventuell die für diese nicht passierbare Strecke mit Booten und Barken bis zum Anlegeplatz der Chartumer Dampfer befahren zu lassen. Zu diesem Zweck sollte dann Wau, mit Regierungsmagazinen versehen, zur Hauptstation der Provinz erhoben werden und mit Chartum künftig auf dem Wasserwege verbunden bleiben. Auf der Station Wau war schon damals eine Barke im Bau, die auch später mit Proben von Bauholz und andern Ausfuhrartikeln den Waufluß abwärts die Meschra und den dort angelangten Dampfer erreichte. Da brach der Krieg mit den Dinkastämmen aus, die Dampfer, die aus Chartum in der Meschra an-langten, liefen die größte Gefahr, von den Dinka ausgeraubt und zerstört zu werden, und eine Verbindung mit Djur Ghattas konnte wegen des gesperrten Wegs viele Monate nach ihrer Ankunft nicht hergestellt werden, ja Lupton mußte die für ihn angekommenen Waren nebst Munition mit dem Aufgebot aller seiner Streitkräfte sich erkämpfen. Nun erst wurde der eingetretenen Notwendigkeit Rechnung getragen und bei der Meschra eine Station gegründet. Erst in den letzten Monaten von Luptons Verwaltung blieb eine Streitmacht unter Befehl eines bewährten Anführers, Brindji, bei der Meschra stationiert. Da zeigte es sich aber, daß es für die getroffenen Maßregeln bereits zu spät war. Die Mahdisten nahmen damals ihren Vorteil wahr, machten mit den Dinka gemeinsame Sache, und bald fiel die Regierungsprovinz Bahr el-Ghasal in ihre Hände. Weder den braven Lupton, noch den tapfern Geffi treffen bei Erörterung der damaligen Verhältnisse meine Vorwürfe. Die Regierungsvertreter in diesem Gebiet, wo doch an allen Ecken und Enden Verbesserungen notwendig waren, folgten eben nach viel zu kurzem Aufenthalt in der Bahr el-Ghasalprovinz so rasch aufeinander, daß keiner zu einer ersprießlichen Thätigkeit gelangen und deren Erfolg selbst beurteilen konnte. Nach dem auf eigenen Vorteil berechneten Durchmarsch Ibrahim Fausis während meines ersten Aufenthalts im Bahr el-Ghasalgebiet, Herbst 1877, warf sich Soliman-Siber als Usurpator auf, bereits 1878 auf 1879 zog Geffi gegen ihn aus, verblieb aber selber nur einen Teil des Jahrs 1881 in der Provinz. Das Interregnum bis zur Ankunft Luptons wurde wieder durch ägyptische Kreaturen: Saati Bey und den ad interim nach Djur Ghattas beorderten Gouverneur von Faschoda ausgefüllt, bis endlich Lupton unter wenig günstigen Verhältnissen die Provinz als letzter übernahm. Schon in den ersten Monaten des Jahrs 1884 zeigte sich nach der Invasion der Mahdisten, daß die unsägliche Mühe und Arbeit, welche die beiden europäischen Gouverneure Geffi und Lupton aufgewendet hatten, eitel und nutzlos gewesen. Bleibende Früchte konnten sie nicht hinterlassen, doch einen bleibenden Namen, da beide bei idealen Zielen das Beste angestrebt hatten.

Nach der Meldung von der Ankunft unsers Dampfers in der Meschra waren die nötigen Träger zum Teil mit Elfenbein beladen aus den südlichen Stationen dorthin gekommen; mit ihnen konnte ich den größten Teil meiner Lasten nach Djur Ghattas abgehen lassen. Die Dampfer wurden für die Rückreise nach Chartum neu befrachtet, sollten aber noch mehrere Tage in der Meschra verweilen, um Leute an Bord zu nehmen, unnützes Arabervolk, dessen sich Geffi entledigen wollte. Auch meine Träger waren noch nicht vollzählig, sodaß ich mit Geffi zusammen an Bord der „Ismaïlia" blieb. Zu schaffen gab es bis zum Tag der Abreise beständig.

Seit meiner Ankunft auf der Meschra hatte ich mich bemüht, Exemplare von Balaeniceps rex zu erhalten. Ich war darin jetzt glücklicher. Ein Bootsmann brachte mir sehr bald zwei angeschossene, noch junge Vögel, deren einer, schwerer verletzt, getötet und abgebalgt wurde, während ich den zweiten, nur flügellahm geschossenen, bald heilte und am Leben erhielt. Er machte uns in der Folge an Bord und später in der Station Djur Ghattas viel Spaß. Täglich ließ ich in mein großes Badegefäß Fische setzen, und dann war es ergötzlich anzusehen, wie der große Vogel manchmal lange unbeweglich in der Nähe stand, bis er plötzlich mit dem massiven Schnabel ins Wasser fuhr, blitzschnell einen fast fußlangen Fisch faßte und ohne irgend merkliche Beschwerde durch seinen Schlund zwängte. Er zeigte einen unglaublich ruhigen und phlegmatischen Charakter, war von allem Anfang an sehr wenig scheu und ließ sich bald nahe kommen. Nur plötzliche Annäherung der Leute und Geräusch erschreckte ihn. Meist stand er wie gedankenvoll an einer Stelle und ließ sich nur ungern vertreiben. So blieb der seltene Gast bei uns in Freiheit unbehindert an Deck. Ganz drollig gestaltete sich alsbald sein Verhältnis zu den beiden kleinern der für Gessi angekommenen Schimpansen (das größere und ältere Tier blieb im Käfig), welche vor unserm Schuhschnabel eine heillose Furcht bekundeten. Dies kam uns sehr gelegen, denn die Tiere geberdeten sich wie ungezogene Kinder und zwangen uns oft bei unsern Mahlzeiten durch Zähnefletschen, Beißen und Schreien, förmlich aufzustehen und davon zu laufen,

Sporengans, Plectropterus gambensis.

worauf sie sich selbst über die gefüllten Teller hermachten. Der ruhige und phlegmatische große Vogel aber wurde uns bald zu unserm höchsten Ergötzen ein wackerer Schutzmann gegen die Zudringlichkeit jener unbotmäßigen kleinen Freunde. Seitdem nannte ihn Gessi nicht anders als die „Polizei". Wenn nun später bei unsern Mahlzeiten, auch in der Seriba Djur Ghattas, die Schimpansen sich ungebührlich aufführten, kreischend mit den Füßen strampelten und wie ungezogene Kinder nach unserm Essen gierten, da hieß es nur: „Polizei!"

Sofort trieb ein dienſtbarer Geiſt von Negerjungen unſern lieben Schuppatron in die Nähe, wo er regungslos wie eine Bildſäule ſtehen blieb, ohne auch nur die geringſte Notiz von den Schimpanſen zu nehmen, während dieſe zu allgemeinem Ergöten unter allen Zeichen der Angſt und häufigem Umſchauen ſchleunigſt das Feld räumten. Bei meiner Abreiſe nach dem Innern ließ ich den Vogel bei Geſſi, wo er ſich ſpäter neben der Fiſchnahrung auch an Fleiſch gewöhnte. Geſſi berichtete mir nach der unglücklichen Kataſtrophe im Bahr el-Ghaſal, daß auch mein Balaeniceps rex mit an Bord genommen worden und bei dem allgemeinen Elend jedenfalls einem Hungernden zum Opfer gefallen war. Ein am Nil und an ſeinen Zuflüſſen häufiger Vogel iſt die Sporenganš, Plectropterus gambensis; doch iſt ihr Fleiſch zähe und ſchmeckt thranig.

Im täglichen Verkehr mit Geſſi erfuhr ich durch ſeine Mitteilungen die Einzelheiten der Vorgänge während der Kriegsperiode und der Verfolgung Solimans. Wie ich direkt dazu beigetragen, daß Geſſi die Miſſion zur Nieder= werfung Solimans nach meiner erſten Reiſe übernahm, das iſt bereits im erſten Band dieſer Reiſen näher ausgeführt. Es hatte damals meiner ganzen Über= redungskunſt bedurft, um ihn dem Wunſch Gordons willfährig zu machen. Jetzt hatte er ſich Lorbeeren verdient, wurde als Sieger und Sklavenbefreier gefeiert, hatte eine vollwichtige Remuneration und den Titel eines Paſcha erhalten und durfte mit ſeinen Erfolgen wohl zufrieden ſein. Ich erinnerte ihn an unſer letztes Zuſammenſein in Chartum vor 1½ Jahren und die Zeit, wo ich ihm abends immer wieder zuredete, den jetzt von ihm glänzend durchgeführten Auftrag zu übernehmen. Lachend fügte ich hinzu, daß er mir nun wohl nicht mehr böſe ſein könne, weil ich damals ſeinem langen Zögern ein Ende gemacht und ihm die Einwilligung abgedrungen. Er antwortete in ſeiner milden Weiſe und mit beſtem Humor, der von Zufriedenheit zeugte, doch traten ihm dabei Thränen in die Augen. Der tapfere, brave Mann, der ruhig und kaltblütig jeder Gefahr und den Schrecniſſen des Todes getrotzt hatte, beſaß ein weiches, gefühlvolles Herz. Er litt an Heimweh, an Sehnſucht nach ſeiner Familie. Während unſers Zuſammenſeins ſprach er häufig von ſeinen zurückgelaſſenen Angehörigen und betrachtete unter Thränen ihre Bildniſſe. Seine Unzufriedenheit wurde ſpäter durch den Mißklang zwiſchen ihm und den Chartumer Verwaltungsorganen, beſonders nach der Ankunft des neuen Hokumdars Rauf Paſcha, genährt; Neuerungen, abermalige Beſchränkung des Dampfſchiffverkehrs nach Chartum, Schmälerung ſeines Verwaltungsgebiets, indem der Bezirk Mangbattu im Lauf der Zeit der Provinz Emin Beys einverleibt wurde, abſchlägiger Beſcheid auf die Forderungen zu Nutz und Frommen der Bahr el-Ghaſalprovinz u. dgl. m.

machten ihm, wie er mir später schrieb, den längern Aufenthalt in der Provinz unleidlich. Dagegen war man in Chartum beständig unzufrieden mit seiner
nicht zu leugnenden Gleichgültigkeit und Lässigkeit im Abrechnungswesen. Bei
sonst so vielseitiger Thätigkeit hatte er gerade für diese Seite der Verwaltung
durchaus keinen Sinn. Dies entsprang, um wahrheitsgetreu zu berichten, aus
vollständigem Mangel an Ordnungsliebe, die auch seinem persönlichen Eigentum gegenüber täglich und stündlich zu Tage trat. Nur in beschränktem Maß
der arabischen Sprache mächtig, überließ er das Rechnungswesen ohne Kontrolle den Beamten, weswegen ihn von Chartum aus viele Vorwürfe trafen.
In dieser Beziehung bildete er einen schroffen Gegensatz zu Emin, wie auch überhaupt ihre Charaktere wenig Gemeinsames aufweisen. Emin ist der im Diwan
geschulte, nach dem Buchstaben der Vorschriften handelnde, peinlich ordnungs-
liebende Beamte, was sich auch in seinem Umgang und äußern Auftreten sofort
kundgiebt. Diese Fähigkeit ging Gessi ab. Doch war er einer von jenen, die
unter der äußern rauhen Hülle einen soliden Kern bergen. Gessi war eine
offene, freie und biedere Natur, die sympathisch wirkte.

Die letzten Tage an Bord widmeten wir zum Teil der Korrespondenz.
Berichte und Briefe wurden für die Rückkehr des Dampfers nach Chartum
vorbereitet. Nach dem letzten, in dieser Jahreszeit seltenen Gewittersturm war
noch einmal leichter Regen gefallen, doch herrschte jetzt die regenlose Zeit und
ich durfte hoffen, bis Mitte Mai ohne häufige Regengüsse das Innere der
Niam-Niamländer zu erreichen. Die Pläne für meine zukünftige Reise wurden
häufig mit Gessi besprochen und ich schmiedete Hoffnungen, auf unerforschten
Wegen in das Unbekannte hinauszuziehen. Im herzlichen, gemeinsamen Verkehr
mit Gessi vergingen diese letzten Tage auf der „Ismailia"; sie war mir
nachgerade zur vertrauten Heimatsstätte geworden, hatte ich doch mit ihr
schon auf meiner ersten Reise den Blauen Nil befahren und später von
Chartum aus Lado erreicht, und nun auf der zweiten Reise war sie wieder
vom 31. Januar bis zum 18. März mein Wohnsitz gewesen. Der Kapitän,
der Reis und die Schiffsmannschaft waren mir gute Bekannte. Mit jenem
führte ich nach arabischem Brauch gemeinsame Küche, auch entschädigte ich
ihn sowie die Leute für die Fahrt, welche mir im übrigen die Regierung
kostenlos gestattete. Inzwischen waren die für mich noch erforderlichen Träger
eingetroffen, sodaß mein Abmarsch erfolgen konnte; dagegen waren die Schiffe
zur Rückfahrt noch nicht bereit, täglich langten Mitreisende in kleinen Gesellschaften an, und noch auf dem Weg nach Djur begegnete ich einzelnen. Gessi
wollte aber die Einschiffung persönlich leiten und überwachen, er blieb daher

bis zur endgültigen Abfahrt der Dampfer zurück; in Djur Ghattas sollte ich ihn erwarten.

Ich nahm somit am Morgen des 18. März vorläufig von ihm Abschied. Herr Buchta befand sich noch auf der kleinen Station des Naßr (Vorgesetzten) der Meschra, Mamud Efendi, um, sobald die Abfahrt der Dampfer festgesetzt war, gleichfalls an Bord zu gehen. Mein vorläufiges Ziel war diese Station, um auch ihm Lebewohl zu sagen, aber sie war nicht ganz bequem zu erreichen. Von der kleinen Insel, vor welcher die Dampfer ankerten und von wo der Abmarsch nach Süden erfolgt, zieht sich noch eine Stunde weit seichtes, stellenweise bis zu den Hüften reichendes, spärlich mit Schilf und Wasserpflanzen bedecktes Sumpfgewässer bis an den in der Ferne sichtbaren Waldrand hin. Einem kleinen, kaum $1/2$ Meter breiten, ausgehöhlten Baumstamm, einem „Einbaum“, vertraute ich wohl meine eigene Person an, nicht aber meine Instrumente zur Aufnahme der Route, wie Kompaß und Uhr; diese überließ ich, einstweilen wohlverpackt, den Trägern. Im Gänsemarsch brachen sie auf und trabten munter, wie auch Bohndorff und meine Diener, in das Wasser hinein. Ich aber, hochgeschürzt, mit nackten Füßen und Beinen, um bei etwaigen allzuseichten Stellen das kleine Fahrzeug meines Gewichts zu entledigen oder für den Fall des Umkippens gerüstet zu sein, bestieg allein das armselige Gefährt, zwängte mich vorsichtig im Gleichgewicht zwischen die Wandungen des Baumstamms und streckte die Beine so lang als möglich vor mich hin. Als Vorspann dieses Behikels diente ein langer Dinkaburscher, während mein Diener Farag Allah mir zur Seite blieb und andere Leute schiebend nachhalfen. In diesem recht hilflosen Zustand, auf einem Miniaturbaumkahn — ich lernte deren im Lauf der kommenden Jahre auf so manchem Flusse die verschiedensten Abarten und von noch gefährlicherer Art kennen — erreichte ich ungefährdet den ersehnten Waldrand und fühlte endlich einmal wieder Festland unter den Füßen. Aber die Nachwehen blieben nicht aus. Ich hatte, das Umschlagen des primitiven Fahrzeugs zu verhüten, während der einstündigen Fahrt unter den heftigen Strahlen einer empfindlichen Sonnenhitze mit weit vorgestreckten, entblößten Beinen bewegungs- und regungslos dagesessen, und die Folge davon war, daß meine empfindliche europäische Haut an den entblößten Teilen die Farbe schön gesottener Krebse annahm und später empfindlich schmerzte. Meine Köchin Saida linderte abends im Lager das lästig brennende Gefühl durch Öleinreibungen. Der Beginn meiner jahrelangen Wanderungen hatte mir hier gleich beim Betreten der Negerländer das erste kleine körperliche Leiden gebracht. Doch es blieb ja nicht dabei und Geduld sollte ich auch nach dieser Richtung üben lernen.

Am Waldsaum, den ich nach wochenlangem Aufenthalt auf dem Wasser mit der Freude eines landenden Oceanfahrers begrüßte, hatte ich meine kleine Karawane gesammelt und zog nun wohlgemut durch den lichten, sonnigen Wald gegen Süden der Station zu, die sie nach mehrstündigem Marsch gegen 1 Uhr erreichte. Auf weite Entfernung um die Station her fehlt es an Wasser, und damit bestätigt sich wieder einmal das für den afrikanischen Kontinent zutreffende Wort: „Kontinent der Kontraste." Monatelang hatten wir wahrlich Wasser genug gesehen und genossen — und schon hier begann uns jetzt der Durst zu quälen. Ich sage jetzt, in der regenlosen Zeit, denn einige Monate später, wenn erst die strömenden Regen eingesetzt haben, wieder als Kontrast, kann diese wasserlose Gegend der Sümpfe und Moräste wegen kaum durchzogen werden.

Gegen Abend führte ich meine Leute zu den eine Stunde weiter im lichten Wald liegenden Wasserlöchern, und dort bezogen wir unser erstes Nachtlager. Freilich mußten noch Wochen der Mühe und Geduld vergehen, bis auf diesen Lagerplätzen, unter geänderten Verhältnissen und bei neuer Dienerschaft, die ihrerseits erst abgerichtet sein wollte, Ordnung und Pünktlichkeit im Herrichten alles Notwendigen sich ausbildete und endlich jeder meiner Leute die ihm zugeteilte Arbeit kannte. Erst dann durfte ich wirkliche Hilfe von meiner Dienerschaft erwarten. Wie sehr ich übrigens bei allen Arbeiten darauf bedacht war, nötigenfalls selbst Diener sein zu können, davon werde ich auf meinen Wanderzügen häufig genug Beweise geben müssen. Hierauf bezog sich auch ein Mahnwort Gordons bei unserm ersten Zusammentreffen: „Sich nicht auf fremde Hilfe zu verlassen, in diesen Ländern früh zu lernen, sein eigener Diener zu sein, wenn man nicht beständig Verlust und Schädigung schwer oder gar nicht zu ersetzender Ausrüstungsgegenstände erleiden wolle." Ich habe diesen Wink später nie aus den Augen gelassen. Peinliche Ordnungsliebe, gepaart mit einer nach europäischen Begriffen fast kleinlichen Sparsamkeit, richtige Berechnung wo es nötig, anderseits aber, je nach Verhältnissen und Umständen, eine offene, freigebige Hand, haben mir Vorteile gesichert, von denen mein Reiseerfolg und jahrelanges Ausharrenkönnen in uncivilisierten Ländern abhing. Die häufigen Klagen der Reisenden über Verlust und Verderb nötiger Ausrüstungsgegenstände im Innern des Kontinents beruhen gewiß in vielen Fällen auf Unachtsamkeit, Nachlässigkeit in der Verpackung und auf der Bequemlichkeit, zu viel der schlechten Dienerschaft zu überlassen. Fehler dieser Art rächen sich in Afrika doppelt. Die Folgen der Unordnung: das beständige Verlieren und unachtsame, leichtsinnige Verderben oder gar Zerbrechen von Gegenständen, die in der Heimat ja bald wieder zu erwerben sind, werden dem Reisenden in Afrika ver-

hängnisvoll. Mit blutendem Herzen nahm ich einst meinem Begleiter auf der
ersten Reise einen Meißel aus der Hand, mit dem er sich bemühte, einen Draht-
stift zu kürzen; natürlich war gleich beim ersten Versuch eine Scharte in die
Schneide des Instruments geschlagen. Wenn ich nach siebenjährigen Wanderungen
noch so manchen zerbrechlichen Gegenstand heil und unversehrt als liebes Reise-
andenken heimbringen konnte, so hat die Erhaltung unter den schwierigsten
Umständen gewiß Mühe und Sorgfalt gekostet, aber ich hatte dafür auch den
Nutzen und Nießbrauch, und der Zweck
war erreicht.

Ein kleines Zelt hat jetzt und
später gar keine Verwendung gefunden.
Die Entbehrlichkeit eines solchen beider
Art, wie ich in den Ländern der ägyptischen Äquatorialprovinz und den von
mir durchzogenen Gebieten nördlich vom
Äquator reiste, soll später erörtert
werden. Südlich vom Viktoria=See, auf
der Strecke nach Sansibar, treten vollständig neue Verhältnisse ein, und dort
benützte ich mein Zelt täglich. In dieser
Nacht also, auf meiner ersten Etappe
im Land der Dinka, wölbte sich der
klare Sternhimmel über unserm Lager.
Hell loderte wieder das Lagerfeuer neben
meinem Angareb, auf dem ich ausgestreckt lag und gedankenvoll in die
Flamme starrte. Wieder umgaukelte
mich hoffnungsvoll der Reiz des un-

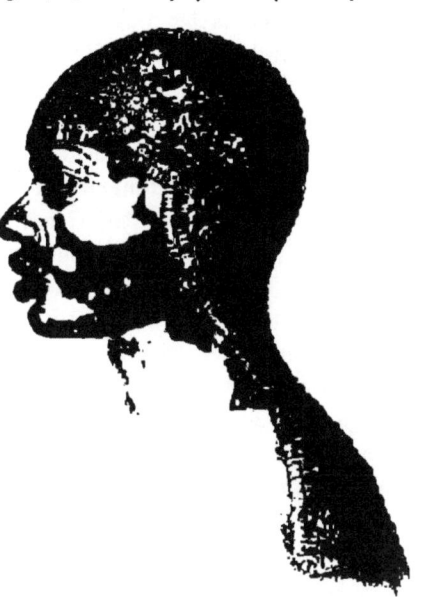

Dinka vom Stamme Rek. Nach einer Zeichnung von Dr. G. Schweinfurth.

gebundenen, freien Lagerlebens. Stunden vergingen, um mich her war nach
dem geschäftigen Treiben der Leute eine wohlthuende Ruhe eingetreten; nach
dem Erlöschen der Feuer wirkten die Gestirne des Himmelsgewölbes um so
ausdrucksvoller. Erinnerungen aus der Vergangenheit wechselten und jagten
sich mit Hoffnungen auf die nächste Zukunft, welche damals die bevorstehende
Reise tröstlicher erscheinen ließen, als ich sie bei meiner Abreise aus Kairo angesehen. Gewiß, es war ein Glück für mich, daß ich an jenem ersten Abend
im Dinkaland den Schleier über dem Geheimnis der Zukunft nicht lüften konnte.
Was ich an Beschwerden, Aufregungen, Entbehrungen und Leiden, die meiner

im Lauf der nächsten sieben Jahre harrten, hinter dem Schleier gesehen hätte, würde mich kraft= und mutlos gemacht haben. So träumte ich mich denn, wenig bekümmert um alle bevorstehenden Mühsale, hinüber zu den lichten, genußreichen Seiten der Forschungsreise, bis auch mich endlich in später Nacht der Schlaf umfing.

Der frühe Morgen fand uns bereits auf dem Marsch gegen Süden. Gleich den Beginn bezeichnete ein Mißgeschick, das ein gutes Doppelgewehr betraf; Bohndorff war in der Hast gefallen, wobei der Kolben zersplitterte. Allerdings kann man den Reisenden in Afrika nicht dringend genug anempfehlen, bei Auswahl der Waffen auf ihre Dauerhaftigkeit zu achten. Das flache, einförmige Land bot an diesem, wie auch an den folgenden Tagen wenig Bemerkenswertes. Lichter, schattenloser Wald wechselt mit parkähnlichen Gebieten. Einzelne Buschdickichte und schattenspendende Hochbäume laden jedoch zum Rasten ein. Bereits in diesen grasreichen Strichen erscheinen stattliche Vertreter des afrikanischen Tropenwaldes: Tamarinden, große Feigenbäume, Kigelien, Cordia u. a. Morastige, sumpfige Stellen, jetzt wohl ausgetrocknet, zeugen von mühevollen und schweren Übergängen zur Zeit der Regen; sie waren übrigens auch gegenwärtig überall, wo Elefanten ihre tiefen, jetzt zu Stein verhärteten Fährten zurückgelassen hatten, höchst mühsam zu passieren. An Reiten war da nicht zu denken; das Maultier und meine zwei Esel wurden behutsam geführt. An einzelnen Stellen fand sich nach dem letzten, für die Jahreszeit verfrühten Regenguß abgestandenes Wasser.

Mit dem Beginn der Landreise von Meschra er=Rek hatten wir das ausgedehnte Gebiet der großen Völkerschaft der Dinka oder Djangeh betreten. Das Volk der Nuër, mit zahlreichen, aber unter sich getrennten Zweigen im Tief= und Marschland an den Unterläufen der dem Weißen Nil und Bahr el=Ghasal zuströmenden Flüsse, fast vom Sobat im Osten bis zum Bahr el=Ghasal im Westen, angesiedelt, war im Norden hinter uns zurückgeblieben; nur auf seine westlichsten Vertreter hatten wir auf der letzten Flußfahrt einen flüchtigen Blick werfen können. Doch bewohnen seine Stämme auch noch südlichere Landschaften zwischen dem Fluß Djau, dem Unterlauf des Rohl und des Bahr el=Gebel; dort verläuft ihre Grenze gegen die Dinka annähernd unter 7½ Grad nördlicher Breite. Das weite Gebiet zwischen den erwähnten Flüssen ist fast vollständig unerforscht geblieben und nur selten von Arabern auf Razzien zum Beschaffen von Vieh durchzogen worden. Wie die Nuër, sind auch die Dinka schon bei meinen ersten Reisen mehrfach erwähnt worden. Mit vielen ihrer südwestlichen Zweige, die an die Moru=, Mittu= und Bongovölker grenzen, kam ich auf meiner früher geschilderten

Reise von Mátarakà in das Bahr el-Ghasalgebiet in Berührung. Jetzt sollte ich auf raschem Durchzug auch einen Teil ihrer westlichen Grenzländer kennen lernen, und zwar das Gebiet zwischen dem Tondj und dem Molmul, welches vorzugsweise vom Stamm der Rek (Djangeh) bevölkert wird, nach dem der Landungsplatz der ankommenden Schiffe benannt ist. Westlich vom Molmul jedoch dehnt sich das Gebiet der Dinka noch weit nach Norden hin, überschreitet dort den Bahr el-Djur und grenzt jenseits des 9. Grads nördlicher Breite an die nomadisierenden echten Araberstämme der Bagara el-Homr. Auch diese Gebiete harren zum größern Teil noch der nähern Erforschung, obgleich gerade die Dinkastämme wegen ihres Viehreichtums seit dem Beginn der Chartumer Handelszüge von den Razzien der Sklaven- und Elfenbeinhändler mit Vorliebe heimgesucht wurden. Die meisten in früherer Zeit ausgeführten Sklaven gehörten den verschiedenen Dinkastämmen an, und die langjährige Ausplünderung dieser Gebiete hatte auch eine fortschreitende Verminderung des Viehstands im Gefolge. Meine Durchquerung des Dinkagebiets erfolgte in dem schmalen Landstrich zwischen Molmul und Tondj, der von jeher von den meisten aus Chartum ankommenden und dahin absahrenden Mannschaften durchzogen wurde. Zwar sind zwischen der Meschra er-Rek und den Stationen, welche die Chartumer Händler früher mehr gegen Westen hin gegründet haben, auch andere nach Südwest und Westsüdwest laufende Karawanenstraßen als Verbindungslinien bekannt geworden, so unter andern die Wege, welche im Jahr 1863 Theodor von Heuglin und Dr. Steudner mit der Expedition des Fräuleins Alexine Tinne zogen; ferner die Routen des Ornithologen Antinori u. a.; der Distrikt der Rek aber, durch den die direkte Verbindung mit der Station Djur Ghattas aufrecht erhalten wurde, war das meistbegangene Gebiet. Auch hier führten übrigens mehrere Parallelwege nach Süden, nämlich westlichere, näher dem Molmul, und östlichere, näher dem Tondj. Einer der westlichen Wege, von Meschra el-Tudjär (Landungsplatz der Kaufleute) nach der Station Djur Ghattas, ist durch die Reise Dr. G. Schweinfurths 1869 näher bekannt geworden. Meine gegenwärtige Reiseroute verlief östlicher.

Der 19. März, der zweite Marschtag im Gebiet der Rek, brachte uns ein gut Stück Wegs vorwärts. Vom frühen Morgen bis eine Stunde vor Sonnenuntergang wurde unverdrossen marschiert und nur an einzelnen Wasserlöchern und zur Mittagszeit kurze Rast gemacht. Offenes, freies Flachland ohne jede merkliche Erhebung wechselte mit Buschwald, der aber mehrfach von allem Baumwuchs freie Plätze aufwies. Parkähnliche Strecken boten nach den mühseligen Übergängen der ausgetrockneten Sümpfe und der vielfach zerborstenen Erdkruste immer wieder angenehme Abwechslung und erleichterten den Marsch.

Eine kurze Wanderung während der Morgenstunden des dritten Tags brachte uns zum angesehenen Dinkascheih Rudj. Vor unserer Ankunft bei ihm genossen wir noch am frühen Morgen den Anblick einer herrlichen Baumscenerie, die aber bald einer waldlosen weiten Ebene Platz machte. Auf den drei Tagesmärschen bis zum Häuptling Rudj hatte ich nur sehr vereinzelte Behausungen der Eingeborenen am Wege liegen sehen. Der Neger sucht auch hier durch weiteres Zurückweichen in das Innere den Erpressungen der durchziehenden Karawanen zu entgehen.

Die vierte Tagesreise, abermals ein bedeutender Marsch, der fast den ganzen Tag dauerte, führte uns zu den Behausungen des Häuptlings Matiáng.

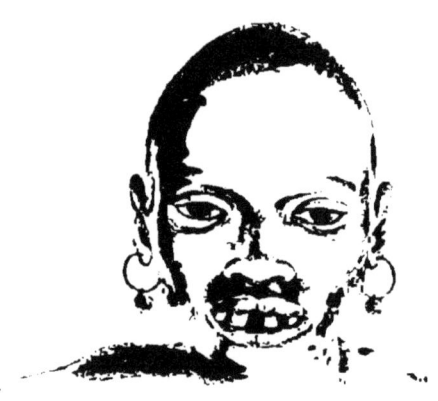

Dinka des Südens. Nach einer Zeichnung von
Dr. G. Schweinfurth.

Die letzten Stunden dieses Tags boten im Vergleich zu der bisher durchzogenen Strecke ein eigentümlich verändertes Landschaftsbild. Die ersten zwei Drittel des Wegs zeigten noch die Merkmale jenes gleichförmigen Flachlands, das keine andere Abwechslung bietet, als den mehr oder weniger dicht oder licht auftretenden Wald und die dazwischen grünenden Grasfluren. Dort führte uns der Weg heute mehrfach an Behausungen der Dinkaneger vorüber; sie gehörten zum Distrikt des Häuptlings Meláu, bei dem wir Mittagsrast hielten. Im Parkwald tummelten sich, behende umhertrippelnd und davoneilend, zahlreiche Völker von Perlhühnern, und flüchtig suchten aufgescheuchte Antilopen das Weite, ehe wir sie noch recht zu Gesicht bekommen, während am Morgen eine Anzahl Giraffen, allerdings in bedeutender Entfernung von unserer Marschlinie, ihre Hälse aus dem dürren Hochgras emporgestreckt und meinen Blick längere Zeit gefesselt hatten. Die Marschniederungen der großen, das Tiefland des Dinkagebiets durchziehenden Flüsse sind ja auch das Heimatland des Straußes, dessen Federn bei den Dinkahäuptlingen als Kopfputz beliebt sind. Dann in der Nachmittagsstunde änderte sich plötzlich die Scenerie. Wir traten zunächst in schilfartiges, bereits vergilbtes Hochgras ein, welches sofort an morastigen Boden mahnte. Sehr bald wich dieses einem ausgedehnten, unübersehbaren und eigen

artig wirkenden Tiefland, das sich auf den ersten Blick als ein weites Überschwemmungsgebiet zu erkennen gab. Gegenwärtig war diese Niederung des mit
dem Tonbj zusammenhängenden Überflutungsgebiets größtenteils trocken. An
einzelnen Stellen jedoch fanden sich große, abgegrenzte Teiche, die nach dem
Rückzug der überschwemmenden Gewässer einen bedeutenden Fischreichtum bergen
mußten; darauf ließen auch die geschäftige Thätigkeit der Neger beim Fischfang
und die eingeheimsten Vorräte schließen. Das Eigenartige dieses ganzen Gebiets
aber, das sich stundenweit bis zum Tonbj nach Ost, Süd und Südwest hin-

Dinkakuh. Nach einer Zeichnung von Dr. G. Schweinfurth.

zieht und, wenn der Fluß sein Hochwasser hat, eine seeartige Ausbreitung
gewinnt, ist eine große Anzahl in der Niederung aufragender Inseln, deren
viele mit üppigem Hochwald prangen. Sie bildeten jetzt Oasen in dem ausgetrockneten Gebiet; an einigen Stellen lehnten sich auch Teiche an sie, in deren
glatten Wasserflächen die hohen Baumstämme der Inseln sich prächtig spiegelten.
Zur Zeit der Überflutung aber werden diese Oasen zu wirklichen Eilanden, die
in dem weiten Hochwasserbezirk den Eingeborenen als eine Heimstätte dienen,
um die man sie fast beneidet. Auf einer dieser Bodenerhebungen nächtigten
wir am vierten Marschtag beim Häuptling Matiáng. Durch dasselbe ununterbrochene Überschwemmungsgebiet des Tonbj führte uns die Reise in annähernd

südwestlicher Richtung am fünften Tag um Mittag an den Tondjfluß. Die Verhältnisse waren da ähnlich wie tags zuvor; nur streckenweise wurde der Weg über ausgetrocknete morastige Stellen und in Ebenen voll dürren Grases recht beschwerlich. Bevor der Tondj erreicht war, kreuzten wir auf einer Erhebung des Überschwemmungsgebiets einen Murach (Viehpark), ein erfreuliches Zeichen, daß die Araber einigen befreundeten Häuptlingen wenigstens einen kleinen Viehstand belassen hatten. An der Übergangsstelle des Tondj, dessen südlichem Ufer wir aufwärts eine Stunde lang folgten, mündet, aus dem Überflutungsbezirk kommend, ein kleines, noch jetzt Wasser führendes Flüßchen, der Abzugskanal für einen Teil des Inundationsgebiets. Bei einer kleinen Stromschnelle setzten wir abermals über den Fluß auf sein nordwestliches Ufer und nächtigten später bei einer Anzahl Hütten. Der sechste Reisetag endlich, der 23. März, brachte mich an das vorläufige Ziel, nach der Seriba Djur Ghattas, die ich schon 1877 berührt hatte, sodaß ich hier den Anschluß an meine frühern kartographischen Aufnahmen erreichte.

Geſſi Paſcha war mittlerweile bis zur Abfahrt der Dampfschiffe nach Chartum am Landungsplatz zurückgeblieben. Da ich seine Ankunft in Djur Ghattas erwarten wollte, richtete ich mich für einen längern Aufenthalt ein. Die Verhältnisse in der Station waren mir wohlbekannt, obgleich der Krieg mit Soliman und der dadurch verursachte lange Aufenthalt zahlreicher Kriegsmannschaft sichtbare Veränderungen in der Seriba hervorgebracht hatte. Manches bekannte Gesicht von früher sah ich jetzt wieder. Freudig, aber doch auch trübselig berührte mich das Wiedersehen mit dem alten Atruſch Bey, dem frühern Verwalter in Mákaraká, den ich als gebrochenen, schwerkranken Mann und Gefangenen wieder traf. Im Krieg mit Soliman waren ihm das verspätete Erscheinen mit seinen Leuten aus Mákaraká und Fehler der Disciplin zur Last gelegt worden. Dazu hatte ein Lungenleiden sichtbare Fortschritte gemacht und sein baldiges Ende stand zu erwarten. So war es mir eine Genugthuung, ihm, dem ich Herzliches und Freundschaftliches zu verdanken hatte, jetzt seine letzten Tage durch einige Aufmerksamkeiten erleichtern zu können. Auch befürwortete ich bei Geſſi ein besseres Los für ihn. In der That wurde der sehnlichste Wunsch Atruſchs, später nach Chartum abreisen zu dürfen, gewährt, doch erlag er, wie ich später erfuhr, bald darauf noch in Djur Ghattas seinem Leiden. Wenige Tage nach meiner Ankunft in der Station erfolgte am 28. März auch die Rückkehr Geſſi Paſchas. Über meine Weiterreise war bereits manches Nähere vereinbart worden, doch erst jetzt wurden über die Zeit der Abreise, die einzuschlagende Richtung und weitern Ziele bestimmte Abmachungen getroffen. Ich war mit der Absicht, die Mangbattuländer südlich vom Uelle zu bereisen, nach Chartum gekommen. Die Flußsperre im Bahr el-Gebel hatte mich gezwungen, meine Reisen von Meschra er-Nek aus zu beginnen, was ich im andern Fall von Ladó aus durch die Makarakáländer gethan haben würde. Von Djur Ghattas nach Mangbattu führte der von den Chartumern gewöhnlich begangene sicherere Weg über Rumbek, dem Rohlfluß entlang, durch das Gebiet der Abaká nach Süden. Bis in das Makarakágebiet war er mir von meiner ersten Reise her bekannt, ich wählte ihn also ungern, um so mehr, als in mir seither der Wunsch erwacht war, auf der Reise nach dem Süden die Niam-Niamländer kennen zu lernen. Die Ausführung dieser Absicht war jetzt erleichtert, da nach dem Krieg mit Soliman Bey ein freundschaftliches Verhältnis zu einigen Fürsten im Reich der Niam-Niam (A-Sandé) angebahnt worden war. Ndoruma, ein mächtiger Fürst inmitten des A-Sandéreichs,[1]) hatte sich dem freundlichen Entgegenkommen Gessi Paschas willfährig gezeigt. Zu ihm zu gelangen, war also der nächste Zweck meiner Expedition.

Bongo des Südens.
Nach einer Zeichnung von Dr.
G. Schweinfurth.

Der kürzere und direkte Weg dorthin wäre gegen Süden durch das Land der Bongoneger und der Bellánda gewesen, doch zog ich es vor, damit zu beginnen, daß ich Gessi Pascha durch das Bahr el-Ghasalgebiet nach der Hauptstation der Mudirije Dem Soliman begleitete, um erst später von Dem Bekir aus meine Reise in das A-Sandéreich zu unternehmen. Mein Hauptgepäck unter Leitung von Bohndorff und die Dienerschaft sollten auf kürzerm Wege, von der Station Ganda aus, Dem Bekir erreichen. Gessi Pascha förderte diese Reisepläne in jeder Beziehung und sandte meinem Wunsch gemäß sogleich Botschaft an den Fürsten Ndoruma, um meine Ankunft bei ihm anzumelden und ihn meiner friedlichen und freundschaftlichen Absichten zu versichern mit dem Bescheid, mir seine Boten nach Dem Bekir entgegenzusenden.

Auf meine frühern Erfahrungen in den Negerländern gestützt, hatte ich es diesmal unterlassen, von Chartum dahin arabische Bedienung mitzunehmen. Ich wußte bereits, daß es am zweckmäßigsten sei, in diesen Gebieten einheimische Jungen nach meinen Bedürfnissen abzurichten, und daß sie dem Europäer willig

---

[1]) Sandé ist Singular-, A-Sandé die Pluralform. Das A ist ein Präfix, welches bei vielen Negersprachen nördlich vom Äquator die Pluralform bildet.

und gern auf seinen Reisen folgen. Außer Farag Allah und der Chartumer Köchin Saida hatte ich bis Meschra er-Rek keine andere Bedienung gehabt. Für die Reise in das Innere, auf der ich mich aus dem Gebiet der Regierungs=stationen entfernte, sodaß ich nicht mehr auf die Mithilfe der dem Gepäck beim Transport beigegebenen Soldaten und Dragomane rechnen konnte, mußte ich nun daran denken, eigene Dienerschaft zu erlangen. Auch in dieser Beziehung erwiesen sich mir die Zeitumstände recht günstig. Das abgelaufene Kriegsjahr, der Tod und der Abgang zahlreicher arabischer Händler, die durch Gessi Pascha erfolgte Freilassung einer Menge Sklavenjungen, die im Grunde mit ihrer

Bellánda=Häuptling. Nach einer Zeich-nung von Dr. G. Schweinfurth.

Freiheit nichts Rechtes anzufangen wußten und zufrieden waren, wenn nur jemand für ihre Bedürfnisse sorgte, das waren die Ursachen, warum gerade damals unzählige Negerknaben aus aller Herren Ländern frei und herrenlos sich umhertrieben und mich gern begleiteten. Wohl ein Dutzend solche Jungen waren Gessi Pascha bis zur Meschra gefolgt, um nur ernährt zu werden. Viele von ihnen waren aus Mangbattu gebürtig. Sie erfuhren meine Absicht, in ihr Land zu reisen, und boten mir aus freien Stücken ihre Begleitung an. So konnte ich schon gleich am Landungsplatz meine Auswahl treffen und brauchte später nur noch wenige Jungen als Diener aufzunehmen. Bohndorff erhielt nach eigener Wahl zwei Mangbattuknaben zugeteilt; sie sollten aus-schließlich bei den Sammlungen behilflich sein und zum Präparieren von Vogel-bälgen abgerichtet werden. Zwei andere Mangbattu und einen Niam-Niamknaben nahm ich in meine Obhut. Für den Dienst des Mehlreibens und zur Bereitung des steifen Mehlbreis für die Dienerschar folgten mir auf meinen Reisen auch stets einige Negermädchen.

Die wenigen Tage unsers Aufenthalts in Djur Ghattas vergingen rasch, teils mit der Bearbeitung der schon gewonnenen kleinen Reiseresultate, teils mit den immer wieder erforderlichen Vorbereitungen für die Weiterreise. Manche Dinge mußten aus- und umgepackt werden, und es fand sich auch manches, was ich für Gessi zurückließ. Zur Aussaat von europäischen Gemüsen bei den verschiedenen Stationen im Bahr el-Ghasalgebiet übergab ich ihm die Hälfte

Furcht der Schimpansen vor dem Schuhschnabel. Nach einer Zeichnung von Fr. Rheinfelder.

meiner mitgebrachten Samen und trennte mich auch von dem Rest der Kartoffeln, die bereits sämtlich Keimlinge angesetzt hatten. Aber auch im geselligen Zusammenleben mit Gessi Pascha, dessen Gäste wir waren, vergingen die Stunden schnell. Mein von der Meschra hierher übergeführter Balaeniceps rex stolzierte mit seinen gemessenen Bewegungen im Hof umher und blieb nach wie vor der Schrecken der kleinen Schimpansen. Diese hatten in den letzten Tagen neuen Zuwachs ihrer Sippe bekommen und boten uns immerfort mancherlei Spaß. Ich muß hier aber auch einiger ängstlicher Momente gedenken, die uns ein halbausgewachsener, bereits sehr kräftiger und mürrischer Schimpanse verursachte. Er war, so wie die übrigen, aus dem westlichen Niam-Niamlande in einem starken Käfig angekommen. In der Station wurde für ihn sogleich ein Hüttchen aus einem Holzgerüst mit Verschluß hergestellt. Eines Tags — wir saßen mit Gessi bei Tisch — entkam das Tier aus seinem vergitterten Käfig; die Diener und wer sonst sich im Hof befand, flohen. In der Meinung, wir würden uns nun mit dem Halbmenschen raufen müssen, griffen wir nach einigen starken Stöcken in unserer Nähe, aber der Ausreißer nahm gar nicht viel Notiz von uns, sondern spazierte mit mürrischen Mienen ganz langsam zwischen den Hütten umher. Inzwischen waren einige draußen stationierte Soldaten herbeigeeilt. Ich veranlaßte sie, sogleich die gefüllten Teller unsers Mittagstisches durch das Gitter in die Hütte des Schimpansen hineinzuleeren und sich dann zurückzuziehen. Richtig kehrte der Unhold alsbald in seine Behausung zurück, um sich an unserm ihm überlassenen Mahl gütlich zu thun; für die Zukunft wurde er freilich hinter festerm Schloß und Riegel versorgt. Die jugendlichen, kleinen Schimpansen, die in unsern zoologischen Gärten ihr kurzes Dasein fristen, können mit diesem Exemplar gar nicht verglichen werden, denn sie sind trotz ihres kräftigen Gebisses doch harmlos wie unmündige Kinder. Auch das erwähnte Tier war nur halbausgewachsen, doch bereits von erstaunlicher Muskelkraft. Manchem vollkommen ausgewachsenen Exemplar, das ich später im Dickicht der Wälder auf mühseligen Wanderungen erlegte, werden wir noch begegnen.

Die Zeit unserer Abreise aus Djur Ghattas kam nun endlich heran. Mehrere Tage vorher hatte ich 130 Traglasten unter Begleitung einiger Dragomane nach der Station Ganda abgeschickt. Bis dahin reiste ich mit Bohndorff, meiner neuen Dienerschaft und den übrigen Lasten gemeinschaftlich, doch auch diesmal ohne Gessi. Geschäftliche Angelegenheiten hielten ihn noch in der Station zurück; in Eilmärschen wollte er mich später einholen und dann sein Hauptquartier in Dem Soliman mit mir zusammen erreichen. Die Zurückbleibenden geleiteten uns, wie üblich, aus der Station, und der Marsch begann. Wir schrieben den 6. April. Freundlich gespendete Gaben: Körbe mit Mehl, milchende Ziegen mit ihren Zicklein, Ziegen und Schafe zum Schlachten, folgten unserm kleinen Zug, den meine Dinkaträger vom Stamm der Mabiol eröffneten. Der erste Reisetag brachte uns auf einem Weg, den ich schon von früher her kannte, nach der kleinen Seriba Drahr (Abu Gurün). Der Molmul erwies sich an der Übergangsstelle trocken, doch standen im Flußbett zu beiden Seiten

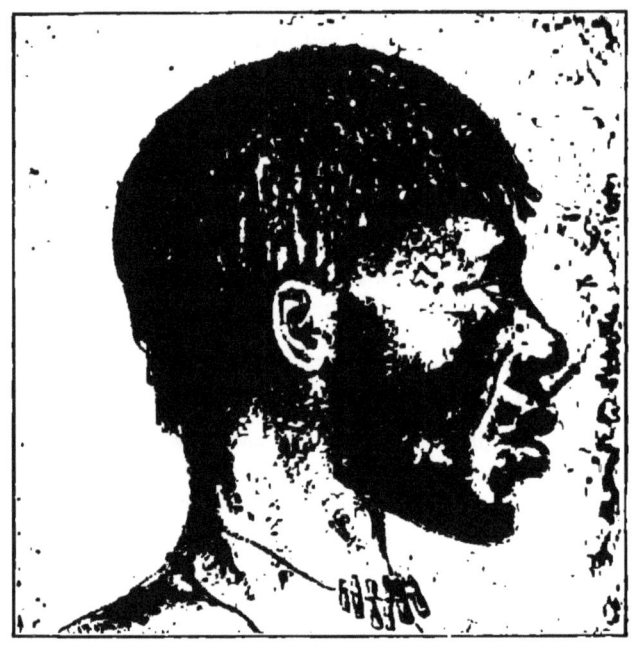

Bongo des Ostens. Nach einer Zeichnung von Dr. G. Schweinfurth.

große, fischreiche Wasserlachen, die gerade bei unserm Vorbeimarsch von den Soldaten der nahen Station ausgebeutet wurden. Die Neger dieses Gebiets gehören zu dem Stamm der Djur und stehen unter dem Häupling Fin, an dessen Weilern wir am folgenden Tag vorüberzogen. In der kleinen Station war bis zum Abgang des nächsten Dampfschiffs eine Anzahl kranker, ägyptischer Soldaten untergebracht, die einen kläglichen Anblick boten und kaum Lumpen besaßen, um ihre Blöße zu bedecken. Auch sie harrten, wie viele andere, ihrer Einschiffung nach Chartum.

Die erste, für diese Breiten leichte Regenzeit war nun eingetreten. Ich erinnere hier daran, daß in diesen Strichen die Jahreszeiten durch zwei Regenperioden abgegrenzt erscheinen, eine große und eine kleine. Die kleine, etwas unregelmäßigere, dauert von März bis April, die große beginnt in der Regel gegen Mitte Mai und dauert oft bis in den Oktober hinein. Seit Wochen also drohte schon der Regen, doch blieb es meist nur bei kleinern Schauern. Außer dem einmaligen Sturmwetter und tropischen Regenguß am Laubungsplatz erlebte ich Ende März und Anfang April in Djur Ghattas einige Regenfälle. Auch heute bezog sich der Horizont mit Gewitterwolken und wir legten die Reise bei bedecktem Himmel zurück, doch blieben wir von Regen verschont. Es sind dies die ersten Frühregen im Charif (Regenzeit); auf diese folgt, wie gesagt, wieder eine regenlose Periode von einem oder mehreren Monaten.

Von der Seriba Drahr weiter hatte ich auf meiner ersten Reise den Weg über Djur Auét genommen. Diese Station war jedoch im letzten Krieg zerstört und so zog ich dieses Mal in südlicherm Bogen bei den Weilergruppen des Häuptlings Fin vorüber zum Bongo-Ältesten Djabái. Die Grenzlinien der verschiedenen Negergebiete lassen sich kaum noch annähernd bestimmen, weil sich durch die Gründung von Stationen und durch die Ansiedlungen der Araber die Verhältnisse gründlich verschoben haben. So finden sich auch hier unter den Djurnegern Dinkaleute angesiedelt, während der Bongoschech Djabái mit seinem Anhang sich dem Häuptling Fin untergeordnet hatte. Als einen Beweis, wie durch kaum nennenswerte Gaben selbst Häuptlinge in der nächsten Nähe der Stationen erfreut werden können, da sie von der Verwaltung so gut wie gar nichts erhalten, führe ich an, daß Djabái von meiner mehr scherzhaften als wertvollen Gabe eines leeren Cigarrenkistchens, zweier Zwieback, eines Stückchens Zucker, einiger Streichhölzchen und eines Zeugfetzens sichtlich erfreut war. Die Neger im Bahr el-Ghasalgebiet begehren Zeuge und mißachten dieselben keineswegs, wie manche Stämme am obern Nil, z. B. die Bari, die eine Handvoll Tabak einem Stück Zeug, mit dem sie ihre Blöße bedecken könnten, vorziehen. Leider jedoch reicht das Quantum Zeug, das die Regierung in die Negerländer sendet, kaum für die nötigsten Bedürfnisse der Beamten. Nur die Bevorzugtern unter den Eingeborenen konnten sich ab und zu einer solchen Gabe erfreuen.

Meine Jungen schwelgten heute in der ihnen selten gebotenen Fleischkost. In der Wahl einer solchen wenig heikel, schien ihnen ein erlegter Pfauenkranich vortrefflich zu munden. Übrigens ist das Fleisch dieses auf Körnerfutter angewiesenen Vogels trotz seines schwärzlichen Aussehens nicht gerade zu verachten, wie ja auch in manchen Gegenden Südeuropas der graue Kranich für

Pfauenkranich. Grus pavonina.

einen Leckerbissen gilt. Dagegen waren meine Mahlzeiten mit Bohndorff, im Vergleich zu den gefüllten Schüsseln unsers freundlichen Wirts Gessi in Djur Ghattas, jetzt wieder sparsam bemessen. Von den Ziegen und Schafen ließ ich keine schlachten, sie sollten zu Ndóruma mitgeführt werden, mußte ich doch, daß wir im Lande der Niam-Niam vielleicht jahrelang kein Schlachtvieh zu sehen bekommen würden. In der Nähe der zerstörten Seriba Auét erreichte ich wieder meine alte Reiseroute. Der Platz erinnerte mich an ein kleines Abenteuer meines Neger-buben Morbján, der damals hier von Sklavenhändlern gestohlen worden war, ihnen aber nachts wieder entwischte und zu mir zurückkehrte. Am Flusse Djur besichtigte ich die ersten Schanzen, welche Gessi Pascha auf dieser Strecke im Krieg gegen Soliman hatte aufführen lassen, als die Rebellen die Station Kutschuk Ali noch besetzt hielten. Von hier aus wurden sie durch die Truppen Gessis aus einer festen Position in die andere immer weiter nach Westen zurück-geworfen, bis endlich der Entscheidungskampf vor Dem Soliman erfolgte. Dort wurden die Rebellen nach tapferm Widerstand, aber mit großen Verlusten end-giltig zersprengt. Siegreich zogen Gessis Leute in Dem Soliman ein, während Soliman Bey Siber sein Heil in der Flucht suchte, ohne jedoch seinem selbst heraufbeschworenen Schicksal zu entgehen. Wie dieser Rebellenführer, der Sohn des noch jetzt in Kairo internierten Siber, von Gessi auf dem Fuß verfolgt, gehetzt, überlistet, zum Gefangenen gemacht und nebst andern von seiner Sippe ohne Gnade standrechtlich erschossen wurde, das gehört der speciellern Geschichte dieser Länder an.[1]

Der Wasserstand des Flusses Djur betrug gegenwärtig 2 Fuß; wir durch-wateten ihn und erreichten jenseits bald die in der Nähe neu aufgebaute Station Kutschuk Ali, denn die früher von mir besuchte Station war gleichfalls im letzten Kriege zerstört worden.

Das Volk der Djur zeichnet sich immer noch vorteilhaft aus durch seinen bereits von den ersten Besuchern des Landes hervorgehobenen Fleiß in der Gewinnung und seine Geschicklichkeit in der Bearbeitung des Eisens. Viel-fach sieht man vom Weg aus kleine primitive Öfen, die zu diesem Zweck auf-gestellt sind. Im übrigen bot mir die Strecke bis zur Station Wau nichts Neues und Bemerkenswertes, da der Weg bis dahin mit meiner ersten Reise zusammenfiel. Zwischen den Flüssen Djur und Wau — auch dieser hatte jetzt nur einen 2 Fuß tiefen Wasserstand — treten große, frei zu Tage liegende

Signalhorn der Bongo aus Holz.   Holzmaske der Bongo.

Platten von Raseneisenstein auf. Diese Formation wird aber wohl mit größerm Recht als Laterit zu bezeichnen sein, da nach den in den europäischen Museen befindlichen Proben kein Unterschied zwischen dem rötlichen Gestein vom obern Nilgebiet und dem vom Kongo zu bestehen scheint. Das Gestein ist übrigens, abgesehen von seiner Eisenschüssigkeit und vorherrschenden rötlichen Farbe, von sehr verschiedenartiger Beschaffenheit. Unfruchtbarkeit des Bodens ist hier durch-aus keine notwendige Folge der Anwesenheit des Laterits. An tiefern Stellen mit steinigem Untergrund hatten sich nach den Regenfällen bereits Feuchtigkeit und Wasserlachen angesammelt; dort tummelten sich Schwärme von mannig-faltigen, buntfarbigen Schmetterlingen umher, ein Anblick, der in Afrika nur periodisch in bestimmten feuchten Bezirken vorkommt. Auch schöner Wald mit reichem Hochbaumwuchs charakterisiert die Gegend. Ich will nicht unterlassen, bei dieser Gelegenheit an den Wasserstand der beiden Flüsse während meiner ersten Reise zu erinnern. Wo wir damals in vorgerückter Regenzeit zum Über-

---

[1] R. Buchta, Der Suban unter ägyptischer Herrschaft. F. A. Brockhaus. 1888.

schreiten der Flüsse Boote gebrauchten, konnten sie jetzt unbehindert im seichten Wasser durchschritten werden. Die Wasserzufuhr durch die Tausende von jahraus jahrein sickernden Quellbächen, welche die Flüsse speisen, hält eben keinen Vergleich aus mit den Wassermassen der tropischen Regen, welche einzig und allein die Flüsse zum Schwellen bringen. Mein Gesundheitszustand war bisher befriedigend, nur litt ich häufig an Schlaflosigkeit. Schlief ich ein, so umgaukelten mich seltsame und lebhafte Träume, die mich in die Heimat versetzten; saß ich dagegen wachend am Feuer meines Nachtlagers, so verfolgten mich Hallucinationen, bis mich wieder die Müdigkeit übermannte; im Halbschlaf umhüllten mich dann abermals Traumgebilde, aus denen ich schließlich jäh erwachte, um in die verglimmenden Kohlen zu starren und wieder die nüchterne Wirklichkeit vor mir zu sehen.

Wie der Leser sich erinnert, hatte Gessi Pascha die Absicht, die Station Wau zur Hauptstation der Provinz, der Mudirije Bahr el-Ghasal, zu erheben. Sie war durch ihre Lage am Flusse dazu wohl geeignet. Von hier können große, flachgebaute Barken zu jeder Jahreszeit — ein Versuch hatte bereits die Möglichkeit bewiesen — mit Waren nach Meschra er-Rek hinabfahren und die von Chartum anlangenden Güter flußaufwärts nach Wau befördern; bei Hoch-

Holzschemel der Bongo.

wasser aber wäre es selbst den Dampfern möglich gewesen, vor der Station Wau zu ankern. Dadurch nun wäre der Eingeborene allmählich von dem angestrengten und zeitraubenden Frondienst des Lasttragens befreit worden und hätte mehr zur Feldarbeit bei Haus und Hof angehalten werden können. Durch einen direkten Flußverkehr mit Chartum wäre es auch möglich und vorteilhaft geworden, manche Erzeugnisse dieser bereits weitabgelegenen, aber produktenreichen Länder zu exportieren, während die bisherige Verschiffung von der Meschra aus bei den bestehenden Transportschwierigkeiten keinen Gewinn abwerfen konnte, und für manche Artikel, z. B. für das vorzügliche Bauholz, eine Ausfuhr bisher überhaupt unmöglich war. Zu bemerken ist dabei, daß die Bahr el-Ghasalprovinz und die ihr zunächst liegenden Hinterländer als Quelle produktiven Reichtums alle an den Bahr el-Gebel grenzenden Landschaften weit übertreffen. Auch die Bevölkerung steht auf einer höhern Kulturstufe, ist befähigter und williger, die auf Verbesserung ihrer Lage und Existenz hinzielenden Bestrebungen anzunehmen, als die Völkerschaften am obern Nil. Das Barivolk bei Ladó z. B., welches mehr als andere Stämme in den erblich überkommenen Fehlern

des Negers verharrt, ist ein Typus von Indolenz und Starrsinn, und als
solcher im ersten Band der Reisen genügend charakterisiert. Was die dortigen
Exportartikel betrifft, sind sie geringfügig, erst die weiter abliegenden Hinterländer können solche liefern. Für Getreide und viele andere Produkte sind die
Makaraläländer eine Kornkammer und äußerst ergiebige Gebiete, doch hauptsächlich für die Bedürfnisse der Mudirije Ladó. Die dortigen Völkerschaften habe
ich früher als zuverlässiger und zur Arbeit williger geschildert, sie bilden ja
bereits den Übergang zu den westlichen Negern, welche sich in vieler Beziehung
vor den übrigen auszeichnen. Zur Ausfuhr geeignete Artikel aber, in erster Linie
das Elfenbein, kommen in größern Massen erst aus entferntern Distrikten nach
Makaralá und unterliegen einem weiten Transport bis Ladó. Wau dagegen liegt
teils in ergiebigen Landgebieten, teils nahe der Grenze produzierender oder pro-
duktionsfähiger Länder, die von den großen Zuflüssen des Bahr el-Ghasal durchzogen sind. Manche von diesen können zweifellos auf weite Strecken mit Booten
befahren, also für die Beförderung von Landeserzeugnissen nutzbar werden. Je
mehr aber die Beförderung von Waren und Erzeugnissen sich an die vorhandenen
Wasseradern hält, destomehr wird der Neger des verhaßten Trägerdienstes entlastet. Richtige Anweisung, Belehrung, für die ersten Generationen auch Zwangsarbeit des Negers zur Beschaffung der sonst unbenutzt bleibenden Naturprodukte,
wie Tamarinde, Harze und vegetabilische Fette, Farbstoffe, Häute, Kautschuk,
Wachs ꝛc. ꝛc., das sind, in wenigen Worten ausgedrückt, jene kulturellen
Bestrebungen, denen ein Erfolg nicht fehlen kann.

In der Station Wau holte mich Gessi Pascha ein; wir verbrachten den
Abend zusammen, doch zog ich in zweitägigem Marsch auch von hier zur
Seriba Biselli allein weiter. Der Gouverneur hatte in Wau gleichfalls Dienst-
liches zu erledigen und folgte später. Der Abmarsch von Wau führte mich auf
eine neue Reiseroute und in mir unbekannte Gebiete. Auf meiner ersten Reise
in dieser Provinz war ich von Wau noch eine Strecke westlich vorgedrungen
und hatte dann die Rückreise angetreten; jetzt zogen wir jenseits der Station
nach Nordwest. Im lichten Wald, häufig über Getrümmer von Lateritstein,
auf mehr als bisher gewelltem Boden, der an einigen Stellen Anstiege und
Abfälle bot, führte der Weg in jener Richtung bis zur Seriba Biselli. Nach
einem mäßigen Marsch lagerten wir die nächste Nacht bei den Hütten des Häuptlings Mediök, die Seriba aber wurde erst am Morgen des folgenden Tags
erreicht. Wir übernachteten im Freien. Bei solchen Gelegenheiten ließ ich die
Träger stets im Kreise lagern; wir selbst mit den Privatdienern, den für den
Abend und die Nacht nötigen Gepäckstücken, desgleichen die Saumtiere und

Ziegen, nahmen die Mitte des Kreises ein. Gegen die nächtlichen Räuber, Hyäne und Leopard, wurden oder sollten wenigstens lodernde Feuer unterhalten werden, häufig aber war ich, wie heute, so auch in spätern Jahren, der einzige im Lager, der zu diesem Zweck die Diener weckte oder eigenhändig die mir zunächst glimmenden Feuer neu anfachte. Die Djurstämme, auch der in hiesiger Gegend seßhafte Stamm der Wau, nach welchem Station und Fluß benannt sind, errichten zum Aufbewahren des schon gereinigten Getreides in den Hütten große, mehrere Meter hohe, den gewöhnlichen Wassergefäßen (Burma) ähnlich geformte Behälter aus Thon. Es geschieht dies hauptsächlich zum Schutz gegen Ratten und andere Tiere, welche die Thonwände des Behälters, selbst wenn diese im ungebrannten Zustand belassen werden, nicht zu durchdringen vermögen. Außerdem schützen sie gegen Feuchtigkeit. Solche Behälter finden sich auch bei den mohammedanischen Stämmen des Sudan vielfach in Gebrauch und werden dort gewöhnlich „Gūga“ genannt. Dr. Schliemann fand zu gleichen Zwecken dienende Thongefäße größter Form bei seinen Ausgrabungen von Troja. Zum Dörren von Wildfleisch, das in Streifen zerschnitten wird, sind in diesen Proviantbütten auch Gestelle angebracht, in der Form von hohen Tischen mit einem Holzgitter als Platte, unter dem ein Feuer unterhalten wird. Die Grasschäfte der Dächer und die Dachsparren dieser Hütten färben sich durch Rauch und Hitze dunkel kastanienbraun, fast schwarz; die ganze

Feldratte. Meriones Burtonii A. Wagn. Nach einer Zeichnung von Dr. G. Schweinfurth.

Innenseite des Dachs glänzt wie lackiert.

In der Frühstunde auf dem Marsch nach Bijelli sahen wir abseits des Wegs einen stattlichen Keiler einem Bambusdickicht zurollen, doch entkam er dem Jagdeifer meines Dieners Adatám. Später wurde ein Büffel angeschossen, entging jedoch gleichfalls den Kochtöpfen der Leute, da während des Marsches ein weiteres Verfolgen des angeschossenen Wilds unthunlich ist. Die neue Seriba Bijelli hat eine hübsche Lage. Der von Dr. Schweinfurth 1871 besuchte Platz — auf der Reise bis Dem Bekir folge ich vielfach den Wegrichtungen meines geehrten Vorgängers in diesem Gebiet — lag weiter

gegen Norden. Vor diesem Reisenden war bereits der ganze Distrikt auf der
Expedition des Fräuleins Alexine Tinne, 1863 auf 1864, durch die Forschungen
ihrer Begleiter Theodor von Heuglin und Dr. Steudner bekannt geworden.
Mehrere Europäer aus der Umgebung der kühnen Dame fanden hier damals
ihren Tod, auch Dr. Steudner, dessen Grab gegen Osten in der Nähe des
Flusses Gitti (kleiner Wau) liegt. Im Süden der Station erheben sich einige
niedrige Berge; nach Norden schweift das Auge über die Niederung des etwa
10 Minuten entfernten Gitti und über schönen Laubwald, der unmittelbar an
die Seriba herantritt. Die Bevölkerung des Gebiets ist aus Djur und Bongo
gemischt. Im Westen und Norden leben die nördlichsten Stämme des aus-
gebreiteten Bongovolks, welches die Djur-, Dinka- und Mittu-Madistämme von
den A-Sandé trennt. Ein Teil der hiesigen Bongofrauen trägt in der Unterlippe ungeheure Lippenbolzen aus Holz von 3 bis 4 Centimeter Durchmesser
und 2 bis 3 Centimeter Höhe. Gleichsam um die beschwerte Lippe ausruhen zu
lassen, stützen sie dieselbe beim Niederhocken häufig auf ein Knie.

In Biselli erreichte uns Gessi wieder, doch hielten ihn auch hier bei unserm
Abmarsch die Geschäfte zurück. Von der Station Dembo im Norden kam Gnaui
Bey nach Biselli. Er hatte von seinem Vater eine Anzahl im nördlichen Gebiet
errichteter Stationen geerbt. Auch weit im Westen, im Land der Bandisa,
wurde von Gnaui Beys Verwaltern eine Reihe ererbter Stationen unterhalten,
die bisher noch nicht offiziell an die Regierung übergegangen waren. Gnaui war
der einzige Chartumer Händler, der sich in der Ausnahmsstellung befand, daß
er seine Leute und Stationen bis dahin als Eigentum beibehalten konnte. Gessi
hatte mit der Übernahme dieses letzten Privatbesitzes für die Regierung aus
Rücksicht darauf gezögert, daß der wohlhabende und mächtige Seribenbesitzer
Gnaui Bey sich in die neuen Verhältnisse gefügt und mit allen seinen Leuten
als Verbündeter gegen Soliman hilfreich mitgekämpft hatte. Doch wurden die
Unterhandlungen wegen der endlichen Übernahme auch dieses letzten Besitztums
eines Händlers in den Negerländern zu jener Zeit bereits eingeleitet. In Biselli
erhielt meine Chartumer Köchin Saida durch die Beigesellung einer neuen
Dienerin für die Folge dauernde Hilfe. Dieses Negermädchen, das wir „kleine
Saida" nannten, begleitete mich im Lauf des kommenden Jahrs auf meinen
Reisen.

Von der Station Biselli (nach einem frühern Besitzer so benannt) führt
der Weg die nächsten Tage bis Dem Soliman fast beständig gegen Westen.
Bald nach dem Aufbruch wurde der Fluß Gitti zweimal gekreuzt. Die Niederung desselben enthält spärlichen Baumwuchs, das Flußbett in jetziger Jahres-

zeit nur einzelne, mit Waffer gefüllte Teiche, doch fehlt es nicht an Anzeichen,
welche Bedeutung der Fluß in der Regenzeit hat, mit Überflutungen und feit-
lichen Sümpfen, die dann stagnieren. Mittags wurde der Gitti zum dritten-
und letztenmal überschritten und jenseits an einem kleinen Seitengewässer bald
das Nachtlager aufgeschlagen. Da uns der Regen jetzt täglich überraschen konnte,
bauten meine Träger hier zum erstenmal auf dieser Reise Grashütten, denn
wir lagerten in unbewohnter Wildnis. Das Wetter blieb indes klar und schön.
In meinem Tagebuch finde ich über diese Nacht folgende Worte: „Ich sitze
gegenwärtig um 12 Uhr nachts im Freien am Arbeitstisch mit einem Wind-
leuchter; die Lagerfeuer sind vielfach im Erlöschen und werden ab und zu neu
angefacht, wenn der Kochtopf, bei dem einen frei geworden, in die Hand des
andern übergeht und nun auch dieser mit seinen Gefährten am Feuer noch zu
später Nachtzeit sein bißchen Getreide weichkocht. Die Stille der Nacht wird
nur durch das Schnarchen der Leute in allen Tonarten und hin und wieder
durch den leisen Flügelschlag eines Nachtvogels unterbrochen." Zu erwähnen ist
noch, daß ich in Biselli zu meiner Überraschung einen alten Bekannten aus Mákaralá, von meiner ersten Reise, angetroffen hatte. Es war dies Muhammed
Effendi oder Hambi, der alte türkische Offizier aus Kabajendi, mit dem ich
damals in regem Verkehr gestanden und der jetzt in Dem Soliman unter
Gessi diente und aus Biselli mit uns dahin zurückkehren sollte.

Am zweiten Marschtag bot das Land wenig Bemerkenswertes. Meist
führte der Weg im Wald fort, sodaß jede Fernsicht benommen war und von
den Bergen Kosanga, die ich auf frühern Karten im Süden der Reiseroute eingetragen fand, nichts sichtbar wurde.

Als botanische Notiz sei hier eingeschaltet, daß man in diesen Gegenden
häufig auf einen mittelgroßen Baum (Erythrophlaeum guineense) mit zer-
teiltem Akazienlaub und weißen Blütentrauben stößt, dessen Rinde merkwürdige
Eigenschaften besitzt. Es ist dieselbe Baumrinde, deren sich verschiedene Negerstämme im Westen des Kontinents zur Herstellung eines giftigen Fetischtranks
bedienen. Das Erythrophläin soll als örtlich schmerzstillendes Betäubungs-
mittel von wunderbarer Wirkung sein. So hat der Baum für den Handel
vielleicht eine große Zukunft. Vormittags überschritten wir den auch nur
während der Regenzeit bedeutenden Fluß Pango und bezogen nachmittags, abermals in unwirtlicher Gegend, das Nachtlager. Das Jagdglück war uns heute
hold. Abatám erlegte eine kleine Antilope und Hambis Leute schossen am Lagerplatz eine junge Giraffe, sodaß es Fleisch in Fülle gab und sich bald ein reges
Leben im Lager und am Kochfeuer entwickelte. Zunge und Koteletts der Giraffe

mundeten uns zum Nachtmahl vortrefflich. Das Fleisch eines Schenkels ließ ich zu Streifen zerschneiden und auf einem rasch errichteten Gestell über Feuer zu längerer Aufbewahrung dörren. Die Araber nennen derart gedörrtes Fleisch „Scharmût" (Fetzen); monatelang erhält es sich in dieser Form auf Reisen. Ich wachte in später Abendstunde noch lange und schürte von Zeit zu Zeit das Feuer unter den Fleischfetzen. Auch am folgenden Tag führte der Weg beständig durch lichten Wald, der an einer Stelle angenehm durch einen reichen Bestand von Delebpalmen abgelöst wurde; später durchzogen wir weite Strecken mit prächtigem Hochwald, der stellenweise an englische Parkanlagen erinnerte. Das früher flache, leicht gewellte Land zeigt gegen Westen mehr und mehr Unebenheiten; die Lateritdecke ist häufiger durch freiliegende Granit- oder Gneisplatten durchbrochen. Mein Diener verfolgte eine Antilope, die aber erst spät am Abend ins Lager geschafft wurde; die Leute thaten sich dann bei gehobener Stimmung bis spät in die Nacht an dem Fleisch gütlich. Weiß der Neger sich, selbst wenn er hungert, ein gut Teil Frohsinn zu bewahren, so artet sein Wohlgefühl bei gefüllten Töpfen im Lager und vollends bei vorhandener Fleischkost häufig in jauchzende Lustbarkeit aus.

Am dritten Reisetag nach dem Aufbruch von Biselli brachte uns ein kurzer Marsch schon am Morgen zur Seriba Dem Ibris oder Ganda. Auch hier ist der alte Platz im Krieg mit Soliman zerstört worden, die gegenwärtige Station war erst seit kurzem eine Viertelstunde östlicher neu aufgebaut. Schon tags zuvor waren wir aus dem angeblichen Gebiet der Bongo — Behausungen derselben hatten wir auf dem zweitägigen Marsch nicht angetroffen — in das Land der Golo gelangt. Der heute durchzogene Distrikt zeigte die Spuren eines erfolgreichen Anbaues, doch waren auch noch vielfach die Verwüstungen des vorjährigen Kriegs zu sehen. Soliman soll gerade diesen gut kultivierten Distrikt rücksichtslos gebrandschatzt haben. Die zahlreichen Hütten des Häuptlings Kasa, von üppigen Bananenpflanzungen umgeben, ließen die Machtstellung dieses Negerältesten ganz ansehnlich erscheinen. Die Fernsicht ist in dem langgewellten Lande weit freier, über die flachen Niederungen und die Kuppe des Waldes hinweg erreicht der Blick gegen Norden mehrere niedrige Berge. Nahe vor der Station Ganda ziehen rechts am Weg kahle Gneishügel hin. In Ganda fand ich mein von Djur Ghattas vorausgeschicktes Gepäck vor. Der nächste Weg nach Dem Bekir führt über die Seriba Siber Adlan südwärts. Von Dem Bekir aus sollte die Reise zu Ndóruma angetreten werden. Ich schickte daher jetzt von Ganda Bohndorff mit allem entbehrlichen Gepäck und dem größten Teil der Dienerschaft auf direktem Weg nach dieser Station voraus, während ich selbst nach der Mudirije Dem Soliman (früher Dem Siber) weiterzog. Ich erreichte später, über Dem Gudju, in Dem Bekir wieder meine Leute und mein Gepäck.

In Ganda hatte ich Gessi Pascha erwartet. Mit ihm kamen Saati Effendi, der damalige Mudir der Bahr el-Ghasalprovinz und Gnaui Bey; tags darauf reisten wir gemeinschaftlich nach Dem Soliman weiter. Am Abend vor unserm Aufbruch gab ich unter hellem Jubel der Hörer das reichhaltige Programm der Stücke, die meine Drehorgel spielte, der ganzen am Ort versammelten Gesellschaft zum besten; auch manches andere aus meiner Ausrüstung, das eben in der Verpackung nicht unerreichbar war, wurde bewundert; kleine, nützliche europäische Artikel kamen zur Verteilung und fanden dankbare Abnehmer. In nächster Nähe von Ganda besuchte ich noch mit Gessi das von ihm gegen Soliman errichtete verschanzte Lager und den Ort der kleinen vorgeschobenen Batterie, welche Soliman Bey bald zwang, sich aus seiner geschützten Stellung gegen Dem Soliman zurückzuziehen.

Ein starker Tagesmarsch brachte uns von Ganda zum Fluß Kuru; unterwegs war nichts Bemerkenswertes zu verzeichnen, und auch landschaftlich trägt das ganze Gebiet einen und denselben Charakter. Diesseits des Flusses wurde das Nachtlager bezogen und am folgenden Morgen ging es unaufhaltsam weiter nach der Mudirije. Ein Zwischenfall an diesem Tag versetzte unsere Karawane für einige Minuten in Angst und Bestürzung. Aus der hintern Reihe der Mannschaft nämlich erscholl urplötzlich der Ruf: „Bienen, Bienen!" Wie rasend stürmte alles vorwärts und auch wir setzten unsere Reittiere in Galopp. Die Nachricht erwies sich allerdings bald als blinder Lärm; doch erzählte mir später Gessi, es seien auf dieser Strecke schon mehrmals Leute von Bienenschwärmen überfallen und elend zerstochen worden. Daher die Angst vor den Bienen, die den heutigen Alarm verursacht hatte.

Der Kuru führte in seinem teils sandigen, teils felsigen Bett gegenwärtig nur 1 Fuß Wasser. Einem Nebenfluß desselben haben die Araber den Namen Silek beigelegt, nach einer an seinen Ufern wachsenden, hochstämmigen Baumart, die auch einigen Flüßchen auf der Strecke von Labó nach Mákaralá ihren Namen gegeben hat. Nach dem zweiten Drittel des heutigen Wegs wurde das Chor el-Ghanam (Ziegenfluß) gekreuzt. An der Übergangsstelle strömt der Fluß in Hufeisenform dahin, zwischen steilen, schroffen Uferrändern. Der Platz war für das letzte verschanzte Lager Gessis gegen Soliman sehr geeignet. Von hier aus sprengte er die Truppen Solimans vollends und zog dann siegreich in den Ort ein, der früher Seriba Sibér Rahama, später Dem Soliman genannt

Mubirije Dem Soliman. Nach einer Photographie von N. Buchta gezeichnet von L. H. Fischer.

wurde. Ein feierlicher Einzug in die Station wurde auch heute vorbereitet. Geſſi Paſcha nebſt zahlreichem Gefolge, der Mudir Saati, Gnqui Bey und die Beamten und Schreiber in unſerm Zug legten an der letzten Haltſtelle Feſt= kleider an. Die Ankunft des Gouverneurs war in der Station gemeldet; die Soldaten hatten unter ihren Offizieren Aufſtellung genommen, und feierlich im Trabe ritten wir auf unſern Saumtieren in die Station ein. Am 5. April hatte ich Djur Ghattas verlaſſen, erreichte aber infolge einiger Unterbrechungen und Raſttage erſt jetzt am 17. April die Mudirije der Provinz, Dem Soliman.

Dieſe Hauptſtation iſt die bedeutendſte von allen derartigen Niederlaſſungen der Araber in den Negerländern, die ich im Lauf der Jahre geſehen. Soliman Bey Siber hatte unſtreitig gerade in der letzten Zeit noch viel für ihre Ver= ſtärkung gethan. Um die ganze Seriba herum läuft ein 8 Meter hoher, doppelt und dreifach verſtärkter Pfahlzaun; im Innern ſind die einzelnen Gehöfte durch 4 Meter hohe, geflochtene, faſt brettartig derbe Matten, die ſie umgeben, von= einander getrennt; hinter ihnen ſind große und geräumige Hütten mit Kegel= dächern aufgeführt. Das Wohnhaus Soliman Beys, jetzt von Geſſi Paſcha bewohnt, entſprach in ſeiner Bauart einem zweiſtöckigen Chartumer Hauſe, auch gab es noch einige andere Bauten aus feſten Lehmziegeln in der Station, und die Magazine entſprachen in dieſer Beziehung gleichfalls ihrem Zweck.

Die wenigen Tage meines Aufenthalts in der Hauptſtation vergingen mit Beſuchen und Gegenbeſuchen, denn auch hier fand ich einige von Mákaraká her wohlbekannte Perſönlichkeiten wieder. Geſſi ließ es ſich nicht nehmen, den Tag nach der Ankunft meinen Geburtstag feſtlich zu begehen. Äußerſt bewandert in der Kunſt zu kochen, tiſchte er abends auf, was nur Küche und Keller bieten konnten. Er hantierte zu dieſem Zweck in der Küche umher, briet eigenhändig und überraſchte mich u. a. mit einem vorzüglichen Plumpudding. Zum Feſt= mahl waren die Honoratioren der Station, gegen zehn Perſonen, geladen, und ſie wurden den perſönlichen Bemühungen ihres Gouverneurs, durch eifriges Ein= greifen in die gefüllten Schüſſeln, in vollem Maß gerecht. Auch der zweite Tag meines Aufenthalts in der Mudirije brachte uns eine Aſuma, d. h. ein Feſt= eſſen, beim Mudir Saati Bey, während der Offizier Hafiſi Effendi, mir von Má= karaká her wohlbekannt, uns für den Vorabend meiner Abreiſe zu einem Feſtmahl bei ſich geladen hatte. Mit meinem Beſuch der Mudirije Dem Soliman hatte ich aber einen doppelten Zweck im Auge gehabt. Nicht nur, daß ich dieſes Gebiet und den wichtigen Platz kennen lernen wollte, ſondern ich beabſichtigte auch von dem freundlichen Anerbieten Geſſis, der mir wünſchenswerte Ausrüſtungsgegen= ſtände aus den dortigen Magazinen zur Verfügung geſtellt hatte, Gebrauch zu

machen und dadurch das bereits Verbrauchte zum Teil zu ersetzen. Mein bares
Geld hatte ich allerdings bei den Ankäufen in Faschoda und beim Verlassen
der Dampfschiffe verausgabt, aber Gessi Pascha kam mir freundschaftlich ent-
gegen und für eine von ihm gütigst geliehene Summe Geldes, deren Wert ich
in Kairo auszahlen ließ, entnahm ich aus dem Regierungsmagazin Seife, Lichte,
Reis, Cigarren, Tabak, Zündkegel, arabische Westen, gewöhnliches Pulver und
Blei. Desgleichen übernahm ich aus Privathand eine vorzügliche Büchse, Expreß
Rifle mit 1500 Patronen, eine Büchse kleinern Kalibers und zwei einfache
Gewehre. Ein für die Negerländer geeigneter Esel, ausdauernder als meine aus
Chartum mitgeführten Tiere, setzte meinen Einkäufen in Dem Soliman die
Krone auf. Den Rest der erhaltenen Summe, nach Abzug der Ausgaben noch
einige Hundert Medjidi-Thaler, nahm ich auf die Reise mit, obgleich ich kaum
Aussicht hatte, das Geld verwerten zu können. So hatte ich, nachdem mir die
Gewißheit geworden, über die nötigen Träger wenigstens jetzt vom Bahr el-
Ghasalgebiet aus verfügen zu können, auch die letzte Möglichkeit nicht versäumt,
die Vorräte an nützlichen Dingen zu ergänzen, die leider nur allzubald ver-
braucht wurden. Ja, selbst noch vier lange Bretter aus Chartum, respektive aus
Europa, dem Nachlaß Soliman Beys entnommen, und eine Anzahl trockener
Kuhhäute wurden bei meiner Abreise den Trägern aufgebürdet.

Im Auftrag Gessi Paschas nahm ich für den Fürsten Ndoruma folgende
Geschenke mit: eine große türkische Pauke aus Kupfer, einen arabischen Burnus,
einen gestickten Shawl, rote Schuhe und eine Flinte mit einigen Patronen.
Vor der Abreise aus der Station schrieb ich natürlich noch Briefe und Berichte
für Chartum und Europa, die diesmal die Heimat auf dem Landweg über
Schekka erreichen sollten.

Von der Mudirije Dem Soliman führt die Hauptstraße nach Norden
in die arabischen Länder, über Schekka nach Kordofan, über Hofrat en-Nhas
nach Dar-For. Diese Wege wurden von den arabischen Händlern seit den
frühsten Zeiten begangen, auf ihnen sind wohl die meisten Sklaven in die
nördlichen Länder ausgeführt worden. Hauptsächlich in den letzten Jahren, seitdem die Überwachung der Sklavenausfuhr auf dem Nil strenger gehandhabt
wurde, hatte der Verkehr auf jenen Landwegen zugenommen, denn sie boten den
Sklavenhändlern auch noch Neben- und Umwege zum Entkommen. Eine Grenze
zwischen dem erwähnten Volk der Golo und den von der Mudirije sich weit
nach Westen ausbreitenden Kredj könnte, wiewohl nur willkürlich, etwa eine Tagreise östlich von der Mudirije, von Nord nach Süd verlaufend, gezogen werden.
Ich sage willkürlich, da ich auch hier wiederholen muß, daß in dem Gemisch

der Völkerschaften infolge der arabischen Zwangsherrschaft, bei den in Kolonien, in Enclaven, eigentlich auf fremdem Grund und Boden lebenden Stämmen, ganz genaue Grenzen heutigentags sich nicht mehr ziehen lassen. Immerhin soll nicht unerwähnt bleiben, daß annähernd westlich vom Fluß Kuru sich das von alters her überkommene Gebiet der Krebj ausdehnt, die in viele kleinere Stämme zerfallen, zwischen denen immer wieder fremde, teils von ihnen selbst früher unterjochte, teils später während der Fremdherrschaft der Araber angesiedelte Stämme leben.

Mein Aufenthalt in Dem Soliman und der letzte, herzliche und freund-schaftliche Verkehr mit Gessi Pascha währte vom 17. bis zum 23. April. In seinem gastlichen Hause hatte ich mich während der wenigen, rasch dahin eilenden Tage körperlich recht gepflegt. Als sehr dankenswerte Gabe des fürsorglichen Freunds erhielt ich bei der Abreise eine milchende Kuh samt Kalb, die zu Nbóruma, in mein zeitweiliges Zukunftsheim, mitgenommen wurde; zu ihrer und der Ziegen Wartung war ein sachkundiger Dinkaknabe, Farag, beigegeben, weil die Mangbattu, Niam-Niam und alle andern nicht selbst Hausvieh züch-tenden Völker mit Vieh nicht sorgsam und zweckmäßig umzugehen wissen. So wie in Mátaratá und am Nil vorwiegend die Bari zur Hütung des Viehs verwendet werden, eignen sich im Bahr el-Ghasalgebiet Leute der Dinka- und Nuerstämme zu diesem Zweck. Die Wartung des Viehs ist aber bei allen Negern Aufgabe der männlichen Bevölkerung, die auch das Geschäft des Melkens besorgt.

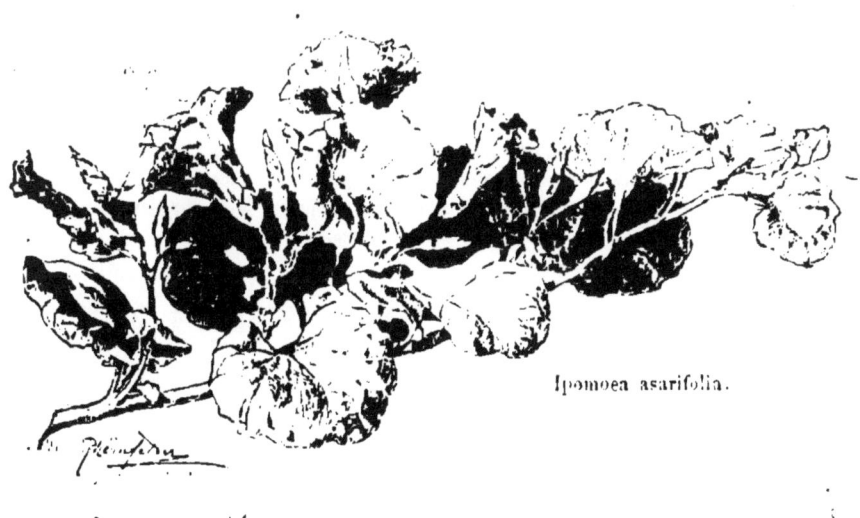

Ipomoea asarifolia.

Abschied von Geffi Pascha.

Von Dem Soliman zum Fürsten Ndöruma.

Abschied von Geffi Pascha. Krebshütten. Verhältnis der Neger zu den Arabern und zu Geffi Pascha. Notwendigkeit der Zwangsarbeit der Neger. Unvollendete Arbeit Geffis. Abrüstungssystem. Unerwartete Ankunft Ndörumas. Feierlicher Empfang; Überreichung der Geschenke; Festlichkeiten. Abreise Ndörumas, um sein Volk über mein Kommen zu beruhigen. Aufbruch aus Dem Bekir. Ungastlicher Empfang bei Abb es-Sit, dem Trunkenbold. Besteigung des Bergs Du. Die große Wasserscheide des Nil- und Kongobeckens. Galerienwaldungen. Höhle mit Fledermäusen. Häuptling Jissa. Besteigung des Bergs Ghasa. Neue Träger und meine veränderte Stellung zu ihnen. Grenze Ndörumas; Distrikt Kömmunbas. Ein Weib von einem Leoparden fortgeschleppt. Quellflüsse des Mbomú. Der letzte Tributär des Bahr el-Ghasal. Häuptling Gássaube. Von Ameisen überfallen. Ankunft bei Ndöruma.

Meine Abreise aus Dem Soliman gestaltete sich feierlich. In üblicher Weise erhielt ich das Geleit; Geffi Pascha, dem sich viele seiner Beamten angeschlossen hatten, ließ es sich nicht nehmen, mich auf seinem Maultier eine weite Strecke zu begleiten. Manche der Zurückbleibenden, die mein Vorhaben kannten, die südlichen Negerländer ohne den üblichen Schutz bewaffneter Mannschaft jahrelang allein zu durchwandern, hielten mich ohne Zweifel für so viel wie verloren; alle Araber hegen nämlich das größte Mißtrauen gegen die Neger und hatten daher kein Vertrauen auf meine Rückkehr. Die Stimmung beim endlichen Abschied — der Schatten eines mächtigen Baums vereinigte uns noch auf Augenblicke — war demnach gedrückt. Lautlos, nur mit einem Druck der Hand und arabischem Abschiedsgruß trennte ich mich von den Beamten, Gessi aber hielt ich als Freund und letzten Europäer noch eine Zeitlang an meiner Brust; für Jahre vielleicht sollte ich nicht wieder eine gleichgesinnte, mitfühlende Seele finden. Gessi sah ich hier zum letztenmal, dem herzlichen Abschied folgte kein Wiedersehen. Die Tage des braven, freimütigen und tapfern Manns waren gezählt. Seine schon in letzter Zeit geschwächte Gesundheit litt unstreitig noch mehr auf der bald darauf erfolgenden Unglücksfahrt nach Chartum. Er erreichte zwar Sues, endete aber dort am 1. Mai 1882, kaum ein Jahr nach unserer Trennung, sein bewegtes Leben, ohne die Seinen, um die er einsam stille Thränen geweint hatte, wiedersehen zu dürfen.

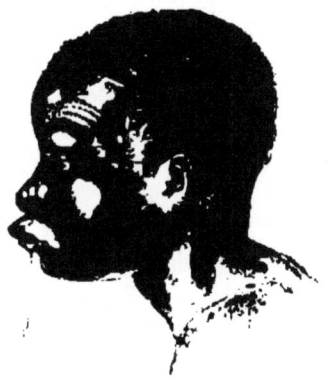

Esere-Frau. Nach einer Zeichnung von Dr. G. Schweinfurth.

Gedankenvoll zog ich nach der Trennung von ihm hinaus ins Ungewisse, doch läuterte die bald beginnende ernste Arbeit der Wegaufnahme, der ich mich auf der Reise täglich unterzog, die aufgekeimte grillenhafte Stimmung. Wir waren bis Dem Soliman annähernd in westlicher Richtung gereist; jetzt zogen wir bis Dem Gudju gegen Süden.

Dem späten Aufbruch von der Mudirije folgte ein kurzer Tagesmarsch. In unbewohnter Gegend wurden im lichten Steppenwald die Grashütten für die Nacht erbaut. Hier traf mich beim Beginn der neuen Reise ein kleines Mißgeschick, welches fast den Verlust meines guten Chartumer Esels zur Folge gehabt hätte. Das Tier war nämlich bei der Ankunft im Lager nicht sogleich angebunden worden, hatte sich unbemerkt entfernt und war trotz alles Suchens meiner Leute bis zur Nacht nicht aufzufinden. Da ich annahm, daß der Esel vielleicht nach Dem Soliman zurückgekehrt sei, entsandte ich nachts Boten mit einem Brief an Gessi, andere Leute aber auf den Weg nach Dem Gudju. Am andern Morgen blieb ich allein in meiner Grashütte zurück, während alle Träger und meine Diener abermals, doch vergeblich, bis Mittag nach dem Esel suchten. Schon befürchtete ich, daß er in der Nacht einem Raub-

tler zum Opfer gefallen sei, als unerwartet Leute eines entfernten Häuptlings
den Ausreißer herbeiführten. Ich war herzlich froh, diesmal mit der bloßen
Sorge und Furcht um meinen besten Esel davongekommen zu sein; er selbst
aber mußte sich fortan ein sorgsames Ankoppeln gefallen lassen. Auch Leute
von Geſſi waren angekommen, um den Esel suchen zu helfen; heimkehrend
nahmen sie die frohe Botschaft mit, daß das Tier wieder gefunden war. Für
die Weiterreise war es heute zu spät geworden, so blieben wir denn auch die
zweite Nacht im Lager. Nach Dem Gudju war es weit und wir brachen
daher am folgenden Morgen schon in der Dämmerung auf. Die ganze Gegend
ist langgewelltes Land, das zwischen den zahlreichen, gegen Nordwest in den
Biri einmündenden Flüßchen wieder mit Steppenwald bedeckt ist. Von Dem
Soliman aus folgte ich einer andern Reiseroute, als mein Vorgänger Dr.
Schweinfurth. Sein Weg führte ihn über den Fluß Biri, und in westlichem
Bogen erreichte er Dem Betfr. Ich dagegen überschritt den Fluß nirgends,
da Dem Gudju seither weit gegen Osten vom Biri verlegt worden war. Auf
dem Weg dahin begegnete ich heute einer Anzahl Träger und dem A-Sandéfürsten Sémio. Sein Gebiet liegt gegen Südwest; er befand sich mit seinen
Leuten auf dem Marsch zur Mudirije Dem Soliman, um Elfenbein, Kautschuk,
Hühner, Honig u. dgl. dahin zu bringen. Viele seiner Leute zeigten den
unverkennbaren A-Sandétypus und erinnerten mich in ihrer Erscheinung sofort
an die Málaraká und Bombé. Mit Sémio, den ich hier zum erstenmal sah,
trat ich später in regen Verkehr, lernte ihn durch langes Zusammensein genau
kennen, und er wurde mir unter allen einheimischen Machthabern der beste und
liebste Freund.

Das alte Dem Gudju war zur Zeit der Freizügigkeit der Händler, als
Siber und andere Chartúmer Elfenbeinhändler sich zu Ansehen und Macht
emporgeschwungen und die im Westen und Süden liegenden Gebiete sich zum
Teil tributpflichtig gemacht hatten, ein bedeutend größerer und wichtigerer Platz
als gegenwärtig. Vielfach zogen von dort Freibeuter aus oder kehrten mit dem
Gewinn ihrer Expeditionen, die mehr Raub- als Handelszüge waren, namentlich mit erbeuteten Sklaven dahin zurück. Deshalb konnte Dem Gudju damals
als Sklavenmarkt bezeichnet werden, wo die Gelaba, die kleinen hausierenden
Händler, einen bedeutenden Teil der lebenden Ware zur Weiterbeförderung für
eigene Rechnung übernahmen. Diese Verhältnisse hatten sich, dank der erhöhten
Wachsamkeit der Regierungsorgane, später vielfach geändert. Bevor aber noch
Gordon Pascha seine größte Aufmerksamkeit auf die Verhinderung der Sklavenausfuhr sowohl auf dem Weg nilabwärts, wie auch auf den Hauptkarawanen-

ſtraßen über Schella und Hofrât en-Nhas richten konnte, wurden aus den weit weſtlich vom Bahr el-Ghaſalgebiet liegenden Ländern direkt nach Norden führende Wege von den Händlern mit ihren Sklaven begangen. Jenes ganze Gebiet im Weſten und Süden davon bezeichneten die Händler mit dem Sammelnamen Fertit, Dar Fertit, einem Vulgärausdruck der Nubier, dem kein beſtimmtes Land, folglich auch keine Grenzen zu Grunde liegen. Über jene im fernen Weſten zu allen

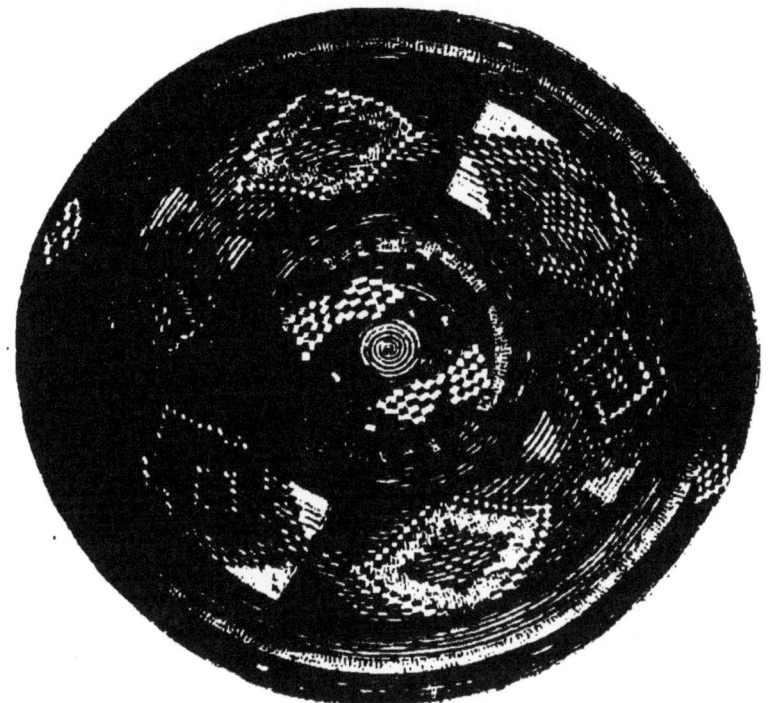

Geflecht für Kisra und Speiſeteller als Erſatz des Tiſches. Foraner Arbeit.

Zeiten begangenen Schleichwege der Foraner Händler, die ſamt den dortigen Gebieten den Regierungsbeamten unbekannt geblieben ſind, werde ich bei Schilderung meiner Reiſe in jenen Ländern berichten. Sie leiſteten der unbehinderten Sklavenausfuhr zu allen Zeiten Vorſchub und erſchwerten Gordon ungemein die befriedigende Löſung der Sklavenfrage. In Dem Gudju lebten bei meiner Ankunft außer den wenigen Regierungsbeamten einige aus der frühern Periode übrig gebliebene Nubier und Foraner mit ihren Sklavinnen. Ein wenig Induſtrie von Korbflechterei hatte ſich ausgebildet und es wurden hauptſächlich sehr hübsche, buntfarbig und mit Perlen verzierte Körbe hergestellt, auch mit tellerförmigen Aufsätzen für Brot und Speisen, gleichfalls in verschiedenen Mustern geflochten und bestimmt, den Tisch zu ersetzen. Ich erwarb einiges davon zu meinem Gebrauch und für die ethnographische Sammlung.

Der Verwalter der Station verzögerte die Beschaffung neuer Träger, und dies verursachte mir wieder einen Tag Aufenthalt. Ein kurzer Marsch (26. April) brachte uns von Dem Gubju zum Krebshäuptling Gaggo. Beim Ausmarsch änderte sich die Richtung des Wegs. Bis Dem Gubju waren wir südlich gezogen; dort führte der Weg über die Wasserscheide der Zuflüsse des Biri und Kuru und nahm nun über Dem Betir hinaus bis zum Fürsten Ndôruma für viele folgende Reisetage annähernd die Richtung gegen Südsüdost an. Bei

Gaggo kam ich nach vielen Tagen wieder einmal zu Behausungen von Eingeborenen und übernachtete in der Hütte eines Häuptlings. Mein eiliger Durchzug durch diese Gebiete, deren Bewohner sich größtenteils von den gewohnten Wegen der Händler zurückgezogen haben, gestattete mir nur hin und wieder einen flüchtigen Einblick in das Leben und Treiben, die Sitten und Gebräuche der Negerstämme des Bahr el-Ghasalgebiets. In Dr. G. Schweinfurths Werk über ethnographische Gegenstände: „Artes africanae” sind die Behausungen, Waffen, Geräte und Industrieerzeugnisse dieser Stämme meisterhaft

Körbchen. Foraner Arbeit.

wiedergegeben. So viel mir möglich war, suchte ich wohl zu beobachten, doch drängte mich die beginnende Regenzeit vorwärts, und im Grunde konnte ich ja den raschen Zug durch diese Gebiete nur als Mittel ansehen, um fernere Gegenden zu erreichen.

Die Thüröffnungen der Hütten der Krebj — alle in diesen nördlichen Negergebieten gebauten Hütten sind rund und mit einem mehr oder weniger spitzkonischen Strohdach gedeckt — sind so niedrig, daß man nur nach Vierfüßlerart auf Händen und Füßen in das Innere gelangt. Bei den Hütten sieht man Miniaturstrohdächer auf Stöckchen, kaum einige Spannen hoch, aufgestellt; unter ihnen befindet sich ein den großen Wassergefäßen ähnlich geformtes kleines Geschirr. Diese einem Kinderspielzeug nicht unähnlichen Vorrichtungen der Krebjneger, die sich in anderer Form, doch gleichartig und auf denselben Grundgedanken hin ausgeführt, auch bei andern dortigen Völkerschaften wiederholen, sind Wahrzeichen einer dunkeln Ahnung von geheimnisvollen Mächten. Sie stellen uns vor ein dunkles, ungelöstes Rätsel, vor die Frage, die sich leicht aufwerfen, doch wohl am schwierigsten von allen den Naturmenschen betreffenden Fragen richtig beantworten läßt: ob die Neger dieses Teils von Afrika that-sächlich an ein höheres, unsichtbares Wesen glauben? Der Araber verdolmetscht uns solche Dinge des Negers kurz und bündig als seinen „Allah" (Gott) oder „Kudjur" (Hexenmeister, der Gutes und Böses zufügen kann). Welchen tiefern Begriff aber der Naturmensch mit derartigen Dingen verknüpft und ob wir berechtigt sind, denselben höhern Wert beizulegen, als in den einzelnen Fällen wahrscheinlich nötig, darauf möchte ich erst später nach weitern Vergleichen und Angaben zu antworten versuchen.

Der folgende Marsch brachte uns von Gaggo ein gut Stück weiter zu Gánago, gleichfalls noch einem Häuptling der Krebj, nahe dem Oberlauf des Kuru. Das Quellgebiet dieses Flusses liegt von hier eine Tagreise weit im Süden, nach Westen schließt sich ihm das Quellgebiet des Bitti oder Biri an. Diese Gegend ist bemerkenswert als ein Teil der Wasserscheide zwischen den größten Flüssen des afrikanischen Kontinents, dem Nil und Kongo; nach Norden und Nordwesten ergießen sich die Gewässer in den Bahr el-Ghasal, nach Süden und Südwesten strömen sie dem Mbomu und mit diesem dem Uelle-Mákua zu.

In dieser Jahreszeit fiel allnächtlich starker Tau. Das bereits meterhohe Gras war morgens durchnäßt und erweichte auf dem Frühmarsch die Stiefel und Beinkleider fast bis an die Hüften. Aber die warmen Sonnenstrahlen trockneten das Gras dann bald, und auch das Schuhwerk und die Kleider am Körper. Ein zusammenlegbares eisernes Bettgestell leistete mir in dieser Zeit wegen der kleinen Eingangsöffnungen der Krebjhütten gute Dienste; das größere Sudan-Angareb konnte ich hier nicht verwenden. Ich verbrachte jedoch häufig schlaflose Nächte und beneidete meine kleine schwarze Saida, die auf der Stroh-matte in meiner Nähe schnarchte.

Der 29. April brachte uns von Gánago nach der Seriba Dem Bekir, wo ich Bohndorff und mein Gepäck wohlbehalten antraf. Gegen 6 Uhr war der Abmarsch erfolgt. Bald wurde der 10 Schritt breite Kuru gekreuzt und später noch zwei kleinere Rinnsale. Die Gegend zeigte langgewelltes, wenig verschieden gestaltetes Land, dabei vielfach Busch- und lichten Wald, der jede Fernsicht ver-hinderte. Nach meinen Beobachtungen auf dieser Strecke, wie auch bereits an den vergangenen Tagen, ist das ganze Gebiet wenig bevölkert; auch hier mögen die letzten Kriege viele Eingeborene bewogen haben, ihre Wohnstätten aufzugeben und sich vor den Gewaltthätigkeiten der fremden Bedrücker zurückzuziehen. Um 12 Uhr standen wir endlich am diesseitigen Rand einer breiten, grasreichen

Niederung, die sich vor uns gegen Süden ausbreitete. In ihr verlief von West zu Ost das Flüßchen Duro, an dem die Seriba Dem Bellr lag; bald nach 12 Uhr hielt ich meinen Einzug. Weithin gegen Westen und Osten in der Niederung zerstreut lagen die Hütten der Golo und boten im Verein mit der Fernsicht gegen Süden dem Ankommenden beim leichten Abstieg von der Höhe ein stimmungsvolles Landschaftsbild. Meine Leute und das Gepäck fand ich in guten, geräumigen Hütten untergebracht. Der Verwalter El-Maas hatte es sich auf Gessis Befehl angelegen sein lassen, in jeder Weise für uns zu sorgen; er wußte übrigens, daß auch er seinen Vorteil dabei finden würde. Kaum hatte ich nämlich meine Zufriedenheit ausgedrückt, so trug er mir schon seine Wünsche vor, die teilweise in verschiedenen Gesuchen an den Pascha bestanden, bei dem ich sein Fürsprecher sein sollte. Ich richtete mich in Dem Bellr für einige Tage häuslich ein, um die Ankunft der Boten vom Fürsten Ndoruma zu erwarten, denn mein bevorstehender Besuch war ihm schon von Djur Ghattas aus gemeldet worden.

Die Stellung der ägyptischen Negerstaaten und ihrer Hauptvertreter war gerade damals infolge der von Gessi eingeführten Neurungen in einer Umgestaltung begriffen. Die Völkerschaften des Bahr el-Ghasalgebiets, insonderheit das durch blutige innere Kriege schon bis zum Zerfall zerrüttete A-Sandereich, dazu noch alle die westlichen und östlichen Länder, kurz jene Gebiete, in denen sich die Chartumer Händler niedergelassen hatten oder ihre Raubzüge machten, waren im Lauf der Jahre von den fremden Usurpatoren geknechtet, beraubt, die Eingeborenen in ihrer persönlichen Freiheit geschmälert und zum Frondienst gezwungen worden. Die Abgaben und Beitreibungen an Getreide und andern Erzeugnissen des bescheidenen Feldbaues, sowie der primitiven Landesindustrie, die häufig wiederholten Razzien auf Vieh bei den Viehzucht treibenden Völkerschaften, den Dinka, Nuer und den östlichen Volksstämmen, endlich der bei diesen Gelegenheiten begangene Raub von Angehörigen der Eingeborenen, die Wegnahme dessen, was auch dem Neger das Liebste ist, der Frauen und der halberwachsenen Kinder beiderlei Geschlechts, und die Fortführung derselben in die Sklaverei — derartige immer wiederkehrende Gewalttaten mußten bei allen Negern eine Unzufriedenheit heraufbeschwören, die unter andern Verhältnissen gewiß zur offenen Auflehnung und Vertreibung der verhaßten Fremdlinge geführt hätte. Die Freiheit sich zu erhalten oder gegebenen Falls wiederzuerkämpfen, sind freilich alle Negervölker unfähig, da ihre ganz unverhältnismäßige Überzahl durch Zerfahrenheit und Uneinigkeit wettgemacht wird. Wären sie „ein einig Volk von Brüdern" oder wäre ihrem Begriffsvermögen die Notwendigkeit des gemeinsamen Handelns bei gemeinsamen Interessen zugänglich, so reichten wahrlich die wenigen Gewehre gegen sie nicht aus, und alles Pulver und Blei, welches auf dem dunkeln Kontinent bereits gegen sie verschossen worden, wäre nicht im stande gewesen, die Vernichtung fremder Eindringlinge aufzuhalten.

Als die Macht eines Siber und seines Sohns und Nachfolgers Soliman Bey, der sich offen gegen die Regierung auflehnte, auf ihrem Höhepunkt stand, stieg unter dem erhöhten Druck auch der Haß der Neger gegen die fremden Machthaber und die in den letzten Jahren massenhaft über Kordofan und aus Dar-For eingewanderten kleinen Händler, die Gelaba, aufs höchste und es war begreiflich, daß sie jetzt ihrem Befreier Gessi zujubelten. Im Beginn seiner Expedition — er schiffte sich mit seiner Mannschaft im Ghaba Schambé am Nil aus und drang von Osten her über Rumbek in das Bahr el-Ghasalgebiet gegen Soliman vor — verhielten sich die Eingeborenen noch zurückhaltend und neutral. Aus leicht erklärlichen Gründen zeigten sie sich häufig sogar feindlich gesinnt, da das Heranziehen dieser Kriegsmacht für sie in erster Linie neues Elend bedeutete, für kommende bessere Zeiten aber kein Verständnis vorhanden sein konnte. Nach den ersten Erfolgen Gessis jedoch und als die Neger sahen, daß er ihre frühern Peiniger mit Feuer und Schwert verfolgte, die geraubten Sklaven sofort freiließ, ja sogar die Neger aufforderte, die in Busch und Wald sich versteckt haltenden Feinde aufzuspüren und zu erschlagen, da jubelten sie Gessi Pascha im Siegestaumel zu. Damals mag im Gehirn manches Negers ein falscher Begriff von der anbrechenden bessern Zeit aufgedämmert sein; viele hofften gewiß auf Befreiung vom Frondienst und auf Erleichterung ihres Loses, Hoffnungen, die sich nicht erfüllten und bei den einmal in den Negerländern bestehenden Verhältnissen selbst bei mildester Behandlung des Eingeborenen nicht erfüllen lassen. Gerade die gute Verwaltung einer Negerprovinz erfordert vermehrte Arbeit des Negers, und aus freien Stücken leistet er die nicht, denn er ist doch meist faul und arbeitsscheu. Das Gedeihen des Landes und des einzelnen Individuums, die sogenannte Negerkultur, ist ohne Arbeitszwang des Negers unmöglich. Dies mag nach europäischen Begriffen Beschränkung persönlicher Freiheit sein und von zimperlichen Philanthropen als leichtere, aber dennoch unstatthafte Form der Sklaverei verschrieen werden; sicher ist, daß Erfolge in der Kultur der Negerländer noch für Generationen die Zwangsarbeit voraussetzen. Um meine Ansicht in Negerfragen im allgemeinen zu kennzeichnen, betone ich, daß, solange nicht in den Negerländern vom civilisierten europäischen Rechtsstandpunkt in vielen Fällen abgesehen wird, die Erziehung des Negers zum brauchbaren Menschen gehindert ist und kulturelle Bestrebungen zu keinem ersprießlichen Resultat führen werden.

So mag auch nach Jahr und Tag mancher Neger im Bahr el-Ghasal-gebiet bitter enttäuscht gewesen sein, weil die Veränderungen nicht in seinem Sinn ausgefallen waren. Frondienst, Zwangsarbeit und Abgaben mußten eben dieselben bleiben, wie auch viele Eigenmächtigkeiten und Unregelmäßigkeiten der Beamten Gessis, die sich ebensowenig wie die Neger in Neurungen zu finden wußten. Gessi, der von lautern Kulturbestrebungen zum Besten der Negerländer und der ihm unterstellten Provinz geleitet war, hätte bei jahrelangem Wirken als Gouverneur für manche noch obwaltenden Mißstände einen Ausgleich gefunden. Praktische Anlagen, persönlicher Mut und ein Handeln nach erkanntem Recht und Unrecht, ohne in Schwäche und übertriebene Dulbsamkeit dem Neger gegen-über zu verfallen, befähigten ihn gewiß, mit fester Hand nach und nach die heilsame Zukunft dieser Gebiete zu sichern. So aber blieb leider auch seine Riesenarbeit nur Stückwerk, dem durch den Einfall der Mahdisten ein jähes Ende bereitet wurde.

Genug, nach den Erfolgen Gessis und nach Beendigung des Kriegs gegen Soliman zeigten sich auch die entfernten Häuptlinge und Fürsten im Niam-Niamgebiet zum Teil willfährig, sie schickten aus eigenem Antrieb Send-boten und Elfenbein an den neuen Gouverneur, kamen wohl auch in eigener Person, um ihm ihre freundschaftliche Gesinnung zu beweisen. Das begreifliche Entgegenkommen von Häuptlingen, die er von ihren Peinigern befreit, machte Gessi damals in einzelnen Handlungen zu kühn, so namentlich in der Frei-lassung vieler im Kriegsdienst unter Soliman und den Arabern geschulter Neger-soldaten. Er sprach damals mir gegenüber häufig und nachdrücklich seine An-sicht aus, daß er jetzt, nach möglichst vollkommenem Ausschluß des arabischen Elements, keiner großen Streitmacht mehr im Gebiet bedürfe; die Neger würden ohne Zwang sich ihm auch ferner gefügig zeigen und nötigenfalls zum Kriegs-dienst verwendbar sein. Ihre Abgaben aber würde er, so folgerte er weiter, wenn er seine unter dem Gewehr stehende Streitmacht auf das geringste Maß herabsetzte, bedeutend vermindern können. Er beabsichtigte dabei, so wenig Leute als möglich vom Tribut der Eingeborenen ernähren zu lassen. Darum entließ er nicht nur die ihm zugelaufenen Sklaven und frühern Angehörigen der Nubier, Weiber und Männer, sondern allzubereitwillig auch viele Negerburschen, die unter Gewehr gestanden hatten und nun baten, in ihre Heimat zurückkehren zu dürfen. Ja, er that dabei noch ein Übriges, indem er vielen das Gewehr, das sie bis dahin getragen, überließ. Immerhin behielt er noch eine genügende Anzahl Neger-soldaten, teils Burschen aus entfernten Gebieten, teils solche, die, ihrer Heimat seit früher Jugend beraubt, aus eigenem Antrieb im Dienst blieben. Viele jedoch benützten die zugeſtandene Freiheit, nicht nur um ihre Heimat wiederzugewinnen, ſondern auch mit der dem Neger eigenen Überhebung, um ſich dort oder anders- wo als Kriegshelden mit einem Gewehr in der Hand aufzuſpielen, kleinern Häuptlingen zu unlautern Zwecken zu dienen oder auf eigene Fauſt mit einigen Spießgeſellen Freibeuterei zu treiben. Ich hatte ſpäter tiefer in den Neger- ländern mehrfach Gelegenheit, ſolchen freigelaſſenen Subjekten zu begegnen und dort ihre Selbſtüberhebung und Frechheit kennen zu lernen.

Dieſes Abrüſtungsſyſtem Geſſis war ein gewagtes Spiel und konnte auf die Dauer nicht den erwarteten Erfolg haben. Für den Augenblick machte er ſich gerade dadurch die Neger und deren Häuptlinge zu Freunden. Dienſtwillig kamen ſie ihm daher entgegen. Er überließ einzelnen der mächtigen Häuptlinge der A-Sandé, wie Sémio, Sſaſſa, bis zu gewiſſem Grade auch Ndóruma u. a., eine Anzahl der Soliman abgenommenen Gewehre, kräftigte ſie dadurch gegen andere Neger und geſtattete ihnen, unbotmäßige Stämme ſich zu unterwerfen und auf jährlichen Freibeuterzügen das Elfenbein für die Regierung zu beſchaffen; außerdem ſollten ſie Kautſchuk, Getreide (Durra, Mais und Telebûn), Palmöl, Erdnüſſe, Honig, Bohnen an die Verwaltung im Bahr el-Ghaſalgebiet liefern. Mit einem Wort, er trachtete danach, die Expeditionen, welche früher mit eigenen, abgerichteten Negerſoldaten der Nubier aus den Stationen im Bahr el-Ghaſalgebiet nach dem Süden ausgezogen waren, möglichſt zu beſchränken, während die Häuptlinge, die er mit Gewehren und Munition ausgerüſtet, das durch ſie zuſammengebrachte Elfenbein ohne Sklavenraub (?!) ſelbſt zur Mudirije ſchaffen ſollten. Viele der alten Seribenverwalter, Araber aus der Zeit Solimans oder Sibêrs des Vaters, welche in Vorausſicht der Niederlage Solimans ſich in fernen weſtlichen Gebieten neutral verhalten oder Geſſi ſpäter geholfen hatten, wie Rafái, Abd Allah, Ali Kobbo u. a., blieben als Verwalter der ausgedehnten weſtlichen Provinzen auf ihren Poſten. Der Betrieb der ganzen unter Geſſi ſtehenden Verwaltungs- maſchine war ja doch ohne Arabertum und Islam nicht denkbar.

Geſſi vertraute bei jenen Neurungen ſeinem guten Stern und ging auch dabei von den beſten Motiven aus. Bei Häuptlingen wie Sémio und Sſaſſa hätte er auch ſein Vertrauen auf treues Vaſallentum nicht zu bereuen gehabt. Dagegen war das Entlaſſen ehemaliger Dragomane und Negerſoldaten und die Überlaſſung von Gewehren an kleinere Häuptlinge der Dinkaſtämme jedenfalls verfrüht und nicht gerechtfertigt. Die Negerſoldaten, die bereits unter Gewehr geſtanden, konnten ja auch im ganzen Sudan ſtets und überall Verwendung finden, ja ſelbſt im eigenen Gebiet, durch Anlage einiger feſter Stationen im Dinka- land, wären ſie zu verwerten geweſen. Ich will nicht behaupten, daß der ſpäter eingetretenen Katastrophe, dem unter Lupton Bey ausgebrochenen Dinkaaufstand, durch diesen Mißgriff Vorschub geleistet worden. Die Gründe jenes Aufstands sind andere, doch war den Dinka der Erfolg durch die frühern Zugeständnisse erleichtert. Die Zahl der von Gessi entlassenen Negersoldaten war wohl überhaupt nicht bedeutend; sie verteilten sich über ein großes Gebiet. Ich möchte eben hier nur dem Grundsatz, welchem Gessi in dieser Beziehung huldigte, entgegentreten und zugleich einer Ansicht, in der viele befangen sind, daß nämlich die Beschaffung und Verwertung von Sklaven lediglich auf Veranlassung der Araber und vorherrschend durch sie geschehe. Dieses Thema soll später ausführlich besprochen werden. Da nun aber Gessi die Aufgabe hatte, die Sklaverei, d. h. Sklavenraub und Sklavenhandel, in seiner Provinz zu unterdrücken, so war es jedenfalls gewagt, den zu hoher Gunst emporgestiegenen Häuptlingen ohne Aufsicht das Recht zu weitgehenden Expeditionen, d. h. Raubzügen, einzuräumen. Wie es in betreff des Menschenraubs dabei herging, habe ich bei solchen Negerzügen, die ich später begleitete, gesehen und dadurch erkannt, daß alle Neger die in ihre Hand gegebene Macht rücksichtsloser ausüben, als die mohammedanischen Halbaraber des

Romolo Gessi Pascha. Nach einer Photographie von R. Buchta.

Sudan. Sie verüben dabei mancherlei Gewaltthaten, die nach ihren Sitten und Gebräuchen auf abergläubischen Vorurteilen beruhen, z. B. Menschenopfer, die sie ihren Verstorbenen zu bringen sich verpflichtet glauben; sie kennen noch weniger Mitleid als die Araber und lassen nur das Recht des Stärkern gelten. Das Verhalten der Eingeborenen dem siegreichen Vorgehen Gessis gegenüber beansprucht ein ganz besonderes Interesse, wenn wir uns die neusten Vorgänge in Ostafrika vergegenwärtigen, wo die Deutschen einen ganz ähnlichen Kampf zu bestehen haben. Hoffentlich werden sie, ohne sich von Scheinerfolgen bei den Eingeborenen und vorübergehenden Negerlaunen blenden zu lassen, die Gefahr im voraus richtig erkennen, welcher Gessi so getrosten Muts entgegenging.

Ich bin bei Berührung dieser Verhältnisse natürlich weit entfernt, die großen Verdienste Gessis schmälern zu wollen. Wie schwierig es damals war, eingewurzelte Krebsschäden zu heilen und das Bestehende in bessere Bahnen zu lenken, dessen bin ich mir selbst am besten bewußt. Vor allem scheiterte ja bei Gessi, wie bei Gordon, Emin, Lupton und andern wohlmeinenden Reformatoren, die nutzbringende Thätigkeit im Sudan am Mangel gleichgesinnter, mithelfender Arbeitskraft bei den Untergebenen, an einer Überwachung, die den Eingeborenen wie den Beamten in Ausübung der ihnen zugestandenen Rechte und Dienstleistungen beständig warnen und zum Bessern anleiten konnte. Genug, die dem neuen Gouverneur Gessi Pascha gezeigte Bereitwilligkeit der Negerhäuptlinge ließ auch für mich und meine Reise in das Innere günstige Erfolge hoffen; der Beginn fiel in eine für mich aussichtsreiche Zeitperiode.

Wie ich vermutet hatte, trafen Boten von Ndóruma in Dem Bekir ein, ihre Mitteilung aber, daß ihnen der Fürst in eigener Person auf dem Fuß folge, überraschte mich aufs höchste. Eiligst ließ ich das zu würdigem Empfang Nötige herrichten, und bald darauf kam auch Ndóruma bei uns an. Warum er persönlich erschien, das wurde mir sofort klar. Er wollte sich über Ziel und Zweck meiner Reise zu ihm Gewißheit verschaffen und sich überzeugen, ob ich nicht mit feindlicher Absicht oder einer größern Streitmacht, die ihm zur Last gefallen wäre, in sein Land käme. Die Art, wie ich künftig zu reisen beabsichtigte und auch sein Land besuchen wollte, nämlich nur mit einer für solche Zwecke kaum nennenswerten Begleitung, war dem Begriffsvermögen des Fürsten zuerst ganz unfaßbar. Auch später noch war er darüber stets aufs höchste erstaunt, denn man hatte bisher sein Gebiet nur mit Hunderten von Bewaffneten, bereit für Krieg und Überfall, zu durchziehen gepflegt.

Zum feierlichen Empfang des A-Sandéfürsten hatte meine kleine Dienerschar eiligst die Festtagskleider angelegt: russische Bauernanzüge, bunte Hemden und Hosen aus Kattun, deren ich viele Dutzende, bereits fertig genäht, zu Geschenken mitgenommen hatte. Mit dem türkischen Fes als Kopfbedeckung, auf deren Besitz jeder Negerjunge stolz ist, ließ ich die Halberwachsenen der Burschen unter Gewehr treten; ihnen reihten sich die zwei Jüngsten an, und so stellte sich die kleine Garde in Reih und Glied zur Seite auf. Als Ndóruma mit Gefolge in der Nähe unserer Hütten erschien, ging ich ihm, gefolgt von Bohndorff, dem Verwalter El-Maas u. a. entgegen, begrüßte ihn freundschaft-

lichst und führte ihn an der Hand in die Empfangshütte zu einem Sessel. So
fand ich mich hier unerwartet schon so bald jenem mächtigen Niam-Niamherrscher
gegenüber, dessen Bild ich mir während der letzten Wochen so häufig im Geist
zu entwerfen versucht hatte, und der durch die geplante Reise zu ihm täglich
und stündlich meine Gedanken beschäftigte, jenem Herrscher, der in seinem Land
mehrfach der Schrecken gut ausgerüsteter Expeditionen der Araber geworden war
und in frühern Jahren (1871) zwei derselben im Kampf bis auf wenige Über-
lebende vernichtet hatte. Bei seinem ersten Erscheinen war Ndóruma in einem
komischen Anzug, den er kurz vor seiner Ankunft wohl nur unsertwegen angelegt hatte, zu seinem Nachteil eine urspaßhafte, lächerliche Figur. Er hatte
seine kräftigen, muskulösen, sehr langen Beine in eine viel zu kurze und enge,
prall anliegende, ehedem wohl einem Husaren zugehörige Hose von karmesin-
roter Farbe gezwängt. Bei der hochgewachseuen, stattlichen Erscheinung Ndórumas
reichte die Hose weder oben noch unten; die Nähte vollends ließen bei jeder
Bewegung das Schlimmste befürchten. Mit dem zweiten Kleidungsstück, einer
arabischen Gelabije, stand es auch nicht besser; die Arme und Schultern waren
in dieselbe eingezwängt, während die volle nackte Brust bis zum Unterleib sich
kräftig ans Tageslicht drängte. Indes, so ruhig und würdevoll war das Auftreten des Fürsten, so imponierend seine große Gestalt, daß ich mich sogleich
über das äußerlich Lächerliche hinwegsetzte und von seiner Persönlichkeit gefesselt
fühlte. Er erinnerte mich unwillkürlich an das Bildnis des Mangbattukönigs
Munsa in Dr. G. Schweinfurths Reisebeschreibung „Im Herzen von Afrika".
Im Gesicht prägte sich unverkennbar der Typus der A-Sandé aus. Scharfe,
energische Züge, große, lebhafte Augen zeugten von Willenskraft. Stark vor-
stehende Backenknochen, die nebst den breiten Nasenflügeln dem Gesichtsausdruck
der Neger etwas frembartig Wildes verleihen, charakterisierten auch Ndóruma,
doch zeigte er dabei nur mäßig aufgeworfene Lippen. Sie waren von einem
nicht starken Schnurrbart eingerahmt. Der struppige Kinnbart war nach unten
gezogen und verlor sich seitlich an den Kinnbacken in spärlichem Haarwuchs.
Das Haupthaar war nach Art der A-Sandé, jedoch etwas nachlässig, in Flechten
gelegt; sie ragten unter einem Tarbusch hervor und umrahmten den Hinterkopf.
Wie alle Niam-Niamherrscher aus früherer Zeit, litt auch Ndóruma keinen
Schmuck an sich. Gewöhnlich trug er den im A-Sandéland üblichen Rokko als
Kleidungsstück. Dies ist das aus Baumrinde (Arten von Fikus, respektive
Urostigma) durch langes Klopfen hergestellte Rindenzeug, wie es von vielen
Völkern Centralafrikas, in verschiedener Güte je nach der aufgewandten Arbeit,
bereitet und getragen wird. Die Niam-Niam bedienen sich verhältnismäßig nur

kleiner Stücke davon; ein solches wird unter dem Gesäß nach vorn durchgezogen, vorn und hinten unter einen Leibgurt geschlungen, an den Hüften nach den Seiten hin ausgebreitet und umgiebt so als Lendenschurz im Faltenwurf die Hüftteile. In diesem landesüblichen Rokko kam die hohe, schöne Gestalt Ndôrumas zu voller Geltung; sitzend liebte er eine etwas nachlässige, im Rücken gekrümmte Haltung anzunehmen, dabei aber haftete an ihm doch nichts Eckiges, im Gegenteil zeugte jede Bewegung von natürlicher Vornehmheit.

Ndôruma war in den letzten Jahren vielfach mit den Arabern und Chartumern zusammengekommen und hatte bereits etwas von ihrer Sprache erlernt. Seine Unabhängigkeit und Macht war durch den mohammedanischen Verwalter der früher Siber'schen Scriben im westlichen A-Sandégebiet, Rafái Agha, der in der Geschichte der ägyptischen Negergebiete eine hervorragende Rolle gespielt hat — ich komme auf ihn noch mehrfach zurück — im Krieg vor 1½ Jahren gebrochen worden. Er hatte gezwungenermaßen die Oberherrschaft der Nubier[1]) anerkannt, begrüßte aber jubelnd wie andere die sich anbahnenden neuen Verhältnisse unter Gessi Pascha. Übrigens hatte Ndôruma bisher wohl Ägypter, aber noch keinen Europäer gesehen; daher erschien auch ich ihm unstreitig interessant und er war voll Neugier, mich zu sehen. Anfangs zwar konnte auch er, trotz seines selbstbewußten Auftretens, jene argwöhnische Scheu, die jedem Neger innewohnt, nicht ganz verbergen, sie wich jedoch meinen ersten freimütigen Eröffnungen. Als er dann sehr bald die richtige Sachlage der Dinge erkannt und unnütze Befürchtungen fallen gelassen, war seine Freude ersichtlich. Auch das fortdauernde Erstaunen über meine Person, über nie von ihm gesehene Dinge und meine Absicht, allein ohne Schutz sein und fremder Herrscher Länder besuchen zu wollen, drückte sich bei ihm in Gebärde und Sprache aus.

Der Fürst hatte bereits früher mit einer Elfenbeinsendung Dem Bekïr besucht und war auch nach Dem Soliman gereist, hatte aber damals Gessi Pascha nicht angetroffen. Jetzt war er nur von einer kleinen Schar seiner Untergebenen begleitet. Nach Ankunft meiner Boten bei ihm sei er, so gab er an, eilig aufgebrochen. Ich betonte in unserer Unterhaltung die Hoffnung, daß durch die neugeschaffenen Verhältnisse im Bahr el-Ghasalgebiet jetzt auch für die Negerländer bessere Zeiten kommen dürften; ich belehrte ihn, soweit es mir nötig erschien, über die guten und freundschaftlichen Absichten Gessis gegen die Fürsten und Häuptlinge der Negergebiete, richtete ihm auch die Grüße desselben aus und teilte ihm mit, daß ich der

---

[1]) Mit den Ausdrücken Nubier, Sudaner, Chartumer, Mohammedaner, Sudanaraber u. s. f. bezeichne ich, wie hier eigens bemerkt sein soll, die über Chartum, Schekka oder Hofrât en-Nhâs eingewanderten mohammedanischen Fremdlinge.

Überreichung der Geschenke an Nbóruma.

Überbringer von Geschenken des Paschas für ihn sei. Diese ließ ich ihm später bei einer zweiten Zusammenkunft feierlichst überreichen. Jeder meiner Diener, die sich im Halbkreis aufgestellt hatten, trug eins der Geschenke in Händen. Ich selbst hielt eine Ansprache über meine Reise in seine Länder, über meine Zwecke und freundschaftlichen Absichten. Dabei hob ich hervor, daß ich der vielen Träger und meines umfangreichen Gepäcks wegen mich von Dem Bekir aus, aber nur bis zur Grenze seines Landes, von einigen Soldaten der Regierung begleiten lassen würde, weiterhin jedoch darauf rechne und vertraue, als harmloser Reisender von den Fürsten des Landes in meinem Vorwärtskommen unterstützt zu werden, wobei er, der Fürst Nbóruma, der erste sei, in den ich mein Vertrauen setze, in dessen Hände ich mit dem Überschreiten seiner Grenze, nur in Begleitung dieser jetzt von ihm gesehenen kleinen Dienerschar, meine Sicherheit und die meiner Leute und Sachen mit Zuversicht legen wolle. Dieses und ähnliches sagte ich Nbóruma in langer Rede, wie es der Neger liebt, und in möglichst bilderreicher Sprache, wie ich sie im Lauf der Jahre den Eingeborenen abgelauscht hatte. Ich schloß mit der Versicherung, daß ich erfreut gewesen, an Stelle seiner Boten ihn persönlich hier begrüßen und nun auch aus seinem eigenen Mund erfahren zu können, ob er mich, und zwar gern, in seinem Land als Gast aufnehmen wolle, denn, so endigte ich, nur in diesem Fall würde ich meinen Weg in sein Land nehmen. Ich ließ ihm darauf die Geschenke einzeln über-reichen. Wie ich erwartet hatte, fielen die Versprechungen und Beteurungen Ndórumas für mich zufriedenstellend aus. Es waren aber eben nur Ver-sprechungen eines Eingeborenen, und wie weit ich allen Beteurungen Ndórumas Glauben schenken durfte, darüber hatten mich in ähnlichen Fällen Erfahrung und mehrjähriger Verkehr in den Negerländern belehrt. Immerhin war ich höchst befriedigt, bereits hier in Dem Bekr mit Ndóruma zusammengetroffen zu sein und manches für uns Nötige und Wichtige vereinbart zu haben. Sein Wunsch war, baldmöglichst zurückzukehren, um, wie er sagte und was ich ihm gern glaubte, sein Volk über meine Reise in sein Land, deren Bevorstehen ja überall bekannt geworden war, und über deren Zwecke zu beruhigen. Ich sollte dann in einigen Tagen mit meinen Leuten und dem Gepäck folgen.

Es war mir selbstverständlich daran gelegen, im besten Einvernehmen von Ndóruma zu scheiden, ihm den möglichst vorteilhaften Eindruck von uns und unsern Absichten mit auf den Weg zu geben und ihm schon jetzt klar zu machen, welch schroffer Unterschied zwischen uns Europäern und den Arabern, sowie unsrer Art und Weise zu denken und zu handeln bestand. Ich erreichte dies in täglichen, langen Gesprächen mit Ndóruma allein, wobei mein Diener Farag Allah als Dolmetsch diente. Auch ein Fest, das ich am Vorabend seiner Ab-reise ihm zu Ehren improvisierte und die nie gesehenen Dinge, die er dabei schauen und bewundern konnte, sollten ihm einen kleinen Einblick in die Eigen-art des Europäers und seiner Erzeugnisse geben, ihm unsere Überlegenheit zeigen, ihm und seiner Begleitung einen dauernden Eindruck und Stoff für Berichte nach ihrer Heimkehr bieten. Manche meiner für diese Naturmenschen seltsamen Sachen hatte ich zu diesem Zweck ausgepackt und erregte durch ihr Vorzeigen am Abend Staunen und Bewunderung. Da waren Musik- und Lärminstrumente aller Art, Bilderbücher u. dgl. m., Dinge, die von heute an und für die kom-menden Jahre mir dienlich sein sollten, meinem schwarzen Publikum Kurzweil zu bieten und den Neger, dessen Dienstleistung ich ja beanspruchte, gleich dem unmündigen Kind spielend bei guter Stimmung zu erhalten. Als es am Abend dunkel geworden war, hielten meine und hinzugekommene fremde Jungen mit bunten Papierlaternen einen Umzug. Ich hatte ihnen dazu scherzhafte Charakter-

und Tiermassen gegeben, welche die kleinen schwarzen Teufel in lächerlich-komischer Weise entstellten und für Augenblicke, bis der Zauber einer ruhigern Überlegung der Zuschauer gewichen war, Angst und Schrecken verursachten. Manche der Zaghaftern, unter ihnen auch die aus der Ferne zuschauenden Weiber, stoben lärmend und schreiend auseinander. Bald aber löste sich das Entsetzen der Leute in brausenden Jubel auf, zu dem die Töne meiner Drehorgel erklangen. Sie geboten lautlose Stille; lauschend hing jedwedes Ohr an den unerhörten Tönen, während „Die Wacht am Rhein" laut und voll weit hinausschallte in die afrikanische Wildnis.

Durrahgetreide. Sorghum vulgare.

Ich hatte meinen neuerworbenen afrikanischen Freund, den Herrscher über die anthropophagen A-Sandé, nach besten Kräften gefeiert. Er verließ Dem Betir am folgenden Morgen (3. Mai) nicht nur vollkommen beruhigt, ja anscheinend höchst befriedigt über unsere Reise zu ihm, sondern jetzt fast schon ängstlich, daß wir vielleicht doch nicht kommen würden. Bei unserer Trennung versprach er, heimgekehrt, sofort alles Nötige zum Hütten- und Stationsbau für uns vorbereiten zu lassen; mit dem Bau selbst aber sollte auf meinen ausdrücklichen Wunsch bis zu unserm Eintreffen gewartet werden. Ich fühlte mich jetzt nach dem ersten Zusammentreffen mit Nbóruma mancher bis dahin mich quälenden Sorge entledigt, doch wo für den Reisenden in Afrika die eine Sorge schwindet, warten seiner gewiß schon wieder neue; sie blieben auch für mich nicht lange fern. Auf den Mißmut und Verdruß, der mir selbst von meiner nächsten Umgebung bereitet wurde und mir neue Sorge auferlegte, will ich dabei gar nicht eingehen.

Die Tage nach Nbórumas Abreise vergingen in unablässiger Vorbereitung für den Aufbruch und mit bestmöglicher Verpackung der noch zuletzt neu erworbenen

Dinge. 45 Lasten Getreide, Durra (Sorghum vulgare) und Mehl kamen in Dem Bekr zu meinem übrigen Gepäck. Im Gebiet Ndórumas sollte angeblich nicht viel Getreide gebaut werden und vornehmlich die Durra fehlen, dagegen Telebūn (Eleusine coracana) zu erhalten sein. (Letzteres ist eine im tropischen Afrika weitverbreitete und auch in Borderinbien und im südlichen Arabien angebaute Cerealie mit sternartig angeordneten Ähren auf kurzem Halm.) Ich nahm also das Getreide für die erste Zeit unsers Aufenthalts bei Ndóruma mit, um nicht gleich im Anfang dort den Leuten zur Last zu fallen, sondern nötigenfalls von eigenem Vorrat zehren zu können. Schriftliche Arbeiten und Berichte füllten die noch übrige freie Zeit am Tag und die langen Abende aus. Damit kam der 6. Mai heran und ich bestimmte unsere Abreise für den folgenden Morgen; demnach hatte unser Aufenthalt in Dem Bekr sieben Tage gewährt.

Dem Bekr war in der Richtung gegen Süden die letzte Niederlassung der arabischen Händler im eigentlichen Gebiet des Bahr el-Ghasal. Ich war von Meschra er-Rek aus bis borthin auf vielen Strecken annähernd dem Pfad Dr. G. Schweinfurths im Jahr 1871 gefolgt. Sein Weg führte ihn damals von Dem Bekr in Ostnordostrichtung nach der Station Wau zurück, während ich mich dem Süden, dem noch vielfach Unbekannten zuwandte. Das weite Gebiet südlich von Dem Bekr ist bis zu meiner Reise nur nach Erkundigungen Dr. Schweinfurths, Th. von Heuglins, und durch die Aussagen arabischer Händler bekannt und in groben Zügen, natürlich ganz ungenau, kartographisch eingezeichnet worden. Niemals hatte der Fuß eines Europäers jene Gebiete, den größten Teil des A-Sandéreichs betreten. Die benkwürdige Reise Dr. G. Schweinfurths in das Land der Mangbattu[1]) im Süden des Uêllestroms berührte bedeutend weiter im Osten einen Ausläufer des A-Sandégebiets. Dort hatte sich auch der italienische Sammler Piaggia längere Zeit aufgehalten; er war der erste, der uns genauere Nachrichten über das A-Sandévolk überbrachte, seine kartographischen Angaben sind jedoch wertlos.

Im Westen meines engern Forschungsgebiets im Land der A-Sandé und der Bandisa ist der durch seine wunderbar abenteuerlichen Reisen in Asien bekannt gewordene griechische Arzt Dr. Potagos der einzige Europäer, der jene Gebiete wenige Jahre vor mir durchzogen hat. Seine phantastischen Auffassungen und kartographischen Irrtümer finden sich im ersten Band seiner Reise.[2]) Zu derselben Zeit wie Potagos, führte auch mein Begleiter Bohndorff

---

[1]) Dr. G. Schweinfurth, „Im Herzen von Afrika".

[2]) Dix années de voyages dans l'Asie centrale et l'Afrique équatoriale par le docteur Potagos, tome premier. Paris 1885.

seine bereits erwähnte Reise bis jenseits des Flusses Schinko aus; über sie fehlen jedoch Aufzeichnungen. Die Durchquerung des nordwestlichen, hier kaum noch in Frage kommenden Gebiets im Westen der Bahr el-Ghasalprovinz wurde während meiner Reisen von Lupton Bey, dem Nachfolger Gessi Paschas als Gouverneur der Provinz, ausgeführt.[1]) Die meisten seiner Aufzeichnungen sind mit ihm, der später leider ein Opfer des Mahdi-Aufstands wurde, verloren gegangen. Wenn ich hier gleich der Vollständigkeit wegen für die südlich vom Uelle-Mákuastrom liegenden Länder nochmals den Namen Schweinfurth, den italienischen Reisenden Miani, ferner den Italiener Kapitän Casati, den ich persönlich in Mangbattu traf, auch Emin Bey, als Reisende anführe, auf die ich im einzelnen im Lauf meiner Mitteilungen zurückkommen werde, so ist damit die kurze Liste der europäischen Reisenden, die einen Teil meines Forschungsgebiets berührt haben, erschöpft. Die vor mir ungebahnten Wege führten mich demzufolge im Lauf der kommenden Jahre vielfach durch unerforschte Gebiete und kaum dem Namen nach bekannt gewordene Länder.

Der 7. Mai 1880, der Tag der Abreise aus Dem Bekir in das Land der A-Sandé, bleibt für meine Erinnerung in doppelter Beziehung denkwürdig. Durch die Abreise nämlich sah ich mich jetzt der Ausführung lang gehegter Pläne näher gerückt, und zwar an einem Tag, der mir zugleich die Erinnerung an ein gleichzeitig im Heimatshaus gefeiertes liebes und teures Familienfest wachrief. Meine 225 Traglasten waren bereits am Abend vorher an die Träger verteilt, der Aufbruch erfolgte demnach heute Morgen ohne Säumnis. In der Nacht hatte ich meine letzten Briefe geschrieben und mir darauf nur wenige Stunden Ruhe gegönnt. Der unter Bohndorffs Leitung vorausgeeilten Karawane folgte ich mit den wenigen für die täglichen Bedürfnisse nötigen Lasten. Gedankenvoll brach ich auf, doch nicht in kleinmütiger und zaghafter Stimmung, wie häufig im Beginn der Reise. Als Reisemotto schrieb ich am Abend in mein Tagebuch und mir ins Gedächtnis: „Nicht Waghalsigkeit soll deine Schritte leiten, doch bleibe auch nicht zaghaft vor dem Hindernis stehen!" Ein gut Teil Fatalismus hing mir außerdem vielleicht aus dem jahrelangen Umgang mit den Arabern an: so ergab ich mich denn fast sorglos einem gütigen Geschick.

Beim Beginn der Reise kreuzten wir bald das Flußbett des Dschih; er ist der Quellfluß des auf dem Weg zur Station Ganda überschrittenen Pango, hier führte er gegenwärtig bei einer Breite von sechs Schritt nur spärliches Wasser. Der Weg führt in bewaldetem Hügelland, allmählich steigend, über

---

[1]) Proceedings of the Royal Geographical Society. London 1884. P. 245.

eine sattelförmige Erhebung von Laterit zwischen den Bergen Dāngirri und Tschito hindurch. In schönem, parkähnlichem Wald überschritten wir jenseits mehrfach kleine Hochebenen und stiegen durch Flachthäler zur Niederung des Flusses Katta hinab. Er wurde in seinem Lauf mehrfach überschritten, trotz der geringen Breite enthielt er mehrere Fuß tiefes Wasser. Im Westen schränkten bewaldete Hügelreihen die Fernsicht ein; das nach Osten abfallende Land dagegen bot weiten Ausblick. Bei den Hütten des Golohäuptlings Djenge kann annähernd die südliche Grenze für die Golo gezogen werden, die hier an die Sere, von den A-Sandé Baschir genannt, grenzen. Ein plötzlicher Absturz des Wegs mit Lateritgeröll wirkt überraschend. Der Blick schweift von hier unbehindert stundenweit über die Baumgruppen der im Süden sich ausdehnenden tiefer liegenden Landteile. Das erste Nachtlager auf der Reise von Dem Belir wurde südlich vom Berg Luh an einem Knie des Flüßchens Endése bezogen; es enthielt auch jetzt Wasser. Das bewaldete Hügel- und Bergland südlich vom Flüßchen Dschih liegt auf der Wasserscheide des früher erwähnten Pango und des Flusses Wau. Der Bach Endése war das erste dem Wau tributäre Quellwasser und insofern bemerkenswert. Alle an den nächstfolgenden Tagen überschrittenen Bäche und Flüßchen setzen den Oberlauf des Wau zusammen, fließen folglich in nordöstlicher Richtung.

So oft das Nachtlager fern von Hütten der Eingeborenen in der Wildnis, am Waldessaum oder an einem Fluß aufgeschlagen wurde, ließ ich gleich bei der Ankunft ein schattiges Plätzchen unter einem Baum oder im Ufergebüsch des Bachs für den ersten Aufenthalt und zum Beginn der schriftlichen Arbeiten herrichten. Dort wurde nach den ersten nötigen Anordnungen für den Bau der Grashütten, abseits vom lärmenden Trägerhaufen, durch meine Diener der Boden vom Gras und der wuchernden Pflanzendecke gereinigt, wobei ich persönlich mit meinem Hirschfänger lästiges Geäst und Buschwerk weghieb. In wenigen Minuten entstand so unter unsern Händen häufig eine prächtige naturwüchsige Laube. War der Platz zum Herrichten eines solchen Verstecks in ersehnter Waldesidylle nicht geeignet, nun so beschatteten die laubreichen, knorrigen Äste einer weitumhergreifenden Baumkrone den gewählten Ruheplatz. Dorthin ließ ich mir Tisch, Stuhl und die für die täglichen Bedürfnisse gepackte Kiste bringen, die auch die nötigen Bücher, Karten und das Schreibmaterial enthielt. In der Nähe mußten die Jungen ein Feuer anfachen, die Mädchen holten Wasser und bald brodelte es am Lagerfeuer für die schleunige Bereitung des immer sehnlichst erwarteten Thees. Wir begnügten uns nach dem Marsch einstweilen, denn erst bei Sonnenuntergang wurde die reichhaltigere Mahlzeit eingenommen, mit

gesäuertem Abré (trockenem, dünnem arabischen Durrabrot) in Wasser, mit Käsemilch und Kisra (Brot), und Thee mit Chartumer Buxmat (Zwieback). Meistens
ging ich dann bald an die Ausarbeitung und Reinschrift der täglich aufgenommenen
Reiseroute, behielt jedoch stets für alles um mich her ein wachsames Auge.
Meine jugendliche Dienerschaft war ja noch unerfahren, nach Negerart sorglos
und fahrlässig, bedurfte in allem der Belehrung, häufig der Rüge, und mußte
immer an nötige Dienstleistungen erinnert werden. Die schriftlichen Arbeiten
wurden allerdings durch Fragen und Befehle wiederholt unterbrochen: ob die
Esel getränkt, ob Gras für sie geschnitten, Holz geholt, die Hühner gefüttert
und getränkt, ob die Kuh beaufsichtigt, die Ziegen angepflockt u. dgl. m.; viele
derartige Fragen gehören zu den täglich wiederkehrenden, kleinen notwendigen
Obliegenheiten des umsichtigen Reisenden, will er nicht bald Einbuße an seinem
kostbaren Eigentum erleiden. Nach Fertigstellung der drei oder vier für uns
nötigen Hütten — sie wurden von den Trägern und den zehn sie beaufsich-
tigenden Dragomanen hergestellt — wurde das Gepäck in einer derselben, um
es vor Termitenfraß (weißen Ameisen) zu schützen, auf gefällten und untergelegten
Baumstämmen aufgeschichtet. Dort fanden für den Fall eintretenden Regens auch
noch die Jungen, zusammengekauert, ein Plätzchen zum Schlafen. Eine Grashütte
war für die Mädchen, die zwei andern für Bohndorff und mich bestimmt. Bei
Sonnenuntergang kam ich mit ihm vor meiner Hütte zum gemeinschaftlichen
Mahl zusammen. In der Nähe hockten dann später die Diener um das Lagerfeuer für die Nacht, bis sie, die Dragomane und die Träger, an ihren Feuer-
stellen in der Runde allmählich in Schlaf verfielen. Dann wurde es um mich
her still und ruhig, für mich köstliche Stunden, in denen ich wohl noch einige
Zeit sinnend und träumend am Lagerfeuer verbrachte oder mich in die Hütte
an den Arbeitstisch zurückzog. Diese Augenblicke einer still empfundenen Ruhe
entschädigten bei dem lauten Wesen des Negers für den Tageslärm und boten
mir auch später auf der Reise einen hohen Genuß. Nur in Ausnahmsfällen
suchte ich mein Lager früh auf, denn die Stunden bis Mitternacht waren mir
die beste und liebste Arbeitszeit. Von der in Dem Bekir durchwachten letzten Nacht
müde, warf auch ich mich heute früher als sonst aufs Lager. Die Gedanken
hielten mich jedoch noch lange wach; war es doch natürlich, daß gerade heute
die geistige Verbindung mit der Heimat sich enger zog und dauernder blieb.
Aus der ärmlichen Hütte am mondbeschienenen Waldsaum eines kleinen, unbekannten Bachs in Centralafrika entsandte ich Grüße und die wärmsten
Wünsche weithin über Land und Meer nach der hellerleuchteten nordischen
Metropole.

Des Morgens ließ ich die Träger mit Bohndorff, ehe ich selbst mit meinen Dienern aus dem Nachtlager aufbrach, einen bedeutenden Vorsprung gewinnen, um nicht unterwegs in der täglichen Arbeit der Wegaufnahme durch Marsch=hindernisse der Leute oder durch Stauungen bei Fluß= und Sumpfübergängen gestört zu werden. An Ruheplätzen überholte ich die Träger, ließ später auch meine Leute ruhen, und dennoch wurde dann meist gleichzeitig der neue Lager=platz erreicht.

Der zweite Reisetag (8. Mai) führte uns zu einem Dragoman, Abd Allah, Unterverwalter von El=Maas. Er hatte Kolonien der Bongo, Digga (A=Sandé) und Sere in nächster Nähe um sich gebildet und sollte hier die Interessen der Regierung vertreten. Das bedeutendste bis hierher überschrittene Gewässer, ein Quellfluß des Wau, ist der 15 Schritt breite Büfferi; er nimmt die kleinern Rinnsale in sich auf. Die 4 Meter tiefen Uferwände faßten dermalen nur eine 6 Schritt breite und ½ Fuß tiefe Wasserfläche. Der, wie überall in den Neger=ländern, kaum fußbreite Pfad führte heute nicht mehr über Hügel und Berge wie gestern, sondern über langgewellten Boden, abwechselnd durch Busch= und Hochwald. Unter Hochwald verstehe ich geschlossene Bestände von hochstämmigen Bäumen, im Gegensatz zu den lichten, oft durch beträchtliche Grasstrecken von=einander geschiedenen Busch= und Strauchmassen, die sich um vereinzelte größere Bäume gruppieren oder für sich bestehende Bosketts darstellen. Baumbestände im Sinne unserer Wälder, die aus einer und derselben Baumart gebildet werden, sind selten. Auch der Hochwald ist hier in den meisten Fällen ein Misch=wald, in welchem Combretaceen, Cäsalpiniaceen und Rubiaceen die Hauptrolle spielen. Die Fernsicht im Wald blieb meist benommen, doch sah ich auf Augen=blicke zwischen den Baumkuppen hindurch den Abia Daragúmba im Süden (Abia heißt in der A=Sandésprache Stein oder Berg),[1] und auch später über=sieht man von einer Bodenerhebung aus gegen Osten niedrigeres Land. Um bei der Beschreibung des gewöhnlich auftretenden Landschaftsbildes aller im Lauf der Jahre bereisten Gebiete mich nicht beständig zu wiederholen, betone ich hier ausdrücklich, daß für alle jene Länder meist die gewellte Bodengestalt charakte=ristisch ist. Diese Wellenlinien können dann kurz oder lang, hoch oder niedrig sein, und wir unterscheiden danach kurz=, lang=, hoch= oder niedriggewelltes Land. Dort, wo die Bodengestalt eine andere ist und die Wellenlinie kaum noch bemerkbar wird — so auf weiten Grasfluren des Savannenlandes, im Land des geschlossenen Waldes im Süden und fernen Westen, streckenweise bei

---

[1] Viele Flußnamen lauten „Nanbia", d. h. „Na" (über, auf) und „Abia" (Stein), also ein Fluß, der über Steine, Felsen fließt.

Parklandschaft oder Kampinen — werde ich die Merkmale besonders erwähnen, natürlich auch dort, wo die hochgewellte Bodengestalt in Hügelbildung übergeht oder Bergerhebungen zeigt, gleichsam Runzeln der Erdoberfläche. Ausgedehntes wirkliches Flachland ist für die vor uns liegenden Gebiete die seltenere Erscheinung, bleibt aber charakteristisch für das Tiefland, den Alluvialboden, der von den Unterläufen der größern in den Bahr el-Ghasal mündenden Flüsse durchzogen wird.

Die Südgrenze der Sfere und die Nordgrenze der Digga (A-Sandé) kann, auch hier nur annähernd, durch das Verwaltungsgebiet des Dragomans Abd Allah gezogen werden. In diesen Grenzgebieten sind seit den letzten zehn Jahren durch die von den Verwaltern eingesetzten Dragomane Teile der verschiedensten Völker der Bahr el-Ghasalprovinz derart miteinander vermischt, daß bestimmte Sitze und feste Grenzen auch hier fortfallen. Die Digga des Nordens stehen schon lange im Abhängigkeitsverhältnis zur Verwaltung des Bahr el-Ghasalgebiets. Sie leben dort friedlich neben den Sfere, welche früher ihrerseits Vasallen der kriegerischen A-Sandé waren, ferner neben den Bongo, Golo, Pambia und andern ehemals den A-Sandé tributpflichtigen Stämmen.

Der Dragoman Abd Allah sorgte für unser Unterkommen und brachte mir fünf Lasten Durrakorn. Meine Diener erhielten, wie es bei den Durchzügen der Araber in allen diesen Stationen üblich geworden, Lugma (steifen Mehlbrei) mit Zukost. Am folgenden Tag erreichten wir nach einem nicht ermüdenden Marsch noch vormittags die Weiler des Dragomans Abd es-Sit, der gleichfalls ein Vertreter des Verwalters El-Maas ist. Die durchzogene Strecke bot nichts Erwähnenswertes; fließendes Wasser trafen wir in den Rinnsalen einiger Niederungen nicht, doch wenigstens abgestandenes in Löchern. Abd es-Sit nahm auf dem Weg zu Ndóruma den am weitesten nach Süden vorgeschobenen Posten ein und war bei der Übernahme von Elfenbein mehrfach bis zu diesem Häuptling gelangt. Ich hatte ihn bereits in Dem Bekir getroffen, von wo er damals durch El-Maas hierher in seinen Bezirk vorausgesandt wurde, um alles Nötige für unsern Empfang und die Weiterreise vorzubereiten; denn auch die Träger aus Dem Bekir sollten hier gewechselt werden, Abd es-Sit aber uns persönlich weiter begleiten, so lautete der Befehl El-Maas'. Es stellte sich aber sehr bald heraus, daß der Schurke, nebenbei gesagt ein früherer Sklave des ehemaligen Seribenbesitzers Kutschuk Ali, für gar nichts gesorgt hatte. Betrunken und mit der Pfeife im Mund stellte er sich mir bei meiner Ankunft vor und begann unnütze Reden zu halten. Da warf ich vor allen Dingen seine Pfeife in den nächsten Busch, was ihn ein wenig ernüchterte, dann ließ ich ihn einfach stehen und sorgte selbst für unser Unterkommen. Es wurden einige Hütten für uns gereinigt, für das Gepäck aber ließ ich von den Trägern ein Dahr et-tor (Schrägdachhütte, wörtlich: Ochsenrücken) bauen. Abb es-Sit kam später kleinmütig und ernüchtert herbei, beteuerte, uns noch nicht erwartet zu haben, zur Weiterreise nicht vorbereitet zu sein, auch keine Träger beschaffen zu können, doch dafür Sorge tragen zu wollen, daß die mitgekommenen Träger die Lasten auch weiterbefördern sollten. Anscheinend reumütig bat er jedoch um einen Tag Aufschub. Da ich beabsichtigte, den in der Nähe liegenden Berg zu besteigen, ging ich auf seine Bitte ein. Er ließ sich später gar nicht mehr bei mir sehen, sondern verschmerzte das Leid, das ich ihm angethan, wahrscheinlich bei der beliebten Merissa, dem Negerbier. Die Bewohner dieses Gebiets sind weniger gemischt als in den nördlichen Distrikten. Die einheimische Bevölkerung sind Digga, nördliche Niam-Niamstämme. Ihr Gebiet zieht sich südlich von den Ssere und Krebj weit gegen Westen hin und sie bevölkern dort noch jetzt zum Teil das Land, das auf Dr. Schweinfurths Karte als Mofio'sches Gebiet (Seriba Ombánga) bezeichnet ist. Doch auch, wo die Nubier seit frühen Zeiten festen Fuß gefaßt haben, findet sich ein namenloses Völkergemisch vor, sodaß die Digga dort heute bereits in den Hintergrund treten. Einige in der Nähe lebende Diggahäuptlinge kamen mit ihren Leuten herbei, um mich zu begrüßen. Ich konnte bei ihnen allen keine deutlichen Merkmale des A-Sandévolks erkennen und glaube, daß die Digga, wenigstens in vielen Distrikten, bereits eine Mischlingsrasse darstellen.

Unter den kleinen häuslichen Sorgen ist hier zu verzeichnen, daß ich bei Abb es-Sit das Kälbchen, welches ich bis hierher hatte tragen lassen, schlachten lassen mußte. Die Kuh ließ das noch jugendliche Tier nicht mehr saugen, was ich mir damals nicht erklären konnte. Der Leser mag bei der Erwähnung solcher Kleinigkeiten lächeln; wie sehr aber Dinge, die in der Einöde nicht wieder zu beschaffen sind, uns ans Herz wachsen, das will persönlich empfunden sein. Auch meine jugendliche Dienerschar gab mir häufig Anlaß zu Verdruß. Selbst in Farag Allah, trotzdem er mit mir in Europa gewesen, fand ich jetzt nicht die erwartete Hilfe. Selbstverständlich hatte ich ihm den Oberbefehl über die andern erteilt; er war jedoch zu unselbständig und fand nicht den nötigen Ton für Leitung und Belehrung der Jungen, sodaß schließlich doch die Sorge für vieles auf mir lasten blieb.

Am folgenden Tag bestieg ich den Berg Du, südöstlich von Abb es-Sit; eine Stunde Marsch brachte uns an seinen Fuß. Auf dem Weg dahin wurde der dem früher erwähnten Fluß Büsseri ebenbürtige Kommo überschritten. Sie fließen nach ihrer Vereinigung in den Oberlauf des Wau. Der Berg Du ist nur wenige Hundert Fuß hoch, gestattet aber eine weite Fernsicht und gab mir zu vielen Winkelmessungen Gelegenheit. Auf den Buschwald an seinem Fuß folgte höher hinan viel zerklüftetes Gestein und Felsgeröll, durch das wir uns im Zickzack den Weg zur Spitze suchten, einer nackten Granit- oder Gneis-kuppe, von der das Auge weithin über das Land, oder besser gesagt, über die Bäume des lichten Buschwaldes hinschweift und in einigen Richtungen auch Berg-erhebungen erblickt. So klein der Ausflug war, kehrte ich doch müde und matt zurück, ich fühlte ein Unwohlsein, das sich tags darauf zum Fieber steigerte. Abb es-Sit ließ sich auch jetzt nicht bei mir sehen, dagegen wurden allerlei Klagen gegen ihn laut. Die Träger, die auf seinen Befehl, willig oder nicht, meine Lasten weitertragen sollten, verlangten Korn zur Nahrung. Ich ließ ihn rufen. Mit einer richtigen Selbstbeurteilung, die sonst in ähnlichen Fällen selten ist, eröffnete mir der Lump, daß er „sakrān" (betrunken) sei, und bat abermals flehentlich, die Abreise um noch einen Tag hinauszuschieben. Wegen meines gesteigerten Unwohlseins machte ich gute Miene zum bösen Spiel und versprach zu bleiben, verpflichtete ihn jedoch, an die Träger Getreide verteilen zu lassen. Freilich dachte der trunkene Neger gar nicht daran, sein Wort zu halten.

Noch am folgenden Mittag standen die Träger ohne Getreide da, sodaß ich zu fürchten begann, sie würden mir entlaufen, und überdies hieß es, Abb es-Sit beabsichtige, unsere Abreise noch länger hinauszuziehen. Durch dieses freche Benehmen, den Lug und Trug des Emporkömmlings aufs höchste gereizt, ließ ich sofort an über 200 Träger sechs Lasten aus meinem eigenen Getreide-vorrat verteilen, mit der Zusage, am folgenden Morgen mit ihnen jedenfalls aufzubrechen. Die Leute versprachen denn auch, mir die Lasten willig weiter-zutragen, nur wünschten sie zur Bestellung ihrer Felder baldmöglichst zurück-zukehren. Abb es-Sit ließ ich sagen, er solle, falls er nicht die Bekanntschaft meines Kurbatsch zu machen wünsche, sich bei mir nicht mehr sehen lassen, hin-gegen aber mir sofort das Getreide, das ich an die Träger verteilt hatte, dem vollen Maß nach zurückerstatten, widrigenfalls ich noch von hier aus den Pascha brieflich von seinem strafwürdigen Benehmen unterrichten würde. Das half. Er gab klein bei und schickte bald darauf fünf kleine Lasten Duchn (Penicillaria). Die Gemütsbewegung des Ärgers hatte jedoch mein Unwohlsein bis zum Fieber gesteigert, nichtsdestoweniger traf ich selbst in diesem Zustand die nötigen An-ordnungen für die Abreise am folgenden Tag. Die Nacht verlief schlaflos und brachte mir kaum einige Besserung.

Matt und fiebernd lag ich noch auf meinem Feldbett, als Bohndorff am 12. Mai frühmorgens mit der Trägerkolonne aufbrach. Mühsam machte auch ich mich bereit und folgte eine halbe Stunde später mit den Dienern und dem letzten Gepäck, den täglich notwendigen Dingen; die wenigen Träger für dieselben behielt ich auch während der einzelnen Tagestouren immer in meiner nächsten Nähe, um mich über tiefe oder sumpfige Stellen hinübertragen zu lassen. Obgleich ich auf meinem Esel ritt, mußte ich doch häufig absteigen und rasten, und war daher herzlich froh, als ich um Mittag endlich den Lagerplatz erreicht hatte und für den Rest des Tags auf meinem Angareb zur Ruhe kam. Durch Chinin besserte ich meinen Zustand, sodaß ich mich am folgenden Morgen zur Weiterreise gekräftigt fühlte. Unser energisch durchgesetzter Aufbruch aus der ungastlichen Behausung Abb es-Sits hatte mittlerweile doch auch ihn zur Vernunft gebracht; er war uns später gefolgt und traf abends unerwartet mit einer Anzahl Träger, die mit Getreide belastet waren, in unserm Lager ein. Er war mir ein neues Beispiel dafür, daß der Negeremporkömmling, unbeaufsichtigt, die ihm eingeräumte Machtstellung häufig mehr mißbraucht als der Araber. Alle Klagen seiner Untergebenen gegen ihn bewiesen nur, daß er lediglich darauf bedacht war, das ihm unterstellte Gebiet zu seinem eigenen Vorteil auszusaugen. In seiner Überhebung, obwohl früher selbst Sklave, fragte er nicht nach Recht, sondern führte in seinem Bezirk als Despot eine rücksichtslose Willkürherrschaft. Jetzt freilich, nachdem er nüchtern geworden, suchte er durch ängstliche, kriechende Zuvorkommenheit sein nichtswürdiges Benehmen gut zu machen.

Die folgenden Tage der Reise boten stets das oben gekennzeichnete Landschaftsbild. Über gewellten Boden führt der schmale Fußpfad durch lichten Niederwald. An den vielen kleinen Flußläufen und Rinnsalen, die gekreuzt wurden und teilweise tief ins Erdreich eingeschnitten sind, entfaltet sich die Vegetation zu größerer Üppigkeit, der sonst lichte Savannenwald wird hier ein schmaler Saum von hochstämmigem Uferwald. Diese Verhältnisse ändern sich erst weiter gegen Süden, und zwar in auffallender Weise einige Marschtage nach der Abreise von Abb es-Sit. Dort, am vierten Tag unserer Reise vom Berg Du, südlich des sechsten Breitengrads, ist die Grenze eines neuen Flußsystems. Auch die Entwicklung der Tier- und Pflanzenwelt ist auf den Hauptwasserscheiden großer Flußsysteme häufig einer auffallenden Veränderung unterworfen, indem das Vorkommen bestimmter Pflanzen- und Tierformen vielfach an das Entwässerungsgebiet eines Stroms gebunden ist, wobei natürlich Klima, Bodenverhältnisse und andere Ursachen von Bedeutung sind.

Außer dem Flüßchen Dschih, das südlich von Dem Bekir überschritten wurde, gehören alle die zahlreichen, während der sechs Marschtage angetroffenen Flüsse und Bäche nur dem Quellgebiet eines Flusses an; sie nehmen nordöstliche Richtung und bilden den Fluß Wau; dieser fließt in den Bahr el-Ghasal und der wieder in den Nil, sodaß meine Reise während der letzten Tage in einem Teil des westlichen Quellgebiets eines der wichtigsten Niltributäre verlief. Nur einen Tagemarsch westlich von unserer bisherigen Reiseroute, südlich von Dem Bekir, verläuft die Grenze, d. h. die große Wasserscheide, die das Nilbecken vom Kongobecken trennt. Die Flüsse und Bäche jenseits dieser Wasserscheide fließen in entgegengesetzter Richtung von den früher erwähnten, nämlich nach Südwest, und setzen in ihrem weitern Verlauf einen Teil jener Flüsse zusammen, die einen der größten Zuflüsse des Kongo, den Uelle-Mákua-Mobángi, bilden. Auf der angedeuteten Strecke der Wasserscheide erheben sich, von Norden gegen Süden gerechnet, die Berge Makámba, Daragúmba und Bándiri. Unter 6° 45′ überschreitet die Reiseroute die Wasserscheide und durchzieht dann Ländergebiete, die dem Kongobecken angehören. Jene hydrographische Grenze war für mich äußerst bemerkenswert. Auf meiner Reise in Mákaralá hatte ich im Gebiet der Munduneger zum erstenmal, später auch in Kalifá, dem Kongobecken angehörige Zuflüsse überschritten; allerdings war ich auch jetzt noch ohne Ahnung, daß der Uelle-Mákua sich schließlich dem Kongo zuwenden würde. Jetzt konnte ich auch hier im Westen die Scheidungslinie der beiden größten Flußsysteme annähernd feststellen. In den folgenden Jahren bewegte ich mich auf meinen Reisen in den südlichen Ländern noch mehrfach in der nächsten Nähe dieser großen Scheidungslinie, was mich in den Stand setzte, die Nil-Kongowasserscheide nach ihrer Richtung und nahezu nach ihrer ganzen Länge in die Karte einzuzeichnen. Sie verläuft, wie ein Blick auf die Karte zeigt, etwa vom 2. Grad nördlicher Breite, westlich vom Albert Nyansa, in der Richtung zu Nordwest bis zum 8. Grad nördlicher Breite. Die Länge dieser Strecke zwischen den beiden Stromsystemen beträgt etwa 1200 Kilometer.[1]

Das Gebiet südlich von Dem Bekir ist auf der bereisten Strecke, außer in den kolonisierten Bezirken von Abd Allah und Abd es-Sit, gegenwärtig meistenteils unbewohnte Wildnis. Das Vordringen der Chartumer hat die frühere Bevölkerung vielfach veranlaßt, auszuwandern und sich unter den Schutz der im Süden lebenden Fürsten zu begeben. Wir trafen während der mehrtägigen

---

[1] Eine genauere Darstellung dieser Verhältnisse habe ich gegeben in: Wissenschaftliche Ergebnisse von Dr. W. Junkers Reisen (Ergänzungsheft Nr. 92 zu „Petermanns Mitteilungen").

Reise bis jenseits der Wasserscheide nirgends Behausungen der Neger, jedoch an einzelnen Stellen noch erkennbare Spuren alter Ansiedlungen. Eine Tages-reise im Süden von Abb es-Sit z. B. breitete sich früher der Bezirk des Häuptlings Jngo aus, doch auch er war mit seinen Unterthanen vor den Razzien und dem gehaßten Frondienst zu dem A-Sandéfürsten Mbio nach Süden geflohen.

Auf den leichten Bodenerhebungen zwischen den Flüssen und Rinnsalen zeigt der im Savannenwald fast überall eisenhaltige Boden rötliche Färbung. Diese nimmt hier aber noch nicht jene intensive braunrote oder ziegelrote Farbe an, die erst weiter im Süden das charakteristische Merkmal des Erdreichs wird, und nach der wohl der größte Teil der Oberfläche des afrikanischen Kontinents als Lateritboden (von later, der Ziegelstein) bezeichnet wird. Innerhalb des Laterits liegen an einzelnen Stellen Granit- und Gneistrümmer, doch erhebt sich ab und zu das feste Gestein auch zu kleinen, nackten Felsbergen. Häufig hat das Wasser der tief ins Erdreich eingeschnittenen Flüßchen das Gestein unterwaschen und im Flußbett die Felsplatten geglättet. Zwischen diesen bilden sich in der regenlosen Zeit kleine Wassertümpel, die mir als kostbare, von der Natur angelegte Aquarien voll regen Lebens erschienen. Wir rasteten gern unter den schattigen Bäumen dieser Waldbäche oder schlugen unser Lager in deren Nähe auf. Dort ließ ich dann wohl meinen Arbeitstisch aufstellen und erfreute mich am Rande der klaren Wasserlachen der kleinen darin lebenden Welt. Wie ein grüner Teppich bedeckten zierliche, wunderliche Wasserpflanzen (Lagarosiphon, Najas, Ceratophyllum, Utricularia, Chara 2c.) den Untergrund; zolllange junge Fischchen tummelten sich munter zwischen ihnen, Wasserkäfer tauchten hin und wieder von der Oberfläche, wo sie Luft eingenommen hatten, wieder in die Tiefe, kleine krebsartige Tiere guckten aus ihren Verstecken, und selbst ein einsiedlerhaftes Schaltier, eine längliche, blaue Flußmuschel, öffnete immerhin ein klein wenig den Spalt seines Gehäuses.

Als eine ausgedehnte, breitrückige Bodenerhebung stellt sich an unserer Übergangsstelle die Nil-Kongowasserscheide dar. Gegen Osten gewahrt man eine allmähliche Senkung des Landes, ihr folgt der letzte kleine Zufluß des Wau, der Kumu. Jenseits der Bodenerhebung öffnet sich dem Auge ein weiter Blick nach Westen; bald wird das erste, dem Kongobecken zugehörige Gewässer, Bdbua, überschritten. Hier wird auch die obenerwähnte Veränderung in der Physiognomie der Flüsse und Bäche und im Typus der Ufervegetation besonders auffällig. Wahrscheinlich hat die Erscheinung ihren Grund in der südwärts gerichteten Exposition des Terrains, welche, den Passatwinden zugekehrt, eine reichere Menge von Niederschlägen empfängt als die gegenseitige Abdachung; vielleicht ist der Grund auch in einer größern Abschüssigkeit des Wasserscheidengebiets auf seiner Südwestseite zu suchen, wodurch ein tieferes Eingesenktsein der Oberläufe der nun folgenden Gewässer ermöglicht wurde, während auf der andern Seite das schwächere Gefälle auch eine geringere Erosionsthätigkeit für die Flußbetten zur Folge hatte. Zum erstenmal also betreten wir hier wieder jene wundersame, üppige Welt, wo tropische Vegetationsformen, mit bisher nicht gesehenen Arten untermischt, an den feuchten Abhängen thalförmig in

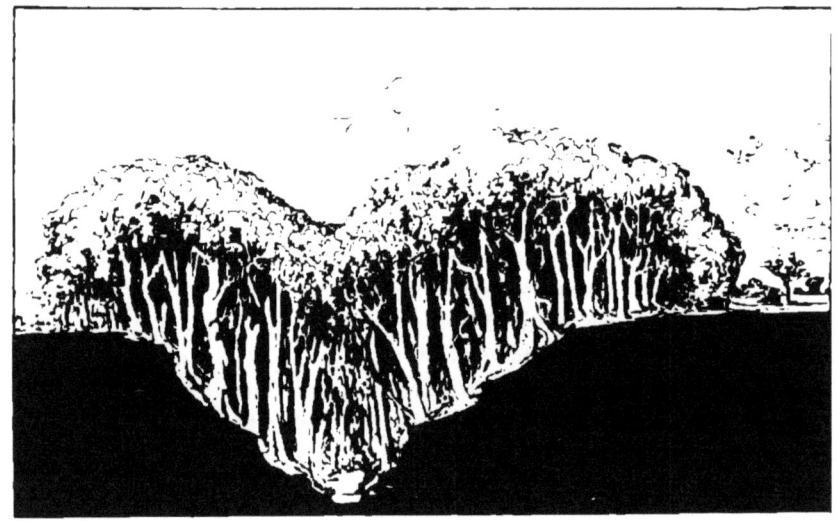

Schematischer Durchschnitt eines Galerienwaldes.

das Erdreich eingeschnittener Mulden sich zu kaum geahntem Reichtum entwickeln, und wo auf tiefer Thalsohle in ewigem Schatten halb unsichtbare Bäche hinrieseln, an beiden Seiten von immer nassen Stellen und Sümpfen begleitet, die den Pflanzenwuchs fördern. Solchem gesteigerten, wuchernden Wachstum leistet hier in erster Linie die Bildung der tiefen, feuchten Flußthäler Vorschub. Ihren vollen Ausdruck findet die tropische Üppigkeit an den Geländen dieser Flußthäler in den herrlichsten Galerienwaldungen, wie sie weiter nördlich nirgends auch nur annähernd vorkommen. Der Ausdruck Galerie für diese Art tunnelartiger Uferwaldungen stammt von dem Italiener Piaggia; auch Dr. Schweinfurth behielt den Ausdruck bei, der sich seitdem allgemein eingebürgert hat.

Höhle bei Jissa.

Das erste südlich von der Wasserscheide angetroffene Flüßchen Bábua zeigt also bereits diesen auffallenden Wechsel; ihm schließt sich in ähnlicher Weise der folgende Bach mit Galerienwaldung an. Wir nächtigten am 15. Mai in ihrer Nähe. Es hatte hier früher und häufiger geregnet als im Norden, das Gras stand bereits mannshoch, und unsere provisorischen Hütten konnten mit frischem, langem Gras gedeckt werden. Das Jagdglück lieferte uns hier nach langer Zeit wieder einmal Wildbret, sodaß meine Chartumer Köchin Saida sich einer Anstrengung in der höhern Kochkunst unterziehen mußte. Meist waren nämlich unsere Mahlzeiten sehr einfach, frugal und rasch herzustellen; jetzt erfreuten wir uns an Antilopenkoteletts und Klößchen aus gehacktem Wildfleisch.

Am 16. Mai begrüßten wir nach tagelanger Wildnis und Einöde endlich menschliche Behausungen im Distrikt eines Häuptlings der A-Sandé, Namens Jissa. Der Weg führte am frühen Morgen auf flachem, gleichmäßigem Boden durch dichtes Gestrüpp und Niederholz. Dann durchschritten wir den ersten größern, auf dieser Strecke westwärts fließenden Fluß Rongo; sein Bett, das gleich den übrigen Bächen in tiefer Thalschlucht hinzieht, war gegen 15 Schritt breit, enthielt jetzt aber kaum 6 Schritt breit Wasser. Der Rongo nimmt die übrigen Quellbäche des Distrikts auf und fließt in den Bofu, der dem Mbomú, diesem größten nördlichen Nebenfluß des Uelle-Mákua, tributär ist. In dem Aufbau der Galerienwaldungen am Rongo hat die Natur Großartiges und Staunens-

wertes geleistet. Hier überraschte mich seit meiner Reise in Kalika zum erstenmal
wieder jenes eigentümliche Gewächs, welches schmarotzend an den gewaltigen
Stämmen der Riesenbäume haftet. Es ist eine Farngattung des tropischen Afrika,
Platycerium. Eine Art davon, das Elefantenohr, ist von Dr. Schweinfurth
zuerst gefunden und Elephantotis benannt worden.

Bevor wir zu den noch 20 Minuten entfernten Weilern Jissas kamen,
besuchte ich eine geräumige unterirdische Höhle, die ihren Zugang in der
Nähe des Fußpfads hatte. In einer kleinen, umschriebenen Einsenkung des
Erdreichs wölbt sich der etwa fünf Schritt breite Eingang, durch den man aufrecht bequem in ein geräumiges, vorderes Gemach gelangt. Von diesem führt
linkerhand in Stufen schräg abwärts und bald darauf wieder gleichmäßig vorwärts ein breiter, hoher Gang. Ich folgte ihm kaum zehn Schritt weit, denn
zahllose große Fledermäuse, aufgescheucht durch den Rauch unserer Feuerbränbe,
umschwirrten beständig das Gesicht und hingen sich in ihrer Angst an meine
Kleider; nur schwer konnte ich mich ihrer erwehren und trat schleunigst den
Rückzug an. In den Steinwänden der Höhle gewahrte ich viele Quarzausschei-
dungen. Die Eingeborenen sollen sich bei den Einfällen der Nubier häufig hierher
zurückgezogen haben, was durchaus glaubwürdig klingt, da der von mir besuchte
Teil allein schon Hunderten ein sicheres Obbach bietet. Beim Austritt umschwirrten uns noch immer unzählige Fledermäuse, deren einige ohne Mühe in
die stets bereit gehaltenen Gefäße mit Spiritus eingesammelt wurden.

Jissa war mit Ndóruma zusammen nach Dem Bekir gekommen. Sein
damaliges Versprechen, Vorbereitungen für meine Ankunft zu treffen, hatte er
redlicher als Abb es-Sit gehalten. Am Fuß des Nordabhangs des Bergs Ghasa
fanden wir einen großen Platz von Gras gereinigt und daselbst für uns Hütten,
ein Dahr et-tor für das Gepäck, sowie eine Reluba (Sonnenbach) erbaut;
freudig empfingen uns der Häuptling und seine Umgebung mit ihrem volkstümlichen Gesang. Mit diesem Willkomm bei den A-Sandé, die hier schon unabhängiger als ihre nördlichen Stammesbrüder leben, konnte ich wohl zufrieden
sein. Daheim feierten sie heute den ersten Pfingsttag. Auch wir durften diesen
Tag und die folgenden als Ruhetage genießen, denn die unleidliche Trägerfrage
nötigte mich wiederum, länger zu bleiben, als mir lieb war. Die Träger aus
Dem Bekir zogen zur Bestellung ihrer Felder eiligst heim, denn der Boden war
nach den in letzter Zeit häufigern Regenfällen bereits gelockert. Unser kleines Lager
am Fuß des Ghasabergs, wo auch die Basinger (Negersoldaten) aus Dem Bekir,
die mich noch weiter begleiten sollten, ihre kleinen provisorischen Hütten errichtet
hatten, wurde diesen Abend zeitweise vom Mond beschienen, dessen Strahlen

Panorama vom Berg Ghafa. Gezeichnet von L. H. Fischer.

durch die Masse der Regenwolken schlüpften. Späterhin wölbte sich der Himmel wieder wolkenlos über uns, und das fahle Mondlicht ergoß sich nun voll auf das friedliche Lager, in dem alles bereits ruhte; weiter hinauf beleuchtete es die schier gespensterhaft geformten Felswände des nahe bei uns schroff aufragenden Bergstocks, und weiter hinab einen einsam Wachenden, den Schreiber dieser Zeilen, denn so oft der Mond zur Zeit der ersehnten Abendruhe sein Licht über ein fesselndes Landschaftsbild ausgoß, war ich stets gern der dritte im Bunde — sinnend, träumend, wie die Italiener sagen: almanaccando.

Am folgenden Morgen bestieg ich in Begleitung Jissas und einer Anzahl seiner ortskundigen A-Sandé den Berg Ghasa, südlich von unserm Lager. Der Aufstieg wurde von Osten her unternommen, erwies sich aber auch da äußerst steil, sobaß ich streckenweise auf Händen und Füßen klettern mußte. In den grashaltigen Spalten der Felsklüfte kamen wir rascher vorwärts, während die vielen übereinander gehäuften, verwitterten Felsblöcke bedeutendere Hindernisse boten. Wir erreichten trotzdem nach kaum einer halben Stunde das obere, etwa 50 Schritt breite Felsplateau. Eine unumschränkte Fernsicht bot sich nach allen Himmelsgegenden. Namentlich überraschte mich eine im Osten bis zu Südost hinziehende Bergkette. Das Land in jener Gegend wurde mir auch als Gebiet der Digga bezeichnet und es soll hauptsächlich der Stamm der Pambia dort ansässig sein. Eine Anzahl Bergspitzen trug ich mit ihren Namen in die Karte ein und erhielt durch die Peilung noch anderer Höhenpunkte eine brauchbare Triangulation für den Kartenentwurf. Die relative Höhe des Ghasa, wie die des Bergs Du, übersteigt kaum 500 Fuß. Auf dem unebenen Plateau des Gipfels waren an vielen Stellen durch Bersten des festen Gesteins (Gneis?) oder eigentümliche Umlagerung der Blöcke, durch Verwitterung, Zerfall und Auswaschungen natürliche Becken entstanden, ihrerseits wieder vielfach durch kleine Steindämme und Steinfirste in Abteilungen geteilt. Da nämlich das Regenwasser nicht durchsickern kann, der Abgang durch Verdunstung aber immer wieder durch neuen Regen ersetzt wird, so sind auf der Höhe des Bergs Ghasa die herrlichsten, von der Natur geschaffenen, mit Leben erfüllten Wasserbehälter entstanden. Nachdem ich meine Peilungen beendigt und alles Erfragte aufgezeichnet, verbrachte ich am Rand dieser natürlichen Aquarien auf Bergeshöhe noch einige genußreiche Stunden. Wie in jenen abgesonderten Wasserbecken der kleinen Flußläufe, bildete auch hier eine grüne Pflanzendecke den Untergrund; über ihr stand krystallklares Wasser, in dem sich Insekten, Käfer und anderes Kleingetier umhertummelten; fleißig wurden sie in die mitgenommenen Gläser eingesammelt. Auf dem Berg Du beobachtete ich aus der

Entfernung einige Paviane; sie sollen auch auf dem Ghasa vorkommen, doch trafen wir keine an.

Die Träger für die Weiterreise waren am folgenden Tag nicht zur Stelle, es hieß also weiter Geduld üben. Obgleich wir uns im Gebiet des früher angesehenen Fürsten Ssolóngo befanden, schien Jissa jetzt doch nur über eine geringe Zahl von Unterthanen zu verfügen. Sie leben auf einen kleinen Kern zusammengeschrumpft weiter gegen West und Ost im Buschwald verteilt. Der älteste Sohn Ssolóngos, Jissa, hat nach Landesbrauch das Gebiet des Vaters übernommen. Einige seiner Brüder blieben als Bezirksvorsteher bei ihm, zwei jedoch, die sich der Fremdherrschaft der Araber auf den früher häufigen Streifzügen derselben in dieses nahegelegene Gebiet nicht fügen wollten, waren, wie so manche aus den nördlichen Gegenden, nach Süden zum Fürsten Mbio ausgewandert. Der jüngste Sohn Ssolóngos stand zu Dem Belir in El-Maas' Diensten. Von dem fürstlichen Ansehen, das Ssolóngo noch zur Schau getragen haben soll, war bei Jissa nichts mehr zu finden; wie andere seinesgleichen mußte auch er als Vasall der Nubier sich ducken. Ich ließ auf seine Bitte abends vor der staunenden und bewundernden Menge die Drehorgel spielen. Bei dem Lied „Wie schön bist du" wurde ich schier wehmütig; klang es doch hier, wo ich „unter Larven die einzige fühlende Brust", wie Spott und Hohn. Doch weiter! Wie der Leser sich erinnert, hatte der Dragoman Abb es-Sit von El-Maas den Befehl erhalten, uns bis zu Nbóruma zu geleiten. Hier nun wurden bei mir neue Anschuldigungen gegen ihn erhoben, auch bestätigte mir Jissa den tödlichen Groll Nbórumas gegen den Mann, dessen Eigenmächtigkeiten ihm ja überall Feinde gemacht hatten. Es wurde mir sogar erzählt, daß Nbóruma nach dem Leben Abb es-Sits trachte. Nach alledem war mir darum zu thun, seine längst lästig gewordene Begleitung zu verhindern, und dabei kam mir ein glücklicher Umstand zu Hilfe, ohne den es mir schwer geworden wäre, den Burschen, der dem Befehl seines Vorgesetzten zuwider zu handeln fürchtete, abzuschütteln. Ein Basinger brachte nämlich unerwartet einen arabischen Brief aus Dem Belir, den ich nicht entziffern konnte, doch faselte der Bote mündlich in verworrener Rede von Unruhen, die im Norden ausgebrochen seien. Nur die Worte Arab, Schekka, Näbä brachten einiges Licht in den sonst wirren Bericht des Basingers, doch zweifelte ich an der Wahrheit seiner Aussagen, hatte ich doch im Lauf der Jahre längst gelernt, derartige Erzählungen der Neger wie der Araber mit Vorsicht aufzunehmen. Der Name Näbä veranlaßt mich übrigens hier einzuschalten, daß sein Träger einst der erste und angesehenste Sandjak des Rebellen Soliman Siber gewesen war und nach dessen

Lager am Berg Ghala.

Niederwerfung durch Gessi als ein mächtiger und gefürchteter Krieger, angeblich mit tausend seiner Basinger, sich gegen Westen — wohin, wußte niemand zu sagen — gewandt hatte. Seit damals und auch in spätern Jahren noch tauchte ab und zu, aus Furcht vor seiner etwaigen Rückkehr in feindlicher Absicht, immer wieder das Gerücht auf, daß Rábá im Anmarsch zum Krieg sei. Auf meinen spätern Reisen in den nordwestlichen Ländern habe ich nie Bestimmtes über sein Verbleiben ermitteln können. Vielleicht hat er mit seinem Anhang in fernen Gebieten, südlich von Baghirmi, eine neue Heimat gefunden . . . Aus den mündlichen Mitteilungen des Basingers entnahm ich denn, daß Abd es-Sit sofort zurückzukehren hätte. Nur meinte der Bote, daß eine solche Aufforderung sich auch auf mich bezöge. Selbstverständlich nahm ich auf diese Zumutung um so weniger Rücksicht, als ein bestimmter Anhaltspunkt und Mitteilungen von Gessi Pascha fehlten; der weitern Begleitung Abd es-Sits aber wurde ich durch seine nunmehrige Umkehr zu meiner großen Befriedigung enthoben.

Auch am 20. Mai waren die Träger noch nicht vollzählig; trotzdem ließ ich unter Bohndorffs Leitung etwa 200 Leute mit den an sie verteilten Lasten aufbrechen. Unliebsame Erörterungen mit jenen Basingern, die mich bis zur Grenze von Rádrumas Gebiet begleiten sollten, blieben mir dabei nicht erspart.

Da stellte ich ihnen frei, mich weiterzubegleiten oder zurückzukehren. Einige schlossen sich infolgedessen dem heimkehrenden Abb es-Sit an, andere blieben auch noch während der folgenden Tage zur Überwachung bei dem Gepäck. Mit dem Rest desselben brach auch ich folgenden Tags von Jissa auf und erreichte nachmittags Bohndorff im Lager. Am 22. Mai zogen wir gemeinsam weiter und erreichten an diesem Tag das Grenzgebiet Nbórumas, nämlich den Bezirk eines seiner vornehmsten Vasallenhäuptlinge, Kómmunda. Nachdem wir den letzten Lagerplatz verlassen, hatten wir noch im Gebiet Jissas eine Anzahl ärmlicher Hütten getroffen, die dem weit versprengten Volksstamm der A-Bármbo angehörten; den Kern dieses Stamms werden wir südlich vom Fluß Uelle näher kennen lernen. Das Vorkommen der A-Bármbo hier im Norden, sowie ihre zahlreichen Kolonien in den westlichen und südlichen Teilen des großen A-Sandégebiets, geben einen Fingerzeig dafür, wo sich der einstige Sitz des ganzen Volks befunden hat. Die geschichtlichen Forschungen über diese Länder, soweit sie mir durch mündliche Überlieferung der letzten Generationen ermöglicht wurden, sollen später auch in dieser Beziehung nähere Angaben bringen. Die südlich des Bergs Ghasa bis zu Kómmunda überschrittenen kleinen Gewässer vereinigen sich westlich der Reiseroute und münden gleichfalls in den bereits angeführten Fluß Boku. Auch diese Strecken weisen vielfach üppige, bewunderungswürdige Galeriewaldungen auf, mit oft kaum nennenswerten, in der Tiefe der Schluchten dahinrieselnden Waldbächen, zu denen man auf der einen Seite tief hinabsteigt, um jenseits auf schmalem Fußpfad oft steil emporzuklimmen. Kaum hatten wir die ersten paar Hütten auf dem Gebiet Kómmunbas erreicht, als unsere von Jissa erhaltenen Träger die Lasten sofort hinsetzten und sich schleunigst entfernten. Die Behausung des Häuptlings dieses Grenzbezirks war noch fern, doch traf auf die Nachricht unserer Ankunft Kómmunba schon nachmittags bei uns ein und versprach alsbald Träger zu schicken, die das Gepäck vorläufig an seinen eigenen Wohnsitz schaffen sollten, in dessen Nähe er für unsere Unterkunft hatte Hütten errichten lassen. Wie er uns ferner mitteilte, beabsichtigte Nbóruma uns dort persönlich abzuholen und nach seinem Herrschersitz zu geleiten.

Südlich von dem Bezirk Abb es-Sits, bei den eigentlichen A-Sandé, traten für mich in meiner Stellung zu den Eingeborenen und Trägern wesentlich geänderte Verhältnisse ein. Im Verwaltungsgebiet der ägyptischen Regierung hatten sich mir die Angestellten, wie die Eingeborenen aus Furcht willfährig gezeigt. Dagegen war der Einfluß der Verwaltung im Bahr el-Ghasal auf die südlichen Länder ein höchst beschränkter, bei den A-Sandé ein kaum nomineller, ich wußte also, daß ich in Zukunft einzig und allein von den Machthabern

Galerienwald. Gezeichnet von L. H. Fischer.

jener Gebiete abhängig sein würde, die ich durchziehen wollte. Ein gutes Einvernehmen mit ihnen herzustellen, mußte nun mein größtes Bemühen sein, denn nur so konnte ich sie für mich und meine Zwecke gewinnen. Ich rechnete dabei auf das persönliche Gewicht des nach Recht und Gesetz handelnden Europäers; mußte doch gerade in diesen Ländern, die bis dahin durch die recht- und gesetzlose Willkürherrschaft der Araber geknechtet waren, der grelle Gegensatz zwischen meinem Auftreten und der Raubsucht jener dem Europäer in den Augen der Eingeborenen einen besondern Vorzug verleihen. Trotzdem hatte ich begreiflicherweise jetzt wie später immer wieder aufs neue mit Vorurteilen gegen uns zu kämpfen; ich bedurfte aller Umsicht und alles Takts, um uns einerseits den Weg nach vorwärts zu öffnen und offen zu erhalten, und anderseits die Interessen der ägyptischen Verwaltung, die ich aus Pflichtgefühl fördern mußte, einer unduldsamen Bevölkerung gegenüber zu vertreten. Bei den häufig vor mich gebrachten Klagen der Eingeborenen, die ja den Pascha im Bahr el-Ghasalgebiet für meinen Landsmann, meinen Bruder hielten, suchte ich im Sinn Gessis den Leuten die jetzt veränderten, bessern Verhältnisse und Absichten der Verwaltung klar zu machen und sie zu näherm Anschluß an die Regierung zu bewegen. Mein Verhältnis zu den Trägern aber hatte sich insofern geändert, daß von nun an die Leute, die überdies bisher selten und nur ausnahmsweise zu Trägerdiensten verwendet worden waren, nur auf Veranlassung ihrer vorgesetzten Häuptlinge mir dienstwillig werden konnten. Eingedenk aber der schonungslosen Behandlung von Seite der Araber, übertrugen sie nun anfangs ihr Mißtrauen auch auf mich. War ich auf frühern Reisen in einzelnen Fällen gegen die Träger streng gewesen, so mußte ich jetzt Geduld, Langmut und Milde üben, damit sie mir nicht unwillig davonliefen. Ich ging so weit, daß ich, wenn sie auf dem Marsch ruhen wollten, in Gottes Namen lagern ließ; kurz, ich zeigte mich in vielen Stücken nachsichtiger.

Bei den Grenzhütten verlor ich abermals zwei Tage, bis ich endlich mit dem Rest des Gepäcks, von Kömmunda geführt, nach seiner Niederlassung aufbrechen konnte. Bohndorff war mit dem ersten Hundert Träger auch diesmal vorausgegangen. Mit dem Bezirksoberhaupt waren viele seiner Unterhäuptlinge und sonstigen Leute bei mir eingetroffen, überaus begierig mich zu sehen, wohl aber auch sich zu vergewissern, daß ich nicht mit feindlichen Absichten ihr Land betrat. So suchte ich denn die Leute immer wieder von meiner Friedfertigkeit zu überzeugen und sie über mein Erscheinen zu beruhigen. Einen besonders günstigen Eindruck hatte es gemacht, als ich es energisch abwehrte, daß die mir beigegebenen Soldaten aus Dem Bekir mich noch weiter begleiten sollten. Als nämlich nach unserer Ankunft bei den Grenzhütten abermals Klagen über Eigenmächtigkeiten der Basinger laut wurden, schickte ich sie bis auf den letzten Mann mit Jissas Leuten zurück. In längerer Rede hatte ich darauf Kómmunba und seiner Umgebung auseinandergesetzt, wie die A-Sandé daraus ersehen möchten, daß ich nicht mit vielen Leuten ihnen zur Last fallen wollte, daß die Regierungssoldaten nicht das Brot der A-Sandé essen sollten, daß ich mich vielmehr vertrauensvoll ohne militärischen Schutz in ihre Hand begäbe und den Schutz der A-Sandé für genügend und mehr wert hielte als eine Anzahl Soldaten. Ich besäße ja das Wort und das Versprechen Ndórumas und zweifelte nicht daran, daß die gastfreundlichen A-Sandé meinen nur gerechten Wünschen nachkommen und auch die Träger gutwillig und ohne Furcht meine Lasten weiterbefördern würden. So scheute ich keine langatmigen, mühevollen Reden, wie sie der Neger bei seinen Palavers liebt, keine Ermahnungen und ruhigen Auseinandersetzungen, um mir die Leute geneigt und willfährig zu machen. Zumeist blieben meine Worte nicht ohne sichtlichen Eindruck und Erfolg, leider jedoch auch häufig ohne nachhaltige Wirkung. Nur zu bald sollte ich in meiner Ansicht bestärkt werden, daß solche Neger nicht gutwillig, sondern nur durch die Furcht dienstbereit erhalten werden könnten. Wenn ich mein Ziel erreichen wollte, mußte ich später denn doch Ruhe und Geduld an den Nagel hängen und durch Strenge und Äußerungen des Unwillens zu wirken suchen.

Bei Kómmunba gingen mir beunruhigende Nachrichten zu, die bedrohlich für meine nächsten Pläne klangen. Das feindliche Verhältnis zwischen den Fürsten Mbio und Ndóruma drohte in offenen Krieg auszuarten. Angeblich sollte unsere Reise zu Ndóruma, die bereits weit und breit bekannt geworden, bei Mbio großes Mißtrauen erweckt haben; auch zweifelte ich nicht, daß Ndórumas Leute durch lügenhafte Berichte und Übertreibungen dieses Mißtrauen und die Furcht der Unterthanen Mbios in den Grenzbezirken nährten, sodaß dem Fürsten falsche Gerüchte über meine Absichten zugingen. Die Feindseligkeit der beiden dermalen mächtigsten Herrscher im A-Sandégebiet war aber in offene Fehde ausgebrochen, hauptsächlich, seitdem Ndóruma, bedrängt und bekriegt von den Truppen Rafáis, sich der Bahr el-Ghasalverwaltung willfähriger hatte zeigen müssen. In der Bedrängnis während des Kriegs mit Rafái hatten Ndóruma und seine Unterthanen bei Mbios Leuten weder Hilfe noch Schutz gefunden, daraus war der tödliche Haß Ndórumas gegen Mbio entsprungen und seither durch blutige Streitigkeiten im Grenzgebiet gegenseitig fortwährend genährt worden, bis er gerade jetzt wieder neu aufzuflammen drohte.

Charakteristisch dafür war unter anderm ein Bündel von 20 Holzstäbchen, das mir überbracht wurde. Sie sollten die Zahl von Ndórumas Unterthanen andeuten, die in letzter Zeit durch die Leute Mbios im Grenzgebiet getötet worden. Diese Art, eine Ziffer, besonders zwei- und mehrstellige Zahlen, plastisch, bildlich auszudrücken, ist, da das Zählen an und für sich dem Neger schwer fällt, bei vielen Volksstämmen üblich. Das hier vorläufig erwähnte feindselige Verhältnis zwischen den beiden A-Sandépotentaten verursachte mir später noch manche Stunde der Sorge und des Mißmuts. Indes lernte ich auch bald die übertriebenen Gerüchte, die mir häufig zukamen, ihrem wirklichen Wert nach zu beurteilen und erkannte die Ursache, welche Ndóruma bei Auslassungen über Mbio im egoistischen Sinn leitete.

In den herrlichen Galerienwaldungen der Flüsse leben hier mehrere Affenarten, und darunter überall der schwarzweiße, schön gezeichnete, langschwänzige Colobus Guereza, dessen Fell von den A-Sandé als Lendenbehang oder Schürze mit Vorliebe und Stolz getragen wird, ein weithin in die Augen fallender und origineller Nationalschmuck der Niam-Niam. Wir erlegten manches prächtige Exemplar. Auf dem Weg zu Kómmundas eigenen Behausungen wurde ich nach Überschreitung mehrerer kleinerer Gewässer durch einen plötzlichen schroffen Abfall des Erdreichs überrascht, von dessen oberm Rand sich eine weite Fernsicht über eine Hügellandschaft eröffnet. Jenseits des Flüßchens Bámunga, vor einer in dasselbe einmündenden Galerie, standen im Laubdickicht des Uferwaldes einige Hütten der Eingeborenen versteckt, die tags darauf in der Abenddämmerung der Schauplatz einer tragischen Scene wurden. Ein Leopard — ausgewachsen geht er in vielen Gebieten der A-Sandé auf Menschenraub aus — brach nämlich in eine der Hütten ein und schleppte ein Weib, das seiner Niederkunft entgegensah, in das nahe Waldesdickicht. Weiter führte unser Weg über eine ausgedehnte Erhebung von Lateritboden, später allmählich abwärts, der Galerienwaldung eines Waldbachs entlang. Der sonst gewellte Boden erhob sich hier zu getrennten Hügeln; zwischen den kleinen Flußläufen aber und ihrer reichen Ufervegetation blieb der lichte Savannenwald als charakteristisches Merkmal vorherrschend.

Abseits von den Wohnhütten Kómmundas sahen wir einen weiten Platz von Gras gesäubert und darauf augenscheinlich für uns bestimmte neue Hütten stehen; in diesen hatte Bohndorff schon einen Teil der Lasten untergebracht, und da richtete auch ich mich jetzt mit dem übrigen Gepäck, voraussichtlich für mehrere Tage, so bequem als möglich ein. Aber schon hier wurde meine Geduld auf eine harte Probe gestellt. Nicht nur die Ankunft Ndórumas verzögerte sich um mehrere Tage, sondern er hatte auch, als er endlich kam, keine Träger mit, und abermals vergingen Tage nutzlosen Wartens, in denen ich beständig auf das „morgen" vertröstet wurde. Aus dem „morgen" wurde aber eine Woche und mehr, und noch immer saß ich, peinlich auf die Möglichkeit der Weiterreise gespannt, bei jetzt häufiger eintretendem Regen in den Hütten bei Kómmunda. Die neugierigen Leute Kómmundas und Ndórumas, die mich fast beständig umlagerten, fanden in meiner Person und den mich umgebenden fremden Dingen viel Kurzweil, während ich mißmutig mich sehnte, vorwärts zu kommen. Zum erstenmal machte ich hier die später häufig bestätigte Erfahrung, daß die Autorität der heutigen A-Sandéfürsten, obgleich sie in gewisser Richtung gegen ihre Unterthanen despotisch auftreten, doch nur eine beschränkte ist und die Leute sich den Befehlen, die an die Masse, nicht an den einzelnen gerichtet sind, zu entziehen wissen. Auch Ndóruma schien über das lange Ausbleiben der zur Stelle befohlenen Träger erzürnt. Endlich bewog ich ihn, in eigener Person nach den Leuten auszuschauen; tags darauf wollte er wieder bei mir zurück sein. Einen Teil des Gepäcks wenigstens hatte ich unter Farag Allahs Leitung voraussenden können. Nach dem Abgang Ndórumas traf dann eine zweite Trägerkolonne bei mir ein, mit der ich ungesäumt, ohne auf die Rückkehr Ndórumas zu warten, weiterreiste. Bohndorff blieb diesmal bei den letzten Sachen. Ndóruma, der meinen Abmarsch erfahren hatte, kehrte auf direktem Weg nach seinem Stammsitz zurück. Auch während der folgenden Nächte blieben wir noch getrennt, denn bis zur ersehnten Ankunft in unserm demnächstigen Heim bei Ndóruma mußte ich unterwegs nochmals ein Nachtlager beziehen, und so langten wir mit dem geteilten Gepäck einzeln, zuerst Farag Allah, später ich, zuletzt Bohndorff, bei Ndórumas Hütten an.

Von dem Sitz Kómmundas gegen Süden wird gleichfalls eine leicht hügelige Landschaft durchzogen. Der Boden steigt jenseits des Flüßchens Baba unmerklich an, und bald darauf öffnet sich gegen Westen eine weite Fernsicht auf eine Niederung. In dieser zieht der Quelllauf des Flusses Mbomú nach Nordwest, um bald nach West umzubiegen und, gespeist von zahlreichen Nebenflüssen, als bedeutender Strom in den Uelle-Mákua zu münden. Nur noch einige kleine, dem Mbomú tributäre Gewässer wurden gekreuzt. In hydrographischer Beziehung aber ist die folgende Strecke bis zum Sitz Ndórumas bemerkenswert. Während nämlich alle seit der gekennzeichneten Nil-Kongowasserscheide überschrittenen Flüßchen nach Westen dem Mbomú zustreben und die Gewässer südlich von Ndórumas Stammsitz Tributäre von Zuflüssen des Uelle-Mákuasystems sind, schiebt sich auf der Reiseroute eine kleine Landzunge ein, welche wieder zum Entwässerungsgebiet des Nils gehört. Es ist der Fluß Bilki, ein

Zufluß des Sjueh (Djur), Tributärs des Bahr el-Ghaſal, deſſen Quellarme die
Reiſeroute nördlich von Nbórumas Hütten überſchreitet. Nach vielen Tagereiſen
iſt das Flüßchen Jubbo wieder das erſte Gewäſſer, das anſtatt nach Weſten,
nach Oſten fließt. Der bei Nbóruma vorüberziehende Oberlauf des Fluſſes
Uérre gehört dagegen abermals dem Entwäſſerungsgebiet des Uélle-Mákua-
Mobángi-Kongo an.

Eine ausgedehnte Bodenerhebung gewährt eine unumſchränkte Fernſicht gegen
Oſten. In dieſer Richtung wurden am Horizont einige Einzelberge, darunter
der Kébbede und der Nango, ſichtbar, während hart an der Reiſeroute ſich ein
kleiner Kegelberg erhob. In ſeiner Nähe lagen früher die Hütten Nbórumas.
Erſt in ſpäter Nachmittagsſtunde erreichte ich beim Häuptling Gáſſande mein
Nachtquartier. Es war die höchſte Zeit für uns, denn näher und näher grollte
der Donner eines aufſteigenden Unwetters, und während das Gepäck in einer
Hütte haſtig aufgeſchichtet wurde, praſſelte auch ſchon heftiger Regen herab. Aus
Mangel an Raum ſuchte ich gemeinſam mit der rückſichtsloſen Trägerſchar ein
trockenes Plätzchen unter einem kleinen Getreideſpeicher. Dort mußte ich ohne
Decke und Kiſſen — ſie waren in der Eile unter dem vielen Gepäck verkramt —
nur den Sattel unter dem Kopf, mißgeſtimmt auch die folgende Nacht zubringen.
Ein heftiger Gewitterregen nach dem andern ging nieder. Und als ich endlich
zum Schlaf zu gelangen meinte, ſcheuchten uns Millionen von Ameiſen, die auf
Raub auszogen oder vor der Näſſe flüchteten und ſehr bald den ganzen Platz
förmlich bedeckten, aus der erſten Ruhe auf. Durch angezündete Strohbündel und
einen Kreis von Kohlen und Aſche ſchützte ich beizeiten meine Lagerſtätte, doch
blieben nach all dem Ungemach nur noch wenige Stunden für die Ruhe übrig.
Ein trüber, in Regen gehüllter Morgen folgte der faſt ſchlafloſen Nacht. An die
Weiterreiſe war um ſo weniger zu denken, als auch eine Anzahl Träger das Weite
geſucht hatte. In Geduld ergeben, verharrte ich unter dem nur wenige Meter breiten
Schutzdach des Kornſpeichers, bis ſpäter die Sonne wieder zum Durchbruch kam.
Der Häuptling Gáſſande verſicherte mir, daß am nächſten Morgen die fehlenden
Träger erſetzt ſein würden; freilich baute ich nicht darauf, doch ſollte ich mich
zu meiner Freude diesmal täuſchen. Der 9. Juni brach an, der Tag meiner längſt
erſehnten Ankunft bei Nbóruma. Dieſer letzte Marſch wurde in dem unter dieſen
Breiten bereits üppig emporgeſchoſſenen Gras, das an niedrigen, feuchtern Stellen
ſchilfartig ſtarr, hart und faſt holzig wird, recht beſchwerlich und ermüdend. Auf
halbem Weg kreuzten wir den Oberlauf des Fluſſes Bikki; bei ſechs Schritt
Breite führt er auf ſandigem Untergrund 1½ Fuß tiefes Waſſer. Nach den im
Gebiet Nbórumas durchzogenen Strecken und den wenigen von der Reiſeroute

aus sichtbar gewordenen Hütten der Eingeborenen zu urteilen, müßte das Land als äußerst dünn bevölkert anzusehen sein.

Das Fehlen der Ansiedlungen an Hauptdurchzugsstraßen bietet jedoch keinen Maßstab für die Dichtigkeitsziffer der Bevölkerung eines Negergebiets. Die Eingeborenen siedeln sich erfahrungsgemäß mit Vorliebe abseits der meistbegangenen Wege an, um Requisitionen und Diebstahl an Feldfrüchten durch Vorüberziehende möglichst zu verhüten. Heute am letzten Reisetag trafen wir mehr Wohnhütten und Kulturfelder, als auf der nördlichen Strecke; jenseits des Bitti zogen wir an einer Anzahl Hütten des Häuptlings Linbia vorüber. Die Route durchmißt darauf ein leicht hügeliges Land, das gegen Süden zu einer Bobenerhebung emporsteigt. Diese scheidet den letzten kleinen Zufluß zum Bitti von einigen kleinen Walbbächen, welche vom Rand der plateauartigen Erhebung nach Süden zum Uérre fließen. Nach Mittag endlich stiegen wir durch das schattige Dunkel der riesigen Laubbäume, umgeben von den mannigfaltigen tropischen Gewächsen der Galerienwaldung, zum Fluß Uérre hinab. Im lichten Savannenwald am jenseitigen Ufer breiteten sich Nbórumas Hütten aus; aber näher dem Fluß als diese, erreichte ich schon nach wenigen Minuten einige neuerbaute Hütten, die unserer ersten Unterkunft dienen sollten. Mein Diener Farag Allah war mit den ersten Trägern schon vor einigen Tagen angelangt, und das Gepäck geborgen; die zweite Hütte überließ ich den Dienerinnen, während ich die dritte provisorische Strohhütte für mich in Beschlag nahm. An einem großen Dahr et-tor wurde eben noch gearbeitet, sodaß auch Bohndorff bei seiner Ankunft am folgenden Tag mit dem Rest des Gepäcks unter Dach kam. Meine Annäherung war Nbóruma gemeldet worden; er empfing mich bei den für uns erbauten Hütten, begleitet von einer Anzahl seiner Häuptlinge und Untergebenen.

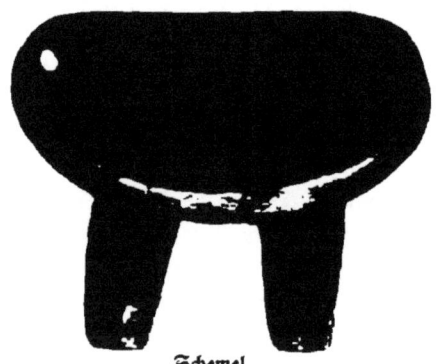

Schemel.

Cucumis Tinneanus.

Aufenthalt beim Fürsten Ndóruma
und Bau der Station Lacrima.

—

Ort unserer Station. Umzäunung wegen Leoparden. Ein Wahr-
sager. Anlage eines Gemüsegartens. Negercharakter im allgemeinen.
Beseitigung der Termitenbauten. Bau meiner Hütte. Wie soll
man den Neger behandeln? Leben und Treiben der Termiten.
Mein Verhältnis zu andern Negerfürsten. Stellung von
Sémio und Sjassa zur Regierung. Benennung meiner
Station nach einem Lied. Mbanga eines Häuptlings. Die
Frauen der A=Sandé. Gebrauch des Chinius. Arbeiten im
Garten. Wohlgefühl im selbstgeschaffenen Heim. Entschluß
zu Sémio zu reisen. Arbeitsteilung und Tageswerk in der
Station. Küche und Ernährung. Ameisengerichte. Lange
Verhandlungen der Neger bei mir. Cosmetornis Spekei.
Radieschen als erster Ertrag des Gartens. Versuch, meine
Abreise zu verhindern.

Es lag in meinem Plan, während der eingetretenen Regenzeit wenigstens das Gepäck
und den größten Teil der Dienerschaft unter
Bohndorff in einer sichern Station zu bergen. Die Schwierigkeit des Reisens mit zahlreichen Traglasten in diesen
Gebieten, wo die Neger noch nicht an geregelten und bezahlten
Trägerdienst gewöhnt sind, hatte ich bereits auf der Reise hierher zu Ndóruma kennen gelernt und wurde dadurch nur in der Absicht bestärkt,

während der folgenden Jahre diese Ländergebiete von verschiedenen Punkten aus ohne viel Gepäck zu durchreisen und zu erforschen.

Wie ich jetzt bei Nbóruma eine neue Station gründete, so wollte ich dies später auch an andern Orten zeitweise thun, um meine Leute und das umfangreiche Gepäck unterzubringen, während ich die frühern aufzugeben gedachte. Dort konnte dann Bohndorff, wie jetzt bei Nbóruma, während ich allein mit der nötigen, bescheidenen Ausrüstung Rundreisen ausführte, für die zoologischen Sammlungen thätig sein. Die Regenzeit konnte mich nicht vom Reisen abhalten, doch mußte ich mein Gut trocken und meine Leute behaglich und ohne Nahrungssorgen untergebracht wissen. Es standen mir demnach arbeitsvolle Wochen bevor, der Ausbau der Station bei Nbóruma, ehe ich an einen neuen Aufbruch denken konnte. Der Platz für die Anlage war bereits vom Gras gereinigt und provisorische Hütten waren für uns erbaut. Eine leichte Neigung des Erdreichs gegen das Flüßchen Uérre hin, von Süd gegen Nord, machte den Ort für eine Station geeignet; kleine Kanäle für den Abfluß des Regenwassers konnten den Platz trocken erhalten. Ich behielt ihn daher zur Anlage unsers künftigen Heims bei. Der Ort lag im lichten Savannenwald; die spärlichen Bäume und das Buschwerk waren schon gefällt, doch fehlte es für den Augenblick noch am Nötigsten, an Material zum Bau besserer Hütten. Das Versprechen, solches vorbereiten zu lassen, hatte Nbóruma nicht gehalten; anderseits mochte er in seiner Einfalt gewähnt haben, ich würde mich mit den für uns rasch und leichtfertig erbauten Hütten begnügen.

Während der ersten Empfangssitzung in zahlreicher Umgebung ließ ich dem Mißmut und der Unzufriedenheit über die mir aufgedrungene Art der Reise in seinem Gebiet freien Lauf: wie aus beständigem Mangel an Trägern meine Ankunft unliebsam verzögert, wie mein Gepäck stets geteilt und nach nutzlosem Aufenthalt durch die Träger mit sichtlichem Unwillen hierher befördert worden, wie auch Bohndorff mit dem Rest der Lasten noch auf Träger habe warten müssen, und wie die Leute mich nach ihrem Gutdünken zu Gássande geführt, wo ich nach dem Davonlaufen der Träger im Regen ohne Unterkunft abermals zu warten gezwungen gewesen. Ju Dem Bekir habe er mir in jeder Beziehung beruhigende Versprechungen gemacht, was mich bewogen, die Begleitung von Soldaten der Regierung abzulehnen und selbst die letzten, im Vertrauen auf ihn, seine Häuptlinge (Baiki) und Unterthanen, von seiner Landesgrenze zurückzuschicken. Leider aber hätte ich meine Erwartungen nicht erfüllt gefunden, weshalb ich nun um so mehr hoffte, wenigstens beim Bau der Station seine Leute willfähriger zu finden.

Woran ich vor allem denken mußte, war, den Platz mit einem feſten Zaunwerk zu umgeben. Der Leopard, der gefräßigſte Menſchenräuber in den Niam-Niamländern, war auch hier häufig. Die wenigen Hütten unſers künftigen Heims lagen frei in der Wildnis, nahe dem ſtellenweiſe faſt undurchdringlichen Dickicht des Uërrefluſſes, den dunkeln Schlupfwinkeln, von denen aus das gefürchtete Raubtier uns jeden Augenblick überfallen konnte; eine feſte Umzäunung ſollte uns alſo das Gefühl der Sicherheit vor nächtlichem Einbruch des Räubers gewähren. So ſteckte ich denn einen Raum aus, 80 Schritt lang von Oſt zu Weſt und 60 Schritt breit von Nord zu Süd. Den Bau der vier Seiten beſorgten die Angehörigen von vier Häuptlingen. Arm- und beindicke Baumſtämme von 10 bis 12 Fuß Länge wurden in 2 Fuß tiefen, ſchmalen Lauf-

Bau der Station.

gräben dicht nebeneinander feſtgerammt und beiderſeits noch 1½ Fuß hoch mit feſtgeſtampfter Erde geſtützt. Bis zur Vollendung dieſer Arbeit aber, welche häufig durch das Ausbleiben der Leute verzögert wurde, vergingen mir noch viele Tage in Sorge und Ungeduld.

Wenige Tage nach meiner Ankunft bei Ndórruma geſtattete ich auf das Erſuchen des Fürſten einem Wahrſager (Binja) der A-Sandé, bei meinen Hütten der verſammelten Menge ſeine lautere Wahrheit zu verkünden. Seine prophetiſchen Anlaſſungen betrafen zunächſt meine Perſon, unſere Ankunft und unſer Verbleiben im Lande. Ihre Tendenz ging dahin, dem geehrten Publikum den Glauben an die Erſprießlichkeit unſers Erſcheinens im Land Ndórrumas einzuflößen. Der ſchlaue Hellſeher rechnete dabei jedenfalls auf meine Dankbarkeit, die ich ihm auch gern zollte. Aber auch perſönlich intereſſierte mich der phantaſtiſch aufgeputzte greiſe Wahrſager, der allerlei Wurzelwerk, offenbar Geheimmittel, und Amulette, ſowie anderweitigen Zierkram an ſich herumhängen hatte, während ein Niam-Niamſtrohhütchen ihm das greiſe Haar bedeckte. Ein enorm großer Hahnenfederwedel auf dieſem Hut beſchattete und verhüllte den größten Teil ſeines gefurchten Geſichts. Das anſehnliche Dahr et-tor bei meinen

Hütten hatte sich zu der theatralisch festlichen Vorstellung des Hellsehers mit vielen Häuptlingen der A-Sandé gefüllt. Selbstverständlich fehlte auch Nbóruma mit seinem Anhang nicht, während die Menge außerhalb im Freien Platz genommen hatte. Der Wahrsager begann unter Begleitung des bei festlichen Gelegenheiten nie fehlenden Tamtam (der Handtrommel) im Kreis der Versammelten einen Tanz, anfangs in gemessenem, langsamem Tempo, wobei er von Zeit zu Zeit nach dem Erdboden hin horchte. Allmählich wurde der Tanz lebhafter, ausgelassener und reicher an Gebärdenspiel, bis er endlich in rasende Sprünge und Verdrehungen des Körpers ausartete. Gliedmaßen und einzelne Muskelgruppen gerieten dabei in Zuckungen, das Gesicht verzerrte sich jeden Augenblick anders. Und immerfort lauschte er dabei gegen den Boden hin, um den Eindruck zu machen, als würden ihm von dorther durch mächtige Geister Mitteilungen gemacht. Plötzlich aber unterbrach er seine rasende Gymnastik, wischte sich den Schweiß von Stirn und Gesicht, trat näher an unsern Kreis heran und begann seine Rede. Sie behandelte nach jedem Tanz nur eine bestimmte Person oder ein von ihm willkürlich gewähltes Thema. War sein Redeschwall erschöpft, so begann ein neuer Tanz, dem wieder die Abhandlung eines neuen Themas folgte. Anfangs gedachte der Hellseher mehrfach meiner Person, verkündete, daß alle meine Absichten friedlicher, wohlwollender Natur seien, daß dank unserer Ankunft nun die Furcht vor fernern Räubereien der Araber weichen werde, die Leute fortan in Ruhe ihre Felder bestellen könnten, deren Früchte sie selbst genießen würden, und daß die A-Sandé nunmehr getrost den Bau neuer Hütten beginnen sollten, da kein Rafai, kein auswärtiger Feind ihnen ihr Hab und Gut nehmen würde, sintemalen unser Erscheinen ihnen Glück gebracht habe und Zuversicht einflößen müsse. In einer andern Rede gab der Hellseher an, er habe von den unsichtbaren Geistern erlauscht, daß in den Behausungen eines bezeichneten Häuptlings jemand sei, der böse Absichten hege, bestimmten Personen Böses zuzufügen beabsichtige. In einer weitern schwulstigen Rede wahrsagte der Hexenmeister mehreren Personen bevorstehende Krankheiten, darunter auch meinem Diener Farag Allah. Doch schien es mir, als ob bei allen diesen Auslassungen das prophetische Auge des Hellsehers meinem auf ihm ruhenden, vielleicht etwas spöttischen Blick auszuweichen suche.

Was den Ausbau meiner Station betrifft, machte er nur sehr geringe Fortschritte. Nbóruma hatte angeordnet, daß eine Anzahl seiner Häuptlinge, respektive deren Untergebene, sich in die verschiedenen Arbeiten teilen sollten. So wie mit der Herstellung der Umzäunung vier Häuptlinge beauftragt waren, wurden wiederum einzelne Baili angewiesen, die neuen Hütten herzustellen oder

Wahllager der A-Bande. Gezeichnet von L. H. Fischer.

das zum Decken derselben nötige Gras zu beschaffen, oder später mit ihren Leuten die gründliche Reinigung des Platzes von allem Wurzelwerk zu bewerkstelligen. Der Eingeborene ist auch beim Bau seiner eigenen Hütten an solch gemein- sames Arbeiten gewöhnt, was an die Kolonisten in Amerika, z. B. die Deutschen in Brasilien, erinnert. Bei der Menge der hilfreichen Hände kommt dabei im Grunde auf den einzelnen verhältnismäßig wenig Arbeit, doch wird auch das Wenige bei der allgemeinen trostlosen Trägheit und Lässigkeit nur langsam gefördert. Obgleich ich täglich stundenlang selbst die Aufsicht führte, auch Bohndorff und meine ältern Diener beständig aufpaßten, so war die Arbeit doch in vielen Teilen leichtfertig und ungenügend ausgeführt, und manches mußte später geändert und gebessert werden. An einzelnen Stellen der Umzäunung z. B. waren die Holzpfähle nicht fest genug eingerammt, sodaß durchsickerndes Regenwasser sie lockerte und Teile des Zauns sich später schief legten. Mit dem Beginn des Hüttenbaues wurde tagelang gezögert; meine Reittiere und das Vieh mußten bei den jetzt häufigen Regengüssen, vor denen ich in den schadhaften Hütten auch das Gepäck nur schwer zu schützen vermochte, im Freien kampieren. Die Feuchtigkeit während der Nacht in dem offenen Dahr et-tor, das mir bis zur Fertigstellung meiner Wohnung Unterkunft bot, brachte mir viele Tage anhaltendes, zwar leichtes, aber doch lästiges Fieber. Es schwächte meinen Körper und erregte in schlaflosen Nächten meine Phantasie, häufig bis zu wirr vorüber- jagenden Visionen. Müde und matt hielt ich mich tagsüber schwer auf den Beinen, war reizbar, zwang mich indes täglich mehrere Stunden lang zur Arbeit. Ndóruma besuchte mich jeden Tag, an manchem wiederholt. Dabei übte ich immer wieder Geduld und hielt ihm ruhig das beständige Wegbleiben seiner Leute von der Arbeit vor. Häufig berichtete ich ihm aus den von Geßi Pascha erhaltenen Briefen über dessen Wohlwollen gegen ihn und sein Land, wobei ich wieder eindringlich bat, für die Arbeiten in der Station Sorge zu tragen. In seinen Erwiderungen klagte er über den Ungehorsam seiner Unterthanen, die an bessere und mühevollere Arbeiten, z. B. die Anlage einer Pfahlumzäunung, nicht gewöhnt seien; überhaupt findet man in diesen Ländergebieten nirgends Seriben, d. h. durch Pfahlwerk befestigte Niederlassungen, es sei denn in denjenigen der Sudaner, die bei den Niam-Niam stationiert sind. Der Niam-Niam kennt keine Umfriedigung seiner Hütten. Die erste in Angriff genommene Behausung war übrigens Bohndorffs Hütte. Er ließ nach eigener Wahl für sich eine Schräg- dachhütte mit Lehmwänden und damit in Verbindung einen Tutl (Kegelhütte) für die zwei ihm zugeteilten Diener aufführen; er selbst mit seinen Jungen leitete den Bau.

Das tagelange Wegbleiben der Neger von der Arbeit gab mir Muße, mich bald wieder den schriftlichen Arbeiten zuzuwenden. Die letzte Reiseroute und die darauf bezüglichen Notizen brachte ich ins reine und führte auf Grund der gesammelten Aufzeichnungen das ausführliche Reisetagebuch weiter.

Vor meiner Ankunft in Meschra er-Rek war eine Expedition zur Beschaffung von Elfenbein unter Osman Bedauis Leitung aus dem Bahr el-Ghasalgebiet nach Süden aufgebrochen und von der Station Wau durch das Land der Bellanda zu Ngéttua gegangen. Dieser war ein Onkel Nbórumas und selbstständiger, doch machtloser Fürst im Osten von dessen Gebiet, an der Grenze der Herrschaft Mbios. Von Ngéttua hatte sich Osman Bedaui gegen Süden zum Fürsten Binsa gewandt, einem Sohn des greisen Fürsten Málingbe; das Land desselben grenzt im Süden an das Territorium Nbórumas. Das Endziel der Expedition war bei dem A-Sandéfürsten Bakangái, südlich vom Uelleflusse, doch hatte ihr Leiter das unterwegs erworbene Elfenbein einstweilen bis zu seiner Rückkehr aus dem Süden unter Bewachung in den Gebieten Ngéttuas und Binsas hinterlegt. Der bei Ngéttua zurückgebliebene Araber Belahl schickte mir jetzt Boten zur Begrüßung, auch händigte ich ihm Briefe für Osman Bedaui aus Dem Bekir ein.

Als wichtige Episode ist noch die der Kuh zu verzeichnen, die ich aus der Mudirije Bahr el-Ghasal bis zu Nbóruma hatte mittreiben lassen. Das Kälbchen, welches das Muttertier nicht mehr saugen ließ, war leider schon unterwegs geschlachtet. Da nun die Kuh später die Milch verlor und mir keinen Nutzen bringen konnte, ließ ich sie bei Nbóruma gleichfalls schlachten. Es war ein Mißgriff, den ich schwer bereute, denn es erwies sich, daß ich auf Nachkommenschaft der Kuh Aussicht gehabt hatte. So genossen wir denn durch einige Tage, und zwar für Jahre zum letztenmal, frisches Rindfleisch. Das meiste aber wurde in Streifen geschnitten und für die kommenden Monate über Feuer gedörrt. Dergestalt getrocknetes Fleisch hält sich lange und kann später auf verschiedene Art mundgerecht und genießbar gemacht werden.

Auch der Leopardennot ist eingehender zu erwähnen. Obgleich die Fälle, daß Leute durch Leoparden aus ihren Hütten fortgeschleppt werden, sich häufig ereignen, geschieht doch von Seite der indolenten Bevölkerung wenig oder nichts zum Schutz vor dem gefräßigen Raubtier. Feste Umzäunungen der Hütten sind unbekannt; nur viehzüchtende Negervölker schützen ihr Vieh durch solche starke Verhaue. Die Niam-Niam begnügen sich, in einzelnen Fällen die Thüren durch innen vorgeschobene Balken zu verrammeln. Immerhin versuchen sie, den Räuber zu fangen. Da der Leopard einige Tage nacheinander an den

Ort zurückzukehren pflegt, wo er ein Opfer fand, so baut man, um seiner
habhaft zu werden, an der betreffenden Stelle das Gerüst einer Blockhütte, in
der ein mächtiger Baumstamm als Falle dient. Wird an der Lockspeise gezerrt,
die aus einem Fleischrest, dem Bein oder Arm des tags zuvor gefallenen
Opfers besteht, so erschlägt der niedergehende Balken das gefräßige Raubtier.
Daß bei den A-Sandé selten ein unbeschädigtes und nicht auch von Lanzen
durchlöchertes Leopardenfell vorkommt, ist ein Beweis, daß die Tiere auf
diese Art wehrlos gemacht und dann erlegt wurden; gehen vollends an einer
Stelle des Rückgrats die Haare eines undurchlöcherten Fells aus, so gilt
dies für ein fast untrügliches Zeichen, daß der Leopard unter dem Fallbalken
erschlagen wurde.

Wichtiger als alles war mir freilich die Gestaltung meiner Beziehungen
zu Rbóruma. Nach meiner Ankunft bei dem Fürsten hatte ich ihm in festlicher
Sitzung die ersten Antritts-
geschenke überreichen lassen.
Ein Revolver im Futteral
nebst Munition schien ihm
besondere Freude zu bereiten
und er ließ sich ihn seitdem
immer und überall von einem
Diener nachtragen. Noch
manches andere spendete ich
gleich anfangs, aber auch

Kriegspauke der A-Sandé.

später erhielt er mehrfach Dinge aus meinem Vorrat an europäischer Ware.
Trotzdem verstrichen abermals Tage nutzlosen Wartens, in denen am Weiterbau
der Station nichts gefördert wurde; da ließ ich endlich Rbóruma, bei neuerlicher
Übergabe kleiner Geschenke, meine volle Entrüstung über das schimpfliche Benehmen
seiner Leute durchfühlen. Ich sagte ihm, daß ich jetzt nachträglich doch bereute,
die Soldaten der Regierung zurückgelassen zu haben; gutwillig würden seine Leute,
wie ich jetzt einsähe, die nötige Arbeit bei mir ja doch nicht beendigen; nur das
Furchtgefühl könnte sie allenfalls dazu zwingen. Ändere sich nun in der Sachlage
nichts, so würde ich meinerseits handeln; er und seine Unterthanen würden dann
später ihr Benehmen bitter zu bereuen haben. Er gebe mir Tag für Tag nur leere
Versprechungen und seine Sprache sei eitel Lüge u. s. w. Meine eindringliche Rüge
hatte zur Folge, daß am nächsten Tag eine bedeutende Anzahl Leute erschien und
sich an die Arbeit machte; auf dem sonst öden Platz wurde es nun lebendig,
lärmend betrieb der Schwarm das Werk. Ich eilte dabei von einer Gruppe

zur andern, überwachte den Gang der Arbeit, lobte hier, tadelte dort, verteilte ab und zu etwas Tabak oder Cigarrenstummel und suchte die Leute bei guter Laune zu erhalten. Wieder einmal konnte ich beobachten, daß die Neger in vieler Beziehung den Kindern gleich sind. Einmal an der Arbeit, regte sich bei den Leuten eine Art kindlich gutwilligen Ehrgeizes. Sie freuten sich des Lobs, aber auch eine Rüge, ein Tadel konnte sie zu lauter Heiterkeit veranlassen. Führte ich z. B. einen Häuptling und dessen Arbeiter zu einer der ihrigen gleichen Arbeit, die von andern besser ausgeführt war, und lobte ich dann jene und tadelte diese, so erscholl ein nicht enden wollendes Gelächter. Wie die Kinder wiesen die Leute mit den Fingern aufeinander und neckten sich gegenseitig. So vielfach und unter welchen Verhältnissen immer ich den Neger gesehen, selbst im schweren Frondienst seiner Unterdrücker, ebensooft hat sich mir die Beobachtung aufgedrängt, daß gewisse Charakterzüge ihn anscheinend über den gesitteten Europäer stellen. Jähzorn und mürrisches Wesen, die dem Kulturmenschen oft anhaften und ihn zu Ausbrüchen der Leidenschaft, Thätlichkeiten, Verbrechen und Mord führen, kommen bei ihm nicht in demselben Maß vor. Ebensowenig trägt er erlittenes Unrecht rachsüchtig nach. Die vielfach bestehende, doch gemäßigte Form der Blutrache unter den Dynastien darf hier nicht mit der kleinlichen persönlichen Rachsucht nach angethanem Leid verwechselt werden. Jene beruht nach Sitte und Gebrauch auf unabweislichem Erbrecht, äußert sich auch mehr in lebenslänglicher Feindschaft und bedingt nicht in jedem Fall blutige Rache an dem Gegner. Diese Charaktervorzüge der centralafrikanischen Neger — bei den Küstenbewohnern und manchen andern Stämmen mag das Gesagte weniger zutreffen — beruhen freilich auf Mangel an Ehr- und Selbstgefühl. Nachsicht und Versöhnlichkeit werden erst bei gleichzeitig vorhandenem Ehrgefühl zu wirklichen Charaktervorzügen. Auf alle Fälle berühren uns auch diese zum Teil guten Seiten der Eingeborenen im Verkehr mit ihnen angenehm.

Die Leute also unterzogen sich nun auch gutwillig selbst dem schwierigen Geschäft, den Erdboden in der Station gründlich zu reinigen. Das massenhaft hervorstehende Wurzelwerk wurde aus Mangel an passendem Arbeitsgerät mit zugespitzten Holzpflöcken tief umstochen und dann herausgehoben oder unter der Bodenfläche abgehauen, eine Menge kleine, hut- und pilzförmig aufragende Termitenbauten wurden abgeschlagen, und schließlich mußte der ganze Platz gleichmäßig geebnet werden. Jene kleinen, kopfgroßen Termitenbauten, die über weite Strecken von Innerafrika verstreut sind, haben ein so festes Gefüge, daß sie durch einen kräftigen Schlag als ganze Masse an der Basis losgetrennt werden können. In Ermanglung passender Herdsteine auf dem Marsch sind sie beim Lagerfeuer

Station Lacrima. Gezeichnet von Fr. Rheinfelder.

rasch zu beschaffen und drei solche im Dreieck zusammengelegt, machen eine ganz gute Feuerstelle. Fast täglich brodelte auf ihnen das Wasser für meinen Thee oder kochte die Perlhuhnsuppe zum Abendessen.

Meine letzten eindringlichen Vorstellungen hatten auch noch für den zweitfolgenden Tag die günstige Nachwirkung, daß wenigstens ein Teil der Leute sich wieder zur Arbeit einstellte. Als dann späterhin die Neger von den zugewiesenen Arbeiten doch wieder wegzubleiben begannen, ließ Nbóruma eines Morgens die gewaltige Kriegstrommel der A-Sandé rühren. Ihr Schall ist weithin vernehmbar und vermittelt, je nach Zahl und Art der Schläge, den Befehl des Fürsten an die umwohnenden Häuptlinge, mit ihren Untergebenen zur Versammlung oder zum Fest, zur Jagd oder zum Krieg gerüstet herbeizueilen. In vergangenen Zeiten, als die Gebiete noch bevölkerter waren und die Unterthanen dichter beisammen wohnten, soll auf diese Weise, indem die Häuptlinge sich auf ihren Kriegstrommeln die Signale schleunigst übermittelten, die stets kriegsbereite Mannschaft in sehr kurzer Zeit bis an die äußersten Grenzen eines Gebiets mobilisiert worden sein. Auch im gegebenen Fall weckte das Signal bei Nbórumas Hütten alsbald in weiter Ferne, gleichsam als Echo, dieselben Signale auf den Kriegspauken einiger Häuptlinge. Binnen kurzer Zeit eilten die Leute mit Speer und Schild zum Kampf gerüstet herbei. Als sie dann den schlauen Scherz ihres Fürsten erfuhren, war die Heiterkeit groß, sie lehnten Lanze und Schild friedlich an die Hütten, und die Kriegsmannschaft bequemte sich zur Arbeit. Der Pfahlzaun um die Station war nun bald beendet und zum Schluß ließ ich ihn noch durch einen über meterhohen, äußern Anwurf von Dornbüschen aus dem Wald verstärken, um den Raubtieren den Zugang zur Seriba zu erschweren. Erst jetzt, nachdem die Einfriedigung vollendet war, konnte ich mir einen längst gehegten Wunsch erfüllen und einen Gemüsegarten im Innern der Station anlegen. Zu diesem Zweck grenzte ich unter Mithilfe meiner Jungen das nördliche Drittel des innern Raums durch einen leichten, niedrigen Zaun ab. Ein gleichfalls eingezäunter Pfad teilte den Garten in zwei Hälften und führte zwischen diesen hin zu der auf der Nordseite der Station angebrachten Thür, und von dieser zum Flüßchen Uerre hinab. Eine zweite Thür in der Umzäunung der Station führte südwärts zu den Behausungen Nbórumas. Der Regen hatte in letzter Zeit den Boden gelockert und so das Umgraben desselben nach europäischer Art erleichtert. Der Niam-Niam bearbeitet den Boden vor der Aussaat mit kleinen, unvollkommenen Hacken, die ihn, ohne tief in das Erdreich einzugreifen, nur oberflächlich lockern. Ich hatte für die Gartenarbeit Spaten und Rechen aus Europa mitgebracht und unterrichtete meine

Burschen jetzt zum erstenmal im Gebrauch derselben. An Farag Allah hätte ich auch hierbei eine gute Hilfe, da er schon in Europa solche Arbeit gesehen und dann daheim im Garten gethan hatte. Das umgegrabene Stück Land wurde nach heimatlichem Muster durch schmale Fußstege in lange Rabatten geteilt, auf denen ich abends verschiedene Samen aus Europa auszusäen pflegte. Im Lauf einiger Wochen waren in beiden Gärten sechzig solcher Rabatten bestellt.

Auf der Westseite der Station, auf der beigefügten Illustration links hinter dem Schrägdachhäuschen von Bohndorff, lagen mehrere kleine Hütten für die Reittiere; in der äußersten Ecke am Garten befand sich ein besonderer Pavillon für den Abort und vor diesem, mehr gegen die Mitte der Station, ließ ich eine große geräumige Hütte errichten, die zum Teil als Magazin diente und in der mein Diener Farag Allah schlief. Aus Furcht vor Feuersgefahr ließ ich in der Folge nicht alles Gepäck in einem eigens dazu errichteten Magazin aufhäufen, sondern brachte es geteilt in verschiedenen Gebäuden unter. An der rechten östlichen Seitenwand der Station erhoben sich die für die Dienerinnen und die Ziegen errichteten Tutul, nebst einem Hüttchen für die Hühner. Das schon bei unserer Ankunft fertige Dahr et-tor in der Mitte der Station diente nach Vollendung meines Wohnhauses zur Unterbringung von Kisten und Kasten, sowie zum Lagern von gesammeltem, trockenem Holz. Auch schliefen darin die übrigen Jungen. Meine Privatwohnung wurde, da andere Arbeiten notwendiger schienen, zuletzt errichtet; sie lag beim südlichen Eingang der Station, rechts für den Eintretenden. Bis zu ihrer Vollendung fand ich mein nächtliches Obdach im Dahr et-tor. Aber viele Stunden verbrachte ich dort schlaflos am Feuer, wenn nachts der Regen niederprasselte und das Wasser, das an vielen Stellen durch das schlechte Dach tropfte, mich zwang, ein anderes, noch trockenes Plätzchen aufzusuchen und auch mein Gepäck und Bett irgendwie vor Durchnässung zu schützen. Bei dem mannigfachen Verdruß und Ärger jener Tage gewährte mir das erste sichtbare Keimen meiner Aussaat eine um so lebhaftere Genugthuung, und mit heller Freude begrüßte ich die winzigen Pflänzchen, welche Tag um Tag neu zwischen den Rissen der zerborstenen Erdkruste hervorbrachen. So klammert sich das vereinsamte Herz des Forschers in der Wildnis an die unscheinbarsten Naturdinge; vielfach erwachen dann Interessen, die man früher, durch die Mannigfaltigkeit einer andern Umgebung abgelenkt, kaum in sich schlummern gefühlt, ja so viel wie gar nicht gekannt hat.

Die Nachricht, daß abermals ein Mann während der Feldarbeit von einem Leoparden fortgeschleppt worden, forderte aufs neue unsere Wachsamkeit heraus; immerhin war jetzt, wenigstens nachdem man bei Sonnenuntergang die Thüren der

Station sorgsam geschlossen — auch sie hatte ich zur Vorsicht mit Dornbüschen befestigen lassen — das Gefühl einer relativen Sicherheit vorhanden. Meine eigene Behausung konnte ich erst in Angriff nehmen, als Bohndorffs Häuschen fertig war und ich eine der früher leichtfertig gebauten Hütten, an deren Stelle mein Haus errichtet werden sollte, abreißen lassen konnte. Doch auch dann wieder blieben die Leute tagelang von der Arbeit fern. Der Monat Juni näherte sich seinem Ende und immer noch wartete ich vergebens auf den Tag, da ich mein neues Heim beziehen sollte. Freundlichkeit und gute Worte halfen nichts, ich mußte wieder heftig und gereizt reden und meine Zuflucht zu Drohungen nehmen, um etwas durchzusetzen. Im Grunde bedauerte ich Ndóruma, denn er zeigte seinerseits guten Willen, doch war in vielen Stücken seine Macht über die eigenen Unterthanen beschränkt. Wie alle Neger, war auch er von grenzenloser Saumseligkeit und begriff die Eile nicht, mit der wir Europäer etwas zu vollbringen trachten. Auch die Fehler der Übertreibung und Lüge, wenngleich mehr aus Gewohnheit als aus Böswilligkeit, besaß er ebensogut wie die andern. Daß mich aber der Fürst unter den obwaltenden Verhältnissen, aus Furcht vor einem Überfall Mbios und vor neuen Ungesetzlichkeiten der Araber in seinem Land, jetzt ungern fortziehen lassen würde, war mir längst klar geworden. Um also den Abschluß der Arbeiten endlich herbeizuführen, eröffnete ich Ndóruma kurz und bündig, daß ich nach zehn Tagen, falls bis dahin nicht alles in meiner Station nach Wunsch beendet sei, sein Land für immer verlassen würde. Das half wieder für eine Spanne Zeit, deren es ja im Grunde nur bedurfte, um endlich auch den Bau meiner Wohnung zu beginnen und in einigen Tagen zu vollenden. Am folgenden Morgen schon schleppten die Leute unter Aufsicht ihrer Häuptlinge Baumaterial herbei und begannen wieder einmal die Arbeit.

Ich ließ mein Wohnhaus nach Art der Hütten, welche die Neger in diesem Teil von Afrika gewöhnlich erbauen, nämlich rund mit spitzem Kegeldach, aufführen, doch war es bedeutend größer und fester. Ein Gang führte außerhalb herum, dessen Bedachung sich schräg aufwärts zu dem Hüttendach fortsetzte. Die beifolgende Illustration soll den unter meiner Leitung aufgeführten Bau in den verschiedenen Stadien seiner Herstellung vergegenwärtigen. Die erste Zeichnung giebt den Grundriß der Hütte. Vom Centrum aus wurden vermittelst einer gespannten Schnur mit einem zugespitzten Pfahl, gleichwie mit einem Zirkel, zwei Kreise gezogen. Auf diesen wurden in regelmäßigen Abständen fußtiefe Löcher für die Pfosten der Hüttenwand und für die Stützen des äußern Gangs ausgegraben; für den starken, schenkeldicken Mittelbalken ist ein tieferes Loch erforderlich. In

12*

diese Löcher sind die oben gegabelten Pfosten dergestalt eingesetzt, daß alle Gabeln radial zum Kreis stehen; in dieser Stellung werden sie in gestampfter Erde festgerammt. Auch der Mittelbalken — er überragt die übrigen, etwa manns- hohen Pfosten um das Dreifache — trägt am obern Ende eine Gabel. Ich ließ dann durch einige Dutzend Neger, welche die folgende Arbeit gemeinschaftlich und gleichzeitig ausführen mußten, einen Kranz von der Stärke eines Beins aus beständig neu hinzugefügten langen, biegsamen Ruten zusammenbinden; dieser Faschinenkranz ruhte in den Gabeln der Pfosten und wurde daselbst befestigt. Die von ihm aus pyramidal zur Gabel des Mittelbalkens konvergierenden, langen Dachsparren waren an ihren dicken Enden keilförmig zugespitzt und wurden in das Gefüge des Kranzes hineingetrieben, während die aufragenden Enden sich in der Gabel des Mittelbalkens vereinigten. Die Hauptverstärkung des Dachs bildeten mehrere ähnliche, aber immer kleinere, zusammengeschnürte Kränze. Sie wurden in verschiedenen Größen gleich auf dem Erdboden des Tull in bestimmten Abständen vom Mittelpfosten hergestellt, dann gehoben und von innen an den Dachsparren festgebunden. Drei solche massive Kränze, außer denen noch ein vierter, kleinster, im Durchmesser von 1 Meter, in der äußersten Dachspitze den Sparren als Stütze diente, gaben dem Dachgerüst einen besonders festen Halt. Das Aufbinden der Kränze geschah in der Richtung von unten nach oben, und zwar derart, daß eine Anzahl auf dem bereits befestigten Kranz stehender Leute den in die Höhe gehobenen folgenden Kranz gleichzeitig an die Dachsparren band. Von ihm aus erreichten sie dann den auf Holzgabeln emporgehaltenen dritten Kranz u. s. f. In den Zwischenräumen der zu einem Kegel zusammen- laufenden Dachsparren wurden darauf dünnere Dachleisten, lange, biegsame Bäumchen und Bambusstangen angebracht, respektive gleichfalls in den untersten Kranz eingeteilt und von außen gegen die Dachspitze hin auf die übrigen Kränze aufgebunden. Viele derselben endigten an den einzelnen Kränzen, um nicht durch nutzlose und hinderliche Holzmasse die Dachspitze unregelmäßig zu machen und zu verunstalten. Die über die Gabel des Mittelpfostens hinausragenden Sparren aber wurden teils abgesägt, teils derart gekerbt, daß sie sich zur Mittellinie hin biegen ließen. In ein Bündel fest zusammengeschnürt, bildeten sie dort die auf- recht stehende Spitze des Dachs. Die Zwischenräume der Dachsparren wurden auch vermittelst fingerdicker Ruten, Lianen, gespaltener Luftwurzeln, Ranken (man findet sie von der Länge der höchsten Bäume), die von außen in Kranz- form um das Dachgerüst liefen, mehrfach gefenstert. Nach der Vollendung bildet dies ein Gitterwerk, in dem die Sparren eine bis drei Handbreit voneinander abstehen. Mit einem solchen Gitterwerk wurde auch die runde Wand der Hütte

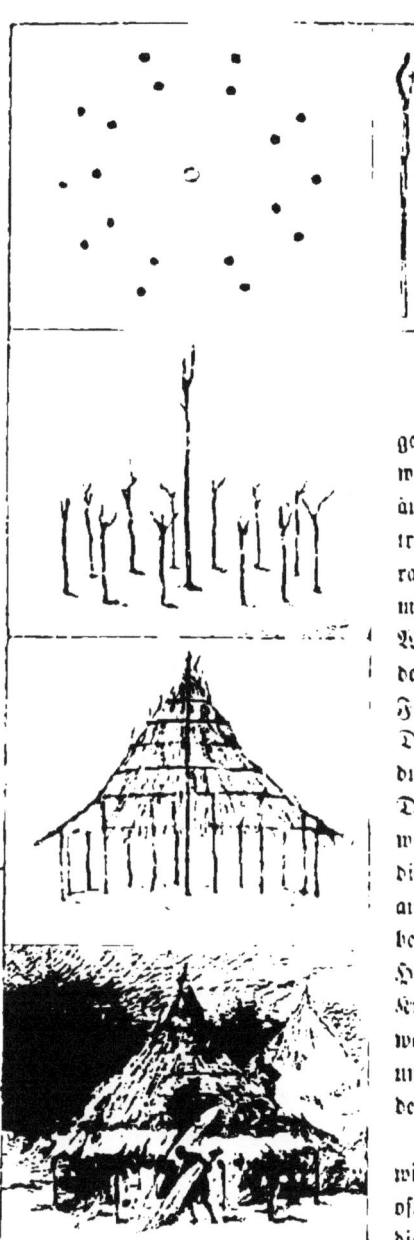

Bau der Hütte.

geschlossen. Es diente der aufgeführten Lehm=
wand als Stütze und wurde daher auf der
äußern und innern Seite der das Dach
tragenden Pfosten hergestellt. Den Zwischen=
raum füllte festgedrückter, breiiger Lehm aus,
mit dem dann noch die äußere und innere
Wand verschmiert und geglättet ward. In
der Lehmwand hatte ich zwölf kleine runde
Fensteröffnungen, ähnlich den Fensterchen auf
Dampfschiffen, anbringen lassen, sie waren
durch fest eingefügtes Drahtgitter verschlossen.
Die der Mitte der Station zugekehrte Hütten=
wand enthielt zwei Thüröffnungen. Der um
die Hütte herumgeführte Gang war nach
außen offen, nur oben von dem Hüttendach
bedeckt, welches fast $1\frac{1}{2}$ Meter über die
Hüttenwand hinausragte und durch den
Kreis leichter Stützen gehoben wurde. Diese
waren gleichfalls am obern Ende gegabelt
und trugen wieder einen zusammengewun=
denen, jedoch nur leichten Stützkranz.

Auf die Deckung der Dächer mit Gras,
wie sie in den meisten Negerländern Nord=
ostafrikas üblich ist, muß im Hinblick auf
die schweren Regen besondere Sorgfalt ver=

wendet werden. Zum Beschaffen des Materials ist die Regenzeit, nachdem das Gras bereits hoch emporgeschossen, die günstigste Periode. Es wird nahe dem Erdboden abgeschnitten, am liebsten in Niederungen, wo es hoch und dicht steht. In vielen Gebieten, auch bei den A-Sandé, wird es vor der Benützung erst in geeigneten Lagen zusammengebunden. Drei bis sechs Halme werden als Bündelchen im untern Viertel gleichsam zu 10 bis 20 Meter langen Matten zusammengeknüpft und so aufgerollt. Das Gras hängt dann ähnlich wie Franjen an einer Schnur. Die Bedeckung des Dachs erfolgt in der Richtung von unten nach oben; die einzelnen Graslagen decken sich dach-ziegelartig. Die aufgerollten Bündel werden auf dem Dach, beim Beginn des Abrollens nach der Seite hin, an den Dachsparren befestigt; dieses geschieht auch in gewissen Abständen, um das Herabgleiten des Grases zu verhindern. Das Abrollen des Grasbündels erfolgt in Kranztouren; dort, wo ein Bündel endet, beginnt ein zweites. Die höhere Graslage muß die tiefer liegende etwa zu einem Drittel decken; da die Peripherie des Dachs gegen die Spitze hin immer kleiner ist, werden die Graslagen des obern Viertels in Spiralwindungen weitergeführt und die Spitze endlich in der Dicke eines Arms zusammengewunden. Die Spitzen der langen Grashalme sind beim Abrollen stets nach abwärts gerichtet; sie legen sich nach dem ersten daran hinabfließenden Regen fest über-einander und verhindern das Durchsickern nach innen. Das Dach des Gangs, der um die Hütte führte, war über den beiden Thüröffnungen unterbrochen, um durch diese wie durch die kleinen Fensterchen das Innere der Hütte besser zu erhellen. Zum Binden wird bei derartigen Arbeiten gar mancherlei Material benützt, häufig ein rotbrauner Bast, der sich unter der Rinde gewisser Baum-arten findet. Mit besonderer Vorliebe wird der Rindenbast der Bauhinia und der unsern Linden nahestehenden Grewiaarten verwandt. Das beste Binde-material aber ist die im grünen Zustand geschälte Außenhülle des fingerdicken Rotang (Calamus), die sich leicht und gleichmäßig in Streifen abziehen läßt, im frischen Zustand geschmeidig und sehr fest ist und auch trocken geworden nicht nachgiebt, sodaß die verbundenen Teile nie lose werden. Schließlich sorgte ich noch für den Abfluß des Regenwassers, nachdem uns die Regengüsse über die Richtungen desselben belehrt hatten. Auf Grund dieser Beobachtungen ließ ich durch die Jungen nach meiner Angabe eine Anzahl kleiner Kanäle durch die Station führen, schützte dadurch den tiefer liegenden Garten vor Abschwem-mungen und verhinderte jede Wasseranstauung, indem ich den Hauptkanal zwischen den Gärten durch neben der nördlichen Thür nach außen leitete. Auch die einzelnen Hütten waren mit kleinen Kanälen umgeben, zur Aufnahme des von den Dächern abfließenden Wassers, und dadurch wurde der Boden der Hütten trocken erhalten.

Anfangs Juli fühlte ich endlich die beruhigende Genugthuung, die Hauptarbeit in der Station beendet zu sehen, wenn auch noch genug nebensächliche, doch immerhin notwendige Vorkehrungen zu treffen waren.

Als wir am 9. Juni aus der schattigen Umrahmung des Flüßchens Uerre hinaufstiegen und die Stätte unsers Heims für die nächste Zukunft erreichten, hatte ich nicht geglaubt, daß bis zur Fertigstellung der Wohnstätten noch Wochen vergehen würden. Die Hütten waren ja im Grunde nach dem Muster der Negerhütten gebaut, deren Herstellung nur eine Tagesarbeit ist, weil stets Dutzende von Händen mithelfen. Auch der Bau der Schräg- oder Giebeldachhütte Bohndorffs ist den Niam-Niam nicht fremd, war doch der schon im Bau begriffene Schuppen für uns in solcher Weise aufgeführt. Die Neger freilich benützen diese größern Bauten nur als Versammlungshallen bei Regen. Erst bei den A-Mádi im Südwesten und bei den Völkern südlich des Uelle tritt die viereckige Giebeldachhütte als Norm an Stelle der kreisförmigen mit Kegeldach. Die letztere Form zog ich hier und auch später den Giebeldachhütten vor, da sie luftiger ist und dem Rauch des beständig unterhaltenen Feuers guten Abgang gewährt. Zur Bequemlichkeit des Europäers und wegen seiner vielen Gerätschaften müssen aber solche Hütten größer sein als die der Eingeborenen und auch ein festeres Gerüst haben, damit sie Wind und Wetter trotzen und das durch den Regen schwer gewordene Gras das Dach nicht eindrücke.

Im allgemeinen bauen die Neger dieser Gebiete kleine, leicht aufgeführte Hütten, die Niam-Niam allerdings zuweilen recht zierliche und saubere; meist sieht man sehr dünne, wohlgeglättete, runde Lehmwände ohne Gerüst und darüber auf einigen Pfählen ein leichtes Dach. Meine Hütte erforderte bei der Sorgfalt ihrer Herstellung und der Größe des Gerüsts die doppelte Menge des üblichen Baumaterials, auch war bei meiner beständigen Aufsicht die dauerhaftere Arbeit zeitraubender. Immerhin war sie, ohne die Saumseligkeit der Leute, in wenigen Tagen herzustellen. Jene ersten Wochen bei Ndóruma waren mir sehr lehrreich für die Erkenntnis des Charakters der Neger im allgemeinen und ihrer Leistungsfähigkeit bei freier Arbeit, denn eigentlichen Zwang konnte ja auch Ndóruma nicht auf sie ausüben. Schon hier kam ich von den vorgefaßten Meinungen über Sklavenemancipation, goldene Freiheit des Negertums, milde Behandlung, Güte und schonende Rücksicht zurück, Grundsätzen, mit denen man nur bei Menschen, die mit Ehrgefühl begabt sind, zum Ziel gelangen kann. Jene Zeit war eine harte, aber für die Folge sehr nützliche Schule für mich. Ich wurde mehr und mehr Herr jener Ungeduld, die wohl bei allen Reisenden in den Negerländern ausbricht und die angestrebten Erfolge lähmt, während bei zäher Geduld der Eingeborene zu leiten ist und in uns Europäern seine Herren erkennen muß. Ich betone, daß gerade der Aufenthalt bei Ndóruma während des Baues meiner Station, der mich mit vielen Hunderten von Schwarzen in Berührung brachte, sodaß ich ihr Gebaren und ihre Arbeitsscheu beobachten konnte, für mich eine Zeit der Schule und Prüfung gewesen ist. Nach den Reisen in den Negerländern, über die ich im ersten Band berichtet, mag dieses Urteil sonderbar klingen. Ich erinnere jedoch daran, daß ich damals ganz anders reiste als jetzt. Dort bewegte ich mich in Gebieten, die schon seit Jahren von den mohammedanischen Sudanern besetzt waren, unter Negern, die, von stetem Furchtgefühl niedergedrückt, sich zum Frondienst zwingen ließen. Für meine Bedürfnisse und Wünsche waren damals die Stationsvorsteher und deren Untergebene die Mittelspersonen. Jene Reisen vollzog ich im Schlepptau der Beamten oder unter der Begleitung von requirierenden Soldaten. So reiste ich von Labó nach Mákaralá, später in das Bahr el-Ghasalgebiet, dann nach Kalilá und zurück nach Labó. Auf solchen Reisen aber, wie sie auch meine Vorgänger in diesen Gebieten ausgeführt haben, bildet man sich kein volles und richtiges Urteil über den Charakter des Eingeborenen, seine Neigung zu freiwilliger Arbeit, seine Leistungsfähigkeit bei solcher, kurz über seine guten und schlechten Eigenschaften. Jetzt konnte ich mich nach der einen Seite hin voller Unabhängigkeit erfreuen, die mir eine Freizügigkeit ganz nach Belieben gestattete, anderseits aber auch vollauf Gelegenheit bot, auf Kosten von viel Geduld, Langmut, Ärger und Verdruß den schwarzen Mann nach seinem ganzen Wert, in seinen Schwächen und Fehlern kennen zu lernen. Die philanthropischen Ansichten, die der Europäer aus Herzensgüte, Mitgefühl und Liebe zu seinen Mitmenschen hegt, und in denen er anfangs durch das schonungslose Benehmen der Mohammedaner gegen die Unterworfenen bestärkt wird, müssen sich bei richtiger Erkenntnis der bestehenden Verhältnisse und bei Berücksichtigung des wahren Negercharakters ändern. Ich bin weit entfernt davon, das brutale Vorgehen der Unterdrücker, welches einzig und allein egoistischen Zwecken entspringt, auf Betrug und Raub hinausläuft, zu entschuldigen, für jene Peiniger des Schwächern das Wort erheben zu wollen. Durch die Nubier widerfährt dem Neger viel Unbill. Für Recht und Unrecht hat aber auch er genügendes Verständnis, nämlich soweit es sich um Mein und Dein handelt, nicht etwa, wo die Ausnutzung der persönlichen Arbeitskraft, die sogenannte Haussklaverei, in Frage kommt. In diese wird er sich zu schicken wissen, da er in solchem Abhängigkeitsverhältnis seinem Häuptling gegenüber aufgewachsen ist; und so behaupte ich abermals, daß nur der Frondienst und die staatlich geregelte und überwachte Zwangsarbeit während der nächsten Generationen den Eingeborenen auf eine höhere Kulturstufe erheben können.

Ich war herzlich froh, endlich auch mein Haus fertig und bewohnbar zu sehen. Doch arbeitete ich noch mit allen meinen Jungen, um dasselbe mit Gestellen für einen Teil des Gepäcks zu versehen. Sie liefen nach Art unserer primitiven, aus Latten gefertigten Gartenbänke, etwa 1 Meter hoch, rings der innern Wand der Hütte entlang. Solche Gestelle ließ ich auch später bei längerm Aufenthalt an einem Ort errichten, um die gefräßigen Termiten vom Gepäck möglichst fernzuhalten. Eine der strengsten Pflichten des Dieners, der die Behausung täglich reinigte, war, die Gänge zu beseitigen, welche die Termiten während der Nacht an den Stützen emporgebaut hatten. Sorgfalt und Mühe, bei beständiger Achtsamkeit, brachten mir nach Jahren die Genugthuung, meine Sachen auch in dieser Beziehung geschützt und bewahrt zu haben. Über den Verlust vieler Gegenstände durch Termitenfraß — eine häufige Klage der Reisenden — kann ich mich also meinerseits nicht beschweren. Auch dagegen schützt nur peinliche Ordnung; so unterließ ich z. B. abends vor dem Niederlegen niemals, die abgelegten Schuhe aufzuhängen oder auf einen Schemel zu stellen. Die gefräßigen Tierchen müssen einen eigentümlichen Instinkt und äußerst feinen Geruch besitzen, um gerade an der Stelle, wo ein Gegenstand fest auf der Erde aufliegt, unter demselben herauszukommen und in der Finsternis unsichtbar ihr Zerstörungswerk zu beginnen. Die Termiten oder weißen Ameisen scheuen das Tageslicht und bauen daher, sobald sie aus der Erde herausgekommen sind und etwa an einem Baum oder Pfosten aufsteigen, gleichzeitig mit ihrem Fortschreiten sogleich gewölbte Gänge über sich. Alsbald haben sie den Stamm mit einer harten Erdkruste überzogen, unter der dann das Zerstörungswerk stattfindet. Welch feines Gefühl mag die Tierchen aus ihrem unterirdischen Versteck gerade unter die Sohlen eines unter dem Bett stehenden Stiefelpaars leiten! Oder sollten sie außer den die Soldaten und Arbeiter darstellenden Klassen noch die eines Kundschafterdienstes haben? Während vielleicht in der ganzen Behausung keine Termiten sichtbar sind, finden wir einen Schuh, den wir von der Erde aufheben wollen, durch frische Termitengänge mit dem Erdboden verklebt und die Sohle während einer Nacht bereits zum Teil zerstört. Von dem Leben und Weben mannigfaltiger Tierformen und zahlloser Individuen unter der Erde, von ihrer ruhelosen, emsigen Arbeit — sie bleibt im Lauf der Jahrtausende gewiß nicht ohne Einfluß auf die beständige, kaum merkliche Umgestaltung der äußersten Erdkruste — können wir uns kaum einen annähernden Begriff machen. In vielen Gebieten des Kontinents geben die über dem Erdboden sichtbaren Termiten- und Ameisenbauten, oft die einzigen Unterbrechungen der Ebene, der ganzen Gegend ein eigenes Gepräge.

Während jener Wochen unterließ ich es nicht, nach gethaner Arbeit den Leuten Nbórumas Erzeugnisse der europäischen Industrie vorzuweisen oder Kleinigkeiten an sie zu verteilen. Das meiste aber konnte erst nach Beendigung des Hüttenbaues ausgepackt werden. Die Betrachtung von Bildern, die Musikinstrumente, Spieldosen u. dgl. übten immer wieder ihre Anziehungskraft aus; auf diese Art und durch den Hinweis auf anderes, was sie nach Fertigstellung der Station zu sehen bekommen würden, suchte ich die Leute bei guter Laune zu erhalten.

Schemel der A-Sandé.

Nach der Tageshitze sehnte ich jetzt Regen herbei, dessen meine junge Gartenanlage zum Gedeihen bedurfte; hing doch das Fortkommen der neuen Saaten fast einzig vom Regen ab, da die Entfernung des Uêrre und die hohe Lage unserer Station eine künstliche Bewässerung nicht zuließen. Mittlerweile wirtschaftete ich in meiner Hütte fort. Als die Gestelle fertig waren, ließ ich auf ihnen das Gepäck, besonders die Berliner Körbe, im Kreis aufstellen, sodaß ich, ohne die Kisten herabzuheben, alle leicht öffnen konnte. Die Fensterchen und die zwei Thüröffnungen gaben genügend Licht, um auch im Hintergrund der Hütte alles deutlich übersehen zu können. Mein Arbeitstisch stand in der Nähe der Thüren, wurde jedoch abends in das Innere der Hütte zurückgezogen. Auch waren da noch allerlei praktische Einrichtungen getroffen, die mir den Aufenthalt in der Hütte bald lieb und angenehm machten. Lange Bretter aus Fichtenholz, die einst ihren weiten Weg aus dem Mittelmeerhafen nach dem Sudan und über Chartum in das Bahr el-Ghasalgebiet genommen, benutzte ich jetzt zu schwebenden Gestellen unter den Dachsparren. Auf ihnen fanden Hunderte von nötigen Dingen Platz. Das Sudan-Angareb mit Moskitonetz und Teppich, ein kleines · eisernes Feldbett, bedeckt mit einem seidenhaarigen, mit rotem Saffianleder eingefaßten Ziegenfell, ferner eine buntgeflochtene Hängematte auf Stehfüßen, Netze und kleine Matten, zur Aufnahme von allerlei Gegenständen unter den Dachsparren angebracht, ein leichter, hübsch mit Zeug und aufgenähten Bandblumen garnierter Tisch und zwei ähnliche zerlegbare Sessel aus Paris, improvisierte Tischchen und Bänkchen, Waschvorrichtungen, eine große Badewanne, Vorhänge und andere bescheidene Dekorationsstücke füllten mein neues Heim. Eine Anzahl Gewehre und anderes Jagdgerät schmückten den Mittelpfeiler, während an den Lehmwänden Münchner Bilderbogen hingen und den mit schwarzem Wachstuch bedeckten Arbeitstisch Bücher, Schreib- und Zeichenmaterial bedeckten. Als Eßtisch diente eine runde Holztafel, die ich für die Reise als Schutzbehelf unter der großen Blechwanne hatte anbringen lassen; ein im Wald zugestutzter Dreifuß trug sie jetzt zweckmäßig als Tischplatte. Der praktische Reisende kann sich eben auch von einheimischen Dingen vieles zu nutze machen; ich werde noch häufig Gelegenheit haben zu zeigen, wie dadurch die Entbehrung europäischer Gegenstände weniger ins Gewicht fällt. Ohne Ordnungsliebe und praktischen Sinn freilich, auch das muß ich hier wiederholen, beginnt alsbald Elend und Armut ihn zu verfolgen. So war denn nun endlich meine Einrichtung bis auf einzelne Kleinigkeiten in ganz gemütlicher Weise vollendet und ich saß abends oft bis spät in die Nacht hinein am geordneten Arbeitstisch und schrieb beim Licht eines Windleuchters Berichte an Gessi Pascha über Verwaltungsangelegenheiten und über die Verhältnisse dieser Distrikte. Diese Arbeiten blieben nicht ohne praktische Folge, z. B. für den Transport des Elfenbeins aus den hiesigen Gebieten, das bis dahin unpraktischerweise den großen Umweg über Dem Belir nach Djur Ghattas gemacht hatte, statt direkt nach Wau zu gehen. Ich befürwortete das letztere, wodurch ich mir allerdings den Zorn von El-Maas, dem Verwalter in Dem Belir, auf den Hals lud, der aus den Elfenbeinsendungen gewisse Vorteile zog, doch ersparte die Regierung weiterhin die Träger von Dem Belir nach Wau. Wenn ich dergleichen that, obgleich ich mich möglichst wenig und nur ungern in Verwaltungsangelegenheiten mischte, so fühlte ich mich dazu durch das Gessi gegebene Versprechen verpflichtet, ihm derartige Berichte zu erstatten. Auch später konnte ich die an mich herantretenden Anforderungen teils im Interesse der Regierung, teils in dem der Eingeborenen nicht immer abweisen.

Auch einen Namen gab ich meiner kleinen Schöpfung. Diese selbstgeschaffene Heimstätte, meine Station im Lande Ndórumas, wenn sie auch auf dem großen Kontinent einer Eintagsfliege gleich nur eine rasch vorübergehende Erscheinung war, über der nach meiner Abreise sehr bald wieder das Gras der Wildnis zusammenschlug — sie sollte nicht unbenannt in der schwarzen Welt dastehen. Ich war damals häufig von einem alten, lieben Lied aus der Vergangenheit heimgesucht, dessen traute Weise plötzlich in mir erklang, sogar bei der Arbeit, doch insbesondere zu ruhsamer Abendstunde, wenn meine Augen sinnend an dem Lodern des nächtlichen Feuers hingen und die geheimnisvolle

Anziehungskraft der Kohlenglut den Blick bannte. Ich hatte das Lied früher gern gehört und auch selbst oft vor mich hingesummt, im Lärm des Lebens war es mir später bis zum Vergessen entschwunden, jetzt aber klang es mir wieder frisch im Gedächtnis und auf den Lippen. Es war das schöne Lied von Stighelli: „Die Thräne." Alle damaligen Stimmungen meines Gemüts flossen mit hinein in diese wehmütige Melodie, zumal die Verstimmungen durch körperliches Leiden, wiederkehrende Fieberanfälle, Schlaflosigkeit und sogar nächtliche Hallucinationen. So wurde mir jenes Lied, gleichsam von selbst, ohne daß ich es abweisen konnte, auch zum Namen für meine neue Station; hatte doch ihre Entstehung Sorge und Mühe genug gekostet, und wenn auch keine Thräne, doch manchen schweren Schweißtropfen entpreßt. Und so nannte ich beim ersten Hissen der Flagge meine Station im Lande der A-Sandé: „Lacrima."

Mittlerweile war die Kunde, daß ich ohne Geleit von Soldaten bei Nbóruma eingetroffen, rasch bis in die fernsten Gebiete des Niam-Niamlandes gedrungen; günstige Gerüchte über mein friedfertiges Vorgehen und darüber, daß ich nicht nach Negereigentum und Sklavenerwerb trachtete, übten die erwartete Wirkung aus. Mehrfach trafen Boten auswärtiger Fürsten ein, mit Einladungen, auch ihr Gebiet zu besuchen; sie hofften nämlich auf meinen Schutz vor den fortgesetzten Räubereien der durchziehenden Nubier. Aus Süden, dem Gebiet des alten Fürsten Málingbe, sandte mir dessen Sohn Binsa Boten, desgleichen Fürst Ngérria, und östlich von ihnen der alte Fürst Uándo. Im Gebiet des letztern hatte sich in allerjüngster Zeit Abbullai, Neffe und Nachfolger Abb es-Sſammats — mit diesem hatte Dr. Schweinfurth seine Reise nach Mangbattu ausgeführt, mit jenem war ich 1877 von Djur Ghattas nach der Station Gosá gereist — Eigenmächtigkeiten und Ausschreitungen erlaubt. Uándo rief wiederholt durch Boten meinen Schutz an, und auch aus westlichen Gebieten erhielt ich solche Aufforderungen. Die Wege standen mir daher nach allen Richtungen offen, nur der mächtige Fürst Mbio im Osten hielt sein Gebiet noch ängstlich verschlossen. Immer wieder kamen mir Nachrichten und Einflüsterungen zu, daß Mbio gegen uns feindliche Absichten hege und als Nbórumas Todfeind dessen Land und meine Station demnächst überfallen würde; ich hatte jedoch mit der Zeit gelernt, den Aussagen der Eingeborenen, ihren Übertreibungen und Lügen, deren Ursache häufig nur eine große Ängstlichkeit ist, wenig Glauben zu schenken und alles auf das kleinste Maß herabzusetzen. Daher glaubte ich auch jetzt nur wenig von diesen Gerüchten.

Und hier ist eines Umstands zu erwähnen, der mir bei den spätern Rundreisen in allen diesen Gebieten zu einer Quelle besonderer Schwierigkeiten und enblosen Verdrusses wurde. Der Zerfall des großen A-Sandélandes in kleine Fürstentümer hatte beständige Feindseligkeiten und Kriege zur Folge. Kein Fürst verließ mehr sein Land, aus ewigem Mißtrauen gegen die Beherrscher der Nachbargebiete. Dieses Mißtrauen suchte Ndóruma auch in mir wach-zurufen; er erschwerte mir den Verkehr mit den Nachbarfürsten durch falsche Berichte, und später, als ich mich anschickte, jene Fürsten zu besuchen, durch eine übertriebene, aber egoistische Ängstlichkeit um mich. Das nämliche Miß-trauen und Furchtgefühl bekundeten aber auch die andern Potentaten Ndóruma gegenüber, sodaß keiner von ihnen dessen Gebiet betrat, obgleich eben damals keine Feindschaft unter ihnen herrschte; nur der einzige Mbio, der beständige Rivale Ndórumas, zeigte sich in letzter Zeit gegen diesen gereizt, weil Ndó-ruma in richtiger Er-kenntnis der Sachlage im Bahr el-Ghasalgebiet, nach vielen nutzlosen Kämpfen gegen die Nubier, sich schließlich Gessi will-fährig erwiesen und auch mir gestattet hatte, sein Gebiet zu betreten. Mbio, über meine Person falsch berichtet, ließ sein Miß-trauen auch gegen mich nicht fallen. Als ich später

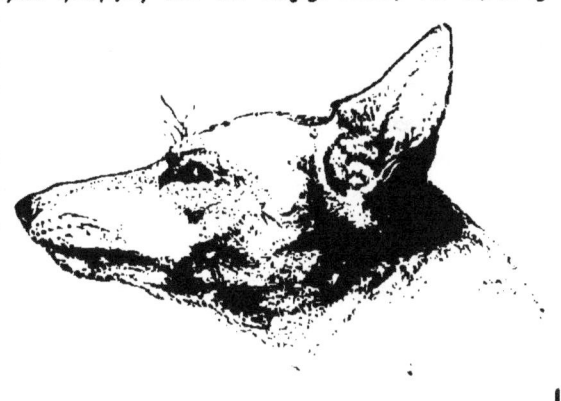

Kopf eines Hunds der A-Sandé. Nach einer Zeichnung von Dr. G. Schweinfurth.

nach Jahren — Mbio weilte damals nach schwerem Kampf mit den Regierungs-soldaten als Gefangener im Bahr el-Ghasalgebiet — doch endlich auch sein Land durchzog, gestanden mir seine Söhne ihre damalige blinde Einfältigkeit, die aus falschen und übertriebenen Nachrichten entstanden war, und bedauerten, nun leider zu spät, daß alles so hatte kommen müssen. Wären sie damals klüger gewesen, so hätte ich den später hereinbrechenden Ereignissen ohne Zweifel in abschwächender Weise vorbauen können.

Von auswärtigen Fürsten betrat nur Ngéttua, Ndórumas Onkel, dessen Gebiet. In seinem Gefolge befand sich ein alter, rotbrauner Niam-Niamhund, und als dessen unzertrennlicher Gefährte ein rothaariger Affe. Es war höchst possierlich anzusehen, wie dieser beim Aufbruch stets den Rücken des alten

Hunds bestieg und, ohne dazu abgerichtet zu sein, sich instinktmäßig ein Reit-
tier verschaffte.

Nordwestlich von Ndóruma, nördlich vom Fluß Mbomú, lag das Gebiet
des A-Sandéfürsten Sémio, den ich auf meiner Herreise von Dem Soliman
getroffen hatte. Er war seit langen Jahren Vasall der arabischen Händler und jetzt
treuer Anhänger der neuen Regierung; im Frondienst Sibers und seines Sohns
Soliman geschult, hatte er, wie auch sein südlicher Nachbar, der A-Sandéfürst
Sfássa, von Gessi weitgehende Vollmachten erlangt; jeder von ihnen besaß
etliche 100 Gewehre und es war ihnen gestattet, ja empfohlen, zur Beschaffung
von Elfenbein südliche Gebiete zu bereisen. Auf solchen Expeditionen trachteten
sie unabhängige Häuptlinge zu unterwerfen, gingen aber neben der Beschaffung
von Elfenbein für die Regierung auch eigenen Interessen nach. Ich trete hier
nicht als ihr Ankläger auf. Vieles in der Handlungsweise eines Sémio oder
Sfássa mag nach unsern Rechtsbegriffen nicht statthaft erscheinen, doch es sind
eben Negerfürsten, die ihresgleichen zu unterwerfen suchen, nicht ohne dabei die
Negersitten und -gebräuche zu berücksichtigen und die Besiegten besser zu
behandeln, als es in seiner Selbstüberhebung der stolze Araber thut. Sémio
war, mit vielen andern verglichen, im Grunde ein braver Charakter, auch wurde
er mir später noch ein guter Freund und Verbündeter. Gerade zu dieser Zeit
befand er sich im Südwesten von Ndórumas Gebiet, in den Distrikten der
Häuptlinge Palembatá und Bádinde, die er schon früher zu Vasallen gemacht
hatte und gerade jetzt wieder in Contribution setzte. Sémio reiste ohne Araber,
doch hatte er manches von ihnen angenommen, im langen Verkehr mit ihnen
ihre Sprache erlernt und seine Leute nach ihrem Muster im Gebrauch des
Gewehrs geschult. Genug, auch Sémio schickte Boten und dazu als Geschenk
ein Mädchen, mit dem Wunsch, ich möchte ihn bei Palembatá besuchen. Seine
fernere Bitte, ihm Zündhütchen zu senden, konnte ich befriedigen, auch sagte ich
ihm für später meinen Besuch zu, das Mädchen aber schickte ich zurück.

Der Distrikt Ngéttuas grenzte an das Gebiet Mbios. Ich hatte ihm
Wachsamkeit eingeschärft und aufgetragen, uns sofort zu benachrichtigen, wenn
etwa Gefahr drohen sollte. Wir wurden später noch häufig durch blinde
Gerüchte, denen ich endlich kaum mehr Gehör schenkte, vorübergehend in Atem
gehalten; allerdings trug daran zum großen Teil Ndóruma die Schuld, denn
sein einziger Gedanke, sein ganzes Trachten war auf die Vernichtung seines
Todfeinds Mbio gerichtet. Beständig hoffte er, daß Gessi auf meine Vermittlung Soldaten zum Kampf gegen Mbio senden würde, denen er sich mit seinen
Leuten anzuschließen gedachte. Ich dagegen wähnte noch immer, daß die Unter-

werfung des letzten mächtigen Niam-Niamfürsten auf friedlichem Weg herbeizuführen sei und gab die Hoffnung nicht auf, später vom Süden her, aus dem
Gebiet Uándos oder Ngérrias, mich durch Boten mit Mbio in Verbindung
zu setzen und die Erlaubnis zu einem Besuch zu erlangen. Nur in diesem Fall
konnte ich ihm vielleicht mit Erfolg die Absichten der neuen Verwaltung unter
Gessi auseinandersetzen, welche ja Mbio, dem nur das Raubsystem der nubischen
Händler geläufig war, nicht kannte. Dieselben Rechte, welche Gessi Ndóruma
und den übrigen Fürsten eingeräumt hatte, sollte auch Mbio genießen, also
Wahrung seiner Selbständigkeit und die Sicherheit, daß keine Militärstationen
in seinem Gebiet errichtet werden sollten; diese Rechte genossen die Häuptlinge,
solange sie das Elfenbein regelmäßig jährlich an den Bahr el-Ghasal schickten,
gewissen andern Wünschen des Paschas Rechnung trugen und mit ihren Nachbarn
Frieden hielten. Um aber Mbio von der Thatsächlichkeit dieser Änderung der
Verhältnisse zu überzeugen, war es durchaus notwendig, in persönlichen Verkehr
mit ihm zu treten und ihm jene mißtrauische Furcht auszureden, an der schon
so viele Verhandlungen mit Negern gescheitert sind. Indes mißlang jeder
Versuch, mich von Ndóruma aus mit Mbio ins Einvernehmen zu setzen, denn
es lag in Ndórumas Interesse, jede derartige Annäherung zu verhindern.
Hüben und drüben glaubte man die umlaufenden Lügen, die dem Reisenden
in Afrika das Vorgehen so unendlich erschweren.

Der Haß Ndórumas gegen Mbio hatte allerdings verschiedene triftige
Ursachen. In dem Kampf mit Rafái war Ndóruma auf das Gebiet Mbios geflohen,
von dort jedoch zurückgetrieben worden, sodaß er dann gezwungen war, sich Rafái
zu unterwerfen. Viele seiner Unterthanen aber waren damals auf dem Gebiet
Mbios zurückgeblieben, wohin andere, darunter viele Weiber, vor den gewaltsamen
Maßregeln und Kontributionen Rafáis ihnen nachträglich folgten, um nicht mehr
zurückzukehren. Auch gegenwärtig suchten unzufriedene Köpfe, die bei Mbio das
Eldorado der Freiheit zu finden wähnten, dort ein Asyl. So wurde sein Gebiet
im Lauf der Zeit ein Zufluchtsort zersprengter Stämme und Familien, nicht nur
der Niam-Niam, sondern auch anderer, durch Nubier und Eingeborene bedrängter
Völkerreste. Doch die Stunden der Freiheit und Unabhängigkeit waren auch
für Mbio gezählt. Nach meinem Aufbruch von Ndóruma, Januar 1881, wütete
in jenen Gebieten ein blutiger Krieg. Der letzte unabhängige A-Sandéfürst
nördlich vom Uélle wurde von den Truppen der Verwaltung besiegt und ich
durchzog zwei Jahre später sein verödetes Land. Auch Gessi waren Gerüchte
über bevorstehende Feindseligkeiten gegen uns zugetragen worden; er war um
mich besorgt und bot mir militärische Bedeckung an, die ich jedoch ablehnte.

Ruhige Überlegung sagte mir, daß ich feindselige Schritte Mbios nicht ernstlich zu befürchten hatte, denn ohne Zweifel erwog er selbst ganz gut die spätern Folgen eines etwa von ihm gewagten Überfalls, und seine Absicht war, meiner Auffassung nach, nur sein Land gegen äußere Feinde zu schützen. Zu erinnern ist hier, daß ich schon früher Beziehungen zu ihm gehabt hatte. Während meiner Reise in den Mâkarakâländern stand er mit dem im Osten lebenden Volk der Abakâ in Verbindung und schickte sein Elfenbein zum Häuptling Ânsea. Ich übersandte ihm damals, wie im ersten Band erwähnt worden, durch seine eigenen Leute Geschenke. Als er später bekriegt wurde, wandte er sich um Hilfe nach Osten an Emin Bey. Die Zeit war jedoch verpaßt. Das Gebiet Mbios gehörte in die Verwaltung der Bahr el-Ghasalprovinz, die sich der Machtsphäre Emin Beys entzog. Seitdem ruht ein undurchdringlicher Schleier über allen jenen Ländern, deren Bewohner sich unstreitig in neuerwachter Blut-rache und durch innere Kriege gegenseitig aufreiben.

Außer meinem Diener Farag Allah, der bei der Arbeit wenigstens ver-läßlich war, bedurften alle andern noch der Schule und mußten unter beständiger Leitung und Belehrung erst brauchbar gemacht werden. Djumbe, der älteste von den Jungen, ein Mangbattu, zeigte sich gelehrig und war später jahrelang bei mir. Mein häufig langer Aufenthalt an einem Ort während der Reisejahre bedingte den Wunsch, vorübergehend mir eine wohnliche Häuslichkeit zu schaffen. Dabei, wie auch bei der Anlage von Gemüsegärten, kam besonders die Arbeits- und Hilfe-leistung der Leibdiener in Anspruch. Ich suchte die Jungen dann praktisch zu beschäftigen und gab ihnen in vielem Anleitung, so auch in der Ausnutzung der Landesprodukte für unsere Zwecke. Solche Handarbeiten, bei denen vielfach das mitgeführte Tischlerhandwerkszeug zur Benutzung kam, interessierte sie, brachte uns Allen Vorteil und gewährte mir einige Genugthuung. Manche Stunde in Afrika habe ich praktischen Arbeiten mit meinen Dienern geopfert. Ich hatte aber Freude am Schaffen wie auch im Gefühl, einen geringen Teil meiner Mission dem Neger gegenüber zu erfüllen. Dienstleistungen für meine eigene Person beschränkte ich auf das geringste Maß und war mir in vielen Stücken mein eigener Diener. Ich habe z. B. meine Sachen nie von meinen Dienern in die Kisten verpacken lassen, nur das Einschnüren des Gepäcks in Stricke oder in Kuhhaut überließ ich ihnen; nie hat ein Diener meine ängstlich gehüteten Instru-mente, die Uhr oder die kleine Arbeitslampe in die Hand genommen. Und wie ich die Dinge eigenhändig aus den Kisten nahm, so legte ich sie auch selbst wieder zurück.

Bohndorff war nach Beendigung anderer Arbeiten gewöhnlich mit dem Abbalgen von Vögeln beschäftigt. Jeder Gegenstand in diesem Gebiet war uns jetzt noch neu und in dem schattigen Buschwerk des Ukrre tummelte sich vor allem eine reiche Vogelwelt, deren Exemplare leicht beschafft werden konnten. Die Jungen wurden zu dem Zweck im Gebrauch der Gewehre unterwiesen, doch kostete es manche Ladung Pulver und Schrot, ehe von ihnen etwas Rechtes herbeigebracht war. Als Be-

reicherungen der Sammlung führe ich den Helmvogel (Corythaix leucotis) an, und von den Hornvögeln den Hornraben (Tmetoceros abessinicus); der erstere hat wohl das farbenreichste Gefieder von allen größern Vogelgattungen jener Gebiete. Doch auch der schwarzweiß gezeichnete Affe (Colobus guereza), der in den Uferwaldungen des Ukrre lebt, wurde erlegt und ich nahm sein schönes Fell immer wieder gern in die Sammlung auf. Mich selbst kostete es bei dem Zustand meiner Gesundheit zeitweise viel Überwindung und Kraftanstrengung, bei der Arbeit zu bleiben. Ein schleichendes Fieber verursachte mir Schwere der Glieder, Trägheit und Apathie. Bohndorff hatte damals seltenere, aber stärkere Fieberanfälle, die ihn für den ganzen Tag arbeitsunfähig machten. Ich erfuhr an uns beiden, daß nach starken Fieberanfällen der Körper sich wieder einige Zeit wohl fühlt, während die schleichenden, anhaltenden Fieber, ohne Remissionen, bald über die Energie des Patienten Herr werden und ihn für längere Zeit apathisch und arbeitsunfähig machen.

Helmvogel, Corythaix leucotis.

Dabei verfolgten mich auch jetzt noch Ärger und Mißmut. Die Leute für den Bau der letzten Hütte waren nämlich bis zum 10. Juli ausgeblieben, während häufig schwere, tropische Gewitterregen fielen und die letzte Arbeit in der Station zu meinem Unmut immer noch in die Ferne gerückt war, obgleich ich

doch bereits neue Pläne für eine Rundreise mit wenig Dienerschaft und wenig
Gepäck schmiedete. Bevor ich aber meine Absicht ausführte, wollte ich meine
zurückbleibenden Leute bestmöglichst untergebracht wissen. Natürlich hielt ich
Ndóruma wieder einmal in langer Rede sein ganzes Sündenregister vor, wobei
ich ihn mit Vorwürfen überhäufte und zum Schluß sogar lächerlich zu machen
suchte. Ich spöttelte, daß sein fürstlicher Einfluß auf seine Untergebenen doch
wohl nur ein scheinbarer sei und seine Macht im Befehlen sich nicht über die
jedes kleinern Häuptlings erhebe; es sei Schimpf und Schande für ihn und
seine Leute, daß sie meinen mäßigen Anforderungen nicht Genüge leisteten. Ich
sei allein ohne Soldaten in sein Land gekommen, hätte auch jetzt das Anerbieten
des Paschas, solche nachzusenden, abgelehnt, für Wochen hätte ich mein Getreide
mitgebracht und äße aus eigenem Vorrat, er aber habe die von seinen Vor-
fahren geübte Gastfreundschaft verlernt, und nachdem ich vertrauensvoll zu ihm
gekommen, müsse ich nun bitter bereuen, sein Land betreten zu haben. „Welchem
Knechtsdienst," so beschloß ich meine Rede, „und welchen Kontributionen, auch
der Entwendung von Weibern und Kindern, seid Ihr ausgesetzt, wenn morgen
die Leute Rafáis wieder im Land erscheinen oder ein Durchzug von Hunderten
Bewaffneter euch der Ernte eurer Felder beraubt!" Die Strafpredigt hatte
wenigstens die unmittelbare Wirkung, daß die gewünschte Hütte noch am selben
Abend gebaut wurde. Solche kleine Ausbrüche des Zorns sind nützlich. Beständig
zur Schau getragene Zufriedenheit und Gleichmut werden leicht als Schwäche
und Furcht ausgelegt; der Reisende schadet dadurch selbst seinem Ansehen und
der Achtung, die auch ein Negerfürst einem Europäer zollen muß. Derartige
Auseinandersetzungen mit Ndóruma beeinträchtigten übrigens keineswegs unser
sonst freundschaftliches Einvernehmen. Mein Groll war selbstverständlich nicht
von Dauer; das wäre thöricht gewesen und hätte mich Ndóruma entfremdet.
Man muß auch hierin das Taktgefühl haben, zu wissen, wie weit man zu
gehen hat und wann man wieder in freundliche Bahnen einlenken soll. So wie
der Neger nicht den Fehler hat, Groll nachzutragen, so erwartet auch er nach
ernstem Verweis oder einem Zornesausbruch, desgleichen die Diener nach einer
Züchtigung, wieder ein freundliches Gesicht. Auch ich lenkte also später das
Gespräch auf andere Bahnen, erzählte Ndóruma von unsern europäischen Einrichtungen, Sitten und Gebräuchen und lud ihn für den nächsten Tag zu mir,
da ich manche neue Dinge auspacken und ihm zeigen würde. So schieden wir
in bestem Einvernehmen. Ob ich mit meiner Rede ein Fünkchen Ehrgefühl in
ihm wachgerufen, seinen Ehrgeiz gestachelt, vielleicht seine Habsucht geweckt oder
ihm Furcht eingeflößt hatte, das wüßte ich freilich nicht zu sagen. Bei der

Colobus guereza. Gezeichnet von Fr. Rheinfelder.

gelassenen Ruhe des Negers verrät sein Mienenspiel selten irgendwelche Regungen des Innern. Die lange Tonleiter der menschlichen Empfindungen, die Gefühls-regungen des höher civilisierten Menschen bis hinauf zu der ausgearteten, krank-haften Empfindlichkeit sind ihm fremd. Das Auge des Negers wiederstrahlt kein Spiegelbild einer Seele.

Das Auspacken, Lüften, Reinigen, Ordnen und Wiederzurücklegen meiner Sachen, wobei mir die Jungen halfen, nahm mich nun tagelang in Anspruch. Die Vogelbälge mußten wegen der Regenzeit mit großer Vorsicht gegen Feuchtig-keit geschützt werden; das Trocknen der größern Exemplare mißlang häufig und manches davon ging zu Grunde. Bohndorff stellte sich später in seiner Behausung einen sinnreichen Trockenapparat über gelindem Feuer her, der die Bälge vor Feuchtigkeit schützte.

In Ndórumas Mbanga — so heißt der Versammlungsplatz eines Häupt-lings — erschien täglich eine Anzahl seiner Untergebenen, um brennende Fragen aus dem Staatsrecht der Niam-Niam zu erörtern, höhere Negerpolitik zu treiben, dem Fürsten wichtige Beschwerden vorzutragen, etwa über ein entlaufenes und von einem andern zurückgehaltenes Weib, über einen Diebstahl von etlichen Maiskolben und dergleichen wichtige Privat- oder Staatsangelegenheiten mehr. Die im Mbanga Versammelten begleiteten Ndóruma meistens, wenn er mir einen Besuch machte, niemals aber kamen Frauen mit. Das Weib der Niam-Niam, besonders der Höhergestellten, nimmt unter den Männern gesellschaftlich keine solche Stellung ein, wie z. B. bei den Mangbattu. Ohne Männer kamen später auch Weiber einzeln und gruppenweise in meine Station, waren jedoch stets sehr zurückhaltend, sittsam und ängstlich. Vorher schon hatte ich Ndóruma für seine Weiber allerlei kleine Schmuckgegenstände und bunte Perlen übergeben, wonach sich ja alle Negerfrauen sehnen. Jetzt kramte ich Kinderspielzeug aus, aber nicht etwa für die selbstverständlich zahlreichen jugendlichen Sprößlinge Ndórumas, sondern um den Vätern eine kindliche Freude zu bereiten. Der erwachsene Schwarze steht mit seinem Denk- und Fassungsvermögen gleichsam noch in einem frühen Lebensjahr, obgleich er ein Menschenalter an Erfahrung hinter sich hat. Seine Erfahrungen sind eben einseitig und er hat kein Verständnis für viele Dinge, die unsern Kindern bereits geläufig sind. Wie viel mehr muß dies bei der unerfahrenen Jugend der Fall sein. In der That sah ich eingeborene Kinder niemals freudig erregt, wenn sie ein europäisches Spielzeug bekamen. Meine vielen Spielsachen dienten mir also mehr als plastisches Bilderbuch der abendländischen Kultur für die Erwachsenen, und was ich zeigte und verteilte, das erklärte ich auch. Da gab es denn manchen Ausruf der Freude, und oft

erscholl der lang ausgezogene Ruf: „Akoōh", mit dem die A-Sandé ihre Verwunderung ausdrücken, ein Beweis wenn auch nicht immer des Verständnisses,
doch des Erstaunens und Interesses, das ihnen die fremdartigen Dinge einflößten.
Natürlich ist auch der Schwarze verschieden beanlagt, der eine begreift das Fremde
leichter, der andere schwerer. Erziehung und Schulung, die im Wissen unserer
verschiedenen Volksschichten so bedeutende Unterschiede hervorbringen, fallen bei
ihm allerdings fort, aber trotzdem sind auch hier die Höhergestellten im Staate,
die Fürsten, die Häuptlinge, meist auch die Bevorzugten im Denk- und Begriffsvermögen. Das kommt wohl daher, daß ein Negerfürst trotz seines bescheidenen
Wirkungskreises als Richter, Gesetzgeber und Befehlshaber denn doch denken und
handeln muß, wobei er seine Gehirnthätigkeit mehr übt, als der gewöhnliche Mann.
Dazu kommt noch die tägliche Übung durch lange parlamentarische Reden auf
dem Versammlungsort, dem Mbanga, wobei das beflügelte, oft mit Bildern und
Vergleichen geschmückte Wort das Denken befördert und den Ausdruck geläufig
macht. Auch der niedrigstehende Mann wohnt diesen Zusammenkünften bei, doch
bleibt er in seiner sklavischen Abhängigkeit stummer Teilnehmer und kommt nur
als Kläger oder Angeschuldigter zu Wort. Abgesonderte Volksversammlungen und
Zusammenkünfte der Untergebenen, um selbst über etwas zu verhandeln, kennen
diese Leute nicht. Jede Frage wird auf dem Versammlungsplatz in der nächsten
Nähe der Behausung des Fürsten oder im Mbanga seiner Vasallenhäuptlinge
erledigt. Der Mbanga dient aber auch für gesellige Zusammenkünfte, die fast jeder
ernsten Verhandlung vorausgehen oder folgen und für die fernher Zugereisten den
ganzen Tag dauern. Auch hierin hat natürlich der Höhergestellte, der Neger von
Rasse, der keine Arbeit verrichtet und von seinem Landesherrn zu keiner solchen
herangezogen wird, das bessere Los gezogen; seine freie Zeit von 24 Stunden
täglich ermöglicht es ihm, diese nach Gutdünken der Geselligkeit zu widmen. So
gelangen denn in regem Verkehr mit andern, in ununterbrochenem Gedanken-
austausch, die Geistesanlagen zu höherer Entwicklung, während der Niedriggestellte
einsam seinen harten Kampf ums Dasein kämpft. Auch die Frauen empfinden
diesen Einfluß des geselligen Verkehrs bei jenen Völkern, die dem Weib im Kreis der
Männer eine freiere Stellung einräumen; sie sind den andern Negerfrauen geistig
überlegen. Ein Beweis dafür ist das Mangbattuvolk. Bei ihren Frauen fand ich das
Vermögen zu denken und zu urteilen, in längerer, fließender Unterhaltung sich
schlagfertig, ja zum Teil witzig auszudrücken, weit mehr ausgebildet, als bei
andern schwarzen Damen. Die Niam-Niamfrau z. B. lebt in gedrückter, sklavischer
Stellung und ist durch stetes Furchtgefühl verhindert, sich aus ihrer geistigen
Beschränktheit, Stumpfheit und Gleichgültigkeit zu erheben. Der schwarzen Rasse

im allgemeinen find intellektuelle Fähigkeiten, die fie gleich dem Kulturmenfchen zu geiftiger Vervollkommnung durch Beifpiel und Belehrung befähigen, nicht abzufprechen; dafür liegen genügende Beweife vor. Die gewöhnlich aufgeworfene Frage: „Ift der Schwarze kulturfähig, einer höhern Kultur zugänglich?" bedarf keiner Antwort, aber die Anfichten, auf welchem Weg er zu feinem eigenen Wohl der beffern Kultur teilhaftig werden kann, bedürfen der Berichtigung. Berufene und Unberufene haben hierüber ihre Meinungen und Standpunkte kund-gegeben, aber nur der gründlichfte Kenner der in den Negerländern beftehenden Verhältniffe, nur wer ein richtiges Urteil über die Charakterindividualität des Naturmenfchen haben kann, follte derartige Fragen erörtern. Für mich wäre es verfrüht, jetzt fchon näher darauf einzugehen. Je näher der Lefer im Lauf meines Reifeberichts mit den Verhältniffen und dem Charakter des Volks bekannt werden, je mehr er dadurch auch fchon · felbftändig urteilen wird, defto klarer und ver-ftändlicher wird ihm das alles erfcheinen.

Genug, ich fuchte das Nützliche mit dem Angenehmen zu verbinden, indem ich Ndóruma und feiner Gefellfchaft auch heute durch Vorzeigen von allerlei Gegenftänden Belehrung und Unterhaltung bot. Bei folchen Gelegenheiten fiel den verfchiedenartigften Mufikinftrumenten die Hauptrolle zu. Außer einer großen Drehorgel, für die ich zwei Träger benötigte, befaß ich Spieldofen, Ziehharmonikas und die verfchiedenften Blasinftrumente für Kinder. Diesmal brillierte ich befonders mit einer Okarina, welche die anmutige Form eines Fifches hatte; ich wußte ihr trotz meiner ganz primitiven Technik Töne zu entlocken, für die ich braufenden Beifall und den immer wiederholten Erftaunensruf „Akooh!" der A-Sandé erntete. Bewunderung erregten auch Kinderflöten und -pfeifen mit Metallbefchlägen und Klappdeckeln; die einfache Form des Inftruments, die Rohr-flöte, ift dem dortigen Neger bekannt. Dann ließ ich unter allgemeinem Staunen eine große Ziehharmonika in Thätigkeit treten; ach, auf fo mancher Rundreife hat fie mir fpäter, als ich fie fchon gehörig meifterte, als „plat de résistance" große Dienfte geleiftet. Glücklicherweife ftand ich als Virtuofe nicht allein; im erften Jahr half mir, wenn ich die Ohren meiner Befucher angenehm zu peinigen hatte, mein Diener Farag Allah, der das Inftrument recht hübfch fpielen gelernt hatte und auch feine eigene Ziehharmonika befaß. Nicht zu vergeffen find ferner die verfchiedenartigen Spieldofen, die, wie die Eingeborenen fagten, ohne Zuthun von Menfchenhand „fo unbegreiflich liebliche Töne aus ihrem Bauche" entwickelten; fie machten meine Mufikenthufiaften einfach fprachlos, fodaß oft eine geradezu weihevolle Stille eintrat. Wenn ich fie dann durch die deckende Glasplatte in das Innere des „Bauches" hinabfehen ließ, wo die wunderfame Walze fich drehte, da nahm das Staunen wieder neue Formen an. Einer solchen kleinen Spieldose verdankte ich im Lauf der Jahre auf meinen Reisen bei trübseliger Stimmung doch manchmal ein scherzhaftes Intermezzo, wie ich es schon vorübergehend erwähnt. Sie stand auf dem Arbeitstisch zwischen Büchern und unbemerkt brachte ich sie in Gang, während fremde Besucher sich still in der ihnen neuen Welt umschauten. Erklangen dann plötzlich die feinen, gedämpften Töne — wobei ich selbst lauschend, mit verwundertem Blick in der Hütte umhersah — so kam es vor, daß eine ausgesprochene Furcht, ja Angst meine Besucher überfiel und einer nach dem andern behutsam davonschlich. Die letzten erst rief ich zurück, zeigte ihnen das Kästchen und bannte unter Scherz und Lachen den gefürchteten Dämon. Es ist bekannt, daß die Mehrzahl aller Afrikaner fest an Zauberei und Zaubergewalt gewisser Menschen glaubt. Ein Zauberer, der niemandem Böses zufügt, war aber den Hiesigen gewiß neu, und bald mußten sie sich von der Natürlichkeit der ihnen vorgeführten Überraschungen überzeugen; so wurde ich denn zum Belehrer vom Zauberwahn im allgemeinen und mancher Schwarze wird durch mich in seinem Irrglauben erschüttert worden sein. Der Ruf aller dieser Dinge lief mir auf meinen Reisen weit voraus, sodaß ich häufig ersucht wurde, den Leuten vorzuspielen; da waren mir dann jene automatischen Spieldosen bequemer, als Drehorgel und Ziehharmonika. So konnte ich wenigstens passiver Zuschauer bleiben, in Stunden, wo auch dieses Getriebe meine Geduld auf eine harte Probe stellte, meine Gedanken weitab in der Ferne weilten und meine Stimmung zu einer Bettelmusik von Drehorgel und Harmonika wenig paßte. Nbóruma, für den ich wieder einige Geschenke ausgesucht hatte, erhielt auch etliche der kleinern Musikinstrumente. Mundharmonikas, kleine runde Spieldosen, Flöten u. dgl. m. führte ich zu Geschenken in Menge mit. Wertvollere Geschenke aber, um die es Nbóruma zu thun war, erhielt er erst nach Vollendung meiner Station.

Die folgende Nacht brachte uns etwas, wenn auch für mich nicht Neues, doch afrikanisch Eigenartiges. Wir wurden nämlich überfallen, von richtigen Räubern, d. h. Ameisen, deren Raubzügen wir ja noch häufig begegnen werden. Sie können sogar zu kleinen tragischen Episoden führen, wie ich deren persönlich erlebt habe. Auf alle Fälle sind sie nur zu geeignet, dem Reisenden eine schlaflose Nacht zu bereiten, die uns denn auch heute nicht geschenkt blieb. Erwähnen muß ich noch, daß sich um diese Zeit bei mir einige typisch verlaufende Fieberanfälle einstellten; bei den leichtern hielt ich mit dem Chiningebrauch zurück, um meinen Körper nicht an das Mittel zu gewöhnen und die gewünschte Wirkung für nötigere Fälle vorzubehalten. Überhaupt warne ich den Reisenden vor dem zu häufigen Gebrauch des Mittels, denn die ersehnte Wirkung bleibt dann wohl aus, während es im Gegenteil die Ursache anderer Übel, wie Ohrensausen, Schwerhörigkeit wird.. Eine ausgesprochene geistige Apathie bei Reisenden in Afrika schreibe ich in manchen Fällen geradezu dem übermäßigen Chiningebrauch, einer Chininintoxikation zu. Richtig und zeitgemäß angewandt, hat mir Chinin während meines langen Aufenthalts in Afrika immer überraschend genützt.

Der alte A-Sandéfürst Uándo sandte abermals Boten an mich, darunter einen seiner Brüder. In ihrem Land waren von den Nubiern schreiende Ungerech-

Hornrabe, Twetoceras abessinicus.

tigkeiten und Übergriffe verübt worden. Ein Sohn Uándos, Hókua, hatte den Ver-räter gespielt und zu eigenem Vorteil mit den Eindringlingen gemeinsame Sache gemacht. Abbu'lalláhi, der Neffe Abb es-Sfammats, war auf seiner diesjährigen Reise nach Mangbattu mit Hókua und dessen Anhang vereint in das Gebiet Mbíttimas, des Bruders von Hókua, eingefallen. Uándo hatte nämlich sein Land bereits als Lehen seinen Söhnen überlassen. Mbíttima war in Ketten nach Mang-battu geschleppt worden, der alte Uándo war in die Wildnis entflohen und befand sich jetzt bei seinem Bruder Ngérria. Abbu'lalláhi sollte auch viele Sklaven, Frauen und Mädchen mit sich fortgeführt haben, doch kränkte den alten Uándo hauptsächlich die Gefangennahme seines Lieblingssohns Mbíttima. Flehentlich ließ er mich bitten, dem Pascha darüber zu berichten und persönlich zu ihm zu kommen, um meinen Einfluß in seinem Land geltend zu machen. Abbu'lalláhi hatte zur Unterstützung des Judas Ischariot Hótua mehrere Araber und Soldaten im Gebiet stationiert. Ich konnte freilich vorerst nichts thun, als Uándo auch jetzt wieder auf die nächste Zukunft vertrösten, in der ich es ermöglichen würde, zu ihm zu kommen und ihm nützlich zu sein. Durch Mitteilung solcher Einzelheiten möchte ich nur ersichtlich machen, wie sehr die alten Eigenmächtigkeiten der Mohammedaner Wurzel geschlagen hatten, wie sie auch jetzt noch trotz der Neurungen im Bahr el-Ghasalgebiet weiterbestanden, wie weit anders die Dinge sich in Gebieten abspielten, wo sich die Aufsicht der Regierung ohnmächtig erwies und die Machtsphäre Gessis fast nur nominell wurde. Seine guten Absichten scheiterten auch in diesem Fall an dem Entgegenhandeln der Beamten. Abbu'lalláhi war von Gessi nach dem Krieg mit Soliman in seiner Stellung als Verwalter des östlichen Gebiets bis zum Rohl belassen worden, kannte die Befehle des Paschas und dessen Absichten sehr wohl, handelte ihnen aber doch geradezu entgegen. Uándo hatte den Expeditionen früher häufig friedlichen Durchzug durch sein Land gestattet und auch sein Elfenbein nicht zurückgehalten. Die Eigenmächtigkeiten der Nubier jedoch und der Raub seiner Angehörigen mußten natürlich die Würde des alten Sandéfürsten verletzen und zu Feindseligkeiten führen. Gerade das aber war es, wozu die Nubier die Negerfürsten zwingen wollten, um dann durch Entstellung der Verhältnisse nötigenfalls Rechtfertigung an höherm Ort zu finden. Was mich betrifft, mußte ich lernen, in solchen Fällen den Diplomaten zu spielen, um meine eigene Stellung nicht zu gefährden, da ich doch auf meinen weiten Reisen in all den Gebieten häufig mit beiden Parteien zu rechnen hatte. Wo ich dazu gedrängt wurde, trat ich als Vermittler versöhnend auf.

In meiner Station gab es einstweilen noch allerlei kleine Arbeiten auszuführen. Unter anderm richtete ich für die täglichen meteorologischen Beobachtungen den nötigen Stand her. In dem luftigen, beschatteten Gang, der um meine Hütte lief, wurde in der Nähe einer der Thüren ein durchlöchertes, vorn nur mit großmaschigem Drahtgitter geschlossenes Schränkchen auf Pfeilern aufgestellt. Darin hingen die Instrumente an Häkchen, oder standen frei und der Luft ausgesetzt am Boden des verschließbaren Kastens. Hier machte ich dreimal täglich die regelmäßigen Beobachtungen und Aufzeichnungen, die später nach meiner Abreise von Bohndorff in derselben Weise fortgeführt wurden und die sechs Monate unsers Aufenthalts bei Nbóruma bis Ende 1881 umfassen.[1] Eine andere Hauptbeschäftigung war, bei jeder Gelegenheit, sowohl durch die Boten von auswärts, als auch durch Ndórumas Leute, meine Kenntnis von Land und Volk zu vervollständigen; dabei trachtete ich auch noch durch Fragenstellen so viel, als möglich über die Vorgeschichte dieser Länder zu erfahren.

Die Boten kehrten zu Uando zurück, dem ich einige kleine Geschenke übersandte. Ich selbst mußte bleiben, doch verließ ich die Station häufig gegen Abend mit dem Gewehr, um in nächster Nähe wenigstens einige Tauben für die Suppe zu schießen. Zu weitern Ausflügen hatte ich noch immer keine Zeit, schon wegen der beständigen Arbeit in der Station; überdies war jetzt, nachdem das Gras im Lauf der letzten Monate nach dem Regen schon hoch geworden, ein planloses Umherstreifen äußerst beschwerlich und das Aufspüren von Wild darin kaum möglich. Selbst meine Diener, die ich jetzt häufiger auf die Pirsch schickte, kehrten unverrichteter Sache zurück, obwohl sie weit lieber dem Jagdsport nachgingen, als in der Station arbeiteten, wie denn diese Leute schon von frühem Knabenalter an eine Befriedigung ihres Ehrgeizes darin finden, etwas Jagdbares heimzubringen. Das Wild zieht sich zu dieser Jahreszeit in die Grasdickichte der Niederungen zurück, und so ruhen auch die Stellnetze, mit denen die Eingeborenen jagen, bis zu günstigerer Zeit auf den Gerüsten in den Hütten.

Von Ndóruma erhielt ich während meines monatelangen Aufenthalts bei ihm nur ganz ausnahmsweise ein Stück Wildbret, abermals ein Beleg, wie ich deren später überall fand, daß man wohl von ackerbautreibenden und Hirtenvölkern, nicht aber von einem Jägervolk in diesem Teil Afrikas sprechen kann. Daß die Niam-Niam im Vergleich zu andern Stämmen der Jagd eifriger obliegen, soll nicht in Abrede gestellt werden, doch leben sie nicht vorwiegend von der Jagd. Sie würden elend verhungern, wenn nicht auch bei ihnen das Getreide wenigstens für bestimmte Jahreszeiten die Grundlage der Ernährung bildete. Statt der in nördlichen Gebieten vorzugsweise angebauten Durra (Sorghum vulgare), Negerhirse oder Kafferkorn, wird bei Ndóruma und in den mittlern Niam-Niamländern vorzugsweise das Eleusinekorn (Eleusine coracana), eine kleine, dem Hanf- oder Kanarienvogelsamen ähnliche Kornart, geerntet. Der daraus bereitete steife schwärzliche Brei ist den größten Teil des Jahrs hindurch die Hauptnahrung des gewöhnlichen Manns wie auch des Fürsten. Gewiß die halbe

---

[1] Siehe Dr. Schmidt, Petermanns Mitteilungen, Ergänzungshefte Nr. 92 und 93. 2. Abteilung.

Ernte davon wird aber zu dem beliebten und nahrhaften Bier verarbeitet, dessen reichlicher Genuß sättigend wirkt und für Tage anderweitige Speise überflüssig macht. Bei Mißernten, auf die der wenig haushälterische und vorsorgliche Neger schlecht eingerichtet ist, und dann zeitweilig zu günstiger Jagdzeit, ist freilich die Hauptnahrung Fleisch, meistens in gedörrtem Zustand aufbewahrt, das der Niam-Niam unstreitig jeder andern Nahrung vorzieht. Außer der kleinkörnigen, hartschaligen Eleusine wird in kleinen Mengen überall Mais gebaut; so wurde auch ich bei Nbóruma zeitweise damit versorgt. Immerhin rechnet der Niam-Niam bei dem Ertrag seines Bodens, zu dem auch noch eine große Menge von Hülsenfrüchten, Erdknollen und Gemüsen gehört, mit sichereren Zahlen, als die Jagdbeute ihm gewährt, und nur bisweilen, nach großen Stellnetzjagden beim Abbrennen des Grases, wo sich große Fleischmassen anhäufen, verdrängt das Fleisch, sein beliebtes „Pösschje", jede andere Kost.

Seitdem meine Hütte fertig geworden und auch die Station ein ordnungsmäßiges Aussehen angenommen hatte, widmete ich mich fast ausschließlich rückständigen schriftlichen Arbeiten. Die täglich niedergeschriebenen kurzen Notizen wurden nun im Tagebuch ausgearbeitet, die Reiseroute von der Meschra bis

Vegetationsbild am Uerre.

zu Nbóruma kartographisch festgelegt, Berechnungen aller Art angestellt und auch
die Ergebnisse meiner fortgesetzten Erkundigungen über die Geographie der benachbarten Gebiete zur vorläufigen Orientierung auf einzelne Folioblätter in Karten-
form geschrieben. In dieser Weise sichtete ich schon jetzt das gewonnene Material,
was mich viele Stunden täglich an den Arbeitstisch fesselte. So begann mein
neues Heim mir lieb zu werden. Auch abends saß ich stundenlang bei Licht
und loderndem Feuer in der behaglichen Hütte, bald in süßem Nichtsthun bei
einer Cigarre, wobei die Gedanken von Welt zu Welt flogen, bald bei Arbeit
oder Lektüre, denn auch an letzterer fühlte ich zu jener Zeit noch keinen Mangel,
da ich ein Kistchen mit Büchern ernsten und leichtern Inhalts mitgenommen
hatte. Ach, es sollten ganz andere Zeiten kommen, wo ich alte, vergilbte Zeitungs-
blätter immer und immer wieder durchlas und auch nach Entbehrungen anderer
Art mit bitterer Ironie über der Anpreisung irgend eines begehrenswerten
Gegenstands im Annoncenteil brütete.

Auch in der Gartenhälfte, welche Bohndorff mit seinen Jungen zur Bearbeitung übernommen, säte ich außer den Hülsenfrüchten noch Mais, Theosinte
(Euchlaena luxurians), Karotten, Beten, Sellerie, Petersilie u. dgl. Indes
war ich nicht allzu sanguinisch in meinen Hoffnungen, daß alle diese Mühen,
die Sorgfalt in der Gartenanlage und die Aussaat so vieler europäischer Kulturpflanzen von ersprießlichem Erfolg gekrönt sein würden, dazu war unsere Gartenanlage doch zu sehr an einen gegebenen Ort gebunden. Wohl hätte ich an
einem abgesonderten und geeignetern Platz in der Nähe des Flüßchens einen
neuen Garten anlegen können, doch fürchtete ich, durch den Aushau, die Reinigung
und Umzäunung eines solchen zu große Ansprüche an die Arbeitskraft der Leute
Nbórumas zu stellen; übrigens hätte ich, wie die spätern Erfahrungen lehrten,
das Gewünschte kaum vollendet gesehen. Meine Hauptzwecke bei der Gartenarbeit waren aber, meine Jungen zu belehren und an regelmäßige Arbeit zu
gewöhnen, Nbóruma und seinen Leuten einen Einblick in die Art unsers
Schaffens zu geben, und schließlich uns selbst, Bohndorff und mir, durch
körperliche Bewegung das erschlaffende Scribenleben erträglicher zu machen,
uns bei guter Gesundheit zu erhalten. Erzielten wir dabei auch noch einen kleinen
materiellen Erfolg, so war eben Mühe und Anstrengung doppelt belohnt, während
es doch auch von Interesse war, neue Erfahrungen über die Afklimatisierung
nordischer Kulturpflanzen im tropischen Afrika zu sammeln. Auch in den nächsten
Jahren, an Orten, wo ich längere Zeit verweilte, lag ich ähnlichen Kulturversuchen
ob, und schon allein das Beobachten der aufkeimenden Saat war mir ein idealer
Genuß, eine fast einzige, wirklich empfundene Freude im Innern des Kontinents.

Das erste Mal empfand ich sie am 15. Juli bei Nbóruma. An diesem Glücks-
tag durften wir uns der Gewißheit hingeben, daß die ersten Aussaaten gekeimt
hatten. An vielen Stellen der Erbsen- und Bohnenfelder erhob sich die Erd-
krume, barst und die jungen Pflänzchen erblickten das Licht der Welt. So
schenkten uns unser Fleiß und Mutter Natur die ersten Pfleglinge, deren Weiter-
entwicklung ich nun Tag für Tag ängstlich und freudig überwachte. Dem
Alltagsmenschen daheim mögen solche Empfindungen kleinlich und überschwenglich
erscheinen; aber er ziehe nur hinaus und erfahre, wie Herz und Gemüt in der
Ferne, unter fremden Eindrücken vereinsamt, sich an das scheinbar Kleine und
Nichtssagende, welches daheim kaum beachtet wurde, fest anklammert, wie dieses
Nichts für ihn wertvoll und genußreich wird, und ihm die Brücke der Erinne-
rung zur fernen Heimat baut.

Und wiederum kamen Boten an, diesmal von Sémio. Er weilte noch bei
Palembatá und ließ mich gleichfalls auffordern, zu ihm zu kommen. Ich ver-
tröstete auch ihn auf später, er solle mir nach 14 Tagen abermals Führer senden,
dann erst würde ich mich entschließen können, zu ihm zu reisen. Auch Binja,
ein Sohn des alten Fürsten Málingbe und unser nächster Nachbar im Süden,
schickte Leute zu meiner Begrüßung. Solche Botschaften hatten ihren Grund
mehrfach nur in der Neugier der Fürsten, die durch eigene Leute etwas über
meine Person erfahren und sich von meiner Ungefährlichkeit vergewissern wollten.

Die Lufttemperatur bei Nbóruma war in dieser Jahreszeit (Juli, August)
sehr angenehm. Große Hitze war selten, die Wärme blieb im Vergleich zu nördlichern Gebieten, dem arabischen Sudan, der Küste des Roten Meers, Chartum,
hier weit zurück. Die Schattentemperatur stieg bei Tag selten über 25 und 26° C.,
Minimaltemperaturen während der nächsten Nächte zeigten 15 und 16° C.,
besonders waren die frühen Morgenstunden und die Abende köstlich. Die Gewitterregen fielen an den meij...n Tagen in den Nachmittagsstunden nach der größten
Tageshitze, wohl auch abends oder in der Nacht, selten jedoch während der
ersten Hälfte des Tags. Diese günstigen Temperaturverhältnisse sind zum Teil
dadurch bedingt, daß das mittlere Niam-Niamland das relativ am höchsten
(740 Meter) gelegene Gebiet ist, wie es denn als Quellland vielen ansehnlichen
Flüssen, die nach verschiedenen Richtungen verlaufen, den Ursprung giebt.

Mit meiner geräumigen Wohnhütte war ich in jeder Beziehung zufrieden,
sie war luftig und gut ventiliert, bot mir auch während der Tageshitze einen
angenehmen kühlen Aufenthalt, und machte eine offene Rekuba entbehrlich, ja sie
war einer solchen vorzuziehen, denn sie hielt die Mittagswärme ab, die auch in
die Rekuba eindringt. In dem Schrägbachhäuschen Bohndorffs dagegen fehlte

es an genügender Luft und hinreichendem Licht für feinere Arbeiten, sie war
daher lange nicht so behaglich und er mußte sich sogar für die tägliche Arbeit
der Präparation von Vogelbälgen neben dem Häuschen eine Rekuba errichten
lassen. Die Behausungen des Landesfürsten, meines Gönners Ndóruma, lagen
kaum fünf Minuten von meiner Station Lacrima entfernt. Sie zeichneten sich
durch nichts vor den Hütten der andern Eingeborenen aus, und auch Ndóruma
selbst trug nach alter, guter A-Sandésitte die größte Einfachheit zur Schau, mit
der er sich durchaus gehen ließ. Seine Lieblingskleidung bildete der „Rokko", ein
schon recht abgetragenes Stück Rindenstoff, das von einem dicken, gedrehten
Baststrick gehalten war. Bei seinen Besuchen trug ihm ein Junge ein altes
Gewehr und ein anderer einen großen Mangbattu-Trumbusch nach, und nachdem
ich ihm einen Revolver zum Geschenk gemacht hatte, ließ er auch diesen gern
hinter sich hertragen. Die dermaligen Hütten Ndórumas waren eines Fürsten
wenig würdig, doch hatte dies seinen guten Grund. Die A-Sandé verlassen
nämlich oft schon nach wenigen Jahren ihren Sitz und siedeln sich an einem
andern Ort an. Auch Ndóruma war noch nicht lange hier und besaß vorerst
nur provisorische Hütten. Während der Expedition Rafàis zu seiner Unterwerfung waren vielfach sowohl die Landesproducte aufgezehrt, was die Bevölkerung noch jetzt empfand, als auch frühere Behausungen zerstört oder verlassen
worden, und die Furcht vor neuen Einfällen der Nubier hatte noch nicht das
rechte Vertrauen für den Bau dauernder Wohnstätten aufkommen lassen. Diese
Furcht war es auch, was Ndóruma veranlaßt hatte, mir nach Dem Bekr ent-
gegenzukommen und dann eilig zurückzukehren, um seine Unterthanen zu beruhigen,
die dann bald einsahen, daß mein Verbleiben im Land ihnen einigen Schutz
gegen die Nubier bot. Häufig hörte ich die Leute sagen, daß sie durch mich
einer friedlichern und bessern Zukunft entgegensähen und jetzt an die Bebauung
ihrer Felder und die Herstellung ihrer Hütten gehen würden. Als ich Ende
des Jahrs nach der ersten Rundreise in meine Station Lacrima zurückkehrte,
fand ich die neuen Hütten Ndórumas sogar von einer Umfriedigung umgeben,
wie sie früher durch die Niam-Niam nie hergestellt wurden. (Vgl. die
Bemerkung auf S. 171 unten.) Feste, schützende Umzäunungen findet man
vorwiegend bei Viehzucht treibenden Völkern; sie sollen den Ausbruch des
Viehs verhindern und dieses anderseits nachts vor Raubtieren schützen, denn
es wird hinter festen Verhauen überall im Freien gehalten. Die A-Sandé
züchten weder Rinder noch Ziegen. Gegen den Leopard aber, der im Lande
häufig und gerade hier häufiger als anderwärts ist, der dem Menschen nach-
stellt und ihn selbst aus Hütte und Hof herausholt, bringen die indolenten

Leute einen oft nur ungenügenden Verschluß an ihren Hütten an, die allerdings zur Nachtzeit auch mit quergestellten Balken verrammelt werden. Als ich auf meinem letzten Durchzug durch das Gebiet Nbórumas drei Jahre später nach Osten reiste, fand ich in meiner Station, die ich „Thräne" getauft hatte, kaum eine Spur des einst Bestandenen wieder; auch Nbóruma hatte, was ich zur Bekräftigung des oben Gesagten anführe, seine Hütten schon wieder verlassen und sich etwas weiter östlich auf dem Ukrreplateau neu angebaut; von den frühern Hütten war nichts mehr sichtbar. Und so mahnt im tropischen Afrika alles und jedes an raschen Verfall und Vergänglichkeit. In uns aber bleibt das peinliche Gefühl zurück und die Furcht, ob denn selbst mühevolle, europäische Arbeit hier Früchte reifen werde, ob bei diesen Naturvölkern dauernde und bessere Verhältnisse geschaffen werden können, ehe auch sie dem Untergang anheim fallen.

Eine kleine Störung erlitt unser Haushalt durch die Erkrankung meiner Chartumer Köchin Saida. Sie war von Geburt eine Bertat (Negerstamm am obern Blauen Nil) und eigentlich die Sklavin einer Araberin, die sie mir für monatlichen Lohn überlassen hatte. Saida war in der arabischen Kochkunst ziemlich weit fortgeschritten, zu weit sogar für unsere gegenwärtigen einfachen Verhältnisse, unter denen ihre ansehnliche Fachkenntnis sich gar nicht recht verwerten ließ. Als sie daher nun an einem Gelenkrheumatismus erkrankte und lange Zeit unthätig blieb, war dies schließlich für uns doch nicht so empfindlich, als es unter andern Verhältnissen hätte sein können; sie wurde eben durch Farag Allah ersetzt, der unsere frugalen Mahlzeiten einstweilen nach meinen täglichen Anordnungen und der Zuteilung der Rationen herstellte. Außer Saida war gleichzeitig auch mein zweiter Diener Dsumbe krank; er litt wochenlang an einer schweren Dysenterie, sodaß ich den Jungen zu verlieren fürchtete. Unter meiner Behandlung erholte er sich zwar wieder, doch konnte ich ihn leider noch nicht auf meine erste Rundreise mitnehmen; er blieb damals mit den übrigen bei Bohndorff in der Station zurück.

Der Plan, schon jetzt andere Gebiete zu bereisen, beschäftigte mich um so mehr, als mir doch durch die freundschaftlichen Aufforderungen und Botensendungen der umwohnenden Herrscher die Wege nach mehreren Richtungen offen standen. Die volle Regenzeit, in der wir jetzt waren, sollte mir kein Reisehindernis sein. Mit wenig Gepäck und leicht geschürzt hoffte ich auch leichter reisen zu können, und dabei in neuer Arbeit und durch Bereicherung meiner Kenntnis von Land und Volk noch in diesem Jahr jene Befriedigung zu finden, welche das Stillleben in der Station, so angenehm es sich auch nach Beendigung derselben gestaltet hatte, mir weder bieten konnte noch durfte. Nur frisch gewonnene Resultate bringen jene Genugthuung, die den Mut und die Energie aufrecht erhält, wenn sie unter tausendfacher kleiner Misere zu erlahmen Gefahr laufen. Ich wußte, daß Ndóruma aus Furcht und Eifersüchtelei mich ungern schon so bald ziehen lassen würde; in der That machte er mir Schwierigkeiten, die ich unter vielem Ärger und Verdruß zu bekämpfen hatte. Sobald Sémio mir nochmals Boten senden würde, wollte ich zu ihm aufbrechen, denn er beabsichtigte, aus südlichen Gebieten Elfenbein zu beschaffen, und ich hoffte, diese Reise mitzumachen. Im Grunde war mir ja jede Richtung gleich lieb, da diese Gebiete noch alle unerforscht waren und jede Reise eine neue Bereicherung unserer Kenntnis derselben bringen mußte.

Zu solchen Plänen hatte ich jetzt vollauf Muße, denn nach wochenlanger Arbeit an und in unserm temporären Heim, wobei Hunderte von Eingeborenen, die uns lärmend umgaben, stets beaufsichtigt und angetrieben sein wollten, war jetzt eine angenehme Stille in der Station eingetreten. Es waren für mich Tage köstlicher Ruhe, die nun folgten, und die ich im Vollgefühl der Zufriedenheit nach dem Schaffen und Wirken und in der Freude über unsere gelungene Erstlingsarbeit in vollen Zügen genoß. Nun hatte ja jeder sein trockenes, heimliches Plätzchen und der Garten prangte bereits im ersten Grün. Wo es noch vor kurzem laut und lärmend zugegangen, lag jetzt lautloses Schweigen über unserm friedlichen Heim. In den Mittagsstunden besonders, in denen jeder sich unter dem schützenden Dach barg, die Jungen die Tageshitze verschliefen, auch Ziegen und Hühner den Schatten aufsuchten, lag unsere Station wie ausgestorben da. Während dieser wenigen ungestörten Wochen, die mir den vollen Reiz einer afrikanischen Idylle erschlossen, war mir an Geist und Körper wonniglich wohl. Wie gern hätte ich all dieses Glück dauernd genossen, aber das Gespenst des Pflichtgefühls suchte mich heim und mahnte immerfort, daß ich nicht des persönlichen Wohlbehagens wegen in diese Länder gekommen und daß noch viel Arbeit vor mir lag. Und so erkannte ich wieder die Wahrheit, daß die zweite Seele in des Menschen Brust die erste in ihren Genüssen leider häufig stört. Immerhin freute ich mich weiblich der Gegenwart, ließ meine Gedanken an stillen Abenden in die jüngste Vergangenheit zurückschweifen, und hoffte auf eine, wenn auch mühevolle, doch erfolgreiche nächste Zukunft.

Es sei mir gestattet, hier ein Bild des Lebens zu entwerfen, wie es sich zu solch stiller Zeit in meinen Stationen abwickelte, mit seiner Tagesordnung und Arbeitsverteilung, und dem Fortgang meiner eigenen Arbeiten und derjenigen Bohndorffs, und unsern täglichen kleinen Freuden — der kleinen afrikanischen Leiden will ich dabei gern vergessen. Die Dauer des Lichttags beträgt unter diesen Breiten zu allen Jahreszeiten beiläufig 12 Stunden ohne merklichen Unterschied, und zwar geht kurz vor 6 Uhr morgens die Sonne im Osten auf, erreicht um 12 Uhr die Mittagshöhe und taucht gegen 6 Uhr im Westen, häufig in der glänzenden Farbenpracht des südlichen Himmels, wieder unter. Die Morgen- und Abenddämmerung ist im Vergleich zu unsern Breiten nur von kurzer Dauer; wie der Tag mit raschem Übergang auf die Nacht folgt, so geht auch die Tageshelle eilig in das Dunkel der Nacht über, wenn nicht die freundlichen Strahlen des Monds ihre Vermittlung gewähren. Die meist klare, durchsichtige Atmosphäre aber gestattet in solchen bevorzugten Erdstrichen selbst den mildesten Strahlen der Mondsichel, dem glücklichen Naturmenschen das ersehnte Licht zu spenden. Von der vollen Leuchtkraft des Monds in jenen Ländern macht sich der Nordländer kaum eine richtige Vorstellung. Namentlich in unsern wohlerleuchteten Großstädten bemerken Tausende und aber Tausende von Menschen die Phasen des Monds überhaupt nicht; für sie brauchten Mond und gestirnter Himmel gar nicht zu bestehen. Eine empfindsame Minorität erfreut sich bei uns vielleicht der Pracht des Mondenglanzes und genießt das Wunder der Natur, aber den Nutzen des Monds als einer leuchtenden Kraft während langer, dunkler Nächte würdigen die wenigsten Nordländer. Ebensowenig wissen sie, daß Millionen von Anhängern des Islam, sobald die neue Mondsichel am Firmament erscheint, im Gefühl der Ergebung und Dankbarkeit sich niederwerfen und im Gebet verharren, daß Millionen von Naturmenschen in der dunklen Ahnung einer allwaltenden Macht die Zeit des Vollmonds für mystische Ceremonien, für phantastische Tänze und Feste erwählen. Sie erkennen richtig, welche Wohlthat es ist, nicht das halbe Leben in undurchdringlicher Finsternis verbringen zu müssen; der Kulturmensch, der der Natur durch Kunst nachhilft, hat längst verlernt, den Naturkräften ein dankbares Herz zu bewahren.

Doch kehren wir zur Arbeitsleistung zurück, die sich während des ruhigen Lebens in meiner Station bei Nbóruma im Lauf des Tags abwickelte. Das Tagewerk begann meistens, wenn die rasch zunehmende Helligkeit nach dem ersten Morgengrauen das letzte glanzlose Licht des Monds verschwinden ließ und der Osthimmel bei emporsteigender Sonne sich mit dem ersten Frührot färbte. Jeder einzelne kannte die ihm zugeteilte Arbeit, die sich täglich wiederholte und vor allem andern bewerkstelligt werden mußte. Das Frühgeschrei unserer Hähne, denen ein Kollege aus den entfernten Hütten Nbórumas antwortete — dieselbe Idylle wie bei uns daheim — weckte die Jungen. Alsbald ging alles an das Reinigen und Auskehren der Station, wobei jedem der Jungen

Sandéfrau mit Kind. Nach einer Photographie von R. Buchta gezeichnet von Fr. Rheinfelder.

14*

ein bestimmter Raum zugeteilt war; auch die verschiedenen Hütten waren unter
sie verteilt. Die Dienerinnen hatten für ihre Hütten, für die Küche und den
Raum vor derselben zu sorgen. Das neu aussprießende Gras gab den Jungen
anfangs lästige und zeitraubende Arbeit, doch mußte es sofort entfernt und nebst
dem Kehricht an einen bestimmten Platz außerhalb der Station geschafft werden.
Der Mist der Esel und Ziegen wurde gesammelt und im Garten verwertet. Mein
kleiner Dinkajunge Farag war der specielle Hüter der Ziegen und Schafe und
ließ sie, nachdem die ersten Sonnenstrahlen das Gras vom nächtlichen Tau
getrocknet hatten, aus der Station hinaus auf die Weide, wo er bei ihnen blieb
und sie im Auge behalten mußte. Den Boden in meiner Hütte ließ ich jeden
Morgen mit Wasser besprengen und dann fegen; selbst das Wasser aus dem Badegefäß wurde beständig zu diesem Zweck verwendet, nach heißen Tagen erst gegen
Abend. Auch draußen vor meiner Thür, an dem Platz, wo wir uns abends im
Freien aufhielten, mußte der Boden erst so besprengt werden, wodurch wir uns
eine angenehme Kühle verschafften. Beim Reinigen der Wohnungen hatten die
Burschen auf die an dem Holzwerk emporklimmenden Termiten zu achten und
deren Neubauten zu zerstören. Die Mädchen holten schon frühmorgens in großen
Thongefäßen Wasser aus dem Flüßchen Ukrre, ein Geschäft, das sich im Lauf
des Tags je nach Bedarf mehrmals wiederholte. Die porösen Thongefäße der
Eingeborenen, von verschiedenster Größe und meist von runder, bauchiger Gestalt,
erhalten das Wasser angenehm kühl. Eine solche „Burma", wie sie die Araber
nennen, stand auch beständig bei mir in der Hütte auf einem in die Erde eingerammten Baumstamm, dessen oberes Ende in drei Äste auslief, die gekürzt,
das Wassergefäß zwischen sich aufnahmen. Vor dem Austreiben der Ziegen
besorgte der kleine Dinka das Geschäft des Melkens, denn ich war damals noch
so glücklich, von einigen Ziegen etwas Milch zu erhalten. Leider haben die Dinka
beim Melken der Ziegen und Kühe einen widerlichen Gebrauch, denselben, der
schon vor 200 Jahren bei den Hottentotten beobachtet wurde und in Kolbes
berühmtem Werk mit drastischer Wahrheitstreue illustriert erscheint. Um nämlich
die Milch, wie sie behaupten, leichter in Fluß zu bringen, setzen sie ihren Mund
fest an das Hinterteil des Tiers und blasen kräftig Luft in die zugänglichen
Teile. Wie die Ziegen, so hatten auch die Hühner ihr eigenes Hüttchen, das
sie während der Nacht gegen kleine Raubtiere schützte, und wurden erst am
Morgen in Freiheit gesetzt.

Nach diesen Früharbeiten ging ein Teil der Jungen mit der Axt in den
umliegenden lichten Wald, um abgestorbenes, trockenes Holz in Bündeln für den
Hausbedarf einzubringen, denn ich unterhielt in meiner Hütte ununterbrochen glim-

mendes Feuer, das des Abends und die Nacht hindurch luftig loderte, behaglich wärmte und den Raum erleuchtete. Auch wurde draußen vor meiner Hütte abends häufig ein Feuer unterhalten, um das sich auch die Jungen herumsetzen durften. Das brennende Holzscheit in unmittelbarer Nähe ist für den Neger in der Nacht fast unentbehrlich, da die Temperatur bedeutend sinkt und die Leute nackt schlafen. Einige Jungen aber mußten zur Verrichtung anderer Arbeiten in der Station bleiben, auch war je einem die Versorgung der Esel und des Maultiers zugeteilt,

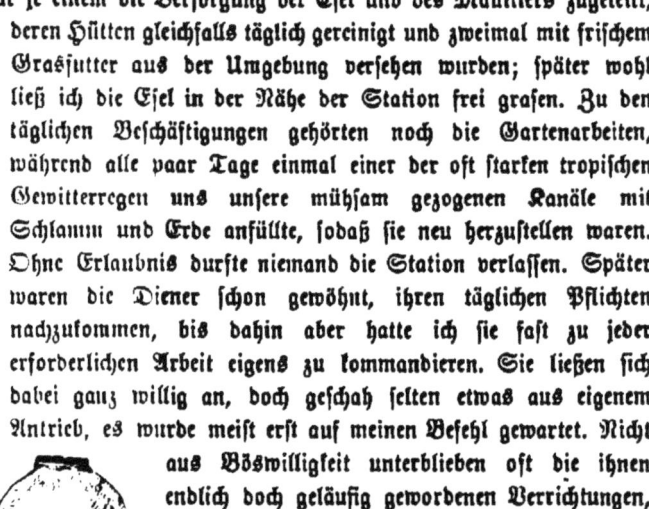

deren Hütten gleichfalls täglich gereinigt und zweimal mit frischem Grasfutter aus der Umgebung versehen wurden; später wohl ließ ich die Esel in der Nähe der Station frei grasen. Zu den täglichen Beschäftigungen gehörten noch die Gartenarbeiten, während alle paar Tage einmal einer der oft starken tropischen Gewitterregen uns unsere mühsam gezogenen Kanäle mit Schlamm und Erde anfüllte, sodaß sie neu herzustellen waren. Ohne Erlaubnis durfte niemand die Station verlassen. Später waren die Diener schon gewöhnt, ihren täglichen Pflichten nachzukommen, bis dahin aber hatte ich sie fast zu jeder erforderlichen Arbeit eigens zu kommandieren. Sie ließen sich dabei ganz willig an, doch geschah selten etwas aus eigenem Antrieb, es wurde meist erst auf meinen Befehl gewartet. Nicht

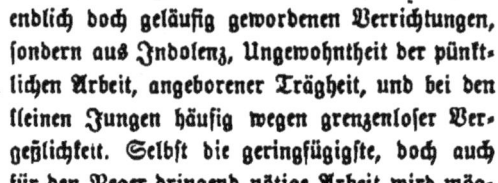

Thongefäße für Wasser.

aus Böswilligkeit unterblieben oft die ihnen endlich doch geläufig gewordenen Verrichtungen, sondern aus Indolenz, Ungewohntheit der pünktlichen Arbeit, angeborener Trägheit, und bei den kleinen Jungen häufig wegen grenzenloser Vergeßlichkeit. Selbst die geringfügigste, doch auch für den Neger dringend nötige Arbeit wird möglichst weit in die Ferne gerückt. Der Eingeborene verträumt den Tag in Trägheit und Nichtsthun, obwohl er ganz gut weiß, daß er zur Nacht seinen Schluck Wasser und sein Scheit Holz benötigt; aber dennoch wird er sicher bis Sonnenuntergang sich nicht rühren, um dann endlich, vielleicht erst in der Dunkelheit, sich dieses Nötigste zu beschaffen. Zur Mittagszeit kamen die Ziegen wieder in die Station zurück, worauf ich die Jungen zum Baden an den Fluß schickte, wohin die Gesellschaft wohl auch abends samt Eseln und Vieh hinabzog.

Erst nachdem ich im Lauf der Wochen meine Leute auf geregelte Arbeit dressiert hatte, fand ich endlich die Ruhe, meinen schriftlichen Arbeiten nachzugehen, wobei ich jedoch meine Umgebung beständig im Auge behielt und kontrollierte. Durch die offenstehenden Thüren konnte ich den größten Teil der Station übersehen, und was dort geschah, entging nicht leicht meinem Blick; nötig war das gewiß, denn wie die Burschen, so erforderten auch die Mädchen bei ihren Arbeiten unausgesetzte Aufsicht. Meine Effekten, Ausrüstungsgegenstände und Tauschartikel hatte ich beständig in eigener Obhut unter Schloß und Riegel, ebenso die Proviantkisten, aus denen ich haushälterisch und sparsam täglich eigenhändig das Nötige herausgab, sogar das Salz, welches für uns wichtige Lebensbedürfnis in diesen Negerländern nicht zu finden ist, sodaß ich den mitgeführten Salzvorrat gehörig zu Rate halten mußte. Die Eingeborenen würzen ihre Speisen mit dem aus Pflanzenstoffen hergestellten kalihaltigen Aschensalz; unser Kochsalz ist für sie ein Leckerbissen, wird überall ungemein geschätzt und ebenso gierig gegessen, wie von unsern Kindern der Zucker. Ich hatte daher 20 „Kopf" Salz, etwa vier Traglasten, aus Chartum mitgenommen und auch noch von den Schiffsleuten in Meschra er-Rek einen Vorrat erworben.

Die meiste Arbeit ist in Afrika der Frau aufgebürdet, wofern sie nicht zur glücklichen Stellung der Favoritin eines Häuptlings oder Fürsten emporsteigt, in welchem Fall sie oft von jeder Arbeit befreit ist. Die Sklavenmädchen müssen, besonders bei den Arabern, deren Bedürfnisse im Haushalt größer sind als beim Neger, weitaus mehr arbeiten als die männlichen Sklaven; diese haben oft kaum eine eigentliche Arbeit zu verrichten,

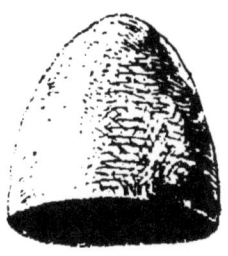

Geformtes Salz aus Chartum. ³/₄ Fuß hoch.

sondern lediglich den Hausstand eines wohlhabenden Arabers zu vermehren. Das zeitraubendste, schwierigste und anstrengendste häusliche Geschäft der Frau — von der Feldarbeit, die in den Negerländern ja gleichfalls von Frauen ausgeführt wird, spreche ich hier nicht — ist die Aufgabe, das Getreide auf primitive Art zu Mehl zu zerreiben. Mehl ist ja doch das Hauptnahrungsmittel, sei es nun in Form von steifem Brei (Lugma oder Assida der Araber) oder von Medida (dünnem, flüssigem Brei), oder von dünnen Brotfladen (Kisra, im getrockneten Zustand Abre), die nur in den Haushaltungen der Araber hergestellt werden, oder endlich, wie in den nördlichern arabischen Ländern, in Form von kleinen, runden, kompakten Broten. Zum Sattessen sind daher begreiflicherweise andere Mengen Mehl erforderlich, als bei dem Kulturmenschen, der zahlreiche Speisen zu sich nimmt, ja das Brot vollständig entbehren kann. Trotzdem wird wohl die Mehrzahl aller Menschen in die Kategorie der Brot- und Breiesser fallen. Wie wir aber die primitive Bereitung des Mehls auf altägyptischen Reliefs dargestellt

finden, wo eine · Frau vor einem flachen Stein kniet und mit einem in den
Händen gehaltenen kleinern Stein das Getreide zu Mehl zerreibt, oder zwei
Frauen abwechselnd in einen Holzmörser hineinstampfen, auf dieselbe mühevolle
und zeitraubende Weise wird noch heute in den Haushaltungen sowohl des
arabischen Suban wie der Negerländer, auf der Murháfa (dem Reibstein) oder
im Mörser (Fundul) das Mehl bereitet. Die einfachste, in Ägypten und bei
ben arabischen Beduinen allgemein gebräuchliche Form der Mahlmühle aber,
mit zwei aufeinander liegenden großen Mahlsteinen, zwischen denen durch Drehung
des obern mittels einer Handhabe das Getreide verkleinert wird, findet sich
nur in den größern Ortschaften des arabischen Suban, während sie in den
Negerländern vollkommen unbekannt ist. Bei großförnigern und härtern Getreidearten, die erst enthülst und durch vorherige Verkleinerung für den Reibstein
vorbereitet werden müssen, kommt der Fundul (Stampftrog) zur Geltung. Es
ist dies ein ausgehöhlter Baumstamm, von Meterhöhe bis hinab zu den
kleinsten Maßen; die Höhlung befindet sich entweder im aufrechtstehenden
Baumabschnitt, der dann ein gekerbtes, verschiedenartig gestaltetes Fußende
hat, oder der Fundul ist ein plumper Holztrog mit kahnförmiger Höhlung; in
beiden Fällen aber dienen schwere Holzstößel zur Verkleinerung des Getreides.
In den fürstlichen Haushaltungen der A-Sandé finden sich fußhohe, zierliche
Mörser aus Elfenbein mit kunstvoll gearbeitetem Fuß als seltene Stücke urwüchsiger
Negerkunst. Sie dienen vornehmlich zum Zerstampfen der Zukost für den fürstlichen Herrn, für die Vegetabilien der Saucen und das Termitengericht. Genug,
die zeitraubende Arbeit des Mehlreibens erfordert in Haushaltungen mit vielen
Dienern zur Ernährung derselben notwendigerweise auch eine entsprechende weibliche Arbeitskraft, da doch wenigstens zweimal täglich die erforderlichen Mehl-
breipyramiden für die Diener bereitet werden müssen. Eine Anzahl Frauen
begleiten daher die Araberzüge in den Negerländern, und da nur ein Teil der
Sklavinnen ihren Herren folgt, sieht man da genau, wie unverhältnismäßig
die Frauen durch die Arbeit der Mehlbereitung, ja schon während des Marsches
durch das Schleppen der schweren Mahlsteine, überbürdet sind. Oft genug hörte
und sah ich die Mädchen noch tief in der Nacht vor ihrer Murháfa kauern und
unter zitterndem, schwermütigem Gesang, tief Atem holend, das Mehl reiben.
Oft erheben sie sich auch mitten in der Nacht vom Lager und gehen an die
Arbeit, denn ihre Herren und deren Diener wollen ja frühmorgens ihre Kisra
oder Assiba essen, der kommende Tag aber ist wieder der mühevollen Reise
geweiht. Im arabischen oder ägyptischen Suban wird der Proviant auf Kamelen
und Eseln mitgeführt; dort liegen die Verhältnisse anders, da alles gekauft

werden muß und viel Dienerschaft auch viel Kosten verursachen würde. Auch auf den Straßen nach Sansibar südlich vom Äquator gestalten sich diese Verhältnisse ganz anders. Die regelmäßige Ernährung von drei Dienern erfordert beiläufig die Arbeitskraft eines Mädchens, doch oft genug muß eine Sklavin auch für zehn hungrige Magen den Mehlbrei herstellen. Dabei kommt es hauptsächlich darauf an, welche Anforderungen an die Güte der Zubereitung gestellt werden; doch ich finde noch andernorts Gelegenheit, hierüber Näheres mitzuteilen.

Das praktisch Wichtige bei alledem ist, daß der Schwarze als Diener, so lange er bei seinem Brotherrn gute und reichliche Nahrung findet, willig zu ihm hält und dann auch in Zeiten der Not seine frühern Ansprüche, ohne zu murren, auf das genügsamste herabstimmt. Er sieht es jedoch gern und rechnet es uns hoch an, wenn wir uns persönlich um die Zubereitung seiner Kost kümmern und sie besichtigen, vor allem aber hält er darauf, daß er die letzten, wenn auch nur wenigen Bissen der übriggebliebenen Speise auf unserer Mittags- und Abendschüssel als seinen Anteil erhalte. Dies sind Zugeständnisse, die der Reisende mit Rücksicht auf Sitten und Gebräuche, und um sich die Zuneigung seiner Leute zu sichern, machen muß. So ließ auch ich das von den Mädchen für die

Stampftröge für Getreide.

Diener zubereitete Essen, bevor es ihnen durch den jüngsten Knaben gebracht wurde, mir vorsetzen. Ein Blick der Zufriedenheit, ein Tadel bei etwa zu geringer Menge, ab und zu auch wohl ein Kosten des Breis oder der Zukost genügten, um einerseits die Achtsamkeit der Mädchen bei ihrer Arbeit wach zu erhalten, anderseits meine Diener zufriedenzustellen.

Im ägyptischen Sudan sieht man das Geschäft des Mehlreibens auf der Murháka niemals von Männern ausüben, dagegen thun dies die Träger auf den Routen nach Sansibar südlich vom Äquator. Zu Küchendienst läßt sich der Sudanneger gern herbei, nur das Mehlreiben scheint er nicht mit seiner Manneswürde in Einklang bringen zu können; lieber genießt er die Durrakörner ungemahlen, über dem Feuer geröstet oder abgebrüht (Belila der Sudanaraber). Durch frühere Erfahrungen und in mancher Beziehung durch das Beispiel der Arabonubier belehrt, deren hergebrachten Sitten und Gebräuchen ich mich unterordnete, führte auch ich auf dieser Reise beständig

weibliche Bedienung mit. Obgleich ich auf spätern Rundreisen oft die Gastfreundschaft der Häuptlinge genoß und auch meine Dienerschaft nach Landessitte oft aus ihrer Küche gespeist wurde, so kam es doch häufig vor, daß
nach mühevoller Reise die erwartete Nahrung für meine Leute ausblieb oder
knapp bemessen war, und dann sättigte ich die Meinigen mit Mehl und Abrē
aus eigenem Vorrat. Solche stets berechnende Fürsorge aber half mir über
manche schwere Hungerperiode hinweg; der rechtzeitigen Disposition über die
Arbeit meiner Dienerinnen verdankte ich meine Selbständigkeit, ich hatte auf
den Rundreisen ein Gefühl der Beruhigung und sah meine Dienerschaft durch
festes Vertrauen an mich gefesselt. Waren wir dagegen wochen- und monate-

lang an einem Ort, in einem neugegründeten
Heim, so schätzte jeder der Leute erst recht den
Vorteil eines geordneten Hausstands, der ihnen
eine regelmäßige, wenn auch unter Umständen
manchmal sehr bescheidene Mahlzeit sicherte. Dafür
nun entwickelten meine Jungen bald ein ganz
besonderes Verständnis und waren es um so mehr
zufrieden, da sie wußten, daß die Eingeborenen
infolge ihrer eigenen Sorglosigkeit oft fasten müssen
und fatalistisch vom Zufall leben, dem auch die
Nubier auf ihren Reisen die Ernährung der Leute
oft genug anheimstellen, statt die nötige Fürsorge
zu treffen. Ärger und Verdruß genug hat mir
freilich auch die weibliche Bedienung gemacht,
aber zu bereuen brauchte ich es doch niemals,

Elfenbeinmörser der A-Sandé.

daß ich meine Reisen in dieser Hinsicht nach landesüblicher Art ausgeführt habe.

Ich gewöhnte mich rasch an die einfachste arabische Kost, die auch aus
manchen einheimischen Produkten hergestellt werden kann, besonders aber an
das Brot (Kisra, Abrē und Lugma), das ausschließlich von den Dienerinnen
nach arabischer Weise unter meiner beständigen Aufsicht, also mit Sorgfalt
bereitet wurde, und so viele Jahre auch mein Hauptlebensmittel blieb. Dadurch
erhielt ich meine Gesundheit oder kam nach schweren körperlichen Leiden wieder
zu Kräften und sicherte mir schließlich den Erfolg meiner Bestrebungen. Ich
werde noch oft Gelegenheit haben, wie ich auch bisher gethan, zu zeigen, wie
der Europäer als praktisch sinnender, erfinderischer Küchenmeister sich manches
Genießbare mund- und gaumengerecht machen und durch eigene Versuche und
Angaben seinen Küchenzettel wesentlich bereichern kann. Ich habe z. B. aus

dunklem, bitterm Telebûngetreide (Eleusine coracana) feines, schneeweißes und süßes Mehl bereiten lassen, das mir ebenso gut wie Weizenmehl mundete. Auch habe ich Mais enthülsen und bis zur Größe etwa von Reiskörnern verkleinern lassen; in dieser Form ist er dem Reis sehr ähnlich und hat ihn mir jahrelang mit Vorteil ersetzt. Ich hatte diese ziemlich mühsamen Künste den bessern Haushaltungen der Chartumer entlehnt; zur Ausführung bedurfte ich allerdings der geduldigern Frauenhände, und da wäre mir der beste Koch nutzlos gewesen. Indem ich diese Dinge bespreche, muß ich übrigens bemerken, daß ich zum Teil der laufenden Zeit vorgreife, denn vieles lernte ich erst durch zunehmende Erfahrungen, und manche errungene praktische Kenntnisse gehören einer spätern Zeitperiode an. Bei Ndóruma befand ich mich noch im Beginn meiner Odyssee und ließ mich von Nahrungssorgen wenig anfechten, wähnte mich vielmehr bei meinen mit allerlei Eßbarem und auch Trinkbarem gefüllten Kisten noch förmlich reich. Aber die Notwendigkeit stellte sich doch ein und die Sorgen lehrten mich später erfinderisch zu sein. Einstweilen schöpfte ich jetzt noch mit sparsamer Hand aus dem Mitgeführten, nahm aber nebenbei doch schon Produkte des Landes in den Küchenzettel auf und gewöhnte so den Magen nach und nach ausschließlich an einheimische Nahrung.

Schon die früher erwähnten Termitengerichte bei Ndóruma — die Saison der geflügelten Ameisen stand nämlich in ihrer Blüte — waren ja bereits ein guter Prüfstein für die Gewöhnung an einheimische Kost. Die Gaben Ndórumas beschränkten sich damals nur auf Mais und große Mengen von gedörrten Termiten, denn für andere Dinge war die Jahreszeit noch nicht recht gekommen; so aß denn jetzt jedermann als Zukost zum obligaten Mehlpapp sein Ameisengericht. Die 1 bis fast 1½ Centimeter langen, je nach den Arten verschieden gestalteten, cylinderförmigen Leiber der weiblichen Termiten sind sehr fettreich, sie werden zerrieben und mit Wasser zu einer dicken, breiigen Sauce verkocht. Um nach dem Einsammeln der Tiere deren Verwesung zu hindern, dörrt man sie sogleich über Feuer, wobei die noch vorhandenen langen Flügel abfallen. Wenn der Mehlbrei dazu fehlt, werden sie auch so, im gedörrten Zustand, ohne weitere Zubereitung gegessen. Die von Ndóruma erhaltenen Termiten — im Monat Juni etwa 25 Lasten — kamen mir sehr erwünscht, um auch meinen Dienern eine Zukost zum Mehlbrei geben zu können, denn allein, ohne Zuthat, ißt ihn der Eingeborene ungern, während schon die einfachste, nur in Wasser mit etwas Aschensalz abgekochte Blättersauce von Kürbis (Cucurbita maxima) oder Gynandropsis, Hibiscus Sabdariffa, Portulak u. dgl., in die er, ganz noch ägyptisch-arabischer Manier, seinen Breibissen eintauchen kann, ihn zufriedenstellt. Dieses geringe Zugeständnis aber muß man ihm machen, genügt doch schon eine kleine Quantität dieser Zukost, um seine Mißbilligung hintanzuhalten. Bei den Eingeborenen gehört zu einer Mehlbreipyramide von beiläufig 1 Fuß Durchmesser ein kleines Töpfchen mit etwa $1/2$ Liter flüssiger oder dünnbreiiger Zukost; doch auch dies schwankt natürlich nach der Freigebigkeit des Spenders. Mit dem täglichen Termitengericht nun waren meine Jungen sehr zufrieden, denn es steht als Zuspeise in der Schätzung der Neger gleich nach der Fleischkost, übrigens ging ich mit gutem Beispiel voran, indem ich es bald täglich auch auf unsern Tisch bringen ließ. Die zu Brei zerkochten Termiten sind einer Fleischfarce nicht unähnlich; wir genossen sie teils mit Kisra, teils unter Reis gemengt; ich habe sie auch statt Fleisch in Pasteten („Fatir" der Mohammedaner, bei ihnen jedoch ohne Termiten, die sie verabscheuen und nicht essen, obgleich dieselben als aus Eiern entstandene Tiere nicht für religiös unrein gelten können) einbacken oder mit geschlagenen Eiern als Termitenomelette auftragen lassen. Einige Tropfen englischer Sauce oder etwas Gewürz trugen zum Wohlgeschmack bei.

Kehren wir jedoch zu der täglichen Beschäftigung meiner Dienerinnen zurück. Ihre Arbeiten beschränkten sich, das Wasserholen am Fluß abgerechnet, auf das Innere der Station; nur zeitweise, wenn die Diener anderweitig bringend beschäftigt waren, oder wohl auch zur Strafe wegen lässiger Arbeit und Faulheit, mußten auch sie Holz zur Station schaffen. Gewöhnlich gingen sie beim ersten Tagesgrauen zusammen aus der Seriba in den lichten Buschwald hinaus, um nach Urelternbrauch, dem Vorbild ihrer Stammmutter Eva folgend, sich das frische Laub junger Stauden zu brechen und es, bis zu baldiger Erneuerung, vorn am Leibgurt unter dem breiten, um die Hüften geschlagenen Stück blauen Tirgazeugs zu befestigen. Meine Chartumer Köchin Saida machte eine Ausnahme, denn sie verstand zu nähen und trug Frauenrock und Jacke. Nachdem alles gefegt und gescheuert und das Wasser geholt war, ging es an die Vorarbeiten zur Zubereitung des Mehls: das Getreide wurde gewaschen, auf Matten oder Fellen an der Sonne getrocknet und auf Strohgeflechten geschwenkt. Dann wurde es entweder trocken oder feucht zuerst in dem großen Holzmörser zerstampft, oder auch direkt auf der Murháka zerrieben. Dies geschieht in zweierlei Weise je nach der Bestimmung des Mehls, ob es nämlich zum Aufbewahren trocken hergestellt oder gleich verarbeitet werden soll. Das Getreide wird daher entweder trocken zerrieben oder angefeuchtet auf den Reibstein gebracht und auch während des Reibens immer wieder aufs neue besprengt; in diesem Fall löst sich ein teigiger Brei von der schiefen Ebene des Reibsteins

los und fällt in das hinter denselben gestellte Korbgeflecht hinab, als Material
für die Lugma der Diener. Die Kisra für mich aber ließ ich aus enthülstem,
wiederholt gereinigtem Getreide bereiten. Saida erhielt jeden Morgen meine
Anordnungen für den Tag und nahm die Rationen aus dem Proviantkistchen
in Empfang. Die täglichen Gerichte waren damals Linsen-, Erbsen- und Bohnen-
suppen, die ich massenhaft teils in Form von Tabletten, teils als trockene
Gemüse in Säckchen mitgenommen hatte, ferner Reis, Maccaroni und Julienne.
Die gleichfalls in Tabletten gepreßte oder lose, in Paketen vorhandene Julienne
ist den Reisenden sehr zu empfehlen; noch nach Jahren diente sie mir, wenn
ich nichts anderes erhalten konnte, mit etwas gedörrtem Wildfleisch gekocht, als
angenehme Zukost zur Kisra; auch die Diener bekamen dann etwas davon, um
ihrem Brei die höhere Weihe zu geben. Nicht minder besaß ich Gemüsekonserven
aller Art in Büchsen, desgleichen Thunfisch, Salm, Hummer, Zunge, Sardinen,
doch kamen solche Kostbarkeiten nur gelegentlich und in kleiner Menge auf den
Tisch. Dagegen waren mir getrocknetes und gepreßtes Obst, Äpfel und Pflaumen,
bei Unwohlsein ein ersehntes Labsal, mit Reis gekocht lieferten sie uns auch
ein erwünschtes Sonntagsgericht. Sehr empfehlenswert für denselben Zweck sind
die auch bei den Ägyptern beliebten, gepreßten Aprikosen (Misch oder Misch-
misch) und das in feine Tabletten gewalzte, aber in großen Fladen auseinander
geschichtete Aprikosenmus (Gamaradin). Ein kleines Stückchen davon, weichem
Handschuhleder ähnlich und zerreißbar, liefert, in heißem Wasser aufgelöst und
gekocht, ein Kompott, verdünnt aber ein namentlich bei Fieber angenehmes
Getränk. Über dieses und manches andere konnte ich damals noch verfügen,
auch kam davon täglich ein Gericht auf den Mittags- und Abendtisch und
hinterdrein wohl noch ein Stückchen Käse oder eine Mehlspeise. Frisches Fleisch
gab es dagegen selten, doch ließ ich das gedörrte von meiner geschlachteten Kuh
in den Gemüsen oder Suppen verkochen. Das Abschlachten der wenigen Ziegen
und Hühner schob ich so weit als möglich hinaus.

In der beschriebenen Weise sorgte ich also dafür, daß meine Leute bis
Mittag wenigstens regelmäßig beschäftigt waren. Ihre Arbeiten hätten freilich
nach unsern Begriffen von halb so vielen Leuten in wenigen Stunden vollbracht
werden können, doch man muß die Arbeitsleistung im Orient, wie auch in den
Negerländern, mit anderer Elle bemessen als bei uns, und darf auch vom
Schwarzen, besonders wenn seine Erziehung zur Arbeit erst begonnen hat, keine zu
ausgiebige Leistung verlangen. Wir dürfen nicht vergessen, daß auch der Europäer
in den Tropen ein gut Teil seiner Arbeitskraft einbüßt. Ich prägte meinen
Jungen ein, daß sie nur die vier bis fünf Morgenstunden nach meiner Angabe

gewissenhaft und fleißig arbeiten sollten, den Nachmittag wolle ich ihnen dann gern zu ihrem eigenen Sport überlassen. Daher war ich auch bei Arbeiten, welche etwa außer der Regel nachmittags zu machen waren, wenn sie nicht gerade, wie z. B. bei neuem Hüttenbau, sehr dringend wurden, weit nach= sichtiger; ist es doch meist Überbürdung mit Arbeit, was neben Hunger und häufigen Prügeln die Negerjungen zum Davonlaufen treibt. Fallen diese Ursachen fort, so ist der Negerjunge, da er weder Weib, Kind noch Haus besitzt, ein williger Sklave und Diener, fühlt sich bei seinem Brotherrn wohl und sehnt sich nicht danach, von ihm fortzukommen. Was könnte er auch mit seiner Freiheit thun? Sobald er diese erlangt, beginnt für ihn der eigene schwere Kampf ums Dasein. Oft genug forderte ich in Augenblicken jähen Ärgers die Diener geradezu auf, mich zu verlassen und sich ihren eigenen Weg zu suchen, aber nie ist einer freiwillig von mir gegangen; mehrere dagegen habe ich im Lauf der Jahre fortjagen müssen. Ich übte Nachsicht und Geduld, war aber doch auch, wo es sein mußte, bestimmt und streng; keiner meiner Diener ist der körperlichen Züchtigung entgangen, aber da ich anderseits ordentlich für sie sorgte, waren sie mir dennoch anhänglich.

Wir genossen bei Nbóruma morgens Kaffee mit Milch und Zucker, dann die zwei regelmäßigen Mahlzeiten, aber ohne Wein, denn das Wenige, was ich davon besaß, sparte ich für besondere Gelegenheiten auf. Der Zucker war schon nach wenigen Monaten zu Ende; ich hatte damit bis auf einen Rest, der für Krankheitsfälle aufbewahrt wurde, nicht gespart, denn er ist eine unnütze, schwere Last auf der Reise und kann an Ort und Stelle durch Honig ersetzt werden. Dagegen hielt der Chartumer Zwieback (Buxmat) lange vor. Wir genossen ihn in Wasser geweicht morgens zum Kaffee und nachmittags gegen 4 Uhr zum Thee. Der Thee aber war mir, ob heiß, ob warm oder kalt genossen, im Lauf der folgenden Jahre auf allen meinen Reisen das erwünschteste Getränk; sowohl während des Aufenthalts in meinen Stationen, als auch unter= wegs in der Hütte des Eingeborenen oder im freien Lager der Wildnis brodelte stets das Wasser zu seiner Bereitung am Feuer. Wenn meine Umgebung schon längst an den Lagerfeuern in Schlaf gesunken war, schlürfte ich noch mit Behagen meinen Thee oder rückte in kalten, zum Teil schlaflosen Nächten den immer unter dem Bett stehenden Theetopf, der noch ein Restchen enthielt, neuerdings ans Feuer und verkürzte mir mit Thee und Cigarette die naßkalte, schlummerlose Nacht. An Marschtagen trank ich wohl sechs Glas sehr schwachen Thees, dagegen selten Wasser, und nach beschwerlichen Märschen stillte ich das dringendste Hunger= gefühl, indem ich das erste Glas mit einem Zusatz von Honig, etwas krystalli=

sierter Citronensäure und darin aufgeweichtem Abré (trockener Kisra) zu mir nahm. Auch habe ich während der langen Reisejahre weder an Darmkatarrhen noch an Dysenterie gelitten; nicht als ob ich behaupten wollte, daß der reichliche Theegenuß mich davor beschützt habe, aber ich halte das häufige Trinken von schwachem Thee (die Engländer trinken ihn zu stark) für sehr empfehlenswert, da es dem Reisenden das rohe, stets veränderliche und oft sehr schlechte Wasser mit seinen Typhus- und Dysenteriekeimen fast ganz entbehrlich macht.

Ndóruma pflegte mich mit seinem Gefolge in später Nachmittagsstunde zu besuchen. Der Platz an der Schattenseite meiner Hütte war dann nochmals gereinigt, auch der Boden mit Wasser besprengt, und hier setzten sich die A-Sandé nieder, nachdem sie die sonst über die Schulter gehängten Antilopenfelle, häufig von der Antilope scripta, dem „geschirrten Bock", unter sich ausgebreitet hatten. Den Ehrensitz bekam Ndóruma, und zwar auf einem großen Feldstuhl, den ich ihm später als Geschenk überließ, und er trank mit uns oft auch ein Täßchen arabischen Kaffee. Nach dem Abendessen blieb ich noch häufig im Freien oder in meiner Hütte mit Bohndorff zusammen, und darauf beschloß wohl ein Schweizer Magenbitter mit Wasser als Abendtrunk den Tag. Noch ein Rundgang durch die Station, um mich zu überzeugen, daß die Thüren gut geschlossen waren, die Esel ihr Gras für die Nacht bekommen hatten u. dgl., dann kehrte ich in meine Hütte zurück und blieb oft noch lange bei Arbeit und Lektüre wach. Die tiefe Stille ringsum bezauberte mich, und gar viel habe ich in diesen heimlichen Stunden vorwärts und rückwärts geträumt am lodernden Feuer. Ab und zu nur schreckte mich der Flügelschlag eines über die Hütte hinstreichenden Nachtvogels aus dem Sinnen, dann griff ich wieder zur Arbeit, bis die Müdigkeit mich aufs Lager warf.

In dieser Weise verlief nicht nur manche Woche meines Aufenthalts bei Ndóruma, sondern auch später ein Teil der Zeit in andern Stationen. Meine eigenen Beschäftigungen waren natürlich weit mannigfaltiger, denn neben den wissenschaftlichen Arbeiten überwachte ich stets sorgsam meine Habe, ließ fast alle Gepäckstücke im Lauf der Wochen öffnen, vieles auf Matten und Segeltuch zum Sonnen und Lüften ausbreiten, worauf ich alles nach einem feststehenden System eigenhändig wieder verpackte. Solche Arbeit machten besonders die Vorräte an Lebensmitteln immerfort notwendig, wenn nicht durch Sorglosigkeit in der feuchten Jahreszeit von dem Wenigen vieles verderben sollte. Manche Reiseutensilien waren schon schadhaft und bedurften der Ausbesserung; mein Diener Farag Allah half mir dabei und lehrte auch Dsumbe bald die nötigen Handgriffe. Das kleine Volk der Jungen aber that bei solchen Be-

schäftigungen Handlangerdienste und mußte mit allen Händen fegen, abstauben
und wischen.

Am 22., 23. und 24. Juli wurden nach echtem Negerbrauch lange dauernde
Verhandlungen geführt. Diese beliebten Palavers währen, obgleich es sich meist
nur um nichtige Dinge handelt, oft tagelang; mir kürzten sie in unliebsamer
Weise die Arbeitszeit, und dennoch mußte ich dem Wunsch Ndórumas gerecht
werden und den Sitzungen beiwohnen. Es handelte sich in erster Linie darum,
daß Binsa, der Sohn des Fürsten Málingbe, sich weigerte, einen Vorrat von
Elfenbein, der durch Osman Bedaui bei ihm zurückgelassen worden und der
zu Ndóruma geschafft werden sollte, herauszugeben. Binsa wurde auch noch
anderer Eigenmächtigkeiten angeklagt, doch trotz der langen Auseinandersetzungen
und der Aussagen von Binsas Boten blieb man schließlich im Zweifel, was
an alledem Wahrheit, was Übertreibung und was Lüge sei. Der Fürst Uándo
hatte mir zur selben Zeit wieder Boten und ein Geschenk von vier Hühnern
geschickt, nebst der erneuerten dringenden Bitte, ihn doch beim Fürsten Ngérria,
seinem Bruder, bei dem er noch landesflüchtig weilte, zu besuchen. Durch diese
vielfachen Verhandlungen lernte ich allerdings die Verhältnisse des A-Sandélandes immer eingehender kennen. Auch die Stellung zu Mbio wurde erörtert:
seine feindlichen Absichten gegen Ndóruma, beziehungsweise gegen uns, und seine
angebliche Absicht, uns zu überfallen und unsere Station zu verbrennen; doch
ich durchschaute die Sachlage jetzt besser, denn aus allen Angaben leuchtete
immer nur der sehnlichste Wunsch Ndórumas hervor, die Macht Mbios zu
eigenem Vorteil mit Unterstützung der Regierungssoldaten zu brechen. Nicht
minder sah ich bei allen diesen Intriguen die Unmöglichkeit ein, von hier aus
durch Boten mich mit Mbio auf freundschaftlichen Fuß zu stellen, denn wieder
lauteten die Aussagen der Sendlinge Ngéttuas, daß Mbio meine Boten nicht
empfangen wolle.

In jenen Tagen kamen auch fernwohnende Häuptlinge Ndórumas zum
Mbanga ihres Landesherrn; unter andern sein Bruder Mbima oder Mbánsuro, Vorsteher eines Distrikts im Südsüdwesten an der Grenze des Gebiets
von Palembatá, bei dem Sémio gegenwärtig weilte. Sie kamen, um mich zu
begrüßen und kleine Geschenke in Empfang zu nehmen, die ich den Leuten für
sich und ihre Frauen zu geben pflegte. An solchen Tagen ging es in meiner
Station lebhaft her, denn sie wollten nicht wieder weichen, ohne die Wunder-
dinge des weißen Manns gesehen zu haben, deren Ruf weit und breit von
Mund zu Mund ging, besonders jene zauberhaften Kästchen und Instrumente,
aus deren „Bauch", wie sie sich immer wieder ausdrückten, ohne alles Zutun

von Menschenhand so feine, so beängstigende und doch zugleich anziehende Töne ganz wunderbar hervorquellen sollten. Dann staunten sie auch die merkwürdigen Bücher und Papiere an (die arabischen Bezeichnungen Kitáb und Wáraga hatten sich bei allen Negern für meine Bilderbücher eingebürgert), denn sie erkannten in ihnen ihre eigenen Hütten und Kriegsgeräte, ihre jagdbaren Tiere, den Wurm, die Fliege, die Biene und den Käfer, ihre Vögel in den Lüften, ihre Fische in den Flüssen, die gefürchtete Schlange und — stets unter kaum endenwollendem Jubel — ihre Elefanten. Ein aus Karton geschnittener, bunt bemalter Hampelmann, fast von Meterhöhe, den ich in meiner Hütte aufgehangen hatte, wurde häufig Ursache der heitersten Scenen. Wenn ich bei Frauenbesuchen plötzlich und unbemerkt an dem lang herabhängenden dünnen Faden des Phantoms zog, stoben die Weiber kreischend und heulend aus meiner Hütte und waren von ihrer Angst nur schwer wieder zurückzubringen. Ich erzähle solche im Grunde nichtige Dinge doch beiläufig, um die tiefe Stufe des Fassungsvermögens des Naturmenschen zu kennzeichnen und immer wieder daran zu erinnern, daß wir den Neger als unmündiges Kind auffassen müssen, und daß dieser primitive Zustand kindlicher Furcht und Unerfahrenheit unser Benehmen ihm gegenüber leiten muß. Jedem einzelnen Besucher konnte und wollte ich die Dinge natürlich nicht zeigen, verlor ich doch im Verkehr mit den Eingeborenen ohnehin schon Zeit genug; da stellte sich denn häufig noch nach den Palavers zahlreicher Besuch bei mir ein. War dies der Fall, so wurde freilich selbst die große Orgel aus ihrem Kasten und Segeltuchfutteral genommen und dann klangen die kräftigen Töne manches bekannten Liedes in den lichten Steppenwald hinaus. Viele Zuhörer glaubten, daß nur ich allein die Töne hervorzuzaubern im stande sei, um so größer war aber dann der Jubel, wenn ich einen der ihrigen als Orgeldreher anstellte, der zu seiner eigenen Verblüffung dem gewaltigen Kasten die nämlichen Klänge entlockte.

Auch unsere 60 Beete im Garten, die, von saubern, schmalen Pfaden eingefaßt, zum Teil schon in grünem Schmuck prangten, zeigte ich Ndóruma und seinen Gästen, um sie mit unserer Gartenarbeit bekannt zu machen und sie über fremdländische Küchenpflanzen zu belehren. Einem und dem andern, der ein besonderes Interesse dafür bekundete, schenkte ich sogar verschiedene Maissorten zu eigener Aussaat. Ich selbst erlebte zu dieser Zeit eine jener kleinen stillen Freuden, die der geduldige Leser ja mit Recht belächeln mag, die aber wir Vereinsamte mit ebensoviel Recht als willkommene Ereignisse begrüßten. Eines meiner Hühner hatte nämlich die ersten Eier ausgebrütet und munter piepten die kleinen Küchlein hinter der alten Gluckhenne her. Meine Freude war so groß, daß sie im Verein mit dem längst empfundenen Bedürfnis, wieder einmal frisches Fleisch zu essen, mich veranlaßte, das Familienereignis förmlich zu feiern und ein Schaf schlachten zu lassen, worauf nun einige Tage üppigen Wohllebens folgten.

Ndóruma beabsichtigte mit einer Elfenbeinsendung zu Gessi Pascha zu reisen, verschob aber den Aufbruch von einem Tag auf den andern, und zwar lediglich in der Furcht, ich möchte während seiner Abwesenheit zu Binsa und Uánbo gehen, ja von dort aus vielleicht mich mit Mbio in Verbindung setzen. Er fürchtete, wie er immer wiederholte, für meine Sicherheit; wäre ich aber seinen Ratschlägen gefolgt, so hätte ich wohl noch lange Zeit bei ihm still liegen müssen. Ich sprach daher für den Augenblick nicht weiter von meinen Plänen, redete vielmehr ihm selbst zu, seine Reise zu Gessi Pascha doch endlich zu verwirklichen. Auch verließ er uns bald darauf, angeblich nur um vorläufig erst das Elfenbein von den Häuptlingen in den nördlichen Teilen seines Landes einzusammeln. Indes äußerte er auch die Befürchtung, daß nach meiner Entfernung möglicherweise Nasái wiederkommen und sein Land neuerdings in Kontribution setzen könnte; es war mir also klar, daß sich sein ganzes Trachten darauf richtete, mich dauernd an sein Gebiet zu fesseln. Dieselben Schwierigkeiten, nebst dem damit verbundenen Ärger und Verdruß, fand ich später auch bei andern Fürsten, sodaß es oft nicht nur schwierig war, ihre Gebiete zu erreichen, sondern fast noch schwieriger, aus denselben wieder herauszukommen, da die Häuptlinge mich als Schutz gegen feindliche Nachbarstämme und gegen die Vergewaltigungen der Nubier gern bei sich hatten.

Im Garten gab es immer zu thun; das Erdreich wurde zwischen den jungen Pflanzen gelockert und die Beete von Unkraut gereinigt, sodann passendes Reisig und biegsame Ruten aus dem Wald beschafft und an die Erbsen und Bohnen gesteckt. Ängstlich beobachtete ich die Regenverhältnisse, von denen ja einzig und allein der Erfolg unserer Mühen abhing. Leider war wiederholt zu starker Regen gefallen, ehe eine neue Aussaat Pflänzchen getrieben, und hatte den Samen von den Feldern in die Wege hinabgeschwemmt. Dann wieder blieb der Regen einige Tage aus und Dürre drohte die junge Saat zu vernichten, sodaß wir den neu eintretenden Regen mit Jubel begrüßten. Inzwischen war das Gras außerhalb der Station hoch aufgeschossen, wenngleich in der Nähe durch den Verkehr niedergetreten und zum Teil schon verdorrt; ich ließ daher an windstillen Abenden schon jetzt so viel wie möglich davon absengen, denn die Glut beim Abbrennen von großen Flächen vollkommen trockenen Grases in der Nähe von Hütten versetzt diese stets in beängstigende Feuersgefahr.

Auch meinen so großartig gefeierten Küchlein drohte Gefahr, denn sie hatten die Raubgier der Milane auf sich gelenkt, denen ich also eifrig und oft mit Erfolg nachstellte. Und noch einen andern, eigentümlichern Vertreter der Vogel= welt, den Cosmetornis Spekei, suchte ich zu erlangen. Er gehört zur Ordnung der Nachtschwalben oder Ziegenmelker, und ich sah ihn gerade um diese Zeit zum erstenmal bei eintretender Dämmerung an mehreren Abenden über die Station streichen. Eines Abends nun entschwirrten einem nahen Termitenhügel die geflügelten Insekten und lockten bald mehrere langbeschwingte Cosmetornis herbei.

Cosmetornis Spekei.

Ihr gewandter Flug war höchst interessant zu beobachten, denn sie haben einige lange Schwungfedern, die beim Fliegen den Eindruck machen, als flögen ihnen stets zwei kleine Vögelchen zur Seite. Behende und lautlos umkreisten sie mit äußerster Schnelligkeit den Hügel, schnellten empor und ließen sich wieder fallen, sodaß ich aus der Ferne kaum wußte, wie ich meinen Schuß anbringen sollte. Endlich gelang es mir aber doch, meinem Gefühl nach, einen Treffschuß abzu= geben; nur blieb im hohen Gras vorderhand alles Suchen nach dem Vogel erfolglos, erst tags darauf brachte mir ihn mein Diener, der nochmals alles durchsucht hatte; leider war er bereits von Ameisen benagt und unbrauchbar, seine Gefährten aber ließen sich in der Nähe der Station nicht mehr sehen.

Im Garten wurden nun auch die jungen Pflanzen, die versetzt werden mußten, wie Salat, Kohl, Rüben u. dgl., auf die noch freien Felder verteilt. Zu diesem Zweck hatte ich mir nach europäischem Muster ein kurzes Stechholz mit Handhabe geschnitzt, womit ich die Löcher machte. Vor den heißen Sonnenstrahlen ließ ich die Setzlinge, bis sie Wurzel geschlagen, durch leichte Schattendächer schützen. Eine Gießkanne lötete Bohndorff aus einem großen Blechgefäß zurecht, und ich bewässerte dann künstlich, was bei 60 bepflanzten Rabatten der großen Wassermengen wegen doch nur zum Teil durchzuführen war.

Mit solchen Arbeiten und schriftlichen Berichten und Briefen für die Heimat war auch der Monat Juli zu Ende gegangen. Da stellten sich am 2. August, nun schon zum drittenmal, Boten von Sémio bei mir ein, um mir mitzuteilen, er stünde eben knapp vor seiner Abreise nach Süden, erwarte mich aber vordem noch bei sich. Jetzt entschloß ich mich kurz und schickte die Boten mit der Nachricht zurück, ich würde in einigen Tagen zu ihm aufbrechen; einen seiner Leute, der mich später zu ihm geleiten sollte, behielt ich sogar zu diesem Zweck bei mir in der Station. Meine bescheidene Ausrüstung für die bevorstehende Reise, über deren Dauer und Endziel ich keine Bestimmung traf, war bald beendet, doch verlängerte sich dann meine Abwesenheit von der Station über Erwartung, und da war, obgleich ich an langes Fernbleiben nicht gedacht hatte, gerade meine leichte Ausrüstung von Nutzen für den Erfolg, weil sich sonst die wieder auftauchende Trägerfrage noch unleidlicher gestaltet hätte. Nbóruma verlegte sich nämlich jetzt, um die Abreise zu verhindern, auf den passiven Widerstand und verweigerte mir anfangs die Träger. Ich ließ mich jedoch nicht einschüchtern und drang schließlich durch. Dabei war es von Wichtigkeit, daß ich absichtlich die Reise zu Sémio gewählt hatte, bei welcher Nbóruma in keiner Weise Befürchtungen für meine Sicherheit vorschützen konnte, da er zur Genüge wußte, daß Sémio eine bevorzugte Stellung einnahm, das Vertrauen Gessi Paschas besaß und für Zwecke der Regierung unterwegs war.

In den letzten Tagen belehrte ich Bohndorff über das Nötige, gab ihm freie Befugnis, die Arbeiten in der Station weiterzuführen, und händigte ihm die Listen und Doppelschlüssel aller Gepäckstücke ein. Auch unterwies ich ihn im Ablesen der meteorologischen Instrumente, was er dann während der folgenden Monate systematisch weiterführte. Die Köchin Saiba und ein Mädchen zum Mehlreiben, Dsumbe, die kleinern Jungen und die beiden Privatdiener Bohndorffs blieben gleichfalls in der Station zurück. Der Regen hatte in den letzten Wochen manche einheimischen Produkte gezeitigt, die nun eine angenehme Abwechslung im täglichen Küchenzettel boten und immer wieder an dem eigenen

Proviant zu sparen gestatteten. Hauptsächlich waren jetzt verschiedene Arten von eßbaren Kürbissen zur Reise gediehen, deren ich noch häufig gedenken werde, da sie mir zeitweise als höchst schätzbares Nahrungsmittel dienten. Auch Bohndorff aß sie gern und es gereichte mir damals zur Beruhigung und zugleich Genugthuung, daß ich ihm 17 Stück davon zurücklassen konnte. Am 5. August war ich mit den Vorbereitungen zur Abreise fertig; auch hatte ich die letzten Tage noch fleißig Berichte und Briefe geschrieben und in einem verlöteten Blechcouvert, wie ich mich ihrer zur Beförderung von Briefschaften an den Posthalter in Chartum bediente, an Ndóruma, der noch im Norden seiner Provinz weilte, abgeschickt. Zugleich ließ ich ihm meine Abreise zu Sémio mitteilen und empfahl Bohndorff und meine zurückgelassenen Leute seiner Fürsorge. Bei den noch jugendlichen Söhnen Ndórumas bestellte ich nun für den zweitnächsten Tag die erforderlichen 15 Träger. Dann erfreute ich mich noch einmal meiner saubern, schmucken Station und der nach wochenlanger Thätigkeit nun im schönsten Grün prangenden Gartenanlage. War sie doch noch vor meiner Abreise aus dem Stadium der Entwicklung zu greifbarem, ja eßbarem Ertrag gediehen, sodaß in den letzten Tagen sogar ein Dutzend köstlicher roter und weißer Radieschen unsern Eßtisch zierten, eine größere Freude für mich, als ein üppiges Diner in der Heimat; die Bohnen und Erbsen der ersten Aussaat aber waren schon so hoch aufgeschossen, daß ich sie noch eigenhändig aufbinden und in das beigesteckte Reisig emporleiten konnte.

So kam der festgesetzte Reisetag heran, die bestellten Träger aber blieben selbstverständlich aus, und ebenso verging der 8. August mit vergeblichem Warten. Mein an die nahen Häuptlinge gesandter Diener Farag Allah überbrachte mir die Nachricht, Ndóruma habe ihnen einfach verboten, mir Träger zu stellen. Das hatte ich doch nicht erwartet. Der Versuch einer solchen Gewaltthätigkeit schlug schließlich dem Faß den Boden aus und ich war nahe daran, die Geduld zu verlieren. Als später die Söhne Ndórumas und einige Häuptlinge zu mir kamen, sagte ich ihnen meine Meinung in derben und schroffen Ausdrücken; ich spielte dabei den Empfindlichen und Gereizten und erklärte ihnen, daß ich nach diesen Erfahrungen nicht länger in der Station bleiben wolle, sondern schon am nächsten Morgen mit den Dienern allein zu Sémio gehen und von ihm Träger, aber für alle meine Sachen, hierherführen würde, um nach dem Vorgefallenen das Land Ndórumas schon jetzt für immer zu verlassen. Und ich möchte doch sehen, schloß ich, wer es wagen würde, mich daran zu hindern; und den Pascha würde ich zugleich benachrichtigen, wie eigenmächtig Ndóruma mich zum Bleiben zwingen wollte, und auch alle A-Sandéfürsten sollten es alsbald erfahren. Zufällig weilte noch ein Bote Uándos im Mbanga Ndórumas. Ich ließ ihn noch, während die Söhne Ndórumas bei mir waren, durch Farag Allah holen, um auch Uándo über Ndórumas Eigenmächtigkeit zu berichten. Seine Angehörigen waren aber jetzt infolge der ausgesprochenen Absicht, meine Pläne sofort auszuführen, derart eingeschüchtert, daß sie mir nun ihrerseits Zugeständnisse machten. Diesen Ausgang hatte ich erwartet, ließ jedoch die Leute nun meinerseits noch lange in Ungewißheit und stellte endlich die Forderung, mir die Träger bis Sonnenuntergang zur Stelle zu schaffen, widrigenfalls ich bei Tagesanbruch mein Vorhaben' auszuführen, ja vielleicht auch direkt in das Bahr el-Ghasalgebiet zum Pascha reisen und von dort mit Soldaten und Trägern zurückkehren würde. In diesem Fall würde ich gar keine Träger von ihnen brauchen, sondern wie jeder Niam-Niam, Pambia und Bármbo reisen, und die Diener brauchten mir nur eine Matte zum Schlafen und etwas Mund-vorrat im Balg des Affen nachzutragen (es ist dies die übliche Ausrüstung der Eingeborenen für die Reise), die trägen Niam-Niam aber, die ja keine Männer, sondern Weiber seien, mögen dann auch daheim bei ihren Weibern hocken bleiben. Nach diesen im Zorn gesprochenen Worten eilten die Söhne und die anwesenden A-Sandé fort und führten mir richtig noch vor Sonnenuntergang die Träger zu. Das Ende war, daß ich schließlich trotz alledem wegen anhalten-den Regens am nächsten Morgen nicht abreisen konnte und der Aufbruch erst am 10. August erfolgte. Diese letzte lästige Wartezeit verkürzte ich mir, indem ich Ebers' „Uarda" las.

Doppelschüffel aus Holz.

Sumpfübergang mittels Brettes.

Von Ndóruma zum Uëlle-Mákua.

Abreise. Jagd auf Schimpansen. Teilweiser Kannibalismus der A-Sandé. Reise zu Mbima. Vasallen Ndórumas. Feuchte Waldstreifen. Bezirk Mbimas und angrenzendes Gebiet. Sitten und Gebräuche der A-Sandé. Wert der Glasperlen. Körperbemalung. Ankunft Ndórumas. Weiterreise zu Sémio. Erste Elaeïspalme. Gebiet Palembatás. Verwandtschaft der A-Sandéfürsten. Geordneter Marsch nach Süden. Verhandlungen mit Bábinbe. An der Grenze der Mangbállë. Násima und seine Pläne. Hühnerorakel. Palaver. Jápatis Klagen. Ein geschenktes Mädchen. Fluß Gurba. Banguïá. Kost und Küche. Kriegsplan. Sümpfe. Absicht, zu Mambangá zu reisen. Sémio macht Schwierigkeiten. Fluß Mbrúole. Erster Anblick des Uëlle. Kriegerische Aussichten. Postsendung aus Europa. Stimmen der Heimat beim Kriegsgeheul. Für mich ungünstiger Orakelspruch. Mambangás friedliche Erklärung. Sémios Einsicht. Verlegung des Lagers.

Zwei volle Monate hatte ich an dem Ort geweilt, wo inzwischen meine Station Lacrima erbaut worden war. Der nach europäischem Muster gepflegte Gemüsegarten prangte im schönsten Grün. Der frohe Anblick des Aufkeimens und jugendlichen Gedeihens meiner Sämereien war mir noch vergönnt gewesen, bevor ich ein wohnliches Heim in ungastlichem Land mit neuem Nomadenleben vertauschte, aber ich konnte kaum hoffen, auch zu genießen, was ich eigenhändig gesät, wenngleich die schönsten, hochroten Radieschen bereits

der erste Erfolg unserer Mühen gewesen waren. Die Zurückbleibenden wußte
ich gut geborgen und so durfte mich selbst von weitern Reisezielen nichts zurückhalten. Es kostete mich freilich viel Überwindung, mein in der Einsamkeit lieb-
gewonnenes, geschütztes und trockenes Heim jetzt in der Regenzeit mit den
Beschwerden eines mühevollen afrikanischen Wanderlebens zu vertauschen, eine
langersehnte, täglich erwartete Post aus Europa nicht mehr abzuwarten; die
feste Willenskraft, deren ich bedurfte, brauchte durch all die Widerwärtigkeiten,
die sich meiner Abreise entgegengestellt hatten, wahrlich nicht noch mehr erprobt
zu werden.

Als ich die Träger endlich erhielt, betrugen sie sich auch beim Aufnehmen
der verhältnismäßig leichten Lasten erbärmlich. Viele suchten durch Lügen und
Vorspiegelung eines Gebrechens sich dem Trägerdienst zu entziehen. Mein erster
Tagesmarsch brachte mich nicht weit und nachmittags sogar, zur Verwunderung
Bohndorffs und der zurückgebliebenen Diener, die mir am Morgen ein Stück
Wegs das Geleit gegeben hatten, wieder nach der Station zurück. Ein freudiges
Ereignis, eine ergiebige Jagd auf Schimpansen, war in diesem Fall der Beweg-
grund zu meiner Rückkehr. Die sorgsame Präparation der Bälge und Knochen
erforderte meine Rücksprache mit Bohndorff; die Nähe der Station aber und
der am Nachmittag drohende Regen bestimmten mich vollends zur Umkehr.

Der Schimpanse ist in den südlichen und westlichen Gebieten der A-Sandé
heimisch, also ungefähr zwischen 25. bis 28. Grad östlicher Länge von Greenwich und dem 5., ja 6. Grad nördlicher Breite. Obgleich er nicht gerade
selten ist, trifft man ihn doch nicht leicht an, da er vielfach seinen Standort
wechselt; auch hatte ich trotz eifrigen Nachfragens bis jetzt kein Exemplar
erhalten können. Die Jagd auf ihn ist in den schwer zugänglichen Dickichten,
auf dem morastigen Boden der Flußufer äußerst mühevoll. Und gerade dort
lebt der Schimpanse ausschließlich in den laubreichen Kronen der majestätischen
Bäume. Die zahllosen, langgestreckten Flußufer, welche ihm ein sicheres Versteck bieten, können beim Aufspüren nur auf sehr kurze Strecken durchsucht
werden, die Jagd auf Schimpansen bleibt daher stets dem Zufall unterworfen. Auch mir warf heute das Jagdglück drei der Tiere gleichsam in den
Schoß; eines derselben gehörte unstreitig zu den größten Vertretern seines
Geschlechts. Der Zufall war aber folgender: Ein breites, sumpfiges Wasser
hemmte nach kaum halbstündigem Weg von der Station den Marsch. Zum
Überschreiten derartiger Sümpfe, in denen sich an herausragendem Wurzelwerk immer wieder einzelne trockene Stellen für den Fuß finden, hatte ich ein
4 Meter langes Brett mitgenommen; es wurde vor mir her von einer trockenen

Stelle zur andern weitergezogen und erwies sich in vielen Fällen als sehr zweckmäßig. Jenseits des Sumpfes brachten
mir Eingeborene die Nachricht, daß in
der Nähe sich Schimpansen aufhielten.
Der Reiz, sie in der Freiheit beobachten und
vielleicht auch ein Exemplar erlegen zu können,
veranlaßte mich, die Träger warten zu lassen.
Ich folgte der Führung einiger Leute im üppigen Hochwald des Flußufers, und zwar im Jagdeifer ohne Brett durch Schlamm und Sumpf.
Unter unendlichem Buschwerk kroch ich zuerst durch,
beständig von zähen Ranken und Schlinggewächsen um-
strickt, aus denen ich mich von Minute zu Minute befreien
mußte. Dann wölbten sich die Kronen riesenhafter Bäume
über uns. Inzwischen hatten einige Leute die Bewegungen
der Tiere beobachtet und empfingen mich mit dem wiederholten Ausruf: „Jà hō! Mansúruma!" (Da, dort! der
Schimpanse!) Der betreffende Baum war aber so hoch,
daß ich erst nach einigem Spähen ein Tier wahrnehmen konnte, das sich im Laubdicht bewegte. Meinem
ersten Schuß folgte unbändiges Gekreisch, und zugleich
flogen eine Anzahl Äste von bedeutender Stärke, welche
die Tiere abbrachen und gegen uns schleuderten,
auf uns nieder. Der eine Schimpanse verließ seinen
Standort und ich erkannte nun deutlich, daß ein
Junges seine Brust umklammert hielt. Das Muttertier suchte unverzüglich wieder gedeckte Stellung
und schmiegte sich, indem es das Junge mit dem
Körper schützte, in die Gabelung zweier mächtiger
Äste. Die fünfte Kugel erst brachte es zu Fall,
obgleich ich an ihm später mehrere schwere Schuß-
verletzungen vorfand. Zuletzt noch hatte das alte
Weibchen instinktmäßig das Junge von sich ge-
wiesen, sodaß es unversehrt auf dem Gipfel des
Baums zurückblieb und ich anfangs hoffte, es

Jagd auf Schimpansen.

lebend einzufangen. Einige Leute stiegen hinauf, kehrten jedoch aus halber Höhe
in heller Angst mit dem Bescheid zurück, das erwachsene Männchen befände sich

in einem Dickicht der Laubkrone. Lange Zeit suchte ich es vergeblich zu ent-
decken, sodaß ich endlich aufs Geratewohl eine Ladung groben Schrots in eine
dunkle Blättermasse hineinfeuerte. Ich hatte die richtige Stelle getroffen, das
Tier verließ kreischend sein Versteck und erlag dann gleichfalls einigen Kugeln.
Doch war es nicht das alte Männchen, sondern ein zweites, kleineres Weibchen.
Das erste erlegte Weibchen überraschte mich durch die Masse seiner Körperfülle. Es war kaum 4½ Fuß groß, hatte jedoch an Armen und Beinen eine
unförmlich dicke Muskulatur. Wie elend erschienen dagegen die jugendlichen
Schimpansen, die in unsern zoologischen Gärten ein kümmerliches Dasein fristen.
Das Einfangen des jungen Tiers scheiterte an der Faulheit der Leute. Die
herbeigerufenen Träger weigerten sich, die Bäume zu erklettern, und doch bedurfte
es zum Einfangen vieler Hände. Der Schimpanse war nicht mehr sehr jung und
flüchtete bei der Verfolgung von Baum zu Baum. Ich mußte mich endlich
mit dem Balg begnügen; ein Schrotschuß brachte ihn, als er tiefer herab kam,
zu Boden.

Die Kraft selbst der jungen Schimpansen ist erstaunlich. Einem kaum
halb erwachsenen Tier konnte ich einst nur mit Mühe einen Stock aus der
Hand winden. Schon der Säugling umklammert mit seinem Händchen den
Finger so fest, daß es einiger Kraftanstrengung bedarf, um freizukommen. Ich
habe viele dieser menschenähnlichen Affen lebend gesehen, manche auf den Reisen
mit mir geführt und sie in den Stationen gehalten; sie haben mir manche
Stunde erheitert und ich werde noch oft von ihnen zu erzählen haben. Je
älter der Schimpanse wird, desto dunkler färbt sich die Haut des Gesichts, der
Handflächen und Fußsohlen. Die ältesten Tiere haben eine dunkelbraune, ins
Schwärzliche spielende, oft gefleckte Gesichtsfarbe, dagegen sind die haarlosen
Teile bei den ganz jungen Tieren hellfarbig.

Die Jagd auf Schimpansen ist leicht und bequem, wenn erst die Tiere
in ihrem Versteck aufgefunden sind. Sie bewegen sich auf den Bäumen gemessen
und bedächtig, sodaß sie einem Jäger mit guter Büchse dort nicht entwischen
können wie Affen anderer Arten, z. B. der gewandte Springer Colobus, welcher
oben in den Laubkronen rascher von einem Baum zum andern gelangt, als
ihm der Jäger unten im dichten Buschwerk oft folgen kann. Der Schimpanse
dagegen sucht sich zu verstecken und kommt, um weitere Strecken zurückzulegen,
auf die Erde herab, wo er im Unterholz des Waldes leichter entwischen kann.
Der erwachsene Schimpanse nimmt dort auch wohl den Kampf auf; seine
Körperstärke ist groß und er hat ein kräftiges Gebiß, sodaß er für den Neger
im Einzelkampf ein gefährlicher Gegner ist. Die Eingeborenen sind kaum im

Wahrsager der A-Sandé (zu S. 167). Nach einer Photographie von R. Buchta gezeichnet von Fr. Rheinfelder.

stande, mit Lanze, Pfeil und Bogen den Schimpansen auf seinen hohen Bäumen zu erlegen; desto größer war natürlich ihr Erstaunen über die Tragkraft und Wirkung meiner Büchse.

Auf dem Rückmarsch zur Station wurde der größte Schimpanse auf das lange Brett gebunden und von zwei Leuten getragen. Jubelnd wurden wir mit unserer Jagdbeute empfangen, und nun ging es sogleich ans Abbalgen. Ein Teil der Träger wartete inzwischen gierig auf das Fleisch. Nicht alle, denn die A-Sandé sind wohl Anthropophagen, sie fröhnen dem Genuß des Menschenfleisches, aber es giebt bei ihnen unstreitig auch Leute, die kein Menschenfleisch essen, und diese, obgleich sie viele widerliche Dinge verspeisen, berühren doch auch das Fleisch des Schimpansen nicht. Das Menschenähnliche dieser Affenart mag sie vom Genuß desselben abhalten, obwohl die Niam-Niam alle übrigen Affengattungen essen. Es war sogar der größere Teil meiner Träger, der nicht nach dem Fleisch verlangte, wohl aber thaten es die Leute vom Stamm der A-Bármbo und A-Pambia, welche, wie an anderer Stelle erwähnt worden, auch bei Ndóruma kolonienweise unter der Kernbevölkerung der A-Sandé verteilt leben. Ich ließ an jene Träger, die kein Fleisch aßen, Getreide verteilen. Um sie mir für den Aufbruch am folgenden Morgen zu sichern, hieß ich sie in der Station bleiben und prägte ihnen ein, ja keinen Fluchtversuch zu wagen, da ich dann unbedingt von meiner Büchse Gebrauch machen würde. Ihre Wirkung war den Leuten noch frisch genug im Gedächtnis, meine Drohung erschien ihnen glaubwürdig und das hatte den Erfolg, daß ich am folgenden Morgen die unterbrochene Reise ohne Zeitverlust wieder aufnehmen konnte.

Ehe ich in der Schilderung meiner Reise fortfahre, sei noch erwähnt, daß ich auch eine neue Erfindung in der Schuhmacherkunst zu machen hatte. Auf der Reise von Dem Bekir zu Ndóruma waren nämlich die Spitzen meiner leichten Chartumer Reitstiefel dadurch, daß sie beim Reiten im scharfen Hoch-gras fortwährend gescheuert, ja geschliffen wurden, vollständig abgenutzt, sodaß die Zehen selbst aus den Strümpfen hervorstanden. Ich ließ also die Stiefel mit neuen Kappen vom stärksten Segeltuch versehen, die ich auf dieser Reise durch eine praktische Vorrichtung schützte, nämlich durch ein gebogenes Stück Bandeisen, das vorne an die Steigbügel angenietet, die vordern Fußhälften umgab und das Gras teilte, ohne daß dieses die Stiefel berührte. Das hohe Gras trieft in der Regenzeit morgens vom nächtlichen Tau. Die schmalen Fußwege sind dann, wie Fußsteige im hohen Kornfeld, vollkommen geschlossen, was das Reisen bedeutend erschwert. Gegen die Nässe, die man vom Gras abstreift, bietet die Bekleidung keinen Schutz, der Reisende ist in wenigen Minuten

bis an die Hüften durchnäßt und begrüßt daher freudig die höher steigende
Sonne, die allmählich Gras und Kleidung trocknet. Die Träger aber sind für
diese Morgennässe besonders empfindlich und daher zu frühem Aufbruch schwer
zu bewegen. Selten kommt man vor 8 oder 9 Uhr von der Stelle, und dabei
heißt es auch noch, so früh als möglich im nächsten Nachtlager einzutreffen, da
in den Nachmittagstunden häufig tropischer Gewitterregen droht. Diese Verhältnisse und der Umstand, daß ich im Gebiet Nbórumas täglich in Hütten
von Eingeborenen übernachten konnte, kürzten jetzt im Beginn der Reise die
Tagestouren ab. Meine Richtung ging nach Südwest. Das vorläufige Ziel,
welches in einigen Tagesmärschen erreicht wurde, war bei Mbánsuro oder
Mbima, einem Bruder Nbórumas und Vasallenfürsten an dessen südwestlicher
Grenze. Seine Behausungen und Sieblungen lagen auf halbem Weg nach dem
provisorischen Lager Sémios im Gebiet Palembatás; durch neuerbings übersandte Boten teilte ich ihm meinen Aufbruch mit.

Das schon gestern überschrittene flache Sumpfwasser wurde, dank meinem
Brett, auch heute fast trockenen Fußes gekreuzt; bald aber, vor einem breiten,
tiefen Sumpf, ließ mich auch das Brett im Stich. Ich mußte mich zum ersten
Versuch bequemen, einen Morast mit vielem Unterholz und Wurzelwerk barfuß
zu durchwaten; er fiel kläglich aus und ich beneidete im stillen die bretthärten
Sohlen meiner Träger. Langsam, aber sicher schritten sie vor mir her, während ich
auf meinem erbärmlichen Fußgestell hochgeschürzt und am Stock dahinkrabbelnd,
nur mühsam und unter empfindlichen Schmerzen im tiefen Kot zwischen dem
Wurzelwerk vorwärts kam. Jeden Augenblick strauchelte ich und jammerte, sobaß
ich unstreitig eine höchst klägliche Figur spielte. Der Häuptling Kunna erwartete
uns bei seinen Hütten am jenseitigen Ufer. Dort wurden die Träger gespeist und
ich fand Muße, mich vom Schlamm und Schmutz zu reinigen. Nach kurzem
Marsch übernachtete ich dann in einer winzigen Hütte beim Häuptling Gumba.
Selbst mein Arbeitstischchen fand da nicht genügend Raum; ich mußte die Tischplatte auf einen Korb vor meinem Bettgestell legen, um arbeiten zu können.

Am folgenden Morgen wurden die Träger gewechselt, was die Abreise
verzögerte, bald nach Mittag aber grollte der Donner und gebot auch heute,
Schutz vor dem drohenden Regen zu suchen. Nach einem weiteren kurzen Tagesmarsch zwang er mich wieder, beim Häuptling Gália (Bália) Nachtquartier
zu nehmen. Was die Richtung der kleinen Sumpfgewässer betrifft, fließen sie
auf der ersten Strecke von Nbóruma aus, sowie auch die an den folgenden
Reisetagen überschrittenen Flüßchen, nach Nordwest dem Fluß Uerre zu. Unter
Sumpfwasser verstehe ich Bäche, die zum Teil ohne Ufervegetation in offener

Sumpfniederung, gleichsam als deren Drainierungsader langsam dahinrieseln. Sie charakterisieren den Oberlauf der weiter unten in mehr eingesenkten und vertieften Betten sich bewegenden Ströme und die Wasserscheiden, welche keines- wegs durch plötzliche Bodenschwellen angedeutet erscheinen. Die Gegend von Ndórumas Residenz, bei 740 Meter Seehöhe (zwischen 4. und 5. Grad nörd- licher Breite und 27. und 28. Grad östlicher Länge von Greenwich), stellt einen der wichtigsten Scheitel- und Wasserscheidenpunkte des hydrographischen Systems dieses Teils von Afrika dar, eine Art Quellenknotenpunkt für die Mehrzahl der nördlichen Zuflüsse des Uëlle und für die nach Norden abgehenden Zuflüsse des dem Nilgebiet angehörigen Ssueh-Djur.

Auf dem Marsch zu Gállia traf ich nur ein kleines Sumpfwasser, das eine den übrigen Gewässern entgegengesetzte Richtung einschlägt, es fließt nach Süden und ist einem selbständigen Nebenfluß des Uëlle-Mákua, dem Gurba, tributär. Ich überschritt ihn auf dieser ersten Rundreise später in seinem Unterlauf. In der Nähe der Hütten Gállias, auf der kaum merklichen Wasserscheide zwischen Uëlle und Gurba, lag in vergangener Zeit die Residenz des einst mächtigen Jápati, Beherrschers eines großen Teils der A-Sandé und Stammvaters vieler noch damals lebender Niam-Niamfürsten. Sein Sohn Málingbe oder Bunga (nicht zu verwechseln mit dem Fürsten Málingbe, Binsas Vater, dessen Gebiet sich zwischen dem Fluß Gurba und dem Mbrúole ausdehnt), ein rüstiger Greis, gab mir über die Geschichte des A-Sandévolks wertvolle Aufschlüsse. Mit Bália war er der letzte lebende Sohn Jápatis. Auch eine ehemalige Residenz des Fürsten Mbio, dessen Gebiet vor Jahrzehnten sich bis hierher erstreckt haben soll, lag wenig südlich von meiner Reiseroute. In der kleinen mir überlassenen Hütte konnte ich mein Moskitonetz auch heute nicht anbringen und verbrachte, von Mücken gepeinigt, eine verstörte Nacht. Die Hütten der Neger stehen meist um den Wohnsitz eines Fürsten oder Häuptlings gedrängter beisammen; zwischen solchen Gruppen von Ansiedlungen dehnt sich dann stundenweit immer wieder unbewohnte Wildnis aus. Das 2 bis 3 Meter hohe Gras wird in manchen Gebieten der A-Sandé, besonders bei den Wohnstätten der Häuptlinge, auf Strecken, die von den Negern häufig begangen werden, z. B. gegen den Mbanga eines Fürsten oder Häuptlings hin, zu beiden Seiten des schmalen Fußwegs gewaltsam niedergelegt. Die Arbeit, einen Weg vom Gras zu reinigen und breiter zu machen, wird selten ausgeführt. Man begnügt sich, und auch das nur seltener, das Gras an den Seiten des Wegs mit Knütteln niederzuschlagen. Für diesen Zweck giebt es sogar mitunter eine praktische Vorrichtung. Man befestigt nämlich im mittlern Drittel eines gefällten Baumstämmchens einen Doppelstrick als Handhabe. Dieses Holz wird von einem Mann, indem er es von Strecke zu Strecke leicht hebt und senkt und mit dem Fuß vor sich herschiebt, horizontal über das Gras geführt. Durch das gleichzeitige beständige Niederbrücken des Holzes mit dem einen Fuß und durch die Körperschwere des Arbeiters wird das Gras am Erdboden geknickt und legt sich vor ihm nieder. Die beigefügte Abbildung wird das Gesagte verständlich machen. Auf solchen leider nur kurzen Strecken ist das hohe Gras dem Reisenden nicht mehr hinderlich und auch die Arme werden frei, was besonders dem rechten wohl thut; habe ich doch diesen oft stundenlang im dichten, scharfschneidigen, hohen Gras, in der Stellung eines Fechters ausgestreckt, zum Schutz der Augen vor das Gesicht gehalten.

Niederlegen des hohen Grases.

Der dritte Tag der Reise brachte mich in das Vasallengebiet Gánguras, eines Bruders von Abóruma. Der unmittelbare Bezirk des Fürsten, nämlich jener Landesteil in einem bestimmten Umkreis um seinen landesherrlichen Sitz, innerhalb dessen die kleinen Häuptlinge mit ihren Angehörigen hinsichtlich der Rechtssprüche dem Mbanga Abórumas zugeteilt sind, hörte hier auf. In den entfernteren Gebieten sind insbesondere Brüder des Fürsten als Gouverneure eingesetzt und als Vasallen seinen Befehlen untergeordnet. Die Anrede an einen Fürsten der A-Sandé ist „Bia", ein Titel, der auch den Brüdern, Häuptlingen, und überhaupt allen Angesehenen in der Anrede beigelegt wird. Das Wort ist gleichbedeutend mit „Herr", und so wurde auch ich von Untergebenen mit „Bia" angeredet. Das A-Sandéwort für Häuptling ist „Baiki", wird aber nicht in der Anrede gebraucht.

Im Distrikt Gánguras zogen wir anfangs unmittelbar auf der Wasserscheide der zwei angeführten Tributäre des Uélle-Mákua hin. Hier fehlten die anderwärts häufig vorhandenen lästigen Sumpfgewässer und Flüsse. Dagegen durchkreuzten wir viele breite, scharf begrenzte Waldstreifen, welche die Richtung der weiterhin wieder vorhandenen Flüßchen einhalten. Diese Streifen eines üppigen Tropenwaldes ziehen in sehr flachen Rinnen hin und zeigen in ihrer

Üppigkeit und den Vegetationsformen zum Teil die charakteristischen Merkmale der Galerienwaldung, es fehlt ihnen jedoch die tief in das Erdreich eingeschnittene, an vielen Orten in Terrassen abgesetzte Schlucht, auf deren Sohle sich sumpfige Stellen bergen, oder das krystallklare Rinnsal entlang zieht. Jene Waldstreifen sind ihrer ganzen Breite nach von einer beständigen Feuchtigkeit, die das Vorhanden=sein verborgener Quellen verrät, während diese an den Seitenwänden der Schluchten in den Galerienwaldungen häufig offen liegen. In den begrenzten Waldstreifen sind sie noch im Vorstadium subterraner Filtration und bilden erst thalabwärts offen zu Tage tretende Wasserläufe. Die Übergänge von der früher (S. 148) näher geschilderten charakteristischen Galerie bis zu den flachern Mulden mit durchziehenden Gewässern sind zahlreich. Auch diese weisen in jenen süd=lichen Gebieten zum Teil eine Vegetation auf, die an Mannigfaltigkeit der der Galerien ebenbürtig ist, und sie sind dann ihrer äußern Gestalt nach, ob mit oder ohne tiefe Schlucht, zu unterscheiden. Lediglich aus diesem Grund habe ich für den Ausdruck Galerie (Waldschlucht) die Bezeichnung Terrassenwaldung gebraucht. Zum Unterschied von dieser beschränke ich die Benennung Galerie auf die gleichfalls üppige Uferwaldung, die in weniger tiefen Rinnen hinzieht; solcher Art sind vornehmlich die Galerienwaldungen an den unmittelbar in das Südufer des Uelle=Makua mündenden kleinen Flüssen.

Ich nächtigte bei Peru, einem Häuptling Gánguras. Die Hütten waren auch hier ärmlich, doch gewann der Platz an Wohnlichkeit durch die Einfassung mit prächtigen Bananenstämmen. Die fußlangen Früchte gehörten jener Art an, welche die Hauptnahrung der Mangbattustämme bildet. Auch sorgsam gepflegte, kleine, mit Tabak bestellte Felder gab es da, die um so wohlthuender auf das Auge wirkten, als die meisten mit andern Dingen bepflanzten Felder nach der Aussaat vom Neger vernachlässigt werden. Der folgende Tag brachte mich zu Gángura. Die Wasserscheide lag auf dieser Strecke weiter südlich von der Marsch=linie, daher wurden hier abermals fließende Gewässer und Sümpfe überschritten. Diese, wie auch alle an den vielen folgenden Tagen angetroffenen Flüßchen sind dem Uerre tributär. Bei dem Übergang über Sümpfe diente mir wieder mein Brett, oder mein Esel trug mich hinüber. An tiefen, morastigen Stellen mußten mich die Träger hindurchtragen, aber oft auch blieb ich, neben meinem Diener Farag Allah, der mich unterstützte, auf die eigenen Füße angewiesen. Die Boden=gestalt zwischen den Flußläufen zeigt kaum merkliche Erhebungen; steiniger Unter=grund und dessen Zerfall hindert zum Vorteil unsers leichtern Fortkommens an manchen Stellen das sonst üppige Wachstum des Grases. In weitem Umkreis findet sich keine namhafte Berghöhe.

Ich fand bei Gángura eine geräumige Hütte für meine Unterkunft. Doch mußten, wie überall, so auch hier meine Diener erst eine Anzahl Holzstücke und Balken zum Verrammeln der Thür gegen den Überfall der Leoparden, und allerhand anderes Negergerät aus der Behausung schaffen. Hierauf wurde der Boden mit Wasser besprengt und gereinigt, das Gepäck nach meiner Angabe systematisch geordnet und zum Schutz gegen die Termiten auf lange Holzscheite oder Balken gelegt, und endlich das Feldbett und der Arbeitstisch aufgestellt. Bis dahin verbrachte ich die Zeit, wie gewöhnlich, im Schatten eines Baums, während die Neger, die ihre Augenweide an dem weißen Mann hatten, mich alsbald umringten. Ferner ließ ich in der Hütte über der Seitenwand das Gras des Dachs trennen, damit genügendes Licht für die tägliche Arbeit auf meinen Tisch falle. Zu meinem Unterhalt erhielt ich in diesen Tagen Kürbisse, süße Bataten und Mais, verdankte jedoch meinem Gewehr häufig auch einige Perlhühner. Mit Kürbis zu einer kräftigen Suppe zerkocht, boten mir diese ein wohlschmeckendes Gericht, von dem auch noch genügend als Zukost zu dem steifen Mehlbrei der Diener übrig blieb. Die Häuptlinge erhielten, je nach ihrem Rang, kleine Geschenke nach meinem Belieben als Entschädigung; Perlen, billige Rasiermesser, kleine Spiegel, Fingerringe und Armbänder aus Messing, schlechte Taschenmesser u. dgl., in besondern Fällen auch Zeuge, all das wurde stets gern genommen.

Auf den Bezirk Gánguras folgt nach Südwest das Vasallengebiet Mbimas oder Mbánsuros, des angesehensten Bruders von Nbóruma. Ihn, wie auch Gángura und manche andere Häuptlinge, die ich auf dieser Reise traf, hatte ich bereits bei mir in der Station Lacrima gesehen. Mbima bereitete mir einen festlichen Empfang, indem er uns mit seinen Untergebenen eine Strecke Wegs entgegen kam. Das ihm zugeteilte Gebiet ist bedeutend größer und volkreicher als die Verwaltungsbezirke seiner Brüder, und bildet nach Westen und Süden das Grenzland der Herrschaft Nbórumas. Ich beschloß, bei den wohnlichen und geräumigen Behausungen Mbimas einen Rasttag zu halten, der um so nötiger schien, als meine Kleidung im starren, hohen Gras schon ganz fadenscheinig geworden war. In allen Dingen sparsam, hielt ich das neue im Kasten verwahrt, während die alte Hose an den Stellen, die auf dem Marsch dem Gras ausgesetzt waren, also namentlich an den Knieen und äußern Schenkelseiten, wie nicht minder die Hembärmel, durch aufgenähte Stücke von starkem Sackleinen verstärkt wurden.

In der nächsten Umgebung der Hütten Mbimas fand ich ausgedehnte Felder. Die jetzige Jahreszeit lieferte den Leuten hauptsächlich Kürbisse, Yams, süße Bataten und Mais, Dinge, welche mir Mbima reichlich zusandte. Auch die Keule eines Büffels erschien, blieb aber für mich wegen der bereits eingetretenen Fäulnis ungenießbar, während sie von meiner Dienerschaft durchaus nicht verschmäht wurde. An der Bevölkerung des Distrikts fiel mir im Vergleich zu den früher durchzogenen Gebieten und dem Bezirk Ndórumas ein nennenswerter Unterschied auf. Bei Mbima sind nämlich noch viele unverfälschte A-Sandé ansässig, die sich von andern Stämmen durch ihre kräftige Muskulatur vorteilhaft unterscheiden und bedeutend besser genährt erscheinen. Bei Ndóruma dagegen leben viele A-Pambia und A-Bármbo, welche häufig ganz elende, ausgehungerte Subjekte waren.

Die unerwartete Nachricht, Ndóruma sei hierher unterwegs, wolle mich vor meiner Weiterreise sehen und sei bereits bei Kuru eingetroffen, bestimmte mich, meinen Aufenthalt bei Mbima zu verlängern. Schriftliche Arbeiten und eifrige Erkundigungen über Land und Leute und die angrenzenden Gebiete füllten ihn aus. Neun Häuptlinge leben mit ihren Untergebenen im Bezirk Mbimas und sind ihm tributpflichtig. Im Süden der Herrschaft Ndórumas, von ihr durch eine unbewohnte, weite Wildnis getrennt, dehnt sich von Südwest nach Nordost das Land des greisen Fürsten Málingbe aus, der es aber damals schon an seine Söhne zu eigener Verwaltung abgetreten hatte. Von diesen residierten Bagbarró, Mange und Mbilli südlich von Mbima zwischen den Mittelläufen der Flüsse Gurba und Mbrúole. Der Bezirk von Sungíu, einem vierten Sohn Málingbes, lag im Süden des Flusses Mbrúole, während das Gebiet Binsas, des fünften Sohnes, wie schon früher berichtet, im Süden des Mbanga Ndórumas gelegen war. Mbimas Bezirk dehnt sich von seinem Sitz etwa noch auf Tagesentfernung gegen Westen aus und grenzt dort an das Gebiet des Fürsten Bádinbe, welchen Sémio sich tributpflichtig gemacht hat. Im Norden bildet der Kreis des Häuptlings Jabikumbállo die Grenze des Bezirks, welche dort an den Vasallendistrikt Mbéllebils, eines dritten Bruders von Ndóruma, stößt. Östlich davon steht ein vierter Bruder des Landesfürsten, Toto, im Vasallendienst. Andere seiner Brüder residieren weiter gegen Nordost.

Ndórumas Ankunft verzögerte sich um mehrere Tage; ich hätte auch nicht länger auf ihn gewartet, doch hoffte ich durch ihn Nachrichten aus dem Bahr el-Ghasalgebiet, vielleicht selbst eine sehnlichst erwartete Briefsendung aus Chartum und Europa zu erhalten. Inzwischen kamen manche von Mbimas Häuptlingen zu dessen Mbanga. Sie befriedigten an mir ihre Neugierde und sahen sich satt an der weißen Haut des Europäers und an den wundersamen Dingen, die ihn umgaben. Immer wieder hörten sie staunend den Klang meiner Musikinstrumente

und betrachteten laut jubelnd die kolorierten Bilder der ihnen bekannten Säuge-
tiere. Das ging so weit, daß mein Aufenthalt bei einem Fürsten oder Häuptling für diesen häufig sogar eine Einnahmsquelle wurde. Mit oder ohne nach-
drücklichen Befehl, aber selten nur kamen die Unterhäuptlinge mit leeren Händen
zum Mbanga ihres Herrn. Getreide, grobes Mehl, Feldfrüchte je nach der
Jahreszeit, auch Teile eines erlegten Wilds, je nach den Gebieten und Ländern,
Bananen, rotes, d. h. frisches, ungeklärtes Palmöl, gewöhnliches Bier, Palmen-
wein, Honig, Tabak u. dgl. m. wurden vor dem Herrn des Gebiets niedergelegt. Von der Menge und Reichhaltigkeit dieser Gaben hing oft auch Ebbe
und Flut meiner Proviantvorräte ab.

Die große Anzahl von Frauen, die so mancher Negerfürst besitzt, ist die
Ursache seiner zahlreichen Nachkommenschaft. Bei vielen Völkern, auch bei den
A-Sandé, folgen nach dem Tod des Vaters die Frauen einem ihrer recht-
mäßigen Söhne, demjenigen, der zu größerm Ansehen gelangt. Die eine der
vielen Frauen Aéfos, Nbórumas Mutter, lebte bei ihm; eine andere, die Mutter
Mbimas, wohnte bei diesem. Auch sie und eine Anzahl seiner Frauen überwanden ihre Scheu, besuchten mich und sahen sich den Fremdling schüchtern an.
Die gebückte Stellung, der gekrümmte Rücken ist bei vielen Stämmen ein
Zeichen der Unterwürfigkeit, mit dem man sich seinem Herrscher oder einem
Angesehenen nähert. In gebückter Stellung tritt der Sandé vor seinen „Bia"
hin, stützt auch wohl, während er spricht, seine beiden Hände, gleichsam um
auszuruhen, auf die Kniee und zieht sich dann rückwärts schreitend, wie bei uns
der Diplomat vor seinem Souverän, langsam zurück. Auch mir näherten sich
Männer wie Frauen oft in dieser unterwürfigen Haltung.

Ich bemerke übrigens hier, daß manches über die A-Sandé schon bei
der Besprechung der Mákaralá und Bombé, dieser am weitesten nach Osten
ausgewanderten A-Sandéstämme, im ersten Band meiner Reisen gesagt worden
ist, die Beobachtungen und Schilderungen des großen A-Sandévolks auf dieser
Reise also zum Teil, je nach den einzelnen Gebieten, nur Ergänzungen und
Erläuterungen sind. Doch ich kehre zu den Frauen zurück. Sie sind auch hier
im Westen des Reichs in der früher angedeuteten Weise ausschließlich mit
einem Büschchen frischen Laubs, häufig aber auch nur mit einem schmalen
lederartigen Blatt bekleidet. Die Spitze desselben wird vorn durch einen tief
nach abwärts geschobenen Leibgurt festgehalten, während der lange Stengel des
Blatts rückwärts zwischen den Schenkeln hervorragt und in der Gegend der
Lendenwirbel unter dem Gurt oder der Leibschnur gleichfalls einen Halt findet.
Der Zierat der Sandéfrau beschränkt sich auf einige Eisenringe an den Füßen

und Handknöcheln; nur wenige Bevorzugte erfreuen sich der in Spiralen um Arm und Bein gewundenen Eisenreifen, wie auch nur die Auserwählten unter den Frauen Ringe aus Kupfer besitzen, wogegen man häufiger, seien es auch nur wenige, Schnüre mit aufgereihten Perlen europäischen Fabrikats sieht.

Die Vorliebe für Perlen überhaupt und auch ihr Wert wechselt in ganz Afrika nach ihren Arten, der Zeit und der Menge, in der sie in ein Gebiet eingeführt werden, sowie nach den verschiedenen Ländern. Wie bei uns andere Gegenstände, so sind bei den Negern die Perlen ein Mode- artikel. Im allgemeinen läßt sich die Behauptung aufstellen, daß durch die Einfuhr anderer, für die Neger nützlicher und von ihnen begehrter Waren der Wert der Perlen sinkt. In den Ländern, wohin die Händler seit Jahrzehnten Pulver und Gewehre, Schnaps und Zeuge einführen, sind die Perlen bedeutend entwertet. In den Gebieten nördlich vom Äquator aber, welche hier in Frage kommen, giebt es, wie ich schon berichtet, keinen Handel mit auswärtiger Ware, die Perlen, wie zum Teil auch die Muscheln, stehen also hier noch in hohem Wert, nur hängt er von ihrer Art, d. h. ihrer Größe, Form und Farbe ab. Da ich nun darauf bedacht gewesen, eine an Farben reichhaltige Auswahl mitzunehmen, konnte ich auch hierin den Eingeborenen manches Neue bieten. Die Vorliebe sich zu schmücken — für viele Fälle paßt freilich der Aus- druck „sich entstellen" besser — ist allen Negern eigen. Die bescheidene Hausindustrie vermag nur einen Teil der Bevöl- kerung mit Schmuckgegenständen zu versorgen. Da aber Kunst und Industrie in dieser Beziehung nicht ausreichen und über- bies der größte Teil des Körpers beim Neger unbekleidet

Armringe der A-Sandéfrauen.

ist, so suchte und fand die schwarze Bevölkerung einen Ersatz in den von der Natur gebotenen Färbemitteln, in der Schminke für ihren Körper. Rote, schwarze und weiße Farbe stehen dem Eitlen für die Bemalung seines Körpers zur Ver- fügung, und mit diesen wenigen Farben erzielen einige Völkerschaften große Effekte. Rot und Schwarz liefert ihnen das Pflanzenreich; als weiße Farbe wird von manchen Stämmen der sonnengebleichte Hyänenkot benützt, auch bietet das lichte Grau der Töpferthonerde einigen Völkern ein beliebtes Mittel, besonders das Gesicht in komisch wirksamer Weise zu entstellen. Die A-Sandé, sowohl Frauen wie Männer, bedienen sich mit Vorliebe der roten und schwarzen Farbe. Ein zu Pulver zerriebenes Farbholz liefert ihnen das Rot. Das Pulver wird

entweder in trockenem Zustand leicht über Schultern, Nacken und Rücken aus-
gestreut, oder mit Fett gemengt, um den ganzen Körper damit einzureiben.
Durch trockenes Abwischen der einige Tage haftenden grellroten Farbe bleibt
dann längere Zeit ein schönes, leichtes Kupferbraun auf der Haut zurück,
welches kaum mehr an eine künstliche Färbung erinnert. Die A-Sandé verfertigen für die rote Schminke Behälter, von denen die beistehende Abbildung
eine seltene und kunstvoll geschnitzte Form zeigt. Der Fruchtsaft einer Gardenia
(Blippo der A-Sandé) liefert die bei Männern, Frauen und Jungen beliebte
schwarze Farbe. Jenen vielen, die in dem Glauben befangen sind, die Haut des
Negers sei schwarz, mag es sonderbar klingen, wenn sie von einem schwarzen Färbe-
mittel für die Negerhaut hören. Ich erinnere jedoch auch hier
wieder daran, daß ein intensives Schwarz der Haut bei keinem
Negervolk vorkommt und man viel richtiger von einer braunen,

Holzbüchse der A-Sandé für rote Schminke.

kaffee- oder schokolade-
farbigen, als von einer
schwarzen Bevölkerung
Afrikas sprechen würde.
Jene schwarze Farbe
wird in zahllosen, bei
den Niam=Niam im
Gegensatz zu dem Volk
der Mangbattu doch
meist sehr unregel-
mäßigen Mustern auf

die Haut aufgetragen; punktförmig, gefleckt, gestrichelt, über ganze Körperstellen
hingewischt, oder der Saft wird über Schulter, Rücken und Brust ausgedrückt
und fließt unregelmäßig am Körper herab. Solche beschmierte Gestalten sind
teuflisch wild anzusehen; auch suchen die Männer gerade bei Krieg und Fehde
durch Blippo sich in möglichst bemerkbarer Weise zu verunstalten.

Die Verzögerung meiner Abreise von Mbima veranlaßte Sémio, mir neuerdings Boten zu senden. Ich selbst hatte mich inzwischen durch Abgesandte mit
den im Süden befehligenden Söhnen Málingdes in Verbindung gesetzt. Man
hegte dort Befürchtungen wegen feindlicher Absichten, die ich etwa haben möchte,
und deshalb sandte ich kleine Geschenke hin, nebst Versicherungen meiner friedlichen Gesinnung; das sollte mir neue Freunde werben und mir auch nach
dieser Richtung die Wege für spätere Zeit offen erhalten. Von dort her erfuhr
ich noch, daß Osman Bedaui von Bakangái zurückgekehrt und durch das Gebiet

Mbillis nach Osten weitergezogen sei. Endlich brachten Boten auch Nachricht vom Anmarsch Ndórumas. Dieser meldete mir bei seiner Ankunft nichts Erfreuliches. Die beiden Privatdiener Bohndorffs waren entlaufen und mit meiner Chartumer Köchin hatte es unliebsame Zänkereien gegeben, auf die ersehnten Briefschaften aus Europa aber und auf Nachrichten von Gessi hatte ich nutzlos gewartet. Ndóruma hätte mich auch jetzt noch gern von der Weiterreise abgehalten, doch sah er wohl bald ein, daß dies unmöglich war. Vielmehr machte ich ihm gerechte und bittere Vorwürfe über sein Ränkespiel mir gegenüber.

Nach viertägigem Aufenthalt bei Mbima reiste ich am 20. August zu Sémio ab. Das Ziel der ersten Tagereise war der Wohnsitz des Grenzhäuptlings Bani. Er zeigte sich sehr dienstfertig und hatte für uns geräumige, neue Hütten herstellen lassen, die wir kurz vor Beginn eines niederströmenden Regens erreichten; auch die Bewirtung war angemessen, sogar ein Huhn bekam ich, was damals für mich noch eine Seltenheit war. Bani begleitete uns während der folgenden Tage auf der Reise, offenbar auf Ndórumas Veranlassung, um meine weitern Absichten mit Sémio auszukundschaften. Auf dem Weg zu Bani wurde der Buje durchfurtet. Er nimmt die übrigen kleinen Flüßchen auf und fließt, wie oben erwähnt, gleich allen jenen Flüssen, nach Nordwesten in den Uёrre. Ein gemeinsames Merkmal der Flüsse auch in diesem Gebiet ist ihr Verlauf in breiten, von reicher Vegetation beschatteten Mulden. Die Ufer sind meist morastig, die Thalsohle aber hat häufig sandigen Untergrund, auf dem der kryſtallklare Bach fließt. Auch hier wieder erscheint Afrika beständig als „der Kontinent der Kontraste".

Unerquicklich war die Reise wegen der faſt täglich wiederkehrenden Schwierigkeiten mit den Trägern. Selbst wenn die Leute morgens endlich zur Stelle waren, suchte doch noch der eine oder andere sich dem Dienst zu entziehen, sodaß ich manchmal erst um 10, ja 11 Uhr aufbrechen konnte.

Südlich vom Wohnsitz des Häuptlings Bani überschreitet man ausgedehntes Tafelland; ich genoß von hier eine weite Fernsicht, was in diesen Gebieten eine Ausnahme ist. Auf dem eisenschüssigen Steinboden kam das Gras nicht zu voller Entwicklung, wodurch das Fortkommen bedeutend erleichtert wurde. Die Erhebung des Landes bildet die lokale Wasserscheide zwischen dem Buje und dem am folgenden Marschtag überschrittenen Fluß Grupi, welcher das Gebiet Ndórumas von dem Diſtrikt Palembatás trennt. Außer den genannten wurden täglich zahlreiche kleine Flüsse und tief in das Erdreich eingeschnittene Waldbäche durchwatet, was sich selbst bei den kleinsten Gewässern wegen ihrer morastigen Ufer oft recht schwierig und zeitraubend gestaltete. Das durch-

zogene Land ist unbewohnte Grenzwildnis. In der Nähe des Grupi wurde bei
einigen verlassenen Hütten genächtigt und am nächsten Tag der Hako überschritten; dies ist der dritte größere Fluß in diesem Gebiet, der sich direkt in
den Uerre ergießt.

Die Träger wurden täglich durch neue ersetzt, nur auf den letzten Lagerplätzen in der unwirtlichen Wildnis blieben sie bei uns, sodaß ich ausnahmsweise früh morgens aufbrechen konnte. Das vom Nachttau noch triefende
Gras durchnäßte mich dabei bis auf die Haut, doch trockneten die Sonnenstrahlen bald wieder die Kleider am Körper.

Der Hako war 1 Meter tief und 10 Meter breit. An seinem Ufer erreichten
wir gegen Mittag ein von Sémio verlassenes Lager. Sein gegenwärtiges Lager
befand sich nur eine kleine Strecke weiter gegen Süden, doch zwang uns der eintretende Regen, in den verlassenen Hütten am Hako zu nächtigen. Hier sah ich zum
erstenmal etliche niedrige Exemplare der Elaeïspalme, jener Palmenart, aus der
im Süden, sowie im westlichen tropischen Afrika der wichtige und begehrte Artikel
der Eingeborenen, das rote Palmenöl, gewonnen wird. Boten waren vorausgeeilt und hatten Sémio die Nachricht von unserm Eintreffen in seiner Nähe
überbracht, worauf er mir noch am selben Abend einen Salam und, was
mir erwünschter als Gruß und „süße Rede" war, ein Huhn nebst gekochten
Bananen sandte. Ein Marsch von zwei Stunden in südlicher Richtung brachte
mich am nächsten Tag zu ihm. Wir befanden uns im Gebiet Palembatás,
eines bis vor kurzem selbständigen A-Sandéhäuptlings. Die Nachkommenschaft
der einst mächtigen A-Sandéfürsten hat in den westlichen Gegenden des Gebiets
durch vielfache Teilung und Zerfall des Landes unter viele Prätendenten bedeutend
an Ansehen verloren. Die gegenwärtig dort regierenden Geschlechter sind fürstlicher Abstammung und leiten sich ausnahmslos entweder von Mabénge oder
von Tombo ab. Im Hinblick auf ihre gesunkene Macht und zum Unterschied
von den noch jetzt ein fürstliches Ansehen wahrenden A-Sandéherrschern werde
ich jene häufig nur als Häuptlinge bezeichnen. In Wirklichkeit stammen selbst
die meisten Unterhäuptlinge aus altadeligem Blut und sind in vierter und
fünfter Generation Nachkommen der obengenannten Stammväter. Daher der
Stolz, das würdevolle Wesen und imponierende Auftreten der wirklichen A-Sandé;
die eigentlich arbeitende Classe sind nur zum geringsten Teil A-Sandé, vielmehr
meist unterjochte Volksstämme. Die Vasallenfürsten, Statthalter, Häuptlinge
(Baiki) und Unterhäuptlinge sind ausschließlich A-Sandé von Geblüt. Nur
eine Ausnahme davon weiß ich anzuführen. Dies ist der in bevorzugter Stellung
als Gouverneur auf Nbórumas Gebiet schaltende Häuptling Kómmunda. Er

war unter Aéfo, dem Vater Ndórumas, obgleich nicht aus fürstlichem Haus
entstammt, zu besonderm Ansehen und zu seiner jetzigen Ausnahmestellung
gelangt. Nach der Besitznahme des Bahr el-Ghasalgebiets durch die Chartumer
und auf deren spätern Raubzügen büßten eine Anzahl Fürsten im nördlichen
A-Sandégebiet ihre Selbständigkeit ein. Verdrängt oder im Krieg gefallen,
wurden sie vielfach durch Kreaturen der Eindringlinge, durch Dragomane der
Nubier ersetzt. Diese spätern Ausnahmen waren durch die eingetretenen Verhältnisse bedingt, während nach alter Tradition der A-Sandé nur das durch
das Leopardenfell ausgezeichnete Fürstengeschlecht auf ausgedehnten Länderbesitz
ein Anrecht hatte.

Der Vater von Palembatá ist Bália; dessen Vater war Bógua und dieser
ein Sohn Jápatis. Jápatis Vater aber war Mabénge, der Begründer einer
Linie der A-Sandé. Um ein Beispiel für die verwandtschaftlichen Beziehungen
unter den Fürsten zu geben, bemerke ich hier, daß ein anderer Sohn Jápatis
Basimbé hieß, also der Bruder Bóguas war. Basimbé aber ist seinerseits der
Urheber einer Reihe zu jener Zeit, als ich diese Länder besuchte, regierender,
zum Teil bereits erwähnter Fürsten, wie Mbio, Málingde, Uándo, Ngérria und
Aéfo. Er ist der Vater Ndórumas, folglich waren die Großväter von Palembatá
und Ndóruma Brüder.

Nur ein Bruder Palembatás, Bagbä, war als Verweser eines Distrikts
zu einigem Ansehen gelangt. Nordöstlich von diesem Gebiet bis zum Fluß
Uérre im Norden herrschte der als Grenznachbar Mbimas schon genannte
Häuptling Bádinde, ein Onkel Palembatás und Bruder Bálias. Sémio hatte
diese beiden Häuptlinge auf seiner vorjährigen Reise unterworfen. Ihre Bezirke
lagen annähernd mittwegs auf seinen alljährlichen Zügen in südlichere Länder.
Die Herrschaft über sie brachte Sémio, außer dem auch hier für die Regierung
gesammelten Elfenbein, noch namhafte Vorteile durch Frondienst, Brandschatzungen
und die Verproviantierung seiner zahlreichen Karawane. Ich habe früher erwähnt,
daß das ererbte Stammland des Fürsten Sémio nördlich des Mbomu, das
Gebiet des Fürsten Sassa südlich von diesem Fluß sich ausbreitet. Die Freizügigkeit zum Herbeischaffen des Elfenbeins war von Gessi Pascha auch Sassa
gewährt worden. Seine alljährlichen Reisen nach dem Süden durchquerten
westlicher gelegene Länder und er hatte daher aus gleicher Rücksicht auf seinen
eigenen Vorteil begonnen, das westlich an Bádindes Gebiet grenzende Land
sich botmäßig zu machen. Dieses zwischen Uérre und Uélle gelegene Land war
bereits vollkommen der Kleinstaaterei verfallen; zahllose Häuptlinge, Nachkommen
der Fürstenlinie Tombos, eines Bruders von Mabénge, hatten sich in den

Besitz geteilt. Während also beispielsweise Palembatá, Bádinde und manche
andere im östlichen Sandégebiet herrschende Edle vom alten Geschlecht durch
ihren größern Grundbesitz sich einen Schein von Fürstenwürde zu retten gewußt
hatten, waren dagegen nördlich vom Uelle die meisten Nachkommen Tombos
in dritter und vierter Generation bereits zu machtlosen Häuptlingen herab-
gesunken. Südlich vom Uelle werden wir später die bis in die letzten Jahre
unabhängig gebliebenen und mächtigsten A-Sandéfürsten, gleichfalls von Tombos
Linie, doch Nachkommen seines Sohns Nbéni, kennen lernen.

Sémio bereitete mir einen feierlichen Empfang. Der Weg von dem letzten
Flüßchen, das wir durchschritten, bis zu seiner zeitweiligen Niederlassung, war
von Gras gereinigt. Seine Mannschaft hatte unter Gewehr, seine A-Sandé
mit Lanze und Schild im Kriegsschmuck, Aufstellung genommen. Zwei Fahnen
senkten sich zum Gruß und Sémio selbst kam mir freundlich, wenn auch etwas
befangen, entgegen. Dieser Vasallenfürst der Regierung, in ihrem Dienst groß
geworden, ist ein Sohn Ikimas. Etwa 30 Jahre alt, ist er bereits wohl-
beleibt, wie viele A-Sandéfürsten es in spätern Jahren werden. Der kleine
Körper mit gleichmäßigem Fettansatz trägt einen typischen Rundkopf, dessen
Gesichtsausdruck beinahe Gutmütigkeit und Wohlwollen verrät, d. h. soweit
man aus der Physiognomie des Negers einen Schluß auf sein Inneres ziehen
kann. Aus dem stark ovalen, gleichfalls durch Fettlagen gedunsenen Gesicht
leuchten große, stechende Augen mit intelligentem Blick hervor. Nur sehr spärlicher Bartwuchs umgiebt Kinn und Oberlippe. Die breiten Nasenflügel und
vorstehenden Backenknochen mahnen vorwiegend an den Typus der A-Sandé.
Durch seine äußere Erscheinung, die arabische Kleidung, mit roten Schuhen,
Tarbusch und kurz geschorenem Haar glich Sémio beinahe einem Halbblutneger.
Er machte auf mich schon bei dieser ersten nähern Berührung einen sympathi-
schen Eindruck und auch nach langem, vertraulichem Zusammensein habe ich
ihm diese Sympathie bis zuletzt bewahren können.

Die Verhältnisse bei ihm lagen jetzt folgendermaßen: Palembatá hatte sich
nur gezwungen seiner Macht unterworfen und auf dem jetzigen Durchzug Sémios
durch des erstern Gebiet war es eben auch wieder zu Feindseligkeiten gekommen;
angeblich hatte Palembatá die Herausgabe von Elfenbein verweigert und ungenügend für die Ernährung der Leute Sémios gesorgt, sodaß Getreide gewaltsam
requiriert werden mußte. Da nun Sémio von den Arabern Vorsicht gelernt hatte,
war er jetzt auf seiner Hut vor einem etwaigen Überfall und hatte sich durch Herstellung eines kleinen verschanzten Lagers geschützt. Innerhalb des Palissadenzauns
fand sich eine sorgfältig aufgeführte Wohnhütte für mich, deren Behaglichkeit ich

Zusammenkunft mit Simio, Gezeichnet von L. H. Fischer.

jedoch nicht lange genießen konnte. Sémio hatte schon seit mehreren Tagen auf mich gewartet, die Ernährung seiner großen Begleitung wurde nachgerade schwierig und er wünschte daher seine Reise nach Süden fortzusetzen. Ich entschloß mich kurz, ihn zu begleiten, und so erfolgte bereits am zweiten Tag die Abreise. Meine Sehenswürdigkeiten erregten auch hier, wie überall, Staunen und Bewunderung. An Geschenken händigte ich Sémio aus meinem kleinen Vorrat buntes und weißes Zeug, einen Tarbusch, eine Schere, ein Messer u. dgl. ein, am meisten aber freute er sich über eine Anzahl Zündhütchen. Diese wurden nämlich durch die Regierung in unzureichender Menge und zudem in einer der schlechtesten Qualitäten eingeführt, sodaß beständig lebhafte Nachfrage nach Zündkapseln herrschte; höhere Beamte der Regierung, Dragomane und Basinger, wie auch Negerhäuptlinge, die sich eines Gewehrs erfreuten, begehrten sie eifrig und nahmen sie gern. Was Palembatá betrifft, war er noch recht jung; aus Furcht wegen seiner Sémio gegenüber begangenen Unterlassungssünden kam er erst spät und sehr zaghaft herbei, um mich zu begrüßen. Ich gab ihm ein Geschenk und ermahnte ihn dabei, der Macht zu weichen und sich Sémio, der auf Befehl der Regierung zur Übernahme des Elfenbeins von den Häuptlingen in sein Land käme, willfährig zu zeigen. Der mächtige Pascha im Bahr el-Ghasal-gebiet wolle das Wohl der A-Sandé, bedürfe nur des Elfenbeins und keiner Sklaven, wie ehemals die Bahara (übliche Bezeichnung der Nubier durch die Neger, wörtlich: die vom Fluß Kommenden, von „Bahr", der Fluß); eine bessere Zeit für die A-Sandé würde kommen und so solle auch er geduldig der Zukunft vertrauen.

Im Osten grenzte das Gebiet Mbillis, des Sohns von Málingbe, an die Jagdgründe Palembatás. Sémios Leute hatten dort mit Angehörigen von Mbilli Streitigkeiten gehabt und aus Furcht, ich könnte jetzt vereint mit Sémio gegen Mbilli zu Felde ziehen, hatte dieser — so lauteten die uns hinter-brachten Nachrichten — seinen Stammsitz verlassen und sich auf das Ostufer des Flusses Gurba zurückgezogen. Ist doch die Leichtgläubigkeit der Neger bei Gerüchten, die häufig auf gar nichts fußen, aber Furcht und Mißtrauen erregen, in Afrika stets und überall dieselbe und wird zu einem wahren Hemmschuh für die Pläne und das Fortkommen des Reisenden. Das verhältnismäßig kleine Gebiet Palembatás bot mir abermals reiche Belege für das bunte Gemisch zersprengter Stämme und allerlei Reste von Völkerschaften. Auch hier leben unter den A-Sandé dienstpflichtige Stämme, welche ihnen in Sprache, Sitten und Gebräuchen fremd sind, so die A-Mábi, Baschir (Sere), Augú, Marángo, wogegen bei Bábinde wieder A-Bármbo und A-Masilli seßhaft sind.

In meiner wohnlichen und geräumigen Hütte bei Sémio fand ich auch einen gaſtlichen Tiſch. Eine Anzahl Hühnereier, ein mir bisher nicht gebotener Genuß, wurde abends als Omelette verſpeiſt; eine Suppe aus ſüßen Bataten, in der ein Hühnchen gekocht war, mundete vortrefflich. Doch, wie geſagt, bald hieß es, den Wanderſtab weiterſetzen. Das vorläufige Ziel unſerer Reiſe war der große Fluß Ukkle im Süden. Auf dem Weg dorthin und jenſeits ſollte bei den Häuptlingen verſchiedener Volksſtämme Elfenbein zuſammengebracht werden. Unſer Aufbruch am 25. Auguſt mit der zahlreichen Mannſchaft erinnerte mich wieder lebhaft an meine früher von Mákarakà aus unternommenen Reiſen, die ja gleichfalls mit einem nach vielen Hunderten zählenden Schwarm von Leuten ausgeführt wurden. Der lange Zug ſetzte ſich nach vorgeſchriebenen Regeln, in einer beſtimmten Ordnung in Bewegung. Eine Anzahl mit Gewehren bewaffneter Baſinger bildete den Vortrab; ein Bläſer mit 5 Fuß langem Elfenbeinhorn begleitete ihn und miſchte ſeine dumpfen Töne in das grelle, doch mehrſtimmige Spiel einiger eiſerner Glocken. Hierauf folgte Sémio mit ſeinen Privatdienern und dann wieder eine Reihe Musketenträger, deren einige ſich als Schützen mit ſchweren Flinten von großem Kaliber für die Jagd auf Elefanten aus-zeichneten. Die Träger dieſer Büchſen, welche altes belgiſches Fabrikat ſind, erkennt man auch an dem kleinen ausgeſtopften Kiſſen, welches ſie, um den ſtarken Rückſchlag beim Abfeuern abzuſchwächen und ſo Verletzungen vorzubeugen, auf dem rechten Schlüſſelbein tragen. Fälle, daß durch den Rückſtoß des Elefanten-gewehrs ein Schlüſſelbeinbruch erfolgt, ſind nicht ſelten. Dieſer zweiten Leib-garde Sémios hatte ich mich mit meiner kleinen Schar, gefolgt von meinen Trägern, angeſchloſſen. Der Laſt, ſie beaufſichtigen zu müſſen, war ich jetzt glücklicherweiſe wieder einmal enthoben; auch erfolgte diesmal der Aufbruch am Morgen ruhig, ohne Murren und Gezänk. Sémio hatte für ſeinen Dienſt bereits geſchulte, eigene Träger aus dem Norden mitgebracht, die unter genügender Aufſicht, und da galt auch keine Widerrede, willig folgten. Weiter rückwärts reihten ſich uns die A-Sandèkrieger an, mit Schild und Speer, und nach ihnen kamen wiederum Träger, Diener, Sklaven und ſelbſtverſtändlich auch Weiber, ohne die ja weder der Araber noch der Neger auf Reiſen geht. Den langen, kaum zu überſehenden Zug ſchloſſen endlich die mit Gewehren bewaffneten Dragomane. Auch eine Anzahl Geiſeln führten wir mit, welche Sémio dem Palembatá abgenommen hatte, um ihn zur Herausgabe von noch mehr Elfen-bein zu zwingen.

Wir trafen im Gebiet Palembatás nur wenige Hütten an, welche meiſtens abſeits von der Hauptſtraße liegen; auch ſah ich den Sitz des Landesherrn nicht. Dagegen führte der Weg am Mbanga von Palembatás Bruder Bagbä vorüber gegen Süden. Seine Hütten liegen auf der Wasserscheide zwischen den Flüssen Uerre und Uelle, d. h. dem von Norden her in den Uelle mündenden Hotto, dem die kleinen bis hierher durchfurteten Gewässer noch angehören, und dem Gurba. Im Vergleich zu den früher durchzogenen Strecken nahm jetzt das Land zwischen den kleinen Wasseradern eine deutlicher gewellte Bodengestalt an, und diese stieg an einzelnen Stellen bis zu leichter Hügelbildung. Zum erstenmal erspähte ich in südwestlicher Richtung eine Bergkuppe, die dem Bergland der A-Mádi, südwestlich von unserer Reiseroute, angehört. In der Nähe der Hütten des A-Mádihäuptlings Róbia schlugen wir das Nachtlager auf. Mit einer kleinen Kolonie von Leuten seines Stamms lebt er hier, den Zwistig- keiten und Drangsalen im eigenen Land entrückt, unter der Oberhoheit Palem- batás. Róbia lieferte Telebün und noch spät abends brachte er allerlei Eßbares für Sémios Leute ins Lager. Sehr unerwartet wurde uns hier die Ankunft von Bábinde, dem Beherrscher des Gebiets im Nordwesten von Palembatá, gemeldet. Seine Stellung zu Sémio war dieselbe wie die des Palembatá, im übrigen lebten die beiden Häuptlinge in Nebenbuhlerschaft wegen Differenzen über ihren ererbten Länderbesitz. Auch Bábinde befehdete anfangs Sémio, wofür ihm dieser gleichfalls Geiseln abnahm, welche jener dann alsbald mit zehn Stück Elfenbein einlöste; doch war er teils aus Furcht, teils aus Stolz auf seine Sémio ebenbürtige Abkunft nicht persönlich zu ihm gekommen. Erst auf die Nachricht von meinem Eintreffen brach er auf und folgte uns hierher, da wir bei Palembatá das Lager bereits aufgehoben hatten. Viele seiner Unter- thanen waren, wie er erzählte, nach Norden über den Uerre entflohen, und zwar wiederum aus Furcht, ich würde sie mit Sémio überfallen. Ich hielt ihm eine lange Rede im Negergeschmack und suchte ihn in passenden Wendungen zu überzeugen, wie unbesonnen diese Furcht seiner Leute gewesen. Anscheinend beruhigt und zufriedengestellt äußerte er, daß ja auch er Frieden wünsche, und wenn die Hokuma (Regierung) nur Elfenbein verlange, er solches genügend beschaffen könne. Die Verhandlungen waren in Anwesenheit vieler Leute Sémios geführt worden und endeten zu dessen besonderer Zufriedenheit.

Meine leibliche Pflege hatte sich mit meiner Ankunft bei Sémio gebessert und ich brauchte nun nicht mehr allzuoft auf den Vorrat von Termiten zurück- zugreifen, von denen ich selbst zum Ergötzen Sémios einen ganzen Kasten voll mit mir führte. Auch von Bábinde erhielt ich als Begrüßungsgeschenk zwei Hühner, was ich sofort benützte, um mir von meinem Diener Farag Allah eine mit einem Huhn gekochte Kürbissuppe zubereiten zu lassen. Gaben und

Zusendungen von Geschenken sind bei den Negern, besonders bei den A-Sandé, Zeichen der Freundschaft oder Ehrerbietung, und es wird auf sie besonderes Gewicht gelegt. Doch zurück zu Ernsterem.

Mit den Unterhandlungen zwischen Sémio und Bábinde, deren günstigen Ausgang ich befördert hatte, war meine Wirksamkeit als diplomatischer Agent noch nicht beendet. Ich hatte im Lauf der Zeit bereits eingesehen, daß ich mich neben der Erforschung dieser Länder auch noch einer andern Thätigkeit nicht entziehen konnte, welche die eigenartigen Verhältnisse dieser mittelbar von der Bahr el-Ghasalregierung abhängigen Gebiete mir auferlegten. Ich übernahm denn auch jetzt, wie später so oft, die aufgedrungene Rolle des vorsichtigen Diplomaten, insofern ich nicht nur versöhnend auftreten, sondern auch Gesetzgeber und Richter zugleich spielen mußte. Vor unserer Weiterreise stellten sich nämlich auch Palembatá und sein Bruder Bagbä bei uns ein und verlangten zusammen mit Bábinde in Fragen ihrer internen Angelegenheiten meinen Rechtsspruch. Nach dem Tode Bóguas oder Bagbáuas, Vaters des bereits bejahrten Bábinde — er hatte über einen großen Teil dieses westlichen Gebiets geherrscht — folgte ihm sein Sohn Aúro, welcher durch seinen Bruder Bália der Herrschaft beraubt wurde. Nach dessen Tod vor vier Jahren beanspruchten der dritte Bruder, Bábinde, und die Söhne Bálias, Palembatá und Bagbä, gleiche Rechte auf die Herrschaft des Landes. Der barob entbrannte Krieg endete mit der Teilung des Gebiets. Nach altherkömmlichem Recht der A-Sandé folgt in der Besitznahme des Landes dem Vater der älteste Sohn, doch ist der Zerfall des Staatswesens in Kleinstaaterei ein hinlänglicher Beweis, daß dieses legitime Recht längst dem Recht des Stärkern über den Schwächern gewichen war. Bábinde war ein bejahrter fürstlicher Erbe, dessen ganzes Wesen, ein ruhiges, kluges Urteil mit inbegriffen, mich ansprach; Palembatá dagegen war ein junger, sich überhebender Sandégeck. Und doch war er es, der gegen jenen mit Klagen auftrat und das verjährte Recht, Alleinherrscher des ganzen Gebiets zu sein, nebst der Unterordnung Bábindes beanspruchte. Ich waltete nun meines Amts, indem ich jedem von ihnen, dem Onkel wie dem Neffen, in ihren getrennten Gebieten gleiche Rechte und Machtbefugnisse zusprach und Palembatá zur Verträglichkeit ermahnte. Bagbä blieb seinem ältern Bruder nach wie vor unterthan. In gemütlicher, nicht geschäftlicher Unterhaltung stellte mir dann Bábinde noch manche, zum Teil für mich recht schwer zu beantwortende Fragen über Rechtswesen und Bestrafung von Vergehen und Verbrechen, bewies mir aber in vielen Dingen sein richtiges eigenes Urteil und zeigte den Wunsch und Willen, nach Recht und Gewissen zu handeln. Dem krassesten Aberglauben,

welcher der nutzbringenden Thätigkeit des Missionärs und des dem Neger wohlwollenden Europäers ein weites Feld eröffnet, werden in Afrika jährlich Tausende
von Menschenleben geopfert. Ich habe schon im ersten Band erzählt, daß der
Glaube, gewisse Menschen wären durch Behexen im stande, ihren Mitmenschen
Krankheit, Siechtum und Tod zuzufügen, sehr verbreitet ist, und daß die solcher
angeblichen Verbrechen Angeklagten dem sichern Tod geweiht sind. Bäbinde
stellte mir nun unter anderm die heikle Frage, was er mit einem dieses Verbrechens Angeklagten vorkommenden Falls thun solle. Offenbar sprach sich darin
der Zweifel und die Furcht aus, daß viele vielleicht unschuldig gelyncht würden.

Die Reiseroute vom Häuptling Róbia bis an das Ostufer des Flusses
Gurba verläuft gegen Südost, später bis zum Uelle gegen Süden. Mit den

Niederung des Flusses Pai.

Hütten der A-Mádikolonie findet das Gebiet Palembatás und damit auch das
bewohnte Land ein Ende. Eine Tagereise weit folgt Wildnis, in welcher der
Fluß Pai dem Gurba zufließt. Jener wurde von uns an zwei Stellen überschritten. Nördlich von der zweiten Übergangsstelle gestattete die Erhebung des
Landes einen weiten Fernblick auf das Paithal und ließ an der dichten Ufervegetation den Lauf des Flusses in der sonst einförmigen Wildnis deutlich
erkennen. Das Durchwaten der kleinen Gewässer wurde wegen Sumpfbildung
häufig recht schwierig und zeitraubend; ich war bei solchen Übergängen oder
bei Überschreitung des Wassers mittels hindurchgelegter Baumstämme, die als
primitive Brücken dienten, in steter Furcht, irgend ein Gepäckstück einzubüßen.

Am Lagerplatz vor dem Fluß Gurba hatte Sémio durch eine Abteilung
seiner schon vor einigen Tagen vorausgeeilten Mannschaft für uns Hütten, sogar

mit Umzäunungen um sie her, errichten lassen; ich kam also nach dem ermüdenden
Marsch bald in eine wohnliche Häuslichkeit und saß bei prasselndem Regen
abends gut geborgen am Arbeitstisch. In der Voraussicht eines längern Aufenthalts war das Lager sorgfältig erbaut worden. Vor uns jenseits des Gurba,
zwischen ihm und dem Fluß Mbrúole bis zum Uëlle nach Süden, lag das Gebiet
der Mangbálle, mit deren Häuptlingen Náfima und Bangujá wegen Herausgabe von Elfenbein Unterhandlungen geführt werden sollten. Wir hatten nun
das Land der A-Sandé hinter uns gelassen; nur im Osten von den Mangbálle
reichten die Söhne des A-Sandéfürsten Málingbe mit ihrem Gebiet weiter nach
Süden. Im Westen des Gurba dehnte sich ein Streifen unbewohnter Wildnis
bis zum Uëlle aus und trennte den Distrikt der Mangbálle von dem Land der
A-Mádi. Die Mangbálle sind ein Zweigstamm der Mangbattu, denen sie nach
Sitten und Gebräuchen, Lebensweise, Bau der Hütten, Gerätschaften und Waffen
gleich sind; sie sprechen auch deren Sprache, unter sich aber ein anderes Idiom.
Sie nennen sich selbst Mangbálle und bilden einen nicht zahlreichen, aber südlich
des Uëlle weit versprengten Stamm; häufig noch werde ich ihren Namen nennen.
Im Norden des Uëlle traf ich sie nur in diesem Gebiet an; es war nicht ihr
Stammland, sie waren im Krieg hierher verdrängt worden und verließen später,
wie die bevorstehenden Ereignisse zeigen werden, noch während meines Auf-
enthalts in jenen Ländern ihre bisherigen Sitze. Mein Diener Abatám, ein
Mangbattu, war jetzt und südlich vom Uëlle mein Dolmetsch, während bei den
A-Sandé diese Obliegenheit Farag Allah zugefallen war.

Sémio hatte bald erkannt, daß meine Begleitung auf der Reise ihm bei
den einheimischen Häuptlingen Ansehen und besondere Ehre bringen und ihm
für seine Zwecke nützlich sein konnte. Und meinerseits hatte ich in Sémio einen
jener wenigen Neger kennen gelernt, die, natürlich nach den einheimischen Verhältnissen bemessen, das in sie gesetzte Vertrauen Gessi Paschas durch ihre
Handlungsweise rechtfertigten. Infolge dessen war ich gern bereit, seine Interessen, sowie indirekt die der Regierung zu fördern. Ich konnte mich nun nicht
mehr weigern, den meisten Hauptverhandlungen mit den Häuptlingen des Landes
beizuwohnen, da Sémio bei wichtigen Entscheidungen meinen Rat einholte.
Ihm lag auch besonders daran, daß ich seine Stellung zur Regierung, die
Machtentfaltung derselben über das Bahr el-Ghasalgebiet hinaus, in Chartum,
ja im Lande Masr (Kairo) den fremden Häuptlingen nach beliebter Art in
langer Rede auseinandersetzte, sie von den friedlichen Absichten der Bahr el-
Ghasalregierung zu überzeugen suchte und sie an ihre Pflichten als Vasallenhäuptlinge mahnte. Nicht mehr, wie früher bei den Durchzügen der Nubier,

sollten ihnen die Angehörigen und Hab und Gut geraubt werden, hinwiederum sei es nun auch ihre Pflicht, die von der Regierung geforderten Dienste zu leisten und insbesondere den vom Pascha ausgesandten Vertrauensboten, wie Sémio, das Elfenbein nicht vorzuenthalten.

· Näsima war mit seinen Unterhäuptlingen erschienen und entfaltete mit seiner zahlreichen Begleitung viel Macht und Würde. Er war von schmächtiger Gestalt, hoch aufgeschossen und trug seinen dünnen, doch langen Kinnbart in zwei Flechten. Er wie seine Begleiter zeigten in allem andere Merkmale als die A-Sandé. Das Nähere hierüber erwähne ich später bei der Besprechung des Kernvolks dieser Völkergruppe, bei den am Südufer des Uelle wohnenden Mangbattu. Die Unterhandlungen wurden, wie üblich, in langen Sitzungen geführt, und zwar in einer großen Nekuba, die von Sémios Leuten in der Seriba zum Empfang der Häuptlinge errichtet worden war. Auf meine Ansprache und nach den im oben angedeuteten Sinn ausgeführten Auseinandersetzungen beteuerte Näsima seine Ergebenheit und fügte nach wortreicher Erwiderung hinzu, daß er wegen der Herausgabe des Elfenbeins keine Worte verlieren wolle, wir sollten nur einige Tage verweilen, so würde er Sémio das Elfenbein zuführen. Wie gewöhnlich, beschloß auch heute das Vorzeigen meiner Privatsehenswürdigkeiten die Sitzung, das laute Ergötzen zog auch die Leute von außen herbei, denen der Eintritt jetzt nicht mehr verwehrt wurde, und in hellen Haufen umstand nun das Mangbállevolk den weißen Mann und seine geheimnisvollen Dinge.

Der mündliche Verkehr mit Sémio war durch seine Kenntnis des Arabischen sehr erleichtert. Er zeigte für vieles bedeutend mehr Interesse und Verständnis als andere seiner Stammesbrüder und war begierig, von mir mancherlei über unsere europäischen Verhältnisse zu hören, wogegen auch er mir wertvolle Aufschlüsse über Land und Leute bei ihm gab. Mit Sémios Hilfe und nach seinen Angaben, die ich im Lauf der Jahre, als ich später persönlich in viele dieser Gebiete kam, vielfach bestätigt fand, konnte ich mir schon vorläufig ein allgemeines Kartenbild mancher Länderstrecken entwerfen, während sonst die Angaben über geographische Verhältnisse, wie man sie sowohl von den Negern als auch von den meisten Arabern erhält, die doch manche Gebiete selbst gesehen haben, höchst dürftig und häufig falsch sind.

Mit Rücksicht auf die bebauten Felder der Mangbálle und um Eigenmächtigkeiten der Sémio'schen Leute in der Beschaffung von Nahrungsmitteln möglichst vorzubeugen, was bei langer Rast selbst friedfertiger, doch zahlreicher Mannschaft kaum abwendbar ist, hatten wir unser Lager am Westufer des

Gurba, noch weit von dem Sitz der Bevölkerung aufgeschlagen. Násima hatte sich dagegen verpflichtet, unserer Mannschaft Proviant zuführen zu lassen. Dieser jedoch, wie auch das versprochene Elfenbein, blieb aus. Boten von Sémio brachten uns wenig befriedigende Nachrichten, kurz ich sollte auch hier wieder die Erfahrung machen, daß der Neger voll Lug und Trug und noch lange nicht reif ist, nach gesetzlichen Maßregeln in unserm Sinn behandelt zu werden. Weder Mühe noch Geduld hatte ich gespart, Násima und seine Mangbálle von unsern fried-fertigen Absichten zu überzeugen, und anderseits hatte ich auch den Basingern Sémios aus-drücklich unsere Absicht kund-gethan, den Marsch nach Süden friedlich fortzusetzen. Scharf hatte ich betont, daß, wohin immer mein Fuß träte, ich kein Blut vergossen sehen wolle, so lange die Eingeborenen sich mir nicht feindlich zeigen würden. Aber trotz alledem schmiedeten Násima und sein Bruder Bangusá ganz andere Pläne und waren mit der Ausführung derselben bereits so weit, daß ihre Leute auf Kriegsfuß standen. Ihre kriege-rischen Absichten galten zwar nicht uns, doch war geplant, mit uns zu ziehen und Sémio zu veranlassen, daß er mit ihnen gemeinsam gegen das Volk der A-Bármbo, im Süden des Uëlle, zu Felde ziehe, um deren Land auszurauben. Welche Widerwärtigkeiten und Sorgen daraus im Lauf der nächsten Wochen für

Sandéfrau. Nach einer Photographie von R. Buchta gezeichnet von Fr. Rheinfelder.[1])

---

[1]) Die drei Einschnitte auf der Wange werden von den Nubiern beim Erwerb von Negern als Sklavenzeichen ausgeführt.

mich erwuchsen, wird der Bericht über die folgenden Ereignisse lehren. Am Nachmittag dieses Tags erschien Násima in Begleitung von Bangusá. Ich stellte sie zur Rede, wobei ich begreiflicherweise einen ganz andern Ton anschlug und ihnen meine volle Entrüstung zeigte. Seinen Versprechungen sei Násima nicht nachgekommen, er habe nur einen elenden, kleinen Elfenbeinzahn geschickt, obgleich er doch behauptete, viel Elfenbein zu besitzen (unstreitig wollte er die Herausgabe des Elfenbeins von der Willfährigkeit Sémios, mit ihm gegen die A-Bármbo zu Felde zu ziehen, abhängig machen), dagegen rüste er gegen die A-Bármbo zum Krieg, die doch ebensogut wie sie, die Mangbálle, unsere Freunde seien. Auf meine Rüge fand Násima keine Antwort. Ein Leopardenfell, das er mir mitgebracht, ließ ich ihm zurückgeben und entfernte mich, während Sémio die Unterhandlungen weiterführte. Násima drang wohl später nochmals in mich, sie, die Mangbálle, doch nicht zurückzulassen, er wie seine Leute würden sonst von den A-Bármbo getötet werden; das versprochene Elfenbein wolle er noch in der kommenden Nacht zum Lager schaffen, doch — auch dieses Versprechen hielt der Mangbállehäuptling nicht ein. An den übrigen langen Sitzungen nahm ich nicht teil, Sémio war aber auch nach fernern zwei Tagen in seiner Angelegenheit nicht weiter gekommen.

Wir hatten übrigens noch einen andern triftigen Grund, Geduld zu üben und unsere Abreise von hier zu verzögern. Das Gebiet des Mangbattufürsten Mambangá lag am Südufer des Uélle und grenzte an die östlichsten Stämme der A-Bármbo. Schon von Palembatá aus hatte Sémio zur Anknüpfung freund-schaftlicher Beziehungen, welche die Auslieferung von Elfenbein später erleichtern sollten, Boten an Mambangá gesandt. Sie waren noch nicht zurückgekehrt und es stand zu befürchten, daß Mambangá wohl gar gemeinsame Sache mit den Mangbálle machen würde. Diesen gehörten, sowohl auf dem Fluß Mbrúole wie auf dem Uélle, die Boote, deren wir wenigstens zum Übersetzen des Mbrúole bedurften, um an das Nordufer des Uélle gelangen zu können. Unsere Besorgnis, daß uns die Benützung der Boote versagt werden möchte, falls wir uns den Wünschen der Mangbálle widersetzten, war erklärlich und machte es ratsam, die Rückkehr der Boten von Mambangá hier abzuwarten. Mit den Mangbálle mußte vorderhand fein diplomatisch weiter verhandelt werden. Die Führung dieser höhern Negerpolitik, welche auf Hinhalten, Versprechungen, die nicht ein gelöst werden, auf beständige Ausreden und Täuschungen hinausläuft, überließ ich künftighin Sémio, der in solchen Dingen größere Geduld und Erfahrung hatte, und dazu das weitere Gewissen, seine Gegner mit derselben Elle zu messen, wie sie ihn.

Der Häuptling Bani von der Grenze des Nbóruma'schen Landes hatte mich von Palembatá auch hierher begleitet. Bevor er jetzt zurückkehrte, befragte er das Orakel über unser ferneres Schicksal und ob Sémio Elfenbein von den Mangbálle erhalten würde. Die gebräuchlichste Form, ein Augurium zu erzielen, ist bei den

Afrikanische Riesenschlange (Python Sebae).

A-Sandé, wie auch bei den Mangbattu und andern Volksstämmen, das Bänge. Ich erwähnte dessen bereits im ersten Band meiner Reiseschilderungen. Bänge ist der Name eines Strauchs; das Gemenge des aus dem Holz erzielten röt- lichen Pulvers mit Wasser wird einem Huhn vermittelst einiger ihm ausgerissener Federn eingeflößt; sie sind in der Flüssigkeit getränkt und werden vor dem geöffneten Schnabel des Opfertiers mit einem Blatt zwischen den Fingern aus-

gedrückt. Der Tod des Huhns bedeutet jedesmal den unglücklichen Ausgang
der Angelegenheit, um derentwillen das Augurium eingeholt wurde. Die zum
Bänge verwendeten Hühner müssen jung und das Mittel wahrscheinlich frisch
sein, damit die Tiere um so leichter verenden. Unser Versuchshühnchen aber
blieb munter am Leben, desgleichen auch ein zweites von mir gespendetes, und
da meinte denn Bani kaltblütig, das Gift sei schlecht; seinem innern Gefühl
nach hatte er uns harte Schicksalsschläge prophezeit.

Während jener Tage des geduldigen Wartens litt ich wieder an Fieberanfällen. Der fast täglich niedergehende Regen und die Feuchtigkeit bannten mich
an meine Hütte, die Eßlust war vermindert, Kürbis und süße Bataten blieben
mir zu solchen Zeiten noch die liebste Kost. Einmal erlegten die Leute Sémios
eine afrikanische Riesenschlange, Python Sebae, sie war 14 Fuß lang, doch
kommen noch größere vor. Diese Schlangenart ist nicht giftig und kann nur
durch ihre Größe gefährlich werden. Die Haut ist sehr hübsch in Braungelb
gebändert und gefleckt und wird von den Arabern als Überzug des langen,
als Tasche für Patronen um den Leib getragenen Gürtels (Schellik) verwendet.
Die Schlangenhaut, wie auch die Haut der mehrere Fuß langen Varanen-
Eidechse, liefert vorzüglichen Verbandstoff für die am Griff gebrochenen Flinten-
kolben. Es ist sehr empfehlenswert, selbst die noch nicht gebrochenen, aber in
Europa häufig dünn gearbeiteten Griffe der Gewehrkolben, besonders bei den
Flinten für die unachtsame Dienerschaft, mit nasser Schlangen- oder Varanen-
haut zu überziehen, diese zuzunähen und auf dem Holz trocknen zu lassen. Der
dadurch erzielte Schutz kommt dem von dünnem Bandeisen gleich.

Die sehnlichst zurückerwarteten Boten von Mambangá trafen endlich mit
seinen eigenen Leuten ein und brachten frohe Botschaft. Die Mär von dem
weißen Mann in Sémios Gefolge war auch schon bis dorthin gedrungen und
die Boten sagten aus, daß Mambangá uns ungeduldig erwarte, jedoch fürchte,
wir möchten mit feindlichen Absichten kommen, da wir ihm noch kein Zeichen
der Freundschaft, kein Geschenk, übersandt hätten. Ich schalte hier ein, daß in
dem östlichen Teil des Mangbattugebiets, welcher durch die Reise Dr. G. Schweinfurths zu dem damals mächtigen Fürsten Munsa zuerst bekannt geworden, von
Arabern verwaltete Regierungsstationen bestanden. Mambangá hatte sich bisher
unabhängig von diesen erhalten, glaubte sich jedoch jetzt von dorther bedroht und
erbat sich daher durch seine Boten gleichzeitig unsern Schutz gegen die dortigen
Araber. Das Verständnis für eine einheitliche, mächtige Regierung, welcher alle
den Negern bekannt gewordenen Araber sich fügen mußten, ging den Eingeborenen in den der Centralverwaltung fernliegenden Ländern vollkommen ab;

daß in diesem Fall Sémio ebensogut wie die Nubier in den Stationen des
östlichen Mangbattulandes die Befehle der Bahr el-Ghasalverwaltung auszuführen hatten, dieselben Ziele verfolgten und nicht feindlich gegeneinander auftreten durften, davon hatte Mambangá keine Ahnung. Die meisten Häuptlinge und Fürsten kannten nur das frühere System der mohammedanischen
Händler, deren Gesellschaften damals ein Übereinkommen hatten, auf ihren sonst
freien Handels- und Konkurrenzzügen nach dem Süden bestimmte Wege einzuschlagen, nach bestimmter Vereinbarung zwischen den Handelsgesellschaften, wobei
es jedoch in einzelnen Fällen sogar zu Fehde und blutigem Krieg kam. Leider
spielten in vielen jener entfernten Niederlassungen die mohammedanischen Beamten
auch jetzt noch gern ihre eigenen Herren und unterließen es, den eingeborenen
Häuptlingen die bessern Absichten der neuen Regierung auseinanderzusetzen, da
sie ja sonst ihrem selbstsüchtigen Treiben hätten entsagen müssen. So lebte auch
Mambangá noch in dem Wahn, daß nötigen Falls Sémio ihm ein Verbündeter
sein könne, und suchte daher diese Freundschaft zu befestigen, eine für uns unerwartet günstige Wendung der Dinge. Neuerdings entsandte Boten, denen ich
ein Freundschaftsgeschenk für Mambangá mitgab, sollten ihm unsern baldigen
Aufbruch, der durch die Mangbálle verzögert worden, ankündigen. Diese aber
wurden auf später vertröstet und so blieb Sémio mit ihnen in gutem Einvernehmen, während er zugleich 40 Leute vorausschickte, um das nächste Nachtlager für uns vorbereiten zu lassen. Am folgenden Tag trafen abermals Boten
von Mambangá ein, deren Aussagen in demselben Sinn lauteten; auch bestätigten
sie, daß unsere frühere Befürchtung wohl begründet gewesen. Die Mangbálle
hatten, wie wir vermutet, richtig ihre Boote von der Übergangsstelle am Mbrúole
fortgeschafft, dagegen aber waren die Leute Mambangás mit ihren eigenen
Booten in die nahe Mündung des Mbrúole, der in den Uelle fällt, eingefahren
und bis zur Fähre gekommen, sodaß ihre Boote uns aus der Verlegenheit
geholfen hätten. Als nun die Mangbálle die Nutzlosigkeit ihrer Maßregel erkannt
hatten, brachten sie ihre Fahrzeuge zurück. Mittlerweile war auch ein Abgesandter
von Bagbaró, dem Sohn Málingbes im Osten der Mangbálle, eingetroffen,
offenbar um sich über unsere Absichten Gewißheit zu verschaffen. Auf ihn, wie
auf alle diese Sendlinge, machte ich durch meine Person und die mich umgebenden
Dinge — war doch niemals ein Europäer dieses Wegs gezogen — den Eindruck eines Wesens aus einer andern Welt, was sie jedesmal durch helles
Staunen bekundeten. Ich entließ die Leute meist durch kleine Geschenke befriedigt und suchte stets neue Verbindungen und Freundschaften anzuknüpfen. Des
Nachts schüttelte mich ein heftiger Fieberanfall, aber auch da irrte die erregte

Phantasie in geographischen Problemen umher, die mich tagsüber unter meinen Erkundigungen und Aufzeichnungen beschäftigt hatten. Der unbekannte Verlauf der großen Flüsse, des Mbomu, des Bahr Abu Dinga, des Schinko, endlich des Uelle-Mákua, dessen Verbleib festzustellen ich als eine Hauptaufgabe meiner Forschungen betrachtete, fesselte den Geist, und häufig brachten mir erst die frühen Morgenstunden festen Schlaf und Ruhe. An solchen Tagen bereitete ich mir als Krankenkost manchmal Reis mit gepreßten Äpfeln. Nach meiner Erfahrung muß ich das gepreßte Backobst dem Reisenden warm empfehlen, da es wenig Raum bei der Verpackung beansprucht und bei Appetitlosigkeit eher als alles andere genossen wird.

Das Eintreffen von Boten aus vieler Herren Ländern nahm kein Ende. Sie waren meistens an mich entsandt und mir willkommen, denn wenn mich auch die Verhandlungen, die Palavers[1]) in unserm improvisierten Mbanga, Zeit und Geduld kosteten, so lernte ich doch in kurzer Frist Volk, Sitten und Landes-verhältnisse kennen. Unter andern trafen fünf Abgesandte des fürstlichen Häupt-lings Jápati, Sohns von Jango, bei mir ein; sein Gebiet liegt im Norden vom Distrikt Bádindes und dem Uérre, er ist der Vasall Rafái Aghas in dessen großem Verwaltungsbezirk. Jenes ausgedehnte Land im Nordwesten war schon seit Jahren durch Siber und dessen Sohn Soliman Bey unter die Botmäßig-keit der Araber geraten, und viele der ehemaligen Beamten waren auch jetzt noch die Vorsteher in den dort unterhaltenen Niederlassungen. Die Abgesandten Jápatis traten mit Klagen gegen einen Seribenverwalter, Muhammed Hassan, auf. Wieder mußte ich die alte Geschichte über frevelhafte Eigenmächtigkeiten, Sklavenraub und das Aussaugungssystem der Nubier anhören, ohne doch helfen zu können; wieder ließ ich auch Jápati auf eine bessere Zukunft vertrösten und versprach, dem Pascha im Bahr el-Ghasalgebiet zu berichten, ja später persönlich in das Land Jápatis kommen zu wollen.

Was das von Násima versprochene Elfenbein betrifft, blieb es auch später aus, dagegen suchte sich der Häuptling durch Schenkung einiger Mangbálle-mädchen bei Sémio in Gunst zu setzen. Auch mir schickte er eine kleine Sklavin mit der Bitte, sie nicht zurückzuweisen. Hätte ich die Annahme verweigert, so wäre es zu neuen Auseinandersetzungen gekommen, und so ließ ich denn fürs erste das Mädchen unter Aufsicht meiner Dienerin. Eine kleine Ausstattung, das per-

---

[1]) Beiläufig sei hier bemerkt, daß ich das der Westküste angehörige Wort „Palaver" nur wegen seiner Gemeinverständlichkeit auch für diese Gegenden benütze; im Osten Afrikas, bei den von Sansibar ausziehenden Leuten, ist für solche Redeversammlungen der Ausdruck „Schauri" gebräuchlich.

sönliche Eigentum einer Sklavin, erhöht in den Augen der Eingeborenen den Wert
eines geschenkten Mädchens. Dieses bringt in das Haus ihres neuen Herrn
zumeist nichts mit, als im wahren Sinn des Worts das nackte Leben. Das
kleine Mangbállemädchen dagegen besaß vor allem hübsche Elfenbeinhaarnadeln,
ferner trug sie in den Händen einen geschnitzten Schemel und dann hing ihr
vom Kopfband ein niedlich geflochtenes Körbchen in den Nacken herab, worin
sich allerlei für die Negerin begehrenswerte Dinge befanden, unter andern das

Násimas Geschenk einer Sklavin.

Behältnis mit rotem Pulver zum Bemalen der Haut. Zwei zierlich geflochtene
Strohmatten vervollständigten die Ausstattung der Dienerin.

Das falsche Gerücht, daß eine Postsendung für mich bei Palembata angekommen sei, verzögerte unsere Abreise von Násima unnütz um einen weitern Tag.
Zwar erbot sich Sémio, meinetwegen noch länger am Ort zu warten, doch wollte
ich auf jenes Gerücht hin keinen längern Aufschub verursachen und so brachen wir
endlich am 5. September nach Süden auf, nachdem wir am 26. August das
Lager diesseits des Gurba bezogen hatten. Der Fluß wurde rechts vom Weg
jenseits einer steinigen Bodenerhebung bald sichtbar; er läuft dort in baumloser
Grasniederung, doch lag die kurz darauf erreichte Übergangsstelle im tiefen Wald-

Übergang über den Gurba. Gezeichnet von L. H. Fischer.

dicticht, von üppigen Hochstämmen umgeben, wo sich der volle Reiz solcher
mannigfaltigen Ufervegetation entfaltete. Mächtige Bäume streckten ihr Astwerk
über die Wasserfläche hin, welche sie da und dort sogar berührten, denn der
Fluß hatte an dieser Stelle nur wenig erhabene Ufer und dabei gerade hohen
Wasserstand. Die ziemlich starke Strömung mochte gegen 40 Meter Breite
messen. Einiges Geäst, das aus dem Wasser emporragte, wurde zur Herstellung
einer sehr primitiven Brücke benützt, welche bergauf und bergab lief. Auf ihr
gelangten die Träger mit den Lasten, sowie die Leute Sémios, vorsichtig und
einzeln an das jenseitige Ufer; doch befand sich auch ein langer, als Boot
bearbeiteter Baumstamm in der Nähe, mit dem ich den ersten schwierigen Versuch wagte, die Esel hinüberzuschaffen. Dies machte mir damals noch viel Mühe
und Sorge; wie viel leichter wußte ich es später zu bewerkstelligen. Unzählige
Male habe ich mein treues Grautier durch Flüsse gebracht und den Uelle-
Makua allein sechsmal durchschwimmen lassen, so manchesmal freilich nicht ohne
Sorge um sein Leben. Am sichersten schafft man einen Esel über breite und
tiefe Flüsse, indem man ihn dicht neben dem Boot am Strick schwimmen läßt,
jedoch an der der Strömung abgewendeten Seite, damit diese ihn nicht unter
das Boot dränge. Ein kräftiger Diener muß dabei den Kopf des schwimmenden
und zugleich vorwärts geschleppten Tiers am Strick hoch über Wasser halten,
damit es kein Wasser in das Maul bekomme. War die Strömung stark und
das Boot klein, so hatten wir übrigens auch mit solchen Überfahrten unsere
liebe Not.

Im Osten des Gurba lagen die Wohnhütten der Mangballe, in Bananenhainen zerstreut, ziemlich nahe beisammen. Wir zogen etwa eine halbe Stunde
Wegs an ihnen vorüber, während Násimas Sitz abseits des Wegs noch weiter
nach Osten liegen blieb. Ein Teil der Hütten ist hier, wie schon die in nördlichen Gebieten angetroffenen, in der runden Tukulform mit konischem Spitzdach
erbaut; daneben aber sieht man hier auch schon zierlich und regelmäßig gebaute
Häuschen mit doppeltem Schrägdach, wie sie von den Mangbattu jenseits des
Uelle in mustergiltiger Vollendung und Symmetrie errichtet werden, hauptsächlich
dank dem bessern Baumaterial und einem lebhaftern Sinn für Regelmäßigkeit.
Diese Häuschen, an den Seitenwänden oft sorgfältig mit Baumrinde bekleidet
und auch mit großen, bequemen Thüren versehen, machen den wohlthuenden Eindruck der Wohnlichkeit. Vor den Hütten aber saßen die Neger im Schatten der
Bananenpflanzungen gruppenweise umher, während ihr Waffengerät an den
nächsten Bäumen lehnte. Auch Násima war zu unserer Begrüßung herbeigekommen,
doch zogen wir ohne Aufenthalt weiter. Unser Marsch führte in südlicher Richtung

über Landerhebungen, die sich zwischen den kleinen sumpfigen Nebenflüssen des Gurba ausdehnen, in den Bezirk des Häuptlings Bangusá. Sémios Leute, die schon vor einigen Tagen zur Errichtung eines neuen Lagers vorausgeschickt waren, wurden bis in die zweite Nachmittagsstunde nicht aufgefunden. Sémio machte sich daher ungeduldig, wohl auch mißtrauisch, persönlich auf, um nach ihrem Verbleib zu sehen, während er die Trägerreihen bis auf weiteres ruhen hieß. Auch ich war zurückgeblieben und hatte mich im Schatten eines großen Baums an meinen Arbeitstisch gesetzt, die Leute aber begannen schon, da inzwischen die Zeit verstrichen war, Hütten für die Nacht zu erbauen, da kamen doch noch Boten von Sémio und holten uns nach dem glücklich aufgefundenen neuen Lagerplatz ab, wo wir eine Stunde später größere Bequemlichkeit antrafen. Dieses Lager war wieder mit größerer Sorgfalt errichtet, da Sémio von hier aus des Elfenbeins wegen sowohl mit Mambangá, wie auch mit den Mangbálle längere Unterhandlungen zu führen beabsichtigte. Von dem Erfolg machte er auch eventuell seine Rückreise abhängig. Ich dagegen dachte jetzt, wo der langersehnte Uelle nur noch eine starke Tagreise weit vor mir lag und auch freundschaftliche Unter= handlungen mit Mambangá, der mich zu sich berief, bereits eingeleitet waren, nicht mehr an sofortige Rückkehr. Schon am ersten Morgen nach unserer Ankunft erschienen wieder Boten von Mambangá, der sich dringend meinen Besuch erbat. Schnell war mein Entschluß gefaßt. Ich schickte meinen Mangbattudiener Abatám mit ihnen zu Mambangá, um mir von diesem die nötigen Träger zu erwirken, nach deren Eintreffen ich ohne Verzug über den Uelle setzen und den Fürsten besuchen würde. Von dort aus wollte ich nachher im Westen das Land der A=Mádi durchqueren und hierauf im Bogen das Gebiet Nbórumas wieder erreichen.

Das Lager befand sich nahe bei den Hütten der Mangbálle, Bangusás Unterthanen, mit denen sich also ein regerer Verkehr entspann; auch kam bald der Häuptling mit Gefolge zu uns und brachte Getreide (Eleusinekorn), Hühner, süße Bataten und gedörrte Bananen. Daß auch hier wieder dringend nach meinen Sehenswürdigkeiten, nach den Musikinstrumenten u. s. w. verlangt wurde, sei nur beiläufig erwähnt, besonders aber hervorgehoben das mit Angst gemischte Entzücken, welches diese Naturkinder beim Entzünden von Streich= hölzchen an den Tag legten. Diese Neger verschaffen sich ihr Feuer durch fort= gesetzte Reibung zweier Hölzer aneinander. Der sehr einfache Apparat dazu wird auf Märschen und in der Wildnis mitgeführt und besteht aus zwei kaum fußlangen Stäbchen. Das eine ist dicker, auf zwei Seiten abgeflacht und von Zoll zu Zoll eingekerbt. In eine dieser Kerben wird das andere etwas zugespitzte Stäbchen rechtwinklig eingesetzt und zwischen den Handflächen rasch wie ein Quirl gedreht. Auf die Kerbe ist vorher etwas zerriebenes, trockenes Gras gelegt worden, dieses entzündet sich durch das Reiben und das Feuer wird dann durch Anblasen entfacht. Wird für das Quirlhölzchen hartes, für das gekerbte weiches Holz verwendet und ist der Apparat schon öfter im Gebrauch gewesen, so erhält man das Feuer um so rascher. Daher führen die Eingeborenen solche schon benützte Stäbe in dem über der Schulter hängenden Säckchen mit sich, das oft aus dem Balg eines Affen gemacht ist und noch andere kleine Gegenstände, z. B. Tabak u. dgl. enthält.

Ein von Sémio längst zurückerwarteter Bote, der die Verhältnisse bei Mambangá auskundschaften sollte und dort lange geweilt hatte, brachte endlich allerlei Nachrichten über die Stellung des Mangbattufürsten zu den westlich angrenzenden A-Bármbo. Diese sind ein in Kleinstaaterei zerfallenes Volk und stehen unter zahllosen Häuptlingen, die sich vielfach befehden. Einige derselben lebten zur Zeit auf friedlichem Fuß mit Mambangá, andere jedoch suchten beständig Händel mit den Mangbattu, und letzthin erst sollten wieder die Unterthanen Mambangás überfallen und einige getötet worden sein. Trotz der angeblich so liegenden Verhältnisse schien indes Mambangá anfangs nicht zu wünschen, daß Sémio mit feindlichen Absichten gegen die A-Bármbo an den Uelle komme, um mit den Mangbálle gemeinsame Sache zu machen. Diese aber verfolgten auch jetzt beharrlich ihren Plan, vereint mit Sémios Leuten die A-Bármbo zu bekriegen. Und wohl nur aus diesem Grund kam am dritten Tag auch Násima mit seinem Anhang wieder in unser Lager, wobei ein guter Teil des Tags im Palaver mit Sémio verging. Während der Pausen wurden im vollen Kriegsschmuck Scheingefechte mit Schild und Lanze ausgeführt, und nachdem Palaver, Spiel, Gesang und Tanz abgewechselt hatten, beschloß gegen Abend eine Tanzproduktion mehrerer in Luftsprüngen gewandter Mangbálle das Fest. Abweichend von den A-Sandé und vielen andern Negervölkern, welche sich der Lustbarkeit des Tanzes gemeinsam hingeben, lieben die Mangbattu und die ihnen verwandten Stämme den Einzeltanz, der sogar vornehmlich durch einen der Angesehenen, einen Fürsten, ausgeführt wird.

Ein neuer Tag bringt auch wieder neue Botschaft von Mambangá und mit ihr beginnt abermals das endlose leere Wortdreschen des Palavers. Wiederholt handelte es sich um die A-Bármbo, an welche Sémio leider noch keine Boten gesandt hatte. Ich veranlaßte ihn, dies endlich zu thun, und zwar sollte der Bote ihrem mächtigsten Häuptling Buru auch Geschenke von mir überbringen. Zugleich entschloß sich Sémio, der sich in manchem zaghaft und unschlüssig zeigte, am folgenden Tag bis zum Uelle weiter zu ziehen und von dort aus, nach Mambangás Wunsch, die Unterhandlungen fortzuführen. Daß ich baldmöglichst zu Mambangá gehen und später meine Reise allein fortsetzen wollte, wußte Sémio und hatte auch bisher keine Einwendungen dagegen aus-gesprochen. Die Mangbállehäuptlinge zeigten sich mir besonders willfährig und Bangusá brachte mir einige ihrer Industrieerzeugnisse zum Geschenk. Desgleichen hatte Násima sich mit seinen Leuten wieder bei uns eingefunden; ja es wurde erzählt, alle im Norden wohnenden Mangbálle hätten ihre Hütten verlassen, um beim Ausbruch des Kriegs mit den A-Bármbo in der Nähe zu sein und sich vereint mit Sémio daran zu beteiligen. Ob und wie weit die Mangbálle mit Wissen und Willen Sémios handelten, darüber erhielt ich keine Aufklärung; mir beteuerte Sémio, er wolle seinerseits keinen Krieg gegen die A-Bármbo beginnen, indes befestigte sich bei mir während der später eintretenden Ereignisse die Annahme, daß ihm im Grunde eine einträgliche Razzia im Land der A-Bármbo nicht unlieb gewesen wäre, wozu er freilich unbedingt der Mang-bálle und ihrer Boote bedurfte. Wenn er dennoch keinen Angriff machte, so lag dies wahrscheinlich daran, daß kein Grund dazu vorlag und er meinen Unwillen fürchtete.

Unserm Abmarsch drohte übrigens abermals eine Verzögerung, da angeblich ein Mangbálle nach einem von Sémios Leuten eine Lanze geworfen hatte, was nach den herrschenden Begriffen ein langes Palaver nach sich ziehen muß; indes ließ Sémio zu meiner Freude doch bald zum Aufbruch blasen. Mein Diener Abatám war noch nicht einmal von Mambangá zurück, doch hoffte ich ihn unterwegs oder im heutigen Nachtlager zu treffen.

Nach fünftägigem Aufenthalt bei Bangusá verließen wir am 11. September das Lager und zogen abermals in südlicher Richtung weiter. Die Marschlinie verlief während der ersten Hälfte des Tags direkt auf der Wasserscheide zwischen dem Gurba und dem Mbrúole, sodaß wir in kleinen, halbkreisförmigen Schluchten, wie sie, eingerahmt von der Fülle der Galerien- und Terrassenwaldung, in allen jenen Gebieten häufig den Ursprung der Gewässer charakterisieren, auf beiden Seiten des Wegs das erste Entstehen und die Bildung der kleinsten Bäche beobachten konnten. Infolge dessen überschritten wir an diesem Morgen keine Gewässer und erst in der Mittagsstunde wurde der letzte Zufluß des Gurba gekreuzt. Von dem ausgedehnten, erhabenen Land, welches dann im Süden sich anschließt, schweift der Blick über lichten Savannenwald in die Ferne und wird erst am Horizont durch einen Kranz von Bäumen gefesselt; dies ist die Umrahmung des Mbrúole, dessen untersten Lauf wir am nächsten und zugleich letzten Tag

des Marsches zum Uelle überschritten. Mittlerweile hatten wir diesen Nachmittag
unerwartet den südwärts führenden Weg verlassen und waren ohne Weg und.
Steg gegen Südwest marschiert. Die Mannschaft war denn auch bald in ein
Sumpfwasser gerathen, das nur mit Mühe durchwatet wurde, und nach einer
Strecke trockenen Landes folgte alsbald auf freier Grasflur noch ein breiter
Sumpf, dessen Überschreiten alle frühere Mühsal weit hinter sich ließ. In auf-
gelöster Marschlinie suchte jeder, so gut er konnte, vorwärts zu kommen, wobei
das Wasser bis zu den Schenkeln reichte und die Füße sich nur schwer aus der
kotigen Masse zurückziehen ließen. Ich war müde zum Umsinken. Dazu grollte
der Donner und jeden Augenblick stand ein tropisches Unwetter zu befürchten.
Nach einer Stunde mühsamer Arbeit sammelten wir uns endlich auf einer
Hochfläche; der Regen, der uns bisher verschont hatte, brach jetzt los und hielt
während des Hüttenbaues an; genügendes Holz aber und gutes Trinkwasser war
in der Nähe nicht zu finden. Erst spät abends konnte ich mich meiner nassen
Kleider und der kotigen Stiefel entledigen und kauerte dann in einem winzigen
Hüttchen am Feuer, indes mein Gepäck draußen unter der Gummidecke lag.
Inzwischen war Abatám mit einem Häuptling Mambangás und Trägern uns
hierher gefolgt. Der Fürst sandte mir ein Elfenbeinhorn, einen Trumbasch
(großes Messer der Mangbattu), zierliche Haarnadeln aus Elfenbein und zwei
Hühner, mit dem wiederholten Wunsch, mich nun doch endlich bald bei sich
zu sehen.

Der von uns verlassene Weg führte geradeaus an das Nordufer des Uelle
zur Fähre, welche zu Mambangá übersetzte. Den Mangbálle dagegen lag augenscheinlich daran, Sémio an jene Stelle des Flusses zu geleiten, wo sich gegenüber
das Gebiet der A-Bármbo ausbreitete. Am folgenden Morgen blieb Sémio, in
beständiger Unschlüssigkeit abwartend, auch hier wieder im Lager, und als ich
dann den größten Teil des Gepäcks mit Mambangás Trägern unter Abatáms
Leitung absenden wollte, trat er in seinem Mißtrauen mit vorgeschützten Besorg-
nissen für mein Leben hervor und suchte die Absendung meiner Sachen thätlich
zu verhindern. Solche Eigenmächtigkeit hatte ich denn doch nicht erwartet; sofort
trat ich unter die Menge und rief den Leuten Sémios zu, wer es wage, die Träger
zurückzuhalten, solle hervortreten. Mit diesen Worten führte ich persönlich die
Träger Mambangás zwischen den Hütten hindurch eine Strecke Wegs vorwärts
und kehrte dann, ohne von Sémio weiter Notiz zu nehmen, in meine Wohnung
zurück. Das half; er kam alsbald ganz kleinlaut und zaghaft zu mir und beteuerte,
daß er vor Angst und Schreck halb tot sei. Für meine ruhige Auseinandersetzung
hatte er kein Ohr, sondern bat nur immer flehentlich, ich möchte doch meine Sachen

zurückbringen laſſen, er ſei in Angſt wegen der Gefahr ihres Verluſtes und um meine eigene Sicherheit und wegen des Unwillens und der Strafe, die ihm von Seite des Paſcha (Geſſi) drohten, falls mir etwas zuſtieße. Ich wiederholte ihm, daß er ſelbſt im ſchlimmſten Fall nichts zu fürchten hätte, daß der Paſcha in meinem Fall ebenſo gehandelt haben würde, und bot ihm zu weiterer Sicher= ſtellung eine ſchriftliche Erklärung an, daß ich trotz aller ſeiner Warnungen eigenmächtig gehandelt hätte und ihn kein Vorwurf träfe. Seiner Beſorgnis um mich wolle ich immerhin Rechnung tragen und den abgeſchickten Laſten nicht ſogleich perſönlich folgen, ſondern mit ihm zuſammen nach dem Uelleufer gehen, dort neue Nachrichten abwarten und Mambangá zu veranlaſſen ſuchen, auf dieſe Seite des Fluſſes zu uns ins Lager zu kommen.

Der Fall zeigt wieder, wie die Regierungsorgane, aus Furcht vor Ver= antwortlichkeit oder aus andern Gründen, den Reiſenden hindernd in den Weg treten; auf ähnliche frühere Erfahrungen geſtützt, hatte ich ja dieſen Umſtand ſchon zu Kairo in Punkt 5 des für mich verlangten ſpecialiſierten Fermans berückſichtigt. Eigentlich böſe konnte ich nun allerdings Sémio nicht ſein, da ſein Vorgehen wenigſtens zum Teil dem Wohlwollen für mich entſprang; er beging übrigens ſpäter auch noch den Mißgriff, mir zu weiterer Verſöhnung einen Jungen als Geſchenk zu ſenden. Náſima brachte mir ebenfalls wieder einen Sklaven, wobei er mir ſelbſtgefällig verdolmetſchen ließ, daß ich mich ja nun von ſeiner freundſchaftlichen Geſinnung für die Hokuma (Regierung) überzeugt haben würde; wie es aber in dieſer Beziehung mit Mambangá ſtünde, wiſſe er nicht. Die dringend angebotenen Sklaven nahm ich nicht an, obgleich Sémio hierin einen ſichern Beweis erkennen wollte, daß ich ihm ernſt= lich böſe ſei.

In der folgenden Nacht ſollte in öſtlicher Richtung die Nugára, die große Kriegstrommel, gehört worden ſein, ein neuer Grund für Sémio, in ſeiner abwartenden Haltung zu beharren. Immerhin veranlaßte ich ihn, Kund= ſchafter auszuſenden, um den einzuſchlagenden Weg feſtzuſtellen und nach= zuſehen, ob die von den Mangbálle verſprochenen Boote für den Übergang über den Mbrúole bereit ſeien. Die Boten brachten denn auch bald die Nach= richt, daß es in ſüdweſtlicher Richtung viel Sumpfwaſſer zu durchwaten gebe, daß dort die Einmündung des Mbrúole in den Uelle liege und der Fluß auf dieſem weſtlichen Weg gar nicht zu überſchreiten ſei, ſowie daß die Mang= bálle ihre Boote dorthin gebracht hätten. Einige neue Sendlinge von Mam= bangá beſtätigten, daß an der eigentlichen Übergangsſtelle des Fluſſes die Boote fehlten; ſie ſelbſt hatten den Fluß durchſchwommen. Auch ſagten ſie

aus, daß das Schlagen der Nugára in vergangener Nacht von den Bootsleuten, den Mangbálle, ausgegangen sei, die mit meinem Diener Abatám und
den Trägern Streit gesucht und sich geweigert hätten, meine Sachen hinüberzuschaffen. Mambangás Boten warteten neuerdings auf eine Entscheidung von
mir, und da die Unschlüssigkeit Sémios kein Ende nahm, erklärte ich ihm endlich,
angesichts seiner zahlreichen Umgebung, ich müßte, da er unschlüssig sei, nun
meinen Entschluß fassen und würde mit den eintreffenden nächsten Trägern zu
Mambangá aufbrechen. Nochmals hielt ich ihm vor, daß weder er, noch sonst
jemand für mich verantwortlich sei, und daß ich ihm zu seiner Beruhigung
die versprochene Bescheinigung geben wolle. Er hatte auf meine Reden keine
Antwort, dagegen unterfing sich ein vorwitziger Dragoman zu sagen: „Ja, wo
ist denn das Papier (die Bescheinigung)?" So einfältig und dumm die Frage
war, sie verriet doch, daß man zweifelte, ob ich mein Versprechen einlösen
würde; dies ärgerte mich und ich durfte den Vorwitz nicht ruhig hinnehmen.
Ich spöttelte also über Sémio, daß er sich da in der That einen tapfern
Fürsprecher erkoren habe, und das genügte, um dem Naseweisen sofort seine
wohlverdiente Tracht Prügel zu verschaffen. Mittlerweile waren auf Sémios
Veranlassung die Boote doch an die geeignete Fähre geschafft worden, und so
überschritten wir endlich tags darauf den Mbrúole und verlegten das Lager
an das Ufer des Uëlle.

Der Mbrúole war jetzt nach den ergiebigen Regenfällen bis an den
Rand gefüllt und hatte bei etwa 75 Schritt Breite eine starke Strömung.
Im Süden des Flusses, dessen gegen Nordost liegenden Oberlauf ich zwei
Monate später auf der Rückreise zu Nbóruma kreuzte, lebten die Unterthanen
des Mangbállehäuptlings Mangálima, an deren Hütten vorbei unser Weg
anfänglich gegen Süden zog; plötzlich aber wurde aufs neue die Richtung geändert
und wir marschierten etwa noch eine Stunde lang fast direkt nach Westen auf
diejenige Strecke des nördlichen Uëlleufers los, welche dem Gebiet der A-Bármbo
gerade gegenüberliegt. Dies war entschieden ein Fehlgriff Sémios und verriet
seine ihm selbst anscheinend unklaren Absichten, denn in derselben Zeit wäre
beim Marsch nach Südosten der Uëlle gegenüber dem Gebiet Mambangás
erreicht und dadurch dessen Wunsch erfüllt worden; von dort konnte dann mit
den A-Bármbo weiter unterhandelt werden. Dieses letzte Stück Wegs zum Uëlle
wurde recht beschwerlich; nicht nur mußten südlich des Mbrúole mehrere dichte
unter Wasser stehende Uferwaldungen zweier Flüsse durchquert werden, sondern
es waren auch ausgedehnte, 1 bis 2 Fuß hoch überschwemmte Grasflächen zu
passiren, welche zu unserm Heil nicht sumpfig waren. Der neue Lagerplatz lag

in nächster Nähe des Uëlle, unfern der Einmündung des Mbrúole, in dem Winkel, welchen der Zusammenfluß beider bildet. Hocherfreut, ein langersehntes Ziel endlich erreicht zu haben und hier zum erstenmal jenen Fluß zu sehen, dessen Verlauf und Mündung als ein ungelöstes Rätsel das Interesse der Fachkreise schon lange beschäftigt hatte, eilte ich erwartungsvoll an das Ufer. Etwa 800 Schritt breit floß der majestätische Strom gegen Westen und zeigte sich teils von einer einfachen Reihe Hochbäume umrahmt, teils von Busch- und Baumdickicht eingefaßt, mit dem auf hohem Uferrand auch offenes, sonniges Grasland abwechselte. Nicht lange jedoch sollte ich mich des erhebenden Gefühls freuen, hier an einsamer Stelle im Anblick des Stroms mich meinen Gedanken hinzugeben, denn kaum hatten die A-Bármbo am jenseitigen Ufer die Mannschaft Sémios erblickt, als auch schon ihr Lärm und Kriegsgeschrei losbrach. Dazu gesellte sich als Antwort das Geheul der Mangbálle, die uns unerwartet auf dem Fuß gefolgt waren und nun von allen Seiten in hellen Haufen zum Krieg gerüstet herbeiströmten. Die lange Gestalt Násimas in ihrem phantastischen Kriegsschmuck überragte die übrigen, Bangusá aber hatte sich das Gesicht unter dem reichumbuschten Federhut durch Beschmieren mit „Blippo" bis zur Unkenntlichkeit entstellt, auch die ganze übrige Haut ähnlich einbalsamiert und bot mit Lanzen und Schild, den Kriegstrumbasch am Lendengurt, behängt mit Amulettenherabwallenden Fellen kleiner Wildtiere und Schwänzen der Genettekatze, ein wahrhaft satanisches Bild.

Während ich noch am Ufer weilte, schallte auch von Westen her, flußaufwärts das Kriegsgeschrei an mein Ohr. Die Flottenmannschaft der Mangbálle hatte mittlerweile schon Zeit gefunden, gleichfalls kriegsgerüstet mit ihren Fahrzeugen aus dem Mbrúole in den Uëlle hereinzukommen; bald hörte ich das Geplätscher der emsigen Ruderschläge und dann kam die kleine Kriegsflotte in Sicht. Es war ein eigenartiger und stattlicher Anblick, wie die etwa 15 bemannten Boote dicht an userm Ufer vorbeifuhren. Sie hatten, je nach ihrer Größe, 20 bis 40 Ruderer, welche ihre kleinen schaufelförmigen Ruder mit größter Hast in die Wellen tauchten und das Wasser hinter sich fegten, dann unter beständigem Geschrei und Geheul die Boote umwandten und, einander sehr behende ausweichend, unglaublich schnell mit dem Strom wieder abwärts fuhren, eine Probe von Geschicklichkeit und Kraft, die wir anerkennen mußten. Die Mangbálle hatten in der That einen Teil ihres Zwecks erreicht, indem sie Sémio, unstreitig nicht ohne sein Wissen und Wollen, hier dem Ufer der A-Bármbostämme gegenüberstellten, wohin sie selbst ihm in Masse folgten, sodaß sie nun, unter dem üblichen Kriegsgeheul auf dem Fluß angelangt, die offene Fehde als unausbleiblich

Am Uelle-Mbrua. Mangbattu zum Krieg gerüstet. Gezeichnet von L. H. Fischer.

betrachten durften. Daß Sémio, statt an das Ufer gegenüber von Mambangás Gebiet, hierher gekommen war, mußte dort natürlich Befremden erregen und dies führte bei dem unseligen Mißtrauen und Aberglauben der Neger gar bald zu langwierigen Erörterungen, Mißverständnissen, und für mich zu Ärger und Sorge.

Auf dem Lagerplatz begann zunächst wieder die rege Thätigkeit des Hütten-baues. Die Leute fühlten sich schon auf Kriegsfuß und nahmen es daher mit dem Mein und Dein um so weniger genau. Von allen Seiten schleppte man fertige Strohdächer und andere Bestandteile der in der Nähe befindlichen Mang-bállehütten herbei, und so war das umfangreiche Lager rasch errichtet, ehe noch der Regen, der auch heute nicht ausblieb, niederprasselte. Die Mangbattuvölker haben kleine Häuschen mit Schrägdächern, welche leicht auseinandergenommen und an einem andern Ort aufgestellt werden können. Auch mir brachten die Mang-bálle ein solches zerlegtes Häuschen, worin gerade nur mein Bett und meine vier Körbe Platz fanden; Tisch und Korbstuhl mußten draußen bleiben. Gegen Abend kehrte auch Abatám zu mir zurück, er hatte unterwegs unsern Aufbruch erfahren und war uns hierher gefolgt. Er brachte mir abermals einen Trumbasch als Geschenk von Mambangá, dem bei seinem Aufbruch noch nicht bekannt gewesen, daß Sémio sein Lager hierher verlegt hatte. Die folgende Nacht ver-lief mir unter dem Lärm der Kriegstrommeln, die von den A-Bármbo zu uns herüberdröhnten, fast schlaflos und in banger Sorge um die nächste Zukunft. Die Verhältnisse hatten sich sehr ungünstig gestaltet und auch die Zeit war infolge der Langsamkeit unserer Reise stark vorgerückt, sodaß ich meinen weit ausgesponnenen Reiseplan aufgeben mußte, von den A-Bármbo nach Westen zu gehen und dann durch das Land der A-Mádi nach Norden zurückzukehren. Statt dessen trug ich mich jetzt mit dem Gedanken, von Mambangá aus später nach Osten zu reisen und von dort nördlich des Uelle durch das Gebiet Uándos meine Station Lacrima wenigstens bei Beginn der trockenen Jahreszeit wieder zu erreichen, um dann meine ganze Ausrüstung in eine neue Station südlich des Uelle überführen zu können.

Am 15. September kamen neue Boten und bekräftigten abermals die freundschaftlichen Gesinnungen Mambangás, sprachen aber allerdings, wie ich nicht anders erwartet, sein Befremden aus, daß Sémio vom Weg nach ihrem Ufer abgewichen und hierher gezogen sei. Schon war ich fest entschlossen, noch an diesem Tag zu Mambangá aufzubrechen, da kam wieder eine neue Gesandt-schaft des Fürsten, der offenbar vermutete, daß die Razzia gegen die A-Bármbo mit meinem Wunsch und Willen vorbereitet sei und mir zu meiner großen

Überraschung seine Mannschaft für den Krieg zur Verfügung stellte. In der
That trafen zugleich Hunderte von Bewaffneten ein und nahmen inzwischen
außerhalb des Lagers Aufstellung. Daß er bei dem Anerbieten mitzukämpfen
persönliche Vorteile verfolgte, war mir sofort klar. Nun grenzte aber sein Gebiet
hart an die Diſtrikte der A-Bármbo, und wenn er sich offen als deren Feind
erklärte, konnte mir der Aufenthalt bei ihm keine Sicherheit mehr bieten, sodaß
es mir ratsamer schien, die weitere Entwicklung der Dinge unter den Gewehren
Sémios nördlich des Uelle abzuwarten. Um ihm die Verhältnisse genau dar-
zulegen, schickte ich Abatám zu ihm zurück; auch sollte mir dieser einiges durchaus Nötige von meinen Sachen zurückbringen, denn da ich ihnen nicht tags
darauf gefolgt war, so fehlte es mir jetzt sogar an Kleidungsstücken u. dgl.
Ärgerlich war es mir auch, daß die Boten, die ich früher mit Geschenken an
den A-Bármbohäuptling Buru abgeschickt hatte, mir dieselben jetzt zurückbrachten
mit dem Bescheid, sie wären von Buru abgelehnt worden. Daß dahinter wiederum
Lug und Trug steckte — von welcher Seite, wer mochte es enträtseln? — dafür
fand ich später genügenden Anhalt, als ich mit dem greisen Häuptling Buru
in intimen Verkehr trat. Was Sémio betrifft, trat er jetzt erst mit seiner
Absicht, die A-Bármbo zu bekriegen, offen hervor, und seitdem beteiligten sich
seine Leute an den Rüstungen. Mit Hilfe der vielen Mangbálle wurde rasch
ein mit Dornen und Holz verschanztes Lager hergestellt, in dem die Nachhut
zurückbleiben sollte, während die Dragomane und Baſinger Sémios mit ihren
Gewehren über den Fluß zu setzen hatten. Es wimmelte um mich her von
kriegsluſtigen Eingeborenen, die ungeduldig des Angriffs harrten, mit dem jedoch
Sémio zögerte. Nur einige Baſinger näherten sich in Booten dem andern Ufer
und es fielen etliche Schüſſe, auch zischte eine Kugel über unſer Lager hinweg,
denn die A-Bármbo besaßen einige Gewehre; in die Boote, von denen aus
drei A-Bármbo durch Kugeln getötet sein sollten, fielen einige Holzpfeile und
gelangten in meinen Besitz.

Unter all dem Kriegslärm wurde mir eine sehr angenehme Überraschung zu
Teil. Die Sonne stand schon niedrig und der Regen, der faſt täglich gegen Abend
fiel, hing über unſern Köpfen, als ich zufällig in der Thür des Verhaues eine
Anzahl von Sémios Leuten mit einigen fremden Negern gewahrte, deren einer
ein in Kuhhaut eingenähtes großes Paket auf dem Kopf trug. Eine innere
Stimme sagte mir, dies könne nur die langerwartete Poſtſendung aus Europa
sein, und so war es in der That. Ein Bote Nbórumas war der Überbringer, und
klopfenden Herzens nahm ich das Langentbehrte und Schwerersehnte, die Nachrichten aus der Heimat, in Empfang. Um das Gefühl zu begreifen, das mich

dabei erfüllte, muß man gleich mir einen Kreis teurer Angehöriger daheim zurückgelassen haben und unter Umständen, wie meine dermaligen, beim Kriegsgeheul
von Tausenden leidenschaftlich erregter Kannibalen,
nach achtmonatlicher Geduldsfrist endlich die
ersehnten ersten Nachrichten aus der Heimat
empfangen. Beim Öffnen des Pakets umstand
mich ein großer Kreis von Neugierigen und
äußerte seine Verwunderung über die Menge
„Kitáb", „Wáraga" (Buch, Papier) — arabische
Ausdrücke, welche von den Schwarzen mit einer
gewissen ehrfurchtsvollen Scheu gebraucht werden
— ich hatte nämlich außer
den zahlreichen Briefen auch
Zeitungen und Zeitschriften
erhalten. Die Hast, mit der
ich die vertrauten und lieben
Schriftzüge zum erstenmal
überflog, war so groß, daß
ich mir kaum Zeit zu meiner
frugalen Suppe nahm; dann
aber zündete ich meine zwei
letzten Lichte an und gab
mich ungestört dem ein-
gehendern Genuß, dem auf-
merksamen Durchlesen der
vielen Briefe und Zeitungen
hin. Ein Schreiben aus
Deutschland war vom Monat
Mai datiert und hatte somit
den weiten Weg in kaum
vier Monaten zurückgelegt.
Die Nachrichten von Gessi
Pascha lauteten nicht günstig
für die Entwicklung besserer

Botschaft mit ungünstigem Orakelspruch.

Verhältnisse in seiner Provinz. Aus unzeitiger Sparsamkeit hatte die Chartumer
Verwaltung die Dampferfahrten nach Meschra er-Rek neuerdings eingeschränkt;
dazu war Gessi beständigen Anfeindungen von Chartum her ausgesetzt, sodaß

ihm seine Stellung als Gouverneur der Provinz verleidet wurde und sein
baldiger Abgang zu erwarten stand. Nachdem ich alle die mannigfachen Nachrichten gelesen, konnte ich keinen Schlaf finden. Die Nacht verging, die
Morgenröte verkündete schon den neuen Tag, und noch immer saß ich sinnend
in der Morgenkühle am wärmenden Feuer; vom andern Ufer her schlug der
Kriegslärm und die dumpfen Laute der großen Pauken an mein Ohr, diesseits
aber in unserm Lager tobten die erregten Gemüter und in den Händen von
Tausenden war das kalte Eisen beständig wurfbereit für den Ausbruch des Kriegs.

Von Mambangá kam mittlerweile ein Bote nach dem andern, das letzte
Mal sogar einer seiner Brüder, der in langer Rede den ganzen Argwohn
Mambangás aussprach; selbst mein Verlangen, er möge mir eine Traglast der
nötigsten Dinge durch Abatám zurücksenden, hatte ihn nur noch argwöhnischer
gemacht. Er war eben in dem Wahn befangen, daß bei uns im Lager jede
Anordnung von mir ausgehe. Um daher meine wahren Absichten zu erkunden,
hatte er nach Landessitte das Schicksal befragt, das „Bänge" zu Rate gezogen,
und da das Orakelhuhn verendet war, so lautete das Urteil „schuldig", d. h.
es bekräftigte die Annahme Mambangás, daß ich ihm gegenüber feindliche
Gesinnung hege. Für jene kindlichen Gemüter gab es da wol nicht den leisesten
Zweifel, sodaß der fürstliche Bote mir, wie einem Überwiesenen, das corpus
delicti in Form von zwei Hühnerfittichen mit devoter, ernster Miene vor die
Füße legte. Bevor ich aber erfuhr, um was es sich eigentlich handle, ging ein
endloses Palaver mit Sémio voraus, und erst am Schluß desselben wurde
mir mein Unglück nebst dem fatalen „Schuldig" verdolmetscht. Darauf kanzelte
ich die ganze Gesellschaft in langer, höhnischer Rede ab. Mein gegebenes Wort
sei vertrauenswürdiger, als all ihr „Bänge" und „Mapinge" (auch eine Art
Orakel) und auch als ihre Blutsaugerei; es wurde nämlich, während ich
sprach, in meiner nächsten Nähe von Sémios und Mambangás Leuten Blut
getauscht. Im übrigen, setzte ich hinzu, brauche es nun nicht mehr viel Worte.
Das Huhn sei einmal krepiert, folglich sei ich jetzt für sie eine verfemte Person
und müsse nun meinerseits befürchten, beim Betreten ihres Landes getötet zu
werden, daher würde ich nun, ohne den Fluß zu überschreiten, einfach umkehren.
Diese letzten Worte hatten sie augenscheinlich nicht erwartet und es wurden
auch sogleich allerlei Einwendungen dagegen laut, ich aber ließ mich weiter in
nichts ein, sondern schloß die ohnehin schon überlange Sitzung mit dem Aus-
spruch: ihren Blödsinn mit dem „Bänge" möchten sie für die Zukunft mit den
„Bahara", dem Arabervolk, treiben, nicht aber mit uns „Weißen", denn wir
seien ganz anders beschaffen.

Indes, kaum war ich in meine Hütte eingetreten, als Abatám, mittlerweile von Mambangá zurückgekehrt, mir dahin folgte und — horribile dictu — mir gleichfalls zwei Hühnerfittige entgegenhielt. Von dem ersten Orakelhuhn wußte er nichts, sondern hatte diese Flügel einem gleichfalls der Probe unter-worfenen und verendeten Huhn entlehnt, welches verkünden sollte, wie es mir auf dem eingeschlagenen Weg ergehen würde. Mambangá glaubte also, ich wolle hier über den Fluß setzen und die A-Bármbo bekriegen. Seine logische Folgerung war, ich würde dort meinen Tod finden, weshalb er mich durch meinen Diener eindringlich warnen ließ, nicht zu den A-Bármbo zu gehen, sondern doch lieber zu ihm zu kommen. So spann sich das ganze Lügengewebe endlos fort, die Widersprüche in den Aussagen der Leute, die beständigen Aus-flüchte auf Fragen, die Furcht und das Mißtrauen aller, die Leute Sémios und ihn selbst mit einbegriffen, machten alle Unterhandlungen fruchtlos, erschöpften meine Geduld und verleideten mir diesen ersten Aufenthalt am Uélle.

Was ich von meinen Sachen brauchte, hatte mir Mambangá nicht zurück-geschickt, sondern ließ mir sagen, er würde es bei Nacht schicken, damit seine Unterthanen, besonders die Weiber, die Rücksendung nicht sähen, weil sie sonst alle in Furcht und Argwohn geraten würden, daß wir doch in Wahrheit Feindliches gegen sie im Schilde führten. Doch auch dies blieb eitel Lüge und am folgenden Tag mußte ich in einem langen Palaver mit Mambangás Bruder erst nochmals um das Meinige betteln. Dabei demonstrierte ich ihm plastisch, daß ich zum Leuchter kein Licht, zur Lampe kein Öl, daß ich keine Seife, keine Wäsche mehr hätte, und entließ ihn schließlich mit der bringenden Aufforderung, mir all das herbeizuschaffen. Abatám hatte ich, um jeden Arg-wohn möglichst fernzuhalten, schon gestern dorthin zurückgeschickt, da er das Nötige zu finden wußte. Allein trotz alledem erhielt ich nur etwas Tabak und Salz, und dazu schickte mir Mambangá verständnislos für weiter gehende Bedürfnisse Getreide und einige Hühner.

Seit vier Tagen befanden wir uns nun schon am Uélle, und immer noch zögerte Sémio anzugreifen. Bis jetzt hatten sich die Leute diesseits und jenseits nur lange Schimpfreden zugeschrieen, die den Negern leicht von der Zunge gehen. In stiller Nacht, in den Pausen des Kriegsgeschreis und dumpfen Pauken-gedröhns hören sich solche hinüber- und herübergeschrieene Schmähreden ganz komisch an, zumal der Schreier niemals von der Gegenpartei unterbrochen wird, sondern volle Schreifreiheit hat, damit ja kein Wort des Schimpfs und Spotts dem Gehör der Gegner verloren gehe. Solches in seiner Art gewiß oft witzige Wortgeplänkel führen die Neger mit Vorliebe auch abends und bis tief in die

Nacht hinein am Lagerfeuer, dann natürlich in harmlos scherzender Weise. Die Spottrufe hallen im Lager von Gruppe zu Gruppe und werden von den übrigen stets mit Halloh und unbändiger Heiterkeit begrüßt. Besonders bei solchen Gelegenheiten habe ich die Neger wirklich heiter lachen gehört.

Endlich entschloß sich Sémio doch, gleichsam probeweise, einen Angriff machen zu lassen. Eine Anzahl Basinger wurde auf Boote (große Einbäume) der Mangbálle verteilt und näherte sich, hinter den Schilden der Ruderer gedeckt, dem feindlichen Ufer, um zu erproben, wie der Feind, aber auch wie die Ruderer sich beim Abschießen der Gewehre verhalten würden. In der That fielen darauf Schüsse, und wiederum hieß es, daß mehrere A-Bármbo getötet worden seien, doch damit war auch der ganze Angriff zu Ende, vermutlich zum eigenen Besten der Leute Sémios.

Eine Landung am Südufer war jetzt schwieriger, denn die A-Bármbo waren in der Zwischenzeit nicht müßig geblieben, sondern hatten seither an den nicht durch Bäume geschützten Uferstellen förmliche Wälle aus gefälltem Holz und Erde errichtet, die ihnen Schutz gegen die Kugeln des Feindes boten. Somit war durch die Unschlüssigkeit Sémios ein Landen an dieser Stelle vereitelt worden. Aber auch die Krieger Mambangás hatten uns infolge der Verzögerung des Angriffs wieder verlassen, dagegen trafen neuerdings Gesandte des Fürsten ein, durch deren Verhandlungen mit Sémio endlich eine Änderung der Sachlage eintrat; auch zwei meiner zurückverlangten Kisten bekam ich jetzt, da es Mambangá nun doch nicht länger wagte, sie zurückzuhalten.

Die Boten erörterten in langwieriger Rede die jüngsten Ereignisse. Ihr Fürst habe schon früher, noch bei Palembatá, mit Sémio freundschaftliche Beziehungen angeknüpft, und ihre Boten seien hin und her gegangen, darauf habe er durch mich von den Mangbálle aus mein Eigentum zugesandt erhalten und somit als selbstverständlich angenommen, daß wir nach der Überschreitung des Mbrúole direkt an sein Flußufer ziehen würden; Sémio dagegen habe plötzlich den Weg zu ihm verlassen und sei hierher gekommen, ja er treffe jetzt sogar Anstalten, die A-Bármbo anzugreifen, ohne ihn davon verständigt und mit ihm dieserhalb unterhandelt zu haben. Nun lebe aber auch er, Mambangá, in Feindschaft mit einigen der A-Bármbostämme, wogegen anderseits viele seiner Angehörigen und Verwandten im Land der A-Bármbo ansässig seien und manche jener Stämme durchaus keinen Krieg wünschten. Aus der ganzen Rede ging die herrschende Spannung hervor, nichtsdestoweniger sandte Mambangá auch heute wieder zwei Stück Elfenbein — schon früher hatte Sémio einige Elfenbeinzähne erhalten — mit der wiederholten Aufforderung, zum Zweck einer friedlichen Aussprache noch jetzt unser Lager an sein Flußufer zu verlegen. Der Bescheid Sémios war nach echter Negerart ausweichend und unbestimmt, indes beschloß er doch, am folgenden Tag umzukehren, um dem Wunsch Mambangás gemäß an dem ihm gegenüberliegenden Ufer ein neues Lager zu errichten; auch gab er mir jetzt kleinlaut zu, daß er den Fluß nicht ohne große Gefahr für seine Mannschaft an dieser Stelle überschreiten könnte. Ich hatte durch das Fernglas die Fortschritte der Schanzarbeiten schon früher wahrgenommen, die übrigens bald auch für ein unbewaffnetes Auge erkennbar wurden. Einmal, als ich in all dem Kriegslärm so hinüberspähte, riefen unsere Leute den A-Bármbo zu, daß ich mich am Fluß befinde; augenblicklich verstummte der ganze Lärm und es war augenscheinlich, daß jedermann drüben sich bemühte, mich aus der Menge herauszufinden. Der Abend vor dem Aufgeben des Lagers brachte mir ein leichtes Fieber, das sich tags darauf im neuen Lager weit stärker wiederholte und mich abends zur gewohnten Arbeit unfähig machte.

Unser Rückmarsch erfolgte am 19. September auf demselben Weg, auf dem wir zum Uelle gekommen waren. Wieder durchwateten wir die überfluteten Grasniederungen und Waldstrecken, verließen aber dann den alten Weg und erreichten schon nach einer halben Stunde in der Richtung zu Südost abermals den Strom, in dessen Nähe Sémio das neue Lager errichten ließ. Jenseits des Uelle bildet der kleine Bach Akka die Grenze zwischen dem Gebiet Mambangás und den A-Bármbo, doch lag die Fähre noch eine halbe Stunde flußaufwärts. Auch am neuen Lagerplatz waren Mangbálle angesiedelt, deren Bezirk jedoch unter Mambangás Herrschaft stand. Unser Ortswechsel war dem Fürsten durch Sendboten gemeldet und ich erhielt später die Nachricht, Mambangá habe seinen Sitz, der jenseits noch weiter stromauf- und landeinwärts lag, verlassen, und sei persönlich an die Übergangsstelle des Flusses herabgekommen. Abermals schickte er zum Gruß einen Elefantenzahn an Sémio und ließ sagen, er werde am Ufer des Uelle nächtigen, in der Erwartung, mich am nächsten Morgen bei sich zu sehen. Die Boten Ndórumas und Palembatás, welche mir die letzte Postsendung gebracht hatten, kehrten von hier aus mit Briefen von mir an Bohndorff zurück. Was die Mangbálle betrifft, die noch immer nicht vom Angriff auf ihre Feinde lassen wollten, mag wohl Sémio sie auf eine spätere Zeit vertröstet haben; mittlerweile marodierten sie in der Umgegend umher, doch waren gewiß viele schon in ihre Hütten zurückgekehrt.

Zur Entschuldigung Sémios sei hier nicht verschwiegen, daß ich ihn später von einer andern, für ihn vorteilhaftern Seite kennen lernte. Seine scheinbare Zaghaftigkeit entsprang hauptsächlich der Furcht, in meinem Beisein

nach unsern Begriffen ein Unrecht zu begehen, welches dann auf Grund meiner
Berichte auch von Gessi Pascha mißbilligt werden könnte. Dadurch fühlte er
sich, wie er mir später selbst gestand, in seinen Unternehmungen beengt, die
sonst wohl bald zum Krieg mit den A-Bármbo geführt hätten. Von Mißtrauen
war ja auch er erfüllt und deshalb gegen Mambangá eingenommen, woraus
nach seinem Gedankengang wieder die Furcht für meine Sicherheit entsprang.

Auf dem letzten Lagerplatz verbrachte ich nur noch zwei Nächte. Nach der
Trennung von Sémio folgte ein langer, halb erzwungener Aufenthalt bei Mambangá, was mich wiederum viel Neues im Völkerleben der Neger kennen lehrte,
aber auch meine Geduld nicht wenig stählte, bis es mir endlich möglich ward,
meine Reise nach Osten fortzusetzen.

Schemel.

Orakelapparat.

Aufenthalt bei dem Fürsten Mambangá
und Reise nach Osten zur Station Tangási.

Überfahrt ins feindliche Lager. Zusammenkunft mit Mambangá. Trennung von Sémio.
Landschaftsbild südlich vom Uëlle. Mambangás Verhau. Eigenart und Gemütsleben der
Mangbattu. Unverschämte Forderung Mambangás. Zudringlichkeit der Leute. Kriegsspiel
und Tanz. Mannigfaltigkeit der dunkeln Hautfarbe, Tätowierung und Körperbemalung.
Haarfrisur und Stirnbinde. Difformität der Kinderschädel. Waffen. Töpferei. Orakel=
apparat. Dieberei. Lynchjustiz. Kannibalismus. Zusammenberufung des Kriegsvolks.
Rindenstoffe. Erlösung vom gezwungenen Aufenthalt bei Mambangá. Abatám von einer
Giftschlange gebissen. Schwieriges Reisen im abgeholzten Uferwald und im Waldbicklicht.
Anschluß an Dr. G. Schweinfurths Reise. Station am Fluß Gabba. Veränderte Zustände
im Lande. Besuch in der Station Tangási. Spionage der Araber. Beschränkung meiner
Freiheit und Behinderung der Weiterreise nach Süden. Entschluß, zu Ndóruma zurück=
zukehren. Zweiter Aufenthalt in der Station am Gabba.

Am 20. September, dem Morgen nach unserer Ankunft im neuen Lager
am Uëlle, fand endlich meine erste, beiderseits ersehnte Zusammenkunft
mit dem Fürsten Mambangá statt. Schon früh machte ich mich, nur
von Farag Allah und Abatám begleitet, auf den Weg zur Fähre und — in
das feindliche Lager, denn da Mambangá bisher den Expeditionen der Araber

sein Land verschlossen hatte, galt er bei Sémio und dessen Leuten als regierungs=
feindlich. Die Umstehenden blickten uns lautlos nach und mancher wohl hielt mich
für tollkühn und für einen verlorenen Mann. Sémio selbst erschien nicht, doch
schickte er bald ein Dutzend Basinger als Begleitung hinter mir her. Nach etwa
halbstündigem Marsch den Uelle aufwärts, in der Richtung zu Südost, erreichten
wir die Überfahrtsstelle. Dort verbot ich den Basingern ruhig, aber bestimmt,
sich dem Fluß zu nähern; denn wenn sie von drüben gesehen wurden, mochte
wohl Mambangá aus Furcht und Mißtrauen zögern, ein Boot herüberzuschicken.
Dann trat ich aus dem hohen Gras heraus an das steile, mehrere Meter hohe
Stromufer, von wo aus wir jenseits Hunderte von Eingeborenen erblickten;
unter ihnen fand Abatâm sehr bald den Fürsten heraus, der, nachdem auch sie
uns erkannt hatten, näher ans Ufer herabstieg. Ein Fährboot holte uns als=
bald, doch nahm ich außer meinen Dienern nur noch einen bei Mambangá
schon bekannten Boten Sémios mit. Die zurückbleibenden Basinger verrieten
bei unserer Abfahrt Angst und Schrecken; einige hatten wohl daran gezweifelt,
daß ich damit Ernst machen würde. Ich erteilte meinen Dienern noch einige
Verhaltungsmaßregeln und schon landeten wir drüben, nach kaum 10 Minuten
Fahrt, gleich von Hunderten umbrängt, die den Wundermenschen anstaunen
wollten.

Mambangá wartete dicht am Ufer; gespannte Neugier sprach aus seinen
Zügen. Ich reichte ihm beide Hände, ein Zeichen des Wohlwollens, das gewiß
unter allen Zonen richtig gedeutet wird. Schweigend, aber Hand in Hand,
stiegen wir das Flußufer hinan zu den nahen Hütten, die dicht gedrängte Volks=
menge teilte sich vor uns ehrerbietig, schloß aber sofort einen dichten Kreis um
uns, als ich mich dann mit dem Fürsten auf ein Bänkchen gesetzt hatte, wie
sie bei den Mangbattu zierlich und hübsch gearbeitet werden.

Mambangá war ein hoher, stattlicher Mann, der auf den ersten Blick
durch seine bedeutend hellere Haut, von lichter Bronzefarbe, aus seiner dunklern,
kupferfarbigen Umgebung hervorstach. Die nachlässige Haltung, welche bei hoch=
gewachsenen Negern der angesehenen Klasse häufig bemerkbar ist, prägte sich bei
ihm besonders darin aus, daß er den Rücken stark krümmte, wodurch sich im
Sitzen sein Kopf weit nach vorn neigte. Er war noch ein junger Mann mit
fast bartlosem Gesicht, in dessen Zügen sich milde Sinnlichkeit aussprach. Auf=
fallend große, aus ihren Höhlen vorgewölbte Glotzaugen trugen zum Charakte=
ristischen seiner Erscheinung bei; im übrigen unterschied er sich äußerlich nicht
von seinen Stammesgenossen, war, wie sie, mit dem landesüblichen Rindenstoff,
doch von der bessern, havannabraunen Art, bekleidet und trug das Haar als

Zusammenkunft mit Mambanga. Gezeichnet von L. H. Fischer.

hoch nach hinten abstehenden Chignon, auf dem der korbförmige Hut, mit einer langen Elfenbeinnadel durchstochen und festgehalten, aufsaß.

Einige Vornehme und Häuptlinge hatten sich gleichfalls auf Bänke gesetzt, andere hockten auf der Erde, doch stand die Mehrzahl aufrecht im Kreis und viele erkletterten, um mich sehen zu können, sogar Termitenhügel und die nächsten Bäume. Mein Dragoman Abatám stand neben mir. Als ich dann zu reden begann, wurde allseits Ruhe geboten, obgleich auch bis dahin nichts als leises Geflüster zu hören gewesen.

Ich ließ dem Fürsten satzweise verdolmetschen, daß ich herzlich froh sei, nun endlich zu ihm kommen zu können, was ich schon längst gethan hätte, wenn nicht die ihm bekannten Umstände eingetreten wären. Es thue mir leid, daß er an meinen für ihn wohlwollenden Gesinnungen gezweifelt habe, doch hätten wir in meinem Lande nur eine Zunge, ein Wort, und wären nicht wie die „Bahara" und „Turk". Die Zurückweisung meines Geschenks durch die A-Bármbo sei schuld an der Verzögerung meiner Ankunft; nun aber, da ich von seiner Freundschaft überzeugt und von seinen Versicherungen über die Fried-fertigkeit der A-Bármbo befriedigt sei, habe ich, nachdem gestern Sémios Lager an sein Flußufer verlegt worden, gleich heute mein gegebenes Wort ein-zulösen getrachtet. Und ich sei nun lebhaft erfreut, den Fürsten persönlich zu sehen und ihn meiner Freundschaft mündlich versichern zu können.

Lautlos wurden meine Worte angehört und von Abatám für jedermann verständlich wiedergegeben. Die Zufriedenheit mit dem Gesprochenen war allgemein und fand in einer lauten Akklamation ihren Ausdruck, worauf das Publikum wieder zur Ruhe verwiesen wurde. Mambangá erwiderte, daß er nun, nach-dem er mich gesehen, sein Herz erleichtert fühle, seine Leute beruhigt seien und auch von den Frauen die Furcht weichen werde, sodaß sie alle nun ruhig schlafen könnten. So wurde das Palaver unter schmeichelhaften Beteurungen und schönen Reden noch lange fortgesetzt, doch knüpfte sich das Interesse der Leute jetzt augenscheinlich mehr an das Äußerliche meiner Person und Aus-rüstung. Die größte Verwunderung erregte der Mechanismus meiner Büchse und meines Revolvers, auch gaben ihnen die hohen, gelbledernen Schnürstiefel, Uhr, Streichhölzchen u. dgl. viel zu staunen. Mittlerweile war auf meinen Wunsch den umwohnenden A-Bármbohäuptlingen meine Ankunft und mein Ver-langen, sie hier zu sprechen, kundgegeben worden. Einige kamen denn auch später herbei, doch trauten sie dem Frieden nicht recht, sondern benahmen sich ängst-lich und zögernd. Ich forderte sie dann auf, ihren Stammesbrüdern mitzuteilen, daß ich am folgenden Tag zu Mambangá übersiedeln würde, wobei ich ihnen einschärfte, in der nächsten Nacht, falls sie in Wirklichkeit friedlich gesinnt seien, die Kriegstrommeln ruhen zu lassen und sich selber ruhig zu verhalten.

Der Fürst hätte mich, so meinte er, am liebsten gleich bei sich behalten; ich kehrte jedoch, als die Sonne sich neigte, noch einmal in unser Lager zurück. Auf der Rückfahrt ließ ich das Boot ein Stück stromabwärts treiben und gab mich, froh über die glückliche Beseitigung der Hindernisse, welche in den letzten Tagen meiner Weiterreise bereitet worden, ruhig dem Anblick des mächtigen Stroms hin, dessen Wasser mit reißender Wucht dahinfloß, durch unbekannte Gebiete zu fremden Ländern und Menschen. Ich war um so mehr befriedigt, als Mambangá mir schon jetzt die Träger für meine Reise nach Osten zugesichert hatte. Doch was gilt dem Neger ein gegebenes Wort? was ein Versprechen? Auch diesmal sollte ich das zu meinem größten Verdruß aufs neue erfahren. Als ich das Lager erreicht hatte und bei Sonnenuntergang ruhig meiner Hütte zuschritt, da recten die Leute gewaltig die Hälse, um uns Verlorengegebene zu sehen; Sémio und seinen Nächsten aber, die neugierig herbeieilten, erzählte ich, was alles vorgefallen war. Die Mangbállehäuptlinge Násima und Bangusá weilten auch noch in der Nähe. Natürlich ließ ich es mir angelegen sein, von ihnen in gutem Einvernehmen zu scheiden, denn wer konnte wissen, ob mich nicht nächstes Jahr mein Weg nach Süden wieder in ihre Gegend führen würde? Mambangá hatte schon den Wunsch ausgesprochen, daß ich von Ndóruma mit allen meinen Sachen dauernd zu ihm übersiedeln sollte. Durch Geschenke suchte ich also die Gunst der beiden Mangbállehäuptlinge mir zu sichern, sie dagegen bekannten mir jetzt unverhohlen ihren Wunsch, wieder in den Besitz und die Gerechtsame ihres von den A-Bármbo besetzten Stammlands zu gelangen, und baten mich, ihnen durch Fürsprache bei Mambangá und den A-Bármbo zu ihrem vermeintlichen Recht zu verhelfen.

An jenem Abend hörten wir nur noch vereinzelt den Schall der Kriegsnugara bei den A-Bármbo; augenscheinlich waren mein Besuch bei Mambangá und meine friedlichen Versicherungen dort bald bekannt geworden, und so verlief die Nacht am Uëlle zum erstenmal ohne Kriegslärm.

Am 21. September verließ ich mit dem letzten Gepäck endgültig das Lager Sémios, mit dem ich fast einen Monat gemeinschaftlich verbracht hatte. Er geleitete mich ein Stück Wegs und viele aus seiner Begleitung drängten sich dann zum Abschied an mich heran. Das Hinüberschaffen der zwei Esel über den Strom setzte mich in Sorge, doch auch diese ging vorüber, und bald befanden wir uns alle am jenseitigen Ufer und wurden, wie gestern, von Mambangá und seiner zahlreichen Umgebung empfangen. Auch die Boote auf dem Uëlle sind nur Einbäume, doch häufig von ungewöhnlicher Größe und sauberer Arbeit. Das ausgezeichnete, hohe Stammholz der Uferwaldungen ist ein Material, aus dem die in der Bearbeitung des Holzes sehr geschickten Mangbattuvölker vorzügliche Boote herzustellen wissen.

Mambangá war noch einer von den lebenden Vertretern der alten Mangbattudynastie, die seit dem Tod des Königs Munsa, dessen Hofburg einst Dr. Schweinfurth und der Italiener Miani besuchten, an Macht und Einigkeit verloren hatte. Auf die Geschichte dieser Länder werde ich an passender Stelle näher eingehen, doch mag vorläufig folgendes zum Verständnis dienen: Mambangá war der Sohn Sabis, eines Bruders von Munsa, folglich der Neffe des letztern. Die durch die Nubier veranlaßten Streitigkeiten und Kriege drängten Mambangá mit einem kleinen Anhang von Mangbattuleuten hierher in das Gebiet südlich des Uélle, wo er bis jetzt seine Unabhängigkeit gewahrt hatte und auch über Bruchteile der Mangbálle und A-Bármbo, sowie versprengte A-Sandé und A-Bíssanga herrschte. Auch diese letztern sind entfernte Verwandte der Mangbattu, reden jedoch eine eigene Sprache und bilden gleichfalls einen weithin versprengten Volksstamm. In den Gebieten östlich von Mambangá traf ich ihre Vertreter nur sehr vereinzelt, wogegen sie mir südlich des Flusses Bomokándi, mit den dortigen A-Bármbo vermischt, wiederholt als Träger dienten. Am Makóngo aber, einem südlichen Nebenfluß des Bomokándi, sollen sie als Kernbevölkerung an die A-Babúa grenzen. Die Embatá, von denen einige am Uélleufer auf dem Gebiet Mambangás wohnen, sind gleichfalls mit den Mangbattu verwandt, obgleich dialektische Sprachverschiedenheit sie trennt; sie bewohnen die Ufer und Inseln des Uélle weit nach Westen hin und sind die ausschließlichen Inhaber der Boote.

Ein kaum einstündiger Marsch gegen Südost brachte mich an den Wohnort des Landesfürsten. Er selbst hatte angeblich unterwegs Anordnungen zu treffen und kam später nach. Schon auf der kurzen Strecke bis dorthin änderte sich die botanische Physiognomie des Landes ganz merklich, denn erst hier südlich vom Uélle treten ausgedehnte Bananenhaine auf und geben der Landschaft streckenweise einen neuen Charakter. Die angepflanzte Banane, Musa sapientium — eine wildwachsende Art des Landes ist die Musa ensete, eine Zierde der tropischen Vegetation — fehlt zwar auch in den nördlichen Distrikten nicht und wird im Süden und Westen des A-Sandégebiets häufig, aber nur in kleinen Beständen angetroffen; sie liefert sogar den A-Mádi, westlich von den Mangbálle, einen Hauptbestandteil der Nahrung; doch haben jene nördlichen Stämme diese kostbare Gabe der Natur nicht in dem Maß sich dienstbar gemacht, wie viele Völker südlich des Uelle, wo die Banane die Grundlage der Volksernährung bildet. Daß übrigens die Araber bei ihrem Vordringen gegen Süden die unstreitig vorteilhaftere Kultur des Getreides, namentlich von Mais und Sorghum, mit Erfolg angeregt haben, werde ich später nach-weisen. Außer den vielen Bananenhainen trägt an manchen Stellen auch die Ölpalme (Elaeïs guineensis) zur Veränderung des Landschaftsbildes bei, wozu dann noch der Umstand kommt, daß viele Flüßchen hier nicht in jenen tief ins Erdreich eingeschnittenen Mulden verlaufen, sodaß auch der Uferwald nicht in Terrassen aufgebaut ist, sondern sich beiderseits mehr in die Breite dehnt. Zudem werden die Felder und Bananenpflanzungen wegen des bessern, feuchtern Bodens mit Vorliebe auf ausgehauenen Strecken solcher Walbungen angelegt, daher sich denn auch die Art des Eingeborenen hier weit ausgiebiger als im Norden bethätigt. Überall sah ich auf den kultivierten Strecken mächtige Baumstämme quer über dem schmalen Fußweg liegen und wir mußten sie häufig umgehen oder überklettern. So bot mir die Landschaft südlich vom Uelle bei Mambangá gleich beim ersten Betreten viel Neues und Bemerkenswertes, denn der Weg führte häufig durch schattige Bananendickichte; in diesen standen die kleinen Schrägdachhäuschen der Mangbattubevölkerung und viele offene Schuppen und Sonnendächer, unter denen die Frauen mit ihren Säuglingen auf dem Schoß saßen und neugierig, doch furchtlos mir entgegenblickten.

Auch die Residenz Mambangás überraschte mich, denn dieser Ort mit seinen Hütten und sonstigen Bauwerken war ein förmliches Festungswerk, wie es sonst in den heidnischen Negerländern selten vorkommen dürfte. Ein mehrere Meter tiefer Graben mit senkrecht ausgestochenen Seitenwänden lief kreisförmig um den sehr großen, 600 bis 800 Schritt breiten Platz. Innerhalb des Grabens erhob sich zu fernerm Schutz eine Palissade; doch lag der Verhau inmitten eines dichten Waldes und die hohen, mächtigen Bäume ragten unmittelbar am Lauf-graben empor, was in strategischer Hinsicht natürlich sehr unvorteilhaft war, da der Feind ringsum überall Schutz und sichern Versteck fand. Im Innern des Verhaues dagegen war alles Holz gefällt, nur eine Menge Hügel erhoben sich dort in der Nähe des Grabens, wo sie durch Aufschütten des ausgehobenen Erdreichs ganz unregelmäßig entstanden waren, ohne daß man daran gedacht hätte, das Material für den Bau einer richtigen Schanze zu verwerten. Eine Brücke auf der Westseite (a, vgl. Plan) bildete den einzigen Zugang. Die Ver-sammlungshallen lagen auf einem sorgfältig geebneten und gereinigten Platz in der Mitte; zu ihnen gehörte vor allem die aus Baumzweigen und Blättern kunstvoll hergestellte Laube (i) für den Fürsten und seine Frauen, ferner zwei lange, halbkreisförmig verlaufende Gänge, die rechts und links von der Laube abschwenkten, etwa den offenen Trinkhallen unserer Badeorte vergleichbar (f). Jeder Gang war 70 Schritt lang, an den Seiten offen und oben mit einem horizontalen Sonnendach von Bananenblättern gedeckt, das auf vier Pfahlreihen ruhte. Die Privathütten Mambangás und seiner nächsten Frauen standen in einer besondern Umzäunung (b); desgleichen eine Anzahl anderer, nahe beisammen liegender Hütten (l), die mir zur Verfügung gestellt wurden, und unter denen ein sehr großer, in der bekannten runden Form aufgeführter Bau bei

Regen für kleinere Versammlungen und für Mambangás Abendfeste diente. Ein sehr hübsches, mustergiltiges Häuschen war hinter der Fürstenlaube erbaut (h), dorthin zog sich Mambangá bei langen Versammlungen wohl für Augenblicke zurück. Die vier Wände einer Schrägdachhütte der Mangbattu lassen sich wie die eines Kartenhäuschens auseinander nehmen. Jede Wand ist gleichsam ein Polster aus Bananenblättern, die aufeinander geschichtet und durch gespaltene, dünne

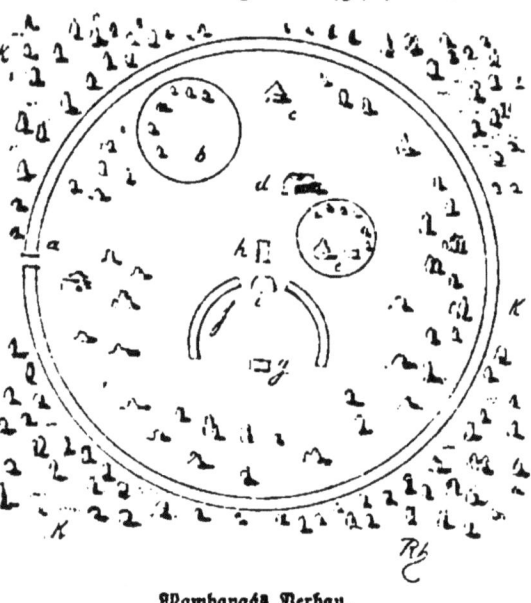

Mambangás Verhau.

Holzsparren, ähnlich den Fichtenspänen der Stuccaturarbeiter, zusammengepreßt sind. Die Leisten der einen und der andern Seite korrespondieren und werden durch Nähte fest verbunden. Auch das Dach wird auf gleiche Weise in einem Stück hergestellt, das, um den Dachfirst zu bilden, erst beim Auflegen im nötigen Winkel gebogen wird. Die früher erwähnte Hütte aber zeichnete sich durch Verschalung mit gleichmäßigen, langen Baumrindenstreifen, die mittels sorgfältiger Naht an den Wänden befestigt waren, sehr vorteilhaft aus. Das Auge der Mangbattu ist für Regelmäßigkeit und Symmetrie in einer Weise geübt, wie ich es bei keinem andern Negervolk antraf. Ein besonderer, geräumiger Bau war einer eigenartigen, nur bei den Mangbattu gebräuchlichen Form des

Orakels geweiht (d). Außer diesen größern Baulichkeiten aber standen zwischen den vielen kleinen Hügeln teils gruppenweise, teils einzeln, noch Dutzende von Hütten, in Form von Häuschen oder von Tukul mit konischen Dächern, meist für die Frauen und Sklavinnen Mambangás bestimmt. Die Verschanzung des ganzen Platzes war nicht etwa gegen feindliche Negerstämme errichtet, sondern lediglich gegen einen nicht ohne Grund stets befürchteten Überfall der Nubier.

Im Ort warteten bereits Hunderte von Leuten auf meine Ankunft; die Frauen kamen mit ihren Sprößlingen sehr bald ohne Scheu herbei und auch Mambangá war mir mittlerweile gefolgt. Da hieß es denn, ohne an eigene Ruhe zu denken sich alsbald dem Volk zeigen und sich wiederum anstaunen lassen. Auch das Benehmen der Leute in diesem eigenartigen Land war ganz verschieden von dem, was ich bei heidnischen Negervölkern bisher kennen gelernt hatte. Die Frauen erfreuten sich mancher Vorrechte und durften sogar bei öffentlichen Gelegenheiten im Kreis der Männer erscheinen. Daher zeigten sie, ganz anders als die A-Sandéweiber, auch mir gegenüber nur wenig Scheu. Sie brachten selbst ihre Kinder und Säuglinge mit, um sie der Probe auszusetzen, wie die Kleinen, in meiner Nähe oder auf meine Knie gesetzt, sich wohl verhalten würden. Zeigten sie Angst oder begannen sie gar zu weinen, so brach die Gesellschaft in schallendes Gelächter aus. Ohne Zudringlichkeit lief all das nicht ab, und wie weit es die Mangbattu darin treiben, das sollte ich schon am Tag meiner Ankunft inne werden. Als ich mich nämlich in meine Hütte zurückzog, da folgten mir viele selbst dorthin und plagten mich mit ihrer rastlosen Neugier, wenn diese auch jetzt mehr meinen Sachen galt. Ich machte wohl den Versuch, die Zudringlichen durch einige Wächter Mambangás fortjagen zu lassen, aber umsonst, erst spät abends konnte ich mich endlich ungestört der geistigen und körperlichen Ruhe hingeben. Lange dauerte sie nicht, denn kaum graute der Morgen, so war ich in meiner Hütte, ehe ich noch Zeit gefunden, mir den Schlaf aus den Augen zu waschen, schon wieder von Schaulustigen umlagert, und zwar vorherrschend von Frauen. Die Mangbattudamen brachten ihre hübsch geschnitzten, mit reichen Mustern verzierten Schemel, sowie natürlich ihre Säug= linge mit und ließen sich, ländlich sittlich, dabei in ihrer Art auch sittsam, jedenfalls aber höchst bequem und sozusagen häuslich bei mir nieder. Ich zeigte ihnen allerlei seltsame Dinge, und mein Musikkasten that redlich das Seine. Auch einen kleinen schwarzen Weltbürger mußte ich wiederum zum Jubel der Menge im Schoß wiegen; er verhielt sich dabei recht manierlich, kraute mich mit seinen Händchen im Bart und griff nach meinen Hemdknöpfen und anderm, was eben in meiner Nähe war, tout comme chez nous. Besonders bei den Mangbattu gewann ich nähern Einblick in das Gemütsleben der Neger, deſſen zarte Seiten gewöhnlich, aber mit Unrecht, beſtritten werden; Gemüt und Gefühl können ihnen allerdings ebenſogut fehlen, wie ja leider nur allzu oft dem civiliſierten Menſchen, aber es iſt doch voreilig, dieſe Eigenſchaften dem Naturmenſchen ganz und gar abzuſprechen. Ich gewann wenigſtens die Überzeugung, daß der Neger Freude an ſeinen Kindern hat; er küßt ihnen die Händchen und auch die Frauen lieb-koſen die Kleinen und ſcherzen und lachen ungezwungen in Gegenwart der Männer, ein Anblick, den ich übrigens bei den Mangbattu häufiger gehabt als bei andern Negervölkern. Auch durch manche Sitten und Gebräuche, ſowie beſonders durch ihre Überlegenheit in der Erzeugung beſſerer Kunſtgegenſtände erheben ſich die Mangbattu unſtreitig über viele andere Negerſtämme, wenn ſie auch in anderer Beziehung zu den niedrig ſtehenden Naturvölkern zu zählen wären, d. h. inſofern der Kannibalismus dabei entſcheidend ſein kann. Dieſem nämlich ſind ſie noch mehr als die A-Sandé ergeben. Doch kann uns die Ver-irrung des Menſchen, daß er das Fleiſch ſeiner eigenen Sippe verzehrt, was ſelbſt der Inſtinkt des Tiers verabſcheut, nicht als Richtſchnur dienen, wenn wir die Veranlagung der Naturvölker beurteilen und die Stellung bemeſſen ſollen, die ihnen nach ihren Fähigkeiten und Eigenſchaften in der Reihe der Völker gebührt.

Warum gerade begabtere, auf höherer Kulturſtufe ſtehende Naturvölker der Anthropophagie ergeben ſind, bleibt uns zwar ein ungelöſtes Rätſel, iſt aber eine nicht zu beſtreitende Thatſache. Die Bewohner der äquatorialen Kongo-region ſind mehr oder minder gleichfalls dem Kannibalismus zugethan und nehmen unter den Flußanwohnern dennoch hinſichtlich ihrer Befähigung eine bevorzugte Stellung ein. Ähnliches drängte ſich bei der Vergleichung der verſchiedenſten Völker, in den vielen von mir bereiſten Gebieten, auch mir auf; ſo werden, um nur ein Beiſpiel anzuführen, die am Bahr el-Gebel woh-nenden Bariſtämme in Bezug auf die Entwicklung ihrer Kultur ſchwerlich den Vergleich mit den A-Sandé oder gar den Mangbattu aushalten, und doch ver-abſcheuen jene, wie alle im Oſten und Norden lebenden Negervölker, den Genuß des Menſchenfleiſches. Den A-Sandé brachte ihr Kannibalismus den Beinamen Niam-Niam ein, ſo wie ihre öſtlichſten Stämme, die Ibió und Bombé, ſich den Namen Mákaraká, gleichbedeutend mit Menſchenfreſſer, gefallen laſſen mußten. Auch die Mangbattu erhielten von den Arabern den beſondern Namen Gurgurú (von einem arabiſchen Wort, welches „durchlöchern" bedeutet), doch nicht wegen ihres Kannibalismus, ſondern weil ſie ſich beide Ohrmuſcheln durchbohren und in jedem dieſer Löcher ein fingerdickes Stück Rohr oder Holz von der Form und Größe etwa einer Cigarre tragen.

Um der rücksichtslosen Zudringlichkeit der Leute zu entgehen, übersiedelte ich endlich aus der großen, aller Welt leicht zugänglichen Hütte in ein kleines Häuschen, aber auch das half mir für die Folge wenig. Mambangá lieferte Durragetreide (Sorghum vulgare), dessen Vorkommen ich hier nicht erwartet hatte; bei den A-Bármbo weiter im Westen wird es aber noch reichlicher angebaut. Die hiesige Durra ist der im Norden gezogenen, rotkörnigen Art gleich oder ähnlich. Aber noch mehr erstaunt und erfreut war ich, als mir ein schöner, schwarzer Ziegenbock verehrt wurde, einer der wenigen, die es im Land gab, denn sie stammten aus dem fernen Osten, die Mangbattu sind ja keine Viehzüchter. Ich nahm den Bock später zu Ndóruma mit, wo er der Stammvater einer freudig begrüßten Nachkommenschaft meiner Ziegen wurde. Doch auch Mambangá erhielt inzwischen von mir Geschenke; ein Dolchmesser, verschiedene Zeuge, eine Schere u. a. hatte ich ihm schon früher zugeschickt, jetzt ließ ich ihm abwechselnd weiße und bunte Zeuge, ein Kopftuch, eine Schärpe, einen russischen Bauernanzug, Perlen und andere Kleinigkeiten überreichen. Er säumte auch nicht, sich seinem Volk in diesem neuen Staat zu zeigen und fand all das ohne Zweifel gar schön und lobenswert; aber dennoch war er nicht eigentlich zufrieden, denn sein Sehnen ging nach weit Höherm, nach dem Besitz eines Gewehrs. Als er mir „sein Sehnen und Verlangen" gestand, kam mir dies nicht gerade unerwartet. Doch stellte ich ihm darauf in breitester Ausführlichkeit vor, daß ich nur die beiden Gewehre, die er gesehen, besäße, und doch nicht mit einem einzigen Gewehr die Wildnis durchziehen könnte, sodaß ich unter keiner Bedingung in der Lage wäre, mich von dem Gewehr zu trennen. Nun stand er von seiner Forderung ab, ließ jedoch am selben Abend angesichts des in den Versammlungsgängen vereinigten Volks neuerdings in langem Redefluß seine Freundschaftsgefühle für mich ausrufen, ja er schickte mir, um meinen Wunsch nach ethnographischen Gegenständen zu erfüllen, seinen eigenen schönen Trumbasch.

Um so mehr war ich tags darauf betroffen und entrüstet, als ich sein Benehmen völlig verändert fand. Er kam, wie auch die Tage vorher, in Begleitung einiger seiner Beiräte zu mir; diesen lag es ob, ihm gelegentlich die Worte in den Mund zu legen und dann zustimmend seine Rede zu bekräftigen. Diesmal nun zeigte er sich überaus widerwärtig, habsüchtig und keck; er glaubte mich durch solches Benehmen einschüchtern zu können, doch trat ich ihm furchtlos und energisch entgegen. Beim Eintreten in meine Hütte setzte er sich nicht auf den Stuhl, der, wie auch sonst, für ihn bereit stand, sondern auf den nackten Erdboden. Das hatte unstreitig etwas zu bedeuten, und ich ließ ihm sagen, er sollte sich doch auf den Stuhl setzen. Er lehnte dies ab und ließ mir seinerseits sagen, daß er auf mich böse sei. Ich frug ihn, aus welchem Grund, und da bemerkte er, er habe von mir noch kein schönes Geschenk, d. h. kein Gewehr bekommen. Seine Begleitung nickte beifällig und flüsterte ihm dabei allerlei zu. Diese Unverschämtheit war für meinen Gleichmut beinahe zu stark und ich rief laut nach meinem Diener Farag Allah, damit nicht nur der anwesende Abatám, sondern auch er hören sollte, was ich darauf entgegnen würde. In ihrer Gegenwart ließ ich mir nun die Rede Mambangás erst nochmals wiederholen und brach dann zornig los: Ich sei weder ein „Bahara", noch ein „Abu Turf", noch einer von seiner Sippe, die die Lüge stets auf der Zunge hätten; und ich hätte ihm wiederholt gesagt, daß ich nur zwei Gewehre besäße; und ob er denn wirklich glaube und mir zu Mute, daß ich mich dieser einzigen Waffen entledigen würde, die mir doch zum eigenen Schutz und zur Jagd durchaus notwendig seien; und eher würde ich mich erschlagen lassen, fügte ich hinzu, als daß ich auch nur eines dieser Gewehre aus der Hand gäbe. Wenn er aber vielleicht glaube, für sein Messer, das er mir geschenkt, Anspruch auf ein Gewehr erheben zu können, so solle er das Ding zurücknehmen; bei diesen Worten ließ ich kurzweg den Trumbasch vor ihn hinlegen. Und ich hätte ihm von meinen vielen Sachen einiges gegeben, so fuhr ich fort, da ich nun aber sähe, worauf seine Freundschaft hinausliefe, so verlangte ich noch heute zu Sémio zurückzukehren. Furcht sei mir fremd. Sei der Fürst grundlos auf mich böse, so könne ich nun auf ihn mit voller Ursache böse sein. Meine heftige Rede verfehlte ihre Wirkung nicht. Mambangá lenkte ein, versprach, nie mehr von dem Gewehr zu sprechen, und bat, nur ja nicht zu Sémio zurückzukehren und auch seine Geschenke zu behalten. Noch einmal hielt ich ihm dann sein thörichtes Betragen vor; er müsse uns Europäer eben anders beurteilen; er habe ja selbst zugestanden, daß meine Anwesenheit für ihn und das Wohl seines Landes nur förderlich sei, sodaß im Grunde nicht ich seiner, sondern er meiner bedürfe. Auch würde ich ihm noch Geschenke geben, erpressen aber ließe ich mir nichts. So hätte ich unter anderm die Absicht, ihm Zündhütchen für seine Gewehre zu überlassen — er besaß etwa ein Dutzend alter Flinten — die würden ihm doch gewiß erwünscht sein. Das war nun freilich ein Anerbieten, das dem Mann unerwartet und sehr erwünscht kam. Was die Gewehrfrage betrifft, wagte er wirklich nie wieder auf sie zurückzukommen.

Mit meinen Arbeiten sah es unterdessen schlimm aus. Ich konnte nur wenige Stunden des Tags für sie erübrigen, da das Herandrängen der Neugierigen kein Ende nehmen wollte, ja selbst wenn die Hütte geschlossen war, dichte Gruppen vor der kleinen als Fenster ausgeschnittenen Öffnung standen

und mir das spärliche Licht für meinen Arbeitstisch benahmen. Den größten
Teil der Zeit mußte ich den täglichen Versammlungen widmen, da die Unterthanen Mambangás jetzt, hauptsächlich um mich zu sehen, leider zu sehr verschiedenen Tageszeiten zum Mbanga des Fürsten kamen. Auch trafen nun
wiederholt Boten des A-Bármbohäuptlings Buru bei mir ein mit der An-
kündigung, daß er nach dem Abzug Sémios selbst zu mir kommen wolle.
Mambangá aber lebte in beständiger Furcht vor den Seribenverwaltern im
östlichen Mangbattugebiet. Er wollte wissen, daß ihm gerade jetzt von jener
Seite Gefahr drohe, da dort der Ausbruch eines Kriegs zwischen ihm und
Sémio angenommen werde und auch meine Ankunft am Fluß schon bekannt
sei. Auf seinen Wunsch sandte ich daher zur Klarlegung der Verhältnisse Boten
nach Osten ab, die zugleich mein baldiges Eintreffen daselbst ankündigen sollten.

An einem jener Tage bot mir Mambangá das Schauspiel eines Schein-
gefechts seiner Krieger, dem dann im kleinern Kreis ein Tanz mehrerer angesehener
Mangbattu und schließlich des Herrschers selbst folgte. Hornsignale und das Tam-
Tam der Nugarapauke riefen die Umwohnenden zum Fest. Die Männer zogen
in Gruppen herbei; die meisten von ihnen ließen sich ihre leichten Sitzbänke
nachtragen und setzten sich dann reihenweise in den Versammlungsgängen nieder.
Zwischen diesen, auf dem großen freien Platz, begann darauf das Kriegsspiel,
welchem Mambangá, von einer Anzahl seiner Frauen umgeben, von seiner
Laube aus zuschaute. Dort hatte auch ich mich eingefunden und neben ihm auf
meinem eigenen Stuhl Platz genommen. Gleichfalls in Gruppen traten nun
die zum Krieg gerüsteten Männer mit Schild und Speeren hervor und begannen
das charakteristische, höchst anziehende Angriffsgefecht gegen einen unsichtbaren
Feind. Wutentbrannt stürmten die Krieger aus der Laube Mambangás der
offenen Stelle des Halbkreises zu und schleuderten ihre Speere weithin durch
die Luft, wobei sie einander im kräftigen Fernwurf zu überbieten suchten. Der
Schild nebst einigen Reservespeeren — die Mangbattu führen gleich den A-Sandé
mehrere leichte Wurflanzen — wird dabei in der Linken gehalten, während der
zum Entsenden bereite Speer hoch über dem Kopf in der rechten Hand spielt
und vibriert. Gleichzeitig suchen die Krieger sich sowohl während des Laufs, wie
auch auf dem Punkt, von dem aus sie das Scheingefecht fortführen, beständig
mit ihren Schilden gegen die vom Feind geschleuderten Speere zu decken. Sie
bringen dabei den Körper in die mannigfaltigsten Stellungen, denn sie achten
auf die herankommenden Speere und sind bestrebt, durch Sprünge, Hinaufziehen
der Beine oder ein völliges Zusammenkauern sich derselben zu erwehren. Zugleich
werden die Schilde durch Drehen in der Hand beständig von einer Seite zur

Kriegsspiel der Mangbattu. Gezeichnet von L. H. Fischer.

andern geworfen, jedesmal dahin, woher der vorausgesetzte Speer kommt; ihr
Anschlagen an den linken Oberarm verursacht ein eigenartig rasselndes Geklirr.
Nach dem Zurückgehen der ersten Gruppen traten immer wieder neue heran
und unterhielten durch solches Kriegsspiel die Schaulustigen stundenlang. Um
Abwechslung in das Gleichförmige zu bringen, führten besonders gewandte Krieger
Einzelgefechte auf. Sie ragten allen übrigen voran und zeichneten sich durch
Ausdauer, Geschmeidigkeit und Raschheit der Bewegungen aus.

In dem geräumigen Bau nahe bei meinen Hütten versammelte sich später
eine kleine gewählte Gesellschaft zum Tanz. Ich erwartete ein Tanzvergnügen
mit vielen aktiven Teilnehmern, wie es bei andern Negern gewöhnlich ist; doch
auch hierin zeigte sich die Eigenart der Mangbattu, denn nur einzelne besonders
Befähigte oder Angesehene geben sich bei ihnen dem Tanz hin. Mambangá war
wiederum von einem Kreis seiner Frauen umgeben, welche, mit Schwarz und
grellem Rot abenteuerlich bemalt, hinter und neben ihm auf ihren Schemelchen
hockten. Als ich eintrat, hatte der Tanz schon begonnen und währte mit kurzen
Pausen bis zur Erschlaffung des jeweiligen Tänzers, dem bald ein anderer mit
gleicher Produktion folgte. Dann aber trat der Bruder des Fürsten, Jobi, vor die
Schaulustigen, um auch seine Kunst zu zeigen. Der Schall mehrerer Pauken
begleitete rhythmisch die Tanzbewegungen, welche immer lebhafter wurden und in
wilden Sprüngen gipfelten; ab und zu mischte sich in dieses Getöse noch der Lärm
eines Rasselapparats. Es ist dies ein geflochtenes Behältnis, mit Steinchen oder
Kernen gefüllt, und sehr ähnlich gewissen Kinderklappern, die auf unsern Jahr-
märkten feilgeboten werden. Die Rugaratöne wurden aber nach bestimmten Zeit-
abschnitten immer leiser und dann begleitete den Tanzenden vielstimmiger Wechselgesang. Das häufig wiederholte Finale desselben wird lang ausgezogen, ist recht
wohlklingend und erinnerte mich an die gedehnten, schwellenden Töne beim russischen
Volksgesang. Das Hauptschaustück des Abends war uns indes noch vorbehalten,
denn schließlich trat der Landesfürst selbst als Meister der edlen Tanzkunst in
höchsteigener Person auf und nahm mit seinen Produktionen die gespannte Aufmerksamkeit seiner Umgebung am längsten in Anspruch. Um sein Auftreten noch
würdevoller zu gestalten, hatte man ihn schon, während sein Bruder Jobi tanzte,
frisch gesalbt und geschminkt, auch den Faltenwurf seines Rokko geglättet und
schließlich seinem fürstlichen Haupt, oder richtiger, der weitabstehenden Haarfrisur desselben einen ebenso hochragenden Hut, den überdies ein gewaltiger
Federbusch zierte, aufgesetzt. Das hauptsächlichste, unerläßliche Attribut für den
Tanz war aber eine Anzahl von Wildkatzenschwänzen. Mit solchen wurde sowohl
der linke Oberarm geschmückt, um den sie sich dann beim Tanz schlangenartig

wanden, als auch der Unterleib, an dem sie in ganzen Büscheln befestigt waren und bei jeder Körperverrenkung, bei jedem Sprung des Tanzenden, besonders bei den plötzlichen, gewaltsamen Bewegungen der Hüftgelenke, in komischer Weise umherhüpften, worauf der Tänzer es auch eigens anlegte. Mambangá trippelte dabei einer Reihe von Weibern entlang, die ihm dafür lauten Beifall spendeten. Zu dem Händeklatschen der Frauen erscholl zeitweise Paukenschlag und Wechselgesang, wobei die Schönen ihre Köpfe gleichmäßig von einer Seite zur andern neigten und die Unterarme vorstreckten. So wurde unaufhaltsam weiter getanzt,

Tanz Mambangás.

nur mit wenigen kurzen Pausen, welche der Fürst durch Reden ausfüllte; er erwähnte dabei auch meine Ankunft in seinem Land und die allgemeine Freude darüber u. s. w. Während er sprach, trockneten ihm einige Unterthanen den strömenden Schweiß, boten ihm einen Trunk Wasser und fächelten ihm Luft zu. So giebt sich der Schwarze dem Tanz bis zur völligen Erschöpfung hin, während er sich doch nicht entschließt, irgend eine schwere Arbeit zu leisten.

Interessant gestalteten sich um diese Zeit meine Beobachtungen über die Hautfarbe der Neger. Die zahllosen Schattierungen derselben waren mir schon auf frühern Reisen aufgefallen und beschäftigten mich auf den spätern in andern Gebieten immer wieder; gerade jetzt aber, südlich vom Uelle, traten sie mir scharf entgegen. Sie bestätigten mir, ebenso wie die Erfahrungen anderer Reisender, daß die Hautfarbe für die Unterscheidung der einzelnen Negervölker ein ganz unzuverlässiges Merkmal ist. Ich schließe hier natürlich die extremen Fälle der räumlich weit voneinander entfernten Völker aus, z. B. der Schilluk (von dunkelster Hautfarbe) im Vergleich mit den lichten Mangbattu oder Wáganda, die eine Bestimmung nach der Farbe wohl zulassen. Dagegen sind mir unter den dunkelgefärbten A-Sandé sehr helle, mit fast ledergelber Haut aufgestoßen, und anderseits wieder in Mangbattu und andern südlichen Gebieten auffallend dunkelgefärbte Individuen. Erwägt man aber, daß die Völkervermischung hier in weit ausgedehnterm Maß stattgefunden hat, als man gewöhnlich annimmt, und daß ihre ausgleichende Wirkung sich weit mehr an der Hautfarbe, als an andern Körpermerkmalen bethätigt, so ergeben sich notwendig zahllose Varianten der Hautfärbung. Wenn dieselbe, wie ich auf meiner ersten Reise bemerkte, vom Nil, respektive von den Bari gegen Westen allmählich lichter wird, so bewirken wohl die mannigfachen Völkerverschiebungen manche Ausnahmen für die westlichern Gebiete, doch behält meine Beobachtung trotzdem eine gewisse Geltung für das große Ländergebiet, das ich im Lauf der Jahre durchreiste, mit seinen Dutzenden von sprachlich getrennten Völkern, und ähnliches beobachtet man, wenn man die Negerländer von Norden nach dem Äquator hin durchforscht. Die Farbenskala der Negerhaut ist in der That unendlich vielfältig und spielt vom tiefen Schwarz, welches nur selten vorkommt, in mannigfaltigen Nuancen hinüber zum dunklen Eisengrau, zur Farbe der dunkeln Tafelschokolade und des gebrannten Kaffees, zum lichtern Havannabraun, zum Braungelb des gegerbten Leders, des Milchkaffees, ja ausnahmsweise bis zur hellen Haut des Malaien. Die in der Mitte stehenden Schattierungen aber sind die häufigsten. Diese zahlreichen Abstufungen lassen sich durch Mischungen von Sepia, chinesischer Tusche, Rot und Van Dykbraun, besonders aber von gebrannter oder ungebrannter Terra di Siena ziemlich gut wiedergeben. Albinismus kommt bei den Negern ebensoselten wie bei der kaukasischen Rasse vor, doch sah ich immerhin sechs bis acht solche Kakerlaken, Kinder und Erwachsene. Ihr Haar ist krollhaarartig kraus und flachs- oder wergfarbig, die Haut von einem faden, hellen Ledergelb. Lichtscheu wie alle Albinos suchen sie auch dort die Augen mit dem Vorderarm zu beschatten. Rötliches Haar kommt sowohl bei dunkler, als auch bei heller Bevölkerung vor. Ein eigentümliches Naturspiel läßt an einzelnen Körperstellen das dunkle Hautpigment fehlen; dies findet sich auch bei den nubischen Stämmen hellerer Färbung, und solche Leute sehen dann verschiedenartig gescheckt aus. Sie erinnerten mich an die haarlosen, gesleckten amerikanischen Windhunde. Übrigens ist diese Erscheinung nicht immer angeboren, sondern zuweilen die Folge von dyskrasischen Leiden, bei denen theilweiser Schwund des dunklen Hautpigments eintritt.

Das Tätowieren des Körpers, besonders an Brust und Bauch, jedoch selten des Gesichts, ist bei vielen südlichen Völkern des von mir bereisten Gebiets und oft in sehr mannigfaltigen Mustern gebräuchlich. Die Ausführung geschieht in kleinen Partien im Lauf von Jahren, wobei die entzündliche Schwellung nach jeder

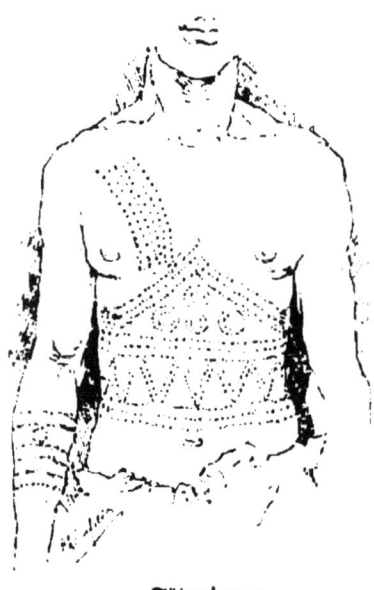

Operation durch Fetteinreibung gelindert wird. Auch das kunstreiche Bemalen der Haut mit dem dunkeln Saft der Gardenia (Blippo) und dem roten, trockenen oder mit Fett vermischten Rotholzpulver wird bei den Mangbattu, wie bei vielen andern Stämmen südlich des Uelle, ebenso wie bei den A-Sandé von beiden Geschlechtern geübt. Zwei Scherben mit roter Farbe und Blippo sind die wichtigsten kleinen Toilettegegenstände bei den Favoritinnen der Mangbattufürsten, haben doch gerade diese Auserwählten vollauf Muße und daher Geduld, sich den Körper vom Scheitel bis zur Sohle mit reichen Mustern bemalen zu lassen, welche zeitraubende Arbeit von besonders dazu befähigten Personen ihres Geschlechts, aber auch von männlichen Malkünstlern ausgeführt wird. Was aber den Mang-

Tätowierung.

battudamen zur Freude gereichte, brachte mir häufig Leid, denn da selbst ihre kleinen Sprößlinge, die oft auf meinem Schoß saßen, schon nach Landessitte rot gesalbt waren, so pflegten sie daselbst den Abklatsch ihrer Persönlichkeit rot in Rot zurückzulassen. Auch die Haarfrisur nimmt bei Männern und Frauen der Mangbattu Stunden in Anspruch, bleibt aber dafür, wie alle kunstvoll aufgebauten Haarfrisuren der Negervölker, tage-, ja wochenlang unberührt. Dazu kommt bei den Mangbattu und andern zu ihnen gehörigen Volksstämmen, auch den westlich von Mambangá im großen Uellebogen lebenden A-Mádi, ferner den A-Bármbo, eine eigentümliche Stirnbinde. Sie besteht aus zahlreichen stricknadeldünnen, schwarz gefärbten Schnüren, welche die ganze

Stirn von der Glabella über der Nasenwurzel hinauf 6 bis 10 Centimeter breit bedecken. Die dicht nebeneinander liegenden Schnüre konvergieren auf beiden Seiten in der Schläfengegend und bilden hinter den Ohren und schließlich am Hinterteil des Kopfansatzes übereinanderliegend zwei breite Spangen, welche in Bindbänder auslaufen, mittels deren der Apparat fest um den Kopf geschnürt wird. Die Stirnbinde ist freilich ebensowenig wie die zeitraubenden Haarfrisuren fortwährend und bei jedermann im Gebrauch. Anderseits aber werden schon die Köpfchen der Säuglinge in sie eingezwängt, sodaß sie die Schädelbildung in beträchtlichem Grade beeinflußt. In der That sah ich bei den Säuglingen der Mangbattu eine auffallende Difformität der Schädel, welche durch den anhaltenden peripherischen Druck eine nach oben und hinten gerichtete, weit über die Norm gehende Spitzform angenommen hatten. Da die Stirnbinde, wie gesagt, zeitweilig abgelegt wird, so mag die in der Kindheit künstlich hervorgerufene Difformität der Schädel oftmals zum Teil zurücktreten, doch verbirgt sich ohne Zweifel auch bei den Erwachsenen mancher abnorme Spitzkopf unter der nach oben und hinten zu einem hohen Toupet aufgetürmten Haarfrisur und dem darüber befestigten hohen Strohhut der Männer. Die Erfahrung aber lehrt, daß durch solche künstlich herbeigeführte Schädelmißbildungen die geistigen Fähig-

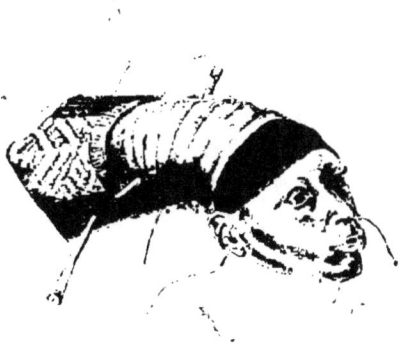

Mangbattu, Sohn Munsas.
Nach einer Zeichnung von Dr. G. Schweinfurth.

keiten nicht leiden, solange nur die Schädeldecke und mit ihr das Gehirn sich zwanglos nach einer bestimmten Richtung entwickeln kann; die Mangbattustämme bestätigen somit die frühern Erfahrungen, denn sie stehen unstreitig auf einer höhern Kulturstufe als manche andere Negervölker Afrikas, die den Gebrauch der Stirnbinde nicht kennen.

Selbst die schon erwähnte Rednergabe der A-Sandé wird von der der Mangbattu übertroffen, deren Schwatzhaftigkeit bei parlamentarischen und gerichtlichen Verhandlungen das Erstaunlichste leistet. Der Fürst sitzt bei diesen häufig vorkommenden Redeturnieren in der Laube des Versammlungsplatzes, während seine Häuptlinge und Unterthanen beiderseits die bogenförmigen Gänge füllen. Handelt es sich um einen Rechtsfall, so trägt der Kläger seine Sache nicht direkt dem Fürsten vor, sondern er tritt einige Schritte aus dem Gang hervor und greift ſeinen Widerſacher, der oft 50 bis 70 Schritt weit von ihm ſitzt, in langer Rede laut und verſtändlich an, ſobaß jeder Anweſende den Sach-verhalt kennen lernt. Dieſen bilderreichen und ſchwungvollen Redefluß begleitet er unabläſſig mit bekräftigenden, theatraliſchen Geſten, er legt einen beſondern Ausdruck in ſein Mienenſpiel, macht kurze Kunſtpauſen und illuſtriert die Rede ſogar pantomimiſch, indem er z. B., um eine Zahl deutlich zu machen, Holz-ſtückchen, Rohr oder Laub einzeln vor ſich hinwirft. So überhäuft der Kläger ſeinen Gegenpart mit rhetoriſch-mimiſchen Vorwürfen, die zuweilen ins Komiſche ausarten und dann die größte Heiterkeit des Publikums erregen; unterbrochen aber wird der Redende von keiner Seite und erſt wenn er auf ſeinen Platz zurückgekehrt iſt, beginnt der Angeklagte ſeine Gegenrede. Als Beiſpiel führe ich einen Fall an, wo ein Vater Klage erhob, daß der Erwerber ſeiner Tochter die landesübliche Anzahl von Lanzenſpitzen an ihn noch nicht entrichtet habe. Über eine Stunde hörte ich dem ſchwer gekränkten Vater zu, dann hatte ich genug von ſeinem Gram und verließ die Verſammlung, denn ein Ende ſeines Redeſchwalls war noch gar nicht abzuſehen, und dann ſollte erſt noch die Erwiderung des Angeklagten folgen, und nach dieſer durften auch andere das Wort zur Sache ergreifen. Die Leute überbieten ſich dabei an Schwatzhaftigkeit, und wer am längſten aushält, bleibt Meiſter und behält wohl auch Recht. Das entſcheidende Wort am Ende der Verhandlung aber ſpricht der Fürſt, und dieſem Rechtsſpruch heißt es unbedingt Folge leiſten. Nicht geringer iſt die Geſchwätzig-keit der Mangbattu in der gewöhnlichen Unterhaltung. Jede Frage oder Er-kundigung bringt eine Lawine von Antworten ins Rollen, ſobaß die Unter-handlungen mit Eingeborenen höchſt ſchleppend werden und dann oft erſt recht nicht zum gewünſchten Reſultat führen.

Während ich bei Mambangá war, konnte ich nicht umhin, mich des Namens Miani zu erinnern. Befand ich mich doch hier ſüdlich des Uelle in dem Gebiet, welches angeblich ſchon dieſer italieniſche Reiſende bei ſeinem Beſuch des Fürſten Bakangái, Juli bis September 1872, bereiſt haben ſollte. So gab wenigſtens die Karte an, welche auf Grund ſeiner ſpärlichen Aufzeichnungen konſtruiert worden war. [1]) Bei der Unſicherheit dieſer Daten war ich nun darauf bedacht, über ſeinen im Gefolge einer arabiſchen Handelskarawane eingeſchlagenen Weg genauere Erkundigungen einzuziehen; zu meiner Verwunderung jedoch brachte ich nur ſehr Unbeſtimmtes in Erfahrung, und zwar aus dem einfachen

---

[1]) Il viaggio di Giovanni Miani al Monbuttu. Note coordinate dalla Società Geografica Italiana. Mit Karte. Rom 1875.

Grund, weil seine Reiseroute, wie ich erst später feststellen konnte, bedeutend südlicher verläuft. Indes einigten sich die Aussagen darin, daß Miani bei König Munfa gestorben sei und nicht, wie früher angenommen und auch auf der Karte ersichtlich war, nördlich vom Uelle. Meine spätern Wanderungen stellten den wirklichen Verlauf seiner Reise fest und berichtigten die Irrthümer der Karte.

Der sechstägige Aufenthalt, den ich mit Mambangá vorher vereinbart hatte, war nun schon mehr als abgelaufen, denn ich weilte bereits seit dem 21. September in seinem Handak, und nun schrieben wir den 28. Ich verlangte also jetzt die Träger für meine Abreise nach Osten. Auch waren in den letzten Tagen die Lebensmittel, die uns Mambangá sandte, schon spärlich geworden, sodaß ich erst auf Verlangen den erforderlichen Vorrat an Bananen und Yams (Dioscorea alata) erhielt; letztere sind ein massiges, in Struktur und Geschmack unsern Kartoffeln ähnliches Knollengewächs, doch oft bis zu einem halben Centner schwer. Eine kleine Quantität Mais reichte nur für meine persönlichen Bedürfnisse, doch sandte der Fürst wieder einige Hühner. Von meiner Abreise aber wollte er nichts hören, sondern sagte, erst müsse Sémio, der noch immer am Fluß lagerte, zur Heimreise aufbrechen, und ich solle ihn dazu veranlassen. Ich bestand jedoch darauf, bald aufzubrechen und wiederholte meine Forderung. Diese Verhandlungen waren dadurch erschwert, daß mein Diener Abatám, den ich gerade jetzt täglich und stündlich als Dolmetsch benötigte, zu meinem Verdruß fast beständig auswärts war, unter dem Vorgeben, daß er Angehörige getroffen habe. Mit Mambangá kam es, trotz dieses Hindernisses, zu heftigen Auseinandersetzungen, sodaß ich sogar drohte, ich würde sein Land allein ohne das Gepäck verlassen, welches die Soldaten von den östlichen Seriben später schon holen würden. Er schien hierdurch eingeschüchtert und zeigte sich willfähriger, meinte jedoch, die Träger seien so weit entfernt, daß die Abreise erst am zweitnächsten Tage erfolgen könnte. Ich glaubte natürlich auch diesen Reden nicht mehr und sah es voraus, daß er im gegebenen Augenblick wieder neue Gründe für Verzögerungen haben würde. Glücklicherweise langten inzwischen Boten der im Osten stationierten Nubier bei mir an. Sie waren auf dem Uelle stromabwärts gefahren, überbrachten mir als Erkennungszeichen eine Remingtonpatrone und erklärten, meinen Aufbruch von Mambangá abwarten zu wollen. In meiner Bedrängnis war ich darüber begreiflicherweise sehr erfreut und drängte daher nun meinerseits Sémio zum Abmarsch, damit Mambangá gar kein Motiv mehr habe, meine Abreise zu hindern. Aber wie ich vorausgesehen, war der Fürst um neue Gründe nicht verlegen. Noch am selben Tage ließ er mitteilen, daß ich auch jetzt noch nicht abreisen könne, da

ein tiefer Fluß sich auf meinem Weg befände und über diesen erst noch eine
Brücke gebaut und dabei ein Lager für mich hergerichtet werden müßte. Zu
diesen Verdrießlichkeiten gesellten sich noch andere. Die Nahrung erwies sich
damals meinem Körper unzuträglich, ich fühlte mich geschwächt und litt häufig
an leichten Fieberanfällen. Überdies machte ich die Wahrnehmung, daß mir
einige Gegenstände gestohlen worden waren, und mußte nun aufpassen, um
meine Sachen vor dem diebischen Gesindel zu schützen. Es ist wahr, daß Mambangá mich unterstützte, indem er strenge Nachsuche anbefahl; einen der Diebe
bewog die Furcht sogar, ein mir entwendetes Messer gelegentlich insgeheim
durch die Blätterwand meiner Hütte hereinzustecken und mir auf diese Art wieder
zurückzustellen. Die einzige Filzschabracke meines Sattels aber blieb für jetzt
verloren, erst später, nach Monaten, gelangte ich wieder in ihren Besitz.

Nun denn, bei ruhiger Überlegung blieb mir trotz alledem nichts übrig,
als mich in Geduld zu fassen, denn dem tölpelhaften Benehmen Mambangás
Gewalt entgegenzusetzen, wäre thöricht gewesen. Und so gab ich die übereilten
Pläne, zu Sémio zurückzukehren oder allein ohne Gepäck aufzubrechen, bald
auf. Mit den erwähnten Boten der Nubier konnte ich aus dem Land auch
nicht mehr fort, da sie Bootsleute vom Stamm der A-Masilli waren und das
Gebiet Mambangás, angeblich aus Furcht, sehr bald wieder verlassen hatten.
Den erzwungenen längern Aufenthalt im Land benützte ich nun wenigstens dazu,
meine Kenntnis der Sitten und Gebräuche des immerhin eigenartigen Volks
der Mangbattu zu erweitern. Auch kam ich mit A-Bámbo, den häufigen Boten
Burus, zusammen, doch spare ich nähere Angaben über dieses gesonderte Volk
mit eigener Sprache für eine spätere Zeit auf, in der ich auch sein Gebiet bereiste.

Der 3. Oktober brachte von früh bis spät unausgesetzten, doch leichten
Regen und erinnerte mich dadurch an die trüben Regentage der nordischen
Heimat. In Afrika sind solche leichte, anhaltende Regen seltenere Ausnahmen,
denn gewöhnlich gehen in der Regenzeit nach der Tageshitze starke Gewitterregen von kurzer Dauer nieder, und zwar unter diesen Breiten zeitweise fast
täglich. Auch damals am Uélle verging selten ein Tag, ohne daß es abends
oder in der Nacht gewittert oder geregnet hätte.

Unter den Gebräuchen der Mangbattu, welche ich in meiner unfreiwilligen
Muße beobachten konnte, sei ein sehr beliebtes Spiel erwähnt, welches besonders
Knaben, aber auch Erwachsene spielen, und zwar folgendermaßen: Auf einer
Strohmatte kauern zwei der Spielenden mit einem Häufchen von 20 bis
30 Steinchen zwischen sich. Von diesen nimmt abwechselnd der eine und der
andere, ohne zu zählen, etliche in die Hand und giebt sie entweder alle oder

nur einen Teil seinem Partner, oder er legt sie auch wieder zum Häufchen zurück. Dabei wird jeder Handgriff mit einer Schnelligkeit gethan, die an Taschenspielerkünste erinnert. Ist schließlich das ganze Häufchen Steine in der Hand des einen Spielers vereinigt, so ist dieser der Gewinner. Als Einsatz dienen kleine Federbüschel, welche alle Mangbattu auf ihren Hüten tragen.

Auch über die Mangbattufrauen zeichnete ich wieder manches auf. Welche Ausnahmsstellung sie im Vergleich zu den Frauen anderer Stämme einnehmen, ersah ich schon daraus, daß sie mir einige Male als Dolmetsche dienen konnten. Eine Frau Mambangás z. B., welche die Sprache der A-Sandé verstand, sobaß Farag Allah den häufig abwesenden Abatám ersetzen konnte, zeigte sich recht verständig. Jedes Weib eines andern Negerstamms wäre in ihrer gedrückten abhängigen Dienst- und Sklavenstellung dazu unfähig gewesen. So erhielt ich oft von meinen eigenen Dienerinnen unverständliche Antworten, wobei sie meist das Gesicht abwandten, um ihre Furcht zu verbergen. Mangbattufrauen dagegen, selbst fremde, näherten sich mir furcht- und arglos und weilten auf ihren Schemeln hockend oft lange in meiner Hütte. Dabei konnte ich so manchesmal ein nicht sehr reizendes, aber doch intimes Familienbild, wie das folgende, beobachten: Ein

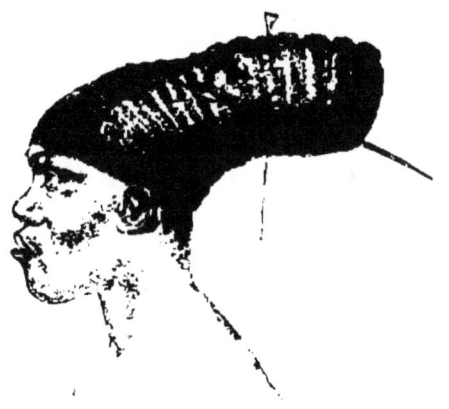

Mangbattufrau. Nach einer Zeichnung von Dr. G. Schweinfurth.

Mangbattuweib hockt auf einem Schemel; dabei sind die Kniee stets eng zusammengezogen, indes die Füße weit auseinandergespreizt am Boden stehen. In ihrem Schoß liegt ein Säugling, den eine schlaffe Brust nährt; im allgemeinen säugen die Negerinnen ihre Kinder sehr lange. Ein älteres Kind steht vor der sorgsamen Mutter, welche bemüht ist, dem Krauskopf sein Ungeziefer abzusuchen. So oft sie etwas Lebendiges findet, führt sie es nach uralter Landessitte zum eigenen Mund, wo die Reihen schöner Perlenzähne jenen Dienst versehen, der unter gesitteteren Verhältnissen dem Daumennagel zufällt. Unwillkürlich erinnerte mich dieses Bild an sehr ähnliche Scenen in den Affenhäusern unserer zoologischen Gärten. Am Körper waren diese Damen höchst kunstvoll bemalt, und zwar liefen abwechselnd breite und schmale schwarze Linien, wie mit einem Zirkel abgemessen, konvergierend auf die Mittellinie der Fassade zu, wobei sie fingerlange Vierecke der natürlichen Haut umrahmten, die nur leicht durch rote Farbe mit Fett bronziert erschien. Zur Verschönerung der Physiognomie lief ein zwei Finger breiter, gleichfalls mit Blippo gezogener Streifen quer über Gesicht und Nasen= rücken von einem Ohr zum andern.

Die Mangbattufrauen tragen keine Kopf=, oder richtiger Frisurbedeckung, wie die Männer. Doch wird das krause lange Haar bei ihnen wie bei den Männern mittels langer, dünner Elfenbeinstifte mühselig nach oben und hinten gestrichelt, worauf die Haarenden oben auf dem Toupet einwärts wie in ein Nest umgebogen werden. Einzelne feine Strähne werden sorgsam um die Peri= pherie des ganzen Haarwulstes herum gelegt und halten, den Gliederschnürungen eines Kerbtiers entsprechend, das frisierte Haar der Dame zusammen, doch ist die eigentliche Frisur noch weit komplizierter, als ich es hier mit wenigen Worten andeuten kann. Das fertiggestellte und wohlgesalbte Haargebäude steht aus der Stirnbinde, deren sich ja auch die Frauen bedienen, wohl einen Fuß lang heraus, ist an der Spitze schmäler als an der Basis, überdies kühn nach hinten umgebogen. Von Zeit zu Zeit, zwischen je zwei eigentlichen großen Frisuren, drehen die Frauen ihren Haarschopf in eine Anzahl verfilzter Satans= hörner bis zu einem halben Fuß Länge zusammen, welche den obern Umkreis des Kopfs wie ein dunkler Strahlenkranz umstarren. Man könnte diese Gebilde ohne weiteres mit ähnlichen kleinen Wickeln vergleichen, welche unsere civilisierten Damen bloß für eine Nacht eindrehen, und als Negerpapilloten von massivem Zuschnitt auffassen.

Bei beiden Geschlechtern der höhern Klasse findet sich der Brauch, die Fingernägel lang wachsen zu lassen oder wohl gar nicht zu beschneiden, sodaß ich Nägel von mehreren Zoll Länge sah. Das Durchlöchern der Ohrmuscheln (nicht der Ohrläppchen) ist zwar allgemein Sitte, doch trägt man nur ziemlich selten ein Holz= oder Rohrstück in dem ausgeschnittenen Loch.

Wie schon erwähnt, bedienen sich auch die Mangbattu der Rindenstoffe als Bekleidung, und zwar sind diese Erzeugnisse für die höhere Klasse der Männer größer und besser gearbeitet als der „Rokko" der A=Sandé. Die Mangbattuhäuptlinge tragen den durch den Lendengurt gezogenen Rindenstoff vor der Brust und im Rücken steif nach oben emporragend, sodaß der obere Rand oft bis in die Achselhöhlen reicht; dagegen begnügen sich die mit spär= lichem Laub umgürteten Frauen dieser Völkerschaften mit kleinen quadratförmigen Stücken Rindenstoff, welche die der bessern Klasse beim Niedersetzen auf die Schemel sich über den Schoß legen. An Schmuckgegenständen sieht man fast gar keine andern, als die überall gebräuchlichen Eisenreife für den Hals und

für die Hand- und Fußgelenke, denn in den Gebieten, wo die Invasion der
Nubier nicht hingedrungen, sind auch die Perlen seltener. Desto größer ist die
Nachfrage nach den hübschen, langen Elfenbeinstiften von verschiedener Größe
und Form, welche zugleich als Kamm und Haarnadel dienen und von Männern
und Frauen getragen werden. Bei den Mangbattu wie bei den Niam-Niam
kommen zu gleichen Zwecken auch feine, lange Eisenstifte vor, deren Kopfenden
mannigfaltig gestaltet sind. Der Kunstfleiß dieses Volks gipfelt aber in der
Verarbeitung des Eisens zu Waffen, und zwar sind vor allem die hübsch
gestalteten, an Formenreichtum und Eigenartigkeit unübertroffenen, sichelförmig
gekrümmten Messer (Trumbasch) beachtenswert. Auch haben die Mangbattu
neben den A-Sandé es verstanden, ihren Lanzenspitzen durch Widerhaken, Zacken
und Spitzchen eine erstaunliche Mannigfaltigkeit zu geben. Bogen und Pfeile
führen sie seltener, erhalten jedoch solche von den Mädje, einem ihrer Zweig-
stämme, der dieselben zu verfertigen weiß, oder sie erbeuten sie im Krieg (von
den Momfú, Maigó u. a.), oder erwerben sie durch Tausch, oder gewinnen sie
im Hazardspiel, welches Laster sich, wie wir später des Näheren erfahren werden,
auch bei den Mangbattustämmen eingebürgert hat. Die großen Holzschilde
sind aus einer einzigen Platte künstlich mit einem unserm Faßbinderbeil ähnlichen Werkzeug zugehauen und häufig mit leichten eisernen oder bei den Magnaten
des Landes auch kupfernen Rosetten und Nägeln verziert. Kupfer ist nämlich
in den bisher erwähnten Gebieten noch nicht gefunden, jedoch als begehrter
Artikel von den Chartumern seit jeher eingeführt worden; die Mangbattu wie
die A-Sandé verfertigten daraus nicht nur Arm- und Beinringe und sonstigen
Zierat, sondern auch Lanzenspitzen und Klingen für Prunkwaffen, z. B. Trumbasche. Auch in der kunstvollen Bearbeitung des Holzes zu verschiedenartigem
Hausgerät zeigt sich die überraschende technische Anstelligkeit der Mangbattu,
desgleichen in ihrer geschickten Töpferkunst, welche, wie in allen diesen Negerländern, ohne Drehscheibe betrieben wird.

Der Leser erinnert sich, daß die Mangbattu, gleich den A-Sandé, dem
Hühnerorakel („Bänge") huldigen. Doch ist bei ihnen außerdem ein eigentümlicher, umfangreicher Orakelapparat in Gebrauch, das „Mapinge". Diesem sind
förmliche Tempelhallen geweiht, mit allen nötigen Werkzeugen eingerichtet und
mit einigen diensttthuenden Priestern bemannt. Bei Mambangá war das betreffende
Lokal ein geräumiges Schrägdachhaus in der Form der Dahr et-tor des Sudans
und lag in der nächsten Nähe meiner Hütte, sodaß ich täglich das laute Treiben
der Orakelleute zu mir herüberschallen hörte, deren hochwohlweisen Aussprüchen
sich jedermann, ob gern oder ungern, fatalistisch unterwerfen mußte.

Der Apparat ist folgender: Ein mehrere Meter langer, glatt geschälter Bananenstamm — er hat unter der absterbenden äußern Hülle schon von Natur eine glatte Politur und besteht überhaupt nur aus den ineinandergerollten Blattscheidenteilen — ist horizontal auf niedrige Füße gestellt. Quer auf diesen kreisrunden Stamm legen die Priester mit äußerster Vorsicht zahlreiche sehr glatt polierte, runde Stäbchen von der Länge und Dicke einer Cigarre, und zwar, wie die Abbildung auf S. 287 zeigt, in gewissen Abständen als Häufchen von je drei Stücken, sodaß schließlich, je nach der Länge des Stamms, 25 bis 35 solcher Häufchen im Gleichgewicht auf ihm ruhen. Die Zahl dieser Apparate ist nicht gleich; im Orakelhäuschen bei Mambangá waren damals fünf aufgestellt und wurden meistens von zwei Tempeldienern überwacht und gedeutet. Will jemand in einer Angelegenheit eine Frage an das Schicksal richten, so legen diese Auguren die Stäbchen in der angegebenen Weise der Reihe nach auf die Bananenstämme und geberden sich alsbann so turbulent, daß einige der Stäbchen aus ihrer halb schwebenden Lage auf die Erde herabgleiten. Je mehr Hölzchen herabpurzeln, als desto ominöser gilt das Zeichen, und sind es viele, so ist der Orakelspruch als bestimmt ungünstig anzusehen. Steht z. B. jemand im Verdacht eines Verbrechens und wird das eben geschilderte Schicksal um seine Schuld oder Nichtschuld befragt, so braucht nur der größte Teil der Stäbchen herabzufallen und die Schuld des unglücklichen Individuums ist unwiderleglich erwiesen. Die Fungierenden selbst leiten ihr Verfahren dabei durch längeres Geplapper ein, das in lautes Rufen, Singen und Händeklatschen übergeht. Während dieses Getöses springen sie beständig in gebückter Haltung längs der Bananenstämme hin und her und bewegen die Hände beim Klatschen an der Stäbchenreihe entlang, ohne sie zu berühren. Aber schon der geringe Luftzug, der hierdurch entsteht, kann hinreichen, um die glattpolierten Stäbchen, die sich überall nur mit konvexen Flächen berühren, zum Auseinanderweichen und Hinabgleiten zu bringen. Und somit dürfte das besagte Schicksal eigentlich aus dem Klatschen, Schnaufen und Hauchen der Tempeldiener bestehen. Die Redensart, daß das Leben eines Menschen häufig von einem Lufthauch abhängt, ist, wie man sieht, bei den Mangbattustämmen wörtlich zu nehmen, denn oft lautet der Orakelspruch auf Schuldig und Tod.

Inzwischen war der 5. Oktober herangekommen, von meiner Abreise aber und dem erwähnten Bau der angeblich nötigen Brücke war nicht mehr die Rede. Dagegen eröffnete mir Mambangá, als ich ihn energischer drängte, meine Abreise zu ermöglichen, er wolle ein Boot zum Übersetzen des tiefen Flusses absenden lassen; sobald dasselbe bereit läge, sollte ich dann auch wirklich abreisen. Mittlerweile hatte ich von einem neuen Haupthindernis erfahren, die Unterthanen weigerten sich nämlich ganz besonders, meine Lasten durch die ausgedehnte unbewohnte Wildnis im Osten vom Gebiet Mambangás nach den Regierungs= stationen zu tragen; um diese Opposition zu beheben, machte ich also Mam= bangá den Vorschlag, das Gepäck bis auf weniges Nötige auf dem Uëlle abzusenden, in welchem Fall Farag Allah die Sachen auf dem Boot begleiten sollte. Für mich selbst hätte ich nur im äußersten Notfall diese Art zu reisen gewählt, um in der Arbeit der Routenaufnahme nicht den Anschluß zu ver= lieren. Mein Vorschlag war Mambangá sehr willkommen, und in der That sollten nun die nötigen Vorbereitungen beginnen. Einstweilen muß ich noch einer argen Plage erwähnen, einer winzig kleinen, kaum sichtbaren Stechfliege, die ich sonderbarerweise in dieser Jahreszeit nur auf das Gebiet Mambangás beschränkt fand, denn ich traf das lästige Insekt, welches nur in der Dämmerungs= stunde, dann aber in Legionen auftritt, auf spätern Reisen im Süden des Uëlle nirgends an. Ihr Stich hinterließ ein heftiges Jucken auf dem Rücken der Hände, welches ich erst später als Folge der Insektenstiche erkannte, da das Tier selbst mir lange Zeit unsichtbar blieb.

Meinen Diener Abatám, der auch jetzt noch oft vom Hause fortblieb, wollte ich gänzlich entlassen, doch kehrte er reumütig zurück und so erlaubte ich ihm, mich noch ferner zu begleiten. Auch ein Überläufer von Uándo, ein Junge, der mit andern A=Sandé vor den Gewaltthätigkeiten der Nubier hierher geflüchtet war, schloß sich mir zur Weiterreise an. Ehe diese erfolgte, hatte ich aber noch arge Kämpfe mit den Scharen von Neugierigen zu bestehen, die jetzt, unverschämter als je, nach Belieben in meine Hütte eindrangen. Kein Wunder, daß ich wiederum hinter kleine Diebstähle kam, sodaß ich schließlich Mambangá im Kreis seiner Unterthanen laut und für jedermann hörbar verkündete, ich würde von jetzt an, um mich selbst zu schützen, einfach von den Gewehren Gebrauch machen; der Fürst könne mich ja, wie ich sähe, nicht vor den Ein= dringlingen sichern, dafür aber solle er sich dann auch über das Geschehene nicht beklagen. Er seinerseits erklärte allen Ernstes, er habe nichts dawider, daß ich schieße. Aber als ich das nächste Mal wieder mit ihm allein war, beeilte ich mich doch, ihm zu sagen, daß es mir nie einfallen würde, auf seine Leute zu schießen, und ich hätte jene Äußerung nur dem Volk gegenüber gethan, um die Leute einzuschüchtern, mich ihrer Zudringlichkeit zu erwehren und der Dieberei Einhalt zu thun. Sollte sich jedoch, so schloß ich, meine Unzufrieden= heit steigern und mein Unmut bis zum Äußersten gereizt werden, oder gar mir Gefahr drohen, so würde ich, wie es in unsern Ländern Brauch sei, mich selbst

erschießen. Ich sagte dies mit großem Nachdruck, in der theatralischen Rede-
weise und mit dem ganzen Geberdenspiel, die ich den Negern längst abgelauscht
hatte, ja ich ging dabei so weit, daß ich den Lauf des Revolvers gleich
in den Mund steckte. Dies sei auch, so fügte ich hinzu, zwischen mir und
meinem Bruder, dem Pascha, verabredet, und aus dieser Todesart werde er
erfahren, daß mir in dem betreffenden Land eine nichtswürdige Behandlung
zu Teil geworden sei. Die Folgen dieser Gewaltthat an mir selbst würden aber
das Volk und der Herrscher des Gebiets, wo ich meinen Tod fände, schwer zu
büßen haben. Leider mußte ich hin und wieder selbst zu so drastischen Mitteln der
Einschüchterung greifen, aber in Fällen, wo ich das Leben auf rouge oder noir
setzte, blieben sie wenigstens nicht ohne Eindruck. Auch jetzt machte die unerwartete Eröffnung Mambangá und seine Begleitung so stutzig, daß sie ihnen
förmlich die Rede verschlug. Zu bemerken ist dabei, daß der Selbstmord, diese
Ausgeburt unserer Kulturverhältnisse, bei den Negern höchst selten vorkommt.
So oft ich mich auch über dieses Thema erkundigte, ich konnte nur einen
einzigen Fall in Erfahrung bringen. Damals hatte ein der Hexerei angeklagtes
Mädchen, wohl aus Furcht gelyncht zu werden, ihrem Leben durch Erhängen
ein Ende gemacht. Mambangá war also sichtlich betroffen und erwiderte, er sei
ja in jeder Weise um mein Leben besorgt und werde mich unversehrt zur Station
der Regierung geleiten lassen. Auch sei nun das Boot für die Sachen bereit
und das Gepäck solle noch heute nach dem Uelle geschafft werden, der kaum
eine halbe Stunde entfernt war. Ich selbst aber könne dann schon morgen auf
dem Landweg abreisen.

    Mittlerweile ging der Mittag vorüber, der Himmel überzog sich mit
schwarzen Wolkenmassen, ein heftiger Regen hing in der Luft und dies verzögerte abermals die Absendung des Gepäcks. Dieser Tag brachte mir jedoch
noch Erregungen anderer Art und lehrte mich den Kannibalismus der Mangbattu näher kennen, dem die Stämme südlich vom Uelle noch mehr als die
A-Sandé fröhnen, denn sie verzehren selbst Leute des eigenen Stamms und
ebenso alle zum Tod Verurteilten. Nach dem dortigen Aberglauben kann niemand
eines natürlichen Todes sterben, sondern an dem Tod jedes Menschen muß ein
anderer die Schuld tragen, den auch das „Mapinge"-Orakel bald ausfindig
macht. An Gelegenheit, Menschenfleisch zu essen, fehlt es daher bei den Mangbattu nicht. Der nähere Grund zu dem blutigen Drama jenes Tags war
folgender: Ein Verwandter Mambangás war gestorben und das Orakel bezeichnete
zwei Burschen als Urheber des Todes, womit also auch ihr Todesurteil gesprochen
war. Der eine Verurteilte entwich beizeiten zu den A-Bármbo, der andere aber

fiel als unschuldiges Opfer. Obgleich die Verhandlungen in meiner nächsten Nähe geführt wurden, hatte ich doch keine Ahnung davon; erst Farag Allah berichtete mir, was vorgefallen, und sagte, er habe selbst gesehen, daß der geknebelte Bursche zu mir habe flüchten wollen, jedoch aus dem Hanbal hinausgeschleppt worden sei, um gehenkt zu werden, und daß das Fleisch später von der Volksmenge verspeist werden würde. In der Hoffnung, das unglückliche Opfer möglicherweise doch noch zu retten, wobei ich auf die Habgier Mambangás rechnete, schickte ich Farag Allah unverzüglich zum Fürsten der Menschenfresser und ließ ihm Zeuge, Perlen, und was er sonst wünsche, für die Herausgabe des Verurteilten bieten. Der Unhold versprach denn auch, er werde mir ihn morgen Früh zuführen, doch erfuhr ich bald von einer Niam-Niamsklavin, daß der arme Teufel schon auf dem Weg zum Richtplatz von dem Volk gelyncht worden sei und die Sklavinnen gerade beschäftigt seien, den Mehlbrei als Zukost zum Menschenfleisch für die Kannibalen zu bereiten. So war die ruchlose That, während draußen der Donner grollte und die schwarzblauen Wolken ihre schweren, Regenmassen niedersandten, bereits vollbracht. Als ich spät abends noch dieses Erlebnis niederschrieb, hörte ich den Lärm der mit Menschenfleisch gesättigten Unmenschen, die sich zur Nachfeier ihrer satanischen Orgie in der großen Hütte neben der meinigen versammelt hatten und nun bei Tanz und Lustbarkeit sich's wohl sein ließen.

Ich schlief die Nacht wenig und saß schon um 5 Uhr morgens beim Lesen der Zeitungen, als die dumpfen Töne der Kriegstrommel vom Versammlungsplatz Mambangás her mein Ohr trafen und sogleich aus weiterer und weitester Ferne beantwortet wurden. Das Getrommel wiederholte sich von Zeit zu Zeit und wurde so stundenlang fortgesetzt, bald stimmten auch die langen, weithinhallenden Elfenbeinhörner ein, und so wurde es bei Tagesanbruch im Hanbal lebendig. Was aber das Zusammenberufen der Unterthanen Mambangás im Grunde zu bedeuten hatte, wußten mir auch meine Leute nicht zu sagen. Gerne hätte ich nach der halbdurchwachten Nacht noch geschlafen, aber das rücksichtslose Eindringen der ankommenden Neugierigen in meine Hütte machte dies unmöglich. Mambangá war es nämlich über Nacht eingefallen, mir sein ganzes Kriegsvolk vorzuführen, denn er behauptete, daß noch nicht alle seine Unterthanen mich gesehen hätten. Und so mußte ich, anstatt heute, wie ich gehofft, endlich abreisen zu können, in Geduld ausharren, ja auch der volkreichen Versammlung wieder beiwohnen. Unter andern Verhältnissen hätten mich die eigenartigen bunten Bilder, die im Lauf des Tags an meinem Auge vorüberzogen, gewiß lebhaft interessiert, jetzt aber ließen sie mich fast gleichgiltig. Ich war nervös erregt und zugleich von den vielen Eindrücken der letzten Wochen ermüdet, ich sehnte mich nach Ruhe. Mittlerweile führten die Häuptlinge ihre Kriegsmannschaft aus allen Richtungen der Windrose nach dem Versammlungsplatz und der Einzug dauerte, je nach der Entfernung ihrer Wohnsitze, bis in den Nachmittag hinein. Manche langten im Laufschritt an, umkreisten im Gänsemarsch den geräumigen Platz, führten ihr Kriegsspiel auf und nahmen dann die für die einzelnen Gruppen bestimmten Plätze ein, sodaß bald nicht nur die langen Hallen, sondern auch die Räume hinter denselben

Faltenwurf des „Rokko".

gefüllt waren und ein weiter dichtgedrängter Halbkreis von Volk die freigelassene Mitte des weiten Platzes einrahmte. Allmählich, doch erst nachmittags, kamen auch Mambangás Frauen einzeln herbei und setzten sich in der früher erwähnten Laube hinter ihm und mir auf ihre Stühlchen, sodaß sie zwei oder drei Reihen bildeten. Sie hatten sich den Körper frisch gesalbt und bemalt, auch die Frisur zur Feier des Tags neu aufgetürmt, und offenbar waren nur diese Toilettenkünste schuld, daß die Mangbattudamen so spät erschienen. Mambangá selbst prunkte im fürstlichen Staat, oder vielmehr nur sein Kopf, auf dem ein besonders hoher, mit einigem Zierat geschmückter Strohhut emporragte.

Der „Rokko" aus Rindenstoff, welchen Manbangá trug, war von hellem Havannabraun, welche Farbe die bevorzugte ist. Die Schattierungen gehen indes bis zum dunklen Rotbraun, wogegen die geringsten Sorten dickem, grauem Löschpapier sehr ähnlich sind. Dazu sei aber bemerkt, daß die verschiedene Färbung von der Art des Feigenbaums, aus dem die Stoffe gewonnen werden, und von der Zubereitung abhängt, also in den meisten Fällen Naturfarbe ist, wenn auch die rotbraune nach längerm Gebrauch durch die Färberöte des Körpers entsteht. Die ausnahmsweise großen Rokkos in jenen Ländern, wie ich sie bei einzelnen A-Sandéfürsten sah, bestehen aus mehreren Teilen, die aber nicht, wie bei den Wánjoro und Wáganda, kunstvoll mit Bananenfasern zusammengenäht, sondern an den Rändern mittels des frischen weißen Kautschuksaftes fingerbreit übereinandergeklebt sind.

Inzwischen waren auch die letzten Züge der Krieger, festlich mit Speer und Schild zum Krieg gerüstet, auf dem Platz eingetroffen. Es mochten da wohl einige Tausend beisammen sein, doch waren sie nicht ausschließlich vom reinen Mangbattustamm, sondern viele gehörten jenen früher aufgezählten, unter der Botmäßigkeit Mambangás stehenden Zweigstämmen an. Da sah man einzelne A-Bármbohäuptlinge mit ihren Hörigen, ferner Mangbálle und auch eine Anzahl A-Sandé, die von Uándo und Málingbe ausgewandert, sich unter den Schutz Mambangás begeben hatten. Außer diesen waren die A-Bissanga die zahlreichsten.

Das Treiben dieser Massen bot viel Abwechslung. Sie führten Kriegsspiele auf, dazwischen kamen Tänze von einzelnen, eine Rotte Knaben machte, mit Pfeil und Bogen bewaffnet, einen Scheinangriff, wobei sie, um sich gegen den Feind zu decken, mit Katzengewandtheit am Erdboden hin und her krochen oder, einer drohenden Lanze ausweichend, die seltsamsten Luftsprünge machten und dabei den herankommenden Speer in Ermangelung eines Schilds behende mit dem Bogen abzuwehren suchten. Sogar die wenigen mit Flinten bewaffneten Diener Mambangás spielten an diesem Festtag Krieg und es wurden selbst einige Pulverladungen verschossen. Zwischen den einzelnen Productionen hielt der Fürst lange Reden, die immer gleich bei den ersten Worten vom Volk energisch beklatscht wurden. Eine der Frauen ordnete ihm vor dem Beginn jeder Rede sorgsam die Stirnbinde, während ein Diener sich bemühte, jedes Stäubchen von dem Körper und der Bekleidung des fürstlichen Demosthenes zu entfernen. Auch während der Rede, zu der Mambangá einige Schritt weit aus der Laube hervortrat, machte sich der Diener beständig um ihn zu schaffen; er hockte neben ihm und that so, als säubere er den Boden von jedem Blättchen, so oft aber eine Pause in der Rede eintrat, wischte er ihm sogleich den Schmutz von den Füßen, denn es hatte einige Minuten stark geregnet. Das alles geschah natürlich, um die erhabene Person des erlauchten Herrschers vor dem versammelten Volk in das rechte Licht zu stellen, denn sonst fiel dieses Ceremoniell fort. Bei der zweiten langen Rede Mambangás, die schier kein Ende nehmen wollte, kehrte ich, da es inzwischen 5 Uhr geworden war, in meine Hütte zurück.

Doch sollte dieser Tag noch ein trauriges Intermezzo erhalten. Die Verurteilung und der Tod des gestrigen Opfers, dessen Mambangá gar nicht mehr erwähnte, genügte leider nicht; noch ein drittes Individuum war seither an dem Tod des fürstlichen Verwandten mitschuldig befunden und wurde von einer Rotte heimziehender Leute, denen der Despot das Opfer überlassen hatte, gefesselt fortgeführt. Ich erfuhr davon erst später.

Mittlerweile lagerte Sémio noch am jenseitigen Ufer, doch durften seine Leute nicht mehr das hiesige Gebiet betreten; dagegen hatte er mit den A-Bármbo Frieden gemacht und mit dem Häuptling Buru Blutfreundschaft geschlossen.

Am 8. Oktober konnte endlich wenigstens Farag Allah mit dem Gepäck nach dem Landungsplatz des Boots aufbrechen; ich selbst mußte meine Ungebuld, endlich weiter zu kommen, auch jetzt noch bezähmen. Selbst für die kurze Strecke bis zum Uelle genügte die Zahl der Träger nicht, sodaß auch alle meine Leute Gepäckstücke bis borthin schleppen mußten. Dann aber zeigte sich erst, daß das Boot nicht einmal am bezeichneten Ort lag, und bis es endlich doch zur Abfahrt kam, gab es noch ein langes Feilschen um Perlen.

So war ich denn jetzt auf das allernötigste Gepäck beschränkt und auch hinsichtlich der Küche auf mich allein angewiesen, denn meine Dienerin, die „kleine Saïda", lieferte mir nur die Kisra oder abgekochte Bananen u. bgl. Außer Abatám blieb noch Morbján bei mir und mit ihnen der früher erwähnte, neu hinzugekommene Niam-Niamburfche. Von meinem eigenen Proviant hatte ich etwas Reis, Abre, Kuskussanié (kleine aus Mehl geformte Kügelchen) und zehn Chartumer Burmat (Zwiebad) bei mir behalten. Bei Mambangá erhielt ich außer den bereits angeführten eßbaren Dingen als angenehme Abwechs- lung noch Kürbisse, Manioc (Manihot utilissima) und süße Bataten, welche Kulturgewächse indes im Vergleich zu den Bananen nur in geringer Menge angebaut werden.

Der 9. Oktober brachte mir endlich die Erlösung, nachdem ich bei Mam- bangá, statt der beabsichtigten sechs Tage, vom 21. September bis heute hatte weilen müssen. Ich übergehe die Schwierigkeiten, die sich auch jetzt noch bar- boten; Träger z. B. waren selbst für das wenige Gepäck nicht vorhanden, das ich nur durch den bei Mambangá ersparten Proviant für die unbewohnte Wildnis der folgenden Reisetage notwendigerweise vermehren mußte. Erst als der Fürst persönlich auszog, um Träger zu schaffen, brachte er endlich einige zur Stelle, doch waren sie — bezeichnend genug für seine geringe Macht in dieser Hinsicht — A-Sandé, Hörige Mbíttimas, des Sohns Uándos, welcher von den Arabern gefangen gehalten wurde und dessen Leute sich unter den Schutz Mambangás begeben hatten. Die Mangbattu, obgleich sie zu Dutzenden umherstanden, weigerten sich auch jetzt, meine Sachen zu befördern, und zu guter Letzt wären mir auch die Niam-Niam beinahe wieder durchgegangen, angeblich um sich Proviant für den Marsch zu verschaffen, doch konnte ich sie noch zurück- halten, indem ich bestimmte, daß heute nur bis zu den Grenzhütten marschiert werden solle, wo sie für sich das Nötige finden konnten. Von meinem Eigentum aber mußte ich manches, z. B. das Brett zum Überschreiten der Sümpfe, den Reibstein, ein Mangbattu-Angareb (Geschenk Mambangás) und einen Teil des ersparten Proviants aus Mangel an Trägern zurücklassen, doch kam uns später der Fürst nach und ich erhielt dann auch noch das Brett und den Reibstein; neuen Proviant, Bataten und Yams erwarb ich für etwas Perlen von den Grenzbewohnern.

Obgleich dieser erste Aufenthalt bei Mambangá mir viel Leid und Ärger gebracht hatte, so nahm ich doch Rücksicht auf die Unmündigkeit und mannigfachen Schwächen der Neger, und bewahrte ihm keinen Groll. Wir trennten uns in guter Freundschaft; als ich ihn später wiedersah und in noch nähere Beziehung zu ihm trat, hatten sich seine Verhältnisse sehr geändert. Jetzt folgte ich in freudig gehobener Stimmung den Trägern; bald aber begannen die Schwierigkeiten des Marsches, den ich zu Fuß angetreten hatte, denn überall sperrten große gefällte Baumstämme den Weg, sodaß es streckenweise selbst unmöglich wurde, durchzukommen. Halb entkleidet arbeitete ich mich dann durch ein beschwerliches Sumpfgewässer, welchem bald Strecken von Laterit folgten. Auf diesen eilten wir im Hochgras weiter und erreichten nach kaum zwei Stunden beim Häuptling Bali die letzten Hütten im Gebiet Mambangás. Doch es schien nachgerade, als ob ich aus diesem Land gar nicht herauskommen sollte, denn schon der folgende Tag brachte mir unerwarteten neuen Aufenthalt. Die Träger kehrten nämlich mit ihrem Proviant, den sie sich wahrscheinlich doch aus ihren eigenen Hütten geholt hatten, sehr spät zurück, und überdies hatte Abatám das Mißgeschick, fern von den Hütten im Hochgras von einer Schlange in den Fuß gebissen zu werden. Der örtliche Schmerz mußte nach seinen Äußerungen sehr heftig sein, denn der Neger erträgt sonst große Schmerzen ohne Murren. Auch die allgemeinen Vergiftungserscheinungen traten so beängstigend rasch ein, daß ich das Schlimmste befürchten mußte. Ich fand ihn nach etwa einer Stunde auf demselben Platz, wo er gebissen worden und niedergefallen war und den er anfänglich nicht verlassen wollte. Mit schwachem, stark gesunkenem Puls, heftig zitternd, lag er im Gras und klagte über Ziehen und Schmerzen in allen Gliedmaßen. Ich hatte nur Chinin bei mir behalten, und so wenig mir dies auch eigentlich angebracht erschien, gab ich ihm doch eine doppelte Dosis. Er verfiel dann bald in tiefen und langen Schlaf und fühlte sich beim Erwachen bedeutend wohler; abends war er schon ganz hergestellt und am folgenden Tag setzte er mit uns die Reise fort. Diese aber hätte auch jetzt wieder einen Aufschub erlitten, wäre ich nicht mit den vorhandenen Trägern davon geeilt, ohne Rücksicht auf einige Mangbattuhäuptlinge, die mir bis zur Regierungsstation das Geleit gaben und den Aufbruch bis zum Trocknen des nassen Grases zu verzögern gedachten. Brett und Reibstein mußte ich dabei freilich nebst zwei fehlenden Trägern abermals zurücklassen, doch kamen sie später mit den Häupt-

lingen nach. Das Vorwärtskommen auf dem der Wildnis abgerungenen Kulturboden für neue Bananenanlagen war äußerst mühselig, und besonders schwer
hielt es, die Esel vorwärts zu bringen. Dann aber zogen wir in die unbewohnte
Wildnis hinaus, wo der schmale, ausgetretene Pfad wenigstens nicht auf Schritt
und Tritt durch gefällte Bäume und verworrenes Astwerk gesperrt war. Die
Reiseroute verlief heute und am folgenden Tag gegen Ostsüdost in geringem
Abstand vom Uëlle, doch kam uns der Strom nicht zu Gesicht.

Das Reisen im Hochgras wird zu dieser Jahreszeit dadurch beschwerlich,
daß die reifenden Rispchen beim beständigen Streifen des Grases leicht abfallen
und die Haut unbarmherzig stechen und reizen. Diese Grasfrüchte, namentlich
die der Andropogonarten, spielen in Afrika die Rolle lästiger Insekten, indem
sie sich mit ihren nadelspitzen Stielen in die Kleider bohren und in diesen vermöge zahlloser Wiederhäkchen und Borsten bei jeder Bewegung immer weiter und
weiter vordringen, bis sie die nackte Haut erreicht haben. Sie sind auch nachträglich nur sehr schwer durch Waschen und Klopfen aus den Kleidern zu entfernen, da die spiraligen Grannen sich mit dem Gewebe verfilzen. Nach einem
starken Tagesmarsch bezogen wir jenseits des Flusses Kluia das Lager. Er war
das siebente an diesem Tag überschrittene, in den Uëlle einmündende, sumpfige
und zudem ausgetretene Gewässer. Das Land zwischen diesen Flüssen ist nur
wenig gewellt, im lichten Savannenwald tritt überall der rötliche Lateritboden
zu Tage, während dichter Hochwald, aber auch hier von namhafter Breite, die
Flußufer einrahmt. In einem dieser Walddickichte begegnete uns ein Trupp
Leute, die, unser ansichtig geworden, Reißaus nahmen und hierauf von meinen
Trägern verfolgt wurden. Wie sich bald herausstellte, waren sie gleichfalls
Unterthanen Mambangás und hatten Baumrinde und Früchte der Elaeïspalme vom Kluafluß geholt. Die Flucht hatten sie ergriffen, weil sie uns für
Leute der noch unabhängigen kriegerischen A-Bissanga hielten, die im Süden
auf der Wasserscheide des Uëlle und Bomokándi leben. Der Kluia war jener
Fluß, um dessentwillen Mambangá meine Abreise verzögert hatte; doch zeigte
es sich jetzt, daß es ihm weder mit dem Bau einer Brücke, noch mit dem hierher
zu sendenden Boot Ernst gewesen war; nicht einmal ein Nachtlager fand ich
hergerichtet. Die Träger kreuzten den Fluß in einer Furt, ich aber bewerk-
stelligte meinen Übergang, indem ich einen gewaltigen Baumstamm, etliche kleinere
Stämme und allerlei Astwerk benützte. Das ganze weithin überschwemmte Flußufer war von stachliger Vegetation, Wurzelwerk und gefallenen Bäumen derartig
angefüllt, daß schwerlich ein Boot durchgekommen wäre. In dem Chaos von
Hindernissen lief einer der Esel Gefahr zu ersaufen, nur mit vereinten Kräften

konnte er herausgeholt werden. Eine kleine, rasch errichtete Hütte schützte mich vor dem nächtlichen Tau, der Regen verschonte uns glücklicherweise, doch mußte ich abends beim Feuer Kleider und Reitzeug trocknen. Ein Kürbis-

brei bildete die Abend-
mahlzeit, dann folgte
erquickender Schlaf,
hier in unwirtlicher
Einöde südlich des
Uelle. Am Kilua aber
erfreute mich zum
erstenmal der Anblick
der stattlichen Ölpalme
(Elaeïs guineensis)
in größerm Bestand.
Ihre langen, weit über-
hängenden Blätter sind
gefiedert, die Frucht-
traube, welche an die
2 Fuß lang wird
und das hochrote
Palmöl liefert, besteht
aus zahllosen Büscheln
rundlicher, durch gegen-
seitigen Druck un-
regelmäßig gekanteter,
meist abgerundet drei-
kantiger, pflaumen-
großer Gebilde mit
verhältnismäßig sehr
großem Kern, um-
geben von spärlicher
zinnoberroter Fleisch-
schicht, welche beim

Mangbattufrau. Nach einer Photographie von R. Buchta gezeichnet von Fr. Rheinfelder.

Kauen einen ausgesprochenen Fettgeschmack hat.

Auch der folgende Reisetag führte über flaches Land in der breiten Niederung des Uelle weiter; die Ufervegetation wurde von einigen höhern Punkten des Wegs sichtbar, doch blieb der Charakter der Gegend unverändert

21*

Ihren Hauptzug bildeten die vielen kleinen, in den Uelle mündenden Flüßchen, die ohne Ausnahme in flachen Mulden des verbreiterten Uferwaldes den Hauptstrom erreichen. Galerien- oder Terrassenwaldungen in dem früher festgestellten Sinn fehlen, doch ist die Üppigkeit des Pflanzenwuchses auch an diesen Flußläufen nicht geringer, ja ich möchte behaupten, daß das Licht, welches in diese Flach- wälder der Flüsse reichlicher eindringt, die Entwicklung des Unterholzes befördert, sodaß hier Busch und Strauch zwischen den riesenhaften Hochbäumen mehr als in den Galerienwaldungen überall mit Lianen und Schlinggewächsen umsponnen werden. Dazu kommen manche neue oder häufiger als im Norden auftretende Vegetationsformen und erhöhen die Reichhaltigkeit dieser flachen Flußwaldungen. Das überwuchernde Pflanzenleben steigert die Beschwerden des Marsches durch solche Wälder bis zum höchsten Grad, zumal an morastigen und überschwemmten Flußläufen; nur auf den schmalen Fußsteigen, welche schon von Menschen und Tieren ausgetreten sind, ist der Durchzug ohne großen Zeitverlust zu bewerk- stelligen. Allerdings, was hier zu böser Plage wird, gewährt anderseits dem sinnigen Beobachter unter dem weiten Gewölbe des ewig schattigen Galerien- waldes, sobald nur die dem Licht zugewandte dichte Laubwand desselben beim Eintritt durchbrochen ist, hohen Genuß. Wir durchschritten an jenem Tag acht dieser breiten Waldungen nebst den darin hinziehenden Flüssen, deren bedeu- tendster der Wáwua ist. Auf dem Ruheplatz schoß ich dort ein dicht beisammen- sitzendes Pärchen großer Waldtauben mit einem Schrotschuß aus dem Laubwerk eines hohen Baums herunter, worüber meine Umgebung vor Verwunderung schier außer sich geriet und in lautes Freudengeschrei ausbrach. Alle drängten sich heran, um mir die Hand zu drücken, da nach ihren Begriffen nur ein Wunder oder meine besondere Geschicklichkeit zwei Tiere auf einen Schuß nieder- strecken konnte, denn sie kannten bisher nur die Wirkung der Kugel, das Schrot war ihnen fremd. Die Elaeïspalme bildete auch hier an einzelnen Gewässern kleine Bestände. Jenseits des Wáwua änderte sich die bisherige Wegrichtung und wich während der letzten zwei Nachmittagsstunden zu Ostnordost ab, was uns dem Uelle näherte.

Nach zweitägigem harten Marsch durch unbewohnte Wildnis erreichten wir gegen Abend wieder die ersten Siedelplätze. Auf dieser letzten Strecke über- fiel uns noch schwerer Regen, der mich bis auf die Haut durchnäßte; um so willkommener waren uns dann die gastlichen Hütten der Mangbáḍḍe, die in den Bananenhainen der Ebene am Uelle zerstreut umherstanden. Sie bildeten eine neu gegründete Kolonie unter dem Häuptling Dsumbe, Bruder von Násima und Banguså, und standen bereits unter der Botmäßigkeit der Kleinen am

Südufer des Gadda bei seinem Einfluß in den Kibali gelegenen Regierungsstation, welche mein nächstes Ziel war. Unsere Ankunft zog eine Schar Neu-
gieriger herbei, Weiber und Kinder begleiteten uns über Äcker und Stoppelfelder zu unsern Unterkunftshütten. Nach den überstandenen großen Mühselig-
keiten folgten nun köstliche Stunden der Erholung, doppelt köstlich, weil ich
heute die kleine Genugthuung hatte, unter einer Fülle neuer Eindrücke und
Beobachtungen wieder ein Stück Afrika in das Buch meiner Erinnerungen eingetragen zu haben. Auch eine bessere leibliche Pflege war da wohl gestattet.
Ich vergaß einen Augenblick mein Sparsamkeitssystem, that einen kühnen Griff
in meinen kleinen Reisvorrat und stellte mir einen Risotto her, in dem die
Bruchstücke der erlegten Waldtauben sehr vorteilhaft die Leberschnitten ersetzten
und dem selbst die letzte Weihe des Käses nicht fehlte. Leider nur wurde dieses
ganze, so weise kombinierte Wohlbehagen bei Eintritt der Nacht bedeutend herab-
gestimmt, denn unerwarteterweise gab es hier in der Niederung des Uelle zahllose Mücken, die mir fast allen Schlaf verscheuchten. Was Farag Allah und
die von Mambangá zu Boot abgesandten Sachen betraf, brauchte ich keine
Sorge zu haben, denn ich erfuhr, daß mein Diener hier übernachtet habe und
das Gepäck auch schon unbeschädigt in der Station geborgen sei.

Anhaltender Regen verhinderte am folgenden Tag die Weiterreise; in der
unfernen Station dagegen wußten sie bereits von meiner Ankunft bei den Mangbálle, und der dortige Verwalter Ali kam noch spät nachmittags zu mir. Am
14. Oktober zog ich dann mit ihm und allerlei arabischem Gesindel nach der
Station am Gadda. Der Weg führte hart an den langgezogenen Flußwindungen
hin, zwischen denen es nur an einer Stelle zu einem scharfen Bogen des Stroms
nach Süden kommt. Seine Hauptrichtung läuft gegen Osten, desgleichen der auf
dieser Strecke zurückgelegte, etwa drei Stunden lange Weg; wir kreuzten dabei sechs
Gewässer in der Nähe ihrer Mündung, wo sie zum Teil eine reißende Strömung
hatten und mitunter die Benützung von Booten nötig machten. Da hier das
Stromufer so dicht bewohnt ist, daß man alle 20 bis 30 Minuten eine kleine
Gruppe von Hütten trifft, so ist auch der Weg besser ausgetreten und bequemer
zu begehen, auf weite Strecken sogar verbreitert und gereinigt; in der Wildnis
dagegen sind die seltener begangenen Wege bis zum Abbrennen des Grases
kaum sichtbar und führen beständig in kurzen Schlangenwindungen durch das
Grasdickicht, sodaß man in fünf Minuten Marschzeit 20 bis 30 Kompaß-
richtungen eintragen könnte. Die Luftlinie einer Strecke, die wirkliche Entfernung,
ist also bedeutend kürzer als der zurückgelegte Weg, der aus lauter kleinen
Umwegen besteht.

Aus dem Gebiet der Mangbállé gelangt man bald zu den Hütten der Dal. Diese gehören gleichfalls zu den Mangbattu, sprechen aber einen eigenen Dialekt und sind ausschließlich Flußanwohner und Inhaber der Boote auf dieser östlichen Strecke des Uéllé, ebenso wie die Embatá das Schiffer- und Fischervolk des Stroms westlich von Mambangá sind. Dagegen leben in der Nähe der Station am Gabba unter dem Verwalter Ali außer den Mischlingen, die den Mangbattu stammverwandt sind, Kolonien der Niapú, die wir noch mehrfach in andern Gebieten treffen werden. Die Niapú sind aber nach ihrer Abstammung von den Mangbattu weit getrennt, denn sie gehören zu den im Westen nördlich des Uéllé lebenden A-Mádi. Der letzte Marsch führte mich in bereits erforschtes Gebiet, wo ich nach langer Zeit wieder meine Karten benützen konnte. Sowohl im Westen wie im Osten der Station am Gabba hat Dr. Schweinfurth als erster Europäer am 19. März und 13. April 1870 den Strom überschritten; ihm verdanken wir die ersten bestimmten Nachrichten über den gewaltigen Fluß im tropischen Afrika und über die Eigenart des sein südliches Ufer bewohnenden Volks. Unter der Führung des Elfenbeinhändlers Abb es-Sſammat gelangte er damals noch einen Tagmarsch weiter südlich vom Uéllé zu König Munſa, dem mächtigen Alleinherrſcher über die Mangbattu.[1]) Kaum zehn Jahre ſind ſeit Schweinfurths Beſuch vergangen, und welche Umwälzungen haben ſie über das Land gebracht! König Munſa, nebſt manchen andern Mitgliedern ſeiner Dynaſtie, wurde von den Arabern getötet, an ihre Stelle ſetzten damals die Verwalter Abb es-Sſammats ihre eigenen willjährigen Sklavenkreaturen als herrſchende Klaſſe ein, und damit kamen die A-Bángba, ein den Mangbattu verwandter Stamm, ans Ruder, ſodaß über den engern Bezirk Munſas zur Zeit meiner Reiſen der A-Bángbahäuptling Niángara gebot. Nähere Angaben über dieſe Ereigniſſe behalte ich mir jedoch vor, bis ich auf die Geſchichte dieſer Länder zu ſprechen komme. Hier ſei nur noch erwähnt, daß die Mangbattuländer zur Zeit meines Beſuchs zu der Provinz Geſſi Paſchas gehörten, welcher Mula Eſendi, einen Verwandten von Juſſuf es-Schellali und Nachfolger desſelben im Kohlgebiet, ſchon während meines Aufenthalts in Djur Ghattas mit der Miſſion betraut hatte, auch in dieſen Ländern Ordnung zu ſchaffen. Zu dieſem Zweck ſollte er perſönlich nach Mangbattu reiſen und ich zweifelte nicht, daß ich ihn jetzt hier antreffen würde. Leider täuſchte ich mich darin und das war

---

[1]) Schweinfurth ſchreibt bekanntlich „Monbuttu"; meinem Ohre ſtellte ſich das Wort bei genaueſtem Hinhorchen immer in der Form „Mangbattu" dar. Ebenſo ſchreibe ich A-Bángba ſtatt A-Banga.

mir jetzt widrig, denn ich hatte auf die baldige Regelung der Verhältnisse im Land gerechnet, in welchem Fall ich unbesorgt und mit günstigen Aussichten auf eine spätere Thätigkeit in Mangbattu meinen Plan ausführen konnte, nach der Regenzeit meine Station von Ndóruma hierher zu verlegen. Nun fand ich aber die Zustände des Landes weit trostloser, als ich erwartet hatte. Dem Gang der Erzählung vorgreifend, füge ich hinzu, daß Mula auch später nicht nach Mangbattu kam, freilich im Grunde zum Glück des Gebiets, denn auch er entpuppte sich nachher als untaugliches Subjekt und hatte sich auf Veranlassung Emin Behs für seine strafwürdigen Handlungen in Chartum zu stellen. Mittlerweile war aber Emin Beh in seiner selbständigen Stellung, für die Folge unabhängig von Geffi Pascha, als Gouverneur der Hat el-Estiwa (wörtlich: „Linie der Gleichheit", d. h. Äquatorialprovinz) von Chartum aus bestätigt worden, und dabei war das Mangbattugebiet, das früher zur selbständigen Rohlprovinz gehörte und seinerzeit von Juffuf es-Schellali ausgebeutet wurde, gleichfalls unter seine Verwaltung gelangt. So kam es, daß erst im Jahr nach meinem ersten Aufenthalt südlich vom Uelle, nachdem Emin Beh seine Beamten ins Land entsandt hatte, auch für jene Bezirke sich geregeltere Verhältnisse anbahnten. Ich aber mußte noch alle Nichtswürdigkeiten einer Willkürherrschaft persönlich erfahren, sobaß ich diesen ersten Aufenthalt daselbst nur auf wenige Tage beschränkte und alsbald entschlossen war, unter den herrschenden Verhältnissen meine Station auf keinen Fall hierher unter das lose Gelichter zu verlegen.

Die wenigen Nubier in der Seriba Alis waren durch und durch in Trägheit und Müßiggang verkommene Leute. Kaum war ich angelangt, so drängten sie sich mit Betteleien heran, und am liebsten hätte sich jeder gleich ganz neu von mir bekleiden lassen. Nur der alte Vorsteher Ali trat bescheidener auf und sorgte freundlich für die nötigsten Bedürfnisse.

Farag Allah hatte die Fahrt auf dem Uelle ohne Zwischenfall zurückgelegt und ich fand mein Gepäck aufgeschichtet und unversehrt vor. Die Station, nur wenige Minuten vom Gabba entfernt, war erst kürzlich nach dem Krieg Abbu'lalláhis mit dem Fürsten Uándo angelegt. Die Hauptniederlassung der sogenannten Regierungsbeamten, mein nächstes Reiseziel, lag weiter gegen Süden. Mula Efendi hatte vorläufig Abbu'lalláhi beauftragt, nach der Unterwerfung Uándos auch im Mangbattugebiet zum Rechten zu sehen, und so war er als neue Landplage soeben zur Ausbeutung des östlichen Gebiets und zur Besichtigung der dort errichteten Niederlassungen auf einer Rundreise begriffen. Immerhin hoffte ich ihn später vor meiner Rückreise zu treffen; auch mag hier erinnert

sein, daß ich ihn von meiner ersten Reise her kannte und wir damals gemein-
schaftlich von Djur Ghattas an den Rohl zurückgekehrt waren. Die eingehenden
Erkundigungen über die vor mir liegenden Gebiete und die Bearbeitung des
Materials der letzten Reise hielten mich aber jetzt noch einige Tage in der
Station zurück; auch that mir die Ruhe äußerst wohl, besonders da ich mich
ihr in der Nacht sorglos hingeben konnte, während ich in der Wildnis bei der
Nachlässigkeit meiner Umgebung beständig mein eigener Wächter sein mußte.
Nicht minder verführerisch schien die geregeltere Nahrung, die ich so oft ent-
behrt hatte, daß ich bereits ziemlich abgemagert war. Ein zarter Frischlings-
braten sogar tauchte eines Tags auf, nachdem ich schon lange Zeit keine Fleischkost gesehen, doch schien es fast, als ob der Magen bereits solcher Üppigkeit
entwöhnt sei, denn der Genuß des Fleisches bekam mir schlecht, und ich griff
unverweilt wieder zu den Bataten, die mir nie zuwider wurden und mir auch
stets zuträglich waren.

Meine Reise von der Station am Gabba führte später gegen Norden zu
Ndóruma zurück, ich mußte daher nach dem Ausflug in den südlichen Bezirk
hierher zurückkehren; aus diesem Grund nahm ich beim Aufbruch nach Süden
am 17. Oktober nur das Erforderliche an Effekten mit und ließ den Diener
Morbjan bei meinem Esel und den übrigen Sachen. Abatám aber entließ ich
aus dem Dienst, da er mir in letzter Zeit und hier neuerdings Ärger bereitet
hatte und, wie es schien, unter seinen Landsleuten, den Mangbattu, zurückbleiben wollte.

Die Richtung des Wegs nach der Station Tangási, der Hauptansiedlung
der Nubier südlich des Uelle, ging gegen Südost; auf halbem Weg wurde beim
Häuptling Bóngua genächtigt. Die Gewässer, die ich traf, fließen nach Nordost
in den Gabba. Das erste hatte ein felsiges Bett; ein anderes, zehn Schritt
breites Flüßchen (Analába) zog auf sandigem Untergrund dahin, war jedoch
an den Seiten von tiefem Morast begrenzt. Der Erdboden jenseits desselben
erhebt sich merklich und damit beginnt leichte Hügelbildung, die sich nach dem
dritten durchfurteten Gewässer bis zu niedrigen Gneis- und Granitfelsen steigert.
Im übrigen aber sind die breitrückigen Plateaus zwischen den Flüßchen auch
hier Lateriterhebungen.

Der frühere Verwalter der Station Tangási, Abd el-Min, der jetzt in
der Person eines gewissen Muhammed weled Abbu einen von Abbu'lalláhi
bestellten Vorgesetzten erhalten hatte, war mir mit seinen Trabanten von Nubiern,
meist zerlumpten Dongolanern, begleitet von vielen Eingeborenen, bis Bóngua
entgegengekommen. Doch nicht etwa der Ehrenbezeigung halber, was das Gesindel

mich gern glauben machen wollte, sondern, wie sich sehr bald herausstellte, lediglich um mich gleichsam unter polizeiliche Aufsicht zu nehmen und jeglichen Verkehr mit den Eingeborenen zu verhindern. Ihr ganzes Thun und Trachten zielte darauf, niemanden sich mir nähern zu lassen, der etwa über ihr nichtswürdiges Gebaren Klage führen könnte. Schon bei Bóngua ließ Abb el-Min einen Ein-

Prügelstrafe der Nubier.

geborenen, der mich aus freien Stücken von der Station Ali bis hierher begleitet und mir kleine Dienste geleistet hatte, ohne mein Wissen derart prügeln, daß er tags darauf nicht mehr folgen konnte. Die Art und Weise, wie Prügel mit der Peitsche aus Nilpferdhaut auf das Gesäß verabfolgt werden, sei durch eine Abbildung erläutert; es ist dies im ganzen Suban und so weit nur die Nubier in die Negerländer eingedrungen sind, die gebräuchlichste Art der Bestrafung. Werden die Prügel auf die Fußsohlen appliziert, was jedoch seltener geschieht, so sind dabei zum Festhalten der Füße andere Handgriffe erforderlich. Die eingeborenen Herrscher lassen an ihren Unterthanen die systematisch durchgeführte Prügelstrafe nicht ausüben, doch haben manche unter ägyptischer Verwaltung stehende Häuptlinge sie den Nubiern bereits abgelernt; auch stehe ich nicht an, meinerseits zu bekennen, daß gerechte und wohlverbiente Prügel, mit Maß verabfolgt, bei den jedes Ehrgefühls baren Negern das geeignetste Mittel sind, Fehler und Unarten mit Erfolg zu bekämpfen, und ich bedauere nur, daß die unbedingte Abschaffung der Prügelstrafe in einzelnen Kolonien der Westküste Afrikas schon zum Gesetz erhoben ist. Möge diese falsch verstandene und für

Negerländer unzweckmäßige Philanthropie in dem deutschen Schutzgebiet Ostafrikas nicht nachgeahmt werden!

In Begleitung jenes Arabergesindels wurde die Station Tangási schon
am folgenden Mittag erreicht. Sechs fließende Gewässer kreuzten den Weg,
darunter nur die ersten vier Flüßchen dem Gabba tributär; dann folgte eine
breitrückige, an dieser Stelle wenig deutliche Landerhebung als Wasserscheide
zwischen dem Gabba und dem Bomokándi, diesem größten südlichen Nebenfluß
des Uelle. Somit fließen die zwei letzten, vor der Ankunft in der Station durchfurteten, auch hier überall sumpfigen Gewässer nach Südwesten in den Bomokándi ab. Das Land zwischen all den Bächen und Rinnsalen nimmt allmählich
hochgewellte und hügelige Form an, in den Thalmulden fließen die wald-
umgürteten Gewässer im Schatten hochstämmiger Baumarten unsichtbar dahin.
Jeder Versuch, die Üppigkeit und den Formenreichtum dieser dichten Ufervegetation zu beschreiben, müßte aber weit hinter der Wirklichkeit zurückbleiben.
Auch die Raphiapalme, deren Teile bei den südlich vom Uelle lebenden Stämmen
besonders zur Herstellung von gefälligen und äußerst leichten Bänken benützt
werden, bildet hier in den Flußniederungen undurchdringliche Dickichte. Außerhalb dieser in ewiger Feuchtigkeit dunstenden Waldstreifen, aber noch nahe bei
ihnen und den verborgenen Bächen, stehen an den schwach geneigten Geländen
der Thäler die schmucken Wohnhütten der Eingeborenen in Gruppen beisammen, dicht umgeben von mannigfaltigen Kulturgewächsen. Aus dem saftigen
Grün der Bananenhaine treten die zierlichen Häuschen und geräumigen
offenen Hallen von auffallend symmetrischem Bau vorteilhaft hervor; auch
bei ihrer sorgfältigen Herstellung spielen namentlich die Blattstiele der Raphiapalme eine wichtige Rolle. Die Elaeispalme aber, von der außer dem Öl
auch der beliebte und vorzügliche Palmsaft, ein moussierendes und berauschen-
des Getränk, gewonnen wird, ragt weit über die andern Kulturgewächse empor
und bildet an vielen Orten hübsche Haine. Ebenso fehlen hier bei den Hütten
nirgends die Felder voll Manioc oder Kassave (Manihot utilissima), von
welcher Nutzpflanze nicht nur die wurzelförmigen Knollen, sondern auch die
zerstampften jungen Blätter als Zukost zum Mehlbrei gegessen werden. Ferner
trifft man bei den Hütten überall süße Bataten, Kürbisse, Mais und kleine mit
Tabak bestellte Felder. Die Zahl der Niederlassungen mehrte sich jedoch erst
südlich vom Sitz des Häuptlings Bóngua, und es lebten dort zu jener Zeit,
von den A-Bángba beherrscht, Mangbattuleute neben Kolonien der Niapú und
Bruchteilen anderer Stämme. Das Hauptinteresse des Marsches zur Station
Tangási fiel freilich in die erste Strecke desselben. Dort betraten wir gleichsam

historischen Boden, nämlich den von Dr. Schweinfurth besuchten Bezirk und Wohnsitz des Königs Munsa, denn die Residenz des einst mächtigen Mangbattuherrschers lag jenseits des Bachs Dutó auf leicht geneigtem Gelände und in nächster Nähe unserer Reiseroute. Von all den Merkmalen einer Kulturstätte aber ist nichts mehr zu sehen, selbst die große, von Schweinfurth beschriebene Festhalle ist verschwunden, vergebens suchte mein Auge auf der breiten Grasfläche nach irgend etwas, wenn auch nur nach einem Holzpfosten, der etwa nicht vollständig niedergebrannt wäre. Das Grab Mianis liegt gleichfalls auf jenem Gelände, denn er starb einsam und schwer leidend am Hof Munsas,

bevor auch diesen sein Geschick ereilte; den König streckte die Kugel eines Negersoldaten der Nubier nieder, als er vor dem Überfall in das Waldesdunkel am Bach Dutó fliehen wollte.

Bei der Ankunft in Tangási empfing mich der erwähnte Muhammed, auch knallten die Dragomane gewohnheitsgemäß einige Flinten zur Begrüßung ab, doch war all dieses Schönthun eitel Heuchelei. Die Neugier führte bald einen Teil der Stationsbewohner herbei, und auch der Landesfürst Niángara erschien mit seinen Häuptlingen und vielen Eingeborenen. Selbst

Munsa, ehemals König der Mangbattu. Nach einer Zeichnung von Dr. G. Schweinfurth.

die wenigen Dinge, die ich mit mir führte, genügten, um Aufsehen zu machen; die Gewehre wurden zerlegt und ihr Mechanismus angestaunt; die kleinen Musikkasten boten sogar den Nubiern Kurzweil. So gestalteten sich meine Beziehungen zu den Arabern anfangs freundlich und sie vergaßen auch die übliche Gastfreundschaft nicht, sondern schickten bald Mais, Hühner und sogar Tomaten (Lycopersicum esculentum Mill.), welche in diesen Negerländern nicht einheimisch vorkamen, von den Mohammedanern jedoch bei ihren Niederlassungen seit einigen Jahren gern und mit bestem Erfolg angebaut wurden.

Schon am nächsten Morgen aber standen die Dinge ganz anders. Muhammed kam nämlich in meine Hütte und verlangte meine Empfehlungsschreiben zu

sehen. Eine solche Eile war mir auf meinen jahrelangen Reisen noch nie vorgekommen, sondern ich hatte die Fermane höchstens gelegentlich vorgezeigt, ohne
gedrängt zu werden. Der Schriftkundige, ein Kerl von widerlicher Galgen-
physiognomie, war gleichfalls bei mir erschienen und buchstabierte einige Zeit in
den Papieren herum, worauf mir Muhammed in wegwerfendem Ton erklärte, daß
das Schreiben von Saati Bey, Mudir der Bahr el-Ghasalprovinz, nicht gültig sei,
denn Mangbattu gehöre zur Mudirije Rohl, und auch Geſſis Briefe seien „an
die da oben" gerichtet, womit er wohl Mula bezeichnete. Mehr Eindruck machte
der Ferman aus Kairo, und zwar des ministeriellen Stempels wegen, denn die
Schrift aus dem ägyptischen Diwan verstehen die nicht sehr schriftkundigen Schreiber
im Sudan oft nicht zu entziffern. Eine gewisse Würdigung fand auch der Ferman
der Chartumer Hokmdarije, doch wohl nur aus einem angeborenen Gefühl der
Ehrfurcht, denn im Grunde kümmerten sich Angestellte dieses Schlags, obwohl
sie auf Schritt und Tritt die „Hokuma" (Regierung, Verwaltung) im Munde
führten, sehr wenig um diese ferne Macht. Als ich später mit Farag Allah die
Residenz des Fürsten Niángara auf einem flachgestreckten Hügel in der Nähe von
Tangáſi besuchte, drängte sich wieder ein Rubierschwarm mit Muhammed an
der Spitze hinter mir her. Dieses seltsame Benehmen lief den Sitten der Araber
zuwider und ich forderte die Leute ruhig, aber bestimmt auf, zurückzubleiben.
Sie fielen nun ab und nur einige Leute ließen sich nicht wegbringen; bei Niángara aber, der seine Unterthanen zu meinem Empfang um sich geschart hatte,
kam auch Muhammed wieder mit seinem ganzen Troß heran. Er nahm den
Fürsten geschwind beiseite und machte ihm, wie ich später erfuhr, in drohen-
dem Ton Vorwürfe, weil er meinen Besuch veranlaßt habe. So war und blieb
ich unter der beständigen Aufsicht jener Galgenvögel, deren viele unter dem
Rebellen Soliman Siber gefochten hatten und dann vor dem Arm der Regierung hierher geflohen waren. Auf alle Fälle war ich froh, daß ich wenigstens
nicht all mein Hab und Gut mitgebracht hatte, denn diesem Ansturm von
Bettelei und Habgier wäre gewiß alles bald zum Opfer gefallen. Daß ich
unter den obwaltenden Mißständen in diesem Landesteil nicht zurückkehren
würde, stand bei mir fest, umsomehr aber wünschte ich gleich jetzt, noch vor
meiner Rückkehr zu Nbóruma, so viel als möglich von Land und Volk kennen
zu lernen.

Ich zog inzwischen heimlich Erkundigungen über die entferntern Gebiete
ein; auch erschienen Niángaras Frauen zur Begrüßung bei mir und ich erfuhr
von ihnen Näheres über den Fürsten Sianga, dessen Gebiet südlich vom Fluß
Bomokándi liegt. Auch er hatte, wie Mambangá, bis dahin seine Selbständig-

Nildreise aus Tangasi. Gezeichnet von L. H. Fischer.

ſeit bewahrt und den Nubiern den Zutritt in ſein Land verwehrt, doch würde er mich, ſo flüſterten mir Niángaras Leute zu, gern bei ſich ſehen und mir auch Träger entgegenſenden. Daraufhin entſchloß ich mich kurz, trotz meiner ungenügenden Ausrüſtung, die Reiſe zu Sfanga fortzuſetzen und auf einem andern Weg zum Uelle zurückzukehren; in wenigen Tagen konnte ich jenes Gebiet erreichen und dabei den angeblich großen Fluß Bomokándi kennen lernen. Allein auch dieſer Plan ging in die Brüche. Muhammed hatte, als ich ein paar Träger von ihm verlangte, nichts als Ausflüchte und Lügen, er behauptete ſogar, das Gebiet Sfangas ſei 10 bis 15 Tage entfernt. Und als ich ganz beiläufig äußerte, daß ich auch das Zwergvolk der Akka gerne kennen lernen möchte, fragte er plötzlich mit geheuchelter Freundlichkeit, ſodaß ich mich keines Argen verſah, ob ich vielleicht einen Akka mitzunehmen wünſchte. Kaum hatte ich aber unbedacht Ja geſagt, da fuhr der Heuchler und Menſchenſchacherer gereizt auf: ob ich denn nicht wiſſe, daß dies verboten ſei? und erklärte über- dies, er werde ſich auch die Träger bezahlen laſſen. Jetzt ging auch mir die Geduld aus, ich rief ihm zu, ich hätte nun nachgerade genug von ihm, und kehrte in meine Hütte zurück. Mittlerweile hatte ſich Farag Allah bei Niángara meiner Botſchaft entledigt, daß ich unter den obwaltenden Verhältniſſen morgen meine Rückreiſe antreten würde. Gegen Abend ſaß ich vor meiner Hütte, da drängten ſich wieder die Araber heran und auch Niángara war zugegen. Eine Zeitlang herrſchte Schweigen, dann fragte mich Muhammed, ob ich Farag Allah heute zu Niángara geſchickt hätte und aus welchem Grund? Ich ent- gegnete, um dem Landesfürſten meinen Gruß zu überbringen, da ich doch morgen nach Norden zurückkehre und auch ſchon, wie er mir habe ſagen laſſen, die Träger beſtellt ſeien. Muhammed bezweifelte, daß dies wirklich die Urſache geweſen, es habe vielmehr ein Junge meinen Diener ſagen hören, daß ich auf die Araber erzürnt ſei und zurückkehren wolle, um Geſſi zu veranlaſſen, Djehe- bije (Soldaten der regulären Truppe) nach Gurguru (Mangbattu) zu ent- ſenden. Ob er glattweg log, oder Farag Allah wirklich ein unbedachtes Wort geſprochen, weiß ich nicht, jedenfalls wurde die Verhandlung ſehr unerquicklich. Muhammed war frech und beſtand noch immer auf Bezahlung der Träger, wobei er gereizt äußerte, daß er ja zur Wahrung der Intereſſen der „Hokuma" hierhergeſandt ſei. Ich aber ſetzte den Leuten meine ſeit Jahren gefaßten und durchgeführten Pläne, Länder und Völker kennen zu lernen, auseinander und daß es meine feſte Abſicht geweſen, nach der Regenzeit mit allen meinen Sachen hierher zu kommen, mit Zeugen und vielen andern Dingen, deren ſie doch notwendig bedürften und die für ſie beſtimmt geweſen. Nun aber, nachdem mir

so schnöde begegnet worden, sei es damit nichts und ich wisse heute nicht mehr,
wohin ich später von Ndóruma aus reisen würde. Schließlich verlangte ich die
Preisbestimmung für die Träger zur Rückreise schwarz auf Weiß, dann würde
ich das Geld ohne weiteres bezahlen, obgleich die Forderung dem Ferman direkt
zuwiderlaufe. Meine lange Rede blieb nicht ohne Wirkung, selbst Muhammed
begann einzulenken und kam sogar noch spät abends mit Schmeicheleien in
meine Hütte, um mir unter anderm einen Alkajungen anzubieten. Ich lehnte
dies ab, wenn auch nur einstweilen, denn da unter den Arabern jetzt doch mehrfach der Wunsch laut wurde, daß ich von Ndóruma wieder zu ihnen zurückkehren sollte, ließ ich die Leute vorderhand im Glauben, ich wolle dies wirklich
thun, bei mir selbst aber hatte ich längst ganz anders beschlossen.

Obgleich Muhammed alle meine Schritte und den Verkehr mit den Eingeborenen ängstlich bewachen ließ, gingen mir doch heimlich viele Klagen über
das gesetzlose Treiben der Muhammedaner zu, auch von Niángara erfuhr ich
manches indirekt durch Farag Allah. Von weitern Reisen in diesem Gebiet
konnte allerdings nicht die Rede sein, ans Arbeiten war nicht zu denken und
nutzloser Ärger erfüllte den ganzen Tag. So war ich zuletzt noch froh, als ich
am 22. Oktober Tangási wieder verlassen konnte und nicht mehr unthätig in
meiner Hütte zuzuhören brauchte, wie die Nubier unter wüstem Geschrei und
Geschimpf ihre Zeit bei Hazardspiel, oder betrunken beim Merissagelage verbrachten. Nichts hatte ich in Tangási ausgerichtet; es war mir nicht einmal
gelungen, durch meine dringende Fürsprache bei den Verwaltern das Los
Mbíttimas erträglicher zu machen. Dieser älteste und Lieblingssohn Uándos lag
nämlich, wie mir sein Vater seinerzeit hatte melden lassen, noch immer in Ketten
geschmiedet als Gefangener in Tangási. Ebenso unnütz blieben meine Warnungen
vor einem gegen Mambangá geplanten Kriegszug, in dem mir übrigens die
Verhältnisse noch eine thätige Rolle zuerteilen sollten. Bei meiner Abreise ahnte
ich es nicht, daß ich einst auch diese Länder nach verschiedenen Richtungen
bereisen würde, jedenfalls verspare ich weitere Mitteilungen über dieselben auf den
geeigneten Zeitpunkt und eile nun mit dem freundlichen Leser auf dem schon
bekannten Weg von Tangási zur Station am Gabba zurück, um ihn dann
gegen Norden durch neue Gebiete in unsere Station Lacrima zurückzugeleiten.
Die Araber fühlten sich durch meine so baldige Rückreise sichtlich beruhigt und
hatten mich nun auch mit den Trägern allein ziehen lassen; dagegen begleitete
mich jetzt die einheimische Bevölkerung scharenweise von Gehöft zu Gehöft.
Diese Beklagenswerten ließen mich nicht gern fort, und besonders die Frauen
beschworen mich durch Geberden, zu bleiben. Es war komisch-rührend anzusehen,

wie sie die von den Nubiern erhaltenen Prügel und den dabei empfundenen
Schmerz pantomimisch ausdrückten, während sie über Äcker und Stoppelfelder
dicht neben mir einhertrippelten. Ich tröstete sie mit der Aussicht auf meine
Rückkehr, worüber sie in Jubel ausbrachen. Manche der Leute und besonders
die Jungen wollten sogar mit mir fortziehen und ich hatte Mühe, sie mit
ähnlichen Tröstungen abzufinden.

Leichte Fieberanfälle und der Wunsch, möglichst viele Erkundigungen über
das rückwärts liegende Gebiet einzuholen, hielten mich noch einige Tage in der
Station am Gabba auf; auch brauchte ich neuen Proviant für die Rückreise.
Der alte Verwalter Ali war jetzt, nachdem er erfahren, was zwischen mir und
Muhammed in Tangási vorgefallen, um so freundlicher und that alles, was in
seinen Kräften lag, um mich zufrieden zu stellen. Auch die andern Araber
benahmen sich jetzt ruhig und manierlich, während sie früher beim Hazardspiel
gelärmt und getobt hatten; sie fürchteten nämlich jetzt, daß ich gegen sie alle
Klage führen würde. Und in der That erbat sich Ali vor meiner Abreise eine
schriftliche Bescheinigung, daß er nicht solche Forderungen wie Muhammed an
mich gestellt, sondern sich mir überhaupt willfährig gezeigt habe. Jetzt erhielten
die Araber auch Geschenke an Zeug und Ali außerdem Tarbusch, Schere, Spiegel,
Garn, Nähnadeln, Perlen u. dgl. Dagegen wurde ich mit Mais, Mehl u. a.
für die Weiterreise versorgt und ließ das Fleisch eines Büffelschenkels zu
„Scharmut" dörren; diese Dinge kamen allerdings hauptsächlich meiner Dienerschaft zu gute, die bei der meist regelmäßigen Kost kräftig und dick wurde, sodaß
mir häufig das Wort ins Gedächtnis kam: „Wo ein Esel fett wird, kann ein
Löwe verhungern".

Doppelschemel der Mangbattu.

Nächtlicher Besuch einer Hyäne.

Vom Uëlle zurück zu Ndóruma
und letzter Aufenthalt in Tacrima.

Gabba und Kibali. In der Wildnis. Abermals Feindseligkeiten. Nahrungsmangel. Station Muhammed Chèr. Charakteristik des Landes. Veränderte Ufervegetation. Zusammentreffen mit Hólua. Kulturgewächse der A-Sandé. Ankunft Feròs. Versöhnung der feindlichen Brüder. Oberlauf des Mbrúole. Friedensverhandlungen bei Uándo. Bier aus Telebúnkorn. Feindliche Antwort Mbios. Heuschreckenkost. Im Gebiet Ngérrias. Kriegsgerüchte. Binsas Ankunft und schlechtes Gewissen. Ndóruma zieht zu meiner Befreiung ins Feld. Freudiges Wiedersehen mit ihm. Gemeinsame Rückreise. Oberlauf des Gurba. Ankunft in Tacrima. Erfolg im Gartenbau. Leopard im Fangeisen. Abreise Bohndorffs mit Kipa. Arbeiten in der Station. Schneiderwerkstatt. Küche und Kost. Flucht des Schimpansen. Arabischer Bettelmönch. Geplanter Krieg gegen Mbio. Flohplage. Witterungsverhältnisse. Charakterbild der Jahreszeit. Meine Hündin „Lady". Weihnachtsfest. Schluß des Jahres 1880.

Am 27. Oktober reiste ich von der Station Alis ab und setzte zunächst über den Gabbafluß. Am Morgen hatte es in Strömen geregnet, sodaß der Aufbruch erst mittags erfolgte. Jenseits des Gabba übernachtete ich in Hütten am Kibali; beide Flüsse vereinigen sich ganz nahe im Westen und werden dann Uëlle genannt.

Die Flüſſe zeigten dermalen nahezu den höchſten Waſſerſtand. Zwiſchen ſenkrechten Ufern wechſelt dieſer je nach der Jahreszeit um etwa 20 Fuß. Die Breite des Gabba betrug gegen 75 Schritt, die des Kibali mehr als doppelt ſo viel.[1] Die Ufer beider ſind von mächtigen Bäumen eingerahmt, deren breites, knorriges Geäſt die Waſſerfläche weithin beſchattet. Die Halbinſel in der Gabel der beiden Ströme iſt flach, mit nur geringer Erhebung und von dem A-Bángba- ſtamm der A-Báginſo bewohnt. Dieſe ſind die Bootsleute und Fiſcher der Gegend, auch dienten ſie mir zwei Tage lang in der unbewohnten Wildnis nördlich des Kibali als Träger. Obgleich ich die letzten Wochen in der unmittel- baren Nähe des Uelle verbracht hatte, erhielt ich doch nur hier einigemal geräucherte Fiſche, von einer Welsart. Die Eingeborenen betreiben nämlich den Fiſchfang meiſt nur mit Reuſen, und dazu eignet ſich mehr der niedere Waſſer- ſtand, bei Hochwaſſer wird kaum gefiſcht, wohl aber bewahrt man die zu günſtiger Zeit gefangenen Fiſche nach ſehr ſtarkem Dörren, bis zu halber Ver- kohlung, lange Zeit auf. Die Bevölkerung begleitete mich auch an jenem letzten Reiſetag ſüdlich vom Kibali von Strecke zu Strecke und ſammelte ſich in Schwärmen um die Hütten des Nachtlagers, um mich zu ſehen und zu bewundern.

Eine kleine nächtliche Epiſode am Kibali alarmierte uns alle und hätte faſt meinem ſchönen, von Mambangá erhaltenen Ziegenbock das Leben gekoſtet. Er war für die Nacht unter dem überragenden Dach eines Vorratsſpeichers in der Nähe der Eſel angebunden. Sein lautes Meckern weckte mich aus dem Schlaf, und zugleich glaubte ich ein anderes Tier an meiner Hüttenthür vorbei- raſen zu hören. Schnell ſprang ich hinaus und ſah eben noch, wie mein Diener dem Tier, das ſich eiligſt davonmachte, eine Lanze nachwarf. Der Fährte nach war es eine Hyäne geweſen. Die Eſel hatten ſich aber bereits von ihren Stricken losgeriſſen und der Bock zerrte mit dem Ungeſtüm der Angſt an dem ſeinigen. Um den Reſt der Nachtruhe kamen wir durch einen Raubzug von Ameiſen, der eine Stunde ſpäter das Lager förmlich bedeckte; mit Feuerbränden jagten wir ſie aus den Hütten, vertilgten Millionen und trieben den Reſt in die Flucht. Der Sieg war alſo gewonnen, aber der Schlaf verloren.

Am 28. Oktober gingen wir in Booten auch über den Kibali, der faſt bis an den Rand gefüllt war und eine kräftige Strömung hatte. Nun lag das Gebiet der Mangbattu hinter mir und es folgten abermals zwei Tagemärſche

---

[1] Dr. G. Schweinfurth giebt für die von ihm weiter im Oſten überſchrittenen Stellen 155 Fuß rhein. für den Gabba und 325 Fuß rhein. für den Kibali an.

durch unbewohnte Wildnis, bis ich wieder zu Ansiedlungen gelangte. Mabûb,
der Dragoman der Station Ali, war Führer bis zum Kibali gewesen, von wo
an etliche andere die Beaufsichtigung der Träger übernahmen. Das am ersten
Tag nördlich vom Kibali in der Richtung gegen Nordost durchzogene Land
gehört noch der Flußniederung an und ist waldlose Steppe mit sehr spärlichem
Baumwuchs, aber hohem, schilfhartem Gras. In dem gleichförmigen Flachland tritt ab und zu Laterit auf, doch nicht die geringsten Bodenerhebungen;
auch trafen wir auf dem Tagesmarsch bis zum Flüßchen Buá, an dem wir
nächtigten, kein fließendes Gewässer an, nur durch Wiesenwasser zogen wir zu
Mittag wohl eine Stunde lang und stellenweise auch später. Unterwegs hatte

Überschwemmte Steppe.

ich einen sehr lästigen Fieberanfall. Das Erbrechen von Galle brachte mir zwar
etwas Erleichterung, doch waren unter der Mittagssonne Gaumen und Schlund
ausgetrocknet, die Glieder wie gelähmt, und ich konnte mich kaum im Sattel
aufrecht erhalten. Als wir endlich nachmittags die schattige Uferwaldung des
Buá erreichten, blieb ich vor Ermattung liegen, indes die Leute jenseits des
Flüßchens das Lager herrichteten. Solche stärkere Fieberanfälle schwächten mich
zwar für einige Stunden, doch folgte darauf meist ein Stadium besondern
geistigen und körperlichen Wohlbehagens. So verbrachte ich auch diesmal die
spätern Stunden im Lager unter den Trägern, kramte meine kleinen Sehenswürdigkeiten aus und suchte die Leute bei Stimmung zu erhalten, um dadurch
dem Entlaufen der Faulen nach Möglichkeit vorzubeugen. In einer winzigen,
bald hergerichteten Grashütte fand ich dann Schutz vor dem niederprasselnden

Regen und stärkenden Schlaf. Nur der Anmarsch von Elefanten störte uns
einmal, doch gab ihnen wohl ein lebhafteres Aufflackern der Feuer eine andere
Richtung, denn das oft weithin hörbare Geräusch, das sie im Wandern durch
das Knicken von Bäumchen und hindernden Ästen verursachten, verhallte allmählich
und wieder lag die lautlose Stille einer Nacht in afrikanischer Wildnis über
unserm Lager.

Auch am folgenden Tag zogen wir durch unbewohntes Land in Nordost-
richtung. Wir hatten jedoch die breite Kibaliniederung verlassen und auf die
unabsehbare, waldlose Grasfläche von gestern folgte heute wieder der charakteristische, mit verkrüppelten Stämmen von niedrigem Laubholz gemischte Savannenwald. In diesem war das Hochgras bereits auf weite Strecken abgebrannt, ja
selbst der Weg in der Nähe der gegen Abend erreichten Ansiedlungen gereinigt,
eine Wohlthat, die der Reisende, nachdem er sich lange Zeit mühevoll durch
Hochgras vorwärtsgekämpft, doppelt empfindet. Auch traten wieder zahlreiche
Wasserläufe auf, deren letzter, der achte an diesem Tag überschrittene Fluß,
Kápili genannt, der bedeutendste, ist und, dem Kibali tributär, die übrigen
Bäche in sich aufnimmt. Obgleich sie zum Teil nur kleine Waldbäche sind,
haben sie doch fast ausnahmslos breite, sumpfige Ufer. Die sehr flachen Mulden
des leicht gewellten Bodens begünstigen die Bildung dieser oft mit grauem
Schlamm, dem werdenden Laterit, erfüllten Ufersümpfe und lassen auch den
gemischten Uferwald zu großer Ausdehnung gelangen.

Nach zweitägigem Marsch durch die Einöde begrüßte ich freudig die zer-
streuten Ansiedlungen des A-Sandéhäuptlings Ngérria (Tombos Sohn, nicht
zu verwechseln mit dem Fürsten Ngérria, Sohn des Basimbé), die mir und
meinen Leuten trockene Unterkunft boten. Doch standen mir neue Enttäuschungen
bevor, denn ich sollte hier die Träger wechseln und da stellte es sich heraus,
daß fast die ganze männliche Bevölkerung, welche außer A-Sandé noch aus
A-Báginso und A-Mábi bestand, zum Krieg aufgeboten und nach Norden
abgezogen war, sodaß ich in der That nur Frauen, Kinder und wenige Männer
zu sehen bekam. Wir vereinbarten infolge dessen, daß die bisherigen Träger
auch weiter im Dienst bleiben sollten; indes zogen es diese Leutchen vor, in
der Nacht sämtlich durchzubrennen, was mich zu einem Aufenthalt von mehreren
Tagen zwang, um Träger aus dem Norden zu beschaffen. Nach dem Durchzug
Abbu'lalláhis und während der Feindseligkeiten mit Uándo war nämlich weiter im
Norden eine Station, die auch mein nächstes Reiseziel bildete, gegründet worden.
Zum dortigen Verwalter sandte ich nun sofort die noch anwesenden Dragomane
vom Kibali und ließ durch sie Träger verlangen. Daß aber alle Mannschaften

auf dem Kriegspfad wandelten, das lag an den noch immer nicht beigelegten
Zwistigkeiten zwischen dem abtrünnigen Hólua und seinem greisen Vater Uándo,
auf dessen früherm Gebiet wir uns ja seit dem Betreten des bewohnten Distrikts
bei Ngérria befanden. Und zwar lag der seinem ältesten Sohn Mbíttima
zuerteilte Bezirk von hier gegen Osten am Unterlauf der Flüsse Kápili und
Duru; den mittlern, nördlichern Teil seines Gebiets hatte er an Hólua abgetreten; er selbst aber hatte mit seinem jüngsten Sohn Rensi oder Feró noch
den nördlichsten Gebietsteil inne, nominell wenigstens, denn auch dort wurde
er jetzt, nachdem Mbíttima in die Gefangenschaft geführt und sein Land Hólua
zugefallen war, bedrängt und bekriegt; jedenfalls hatte er sich, obgleich er zu
Zeiten fliehen und sich verbergen mußte, bisher seinem von den Arabern unter-
stützten Sohn Hólua nicht unterworfen. So lagen die Verhältnisse, als ich das
Land betrat, und gerade jetzt sollten neue Maßregeln ergriffen werden, um Uándo
nötigen Falls mit Kriegsgewalt zu beugen; aus diesem Grund war auch Ngérrias
Mannschaft aufgeboten worden, doch war es diesmal noch zu keinem gewaltsamen Handstreich gekommen. Ich erfuhr all dies von Leuten Uándos, die
mittlerweile auf dem Weg nach Süden die Wohnstätten Ngérrias berührt und
mir erzählt hatten, daß vorläufig noch Unterhandlungen zwischen den Nubiern
und Uándo geführt würden. Beiläufig sei hier bemerkt, daß diese Leute zur
Beschaffung des Orakelgiftes „Bänge", dessen Baum nur auf bestimmte Gebiete
beschränkt zu sein scheint, nach Mangbattu ausgesandt waren; ebenso hatte ich
Fürst Mbios Boten einst beim Abaláhäuptling Anséa „Bänge" für Elfenbein
einhandeln sehen. Einer jener Boten Uándos blieb bei mir, um mich zu seinem
Herrscher zu geleiten, der mich schon sehnlichst erwartete, wie denn Gerüchte
über mein Kommen bereits im Land verbreitet sein sollten.

Während ich so bei den Hütten Ngérrias weilte, wurde unser Proviant
nachgerade empfindlich knapp. Nicht etwa, als ob bei der großen Anzahl zer-
streuter Ansiedlungen nichts Eßbares vorhanden gewesen wäre; doch der Häuptling war abwesend und so sorgte niemand für uns, denn die Frauen ihrerseits
versicherten, nichts bieten zu können. Die Banane wird auch hier nördlich des
Kibali, wie weiter im Westen nördlich des Uelle, nur nebenbei in geringen
Pflanzungen kultiviert, desto mehr aber das kleine dunkelbraune Eleusinekorn, das
indes zu dieser Jahreszeit noch nicht reif war, sodaß die Bevölkerung einstweilen
hauptsächlich von Knollenfrüchten und mehreren eßbaren Kürbisarten, neben
andern nur in kleinen Mengen angebauten Pflanzen, lebte. Man mag danach
beurteilen, wie schwer es häufig in den meisten dieser Gebiete sein muß, eine
zahlreiche Mannschaft zu ernähren, was trotzdem bei den Durchzügen der

Nubier geschieht. Kein Wunder, daß solche Züge, vollends bei längerm Aufenthalt in einem Gebiet, gleich Heuschreckenschwärmen alles vertilgen und für die Eingeborenen Noth und Elend bedeuten. In solcher Hungersnot nehmen die Ausgesogenen ihre Zuflucht zu den brauchbaren Früchten des Waldes und suchen mit den Wurzeln und Knollen gewisser Bäume und Sträucher der Wildnis, die sie durch Abbrühen mit kochendem Wasser genießbar machen, ihr Leben zu fristen. Uns kamen derzeit einige erlegte Perlhühner sehr zu statten und Farag Allah verschaffte etwas süße Bataten und Maniok; bringende Forderungen an die Eingeborenen stellte ich ungern und nur in den zwingendsten Fällen, während es meinen Leuten ein für allemal streng untersagt war, auch nur das geringste von den Feldern zu entwenden.

Am 1. November kehrten die Dragomane mit Trägern zurück, früher noch als ich nach den Angaben über die Entfernung der nördlichen Station erwartet hatte. So nahm ich denn am 2. November meine Reise wieder auf. Die Dragomane vom Kibali machten sich mit ihrem Geschenk an Zeug auf den Heimweg, indes andere mich weiter geleiteten. Sogar überzählige Träger hatte ich diesmal, sodaß ich etliche benützte, um mich durch die Sümpfe tragen zu lassen.

Der Weg führte nicht gegen Norden, wie ich erwartet hatte, sondern gegen Osten, ja er hatte selbst Abweichungen gegen Süden und erst die letzte Strecke des Tagesmarsches bog wieder zu Nordost um. Die Ansiedlungen waren zahlreich, also nach hiesigen Verhältnissen auch die Bevölkerung, welche hier hauptsächlich aus A-Bángba bestand. Wiederum erleichterte der streckenweise gereinigte Weg das Fortkommen, wogegen zahlreiche sumpfige Flüsse viel Aufenthalt verursachten; nicht weniger als zwölf solche Gewässer wurden an diesem Tag gekreuzt, meistens schmale klare Bäche zwischen morastigen Ufern und ein einziger nennenswerter Fluß, Namens Gongo, 10 Schritt breit und 4 Fuß tief. Alle diese Bäche, sowie die an den folgenden Tagen durchfurteten, nehmen im Gegensatz zu den bis dahin übersetzten Rinnsalen, die in den Kápili fließen, ihren Abzug nach Südost zum Fluß Duru. Dieser ist, gleich dem Kápili, ein selbständiger Tributär des Kibali-Uëlle, und zwar der vierte in der Reihe der von Nbóruma bis hierher erwähnten rechten und nördlichen Nebenflüsse des Uëlle, also stromaufwärts von Westen nach Osten gerechnet: Gurba, Mbrúole, Kápili, Duru, unter denen die zwei letzten die weitaus unbedeutendern sind. Wir überschritten den Duru auch an den folgenden Tagen nicht, doch trat unser Weg so nahe an ihn heran, daß ich an einer Stelle, in deren Nähe der Gango einmündet, selbst seine Ufervegetation unterschied; noch mehrere Tage verlief der Weg mit ihm parallel. Beim Häuptling Ndommi wurde genächtigt, doch fand ich nur wenig Schlaf, denn wieder zogen Ameisen heran und mußten mit Feuerbränden bekriegt werden, dann störten Mücken die Ruhe, sobaß ich mich dem Lesen alter Zeitungen ergab, und überdies wiederholte sich auch noch das Hyänen-Intermezzo vom Kibali zum Schrecken meines braven Ziegenbocks, den ich aber jetzt durch Aufpflanzung einer lodernden Fackel auch für den Rest der Nacht zu schützen suchte. Solche Fackeln, welche die Eingeborenen auf ihren nächtlichen Gängen und beim Einheimsen der auffliegenden Termiten benützen, sind recht geschickt aus verschiedenartigem Baumharz geformt, das mit Rinde vermischt und in Laub oder Bananenblätter gewickelt wird.

Am 3. November erreichte ich die neue Station im Gebiet von Hókua. Die Wegrichtung blieb annähernd eine nordöstliche. Wir trafen wieder zahlreiche Niederlassungen an, zwischen denen das Gras am Weg zur Erleichterung des Verkehrs mit Knütteln niedergeschlagen war. Die Bewohner waren vorwiegend A-Sandé vom Stamm der Embomú, die sich durch nichts von den A-Sandé im Nordwesten und Osten, den Jbió und Bombé, unterschieden. Auch der Charakter der Landschaft blieb unverändert; der Boden war flach und bewegte sich in leichten Wellenlinien, nirgends trafen wir jene wiederholt gekennzeichneten, tief ins Erdreich eingeschnittenen Flußthäler und in diesen aufgebaut jene Terrassenwaldungen, welche besonders in der Nähe der Hauptwasserscheiden großer Flüsse vorkommen. Nichtsdestoweniger wucherte auch hier in den Dickichten der breiten, morastigen Uferwaldungen die Fülle einer reichen Tropenvegetation. Der schmale Weg durch solchen Urwald zum Fluß hinab ist viel begangen und dadurch beständig geworden, häufig in der Form eines langen, engen, sogar überwölbten Gangs, in dem ein Mann aufrecht gehen kann und nur die Vorsicht gebrauchen muß, hervorstehendem Geäst und dornigen Schlinggewächsen auszuweichen. Freilich geraten eben diese ausgetretenen und ausgehöhlten Wege, auf denen man mühelos das eigentliche fließende Gewässer erreichen kann, am leichtesten unter Wasser, denn sie dienen dem außerhalb der Uferwaldung stets gegen den Fluß hin geneigten Boden während der Regenzeit als Rinnsale. So werden sie durch den beständigen Regenabfluß mehr und mehr vertieft und leisten dann nicht nur dem zurückgestauten Wasser des Flusses, sondern auch dem seitlich in sie eindringenden Sumpfwasser Vorschub. Diese Hohlwege, in denen das Wasser oft bis an die Hüften reicht, erhalten mitunter durch angeschwemmte Sandmassen einen festen Untergrund und bilden dann gute, recht gangbare Durchlässe, in denen der Reisende zwischen den beiden, oft mehrere Hundert Schritt langen, enggeschlossenen Vegetationsmauern rasch vorwärts kommt. Auf Strecken mit niedrigem Pflanzenwuchs sind diese Gänge ungedeckt und gestatten dem Licht Zutritt; gerade da aber erreicht auch die Üppigkeit der Lianen und Schlinggewächse den höchsten Grad, sodaß die Seitenwände selbst für den Blick undurchdringlich werden. In jenen Teilen der Uferwaldungen dagegen, wo ausgedehnter Sumpfboden vorherrscht und solche Durchgänge sich nicht ausbilden konnten, verliert sich der Weg in den breit hingelagerten Sümpfen und wechselt nach der Jahreszeit. Dies ist auch der häufigere Fall und da heißt es, auf gut Glück langsam vorwärts tastend, sich

Esel im Sumpf.

den Weg im trüben Schlamm selbst suchen. Gerät man dabei auch einmal bis an die Hüften in den zähen Morast, so giebt es doch, so viel ich wahrnahm, keine gefährlichen tiefen Stellen, denn das allgegenwärtige, reichverzweigte Wurzelwerk des Waldes schützt den Fuß vor dem Einsinken ins Bodenlose.

Auf dem Marsch zur Station mußten wieder elf Bäche mit solchen verschieden gebildeten Seitenufern durchschritten werden. Einmal lief es dabei nicht ohne ein kleines Mißgeschick ab. Der eine Esel blieb nämlich mit Sattel und Schabracke im Sumpf stecken — man hatte es diesmal unterlassen, den Sattel abzunehmen — sodaß der Sattelgurt riß und das Reitzeug von der Kotmasse durchweicht wurde. Solche Zwischenfälle muß aber der Reisende stoisch hinzunehmen wissen. Übrigens war der Sattelgurt bald wieder provisorisch her-gerichtet und der Sattel mit Gras gereinigt, worauf mich das geduldige Grautier eine Strecke weiter trug, bis zum nächsten Sumpfübergang. In welcher Ver-fassung ich aber nach solchen Fährlichkeiten, in meinen ohnehin über und über geflickten Kleidern, das Nachtlager erreichte, braucht wohl nicht näher erörtert zu werden.

Auch die männliche Bevölkerung dieser Gegend, des rechtmäßig an Hólua vererbten Bezirks, war zum Teil dem Aufgebot gefolgt und mit ihrem Gebieter ausgezogen. Die Bewohner der Station hatten das Nämliche gethan, sodaß ich für uns alle mehr als genügende Unterkunft fand und von dem Verwalter Muhammed Cher zuvorkommend empfangen wurde. Die kleine Station in Feindesland war der Sicherheit wegen mit einem doppelten Pfahlwerk umgeben, und zwar derart, daß etwa ein Dutzend Hütten in der Mitte, für die wenigen Nubier, mit einem Palissadenzaun umfriedet waren, während ein zweiter starker Pfahlzaun in weiter abstehendem Kreis die Hütten der Negersoldaten umschloß. Muhammed Cher erwies sich bei längerm Verkehr und nach näherer Aussprache über die bestehenden Landesverhältnisse recht vernünftig, eine seltene Ausnahme unter seinen Stammesgenossen; übrigens war er, aus Kassala gebürtig, erst wenige Jahre in den Negergebieten und hatte, wie er selbst betonte, mit den berüchtigten Gelaba (Sklavenhändlern) nichts gemein.

In vergangenen Jahren und zur Zeit, als Dr. G. Schweinfurth daselbst reiste, grenzten im Norden und Osten an das Gebiet Uándos mehrere Distrikte von kleinen A-Sandéhäuptlingen, die sich der Chartumer Elfenbeinhändler Abd es-Sammat auf seinen Reisen nach Mangbattu schon damals dienstpflichtig gemacht hatte. Auch waren dort einige feste Niederlassungen der Nubier ge-gründet, die aber mit dem Tod Abd es-Sammats verfielen. Seitdem war das Mangbattuland von Vertretern des Mudirs der Kohlprovinz, Juffuf es-Schellali, auf weiter östlich führenden Wegen durch das Land der Abaká besucht worden, und erst in jüngster Zeit hatte Juffufs Nachfolger Mula, wie schon mitgeteilt worden, durch Entsendung Abdu'lalláhis die frühern Wege wieder eröffnet, nachdem der abtrünnige Hólua aus freien Stücken als dienstwillige Kreatur der Nubier sich mit ihnen verbunden.

So fiel denn in der That anfangs der Bezirk Mbíttimas, an dessen Stelle Hólua als Vasallenhäuptling der Araber trat, in seine Hände und es gelüstete ihn jetzt auch nach dem Besitz seines jüngern Bruders Renfi, ja selbst danach, seinen greisen Vater Uándo zu vertreiben. Ich erfuhr nun, Uándo habe sein Elfenbein nach meiner Abreise von Mbóruma zu mir in die Station geschickt, sich dadurch gegen die Anordnungen aufgelehnt und aufs neue bestätigt, daß er mit den im Gebiet errichteten Stationen, die doch zum Einsammeln des Elfenbeins gegründet seien, nichts gemein haben wolle. Es wurde nämlich eben jetzt zwei Tagreisen weit gegen Norden, im Bezirk Rensis, der zu seinem Vater geflüchtet war, eine zweite Station gebaut, die mein nächstes Reiseziel bildete. Als dann mittlerweile meine Ankunft im Land bekannt geworden war, wurden die Verhandlungen und Feindseligkeiten eingestellt, dagegen trafen nun täglich von beiden Parteien Boten bei mir ein; Uándo aber ließ mir sagen, daß er mich nach meiner Ankunft in der nördlichen Station persönlich wegen einer Aussprache besuchen würde, doch fürchte er Hókua, der ihn, wie er es mit Mbíttima gethan, gefangen nehmen könnte. Einstweilen willfahrte ich der Bitte Muhammed Chers, einige Tage in der Station zu verweilen, um so lieber, als mir aus seiner Küche eine gute Verpflegung zu Teil wurde; aber auch heftige Regengüsse hielten mich zwei weitere Tage zurück, sodaß der Abmarsch erst am 7. November erfolgte. Für Reiseproviant sorgte wiederum Muhammed Cher. Ich erhielt hier unter anderm zum erstenmal einen Korb voll Kürbiskerne. Enthülst, auf der Murhára (Reibstein) zerrieben und gekocht, dienen sie den Eingeborenen als sehr beliebte Zukost zum Mehlbrei und wurden in der Folge auch mir ein Bedarfsartikel, dessen ich also noch oft erwähnen werde. Roh genossen sind die Kerne der Cucurbita maxima nicht ohne Gefahr für den Magen, auch dienen sie als Wurmmittel! Die kleine Schar von Hühnern, die ich bereits gesammelt hatte, vermehrte sich hier ebenfalls; meine Absicht war, ein gut Teil davon nach meiner Station bei Nbóruma mitzunehmen. Ferner lernte ich von Muhammed Cher die sehr praktische Art, das Dongolaner weiße „Damūr“-Zeug braunrot zu färben, ein Verfahren, das zuerst Sir Samuel Baker in diesem Teil von Afrika eingeführt zu haben scheint. (Vgl. „Albert Nyanza“, Ausrüstung in Chartum.) Ich nahm zu diesem Zweck etwas von der dazu verwendeten roten Baumrinde mit, die einer Baumart des lichten Savannenwaldes entstammt und wohl überall angetroffen wird, denn ich ließ sie auch später in andern Gebieten von meinen Dienern einsammeln.

Wir brachen spät aus der Station auf und marschierten nur drei Stunden weit, von Muhammed Cher begleitet. Die Wegrichtung hatte sich geändert und führte mehrere Tage lang, bis zu den provisorischen Hütten Uándos, gegen Nordnordwest. Gleich anfangs blieb rechts die Seriba Hókuas liegen, dann überschritten wir zwischen den langen Bodenwellen, welche doch im ganzen eine merkliche Erhebung mit wiederholten freien Ausblicken bildeten, einige Flüsse, die auch hier noch gegen Osten zum Duru fließen. Der Charakter der

Landschaft erschien durch die wenn auch nur flachen Bodenerhebungen etwas ver=
ändert, desgleichen der Ursprung der Bäche und ihre Walduser. Die frühere Üppig=
keit der Ufervegetation hatte aufgehört und es fehlten die staunenerregenden
Baumriesen südlicherer Breiten. Statt offen dahinfließender Gewässer mit ver=
sumpften Ufern traten schlammige, stinkende Sumpfwässer auf, die sich nur
träge fortbewegten. Wir waren froh, daß uns diese Nacht der Regen verschonte,
denn die Hütten für das Nachtlager waren sehr schadhaft; überdies wimmelten
sie von Ratten, die denn in der That die Spitzen meiner Hausschuhe abnagten.
Am Morgen machte ich die Wahrnehmung, daß die Träger entlaufen waren,
es hieß also andere herbeischaffen, doch ehe dies gelang, traf uns die unerwartete
Nachricht, daß Hókua mit seiner Mannschaft auf dem Weg zu uns sei. Dadurch
wurde der 8. November wieder ein Ruhetag und ich setzte mich unter das
Schattendach meines großen, in den Erdboden eingerammten Schirms, um die
Gäste zu erwarten. Diese trafen jedoch erst gegen Mittag ein und mit ihnen
der künftige Vorsteher der nördlichen Station, der Araber Bibi. Das Häuflein
Kriegsmannschaft kehrte dann bald truppweise zu seinen Ansiedlungen zurück,
nur ein Teil blieb bei Hókua. Mit ihm und den Stationsverwaltern aber
begannen nun die Verhandlungen, die meinerseits darauf abzielten, alle Parteien
auf gütlichem Weg zufrieden zu stellen. Dazu mußte ich indes Uándo und dessen
Sohn Feró persönlich sprechen, die feindlichen Teile zusammenzuführen und
zu versöhnen suchen.

Und so brachen wir am 9. November gemeinsam gegen Norden auf.
Im Beginn des Marsches wurden nur noch die letzten drei Sumpfgewässer,
Zuflüsse des Duru, gekreuzt; dann folgte eine schmale, kaum merkliche Wasser=
scheide, und dann der erste, und zwar auf sandigem Grund fließende, klare
Waldbach, der wieder in entgegengesetzter Richtung in den Oberlauf des
Kápili abfloß. Auch das zweite kleine Gewässer zeigte dieselben Merkmale;
dann aber wurde alsbald der Kápili selbst überschritten, dessen sandiges
Flußbett hier noch 10 Schritt breit und 3 Fuß tief war. Die vielen zer=
störten Hütten und Kulturfelder dieses Gebiets — im südlichen Grenzdistrikt
Ferós — zeugten von den Unbilden des Kriegs. Jenseits des Kápili wurde
nur noch ein diesem Flußsystem zugehöriges Gewässer überschritten, dann aber
trennte uns noch eine Strecke unbewohnter Wildnis von den nächsten Ansiedel=
lungen und meinem Nachtquartier. Die Leute waren auf dieser Strecke gerade
damit beschäftigt, mittels langer Stöcke auf die mehrfach erwähnte Weise das
Gras am Weg niederzulegen. Der eigentliche Oberlauf der Flüsse Duru und
Kápili, die wir nun mit ihren zahlreichen kleinen Zuflüssen hinter uns gelassen

hatten, kommt aus Often; ihr Quellgebiet aber liegt in einem Hügelland, das im Berg Bäginfe gipfelt, welchem sich gegen Süden der Banbúppo, Nágongo und Jámbeli anschließen.

Und hier sei nun einiges über die Kulturpflanzen dieser Gebiete mitgeteilt. Mais wird in denselben überall gebaut, doch nur in unzureichender Menge, mehr als ein Lecerbissen für die Bevorzugten; auch ißt man ihn meistens im frischen Zustand geröstet, obgleich die Eingeborenen noch eine andere vorzügliche Zubereitungsweise kennen. Durragetreibe und Duchn (Sorghum und Penicillaria oder Pennisetum) find so gut wie unbekannt, ihre Stelle vertritt auch hier überall Telebûn (Eleusine coracana). Das nicht entkleiete Mehl desselben giebt einen dunkeln, chokolabefarbenen Mehlbrei und eine ähnliche Kisra; beim Essen hat man wegen der stark verkieselten Samenschale des Korns stets das Gefühl von Sand zwischen den Zähnen. Daß übrigens auch das Mehl aus Telebûn durch sorgfältige Behandlung bedeutend gebessert werden kann, habe ich bereits erwähnt, doch hatte ich zu dieser Zeit meine Erfahrungen hinsichtlich solcher Vervollkommnung einheimischer Produkte für den Gebrauch in der Wirtschaft noch nicht gemacht und verzehrte einstweilen meine dunkle Kisra mit fatalistischer Ergebung. Süße Bataten und verschiedene Kürbisarten werden auch hier angebaut, Yams weniger und auch Bananen und Maniok in mäßiger Menge. Von Maniok kommen in den A-Sandégebieten zwei Arten vor, nämlich der seltener angetroffene süße Maniok, welcher gekocht oder geröstet ohne Schaden für die Gesundheit genossen wird, und die bittere Maniokwurzel. Diese wird ihres Blausäuregehalts wegen erst tagelang in das Wasser der Bäche gelegt und ausgelaugt, später aber getrocknet, und hat dann einen penetrant widerlichen Geruch; zu Mehl verrieben und gekocht liefert sie den glasigen und klebrigen Maniokbrei. Doch auch dieses Maniokmehl läßt sich künstlich sehr verbessern und insbesondere durch richtige Mischung mit andern Mehlen für den Europäer genießbarer machen. Damit find jedoch die Bodenprodukte der A-Sandé nicht erschöpft, namentlich verschiedenes als Zukost und zu Saucen verwendbare Grünzeug und noch manches andere findet sich hier und da angebaut, was gelegentlich Erwähnung finden soll. Schon hier sei aber des Sesams (Sesamum indicum L., „Simsim" der Araber) gedacht. Die auch im ägyptischen Sudan, sowie in Ägypten selbst vielangebaute Pflanze ist ihres ölreichen Samens wegen sehr verbreitet, aus dem die Nubier ein sehr gutes Öl pressen, wogegen die Eingeborenen die Samen gleich den Kürbiskernen nur zerrieben und gekocht als Zukost zu ihrem Mehlbrei genießen. Und auch die Colocasia antiquorum (ägyptische Zehrwurzel) sei hier mitangeführt; sie heißt bei den A-Sandé

„Mansi" und die dortige Sorte zeichnet sich durch besondere Zartheit des Wohl-
geschmacks vor der ägyptischen aus; die Farbe ist viel weißer, cremeartig, und
die Knolle weit kleiner. Endlich ist bemerkenswert, daß ich zu meiner großen
und angenehmen Überraschung auch die Bamia (Hibiscus esculentus), das
beliebte Gemüse der nubischen und arabischen Völker, angebaut fand; die

Colocasia antiqnorum.

Stengel erreichen hier eine auffallende Höhe, sie waren gerade
gestreckt und die Fruchtkapseln oft
von Fingerlänge, indes die Bamia
in den nubischen Ländern nur
niedrige Büschchen bildet.

Das Haushuhn wird in
allen von mir durchreisten Negerländern gezüchtet, doch sind die
Hühner überall sehr klein, mit
Ausnahme einer Art fern im
Süden vom Uelle, auf die ich
an passender Stelle noch zurück-
komme. Die Färbung des Ge-
fieders ist ebenso mannigfaltig
wie bei unserm Haushuhn, die
Eier sind entsprechend klein. Die
meisten Hühner werden wohl dem
„Bänge" geopfert, doch gelegentlich auch gegessen, wogegen die
Eingeborenen den Genuß der Eier
nicht kennen. Die Unachtsamkeit
der Neger und die kleinen Vier-
füßler und Raubvögel, die den
Eiern und jungen Hühnern nach-
stellen, aber auch die Raubzüge
der Nubier, welche zu den gierigsten Hühnerräubern gehören, sind schuld daran,
daß ein Distrikt an diesem Artikel zeitweise ganz verarmt, wie dies z. B. bei
Nbóruma seit dem dortigen Aufenthalt der Leute Rafáis der Fall war. Mein
Jagdgewehr lieferte mir jetzt häufiger als früher Perlhühner, die mit Kürbis oder
süßen Bataten zu einer dicken Suppe eingekocht wurden; in meine Portion ließ
ich noch ein feingeschnittenes Brustftück hineinmischen und gewann so ein kräftiges,

wohlſchmeckendes Mahl, während auch für meine Diener noch ein gut Teil
übrig blieb.

Für den Erfolg meiner Einmiſchung in die Verhandlungen der feindlichen
Brüder war es mir wichtig, Feró und Uándo ohne Beiſein Hóluas und der
Araber zuerſt allein zu ſprechen. Ich blieb daher beim Häuptling Benbi und
ließ alle übrigen zu der noch eine Wegſtunde entfernten neuen Station voraus-
ziehen, ſchickte dann aber ungeſäumt zu Feró, der gleich ſeinem Vater jetzt keinen
feſten Wohnſitz hatte, und ließ ihn zu mir einladen. Am 10. November traf
er ein. Ich empfing ihn unter meinem Schirmdach in Feſttagskleidern und auch

er hatte wohl nach ſeinen Begriffen
das Beſte, was er beſaß, angelegt,
nämlich ein geblümtes Weiberkleid
mit ſehr kurzer Taille und einen
alten Tarbuſch, ſodaß er eine kläg-
lich-komiſche Figur machte. Nach
der Begrüßung umſtanden mich
Hunderte ſeiner Krieger in eng-
geſchloſſenem Kreis und ich ließ
ihnen genügende Zeit, mich anzu-
ſtaunen. Dann aber forderte ich
ſie in gebieteriſchem Ton auf, den
Kreis zu erweitern und ſich zu
ſetzen, denn die Ausdünſtung der
Eingeborenen wird bei ſolchem Gedränge unerträglich und griff oft
ſelbſt meine ſchon etwas abge-
ſtumpften Geruchsnerven an.

Kopf eines Huhns der A-Sandé. Nach einer
Zeichnung von Dr. G. Schweinfurth.

Feró ſagte mir dann, Uándo könne ſeiner Fettſucht wegen weite Strecken
nur mit Schwierigkeit zurücklegen, mein Weg zu Ndóruma aber führe nicht
weit von ſeinem Aufenthaltsort vorbei, er erwarte mich alſo daſelbſt. Sodann
beteuerte er, daß er ja das Ende aller Feindſeligkeiten herbeiſehne, daß aber
Hólua ihm ſeit jeher feindlich geſinnt geweſen. Wieder machte ich dabei die
Erfahrung, daß ein Teil des Habers und der Ungefügigkeit Ferós auf deſſen
Unkenntnis des Weſens einer einheitlichen Bahr el-Ghaſalverwaltung beruhte.
Immer noch glaubten die vom Mittelpunkt der Verwaltung entfernt lebenden Eingeborenen, daß, wie früher, auch jetzt noch verſchiedene Handelsgeſellſchaften
beſtünden und beiſpielsweiſe Abbu'lalláhi, Osman Bedaui u. a. für ſich per-

sönlich das Elfenbein bezögen. Dagegen wußten Feró und Uándo, daß Nbóruma sein Elfenbein dem Pascha selbst und direkt liefere, dadurch zu Ansehen gekommen sei, keine verhaßten Soldaten in seinem Gebiet habe, wohl aber Gewehre, Pulver, Blei und manches andere aus der Mudirije erhalte; daher hatte Feró es für das beste gehalten, sein Elfenbein zu Nbóruma zu schicken. Ich belehrte ihn nun über die Thatsachen und machte ihm begreiflich, wie thöricht es sei, sein Elfenbein Nbóruma zu überlassen, der ihn doch nicht entschädigen könne, wogegen er dafür in der Station Perlen, Zeuge, Kupfer u. dgl. erhalten würde. Auch betonte ich, daß alle Zwistigkeiten und Räubereien nun aufhören müßten, die Leute ruhig an die Bestellung ihrer Felder gehen sollten und er, wie Hófua, jeder für seinen Bezirk zu sorgen hätte; die Regierung aber verlange ja nur das Elfenbein und Dinge wie Kautschuk u. dgl., nicht aber Sklaven, wie früher die Handelsgesellschaften.

Ich wollte tags darauf in aller Frühe mit Feró zu Uándo aufbrechen, doch erlitt der Abmarsch durch die unerwartete Ankunft Hófuas und der Verwalter Bibi und Muhammed Cher eine Verzögerung. Da nun endlich die verschiedenen Parteien beisammen waren — leider wird sonst alles durch Boten erledigt, welche die Aufträge ihrer Absender oft entstellen — so begannen auch bald die Verhandlungen. Ohne jeden Gruß nahmen die Brüder voneinander entfernt Platz; die Verwalter mit ihren Dolmetschen und Basingern vervollständigten den Kreis, den aber in weiter Runde noch Hunderte von beiden Parteien umstanden. Lange Zeit herrschte Schweigen, denn niemand wagte das Wort zu ergreifen; endlich nahm ich mich wieder der Sache an und brachte sie in Gang. Die Reden und Gegenreden waren lang und umständlich; ihr Sinn war, daß Hófua und Feró sich beide verpflichteten, künftig Frieden zu halten, der Fluß Käpili solle die Gebietsgrenze zwischen ihnen sein, das Elfenbein aber wollte Feró persönlich zum Pascha bringen. Dagegen war in der That nichts einzuwenden, doch wurde er bestimmt, vorläufig damit zu warten und erst die Verhältnisse in seinem Gebiet zu regeln. Nachdem so die politische Grundlage der Versöhnung zu allgemeiner Zufriedenheit gegeben schien, folgte noch eine lange Aussprache der Brüder unter vier Augen und dann als Schlußakt, zur Besiegelung der Freundschaft, der übliche Bluttausch. Dieser besteht darin, daß ein gegenseitig entnommenes Tröpfchen Blut mit einem Bissen einer eßbaren Substanz verschluckt wird. Ich hatte inzwischen sowohl für die versöhnten Brüder, als auch für die Stationsverwalter einige Geschenke herausgesucht und ihnen übergeben, dann aber, da es bereits Mittag geworden war, drang ich auf den Abmarsch.

Der Weg von den Hütten des Häuptlings Benbi führte um 11. November in beinahe nördlicher Richtung und ich traf zu später Nachmittagsstunde endlich bei dem alten Fürsten Uándo ein. Schon mit Beginn des Marsches betraten wir das Entwässerungsgebiet des Mbrúole, dessen Oberlauf heute auf halbem Weg gekreuzt wurde und der gleichfalls, wie der Kápili und Duru, aus Osten kommt. Sein Mittellauf durchzieht zum Teil das Gebiet Ngérrias, zum Teil die Bezirke der Söhne Málingbes, seinen Unterlauf habe ich im Land der Mangbállе näher gekennzeichnet. Er hatte, soweit wir heute kamen, zur großen Erleichterung unseres Marsches nur wenige Zuflüsse; auch gehörte das letzte überschrittene Gewässer schon wieder einem andern größern Flußsystem, dem Jubbo, an. Bemerkenswert dabei ist, daß ich hier noch einmal ein Fleckchen Entwässerungsgebiet des Nils betrat, denn der Jubbo fließt nach Norden und vereinigt sich mit dem Ssueh, dieser aber ist der Unterlauf des Djur, der ja seinerseits mit dem Wau vereinigt in den Bahr el-Ghasal mündet. Um nicht neuerdings Zeit zu verlieren, zog ich auf westlichem Weg an der zweiten Station vorbei, in welche dagegen die Araber und Hótua zurückkehrten. Das durchzogene Gebiet war auch hier reich bevölkert, doch zeigten sich noch vielfach die Nachwehen von zahlreicher Einquartierung und mancher Gewaltthat. Je näher wir dem Aufenthaltsort Uándos kamen, desto häufiger wurden die Ansiedlungen, sodaß von einer Hüttengruppe aus schon wieder die nächstfolgenden sichtbar waren, denn weder die A-Sandé, noch die meisten andern Völkerschaften der bereisten Gebiete leben in Ortschaften vereinigt, sondern die Familien wohnen getrennt und gruppenweise im Bezirk ihres Häuptlings verteilt.

Ich war sehr gespannt, den alten Fürsten kennen zu lernen, der als einer der letzten der Fremdherrschaft der Nubier widerstanden und auch der Expedition Dr. G. Schweinfurths mit Abb es-Sfammat sich feindlich gezeigt hatte. Bei einer Gruppe Hütten erblickte ich Hunderte von A-Sandé, die aber in respektvoller Entfernung meiner harrten, und aus dieser Menge erkannte ich Uándo ohne weiteres heraus, wenn auch nur an seiner Korpulenz. Fürstliche Abzeichen trug er nicht, die alte Sandédynastie verschmäht dieselben, wie der Leser sich wohl noch erinnert; auch sein „Rokko" (Rindenzeug) war nicht besser als die seiner Unterthanen ringsumher, seine Hand aber umspannte — nicht etwa den kriegsbereiten Wurfspeer, sondern einen friedlichen Fliegenwedel. Und nun schüttelte ich die feiste Hand Uándos und damit war unsere Freundschaft besiegelt, doch blieb er für die nächste Stunde noch in sich gekehrt und wortkarg, erklärlich genug, da er seinem abtrünnigen Sohn Hótua gegenüber saß. Dieser war mir nämlich nach unserer Vereinbarung bald gefolgt und nun gleichfalls eingetroffen.

Nach mehrjähriger Feindschaft, in der die nächsten Blutsverwandten sich nicht einmal gesehen hatten, und ohne sich auch jetzt einen Gruß geboten zu haben, saßen sie da beisammen, im Herzen aber waren sie augenscheinlich weit auseinander. Der Groll des alten Uándo war ja wohlberechtigt und die ihm zugefügte Schmach nicht so leicht zu vergessen; trotzdem mußte ich trachten, die Sache baldmöglichst zu gutem Ende zu führen. Um vor allem die allgemeine Stimmung zu heben, griff ich zu einem oft bewährten Talisman, dem Musikkasten. Das Gerücht von den ganz absonderlichen Tönen, die dieser Kasten von sich geben sollte, war mir auch hierher vorausgeeilt, und der Wunsch, Musik zu hören, sogar schon laut geworden. Als die holden Klänge dann die betreffenden Steine erweicht hatten, ergriff ich das Wort und versöhnte energisch darauf los. Ich ermahnte Uándo, das Geschehene zu vergessen, da ja Hókua jetzt reumütig zu ihm gekommen sei und nicht mehr erwarte, daß er, der Vater, zuerst zur Station der Türken komme; ich teilte ihm mit, daß wir die zukünftigen Verhältnisse mit Feró und den Verwaltern besprochen und zu allgemeiner Zufriedenheit erledigt hätten, und nun auch er noch seine Wünsche offenbaren solle, damit alles endgültig friedlich geregelt werden könne. Der verräterische Hókua wird von diesen und ähnlichen Worten, die ich sprach, schwerlich erbaut gewesen sein, denn er strebte offenbar nach unumschränkter Macht über das ganze Land und hätte Vater und Brüder am liebsten alle vernichtet gesehen. Uándo aber antwortete mir sichtlich erregt in langer Rede: er habe ja bei nichts mehr mitzusprechen, er sei alt und habe sein Land seinen drei Söhnen überlassen, die über alles nun auch allein zu verfügen hätten; er beanspruche für sich und seine Leute nur ein Plätzchen zum Feldbau, wo er ruhig und in Frieden leben könne und nicht jeden Augenblick gezwungen sei, vor Nachstellungen und Überfällen in die Wildnis zu flüchten. Wenn seine Söhne sich thatsächlich verständigt und die Verhältnisse im Sinn eines dauernden Friedens geregelt hätten, dann würde auch er nach seinem frühern Wohnsitz am Duru zurückkehren. Eine wirkliche Versöhnung zwischen Vater und Sohn hatte ich, aufrichtig gesagt, gar nicht erwartet, auf alle Fälle wurde wenigstens so viel erreicht, daß an diesem, sowie am folgenden Tag, welchen Hókua am Ort zubrachte, beide einige freundliche Worte wechselten. Mir blieb die Genugthuung, durch rechtzeitiges Dazwischentreten auch jetzt, wie damals bei den A-Bármbo, nutzloses Blutvergießen verhütet zu haben.

Ich verweilte mehrere Tage bei Uándo, um die zu dem Fürsten Ngérria und Binsa vorausgesandten Boten zurückzuerwarten, denn mein Weg zu Nbóruma ging durch ihr Gebiet; auch nahmen sie Briefe für Bohndorff mit, dem ich meine bevorstehende Ankunft anzeigte. Allerdings war die Versuchung groß, vorher noch einen Versuch zu machen, ob ich nicht jetzt von hier aus das mir verschlossene Land des Fürsten Mbio betreten könnte, das sich im Norden jenseits des Flusses Jubbo ausdehnte. Auch Uándo und Feró gaben mir einige Hoffnung, daß seine Erlaubnis wohl zu erlangen wäre, und so sandte ich ungesäumt Boten zu Mbio. Doch auch diese letzte Möglichkeit, mit jenem einzigen noch vollkommen unabhängigen A-Sandéfürsten in Verbindung zu treten, erwies sich trügerisch, denn Mbios Antwort lautete nicht nur abschlägig, sondern spitzte sich sogar zur Drohung zu, er werde uns in der Wildnis auf dem Weg zu Ndóruma überfallen und töten lassen. So mörderisch dies klang, mußte ich doch über manches, was er mir sagen ließ, lachen, und entnahm daraus nur, daß er sich im Grunde einfach vor mir fürchtete. So ließ er mir unter anderm sagen: er wisse, daß ich ein mächtiger „Turk" sei, aber in meinem Leibe sei das Feuer. Ob er damit meine bessern Gewehre meinte, über die ihm offenbar schon übertriebene Gerüchte zugekommen waren, oder ob ihm die vor Jahren von den Abaká aus übersandten Streichhölzchen im Sinn lagen, weiß ich bis heute nicht. Vorsicht war aber trotzdem geboten und so schrieb ich nochmals an Bohndorff, daß mir Ndóruma nicht etwa auf dem näher zur Grenze Mbios liegenden Weg durch unbewohntes Gebiet Leute direkt zu Ngérria entgegenschicke, die einer etwaigen Überrumpelung durch die Krieger Mbios zum Opfer fallen könnten. Der westlichere Weg durch Binsas Gebiet mußte mir jetzt als der sicherere gelten.

Uándo weilte häufig und lange bei mir in der Hütte und zeigte das größte Interesse für meine kleinen Gebrauchsartikel; ich schenkte ihm auch mancherlei, wie blaues Zeug, Schere, Messer, Spiegel, Perlen u. dgl. Auch die A-Sandéfrauen überwanden bald ihre Schüchternheit, sahen sich fleißig bei mir um, und nahmen immer gern einige Perlenstränge an. Draußen aber versammelte sich täglich eine große Menschenmenge und verlangte besonders nach dem Musikkasten. Einmal fiel mir ein, daß in der einzigen Flasche Sherry, die ich mit hatte, noch einige Gläschen dieser vornehmen Flüssigkeit vorhanden waren; ich gab sie Uándo zu trinken und schenkte ihm obendrein die leere Flasche. Seine Freude war groß und er schickte mir ein Gegengeschenk, das hauptsächlich aus Bier bestand; es war dies das beliebte „Bátossi" der A-Sandé, welches aus Telebún (Eleusinekorn) gewonnen wird. Wie sehr auch der Telebún- brei dem aus andern Getreidearten gekochten an Güte nachsteht, so eignet sich doch gerade die Eleusine coracana ganz besonders zur Bierbereitung; in den Haushaltungen der Häuptlinge wird dieses Bier sorgfältiger hergestellt und gut

23*

Einsammeln von Heuschrecken.

durchgeseiht, sodaß ich es recht gern trank.
Mit der Merissa aus Durrakorn verglichen,
steht es unsern Biersorten viel näher; obgleich oft trübe, hat es wenig Bodensatz,
ist dünnflüssig, süßlich, doch sehr wohlschmeckend, kräftig und dabei äußerst nahr-
haft, wofür die Korpulenz Uándos wohl der beste Beleg war, denn er trank
sein reichliches Maß des stets begehrten Bátossi. Im übrigen lese ich in meinem
Tagebuch aus jener Zeit: „Noch im Besitz eines halben Lichts, doch ist noch
etwas Öl für das Lämpchen vorhanden. Der Schlaf oft gestört durch quälendes
Jucken an Füßen und Beinen, deren Haut durch den Marsch im nassen Gras
und durch Sümpfe gereizt ist und zum Teil Schwellungen wie bei Nesselfieber
zeigt. Die Verpflegung bei Uándo läßt zu wünschen übrig und ich muß oft
um Kleinigkeiten Worte verlieren. Süße Bataten sind auch hier meine Lieblings-
nahrung.“

Meine letztere Klage war wohlbegründet, denn Feró, dessen Pflicht es
in erster Linie gewesen wäre, für meine Bedürfnisse zu sorgen, zeigte sich äußerst
lässig. Vor Ärger wies ich ihn einmal sogar aus der Hütte und hielt ihm vor,
selbst die Verwalter der Station hätten mir für meine Vermittlung und die
dadurch beendigten Feindseligkeiten Dank gewußt, während er, der doch dabei
am meisten interessiert sei, nicht einmal meinen dringendsten Ansprüchen zu

genügen wisse und meine Leute förmlich darben lasse. In der That machten meine Jungen abends gleich den Eingeborenen mit Feuerbränden Jagd auf Heuschrecken, die in der Nähe, zwar nicht massenhaft, doch ziemlich zahlreich eingefallen waren. Wirklicher Nahrungsmangel war es nun allerdings nicht, was zu dieser Jagd bewog, vielmehr die allgemeine Vorliebe der Eingeborenen, wie den auffliegenden Termiten, so auch den Heuschrecken nachzustellen. Diese bilden jedoch kein häufiges Essen der Leute, auch habe ich in Centralafrika nur diesen einen Fall erlebt, daß man Heuschrecken in größerer Menge einsammeln konnte; in Chartum sah ich einst das Einfallen eines Heuschreckenschwarms, und in Tunis geschah dies ziemlich oft. Die Scheu, davon zu essen, überwand ich bald und gestehe, daß es mir recht gut schmeckte. Die Tiere waren fettreich und sahen ohne Flügel und Beine geröstet ungefähr wie Fischchen oder Crevetten aus.

Die Jagd auf Großwild war noch immer vergeblich und Farag Allah, der mit einigen Leuten auf Büffel gepirscht hatte, kehrte ohne Beute zurück. Dagegen konnte ich bei den Hütten wenigstens Lachtauben und Perlhühner für die Suppe schießen. Sie pflegen bei Sonnenuntergang in der Nähe von Kultur-feldern zu bäumen, wobei sie durch einige laute Lockrufe ihren Standort ver-raten, sobaß sie leicht zu erlegen sind.

Mittlerweile waren die Boten vom Fürsten Ngérria mit freundlicherm Bescheid als von Mbio zurückgekehrt; er ließ mir nicht nur sagen, daß er mich erwarte, sondern auch, daß er uns später zu Binsa geleiten wolle. Es war nun schon der 18. November und seit dem 12. weilte ich bei Uándo; ganz ernstlich drang ich daher auf die Stellung von Trägern für die Abreise. Schon wieder-holt hatte ich Feró vergeblich gemahnt, sich zu dem Verwalter in die Station zu begeben, jetzt endlich ging er dahin ab und auch dies verzögerte meinen Aufbruch. Da, am Spätabend, als die Leute wieder mit Strohbränden beim Einsammeln der Heuschrecken waren, verbreitete sich plötzlich die Nachricht, Mbios Mannschaft rücke kriegslustig heran, auch sah man alsbald die Leute Uándos spornstreichs nach ihren Hütten laufen. Ich glaubte zwar nicht an die Mär, war aber doch so vorsichtig, für den Fall, daß eine plötzliche Abreise nötig werden sollte, eine Traglast aus den unentbehrlichsten Dingen, nebst den Tage-büchern, herzurichten. Unterdessen kehrte Feró, und zwar mit einer Anzahl Basinger, von der Station zurück, eilte jedoch, um auf das Gerücht hin Kund-schaft einzuholen, direkt gegen Norden. Erst spät in der Nacht, als ich bei hellem Feuer vor meiner Hütte saß, kam er zurück und beteuerte, das Gerücht sei blinder Lärm gewesen. Dies stellte die Ruhe wieder her, nur der Donner

eines Gewitters störte sie mir noch vorübergehend, doch kam es zu keinem aus-
giebigen Regen, denn die Regenzeit neigte sich ihrem Ende zu und die Gewitter
waren in den letzten Wochen schon seltener geworden.

Auch am 19. November wurde es nichts mit der Abreise. Feró gab zwar
vor, er werde jetzt selbst ausziehen, um die Träger herbeizuholen, das war
jedoch, wie ich bald erfuhr, eitel Lüge, denn schon als er mit den Basingern,
die ich zum Einbringen von Proviant ausgesandt glaubte, von der Station
abmarschiert war, hatte er ganz andere, und zwar strafwürdige Dinge im Sinn
gehabt. Seine wirkliche Absicht war nämlich, seinen Vasallenhäuptling Bikó,

Feró läßt Bikó erschießen.

der von ihm abgefallen war und zu Hókua gehalten hatte, zu verderben. Er
hatte über den Mann schon vorher viel mit Hókua verhandelt und ihn unter
anderm angeklagt, er habe in seinem Bezirk Verwüstungen begangen. Diesen
Morgen aber zog er mit der Mannschaft direkt aus, um Bikó zu überfallen,
plünderte dessen Hütten, raubte alles Bewegliche, die Frauen inbegriffen, und
schleppte ihn selbst gefesselt mit. Bikó wollte zu mir fliehen, aber dieser Versuch wurde von seinen Wächtern vereitelt, und abends hörte ich in meiner Nähe
plötzlich mehrere gleichzeitig abgegebene Schüsse, worauf Farag Allah mir
meldete, Feró habe soeben Bikó erschießen lassen. Für einen solchen gewaltsamen
Racheakt waren ihm die Basinger der Regierung, die er sonst gründlich haßte,
ganz genehm und sogar erwünscht.

Nach alledem war ich herzlich froh, nach achttägigem Aufenthalt bei Uándo am 20. November abreisen zu können. Der Marsch, bisher nach Norden gerichtet, ging die nächsten Tage fast genau gegen West. Auf dem Gebiet Ferós, das sich anderthalb Tagmärsche gegen Westen erstreckte, überschritten wir eine Anzahl Flüßchen, die noch dem Jubbo tributär sind und folglich nach Norden fließen, sodaß ich mich auch auf dieser Strecke im Entwässerungsgebiet des Nils bewegte. Noch immer war das Land dicht bevölkert, und zwar lebten unter den A-Sandé zahlreiche A-Mábikolonien, dieselben, welche der Häuptling Bikó gebrandschatzt hatte. Viele von ihnen waren deshalb nach Süden entflohen,

A-Mábikolonie.

seither jedoch wieder zurückgekehrt. Ihre Hütten lagen oft malerisch gruppiert und verteilt in offener, freier Landschaft, der breiten Niederung eines schilf-umrahmten Flüßchens. Doch kamen hier herum auch merkliche Erhebungen, ja selbst Hügelbildungen vor, von denen aus der Blick oft unbehindert weit gegen Norden schweifte; dort sah ich Rauchwolken aufsteigen und man sagte mir, daß diese schon dem Land Mbios angehörten. Die A-Mábi, welche jetzt Feró unterstanden, waren infolge häufiger Unruhen in der eigenen Heimat aus dem Westen hierher ausgewandert und hatten unter den A-Sandé bereits manches von ihrer Eigenart eingebüßt, wie ja auch ihr Bruderstamm, die Niapú, im Süden des Uélle. Das Stammvolk und den Sitz der A-Mábi werden wir erst später näher kennen lernen.

Die Unterkunftshütte für die folgende Nacht war nur klein. Das Gepäck mußte in solchen Fällen, um wenigstens das Bettgestell unterzubringen, eng aufgestaut werden, und selbst dann fand der Tisch, an dem ich abends gern arbeitete, keinen Platz. Am folgenden Tag trafen die neuen Träger so spät ein, daß wir wieder erst gegen Mittag abmarschieren konnten, indes war ich ja schon froh, wenn ich überhaupt vorwärts kam, und dann schadete ein später Aufbruch jetzt nicht so viel, da wir nicht mehr, wie früher, Regen zu befürchten hatten. Feró begleitete mich persönlich, er hatte jedoch fortwährend etwas in den Niederlassungen am Weg zu thun, sodaß er immer weit zurückblieb, auch beim Aufbruch aus dem Nachtlager sah ich ihn nicht. Der westliche Grenzbezirk seines Gebiets, den wir nun durchzogen, hatte im Gegensatz zu den frühern Strecken sehr markierte Bodenschwellungen, die sich zu ganzen Hügelreihen zusammenschlossen und in dem Bergrücken Saba ihren höchsten Ausdruck fanden; doch erreicht dieser kaum die relative Höhe von 600 Fuß. Auch die Wasser-läufe nahmen ein anderes Aussehen an, denn es herrschen hier wieder die tief ins Erdreich eingeschnittenen Galerienwaldungen vor. Außer den A-Sandé leben noch A-Mâdi im Grenzbezirk. Die Grenze aber zwischen Feró's und Ngérria's Gebieten ist zugleich die Scheidungslinie zwischen den Zuflüssen zum Jubbo und solchen, die gegen Südwest zum Mbrúole fließen, sodaß ich auch hier wieder die Nil-Kongowasserscheide überschritt, denn an mehreren der folgenden Tage kreuzte ich lauter Flüsse, die dem Mbrúole angehören. Jenseits der Grenze und der Wasserscheide wandte sich auch der Marsch, und zwar nach Südwest, bis bald darauf das Nachtlager auf Ngérria'schem Gebiet erreicht war.

Am 22. November verlor ich hier durch neue Trägerfatalitäten abermals einen Tag, obgleich der Häuptling Makarú, bei dem ich nächtigte, den besten Willen zeigte, seine Leute zum Tragen des Gepäcks zu bewegen, und auch genug Leute sich eingefunden hatten; sie waren eben nur neugierig, mich zu sehen, rührten aber keine Hand, um eine Last aufzunehmen. Ich redete ihnen lange geduldig zu, aber als alles vergebens war, riß mich doch endlich der Zorn hin und ich gab dem Kerl, der mir zunächst stand, eine derbe Ohrfeige. Dann schrie ich ihnen zu, sie sollten sich packen und sich nie mehr bei mir blicken lassen. Nun erboten sich die Leute wohl, die Sachen zu tragen, ich wies sie jedoch schnöde ab: ich bedürfe ihrer nun nicht mehr und ihr Fürst, der mich zu sich eingeladen, werde mir schon Träger verschaffen. In der That hatte ich unterdessen bereits Ngérria darum ersuchen lassen, und das hatte den uner-warteten Erfolg, daß die Träger mit ihren Häuptlingen schon am selben Abend eintrafen. Ich schlief in dem beruhigenden Gefühl ein, wenigstens am folgenden

Tag weiterreisen zu können, um so mehr, als die Leute in der Nähe übernachteten, der Abmarsch daher schon frühzeitig erfolgen konnte.

Der Weg im Land Ngérrias führte heute wieder annähernd gegen Westen; da sich jedoch solche Wege in bevölkerten Landstrichen nach den Ansiedlungen richten und von einer Niederlassung zur andern führen, so bog er oft ab und machte bedeutende Umwege. Denn auch Ngérrias Gebiet war so reich bevölkert, daß Reihen von Siedlungen fast allen Gewässern entlang zogen und die Kegeldächer der A-Sandéhütten, deren manche eine hohe, sehr spitze Form hatten, überall aus dem Gras hervorragten. Zwischen den Flüßchen liegen auch hier breitrückige Erhebungen, doch ohne die Vielgestaltigkeit der Falten- und Hügel-

Berg Saba.

bildung, wie sie im Grenzbezirk Ferós als Ausnahme für diese ganze Gegend beobachtet wird. Indes gestattete auf halbem Weg ein flacher, breiter Hügel eine weite Fernsicht gegen Süden, wo eine Stunde weit entfernt eine Reihe von hohen Bäumen, die Ufervegetation des Mbrúole, zu erblicken war. Schon bald nach Mittag erreichten wir, von vielen Neugierigen begleitet, die sich unterwegs angeschlossen hatten, den Mbanga (Versammlungsort) Ngérrias. Dort aber erwartete mich der Fürst mit seinem zahlreichen Anhang in einer geräumigen offenen Halle mit Giebeldach. Gern hätte ich mich sofort der Reisekleider entledigt und mich durch mein tägliches Bad erfrischt, doch opferte ich gewohntermaßen meine Bequemlichkeit der allgemeinen Neugier, indem ich nach den Begrüßungen mit Ngérria und während ich ihm die übliche und erwartete Ansprache verdolmetschen ließ, den Versammelten volle Zeit gab, mich anzustaunen. Ngérria, der Bruder Uándos, Mbios und Málingbes, war Uándo

ähnlich, doch jünger und, obwohl sehr gut genährt, nicht so beleibt. Im Mbanga
harrten schon Boten von Binsa mit der Meldung, daß er mich bei sich erwarte.
Dann geleitete mich Ngérria zu den eigens für mich erbauten, überraschend
geräumigen Hütten, wo ich indes vor allem noch dem Wunsch des Fürsten und
seiner nähern Umgebung genügen und sogleich meine Herrlichkeiten auskramen
mußte; klangen doch die Losungsworte „Kunbi" (A-Sandé-Ausdruck für Musik)
und „Kitab" (Buch) auch hier schon von Mund zu Mund.

Ngérrias Unterthanen waren gewohnt, täglich seinen Mbanga zu besuchen.
Dies kam daher, daß der derzeitige Sitz des Herrschers schon längere Jahre
an demselben Ort bestand, da in dem günstig gelegenen Bezirk, der auch früher
von den Handelszügen der Nubier nicht berührt worden war, ausnahmsweise
Frieden herrschte. Bei Uándo und Feró dagegen verstörten noch die jüngsten
Kriegsereignisse die Einwohnerschaft, dort war also auch der Mbanga nur provisorisch und wurde unregelmäßig besucht; ähnliches war ja auch noch dermalen
bei der neu gegründeten Ansiedlung Nbórumas der Fall. Bei Ngérria trug mit-
hin der Mbanga so recht das Gepräge alter und noch bestehender Gebräuche
des A-Sandévolks. Ein großer, freier, sorgfältig von Gras gereinigter Platz
lag etwas abseits der Hütten; in seiner Mitte stand ein weithin schattender
Baum, unter dem die Versammlungen stattfanden. Die Halle selbst stand seitwärts und wurde meist nur bei ungünstigem Wetter benützt. Vor allem aber
sind an solchen Versammlungsplätzen die meist auf zwei Seiten aufgestellten,
leichten Holzgerüste bemerkenswert. Sie bestehen aus eingerammten Pfählen, an
denen horizontal laufende Stangen, in Abständen übereinander gebunden, ein
sehr großmaschiges Gitterwerk bilden, welches den Besuchern des Mbanga zum
Aufhängen und Anlehnen der Schilde und Lanzen dient. Da nun die A-Sandé
ihr Kriegsgerät meist mit sich führen und hier abstellen, gewinnt ein solcher
Versammlungsplatz bei zahlreichem Besuch infolge des vielen Waffenschmucks ein
eigenes und volkstümliches Gepräge. Bei den Mangbattu halten es die Höhergestellten unter ihrer Würde, auf dem flachen Boden zu sitzen und bringen daher,
wie ich mitgeteilt habe, häufig ihre Sitzbänke mit; bei den A-Sandé dagegen
sitzt nur der „Bia" auf einem Schemel, seine Unterthanen aber hocken auf dem
Erdboden; doch legen sich die Häuptlinge oft ihre umgehängten Antilopenfelle
unter, namentlich die der geschirrten Antilope, oder kleine Matten, während sich
die übrigen zu diesem Zweck einige Blätter, Laub oder ein Stück Holz aus der
nächsten Nähe holen. Der geregelte Verkehr im Mbanga Ngérrias war auch
mir äußerst genehm, denn so wurde ich nicht rücksichtslos bei meinen Hütten
belästigt und war mehr Herr meiner Zeit; dagegen begab ich mich nachmittags

Verſammlungsort bei Aſtria, Gezeichnet von L. H. Fiſcher.

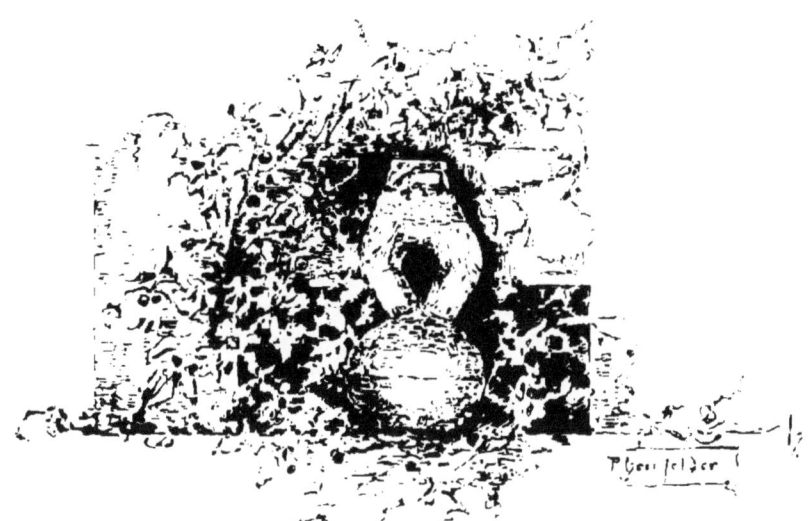

Bierhumpen der A-Sandé.

mit meinen Sehenswürdigkeiten gleichfalls zum Mbanga. Ngérria zeigte viel Verständnis und Interesse; auch weilte er, doch nur mit seinen Vertrautesten, oft bei mir, wobei es nicht ohne kleine Geschenke abging. Am meisten freute er sich, als ich ihm einen blau emaillierten eisernen Krug zum Trinken von Merissa schenkte, den er bei mir gesehen und sich sehr gewünscht hatte. Nur fiel es ihm schwer zu glauben, daß sich zwischen dem blauen äußern und dem weißen innern Email ein Kern von Eisen befinde, bis ich ihn durch schadhafte Stellen an gleichartigem Eßgeschirr davon überzeugte. Die A-Sandé verfertigen außer den großen Thongeschirren für Wasser und Merissa auch solche von annähernd gleicher Form, aber kleiner, bis zur Größe einer kleinen Kaffeetasse; sie ersetzen ihnen neben den verschiedenen Holzschüsseln für den fertigen Mehlbrei im Haushalt alles Geschirr. In solchen wird sowohl der Brei, als auch in den kleinern die Zukost gekocht, und zugleich dienen sie als Schüssel für diese Speisen. Der obere Rand steht, besonders bei den mittelgroßen und kleinern Gefäßen, häufig aufwärts oder ist nach außen geschweift, um das mit Zukost gefüllte Geschirr mit einigen großen Blättern bedecken und verbinden zu können. Die Töpferkunst der A-Sandé, welche keiner Drehscheibe bedarf, ist aber damit noch lange nicht erschöpft, denn außer jenen Koch- und Wassergefäßen, die in jeder Hütte stehen, finden sich in den Haushaltungen der Häuptlinge noch Trinkgefäße aus

Thon von sehr mannigfaltigen Formen, besonders für Bier. Einen bemerkens-
werten Bierhumpen von 1½ Fuß Höhe mit doppeltem Hals zeigt die beistehende Abbildung. Doch auch kleine, thönerne Wasserflaschen, in Form und
Größe unsern flachbauchigen Karaffen für Sherry und Portwein vollkommen
ähnlich, kommen, wiewohl seltener, bei den A.-Sandé vor; ihre Bestimmung ist,
dem Häuptling genau einen Trunk Wasser zu bieten. Ich benützte sie in spätern
Jahren für flüssigen Honig oder Käsemilch, und auch die einheimischen Koch-
geschirre fanden in meinem Haushalt Verwendung.

Obwohl mein Aufenthalt bei Ngérria von vornherein auf mehrere Tage
bemessen war, verzögerte sich doch auch dann die Abreise; indes war mir dank
der Geräumigkeit und Wohnlichkeit der Hütte, nach so vielen armseligen Behausungen während der letzten Monate, dieses längere Verweilen nicht unangenehm.
An der Verzögerung meiner Weiterreise waren zum Teil lügenhafte Gerüchte
schuld. Einmal hieß es, Mbio habe Binsa ein Bündel Lanzen übersandt; dies
ist aber Brauch bei den A.-Sandé, wenn sie einen Nachbarstaat zum Kriegs-
bündnis gegen einen dritten auffordern, in diesem Fall natürlich gegen meine
Wenigkeit. Neue Boten Binsas bestritten zwar die Wahrheit dieses Gerüchts,
aber trotzdem wurde der Fall in langem Palaver verhandelt und Ngérria blieb
auch nachher noch mißtrauisch. Dann wieder wurde das Gerücht laut, Binsa
sei in friedlicher Absicht, um mich abzuholen, hierher unterwegs, und dies veranlaßte einen neuen Aufschub, um ihn zu erwarten. Auch die Antwort Bohndorffs wollte nicht kommen, und als sie schließlich eintraf, wurde sie zu einem
dritten Hemmschuh, denn ich erfuhr zu meiner großen Überraschung, daß Nbóruma mir mit seiner Streitmacht entgegenziehen wolle, da sich auch dort das
Gerücht von bevorstehenden Feindseligkeiten verbreitet hatte. All dies machte
Ngérria unschlüssig, während ich darauf bestand, es seien schleunigst Boten an
Nbóruma zu senden, um seinen bewaffneten Anmarsch zu verhindern. Mein
Vorschlag veranlaßte lange Unterhandlungen im Mbanga und die Boten gingen
erst am folgenden Tag ab, mit dem Bescheid, Nbóruma solle, falls er schon
unterwegs sei, kehrt machen und Ngérria werde mich mit seinen Leuten persönlich geleiten, und zwar nicht durch den Distrikt Binsas, gegen den er in
Mißtrauen befangen blieb, sondern auf anderm Weg. Auch noch andere Lügen-
gerüchte über mich, welche die Zeit her bei Nbóruma eingelaufen waren, teilte
mir Bohndorff mit. Unter anderm sollte ich bei Mambangá vollständig ausgeraubt worden sein; manche ließen mich selbst in Gefangenschaft schmachten,
und diese Übertreibungen und Entstellungen fanden ihren Weg nicht nur nach
Chartum, sondern sogar in europäische Zeitungen. Der Gleichmut, den ich unter

all ben Erlebniſſen zu wahren ſtrebte, hielt wohl zumeiſt ſtand, doch blieben mir auch Aufregungen nicht erſpart, welche gelegentlich ſo weit gingen, daß mich ein, glücklicherweiſe vorübergehendes, nervöſes Leiden befiel. Ngérria ſeiner- ſeits glaubte, offenbar indem er von ſich auf mich ſchloß, mein leibliches Wohl am beſten durch reichliche Zuſendung von Meriſſa zu fördern; nur irrte er darin, daß er dieſe auch meiner Ernährung zu Grunde legte und mit eigentlichen Lebensmitteln nur zu ſparſam war; immerhin kam das nahrhafte Bier wenigſtens meinen Dienern zu gute. Dagegen machte mir der Fürſt zwei große und vier kleinere Elefantenzähne zum Geſchenk; freilich waren ſie trotz ihres bedeutenden Werts für mich wertlos, denn Elfenbein iſt Regierungsmonopol, und ſo hätte ich es ausliefern müſſen; ich ließ es daher bei der Abreiſe aus Mangel an Trägern einfach zurück. Auch ſpäter brachten mir die Häuptlinge noch oftmals Elfenbein dar, doch wies ich es ſtets ab und erbat mir dafür einheimiſche Gegenſtände für die ethnographiſche Sammlung oder brauchbare Felle aus ihrer Jagdbeute. Beinahe hätte ich vergeſſen, unter meinen kleinern Sorgen hier noch anzuführen, daß einer meiner Eſel ſchon bei Uándo fußlahm geworden war und bis zu Ndóruma nur hinkend nachkam; zu meiner Freude wurde er dort bald wieder geſund.

Am 28. November erfolgte endlich nach fünftägigem Aufenthalt bei Ngérria die Weiterreiſe. Die Mittagsſtunde war längſt vorüber, aber trotzdem waren wir noch nicht vollzählig, denn die im Mbanga verſammelte, eifernde Menge konnte ſich vom endloſen Palaver nicht losreißen und Ngérria folgte deshalb mit ſeinem großen Anhang erſt ſpäter nach. Die Richtung des Wegs hatte ſich geändert und wir zogen jetzt in weiter Bogenlinie gegen Norden. Das lang- gewellte, einförmige Gebiet war im Savannenwald hier ärmer an fließenden Gewäſſern als früher, und es wurde nur ein Zufluß des Tau gekreuzt, aller- dings ein 10 Schritt breiter und 7 Fuß tiefer. Ein kräftiger Baumſtamm, von dem ſchäumenden Waſſer beſpült, diente als primitive Brücke; mit Stöcken voraustaſtend, ſchritten wir behutſam hinüber. Die ungeſchulte und dabei unbändige Trägerſchar, ſelbſt wenn ſie klein war, zuſammenzuhalten, ward mir auf allen dieſen Reiſen oft unmöglich, und ſo geſchah es auch heute, daß die Leute auseinanderkamen und dann verſchiedene Wege einſchlugen. Ich muß dies eigens einmal hervorheben, und zwar hauptſächlich, weil mir bei ſolchen Gelegen- heiten, zur Ehre der A-Sandé ſei es geſagt, niemals auch nur ein Gepäck- ſtück entwendet worden iſt. Auch wenn einige Träger auf anderm Weg oder nach einem Aufenthalt unterwegs erſt ſpät bei mir im Lager eintrafen, ja ſelbſt wenn ich zurückgelaſſenes Gepäck erſt an den folgenden Tagen erhielt, fand ich

es immer unberührt und in gutem Zustand. Auch heute also hatte uns eine
Anzahl Träger gesucht und erreichte erst nach Sonnenuntergang das Lager.
Wurde es aber spät oder fehlte zur gewohnten Zeit noch das Kochgeschirr,
dann ließ ich nach ermüdendem Marsch nicht erst noch eine zeitraubende
Mahlzeit bereiten, sondern einige abgekochte Bataten (A-Bangbá der A-Sandé)
bildeten für jedermann das frugale Nachtmahl. Ngérria hatte uns an jenem
Tag nicht eingeholt, doch traf er mit seiner Mannschaft schon früh am
folgenden Morgen im Lager ein, das bei Hütten seiner Unterthanen aufgeschlagen war. Mittlerweile verbreitete sich wieder einmal das Gerücht, Binfa
ziehe mir, jedoch in friedlicher Absicht, entgegen. Sein Bezirk lag nordwestlich von

Haarputz eines A-Sandé. Nach einer
Zeichnung von Dr. G. Schweinfurth.

unserm Nachtlager, wogegen Ngérria
mich von hier aus auf anderm Weg
direkt auf Nbóruma'sches Gebiet zu
geleiten dachte. Und in der That
wurde diesmal das Gerücht zur Wahrheit, denn ehe noch der Weitermarsch
erfolgte, traf Binfa wirklich ein und
nötigte mich dadurch, den Weg durch
seinen Bezirk zu nehmen; zugleich erfuhr ich, daß an der nördlichen Grenze
seines Gebiets Nbóruma denn doch
mit seiner Kriegsmacht ein Lager bezogen habe und mich erwarte. Unverzüglich sandte ich ihm also abermals
Boten, um nach Möglichkeit allen

Mißverständnissen vorzubeugen und etwaige Feindseligkeiten im Grenzgebiet zu
verhüten; dann aber drängte ich zum Aufbruch, während Ngérria mit seinen
Leuten den Rückmarsch antrat.

Binfa, der noch jugendliche Sohn Málingbes, hatte im Vergleich zu den
ältern A-Sandéherrschern wenig Würdevolles und war das Urbild der echten
A-Sandéstutzer der jüngern Generation; denn auch an Gecken fehlt es gerade
diesem Volk nicht. Statt der wiederholt erwähnten merkwürdigen Einfachheit
der ältern Fürsten, die gar keinen Zierat an sich leiden und selbst das Haar
nur einfach geordnet, höchstens in dünnen Flechten nachlässig am Kopf herab-
hängen lassen, sieht man bei dem fürstlichen Nachwuchs oft das gerade Gegenteil. Viele dieser Herrchen verwenden eine reiche Auswahl einheimischer Erzeugnisse,
um ihre geschniegelte Erscheinung ins rechte Licht zu stellen. Mit staunens-

werter Sorgfalt und in größter Mannigfaltigkeit werden namentlich die Haarfrijuren aufgebaut, eine zeitraubende Arbeit, der sich aber die gefallsüchtige
jüngere Männerwelt der bevorzugten Klassen geduldig unterwirft. Alles, was
die Damenwelt unserer Kulturländer in dieser Richtung leistet, bleibt weit zurück
hinter dem zusammengekünstelten Formenreichtum dieser Haarphantasmen. Die
aufgetürmten Haartoupets oder in Flechten eng um den Kopf her geschmiegten
Touren, deren Enden kranzförmig lang herabwallen, sind oft noch mit einzelnen Kaurimuscheln oder von den Nubiern erhaltenen
Perlen, umwundenen Kupferplättchen u. dgl.
geschmückt. Sehr beliebt ist ferner ein Stirnschmuck von aufgereihten Hundszähnen und
solchen von kleinen Waldtieren, während verschiedenartige feine Ringe aus Kupfer, Eisen,
Perlen und noch mancherlei den Hals umgeben. Das Kostbarste und für den A-Sandé
Wertvollste ist aber ein tief auf die Brust
herabhängender Schmuck aus Elfenbein. Er
besteht aus 30 bis 40, 4 bis 6 Centimeter
langen, nach der Größe geordneten und
nach unten konisch auslaufenden Cylindern.
Sie sollen die Zähne von reißenden Tieren
darstellen, besonders von Löwen, die nur
sehr vereinzelt zu erlegen sind. Dabei mag
erwähnt sein, daß der Löwe im Verhältnis
zum Leoparden im ganzen A-Sandégebiet
selten ist, wogegen wiederum in jenen Landteilen, die der Löwe vorzugsweise bewohnt,

Sandéstutzer. Nach einer Zeichnung
von Dr. G. Schweinfurth.

der Leopard seltener vorkommt. Daß die Eingeborenen mit ihren primitiven
Werkzeugen, also in äußerst mühsamer und schwieriger Weise, so kunstreiche
Gegenstände, wie jenen Elfenbeinhalsschmuck der A-Sandé oder die bei den
Mangbattu erwähnten langen Elfenbeinstifte für das Haar u. dgl. m. herzustellen wissen, zwingt uns gerechtes Staunen über ihre zähe Ausdauer bei der
Bethätigung ihres Kunstinstinkts ab. Übrigens besitzen heute nur noch wenige
Auserwählte solche Produkte besserer einheimischer Industrie, die einer frühern,
man könnte sagen, klassischen Zeit angehören, denn der Eingeborene verlernt
nach und nach Wertvolles zu arbeiten, das ihm ja doch von den fremden Ein-

bringlingen genommen wird. Doch, um die Schilderung des A-Sandéschützers
zu vollenden, sei noch das Strohhütchen erwähnt, das, sofern die Form der
Haarfrisur es erlaubt, keck auf den Scheitel gesetzt wird und mit einem kleinen
herabwallenden Federbusch aus Hahnenfedern geschmückt ist, welche, um im Wind
flotter zu flattern, der Länge nach durchgerissen sind. Schließlich wird oft, um
den Effekt der ganzen Erscheinung noch zu erhöhen, der Körper mit dem Pulver
des roten Farbholzes bestreut oder mit Gardeniasaft bemalt.

Der Weg vom Nachtlager am Tau führte bis zu dem diesem ebenbürtigen
Fluß Makussá gegen Nordwest; beide Gewässer speisen nach ihrer Vereinigung
den Mbrúole. Das bewohnte Gebiet Ngérrias hört aber mit dem Makussá auf
und es folgt nun gegen Westen menschenleere Grenzwildnis. Die Ansiedlungen
von Binsas Unterthanen erreichten wir jedoch erst nach mehreren Stunden,
worauf endlich, lange nach Sonnenuntergang, genächtigt wurde; am Sitz des
Herrschers trafen wir erst am folgenden Morgen, den 30. November, ein. Die
Gegend war gleichförmig flach, aber von einer großen Zahl dem Makussá zu-
strömender Flüßchen durchzogen. Der Regen hatte hier längst aufgehört und
das Gras der höhern trockenen Stellen war von der Sonne verdorrt, daher
auch vielfach abgesengt; dies erleichterte unsern Marsch und verlockte zugleich
die Eingeborenen, an manchen Stellen scharenweise neben mir einherzuziehen,
um mich sehen und die für sie fremde Erscheinung der Esel bewundern zu
können. Unterwegs kamen uns zwei mir bekannte Häuptlinge Ndórumas entgegen, eilten jedoch bald wieder zu ihm zurück, um zu melden, daß sie mich
leibhaftig getroffen, denn dort schien man in der That an meiner Existenz und
Rückkehr zu zweifeln. Wir berichteten sie vorher, die Kriegsmannschaft würde
nun sogleich umkehren, Ndóruma aber mit seinen Getreuen mir zu Binsa entgegenkommen.

Zum Verständnis des Folgenden muß ich hier an früher Berührtes anknüpfen
und dabei Neues einschalten. Es wird dem Leser erinnerlich sein, daß Osman
Bédaui, der Anführer der Nubier, auf seinem Zug nach Süden zu Bakangái bei
Binsa Leute und Elfenbein zurückgelassen hatte. Damals schon waren Klagen über
Eigenmächtigkeiten des Sohns Málingdes laut geworden. Osman Bédaui war
mittlerweile mit dem Elfenbein heimgezogen, hatte jedoch einige Negersoldaten mit
Gewehren und mehrere Körbe mit Tauschware, hauptsächlich Perlen, für die nächst-
jährige Reise nach Süden bei Binsa gelassen. Dieser hatte später, angeblich wegen
Widersetzlichkeit und Räuberei der Söldlinge, ihnen die Gewehre abgenommen,
worauf sie entflohen und mit ihren Klagen zu Ndóruma gekommen waren.
Auch sollte sich Binsa die zurückgelassene Tauschware Osman Bédauis angeeignet

haben. Das alles hatte ich schon vor meinem Zusammentreffen mit Binsa erfahren, und besonders dieser Umstände wegen trauten weder Nbóruma noch Ngérria dem Frieden mit Binsa und fürchteten für meine Sicherheit. Als dann der junge Bursche, durch das Herannahen der Streitmacht Nbórumas, sowie durch mein Erscheinen und durch sein eigenes schlechtes Gewissen geängstigt, mir sehr furchtsam und unterwürfig entgegentrat, zeigte ich ihm schon bei dem Zusammentreffen, wiewohl ohne der Thatsachen zu erwähnen, meinen Unwillen. Die Angelegenheit kam aber im Mbanga Binsas bald zur Sprache, und zwar begann er von selbst sich rechtfertigen zu wollen und bat mich sogar, die den Basingern abgenommenen Gewehre für die Regierung zu übernehmen, was ich jedoch entschieden ablehnte. Daß Osman Bébaui Ware zurückgelassen, die er sich angeeignet, leugnete Binsa ab, obgleich die schlagendsten Beweise dafür vorhanden waren. Die zahllosen Frauen des thörichten Gecken, die aus Neugier sehr bald zu mir kamen, waren nämlich mit Perlen und Kupferringen derart überladen, wie ich es weder früher noch später jemals gesehen. Dicke Bündel von Perlen, wie sie nur im Großhandel vorkommen, hatten die einfältigen Schönen, statt sie zu verbergen, sich um den Hals gewunden. Da war denn die Schuld Binsas offenbar genug, denn solche Mengen hatte er schwerlich von einem Nubier zum Geschenk oder als Ersatz für sein Elfenbein erhalten.

Abends kam zu meiner freudigen Überraschung Dsumbe an, mein braver Maugbattudiener, den ich seinerzeit nach einem schweren Darmleiden in Lacrima zurücklassen mußte. Er war Nbóruma vorausgeeilt und glaubte, daß auch dieser noch heute eintreffen werde, doch bezog mein Gönner mit seiner Begleitung unfern von uns ein Nachtlager. Dsumbe aber erzählte mir nun noch spät allerlei kleine Begebenheiten, die sich während der verflossenen Monate in meinem ersehnten Heim zugetragen hatten. Sie gipfelten für ihn in einem lebensgefährlichen Abenteuer, das er selbst bestanden und das er mir deshalb mit jugendlichem Eifer und Stolz berichtete. Eines Abends schlenderte er nämlich mit dem Mausergewehr dem Waldrand am Uérre entlang, als noch in nächster Nähe der Station, nur wenige Schritt von ihm entfernt, plötzlich ein stattlicher Büffel, der wohl von unserm Tränkplatz kam, aus dem Waldesdickicht trat. Dsumbe war starr vor Schrecken, während der Büffel nach einigen Sätzen schon mit gesenktem Gehörn vor ihm stand. Da erst, ohne daß er angeschlagen oder recht gezielt hätte, krachte sein Schuß und rettete ihm das Leben, denn das Tier sank töblich getroffen zu seinen Füßen nieder.

Der 1. Dezember bei Binsa bleibt für mich ein zweifacher Erinnerungstag. Unter diesem Datum hatte ich ein Jahr vorher Kairo verlassen und ich durfte nun nach so kurzer Frist auf die Ergebnisse meiner Reisethätigkeit befriedigt zurückblicken. Zugleich aber feierte ich heute das Wiedersehen mit Ndóruma. Ich lag noch im Morgenschlaf, als mir Farag Allah dessen Ankunft meldete, und schon stand auch mein schwarzer Freund an meinem Lager, ungeduldig mich zu sehen und sichtlich erfreut, mich noch unter den Lebenden zu finden. Natürlich gab es nun beiderseits viel zu erzählen, und so saßen wir denn bald im Schatten meiner Wohnhütte beisammen, umgeben von einigen seiner Brüder, seinen Häuptlingen und dem übrigen Gefolge. Ich freute mich, wieder bekannte Gesichter zu sehen, der Verdruß, den sie mir früher so manchesmal bereitet, war vergessen und die Kundgebungen meiner Freude über das glückliche Wiedersehen schienen in der Brust der braunen Gesellen ein Echo zu wecken. Auch meine alte Köchin Saida war mir mit einigen Frauen Ndórumas entgegengezogen und zeigte sich froh, daß sie nun wieder für mich würde wirt- schaften können. Auf dem Mbanga Binsas wurden dann später die üblichen Reden gehalten, wobei er beteuerte, er hätte niemals feindliche Absichten gehabt und alle derartigen Gerüchte, auch die ihm unterlegte Gemeinschaft mit Mbio, wären grobe Lügen. Ich machte ihm trotzdem die verdienten Vorwürfe über seine Eigenmächtigkeit gegen die vertriebenen Regierungssoldaten und äußerte, daß die „Hokuma" schwerlich dazu schweigen werde. Er überredete dann Ndóruma, die Gewehre und dazu 40 Patronen zu übernehmen, denn er wünschte von seiner Schuld möglichst entlastet zu sein. So heiterten sich auch hier die noch vor wenigen Tagen so trüben Aussichten zu allgemeiner Zufriedenheit auf, Ruhe und Frieden waren gesichert und alle Parteien befanden sich alsbald in freudigster Stimmung.

Inzwischen war es Abend geworden und da Saida, die Meisterin der edlen Kochkunst, nun wieder bei mir war, so ließ ich kochen und braten, was ich eben beschaffen konnte, und that sogar noch einen kühnen Griff in den Rest meiner sorgsam gehüteten Vorräte. So bewirtete ich Ndóruma, und auch meine Diener genossen wieder einmal die Küche der Civilisation. Dann zog am dunklen Firmament ein Heer von Sternen in leuchtender Pracht auf, während um mich her zwischen den Hütten die zahlreichen Lagerfeuer der Leute Ndórumas aufloderten, und da fühlte ich mich nach einer langen Zeit voll Aufregungen jeder Art das erste Mal wieder zufrieden und so recht behag- lich. Was Wunder, daß ich zur Feier eines solchen Tags selbst die einzige auf dieser Reise mitgeführte und bisher ungeöffnete Flasche Cognac entkorken ließ? Ich trank etwas davon mit Wasser, überließ aber den Löwenanteil Ndóruma, der das „Feuer", wie die Leute es nannten, mit Wasser gemischt, voll Behagen

Plumpes Rothschuß. Gezeichnet von Fr. Rheinfelber.

ſchlürfte und in kleinen Mengen brüderlich auch an ſeine Untergebenen verteilte.
Die leere Flaſche aber erhielt Binſa, der darum gebeten.

Unſer Abmarſch von Binſa am 2. Dezember verzögerte ſich dadurch, daß
nach echtem A-Sandébrauch die ganze Mannſchaft Nbórumas erſt noch von
dem Landesherrn gaſtlich abgefüttert wurde. Dies iſt ſowohl bei friedlichen
Durchzügen üblich, wie auch bei den Reiſen einzelner Leute, die als Boten zu
einem Häuptling kommen. Die Unterlaſſung der hergebrachten Sitte oder kärg-
liche Bewirtung wird nicht nur als Geiz des Beſuchten gerügt, ſondern kann
unter Umſtänden auch als Beleidigung für den Abſender der Boten gelten.

Der Handel bei den A-Sandé unter ſich und bei den meiſten hier in Frage
kommenden centralafrikaniſchen Völkern nördlich vom Äquator beſchränkt ſich
höchſtens auf gelegentlichen Tauſch einzelner Wertobjekte, noch viel weniger kennt
der Eingeborene den Handel mit Nahrungsmitteln. Jeder Unabhängige, d. h. nicht
Diener oder Sklave, der Weiberhände zur Arbeit hat, denn die Feldarbeit liegt
in der Hand der Frauen, bebaut ſein Feld und erntet für ſich. Der durch-
reiſende Fremde aber genießt hier, wo der Verkehr z. B. im Vergleich mit dem
der großen Karawanenſtraßen von der Oſtküſte ins Innere ein äußerſt geringer
iſt, volle Gaſtfreundſchaft. Erſt eine regere Frequenz und von außen eingeführter
Handel bei geregelter Regierungsform kann dieſe Verhältniſſe ändern; einſtweilen
ſieht ſich der einzelne Reiſende beim Verſuch, etwas käuflich zu erwerben, ohnmächtig, und die Nahrungsquellen für ſich und ſeine Leute bald vollſtändig
unzugänglich, denn dem Eingeborenen fehlt hier jeder Maßſtab zur Schätzung
unſerer Wertgegenſtände. Nur dem einmal beſtehenden Gebrauch folgt er willfährig, gegen jede Neurung aber, wenn ſie auch zu ſeinem Vorteil gereicht,
zeigt er ſich halsſtarrig. Dort, wo ich bei ſchmaler Koſt gezwungen war,
Nahrungsmittel energiſch zu verlangen, erhielt ich ſie meiſtens; gelegentliche
Verſuche jedoch, etwas käuflich zu erwerben, ſcheiterten faſt immer, und oft
ſträubten ſich ſelbſt die Landesherren dagegen, wenn ich von ihren Unterthanen
Nahrungsmittel einzuhandeln ſuchte. Erſcheinen auf dem Mbanga eines Häuptlings zahlreiche Gäſte, wohl gar, wie in unſerm Fall, in der ſeltenen Begleitung
ihres Fürſten, ſo iſt es Brauch, das zugetragene Eſſen dem Angeſehenſten, hier
alſo Nbóruma, vorzuſetzen, der es dann den einzelnen Gruppen ſeiner Leute
zuteilt. Um aber ſo maſſenhafte, ſchon zubereitete Speiſe herbeizuſchaffen, läßt
der Wirt an ſeine Häuptlinge und Unterthanen weithin den Befehl ergehen,
das Erforderliche — den Mehlbrei auf Holzſchüſſeln, die verſchiedenartige Zu-
koſt (Blätterſaucen, Termiten, Seſam, Kürbiskerne, gedörrtes und gekochtes
Fleiſch u. dgl.) in kleinen verbundenen Töpſchen — zur beſtimmten Zeit nach

.bem Mbanga zu schaffen. So kamen auch jetzt in den Morgenstunden ganze
Züge von Leuten aus verschiedenen Himmelsgegenden mit zubereiteten Speisen
heran. Binsa besichtigte dann das Herbeigebrachte abseits bei seinen Hütten,
worauf alles, gewiß zur Freude der vielen hungrigen Magen, im weiten Kreis
vor Nbóruma niedergestellt wurde. Erst als der ganze Mundvorrat beisammen
war, brachten einige Diener die geschlossenen Töpfchen mit der Zuspeise dem
Fürsten näher, der dann mit dem Finger den Blätterverschluß durchbrach, sich
von der Art des Inhalts überzeugte und nun nach eigenem Ermessen die
Schüsseln mit Mehlbrei und die Zukost den Gruppen seiner Leute zustellen
ließ. Zu solcher Verteilung gehört freilich Übersicht und Berechnung, damit
allen mit möglichst gleichem Maß gemessen werde. Daher läßt der Umsichtigere
vorsichtshalber oft anfangs einige gefüllte Schüsseln noch bei sich stehen, um
auch etwaige Nachzügler zu befriedigen oder die kärglicher Bedachten nachträglich entschädigen zu .können. Dabei muß ich eigens betonen, daß bei solchen
Abspeisungen von Hunderten, die oft nicht wenig ausgehungert sind, ein ganz
bemerkenswerter Grad von Ruhe, Ordnung und Anstand herrscht; das Hasten,
Stoßen und Drängen, das der satte und gesittete Kulturmensch beim Erstürmen
eines Büffetts nicht lassen kann, kennt der ungesittete Schwarze hier nicht, und
wenn er sich so geberdete, würde er sich der Rüge und dem Gelächter aller
Anwesenden aussetzen. Nie wird sich z. B. jemand unaufgefordert zum Mit-
essen an eine Schüssel drängen, und doch erfolgt selbst bei kärglich bemessener
Kost oft die Einladung an Abseitsstehende, nur immer zuzugreifen. Diese eigentlich
doch edlere Herzensregung, die auf Mitgefühl und freilich auch auf ein gut Teil
Fatalismus zurückzuführen ist, mußte ich, wenn auch ungern und mit einem
Gefühl der Beschämung, bei meinen eigenen Dienern oftmals rügen, wenn
sie, selber nur kärglich bedacht, auch das wenige noch mit zufällig Hinzu-
gekommenen teilten. Dabei wolle der Leser jedenfalls im Auge behalten, daß das
soeben Gesagte heidnische Neger betrifft, denen die in dieser Hinsicht vom Islam
gegebenen Vorschriften noch fremd waren.

Doch kehren wir zu den letzten Reisetagen zurück, die mich noch von
meiner Station trennten. Binsas Wohnsitz lag auf der im gleichförmigen Land
kaum durch eine merkliche Bodenerhebung ausgesprochenen Wasserscheide des
Mbrúole, dessen Zuflüsse wir nun hinter uns gelassen, und des Gurba. Bis
zu diesem, der am letzten Reisetag überschritten wurde, durchziehen noch neun
ihm tributäre Gewässer das Gebiet, doch boten die wenigsten solche Schwierigkeiten wie die Flüsse im Süden. Die Jahreszeit war eben günstiger geworden,
seit Wochen schon war hier kein Regen gefallen und wir fanden manche Sümpfe

ausgetrocknet. Die Richtung des Wegs lief nun bis zur Station Lacrima gegen Nord, etwas zu West; dabei wurde nach dem Aufbruch von Binfa noch eine bewohnte Strecke durchzogen, dann folgte öde Steppe und dann im Grenz-distrikt Binfas wieder Kulturland. Kurz vor diesem kreuzten wir den flachen, 10 Schritt breiten, sandigen Buóle, den bedeutendsten Zufluß des Gurba. Bei den letzten Ansieblungen der Unterthanen Binfas bezogen wir dann das letzte Nachtlager. Das Jagdglück lieferte für die Abendmahlzeit eine Schirr-antilope, deren Fleisch mir um so mehr mundete, als ich dazu schon jetzt Proben des Erträgnisses meines Gartens genießen konnte. Die umsichtige Saida hatte nämlich von den ausgezeichnet geratenen Tomaten nicht nur welche für spätern Gebrauch zubereitet, sondern davon schon jetzt mitgebracht, und ich ließ sie mir nun zum Antilopenbraten weiblich schmecken. Dazu kam, daß Bohndorff mir Lichte und Cigarren geschickt hatte, die mir die letzten Abende verklärten, während die jetzt sehr gehobene Stimmung meiner Umgebung sich durch laute Fröhlich-keit kundgab und mein Behagen gleichfalls erhöhte.

Inzwischen holte uns ein Diener Osman Bédauis, der seinerzeit bei Binfa krank zurückgeblieben war, im Nachtlager ein und erzählte, er sei während unsers Aufenthalts bei Binfa bewacht worden, offenbar damit er nichts über die Perlen verrate, deren unrechtmäßige Aneignung er nun bestätigte. Nach unserer Abreise war er entlaufen und blieb während der folgenden Monate in meinem Dienst. Auch der letzte Abend dieser Reise gestaltete sich zum Fest-abend durch den Eintritt des ersten Mondviertels, denn der feine, weiße Halb-kreis der Mondsichel wurde am hellen Abendhimmel sichtbar und nach moham-medanischem Brauch mit einigen Flintenschüssen freudig begrüßt. Wie in der ganzen islamitischen und einem großen Teil der schwarzen Welt, spähten alle Augen nach dem kaum erkennbaren, feinen Glanzstreifen am Firmament, und selbst wer ihn nicht gleich fand, schloß aus dem alsbald erschallenden Getriller der Weiber, daß die ersehnte Sichel jedenfalls sichtbar war und nun der neue Monat für den Bekenner des Islam begann.

Die Lufttemperatur sinkt in den Nächten der regenlosen Zeit unter diesen Breiten bedeutend; kurz nach Sonnenaufgang zeigte das Thermometer nur + 17° C. An so geringe Wärmegrade ist die Haut nicht mehr gewöhnt und es stellt sich ein lästiges Kältegefühl ein, sodaß mich nachts trotz meiner wollenen Decke fror.

Am 3. Dezember erreichte ich nach fast viermonatlicher Abwesenheit endlich wieder meine Station Lacrima. Bald nach dem Aufbruch durchzogen wir eine ausgedehnte, unbewohnte Grenzwildnis; einförmiges, leicht gewelltes Steppengebiet, wo das hohe, verdorrte Gras dem Fortkommen noch einmal recht hinderlich wurde; auf besondern Befehl Nbórumas sollte es zur Schonung des Jagdreviers bis zu einer spätern Zeit, auch während unsers Durchzugs, nicht abgebrannt werden. In unwirtlicher Gegend kreuzten wir mittags den 12 Schritt breiten und noch 1½ Fuß tiefen Gurba auf sandigem Bett und zogen, obgleich nach der sonnigen Steppe die schattenspendende Ufervegetation zur Rast einlud, dennoch unaufhaltsam weiter, denn jeder wohl sehnte sich, und ich wahrlich nicht am wenigsten, nach seiner Heimstätte. Im Verfolg unsers Marsches durch die Wildnis mündete von Norden her nur noch ein sumpfiges Gewässer in den Gurba, worauf dann die Wasserscheide zwischen ihm und dem Uerre folgte. Somit hatte ich hier auch den Oberlauf jenes im Land der Mangbálle bedeu- tenden Flusses kennen gelernt; sein eigentliches Quellgebiet aber liegt weiter gegen Osten von der Reiseroute in ausgedehnter Grenzwildnis, und zwar auf der Wasserscheide, die ihn in dieser Richtung von kleinen Zuflüssen des Jubbo trennt. Die Wasserscheide auf der Marschlinie Gurba-Uerre dagegen gehört dem Land Nbórumas an, wo denn auch bald die ersten Hütten seiner Unterthanen erreicht wurden. Mittlerweile war unser Vortrab bei Héliua, dem mir von früher her bekannten Häuptling, angekommen; dieser hatte also Vorbereitungen für unsern Empfang getroffen und ließ die Hungrigen mit Mehlbrei und Merissa bewirten. Dann aber nach kurzer Rast eilten die einzelnen Gruppen zu ihren Hütten, während wir noch das letzte sumpfige Flüßchen, das einzige, welches auf dieser Strecke nach Norden zum Uerre fließt, zu überschreiten hatten, um schließlich nahe bei der Station den Weg zu erreichen, der mich vor vier Monaten zu Palembatá geführt hatte. Dort winkte mir dann bald die Spitze meiner Wohnhütte gastlich entgegen, die ich in später Nachmittagsstunde mit einem Gefühl der Befriedigung und auch des gehobenen Selbstbewußtseins betrat.

Bohndorff kam mir gesund entgegen und in der Station fand ich alles in bester Ordnung, nur hatte ich den Tod des Chartumer Esels zu beklagen. Am meisten aber zog es mich in den Garten, wo ich mit Freuden sah und aus den Mitteilungen Bohndorffs erfuhr, daß wir damals nicht nutzlos im Schweiß unsers Angesichts gearbeitet hatten. Den Abend verplauderten wir bei einer Flasche Wein und hatten beiderseits des Erzählens kein Ende. Und welch eine Nachtruhe war das nach langer Entbehrung wieder auf einem breiten, guten Lager, wie es ganz besonders das sudanische, mit Kuhhautstreifen über- flochtene und daher elastische Angareb bietet. Auf der Reise hatte ich ein schmales und für häufigen Gebrauch zu leicht gebautes, eisernes Feldbett benützt, dessen dünne eiserne Beine obendrein im lockern Erdreich einsanken, sodaß ich ihnen oft erst feste Unterlagen schaffen mußte. Kein Wunder, daß meine erste Nacht auf dem breiten afrikanischen Bett sich bis in den hellen Tag des 4. Dezember hineindehnte.

Dann aber lockte es mich bald wieder in den Garten, der mir von nun an täglich das Vergnügen gewährte, das früher Gesäete wohlgemut zu ernten und der Küche zuzuführen. Allerdings war es schon Herbst im Garten und nur einiges hatte Bohndorff bis zu meiner Rückkehr zu erhalten vermocht; zwei Monate früher aber stand er im schönsten Schmuck reifer Gemüse, wenn auch nicht jede Aussaat gleich gut geglückt war. Von den vielen Maissorten z. B., für die der Platz sehr ungünstig lag, war nur weniges zur Reife gediehen und die paar geernteten Kolben erinnerten kaum an den schönen Erfurter Samen. Die Gurkenarten brachten es zwar zu Blüten, doch fielen diese in der Regenzeit ab; indes hatte ich doch im Dezember die Freude, wenigstens einige Gurken groß zu ziehen. Der Blumenkohl war, ohne einen Kopf anzusetzen, im Kraut hoch aufgeschossen. Die Erbsen und Bohnen dagegen hatten recht gut getragen und Bohndorff wochenlang zur täglichen Nahrung gedient; noch jetzt fand ich einige Säckchen getrockneter vor. Die Tomaten lieferten selbst im Dezember noch Früchte. Der feingekräuselte Salat füllte ebenfalls, lichtgrünen Rosetten gleich, einige Beete und wucherte nach dem Abschneiden selbst in der dürren Jahreszeit immer wieder kräftig nach, sodaß er täglich für die Diener als Gemüse gekocht wurde. Auch die noch vorhandenen Kohlstauden waren zwar ins Kraut geschossen, doch hielt mich dies nicht ab, einige sogleich in meinen Kochtopf zu befördern. Die Rettige waren überreif und wahre Ungetüme, daher natürlich auch hart, doch erwiesen sie sich gekocht ganz genießbar. Die Beten (roten Rüben) vollends lieferten, da ich damals noch glücklicher Besitzer von Essig, Öl und Kümmel war, einen regelrechten und vorzüglichen Salat. Auch Kohlrüben, gelbe Rüben u. dgl. fand ich vor, sodaß wir noch während der Dauer meines Aufenthalts bei Ndóruma, den ganzen Monat Dezember, vom Garten zehrten. Obgleich einzelnes überreif, alt und holzig geworden, nach europäischen Begriffen also ungenießbar war, hing ich doch so sehr an allem und wußte zugleich nach der endlosen Einförmigkeit von Bataten, Yams und Bananen diese herrlichen Naturgaben so gut zu schätzen, daß ich schlechterdings nichts verloren gehen ließ; selbst die Blätter von Rüben, Rettigen und Salat wurden gelegentlich zu Gemüse verkocht und damit war auch für die Diener täglich frische Pflanzenkost gesichert.

Auf alle Fälle hatten sich, während ich abwesend war, meine Vegetabilien besser aufgeführt als ein Teil meiner Dienerschaft. Gleich nach meiner Abreise

Leopard im Fangeisen.

waren, wie schon früher erwähnt, die zwei Privatdiener Bohndorffs entlaufen. Jetzt teilte er mir mit, daß er gezwungen gewesen, Saida ihrer Widerspenstigkeit wegen ganz außer Dienst zu stellen und sich seine Küche selbst zu besorgen. Später sei Osman Bédaui bei seinem Durchzug von Ngéttua her zu Besuch nach Lacrima gekommen und habe ihm eine neue Dienerin, die Mormnegerin Halima, überlassen. Saida hatte sich übrigens noch andere Dinge erlaubt, z. B. das Zeug von Farag Allahs Moskitonetz veräußert, Tabak und Merissa dafür eingehandelt und sich selbst zwei Sklavinnen zu verschaffen gewußt, sodaß ich drei neue Dienerinnen vorfand. Mir gegenüber zeigte sich Saida auch jetzt willig und arbeitsam, trotzdem stellte ich sie ernstlich zur Rede, drohte sie beim nächsten Anlaß zurückzuschicken und entließ die zwei von ihr erworbenen Mädchen sofort; Halima aber blieb in der Station und begleitete mich später jahrelang auf meinen Reisen.

Unter den mancherlei kleinen Ereignissen, die mir jetzt berichtet wurden, ist noch der Fang eines Leoparden in unserm großen Schlageisen bemerkenswert. Das Raubtier hatte nämlich in der Nähe der Station einen Eingeborenen getötet, worauf Bohndorff an derselben Stelle das Schlageisen aufstellen ließ und in diesem vom zurückgebliebenen Teil des Leichnams den Arm als Lockspeise verwendete. Richtig kehrte der Leopard am folgenden Abend auf den Platz zurück und fing sich in dem an schwerer Kette befestigten Eisen. Betäubt wurde er am folgenden Morgen gefunden und von einigen Leuten vollends erschlagen, woburch aber wiederum das Fell beschädigt ward. Auch die kleinen Fangeisen waren nicht unbenützt geblieben und hatten die Sammlung mit einigen Nagetieren bereichert. Ferner hatte Bohndorff die Umgegend der Station nach Vögeln abgesucht, durch die Diener Insekten aller Art sammeln lassen und manches Glas mit Spirituspräparaten gefüllt; doch klagte er über die Schwierigkeit, die großen Präparate zu erhalten, deren Felle freilich, anstatt ausgespannt und getrocknet zu werden, fehlerhafterweise als Bälge vernäht waren, wodurch mir leider auch der Balg des damals erlegten großen Schimpansen gänzlich verdarb.

Meine Reise mit Sémio war im A-Sandégebiet weithin bekannt geworden und seitdem wünschten die Herrscher und Häuptlinge lebhaft meine Anwesenheit in ihrem Gebiet. Der erste, der sich meldete, war der A-Sandéfürst Saffa, dessen Stammland südlich vom Mbomu lag. Er nahm, wie schon erwähnt, eine ähnliche Stellung wie Sémio zur Regierung ein und suchte sich in letzter Zeit, wie es Sémio mit Palembatá und Bádinde gethan, im Westen von diesen unter einer Anzahl machtloser Häuptlinge zwischen dem Mittellauf des Uerre und dem Uelle einen Vasallenbesitz zu sichern. Dort hatte er inzwischen zur Wahrung seiner Interessen einen jüngern Bruder, Kipa, stationiert und ihn beordert, mich bei Ndóruma zu besuchen und dorthin einzuladen, wo mein Einfluß auf unbotmäßige Häuptlinge ihm sehr nützlich sein konnte. In der That fand ich bei meiner Rückkehr nach Lacrima Kipa und seine Leute bereits vor. Saffa dagegen weilte augenblicklich wegen Streitfragen mit den Verwaltern Rafáis bei Gessi Pascha. Nun hatte ich aber, als ich nach meinen persönlichen Erfahrungen bei den Mangbattu die dortigen Verhältnisse für einen Aufenthalt mit meinem ganzen Gepäck ungünstig fand, schon beim Verlassen dieses Gebiets den Plan erwogen, meine Station von Ndóruma zu dem angesehenen A-Sandéfürsten Bakangái zu verlegen. Seit Jahren waren die nubischen Handelszüge bis zu ihm vorgedrungen, aber obgleich er sein Elfenbein willig für Ware eintauschte, duldete er doch bei sich keine Niederlassung der Nubier. Seine Machtentfaltung war sozusagen sprichwörtlich geworden und ich hoffte, bei ihm freundliche Aufnahme zu finden. Mein Plan war somit, nach Ablauf des Dezember, trotz der Schwierigkeit, Träger zu erhalten, doch mit dem meisten Gepäck und allen meinen Leuten vorläufig nach dem A-Mádiland aufzubrechen. Bis dahin aber waren es nur noch wenige Wochen und diese wollte ich teils der Ruhe in der eben wieder erreichten Heimstätte gönnen, teils, ehe ich Neues unternahm, auf die Verwertung der bisher gewonnenen Resultate und auf manche notwendige häusliche Thätigkeit verwenden. Ich lehnte daher für meine Person die Einladung Kipas ab, veranlaßte jedoch Bohndorff zu der Reise, um neue Beziehungen anzuknüpfen und Näheres über jene Gebiete zu erfahren, denn ich beabsichtigte vor meiner Reise nach Süden einen Teil des Gepäcks als Reserve für unvorhergesehene Fälle an einem sichern Ort in Obhut zurückzulassen.

Die nötigen zehn Träger hatte Kipa bereit, die Reise konnte daher glatt zurückgelegt werden und zu Ende des Monats sollte Bohndorff wieder in Lacrima eintreffen; so erfolgte denn seine Abreise, obgleich sich Nbóruma wiederum mißtrauisch zeigte, schon am 7. Dezember. Er nahm auch einige Diener mit und es wurde also recht still in der Station. Desto geschäftiger war ich, noch ehe ich die schriftlichen Arbeiten begann, denn das Dringendste war nun eine genaue Durchmusterung der fest verpackten Ausrüstungsgegenstände und vornehmlich jener Kisten, deren Inhalt während der feuchten Jahreszeit gelitten haben konnte. Und so ging es das soundsovielte Mal an ein allgemeines Auspacken, Lüften, Sonnen und Reinigen, wobei nichts von den Dingen unberührt blieb. Am meisten leiden in der Regenzeit die Ledersachen, es ist daher vorteilhafter, diese nicht fest zu verpacken, sondern dem Luftzug auszusetzen und häufig zu reinigen. Dank meiner beständigen Umsicht fand ich alles wohlbehalten; sogar die Salzstücke, die in der Feuchtigkeit leicht zerfallen, waren vollständig trocken geblieben, denn ich hatte sie mit Stroh umhüllen, dann in Segeltuch einnähen und erst so in die Kisten legen lassen.

Von meiner Reise hatte ich eine gewählte Sammlung einheimischer Erzeugnisse mitgebracht, unter denen Nbóruma besonders die schönen Trumbasche der Mangbattu bewunderte. Für sein Leben gern hätte er sich eines dieser Prachtstücke verschafft, doch blieb ich für seine Bitten taub, um so mehr, als er mir schon wieder Grund zu Beschwerden gab. Bohndorff hatte ihm nämlich auf seine dringende Bitte bei den Gerüchten über den bevorstehenden Krieg mit Binsa und über meine Gefangenschaft nicht nur einige unserer Gewehre geliehen, sondern für alle Fälle auch 100 Kugeln und Pulver eingehändigt. Nun war doch keine Munition verbraucht worden, außer gegen Büffel, wie Nbóruma behauptete, ich verlangte also jetzt wenigstens die Hälfte des Bleis zurück, konnte aber erst nach tagelanger Rederei und unter Aufwand meines vollen Unwillens zuletzt etliche 40 Kugeln zurückerhalten. Verzichten konnte ich auf den Schießbedarf nicht, teils weil ich selbst nicht viel Vorrat davon hatte, teils aber wegen des richtigen Grundsatzes, dem Eingeborenen möglichst wenig Munition in die Hand zu geben. Die Nubier waren klug genug, im ägyptischen Negersudan seit jeher nach diesem Grundsatz zu verfahren, der übrigens in dem weisen Verbot der ägyptischen Verwaltung wurzelt, nicht einmal in die arabischen Länder Gewehre und Munition für den Handel einzuführen. Viel Unheil und nutzloſes Blutvergießen wäre der ſchwarzen Bevölkerung erſpart geblieben und auch die jetzigen kolonialen Beſtrebungen hätten raſcher zu Reſultaten geführt, wenn die Krämerpolitik einzelner europäiſcher Staaten fähig geweſen wäre, der Verlockung eines ſo einträglichen Geſchäfts, wie der Verkauf von Waffen und Schießbedarf an den Küſten Afrikas, zu widerſtehen. Und um ſo mehr wird man es billigen müſſen, daß von deutſcher Seite wenigſtens eine ſtrenge Kontrole der Waffeneinfuhr im eigenen Schutzgebiet verfügt worden iſt.

Als meine endgiltige Abreiſe immer näher rückte, war ich darauf bedacht, Nbóruma meine Erkenntlichkeit für ſeine im ganzen wertvolle Unterſtützung durch mancherlei Geſchenke zu beweiſen. Für 25 ſeiner Häuptlinge, die er ſelbſt beſtimmte, ließ ich eigens Anzüge nähen. Dieſe gelten bei den Eingeborenen mehr als vielleicht die doppelte Menge des dazu verwendeten Zeugs; es iſt daher vorteilhafter, einfach und raſch genähte arabiſche Hoſen und Hemden vorrätig zu halten. Die Negerſoldaten und die Diener der Nubier lernen das Nähen bald und ſo richtete ich für meine paar Baſinger eine ganze Schneiderwerkſtatt ein, in der auch meine Diener mitnähten. Nach einigen Wochen waren etwa hundert Anzüge fertig und die Häuptlinge erhielten das Verſprochene und obendrein etwas Nähgarn nebſt Nadeln von verſchiedener Größe zum Nähen ihrer Rindenſtoffe. Nbóruma aber bekam einen beſſern Anzug nebſt bunter Schärpe, Kopftuch und Tarbuſch, dann einen ruſſiſchen Bauernanzug, einfaches Zeug (Tirga und Trumba), ein europäiſches Hemd und Strümpfe, rote Schuhe, ein Dolchmeſſer und noch andere Kleinigkeiten. Er dagegen lieferte mir ab und zu Eleuſinekorn, etwas Mais, ausnahmsweiſe Bananen, auch jetzt wieder Termiten und Seſam, der nun reif war und aus dem ich Öl für die Küche, ſowie für mein Lämpchen preſſen ließ. Jedoch auch andere Dinge machten die Küche jetzt mannigfaltiger. Hühner und Kürbiskerne brachte ich von der Reiſe mit, der Garten gab, was er hatte, und ſelbſt der eigene, bisher geſchonte Proviant wurde ſtark angetaſtet. Dazu kam die Jagd, die durch das Abbrennen des Graſes bedeutend erleichtert und oft erfolgreich war. Bald ſchickte mir Nbóruma den Schenkel eines erlegten Büffels, bald brachte Farag Allah eine Schirrantilope heim, oder Perlhühner, von denen die alten ſich in der Suppe bewährten, die jungen aber mit Reis gefüllt und regelrecht vernäht einen vorzüglichen weichen Braten boten. Das zähe Büffelfleiſch ließ ich in der Fleiſchhackmaſchine verarbeiten und zu einem großen Fleiſchkloß formen, zu dem ich mir auch mitunter eine echte Trüffelſauce geſtattete. Die höhere und höchſte Kochkunſt meiner Saida reichte da freilich nicht mehr aus und ich mußte ſelber Küchenmeiſter ſein. Sogar Milch bekamen wir wieder, denn die kleine Ziegenherde hatte ſich während

meiner Abwesenheit durch ein Zicklein vermehrt; doch ließ ich, bei dem Überfluß an anderer Nahrung, die Milch aus Vorsorge für spätere Zeiten zu Käse
verarbeiten.

Das behäbige Leben und die nahrhafte Kost in der Station thaten mir
wohl; ich fand alle meine Kräfte wieder und sogar jene Körperfülle, die ich
auf der Reise zum Teil eingebüßt hatte. Ein junger Schimpanse, der um
diese Zeit gefangen wurde, beschäftigte mich viel. Er war beim Einfangen
durch Lanzenwurf an Hand und Kopf verletzt worden, doch heilten die Wunden
später mit Verlust des kleinen Fingers. Der neue Schützling blieb meist
in meiner unmittelbaren Nähe und seine kindlich-menschlichen Geberden waren
oft förmlich rührend. Neugierig wie ein Kind sah er meinem Treiben zu;
öffnete ich eine Kiste, so trollte er herbei, guckte mit hinein und beroch und
betastete die einzelnen Gegenstände. Dann wieder saß er still da, betrachtete
seine Wunden, wehrte mit der gesunden Hand vollkommen menschlich in der
Geberde die Fliegen ab und entfernte wohl auch mit dem Nagel des Zeige-
fingers den Eiter und die Krusten von den Wundflächen. Eines Tags jedoch
war der Undankbare plötzlich verschwunden. Augenscheinlich hatte ihn die dichte
Laubwand des Uerre unwiderstehlich angeheimelt; dort begann denn alsbald auch
die Suche nach ihm und richtig wurde er im Gezweige eines Baums entdeckt.
Das setzte nun eine wilde Jagd, bis der Schelm wieder gefangen war. Eine
Anzahl Leute erkletterten die Bäume behend wie Affen an den herabhängenden
Ranken und den dünnern Stämmen. So wurde er schließlich ergriffen und im
Triumph heimgeführt. Zur Strafe und um ihm das Entweichen zu erschweren,
ließ ich ihm einen Stock an den Hals binden, also eine gelindere Form der
„Schebba", des Halsjochs, welches das Entlaufen der Sklaven verhüten soll.
Allein trotz dieses Hindernisses machte er bald einen neuen Fluchtversuch, er
ging nämlich, als er sich unbeachtet glaubte, auf die Hinterfüße erhoben, wobei
er sich auf die gesunde Hand stützte, zur Station hinaus, nicht ohne sich öfters
ängstlich umzusehen, ob man ihn auch nicht beobachte. Da er nur langsam
vorwärts kam, ließ ich ihn eine Zeitlang gewähren und dann zurückbringen,
worauf ich ihn zornig anfuhr und mit dem Taschentuch nach ihm schlug. Einen
Augenblick schien er beschämt, dann erhob er die Hand kreischend auch gegen
mich, zog sie jedoch schnell wieder zurück und blieb nun still.

Eine andere neue Gestalt war ein arabischer Bettelmönch, angeblich aus
Mekka, der kurz vor meiner Rückkehr bei Nbóruma eingetroffen war und mit
ihm manchmal zu mir kam. Er verstand es, durch kleine Taschenspielerkünste
den Aberglauben der Eingeborenen für sich auszubeuten, und auch Nbóruma

Das Einfangen des entwischten Schimpansen. Gezeichnet von L. H. Fischer.

fürchtete sich hinreichend, um auf Forderungen des heiligen Manns, der der Erwerbung von Sklaven durchaus nicht abhold war, einzugehen. Die „Wunder", zu deren Verrichtung er von „Allah" befähigt zu sein vorgab, verband er mit der Verabfolgung geweihter Mittel. Er that z. B., als zöge er aus einer Messerspitze Wassertropfen und wollte diese, wie auch Öl, nebst Baumwolle zu Einreibungen gegen allerlei Ungemach selbst mir aufbrängen. Aus besonderer Huld gegen mich war er auch geneigt, mir eine Kugel seines Rosenkranzes zu verkaufen. Um die Leute im Glauben an seine Wunderkraft zu bestärken, hatte er besondere Mittel, z. B. die Auflösung von neun festgeschlungenen Knoten, was für sie schon hinreichte. Mehr Interesse als diese Zauberkünste erregte mir eine von diesem Scherif erhaltene Probe von wildem Reis (Oryza punctata), die aus Bellanda stammte. Der wilde Reis, der in den nördlichen Tropengebieten Afrikas eine weite, bis nach Senegambien reichende Verbreitung hat, unterscheidet sich als Art kaum von den Kulturformen. Er

Neuer Fluchtversuch des Schimpansen.

kommt in jenen nördlichen Gebieten in der Regenzeit vielfach vor, doch wissen die Eingeborenen keinen Nutzen aus ihm zu ziehen. Seine Farbe war schmutzig grau und es gelang nicht, ihn ganz weich zu kochen, doch war er sehr wohl genießbar.

Über Mbio waren keine neuen Nachrichten eingelaufen; seine bei Uándo abermals hinterbrachten Drohungen, uns zu überfallen, hatte er nicht ausgeführt, und wir waren auf dem ganzen Weg bis zu Ndóruma unbehelligt geblieben. Dagegen traf nun aus dem Bahr el-Ghasalgebiet vom Mudir Saati Bey (Gessi Pascha hatte schon seine Unglücksfahrt nach Chartum angetreten) die

25*

Nachricht ein, daß ein Angriff auf Mbio mit Regierungssoldaten ernstlich geplant sei. Wegen des nähern sollte Nbóruma nach der Mudirije kommen, zugleich aber Getreide für die in Aussicht stehenden Soldaten anhäufen lassen. Indes besorgte der Fürst noch immer den Einfall von Mbios Leuten in sein Land und gedachte nur seinen Bruder Mbima zu Saati Bey zu schicken. Mittlerweile schrieb mir Bohndorff, das Gebiet Kipas sei bedeutend weiter entfernt, als wir angenommen, und seine Rückkehr könne deshalb erst nach Neujahr erfolgen. Dies bewog mich sogleich, meine Abreise von Nbóruma zu beschleunigen und Bohndorff mit dem ganzen Gepäck in das südwestliche Grenzgebiet Nbórumas zu Mbima entgegenzureisen, denn die günstige regenlose Jahreszeit durfte ich keinenfalls unbenützt lassen, und anderseits fürchtete ich nach Eintreffen der Soldaten zum Krieg gegen Mbio neue Verwicklungen und besonders Schwierigkeiten in der Erlangung von Trägern. Nbóruma, der nun seine alte Sehnsucht, die Macht Mbios zu brechen, der Befriedigung nähergerückt sah, sträubte sich nicht gegen meine endgültige Abreise, sondern versprach mir Träger bis zu Palembatá. Einstweilen aber plagte mich der Gedanke, Mbio könnte auf die Nachricht hin, daß die Soldaten gegen ihn im Anmarsch seien, noch im letzten Augenblick einen Gewaltstreich gegen Nbórumas Gebiet und meine Station unternehmen. Daher wollte ich vor allem das viele Gepäck baldmöglichst in Sicherheit bringen und begann denn auch ohne Verzug die feste Verpackung. Diese ganze Arbeit, die Sachen in Bohndorffs Hütte und sein Privateigentum mit eingerechnet, mußte ich eigenhändig verrichten, und stellte in der That neben meinen fortgesetzten schriftlichen Arbeiten täglich auch eine Anzahl Gepäckstücke zur Versendung fertig. Das feste Schnüren besorgten die Diener, wobei mir das getrocknete Büffelfell sehr zu statten kam. Ich ließ es im Fluß erweichen und zu Striemen zerschneiden, die dann feucht als Stricke verwendet wurden. Trocken geworden, halten diese gleich Bandeisen, noch weit fester als Kuhhautstreifen, und sind kaum mit dem Messer zu durchschneiden.

Während dieser Arbeiten hatte ich Mitte Dezember wieder einige leichte Fieberanfälle, und als diese dem Chinin gewichen waren, stellte sich oft ein fatales Hautjucken ein, an dem ich in spätern Jahren häufig sehr schwer zu leiden hatte, das aber bei Nbóruma noch auf die Unterschenkel beschränkt blieb. Einreibungen von Öl mit Salz brachten nur vorübergehende Linderung. Eine andere empfindliche Pein verursachten die in der trockenen Jahreszeit überhandnehmenden Flöhe. Trotz aller Reinlichkeit, trotz beständigen Fegens und häufigen Besprengens der Erde mit Wasser konnte ich mich ihrer nicht erwehren. Erst spätere Erfahrungen sollten mich lehren, sie mit Erfolg zu bekämpfen. Immer hin machte ich schon jetzt, sowie später wieder, die Wahrnehmung, daß die Flöße vornehmlich an bestimmte Orte gebunden sind. In den Málarakáländern z. B. hatte ich kaum welche gesehen und auch jetzt traf ich sie nur an einzelnen Orten an. Mein Diener Farag Allah behauptete, ihr Überhandnehmen hänge von der Grasart ab, mit der die Hütten gedeckt seien. Andere Reisende, die vor mir in benachbarten Gebieten waren, behaupten, daselbst nie und nirgends von der Flohplage gelitten zu haben.

Am 16. Dezember erwartete ich eine Mondesfinsternis, als aber der Mond über den Bäumen aufstieg, war die Erscheinung fast abgelaufen und ich sah nur noch einen schmalen Streifen verdunkelt. Die meteorologischen Beobachtungen führte ich bis zum Ende des Monats fort; die Instrumente wurden auch jetzt, wie im Lauf der letzten Monate, abgelesen, an Sonntagen sogar jede Stunde, und die Beobachtungen notiert. Die regenlose Zeit, besonders der Dezember, zeichnete sich durch Ost- und Nordostwinde aus, die tagsüber mehr oder weniger stark wehten, worauf abends Windstille eintrat. Die Lufttemperatur stieg mittags auf 32 bis 33° C. im Schatten, doch sank das Quecksilber nachts, beziehungsweise vor Sonnenaufgang, bis auf 15°. In der Nacht fiel oft reichlicher Tau, seltener traten starke Nebel auf, indes erlebte ich am 8. Dezember morgens einen solchen Nebel, daß ich auf 30 Schritt keinen Gegenstand mehr erkennen konnte. Der Himmel war zu jener Zeit auch gegen Abend meist klar und wolkenlos, nur der 20. Dezember und 1. Januar bildeten seltene Ausnahmen, indem der Himmel schon früh morgens von Wolken bedeckt war und Regen drohte, der es aber schließlich nur zu wenigen Tropfen brachte.

Nach der mannigfaltigen Thätigkeit des Tags nahm ich mir gegen Abend die Zeit, den Frieden meines selbstgeschaffenen Idylls mit Bewußtsein zu genießen. Mein Tisch stand schon zur Abendmahlzeit bereit im Halbschatten der sinkenden Sonne, ehe jedoch das Abendbrot aufgetragen wurde, machte ich noch einen Rundgang durch die Station, in der jetzt reges Leben herrschte. Lärmend kamen die Ziegen von der Weide, mit ihnen lüstern meckernd der Bock, den ich von Mambangá mitgebracht. Dann schnüffelten sie überall umher und staunten mit blöder Neugier zur Thür meiner Wohnhütte herein, während ein junges Böcklein in fast mythologischem Übermut an einem hohen, alten, in der Station stehen gelassenen Termitenhügel die possierlichsten Sprünge ausführte. Dann wurden einige gemolken und andere suchten ihr Nachtlager auf. Doch gingen sie in der regenlosen Zeit ungern in ihre Hütte und ich hatte darum einen Platz unter freiem Sternhimmel für sie umfriedigen lassen. Inzwischen kehrten auch die Esel heim und harrten ungeduldig der allabendlichen

Getreiberation. Kaum aber war ihnen diese auf einer Strohmatte vorgeschüttet, so
stellte sich auch schon die Schar der Hühner ein und suchte unbefugt mitzunaschen.
Während all diese wichtigen Dinge vor sich gingen, traf ich Anordnungen, erteilte
Befehle und ging zuweilen noch bei sinkender Sonne vor die Station hinaus.

Hier sah es jetzt ganz anders aus als vor meiner Abreise von Nbóruma. Damals wehrte das hohe Gras ringsum den Ausblick, jetzt schweifte das Auge zwischen den spärlichen, niedrigen Bäumen des Steppenwaldes hindurch, denn auch dort war nun das Gras abgebrannt. Indes blieb der Gesichtskreis trotzdem durch die Wellenlinie der Bodenerhebungen beschränkt. Im Norden schloß ihn gar bald das mannigfach schattierte, saftige Grün der Uferwaldung am Uelle. Im Süden stieg das Land an und rückte den Horizont dem Auge nahe, man sah dort nur die Dächer von Nbórumas Wohnhütten aus einer flachen Bodenfalte aufragen. Nach Ost und West hin war der Ausblick freier, bot jedoch nichts, was das Auge angezogen hätte. Man übersah nur eine Strecke sonnigen Steppenwaldes, dessen Stämme durch das alljährliche Abbrennen des Grases im Wachstum gehindert und vielfach verkrüppelt erschienen, und zwischen diesen geschwärztes Buschreisig. Die ausgestreute Asche ließ den ganzen Erdboden schmutzig dunkelgrau erscheinen, doch ragten noch überall Büschel von strohgelben, mehrere Zoll hohen Stoppeln des abgekohlten starren Grases empor. Aber auch dieses Bild hatte seinen besondern Reiz und trug den eigenartigen Stempel der Jahreszeit, um so mehr, als die Sonnenscheibe an dem meist wolkenlosen Himmel bis zu ihrem Niedertauchen unter den Horizont voll und klar sichtbar blieb. Die Glut der reichen, unausgesetzt wechselnden Farbentöne, welche die sinkende Sonne nun jeden Abend bis über den Scheitel des Himmelsgewölbes emporsteigen ließ, ist unbeschreiblich. Ihr Wiederschein überhauchte auch die abgesengte, tote Steppe oft mit seltsamen blutigen und rosigen, oft lachsfarbenen Tönen und ich konnte nicht müde werden, das wechselvolle Schauspiel dieser Sonnenuntergänge zu bewundern, bis der Schleier der Dämmerung das ganze großartige Feuerwerk einhüllte. Nun erst begab ich mich an den Abendtisch, dessen Teilnehmer mich schon geduldig oder ungeduldig erwarteten. Es waren dies der Schimpanse und meine Hündin „Lady", welche in den nächsten Jahren die liebste und treueste Gefährtin meiner einsamen Stunden werden sollte. Ich hatte im Januar das damals winzig kleine Tier, den Bastard eines europäischen Hundes, zufällig in Chartum erworben, als man es auf den Kehrichthaufen werfen wollte. Bei Milchkost gedieh es dort gut, dann aber auf der „Ismailia" und der Fahrt zur Meschra er-Rek ward es mir schwer, es am Leben zu erhalten, obgleich ich ihm meine einzige Dose mit kondensierter Milch opferte. Es hatte schon mehrere Tage in Agonie gelegen, besann sich aber noch zu rechter Zeit, blieb brav am Leben und wurde schließlich in einem Körbchen bis zu Nbóruma befördert. Während meiner Rundreise war Lady in Lacrima und hatte auch da wieder eine Todesgefahr zu bestehen, indem sie in ein für Wildkatzen aufgestelltes Schlageisen geriet und dabei eine schwere Kopfwunde davontrug. Als ich von der Rundreise zurückkehrte, glaubte ich nicht, daß Lady, die ich so jung verlassen, mich wieder erkennen würde, aber sie empfing mich mit einer wirklich rührenden Freude. Sie war nun 2 Fuß hoch und recht stark, das Haar halblang, etwas wollig und schwarz, die Brust weiß, der untere Teil der Läufe braun. Ihr guter Ruf ging weit über die Grenzen Nbórumas hinaus und oft genug wollte man sie von mir haben. Die A-Sandé lieben Hunde, und zwar nicht nur weil viele deren Fleisch gerne essen, sondern auch platonisch, mit dem Herzen und nicht mit dem Magen. Doch sind ihre rötlichbraunen, glatten Hunde mit geringeltem, kurzem Schwanz und spitzer Schnauze ausnahmslos nur mittelgroß, von gedrungenem Bau und zum Fettwerden geneigt (siehe S. 189). Meine schlanke, hochbeinige, schwarze Lady also, deren Vorzüge im Volksmund natürlich noch stark übertrieben wurden, mußte weit und breit ein lebhaftes Interesse erregen und mancher Häuptling warb auch später um ihren Besitz. Einstweilen verließ mich Lady selten. Bei der Arbeit lag sie in meiner Nähe und sah mich mit ihren braunen Augen oft klug und treu an, bei den Mahlzeiten aber wartete sie geduldig auf ihre gewohnten Brocken. Unverschämter benahm sich der Schimpanse. Wie die andern, die uns bei Gessi erheiterten, war auch er von einer dreisten Zudringlichkeit, deren man sich, wollte man nicht seinen ganzen Zorn heraufbeschwören, kaum erwehren konnte. Vergebens schob ich ihm beim Essen immer neue Brocken zu; sobald ihm dies nicht rasch genug ging, meldete er sich sogleich mit ausgestreckter Hand oder legte seinen Arm auf mein Knie. Mit meinen Negerjungen lebte er auf gespanntem Fuß und erhob, wenn sie sich näherten, ein klägliches Geschrei oder verfolgte sie auch wohl mit gehobenem Arm, sodaß die kleinern Jungen gern in weitem Bogen um meinen neuen Schützling herumgingen. Und so ging die Mahlzeit zu Ende, während auch das letzte zarte Rot des Abends vom Westhimmel schwand und das nächtliche Dunkel sich mit blitzenden Sternen schmückte. Ein Stündchen noch wurde unter dem funkelnden Firmament verträumt, dann riß ich mich ungern genug los, um in der Hütte meine schriftlichen Arbeiten fortzusetzen.

Gegen Weihnachten standen über hundert Lasten neu verpackt zur Absendung bereit und noch andere kamen in den nächsten Tagen hinzu. Das Gepäck war jetzt nach Jahresfrist bedeutend verringert. Die vielen Lasten Getreide aus Dem Bekir, ein gut Teil des Chartumer Zwiebacks, der schwer wiegende Zucker und manches andere an Proviant und Ausrüstung war verbraucht, zur Beförderung des übrigen also eine geringere Zahl von Trägern erforderlich. Das meiste sandte ich direkt zu Mbima voraus, wohin ich später auf weitem Umweg zu reisen gedachte, um auch die nordwestlichen Distrikte Nbórumas kennen zu lernen. Obgleich ich aber schon jetzt meine Träger forderte, vergingen doch noch einige Tage bis zum Abgang der Sendung.

Am Abend vor Weihnachten machte mir Nbóruma einen Besuch und ich ließ mich erbitten, ihm noch eine Flasche Cognac zu opfern. Das „Feuer" hatte ihm bei Binsa gemundet und auch jetzt schlürften er und seine Umgebung mit Wohlbehagen die Flasche leer. Den Löwenanteil freilich maß er sich selbst zu und trug denn auch sichtlich den schwersten Kopf heim. Der Christabend unterschied sich für mich dadurch von andern Abenden, daß ich doppelt häufig der Heimat gedachte, ausnahmsweise zu der leichten Lektüre eines Romans griff und mir den seltenen Genuß einer Flasche Rotwein gestattete. Dieser regte meine Eßlust an und da die Küchenkiste, in der die etwaigen Reste des Mittagsmahls aufbewahrt wurden, in meiner Hütte stand, folgte ich der leisen Stimme meines Innern. Einsam, zu mitternächtlicher Stunde, tischte ich mir die kalten Fleischklößchen mit Kisra auf, dazu eine Schnitte vorzüglichen holländischen Käses und schließlich als Nachtisch Datteln und englische Biskuits. So tafelte ich wie ein hungriges Gespenst. Am ersten Weihnachtstag aber sollten auch meine Diener eine Ahnung davon bekommen, welch frohes Fest in meiner Heimat gefeiert wurde. Ich gab eine reichliche Menge von Reis, Maccaroni u. dgl. heraus und ließ drei Hühner schlachten; so viel hatte Saïda schon lange nicht gebraten und gekocht. Gegen Abend wurde die mannigfaltige und gewählte Mahlzeit aufgetragen, doch will ich den Effekt nicht schildern, den z. B. die köstlichen Hühner machten; ich hatte sie mit Reis, feingeschnittenen Datteln (statt der Rosinen) und mit Erdnüssen (in Ermanglung von Mandeln) füllen lassen! Kein Wunder, daß ich selbst da und dort kostete, ehe ich den Weihnachtsschmaus der Dienerschaft überließ, den auserlesensten, der ihr je zwischen Zunge und Gaumen gelangt war.

Am 29. Dezember gingen endlich die Träger mit den Reservelasten, von einigen Häuptlingen geführt, ab. Zur Aufsicht schickte ich Farag Allah mit und sandte durch ihn Anweisungen nebst einer Liste der Gepäckstücke an Bohndorff; auch zwei der Dienerinnen gingen mit ihm. Der Befehl Nbórumas lautete, die Sachen ohne Wechsel der Träger direkt zu Bani, dem Grenzhäuptling seines Gebiets, zu schaffen. So war ich nun mit den kleinern Burschen und einigen Mädchen allein in der Station, dabei aber herzlich froh, das Hauptgepäck von

hier fort zu wissen. In meiner Freude darüber vermachte ich Ndóruma sogleich
noch manche für ihn zurückgestellte Dinge, unter anderm einen großen, zusammenlegbaren Sessel; auch den Ziegenbock erhielt er, denn er beabsichtigte aus dem
Bahr el-Ghasalgebiet sich Ziegen zu verschaffen. Mir war das Tier entbehrlich
geworden, da ein jüngeres Böcklein hoffnungsvoll heranwuchs, auch war der
alte Bock stets der Schrecken meiner kleinen Jungen gewesen, die er im Übermut seines Kraftgefühls bei jeder Gelegenheit umzurennen pflegte. Schließlich
schenkte ich ihm einen Hahn, denn auch dieser wichtige Vogel war in dem Gebiet
noch ziemlich selten. Während ich mich aber so freigebig benahm, kehrten zu
meiner gerechten Entrüstung viele Träger schon am folgenden Tag zurück und
ich erfuhr, daß sie das Gepäck nur bis zu Gángura befördert hatten. Auch Ndóruma war darüber empört und zog persönlich aus, um die Ungehorsamen diesmal festnehmen zu lassen. In der That brachte er 15 der Ausreißer gebunden
ein, nebst zwei Häuptlingen, und ließ sofort fünfen das Halsjoch (Schebba)
anlegen, um sie zur Bestrafung an die Mudirije im Bahr el-Ghasalgebiet abzuliefern. Ich bemerke hier, daß die geplante Reise Mbimas zur Mudirije bisher
unterblieben war, da Ndóruma sich später entschlossen hatte, nach meiner Abreise
sich doch persönlich dorthin zu begeben. Auf meine Fürsprache sagte er mir dann
zu, die Gefangenen nur bis Bellanda gefesselt mitzuführen und sie von dort frei
zurückzuschicken. Den letzten Tag des Jahrs 1880 verbrachte ich mit Briefen an
die fernen Angehörigen und die Gedanken an sie geleiteten mich auch nachts aus
dem alten in das neue Jahr hinüber. Weiter und weiter zog sich ja mein Pfad
ins Unbekannte hinaus und schon am 1. Januar sollte meine Abreise von Ndóruma erfolgen.

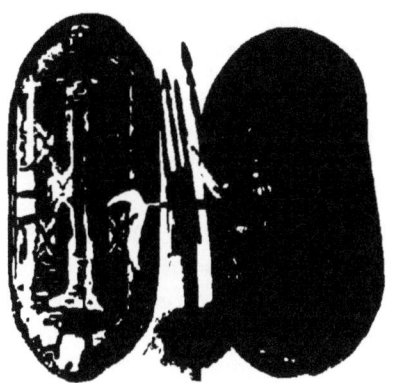

A-Sandéschilbe.

Dienerin in Gefahr zu
ertrinken.

Von Ndóruma durch A-Mádiland zu den A-Bármbo und zurück zu den A-Mádi.

Ankunft Saffas. Über Toto, Jango und Jabikumbállo zu Mbima. Bohndorffs Rück-
kehr. Seine Abreise mit Reservelasten nach Norden. Zweite Reise zu Palembatá. Tod des
Schimpansen. Gesandtschaft und Geschenke Mambangás. Weiterreise zu den A-Mádi.
Häuptling Máfinde. Geschichtliches. Panorama vom Málingbe. Zubereitung der Bananen.
Besteigung des Lingua. Verpackung des Palmöls. Die Embatá am Uelle. Täuschungen
und Sorgen. Obbachlos in der Wildnis. Ein Dieb in der Nacht. Beim A-Sandéhäuptling
Mambangá im Land der A-Bármbo. Reise zu Bakangái vereitelt. Schwierige Lage. Auf
der Hut vor Anschlägen der A-Bármbo. Eigenartige Entstehung von Pilzherden. Ein-
sammlung der Termiten. Bohndorffs Ankunft. Nahrungssorgen. Unmöglichkeit des Ent-
kommens. Heimliche Boten an Saffa. Post aus Europa. Gerücht unserer Ermordung.
Großartigkeit eines tropischen Gewittersturms. Saffas Ankunft am Uelle. Erhöhte Sorgen.
Schlaflose Nächte. Endliches Entrinnen aus Feindesland. Im Lager bei Saffa. Trennung
von Bohndorff und Saffa.

Die Abreise von Ndóruma wurde am 1. Januar 1881 durch die unerwartete
Ankunft des Fürsten Saffa aus der Mubirije um einen Tag verzögert.
Saffa hatte sich dort mit den Verwaltern Rafáis abgefunden, war jetzt,
da er die Reise Bohndorffs und Kipas erfahren, hierhergekommen und eilte
dann nach Westen weiter, um in seinem Vasallengebiet persönlich Verfügungen

zu treffen. Er war ein Bruder Tiltimas, des Vaters von Sémio, stand schon seit Jahren in regem Verkehr mit den Nubiern, hatte von ihnen Arabisch gelernt und, wie Sémio, das Äußere der Nuboaraber angenommen, sodaß nur der Gesichtsausdruck an die A-Sandé mahnte. Sassa war bedeutend älter als Sémio, er trat würdevoll auf und weckte durch Erscheinung und entgegenkommendes Wesen Vertrauen. Diese Begegnung war mir um so erwünschter, da ich damals noch beabsichtigte, unter Kipas Aufsicht Reservelasten in Sassas Gebiet zurückzulassen, worüber er sehr erfreut schien. Ich bewirtete ihn und er blieb dann über Nacht in Bohndorffs Wohnhütte. Er zeigte für vieles Interesse, bewunderte den Garten, in dem sich noch immer Genießbares fand, und sammelte eigenhändig einige Samen. Auch ich hatte selbstverständlich, wie Bohndorff schon früher, noch in den letzten Wochen mancherlei Samen gesammelt, wobei hervorzuheben ist, daß wir von der von Amerika aus als Viehfutter empfohlenen Teosinthe mehrere Säckchen voll Samen erzielten, während noch weit mehr davon verstreut umherlag. Mit besonderm Stolz bot ich Sassa eine große Gurke dar, eine der letzten ihres Geschlechts, und dazu einige Rettiche, die dem Zahn der Zeit getrotzt hatten. Am folgenden Morgen aber raffte ich selbst noch kleine Gurken, unreife Wassermelonen, ein Körbchen voll Tomaten und einen Teil des immer wieder nachwachsenden Salats zusammen und nahm diese Spätlinge unserer Gartenkunst mit auf die Reise.

Früh morgens schon brach Sassa bei dichtem Nebel auf und schlug den geraden Weg zu Mbima ein. Ich mußte mir mehr Zeit lassen und nahm dann die Richtung nach Nordwest zu dem Distriktvorsteher Toto, Ndórumas Bruder. Der Fürst aber begleitete mich mit seinem Anhang eine Strecke weit und wir trennten uns dann im besten Einvernehmen. Ich ahnte damals nicht, daß ich sein Gebiet später nochmals, und zwar gleichsam als Flüchtling durchziehen würde. Im letzten Augenblick vor meiner Abreise aus Lacrima war noch eine neue Nachricht von Ngéttua eingetroffen, über Mbio, der seine Scharen zusammenziehe, um in Ndórumas Gebiet einzufallen, doch bekümmerte mich das jetzt weniger. Näher berührte es mich, als ich den letzten Blick auf die verlassene Station werfen mußte, auf dieses wohlgeratene Kind unserer Schmerzen, das nun dem Verderben anheimfallen sollte. Und so folgte auf den letzten Blick noch mancher allerletzte, bis das traute Heim endlich für immer im Dunkel des Uerrewaldes untertauchte. Der Weg zu Toto führte ungefähr nach der Richtung, aus der ich seinerzeit von Kommunda her zu Ndóruma gekommen war, doch diesmal mehr gegen Westen. Das Flüßchen Bikki wurde hier noch näher bei seiner Quelle überschritten, es bildet die Grenze zwischen Totos

Bezirk und dem von Nbóruma persönlich verwalteten Gebiet. Auf dieser Strecke kam Durragetreide vor, das sich in den südlichen Niam-Niamländern sonst selten angebaut findet, und kleine Bananenbestände erfreuten wieder das Auge. Gewässer trafen wir nur wenige, aber dennoch ist gerade dieser Distrikt als Quellgebiet großer Flüsse beachtenswert, denn im Nordwesten entspringt der Mbomú, im Süden der Bikki, Nebenfluß des Ssueh-Djur, und im Westen der Duma, der größte Zufluß des Ukrre. Die Hütten Totos aber lagen unmittelbar auf der Wasserscheide kleiner Zuflüsse zum Bikki und nördlicher Tributäre des Ukrre, sodaß ich mich an jenem ersten Reisetag noch einmal auf dem Entwässerungsgebiet des Nils bewegte, wogegen an den folgenden Tagen nur noch Zuflüsse zum Ukrre gekreuzt wurden.

Wegen Mangels an Trägern mußte ich bei Toto einen Tag rasten; dann zog ich in südwestlicher Richtung weiter zu Báliagi und auf der letzten zwei-tägigen Strecke bis zu Mbima direkt südwärts. Ein kräftiger Tagesmarsch brachte uns von Toto erst abends zum Häuptling Jango. Hier wurde genächtigt und am 5. Januar der Wohnsitz des Häuptlings Báliagi erreicht. Die zweite Hälfte des Wegs war niedriges Hügelland, doch reich bewässert, indem Sümpfe und Bäche mit klarem Wasser und dazugehörigen Terrassenwaldungen wechselten. Unerwartet traf mich dort mein Diener Dsumbe, welchen Bohndorff von Bábinde aus an mich vorausgesandt und der dann bei Mbima die Richtung meines Wegs erfahren hatte, sodaß er mir hierher entgegeneilen konnte. Bohndorffs Nachrichten lauteten aber für meine nächsten Pläne nicht ermunternd, denn das angeblich unter Sassas Autorität stehende Gebiet lag weit gegen Westen und die vielen kleinen Häuptlinge desselben wollten vorläufig von der Unterwerfung unter Kipa noch nichts wissen. Es herrsche, so meldete Bohndorff, Unzufrieden-heit und Uneinigkeit im Land und Kipa werde uns schwerlich Träger verschaffen können. Dsumbe berichtete ferner, daß nur ein Teil unsers Gepäcks von Nbóruma zu Mbima gebracht sei, vieles sich noch unterwegs befinde und Farag Allah auch da wieder Schwierigkeiten mit den Trägern habe. Auf diese Nach-richten hin eilte ich, ohne, wie ich beabsichtigt hatte, Mbéllebil, einen Bruder Nbórumas, besucht zu haben, gradeswegs zu Mbima. Das Eintreffen Dsumbes hatte noch das Gute für mich, daß er mir manche schwere Arbeit abnahm, die mir bisher selbst zugefallen war, da ich meine Reise, nur von den unmündigen Jungen und den Dienerinnen begleitet, angetreten hatte.

Ich schalte hier einiges über Rechtspflege und Strafen bei den A-Sandé ein, worüber ich schon früher manches erfahren. Jetzt hatte ich zufällig Gelegen-heit, mich durch den Augenschein zu überzeugen, daß wegen Verführung einer

Frau und wegen Untreue verschiedene Teile des Körpers, z. B. die Finger, abgeschnitten oder abgehackt werden. Diese Strafe hatte ein Sandé erlitten, welcher Dsumbe zu mir begleitete; es fehlten ihm alle zehn Finger. Solche Strafen waren früher weit häufiger, doch hatte auch ich noch mehrfach Gelegenheit, derartige Verstümmelungen zu sehen. Bei den A-Sandé steht diese Strafe auch auf Diebstahl, der bei ihnen streng verpönt ist und dank der gefürchteten Strafe auch selten vorkommt; in der That bin ich niemals von A-Sandé bestohlen worden, wohl aber von den Mangbattu und A-Bármbo. Auch die Ohren, die Nase, ja die Lippen werden zur Strafe oder aus Rache abgeschnitten, das Abhacken der Finger ist aber das häufigste. Die Männer büßen dabei meist die drei Glieder aller Finger ein, während die beteiligte Frau oft mit dem Verlust der Fingerspitzen davonkommt. Doch ich kehre nun zur Reise zurück.

Ein kurzer Marsch führte von Jango, der einen Bezirk zwischen den Distrikten Totos und Mbéllebils selbständig verwaltete, zum Gebiet Báliagis. Von hier erreichten wir am 6. Januar schon nach einer Marschstunde die Niederlassung des Häuptlings Jabikumbállo, von wo ich trotz meiner Ungeduld erst am folgenden Tag mit neuen Trägern zu Mbima weitergehen konnte. Wenigstens schlief ich einmal gut, während mich in den letzten Nächten die Mücken geplagt hatten. Zum Schutz gegen diese legte ich oft lange Lederhandschuhe an, wie man sie bei den Bienenzüchtern sieht, doch wurden dabei Hände und Arme so heiß, daß dieses Schlafmittel selbst den Schlaf störte.

Der letzte Tagesmarsch führte am 7. Januar von Jabikumbállo gegen Süden und in einer Stunde zum Uerre. Bei Lacrima nur ein kleiner Bach, war dieser hier ein ansehnlicher Fluß von 15 Schritt Breite und einigen Fuß Tiefe. An einer Seitenstelle war er sogar tief genug, daß eine Dienerin ertrunken wäre, hätte nicht ein Träger sie noch rechtzeitig herausgezogen. Südlich vom Uerre folgte weithin unbewohntes Land mit langgestreckten und flachen, steinigen Erhebungen, die aber nirgends zu Hügeln anwuchsen, sodaß auch dort die langen Bodenwellen das Charakteristische blieben. Zu bemerken ist noch, daß die Dichtigkeit der Bevölkerung auch hier überall weitaus geringer ist als in den volkreichen Gebieten Uándos und Ngérrias. Die am letzten Marschtag in den Niederungen gekreuzten Flüßchen und Sümpfe sind südliche Tributäre des Uerre und nehmen ihre Richtung zu ihm nach Nordwest.

Die Träger Jabikumbállos kehrten auf halbem Weg bei den Niederlassungen eines Unterhäuptlings um, doch erhielt ich diesmal ungesäumt neue Träger, und zwar bis zu Mbima. In dieser Hinsicht konnte ich überhaupt auf der letzten kurzen Strecke in Nbórumas Gebiet nicht ernstlich klagen, wohl aber darüber, daß die Träger mit meinen Reservelasten höchst rücksichtslos umgegangen waren, sodaß ein Teil der Sachen noch immer fehlte. Bohndorff selbst war eigens von Mbima zu Peru gereist, um das verstreute Gepäck aufzulesen und es durch Mbima'sche Träger zur Stelle schaffen zu lassen. Meine Sorge um die Zukunft steigerte sich durch all dies, denn wenn sich schon die Träger Nbórumas so wenig willfährig gezeigt hatten, wie konnte ich später in andern, der Kleinstaaterei anheimgefallenen Gebieten Besseres erwarten? Ich mußte vielmehr fürchten, daß diese Kalamität mir bei dem vielen Gepäck weite Reisen überhaupt unmöglich machen könnte.

Am 8. Januar kehrte Bohndorff mit den letzten Lasten von Gángura zu Mbima zurück und bestätigte nun mündlich, was er mir über seine Reise mit Kipa geschrieben. Dies bestärkte mich in dem Entschluß, die 30 Reservelasten nicht dorthin zu senden, sondern nach einer der nördlichen Stationen, entweder zu Rafái oder zu Saffa südlich vom Mbomú. Der Weg dorthin führte von Bábinbe nordwärts durch das Land Jápatis; mit jenem war ich direkt, mit diesem durch Boten in freundschaftliche Verbindung getreten und durfte daher bei ihnen auf leichtere Beförderung der Sachen rechnen. Doch dies war Bohndorffs Sache, während ich bei meinem frühern Entschluß blieb, mit dem größten Teil des Gepäcks für längere Zeit zu Bakangái zu reisen, wohin mir Bohndorff nach Erledigung seines Auftrags folgen sollte. Ich hatte ihn in der Arbeit der Routenaufnahme unterwiesen, um auch seine allein ausgeführten Reisen für die Kartenkonstruktion nutzbar zu machen. Mit Uhr und Kompaß ausgerüstet, brachte er denn auch vom letzten Marsch Aufzeichnungen zurück, die ich ausarbeitete. Was davon in geographischer Hinsicht am wissenswertesten ist, sei hier eingefügt. Die Reise mit Kipa führte Bohndorff von Sémios erstem Lager bei Palembatá in südlichem Bogen acht Tagemärsche weiter gegen Westen an den Uérre, wodurch für mich damals der Beweis erbracht wurde, daß dieser Fluß, der dort jenseits des 26. Grads östl. L. v. Gr. 150 Fuß breit war, nicht schon früher in den Uélle-Mákua einmündet. Die genauere Bestimmung seiner Mündung blieb mir allerdings für eine spätere Reise zum Mákua vorbehalten. Bohndorff kreuzte unterwegs hauptsächlich Gewässer, die von Süden her in den Uérre fließen, überschritt jedoch auf der südlichsten Strecke der Reise auch einige Tributäre des Uélle-Mákua. Das Land zeichnet sich dort auf der Wasserscheide durch zusammenhängende Hügelreihen aus. Von den vielen A-Sandégebietern, die dort ohne Zusammenhang leben und einander vielfach befehden, erwähne ich nur die Namen Sirro, Nemundúa und Fariélle.

Mittlerweile war Ndóruma nach der Mudirije gereist, die Soldaten zur
Bekriegung Mbios konnten bald eintreffen, während anderseits auch ein Gewaltstreich Mbios zu befürchten stand; in beiden Fällen mußte Mbima mit seiner
Mannschaft ohne Verzug nach Osten eilen und dadurch wäre meine Weiterreise
aus Trägermangel für lange Zeit vereitelt gewesen. Um so lebhafter drängte
ich also Tag für Tag zum Aufbruch. Inzwischen gingen Boten mit Geschenken
und den Nachrichten über meine Pläne zu Palembatá und Bádinde. In einer
Zusammenkunft der Häuptlinge Mbimas, die ich durch Geschenke mir gleichfalls geneigter zu machen suchte, wurde die Zahl der Träger vereinbart, die
jeder von ihnen zu stellen hatte. Bohndorff sollte mit 40 Lasten und den Dienern
Dsumbe und Mordjan zuerst aufbrechen, doch vergingen bis dahin noch viele
Tage und erst dann konnte auch ich endlich aufatmend mit dem letzten Gepäck
die Grenze Ndórumas überschreiten. Die Menge der Lasten zwang freilich, sie
geteilt abzusenden, je nachdem sich die Träger dazu einstellten, denn bei allem
guten Willen Mbimas und seiner Häuptlinge war es ihnen schier unmöglich,
den ungebundenen Sinn ihrer Unterthanen zu kommandieren, von denen sich
manche vor dem Frondienst in der Wildnis verbargen. So mußte ich denn
auch jetzt meine Zuflucht zu Einschüchterungen und Drohungen nehmen. Ich
gab vor, alles im Stich lassen und fortreisen zu wollen, die Soldaten würden
dann das Gepäck schon abholen, jene Häuptlinge aber, die so wenig Einfluß
auf ihre Unterthanen auszuüben vermöchten, würde ich beim Mudir anklagen,
und besonders auch Gángura, der sich gar wenig um die Beförderung meiner
Sachen gekümmert habe.

So reiste endlich am 14. Januar Dsumbe mit 30 Lasten und am 17. Januar
Bohndorff mit den letzten, seinem Privatgepäck, zu Bádinde ab. An demselben
Nachmittag ging mein Diener Belahl mit 22 Gepäckstücken zu Palembatá
voraus; die Träger über Nacht warten zu lassen, war nämlich nicht ratsam,
da die Wahrscheinlichkeit ihres Davonlaufens immer nahe liegt, so lange sie
nicht eine Last zur Beförderung übernommen haben und damit unterwegs sind.
Die trockene Jahreszeit war bei dieser einzigen Möglichkeit vorwärts zu kommen
sehr erwünscht, denn eine Durchnässung der Sachen war nicht zu fürchten, vor
Termitenfraß aber mußte der begleitende Diener das Gepäck an Ort und Stelle
durch Unterlegen von Holz schützen. Wir hatten mit Bohndorff bei Mbima
reichlich vom eigenen Proviant gezehrt, da doch manches vorhanden war, was
bei längerm Aufbewahren gewiß verdorben wäre; in den Maccaroni und im
Chartumer Buxmat z. B. hatte ein kleines schwarzes Insekt sich bereits in
Menge eingenistet. Und gerade jetzt hätten wir so gut von den Erzeugnissen

des Landes leben können. Denn die Ernte der nach der Regenzeit gereiften Nutzpflanzen war beendet, das Telebúngetreide eingebracht und an vielen Orten hing der Sesam zum Nachtrocknen in kleinen Büscheln an aufgestellten Gerüsten. Aber auch eine andere ölhaltige Frucht, Hyptis spicigera, deren Samen unserm Mohn gleicht, jedoch weniger Öl als der Sesam enthält, war eingeheimst. Hyptis, eine bis zu 2 und 8 Fuß hoch werdende Labiate mit unscheinbarer Blüte, wird besonders bei den A-Sandé stark angebaut, um, zerrieben oder zerstampft und gekocht, mit der Zukost, den beliebten vegetabilischen Saucen und Aufgüssen, gemengt zu werden. Andere Produkte, wie süße Bataten, Maniok und Yams, die nur nach Bedarf aus der Erde genommen werden, standen noch im Feld, da besonders Bataten und Maniok an der Luft in wenigen Tagen schrumpfen und verderben, die Knollen von Yams freilich sich wochenlang gut erhalten.

Die Nächte waren derzeit recht frisch, sodaß man sich gern doppelter Decken bediente. Wie bald die Haut des Nordländers im heißen Klima für Temperaturunterschiede empfindlich wird, ist erstaunlich, wird aber auch wohl individuell verschieden sein. Bei mir z. B. wirkte im Lederschlauch über Nacht gekühltes Wasser auf die empfindliche Haut der Hände ähnlich, wie im Norden Eiswasser, sodaß sie darin alsbald krebsrot wurden, worauf oft noch ein brennendes Jucken wie bei Nesselfieber folgte.

Inzwischen verbreitete sich das lügenhafte Gerücht, der alte Fürst Málingbe mit seinen Söhnen, und Ngérria desgleichen, wolle sich Mbio zum Krieg gegen die Bahr el-Ghasaltruppen und gegen Nbóruma anschließen. Meine Pläne wurden dadurch nicht berührt.

Am 19. Januar schickte ich wieder 30 Lasten voraus, denen ich dann endlich am 21. Januar mit dem letzten Gepäck zu Palembatá folgte. Die Diener, die mich auf dieser Reise begleiteten, waren Farag Allah, ein neu angeworbener Niam-Niam, Namens Rensi, der kleine Dinka Farag und jener Belahl, der sich mir bei Binsa angeschlossen hatte. Die Schwierigkeiten mit den Trägern hörten auch später nicht auf, besonders so lange ich das viele Gepäck mitführte. Wie viel Zeitversäumnis und Geduld erforderte es, um etwa 130 Lasten von Palembatá zu den A-Mábi und an den Uélle zu schaffen, bis ich dann jenseits bei den A-Bármbo die Unmöglichkeit erkannte, in dieser Weise weiterzureisen. Zu Palembatá gingen wir auf demselben Weg, wie im August des vergangenen Jahrs, aber trotzdem führte ich die Arbeit der Routenaufnahme, die mir schon zur Gewohnheit geworden war, auch zum zweitenmal durch, als Kontrolle gleichsam, die aber zur befriedigenden Erkenntnis führte, daß meine beiden Aufnahmen trefflich stimmten.

Botschaft mit Geschenken von Mambanga. Gezeichnet von L. H. Fischer.

Aber schon der erste Reisetag brachte sein Ungemach. Der kleine Schimpanse war krank geworden; er hustete viel, und zwar in einer völlig menschlichen Tonart. Ich hatte befohlen, ihn im Korb mit einer Matte gegen die Sonnenstrahlen zu schützen, aber das war nicht geschehen, und so fand ich ihn später matt und kraftlos vor. Bald trat Agonie ein und währte die Nacht durch, worauf der Tod erfolgte. Ich war dadurch sehr verstimmt und dazu gesellte sich nun noch arger Verdruß, denn was bei den A=Sandé so selten vorkommt, nämlich, daß sie ein übernommenes Gepäckstück in der Wildnis unbemerkt zurücklassen und davonlaufen, das geschah gerade jetzt am zweiten Reisetag. Das Fehlen einiger Lasten wurde zwar bald bemerkt und sie wurden auch wieder herbeigeschafft, doch erregte der Vorfall meinen ganzen Zorn, sobaß ich später in eng geschlossener Reihe weitermarschieren und zur Einschüchterung der Träger vor ihren Augen die Gewehre scharf laden ließ, mit der Drohung, jeden, der Miene mache davonzulaufen, ohne Rücksicht niederzuschießen. Das half und nun ging alles bis zur Ankunft bei Palembatá wie am Schnürchen. Damit die Träger ohne Unterbrechungen in Reih und Glied marschieren können, ist freilich die sorgfältige Verpackung der Lasten unumgänglich nötig. Das aber war ärgerlicherweise bei meinen Dienerinnen selten zu erreichen, denn ihre zwei oder drei offenen Körbe mit Töpfen, Burmen, Kürbisschalen, Quirlen und sonstigem sudanischen Küchengerät zum täglichen Gebrauch waren oft schlecht gepackt. Das häufige Zurechtschieben und Festbinden des wertlosen Negerkrams mitten im Marsch verursachte Aufenthalt, die Träger wurden dadurch getrennt und setzten dann ohne Aufsicht ihren Marsch fort. Auch heute reizte mich ein Korb, in welchem allerlei Kürbisschalen hoch aufgetürmt waren, und um ein warnendes Beispiel zu geben, trat ich das locker geschichtete Gerät unsanft im Korb nieder, wobei auch etliche wohlbemessene Püffe für die Mädchen abfielen.

Bei dem ersten Lager Sémios im Gebiet Palembatás verließen wir den von früher her bekannten Weg. Bohndorff war von dort aus nach Westen zu Bäbinde gereist, wogegen ich nun nach Süden weiterzog, um die Residenz des Landesherrn zu erreichen. Auf dieser letzten Strecke nimmt der Fluß Hato die vielen unterwegs angetroffenen kleinen Bäche auf, die also noch alle dem Uërre tributär sind, während die auf dem Marsch zu den A=Mádi gekreuzten Gewässer schon dem Uëlle=Mákua angehören. Somit lag die derzeitige Ansiedlung Palembatás auf der Wasserscheide zwischen Uërre und Uëlle=Mákua.

Der Zustand, in dem ich das Lager erreichte, war leider kein sehr imposanter. Mein Esel blieb nämlich plötzlich in einem Sumpf stecken. Zuvorkommend wollte ich ihm helfen, bis auf weiteres wenigstens ein Vorderbein herauszuziehen, er jedoch zog eine durchgreifendere Maßregel vor und schwang sich mit einem einzigen Ruck völlig ins Trockene empor. Mich, der auf eine solche Kraftäußerung nicht gefaßt war, warf er dabei rücklings in den tiefsten Schlamm. Übel zugerichtet erreichte ich das Reiseziel und suchte schleunig durch ein warmes Bad meine Salonfähigkeit wieder herzustellen.

Mittlerweile war meine Abreise von Nbóruma weithin bekannt geworden und schon erwarteten mich bei Palembatá die Sendboten ferner Häuptlinge. Jápatis Abgesandte beschwerten sich wieder über die Verwalter Rafáis und auch der Häuptling Mäsihbe aus dem A-Mädigebiet, bei dem mein nächstes Reiseziel lag, hatte mir Leute entgegengeschickt mit Klagen über innere Wirren und dringenden Bitten, doch ja bald zu ihrem Gebieter zu kommen. Am meisten aber überraschten mich Boten von Mambangá. Sie wußten zwar nicht, daß ich von Nbóruma abgereist war und glaubten, mich noch bei ihm zu treffen. Ihr Anführer war mein früherer Diener Adatám, und sie brachten mir reiche Geschenke von Mambangá, darunter ein Bündel von 12 Stück ausgewählten neuen Mangbattulanzen, vier schön gearbeitete Trumbasche, einen reich mit Kupfer verzierten Schild, einen lebenden grauen Papagei und noch anderes mehr. Der Fürst wünschte meine Rückkehr in sein Land, denn seine alte Angst vor den Nubiern, wozu er ja allen Grund hatte, verfolgte ihn noch immer. Seiner bringenden Einladung konnte und wollte ich zwar, obgleich er von dort aus Träger zu senden versprach, im Hinblick auf die in Mangbattu bestehenden Verhältnisse nicht folgen, doch schickte ich ihm nebst freundschaftlichen Grüßen eine Anzahl Gegengeschenke und den Bescheid, ich würde auch später von Bakangái aus durch Boten mit ihm in Verbindung bleiben.

Indes, während man mir von auswärts so unerwartet freundlich entgegenkam, hatte der große Knabe Palembatá nicht einmal für das Nötigste gesorgt. Die Unterkunft in winzigen Hütten war schlecht und selbst am zweiten Tag erhielt ich noch keinen Proviant. Palembatá schützte vor, er habe kein Telebūngetreide, und obwohl ich es gleich bei meiner Ankunft nicht an Geschenken hatte fehlen lassen, mußten doch meine Leute am ersten Abend einfach hungern. Erst als ich den jugendlichen Gecken meinen Zorn fühlen ließ, bekam ich eine Anzahl Körbe mit Telebūn und Bataten, während ein Häuptling, der mit Unmut sah, wie sein Gebieter die Pflichten der Gastfreundschaft verletzte, mir unaufgefordert drei Körbe voll Getreide schickte. Unter dem Eindruck des ersten Empfangs hatte ich indes schon befohlen, die Nugara (große Trommel) zur Zusammenberufung der Träger erdröhnen zu lassen, und so wiederhallte die Gegend bald von Glocken- und Hörnersignalen, wahrscheinlich weil man keine

Paule besaß. Nun kroch Palembatá regelrecht zu Kreuz und seine Zerknirschung hielt gerade lange genug an, daß ich auch noch ohne Aufschub am 24. und 25. Januar den größten Teil des Gepäcks zu den A=Mädi vorausfenden konnte. Belahl leitete wieder den ersten Zug der Träger und bei jeder folgenden Sendung gab ich dem führenden Häuptling ein Bündel von Stäbchen mit, deren Anzahl der der mitfolgenden Gepäckstücke entsprach und Belahl zur Kontrolle bei der Übernahme diente. Ich selbst konnte freilich nicht so bald folgen, denn die noch erforderlichen Träger blieben wieder aus. Während deffen erfuhr ich, daß Mbio wirklich in den Distrikt Ngéttuas eingefallen und Mbima auch schon mit seiner Mannschaft nach Often aufgebrochen sei; um so zufriedener war ich, daß ich jenes Gebiet beizeiten verlassen hatte. Dagegen wußte auch Mbima bereits von den Prunkwaffen, welche Mambangá mir gesandt hatte — so rasch verbreiten sich manche Nachrichten — und bat jetzt, ich möchte ihm fünf der Lanzen zum bevorstehenden Krieg senden, doch schlug ich ihm dies rundweg ab.

Bohndorff war nun von Bádinde zu Jápati nach Norden weitergereift, mein Gepäck aber ohne Zwischenfall bei Mäfinde angelangt. Bevor ich jedoch selbst aufbrach, ermahnte ich Palembatá, den Weg hinter mir für Poftsendungen offen zu halten, wie ich dies früher bei Nbóruma durchgesetzt hatte. Abatám bat, mit uns zu den A=Mädi reisen zu dürfen und kehrte von dort zu Mambangá zurück. Durch ihn erhielt ich jetzt auch die Satteldecke wieder, die man mir bei Mambangá entwendet; sie war bei einem Mann vom Stamm der Mädje aufgefunden und der Dieb dann auf Mambangás Befehl gelyncht worden.

Am 30. Januar setzte ich nach achttägigem Aufenthalt meine Reise zu den A=Mädi fort und erreichte nach zwei starken Tagesmärschen in der Richtung zu Südsüdweft den Bezirk des Häuptlings Mäfinde. Das durchzogene Land war von nördlichern Gebieten nicht merklich verschieden, obwohl streckenweise schon stärker gewellt, ja selbst hügelig, so namentlich um die Mitte des Wegs und hie und da auch auf der zweiten Tagesstrecke. Einzelne niedrige Berge wurden beiderseits von der Marschlinie sichtbar, doch haftete das Auge vornehmlich an den höhern Berggruppen, welche weiter südlich im Land der A=Mädi neu auftauchten.

Die ganze Strecke ist reich bewässert, und zwar vereinigen sich die erften jenseits der Uëtre=Uëlle=Wasserscheide gekreuzten Flüßchen und Bäche in dem 8 Schritt breiten, felsigen Siri, der nach Often dem Gurba zuströmt, während andere Gewässer als selbständige, doch unbedeutende Zuflüsse des Uëlle süd= öftliche Richtung nehmen. Die letzten Quellflüßchen des zweiten Reisetags setzen zum Teil den Fluß Helle zusammen und fließen, den frühern entgegengesetzt,

nach Südwest und West gleichfalls in den Uelle. Die ganze Strecke von zwei
Tagen ist unbewohnt, doch hauste damals eine Kolonie Shēre (Baschīr) einige
Stunden südlich von Palembatás Wohnsitz, sodaß ich selbst hier im fernen Süden
einen kleinen Bruchteil jenes im Norden weithin zersprengten Volks wiederfand.
Bei dieser Shērekolonie mündete die Reiseroute Osman Bédauis zu den A-Mádi
von Osten her und es waren noch Reste seines letzten Lagers sichtbar.

Mit dem Bezirk Mássindes begann das von der Natur mannigfach bevorzugte Land der A-Mádi, eines gesonderten Volks, das sich in der Sprache, sowie
in manchen Sitten und Gebräuchen von den es umgebenden A-Sandé, Mangbattu
und A-Bármbo unterscheidet. Das Land ist im Osten, Süden und Westen durch
den Uelle begrenzt, der unter 27° östl. L. v. Gr. einen mächtigen Bogen nach
Süden beschreibt. Das günstig gelegene, bergige und reich bewässerte Gebiet hat
einen ergiebigen Kulturboden, dessen Eigentümlichkeit ein Reichtum an Nutzpflanzen
ist, welche sonst erst südlich vom Uelle und auch dort nur an bestimmten Orten
vorkommen. Solche Vorzüge mußten seit jeher den Neid der fremden Stämme
erregen, daher auch die Geschichte des A-Mádiländchens eine Reihe von Kriegen
und Überfällen verzeichnet. Mehr als irgendwo anders wird aber in Centralafrika die beständige Kriegsgefahr zur Hauptursache des mangelnden Boden-
anbaues und der verringerten Volkszunahme. Volle Speicher fordern die Habsucht
der Nachbarn heraus, wer aber vom Raub lebt, dem sind die Mühen des
Ackerbaues verhaßt, während der beständig Bedrohte, der Arbeit für andere über-
drüssig, auf die Dauer vorziehen lernt, sich mit dem knapp Notwendigsten zu
begnügen und ein Leben aus der Hand in den Mund zu beginnen. Anderseits
erweist sich eine gewisse Höhe der Bevölkerungsdichtigkeit als ein Hauptunter-
pfand der allgemeinen Kultur und Gesittung. Die dichte Bevölkerung zwingt zur
Pflege des Ackerbaues, gestattet die Bildung größerer Gemeinwesen und gewährt
daher Ruhe und Ordnung, indem sie die Angriffe der Nachbarn erschwert.
Befördert wurden die Kriegsübel im A-Mádiland durch die seit Menschen-
gedenken bestehende Kleinstaaterei, bei der die vielen Häuptlinge sich gegenseitig
befehdeten und dadurch ihr Gebiet der Fremdherrschaft zugänglicher machten.
So kamen Landesteile in den zeitweiligen Besitz der A-Sandéfürsten und der
A-Bármbo, während die Nubaraber ihren Weg nach Süden gern durch das
A-Mádiland nahmen und Osman Bédaui dort sogar eine kleine Station
gründete, in der er 10 Negersoldaten vom Stamm der Bongo unter dem
Nubier Mahmûd zurückließ.

Wenige Jahre vorher waren die A-Mádi von Saffa hart bedrängt und
auch er stationierte seine Dragomane zum Beschaffen von Elfenbein bei Häupt-

lingen im Süden des Gebiets. Und solche machtlose Häuptlinge, die mißgünstig in steter Fehde mit ihren Nachbarn lebten, waren es oft gar wohl zufrieden, etliche fremde Flinten um sich zu sehen, unter deren Schutz sie im geeigneten Augenblick auf ihre Nebenbuhler losschlagen konnten. Infolge der innern Kriege wanderten freilich ganze Stämme der A-Mádi aus oder wurden von Haus und Hof verdrängt; daher fanden wir z. B. die Niapú, einen A-Mádistamm, unter dem Schutz der Mangbattu wohnend, und noch andere ihrer Stammesverwandten als Kolonien bei Uándo unter den östlichen A-Sandé. Zu meiner Zeit waren Mbíttima (nicht zu verwechseln mit dem gleichnamigen Sohn Uándos) und Másinde die angesehensten Häuptlinge. Doch war der letztere kein A-Mádi von Geburt, sondern ein Sandé, und zwar ein Bruder Bádindes. Er hatte sich mit seinen Stammesgenossen die nördlichen am Berge Málingbe wohnenden A-Mádi tributpflichtig gemacht, während Mbíttima in der Mitte des Landes bei der Berggruppe Língua einen andern Teil der A-Mádi beherrschte, im südlichen Gebiet aber andere Häuptlinge ihre Selbständigkeit behaupteten und Rivalen der Vorgenannten waren. Nach dem Abzug Osman Bédauis gerieten Mbíttima und Másinde in offene Fehde und standen bei meiner Ankunft zum Losschlagen bereit. Das gab denn wieder endlose Sitzungen, in denen ich alles Unrecht, dessen die beiden einander beschuldigten, erst von dem einen und dann fast gleichlautend von dem andern aufgetischt erhielt. Dabei suchte Másinde mich zurückzuhalten, indem er den Weg nach Süden als sehr unsicher schilderte. Darauf achtete ich indes nicht, sondern schickte ungesäumt Belahl und Farag Allah zu dem Verwalter Mahmúd bei Mbíttima. Mahmúd kam alsbald mit seinen Dragomanen herbei, unter dem Geleit meiner Diener, denn allein wagten sie sich jetzt nicht in Másindes Bezirk, wo ich inzwischen die Volksmenge in gewohnter, aber mir nachgerade zur Plage gewordener Weise mit Musik und Bildern unterhielt. Von Mahmúd erfuhr ich, was mir das Wichtigste war, nämlich, daß der Weg nach Süden frei und unbedenklich sei und daß ich südlich vom Uélle wohl unbeanstandet Träger für die Reise zu Bakangái erhalten würde. Ein Bruder Mbíttimas war mit Mahmúd gekommen und so blieb später ein Palaver mit Másinde über innere Angelegenheiten nicht aus, wobei ich den hitzigen Worten des Sandégebieters oft Einhalt thun und ihn in Gegenwart aller ernstlich zurechtweisen mußte. Überhaupt mahnte ich nachdrücklich zum Frieden, unter Hinweis auf Osman Bédaui, der ja bald zurückkehren und ihre Streitigkeiten schlichten würde. Mein schroffer Verweis beim Palaver hatte Másinde recht zaghaft und kleinlaut gemacht. Doch war mir sein sonst aufgewecktes und offenes Wesen im Grunde sympathisch und die spätern Verhältnisse brachten mich auch in dauernde und nahe Beziehung zu ihm. Jetzt klagte er mir, ich hätte ihm meine Freundschaft entzogen und auch seine Unterthanen eingeschüchtert, die nun von ihm abfallen und zu Mbittima überlaufen würden; ich möchte also die versammelte Menge durch freundliche Worte wieder beruhigen. Das that ich ohne weiteres und beschenkte ihn überdies in Gegenwart seines Volks, ja ich bekleidete ihn sogar mit einem vollständigen Anzug, worauf er mir seine Zufriedenheit beteuerte. Der Fall zeigte mir die ganze Lockerheit des Unterthanenverbands in solchen zu kleinen Ländchen zerfallenen Gebieten, wo die Leute bei der geringsten Veranlassung ihren Gebieter verlassen und unter die Botmäßigkeit eines andern treten.

Am 2. Februar stellte sich der erste starke Regen nach Ablauf der auch in diesem Gebiet noch zur Geltung kommenden regenlosen Zeit ein; weiter gegen Süden gestalten sich auch diese Verhältnisse anders.

Tags darauf bestieg ich in zahlreicher Begleitung den Berg Mälingbe. Der Gipfel wurde auf Umwegen schon nach einer Stunde erreicht, denn weder dieser Berg noch der Lingua, die beiden höchsten Erhebungen des Gebiets, erreichen die relative Höhe von 1000 Fuß. Allmählich aufsteigend gelangten wir in halber Höhe auf ein breites Plateau. Bis zu diesem herrscht vielfach noch der Lateritboden vor, der besonders im A-Mábigebiet durch eine intensiv gelb-rote Farbe auffällt. Lager von rötlichem, sehr hartem Sandstein müssen hier irgendwo frei zu Tage treten, denn obgleich ich keine antraf, sah ich doch bei den Wohnstätten das flache, in großen Platten gelöste Gestein häufig als Reib-steine verwendet. Ich stehe indes nicht für die richtige Gesteinsbestimmung ein, denn solche sandsteinartige Gebilde treten auch zwischen richtigen Gneislagern auf. Den obern Teil des Bergs bilden formenreiche Gneis- und Granitmassen, stark in Zersetzung begriffen, vielfach zerfressen und von schwärzlichbrauner Färbung. Zwischen ihnen liegt eine breite, mit hohem Schilfgras bewachsene Mulde, in welche sich bei Überfällen die bedrängten A-Mábi zu flüchten pflegten. Das beim Aufstieg trübe Wetter klärte sich später und ich erkannte dann deutlich an drei weit auseinander liegenden Punkten in Südsüdost, Südwest und West-nordwest den Wasserspiegel des Uelle, wodurch mir der erwähnte große Halb-bogen dieses Flusses augenfällig wurde.

Das Bild, das sich meinem Blick gegen Süden bot, war folgendes: In etwa zweistündiger Entfernung erhob sich der Bergstock Lingua. An ihm vorbei, etwas zu Ost, sah ich in weiterer Ferne den Berg Angba und in derselben Richtung trat jenseits des dort sichtbaren schmalen Wasserstreifens des Uelle im Land der A-Bármbo der Berg Madjánu am Horizont hervor, während auch rechts vom Lingua in weitester Ferne eine Bodenerhebung erkennbar war. Doch vor allem

Panorama vom Berg Mölingbe. Gezeichnet von L. H. Fiſcher.

deutlich und für ein afrikanisches Landschaftsbild recht charakteristisch breitete sich das gewellte und hügelige Land in nächster Nähe vor mir bis zum Lngua aus. Dort durchzogen dunkelgrüne Vegetationsstreifen, die Uferwaldungen der Flüsse und Bäche, das breite, wellige, von Berg zu Berg sich ausdehnende Thal. Solche Komplexe von hochstämmigen Bäumen sind manchmal auch zu kleinen Waldbeständen zusammengedrängt, von denen die Waldstreifen ihren Ausgang nehmen. Immer bergen sie auch Quellwasser in ihrem Schoß und entsenden Bäche und Flüsse. So von Bergeshöhe herab gewinnt der Beobachter erst ein klares Bild von diesem hydrographischen Gewirr und staunt über den nach Süden zunehmenden Reichtum dieser Länder an Wasseradern. Berücksichtigt man dabei die selbst bei den kleinsten Bächen oft verhältnismäßig sehr breit anstehenden Hochwaldstreifen, so folgt der Schluß, daß die Summe derselben manchen großen Komplexen der geschlossenen, als „Regenwälder" bezeichneten Waldmassen in der Nähe des Äquators nahe kommt, die durch beständiges Aushauchen von Feuchtigkeit auch den gleichmäßigern und über alle Monate im Jahr verteilten Regenfällen Vorschub leisten, wie sie von der Natur für die engere Äquatorialzone vorgeschrieben sind; daraus kann aber wieder, günstige Bodenverhältnisse vorausgesetzt, eine größere Fruchtbarkeit dieser Gebiete gefolgert werden. Übrigens läßt sich wohl von vornherein behaupten, daß ein Boden, der solche Bäume hervorzubringen vermag, nicht an Unfruchtbarkeit leiden kann. Auch gewahrte ich derzeit vom Mâlingbe aus dicht unter mir am Fuß der Berglehnen ein Bild friedlicher, afrikanischer Kultur. Dort grünten reiche Bananenwäldchen, in denen sich die Hütten der Eingeborenen beinahe unsichtbar machten, und auch die Gruppen der stattlichen Elaeïspalme bildeten kleine Waldbestände. Nachdem ich auf dem luftigen Gipfel die topographischen Arbeiten beendet und noch einige genußreiche Stunden verlebt hatte, trat ich den Abstieg an, und zwar auf östlicherm Weg an den Senkungen um den Fuß des Bergs herum, wo ich an vielen Wohnsitzen der A-Mâdi vorüberkam. Manche ihrer Hütten haben wie die Mangbattuhäuschen Giebeldächer, andere sind nur Strohhütten mit Kegeldächern. Überall aber umgaben üppige Bananenhaine die Niederlassungen und bekundeten, daß diese wichtige Kulturpflanze auch den A-Mâdi die Hauptnahrung liefert.

Am 4. Februar setzte ich die Reise fort. Die Station Mahmûds war nur zwei Stunden entfernt und da überdies die Leute Mâsindes die Lasten nur bis an die Grenze Mbittimas zu tragen hatten, so sahen sie die mühelose Arbeit als angenehmen Zeitvertreib an. Im Trägerdienst nicht geschult, zankten und stritten sie sich unter Scherz und Lärm um die Gepäckstücke, nahmen manches, ohne daß ich es hindern konnte, ungeschickt auf und stürmten wild durcheinander davon. Viele liefen auch ohne Gepäck johlend voraus, sodaß trotz der vielen Leute noch etliche Lasten liegen blieben, welche später Farag Allah nachbefördern mußte.

Der Weg zog sich gegen Süden, ein Thal entlang, das östlich durch die Vorberge des Málingbe, westlich aber durch eine niedrige Bergreihe geschlossen war. Das eigentliche Bergland nahm schon nach halbstündigem Marsch vorläufig ein Ende, doch folgte auch weiterhin noch Hügel nach Hügel, bis es in der Nähe der Berggruppe Lingua wieder zu bedeutendern Höhenzügen kam. Dort führte dann der Weg über Berg und Thal und eröffnete weite Fernblicke nach der einen oder andern Seite. Freilich mußte dabei mancher böse Sumpf im Uferdickicht der Bäche, in Niederungen und Schluchten durchwatet werden, dazwischen aber breitete sich auch hier lichter, sonniger Steppenwald aus.

Die Träger Másindes hatten, wie bestimmt worden, auf halbem Weg die Lasten niedergelegt und Belahl war zur Station vorausgeeilt, um Träger von Mbíttima zu holen. Die Wartezeit machte ich mir im Schatten eines Bananenwäldchens behaglich. Etliche Grenzhütten waren wohl in der Nähe, Menschen aber nicht sichtbar und so konnte ich einmal ohne das obligate Gedränge eines lärmenden Volkshaufens wirkliche Ruhe genießen. Selbst die Dienerschaft, die am nahen Feuer das Mahl bereitete, verhielt sich lautlos. Hier holte uns Farag Allah mit dem Rest des Gepäcks ein, doch vermißte ich bei der Durchsicht desselben ein Eisengerät, welches in die Erde gesteckt, zum Aufhängen von Kleidern, Hut, Flinten u. dgl. dient. Das Ding ist sehr praktisch, wird von den Nubiern auf Reisen in den Negerländern benützt und auch ich ließ es jedesmal gleich nach der Ankunft im Lager neben meinem Stuhl aufstellen (s. die Abbildung). Da ich es nicht einbüßen wollte, nahm ich den letzten Trägern in aller Ruhe fünf Lanzen weg, als Pfand, bis Másinde mir mein Eigentum wieder verschafft haben würde. Nach wenigen Tagen hatte ich es richtig wieder und sandte nun die Lanzen zurück. Die neuen Träger kamen jedoch erst spät nachmittags und so erreichten wir die kleine Station Mahmúds, als es bereits dunkelte.

Mehrere der dortigen Dragomane hatten die frühere Expedition zu Bakangái mitgemacht und ich erfuhr von ihnen Näheres über den Weg. Osman Bédaui hatte damals Bongoträger aus dem Norden mitgenommen, die A-Bármbo also nicht gebraucht, und den Weg vom Uelle südwärts zum Bomokándi, jenseits dessen Bakangáis Gebiet beginnt, in zwei starken Tagesmärschen zurückgelegt. Ich dagegen war auf die A-Bármbo angewiesen und mußte, um Träger zu erhalten, gerade die bevölkerten Distrikte aufsuchen. Daher lag mein Weg westlicher, zumal ich auch erfuhr, daß eine A-Sandékolonie unter dem Häuptling Mambangá (nicht zu verwechseln mit dem Mangbattufürsten) einen Tagesmarsch westlich vom Uelle lebe. Bei ihm, der angeblich auch die umwohnenden A-Bármbo beherrschte, konnte ich am ehesten Träger erhalten. Gerne hätte ich einstweilen schon von hier aus Boten zu Bakangái entsendet, aber die Leute fürchteten sich zu sehr vor den A-Bármbo südlich vom Uelle. Etliche A-Bármbohäuptlinge diesseits des Uelle waren Mbittima unterthan, diese besuchten mich und gaben Hoffnung, daß ich Träger für die Reise zu Mambangá, dem Sandé, erhalten würde. Ich traute ihnen anfangs nicht und wollte erst allein ohne viel Gepäck zu Mambangá reisen, doch versprachen sie mir alles mögliche, und schließlich verließ ich mich auf meine Geduld und das Reiseglück. So brach ich nach wenigen Tagen, nachdem ich mich auch mit den Embatá, den Inhabern der Boote für die Überfahrt, verständigt hatte, mit dem ganzen Gepäck nach dem Uelle auf.

An Gesellschaft fehlte es bis dahin nicht, täglich kamen Häuptlinge mit Begleitung und auch Mbittima war oft bei mir, doch konnte ich mich nicht recht mit ihm befreunden. Die Häuptlinge brachten mir meist Erzeugnisse ihres Bodens, vor allem Bananen, dann Hühner, Palmöl, Bataten, Maniok, aber nur wenig Telebûn. Mais, den die A-Mádi gleichfalls bauen, war jetzt selten, da die letzte Jungsaat angeblich zu Grunde gegangen war. Ich machte mit Erfolg Versuche, die Bananen auf verschiedene Art zuzubereiten. Die grünen, noch unreifen können wie unsere Kartoffeln nach vielerlei Rezepten verarbeitet werden. So ließ ich sie in den verschiedenen Stadien ihrer Reife, zu Scheiben geschnitten, braten, was ein sehr gutes Essen giebt, aber auch roh auf dem Reibblech zerreiben und

Eiserner Ständer zum Aufhängen von Kleidungsstücken.

dann aus dem Bananenbrei kleine, pfannkuchenähnliche Gebilde backen, wie man sie in Norddeutschland aus rohen Kartoffeln macht, u. s. f. Bananenmehl bereiten auch die Eingeborenen, doch ist es sehr empfehlenswert, es mit Mehl aus Knollenfrüchten oder mit Getreidemehl zu mengen, sowie auch die Mischung des Mehls von verschiedenen einheimischen Getreidearten die geringern

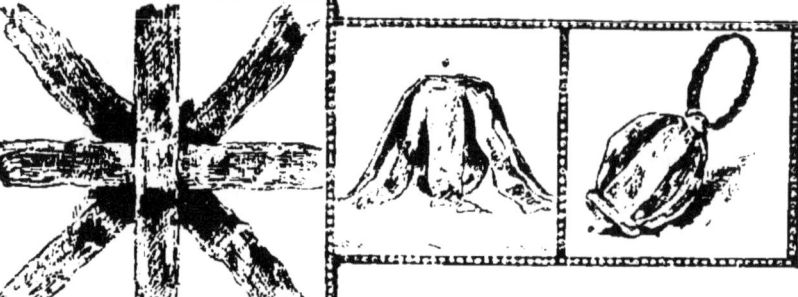

Verpackung von Palmöl.

Sorten weit brauchbarer macht. Die A-Sande nennen die Bananen „Bira", die A-Mádi „A'buggo", doch kommen davon so viele Arten vor, daß für dieselben neun verschiedene Bezeichnungen erforderlich sind. Einige Arten eignen sich mehr zum Kochen, andere, besonders die kleinern, ißt man im reifen Zustand roh. Die größten Arten, die fußlangen Pisangfrüchte („A'mápula" der A-Mádi, „Mangbúru" der Mangbattu), und zwar sowohl die gekantete und dann gebogene, als auch die abgerundete und dabei gerade gestreckte Art, werden am besten in fast reifem Zustand gedämpft und dann schräg durchschnitten; in dieser Form sind sie das Hauptnahrungsmittel. Wichtig sind ferner die über Feuer und an der Sonne gedörrten reifen Bananen, bei den Mangbattu „Babingó" genannt. Sie sind klebrig und überzuckert, bilden ein vorzügliches Essen und halten sich auf Reisen unverdorben monatelang. Ich bereitete sie daher oft eigenhändig in großen Mengen. Zu dem Zweck war über dem Feuer in meiner Hütte ein Gestell, wie zum Dörren der Fleischstriemen (Scharmut), errichtet; auf diesem wurden die Bananen 24 Stunden und länger bei gelindem Feuer und wiederholtem Umwenden gedörrt, worauf man sie erst noch auf Matten ausgebreitet der Sonne aussetzte. Zerschnitten und in Palmöl geröstet gaben sie dann eine angenehme Speise ab. An das Palmöl hatte sich mein Gaumen bald gewöhnt, sodaß es nachgerade fast zu allen Speisen verwendet wurde. Seine Originalverpackung in jenen Ländern ist erwähnenswert. Der mit Öl gefüllte Krug wird mit Teilen der frischen Bananenblätter, denen die wulstige Mittelrippe abgestreift worden, fest verbunden. Darüber legt man einen zweiten Verband aus langen, handbreiten Streifen von der äußern trockenen Rinde der

Falle für Wildkatzen, Viverra genetta.

Bananenstämme; die abgestorbenen Lamellen derselben sind bastartig fest und mehrere gekreuzte Lagen dieser Streifen schließen hermetisch. Das Gefäß wird hierauf umgestülpt, mit den langen überragenden Enden der Streifen seitlich eingehüllt und diese Umhüllung dann am Boden des Topfes zu einem Büschel zusammengebunden, in welchen schließlich noch eine Handhabe oder Zopfschlinge aus demselben Material eingeflochten wird. An dieser trägt man das Gefäß mit abwärts gerichteter Öffnung über der Schulter hängend.

Am 8. Februar bestieg ich den Berg Lingua. Wegen der schroffen Felsmassen des westlichen Abhangs muß er von der Nordseite angegangen werden; dort aber umkreist das Flüßchen Oggä in tiefer Waldschlucht seinen Fuß, während auf den Lehnen die Wohnsitze der A-Mádi, zwischen Bananenwäldchen und Elaeispalmen verstreut, zur Rast einluden. Die Besitzer brachten nach Landessitte Erzeugnisse ihres Bodens, ja sie legten mir ehrfurchtsvoll sogar Speere zu Füßen. Die reiche Kultur zog sich eine Strecke weit bergan, und von ihrer

Grenze aufwärts waren es nur noch 30 Minuten bis zum obern Bergplateau. Auf diesem erhebt sich der oberste, zerklüftete Felskegel von etwa 25 Meter Höhe, der nur von Norden her zu erklettern ist und oben kaum für einige Dutzend Menschen Raum bietet. Überhängende Felsen bilden dort kleine Grotten und ein frei und weit hinausragendes Felsstück erklang beim Anschlagen mit einem Stein laut tönend wie eine große Eisenplatte. Die Fernsicht war leider getrübt, immerhin sah man an mehreren Stellen den Uelle, und der Berg Angba zeigte sich deutlicher als vom Mälingbe aus. Ein breiter Bergsattel trennt den Lngua gegen Südost von dem wenig höhern Balimassángo, dessen Felsmassen zum Teil schroff zu Süd abstürzen. Aber noch ein dritter Berg, der Girro, lehnt sich an den zweiten, sodaß eine zusammenhängende Kette entsteht. Im Norden verstellte der Mälingbe den Blick, der nun das breite, zwischen den Berggruppen sich ausdehnende Thal und jene nördlichen Berge von Süden, vom Lngua aus überschaute, seitwärts aber über die Baumkuppen des Savannenwaldes in die Ferne schweifte. Meine Begleiter erspähten weit draußen in der Ebene einen Zug Menschen. Diese lange schwarze Schlangenlinie erwies sich später als die Mannschaft eines fernwohnenden Häuptlings, der mit seinen Hörigen unter dem Schall der Nugára zu meiner Begrüßung herbeizog. Den steilen Südabhang des Lngua hinab wurden die Behausungen Mbíttimas erreicht; dann führte der Weg am Fuß des Bergs durch Buschwald hin, wo die Eingeborenen Fallen für Wildkatzen angebracht hatten. Es waren dies lange, niedrige Zäune aus Schilfstäbchen, stellenweise von Durchgängen unterbrochen, die, kaum 1 Fuß breit, doch bis 2 Meter lang, zwischen doppelten Stäbchenreihen hindurchführten. Schwebende Fallbalken hingen über den Gängen, um die Tiere beim Durchschlüpfen zu erschlagen.

In Mahmûds Station waren während der letzten Wochen zwei Bongodragomane gestorben. Nun wähnten die übrigen, auch sie könnten von den A-Mábi behext werden und wollten daher allen Ernstes in ihre Heimat zurückkehren. Ich stellte ihnen das Thörichte ihres Aberglaubens vor und veranlaßte sie dadurch zum Bleiben.

Das Gepäck war nun wieder in einzelnen Sendungen zum Uelle geschafft, den auch ich am 10. Februar erreichte; die letzten Lasten kamen später mit Mahmûd nach. Der Weg führte im Gebiet Mbíttimas mehrere Stunden gegen Südwest, dann im Bezirk der A-Bángbara, eines A-Bármbostamms, gegen Westen. Der Boden war wieder gleichmäßig gewellt, ohne Hügel- und Bergreihen, die nur den nördlichen Teil des Gebiets kennzeichnen. Das Flüßchen Oggä kreuzte bald nach dem Abgang aus der Station den Weg. Wie dieses,

Diebstahl der Embald. Gezeichnet von L. H. Fischer.

sind auch alle andern in den Uëllebogen mündenden Gewässer bedeutungslos, denn sie entspringen im Land und haben einen kurzen Verlauf; in der Regenzeit jedoch schwellen sie durch Aufnahme der von den Bergen herabströmenden Wasser an und werden in Schluchten und tief ausgehöhlten Flußbetten in der That zu reißenden Gebirgsströmen.

Der Marsch zum Uëlle erinnerte mich daran, wie ich seinerzeit aus Mangbattu abgereist war, denn auch hier begleitete mich fast beständig ein Weiberschwarm, der sinnverwirrend schrie und unter tollem Gebärdenspiel über den weißen Mann staunte. Die Zudringlichkeit der Leute am Uëlle, wo mich der Mangbattustamm der Embatá umgab, war fast unerträglich; sie benahmen sich so rücksichtslos, wie ich es bei den A-Sandé nie erfahren habe. Ihre Häuptlinge waren Senu und Bámadsi, an die ich nur mit Unwillen denken kann, denn sie spielten bei den Schwierigkeiten, denen ich nun entgegenging, als Helfershelfer der A-Bármbo eine nichtswürdige Rolle. Abends strömte ein schwerer Regen nieder, vor dem ich in einer winzigen Hütte Zuflucht fand, wo auch die Lasten untergebracht waren.

Der Uëlle, dessen gefülltes Strombett ich auf der Reise mit Sémio bewunderte, hatte jetzt seinen niedrigsten Wasserstand und viele Felsplatten überragten die Oberfläche. Sein Bett ist hier etwa 50 Schritt schmäler als dort, also etwa 250 Meter breit, und zwischen Steilufer eingezwängt, dafür aber gegen das Südufer hin bedeutend tiefer; eine 20 Fuß lange Stange erreichte den Grund nicht, obschon das Wasser um ebensoviel und noch mehr gefallen war, denn zur Zeit des höchsten Wasserstands soll selbst der obere Flußrand überschwemmt werden. Der hier sichtbare Teil des Uëlle, eine Strecke von etwa 4 Kilometer, floß von Süden nach Norden. Meine Lage am Fluß war augenblicklich auch dadurch erschwert, daß Mambangá-Sandé (um Verwechslungen mit dem Fürsten Mambangá zu vermeiden, will ich ihn fernerhin nach seiner Abstammung näher bezeichnen) nichts von sich hören ließ. Wie man sich erinnert, war er mir als Gebieter eines Teils der A-Bármbo geschildert worden, und zudem hatte sich in Mahmúds Station ein Individuum eingestellt, welches vorgab, es käme von dort und Mambangá-Sandé ließe fragen, warum wir denn so lange ausblieben. Ich hatte diesen Angaben damals Glauben geschenkt, aber als nun selbst am Tag nach meiner Ankunft am Uëlle sich immer noch kein Mensch am jenseitigen Ufer zeigte, erwachten meine Zweifel wieder und ich sandte Farag Allah sofort zu dem Sandéhäuptling. Die Embatá meinten freilich, die A-Bármbo wären noch nicht da, weil ihre Wohnsitze weit vom Fluß ablägen.

Um mir die Sorge zu vertreiben, kümmerte ich mich um den Fischfang der Embatá, für den die Jahreszeit und der niedrige Wasserstand günstige Bedingungen boten. Auch betrieben ihn die Leute, doch erhielt ich trotzdem nur wenig Fische, und Senu, der, nebenbei bemerkt, erst jüngst von einem Krokodil in die Hand gebissen worden, schützte vor, er hätte selber keine. Allerdings ist die nachlässige und primitive Art des Fischfangs nichts weniger als ergiebig; der Fang mit Netzen ist unbekannt und man bedient sich nur fester, am Ufer und zwischen Felsmassen im Fluß angebrachter Reusen. Unstreitig ist aber der Uelle fischreich und dürfte dem Specialforscher manches Neue bieten. Ich erhielt von den Embatá Welse und einen eigentümlichen, fußlangen Fisch, der sich durch eine 10 Centimeter lange fleischige Unterlippe auszeichnete.

Mittlerweile kamen Mahmūd und Mbittima mit den letzten Lasten an, Farag Allah dagegen kehrte mit wenig tröstlichen Nachrichten von Mambangá-Sandé zurück, denn es stellte sich heraus, daß alle Angaben über ihn erlogen gewesen und der Sandé nicht einmal von mir, geschweige denn von unserm Kommen etwas gehört hatte. Über seine Person erfuhr ich, daß er wohl Abkömmling einer fürstlichen A-Sandélinie sei, welche früher über alle A-Bármbo-stämme geherrscht habe, jetzt aber mit seinem kleinen Anhang nur noch machtlos im Land lebe. Er wolle übrigens, so berichtete Farag Allah weiter, Hütten für uns bauen lassen und wünsche jetzt sehr, uns bald bei sich zu sehen, doch habe er leider für die vielen Sachen keine Träger und ich müßte das Gepäck von den A-Bármbo befördern lassen. Zur Unterstützung dieser Einladung hatte er gleich einige seiner Leute mitgeschickt. Nun galt es, die Embatá, deren Willfährigkeit ich mir bereits durch Geschenke gesichert, zu Trägerdiensten zu bewegen. Während ich aber noch mit Senu unterhandelte, daß er meine Sachen durch seine Bootsleute bis zu den nächsten A-Bármbohütten schaffen lasse, stellte sich ein A-Bármbohäuptling vom jenseitigen Ufer, Namens Bassanfá, ein und erbot sich freiwillig, die Lasten zu Mambangá-Sandé zu befördern. Ich fragte, ob er denn auch genug Träger habe; darauf lächelte er und machte mit den Händen die übliche Gebärde, welche „viel" bedeutet.

Der Gebrauch der Zahlwörter geht bei dem Eingeborenen kaum über 10 hinaus und selbst dabei bedient er sich gern der Fingerzeichen. 10 drückt er durch das Erheben beider Hände aus; bei 15 umfaßt er, wenn er steht, das rechte Bein, wenn er sitzt, den Fuß mit beiden Händen, was also zu den 10 Fingern noch 5 Zehen fügt. Bei 20 umfaßt er mit jeder Hand ein Bein oder einen Fuß und drückt so durch 10 Finger plus 10 Zehen 20 aus. Um die zwischen-liegenden Zahlen auszudrücken, nennt er pantomimisch zuerst die als Basis dienende Zahl, also 5, 10, 15 oder 20, und rechnet dann die noch fehlende Zahl zwischen 1 und 5 hinzu, indem er die entsprechende Anzahl von Fingern der Linken mit der Rechten umklammert. Die Zahl 40 wird durch zweimaliges Auflegen der Hände auf die Schenkel bezeichnet, bei 60 werden die Beine dreimal berührt, d. h. 20 plus 20 plus 20 u. s. f. Die Zahl 100 bedeutet für den Schwarzen schon eine kaum faßliche Menge und schließt den Begriff von „viel" in sich, bei dem er lieber zu denken und zu zählen aufhört und durch rasches und häufiges Anschlagen der Hände an die Schenkel einer unbestimmten, für ihn großen Zahl Ausdruck giebt.

Diese Pantomime also machte auch Bassansá, ich mußte demnach annehmen, daß er Leute genug zur Verfügung habe, um so mehr, als er mit ihnen schon am folgenden Morgen zum Abholen des Gepäcks bereit sein wollte. Daraufhin ließ ich ohne Argwohn noch vor Sonnenuntergang über 100 Lasten an das Südufer schaffen. Da es dort keine Hütten gab, wurde das Gepäck unter meiner Aufsicht gut gelagert, bedeckt und der Obhut von drei Bongodragomanen Mahmûds übergeben. Der Rest der Sachen, die Esel, Ziegen und wir selbst folgten am nächsten Morgen, doch erst nach stundenlanger Säumnis, denn die Embatá hatten ihre Boote entfernt und ihr Benehmen lief jetzt auf Erpressung hinaus. Dabei gab sich Senu den Schein, als beanspruche er nichts mehr von mir, hatte aber ohne Zweifel seine und Bámadsis Leute veranlaßt, nun ihrerseits Forderungen zu stellen, sodaß jetzt viele sich herandrängten und, bevor sie uns über den Fluß setzten, erst beschenkt sein wollten. Nun, die Befriedigung ihrer Wünsche wäre mir nicht schwer gefallen; wenn es nur bei diesen Wünschen geblieben wäre! Ich versprach also, sie alle drüben zu entschädigen, wir fuhren über, sie erhielten dann, was ihnen gebührte, und gingen sichtlich zufrieden von mir. Viele andere aber, die uns mit Weibern und Kindern in Booten gefolgt waren, drängten sich nun an mich, während ich, ihrer nicht achtend, alsbald an die Verteilung der Lasten ging. Bassansá war nämlich eingetroffen, jedoch nur mit 45 Trägern, die übrigen sollten, wie er beteuerte, baldigst nachkommen. Da plötzlich spielte sich eine Scene ab, die beinahe zu einer Katastrophe geführt hätte. Eine meiner Dienerinnen ertappte nämlich einen Dieb und rief mir zu, als derselbe sich eben mit einer kleinen Last Salz seinem Boot näherte. Im Zorn und auch um das Volk einzuschüchtern, griff ich nach meinem Gewehr und that ein paar drohende Schritte; da stürmte aber auch schon die ganze Volksmenge in heller Angst die Böschung hinab zu den Booten, wobei viele, auch Weiber und Kinder, ins Wasser stürzten. Ich erkannte ihre Gefahr und trat augenblicklich zurück, um der Panik zu steuern.

Senu beruhigte dann die Menge vollends, doch forderte ich die Leute jetzt
dringend auf, das Ufer zu verlassen. Mein gestohlenes Eigentum hatte ich dem
Dieb glücklich abgejagt.

Bald darauf ging Belahl mit Bassansá und 45 Lasten ab; später
schickte ich noch einige andere A=Bármbohäuptlinge mit 10 und 15 Lasten zu
Mambangá=Sandé, mit beinahe der Hälfte des Gepäcks aber mußte ich selbst
am Uelle zurückbleiben. Von Senu und den Bootsleuten trennte ich mich in
gutem Einvernehmen, wobei ich ihnen das baldige Eintreffen Bohndorffs
ankündigte. Für den Fall, daß ich hier übernachten müßte, versprach Senu
Wächter zu schicken, hielt aber nicht Wort; dagegen kamen abends Embatá,
und besonders Frauen, zum Einsammeln von Termiten herüber, deren Auf=
fliegen jetzt zu Beginn der Regenzeit wieder erwartet wurde. Mir aber stand
eine obdachlose Nacht in afrikanischer Wildniß bevor, denn von menschlichen
Behausungen war weit und breit nichts wahrzunehmen. Nachdem ich noch eine
Weile vergeblich auf Träger gewartet, stellte ich also gegen Abend das Gepäck
an einem kleinen flachen Termitenhügel zusammen und meine paar Leute lagerten
daneben; außer Farag Allah waren nämlich nur der Dinkajunge Farag und
die Dienerinnen bei mir. Ein kärgliches Abendbrot war bald verzehrt. Der
Dämmerung folgte rasch die Nacht, denn der Mond, der noch beinahe voll
aufgehen mußte, blieb während der ersten Stunden durch dunkle Regenwolken
verdeckt, erst zu später Nachtstunde brach sein ersehntes Licht durch. Es mochte
11 Uhr sein, die Leute schliefen sorglos am Lagerfeuer, auch ich hatte mich auf
das Angareb niedergestreckt, doch nicht in der Absicht zu schlafen. Ich starrte
nur sinnend in den Nachthimmel empor und sah zu, wie die schwarzen Wolken
hintereinander her hasteten und freute mich, so oft es einem hellen Mondstrahl
gelang durchzuschlüpfen und sich herabzustehlen bis zu unserm einsamen Lager
im A=Bármboland. Da auf einmal schlug meine Hündin neben mir an und
lief um den Termitenhügel herum, wo gleichfalls Gepäck aufgestapelt lag.
Lady bellte einigemal laut auf und kehrte dann still zurück. Ohne im Grunde
Böses zu argwöhnen, erhob ich mich, bestieg den Hügel und schlug dann den Weg
ein, der vom Fluß gegen Süden führte. Nach wenigen Schritten blieb ich
stehen, mehr mechanisch als spähend. In meiner nächsten Nähe war zwischen
dem verdorrten Gras schon frisches emporgeschossen und gerade wo der Weg
diesen Ort berührte, streifte nun mein Blick einen Schatten. Während ich aber
noch auf die dunkle Stelle hinstarrte, verbarg sich der Mond wieder hinter einer
Wolkenschicht. Jetzt trat ich einen Schritt näher, da aber schnellte plötzlich,
kaum 10 Schritt vor mir, eine Gestalt auf und ergriff in gebückter Haltung

eiligst die Flucht. Ich dachte mir, es dürfte irgend ein Weib sein, das nach dem Einsammeln von Termiten zurückgekehrt sei und, durch den Hund geängstigt, sich niedergekauert habe; daher befahl ich Farag Allah, der auf meinen Anruf sogleich herbeigeeilt war, den fliehenden Schatten durch Zurufe zu beruhigen. Gar bald sollte ich jedoch eines andern belehrt werden, denn wir fanden an der Stelle, wo der Dieb gekauert — denn mit einem solchen hatten wir es zu thun — im Gras eine meiner Kisten liegen.

Augenscheinlich war der Freche herangekrochen, hatte das Gepäckstück von der mir nicht sichtbaren Seite des Hügels entwendet und war dann beim Forteilen durch Lady gestört worden. Ich gewann dadurch die verhängnisvolle Gewißheit, daß ich von Diebsgesindel umgeben sei und nun ernstlich wachehalten müsse. Ich selbst bezog den Posten auf dem Termitenhügel, mit zwei Gewehren bewaffnet, und verbrachte dort die ganze Nacht, wobei ich zum Zeitvertreib und um den Schlaf zu verscheuchen, eine Mundharmonika blies und heimatliche Lieder summte, nicht ohne mit Unbehagen an die nächste ungewisse Zukunft zu denken. Die Nacht verlief indes ruhig. Erst in früher Morgenstunde weckte ich die Leute, hieß die Mädchen, um sie wach zu erhalten, Mehl reiben, und legte mich selbst zur Ruhe.

Der 14. Februar brachte mir nach so unerquicklicher Nacht eine Hiobs-post von Belahl. Dieser meldete, daß von der gestern abgegangenen Sendung eine Kiste fehle, und ähnliche Nachrichten gingen mir auch später zu, wobei die Embatá, die sich als Träger eingeschmuggelt hatten, des Diebstahls beschul-digt wurden. Mittlerweile stellten sich wieder A-Bármbohäuptlinge mit Trägern ein. Da ich doch keinen andern Ausweg aus meiner Not hatte, mußte ich wohl oder übel auch ihnen mein Gut anvertrauen, ließ es indes nicht an Ermahnungen fehlen und notierte wie bisher ihre Namen. Für einen Teil der Sachen fanden sich aber auch heute nicht genug Leute. Mit den Embatá trat ich dann neuerbings in Unterhandlungen. Sie verweigerten nun die Boote und Senu näherte sich wohl unserm Ufer, getraute sich jedoch anfangs nicht heran-zukommen. Dies war ein sichtbarer Beweis seiner Mitwisserschaft; daß er bei all der Schufterei seine Hand im Spiel hatte, stand für mich ohnehin schon fest und banach handelte ich also. Ich lockte ihn schließlich durch das Anbieten von Geschenken ans Land und versprach ihm dann, er solle davon noch viel mehr erhalten, wenn er mein gestohlenes Gut herbeischaffe, das ja für sie viel-leicht ganz nutzlos sei, während ich ihnen dafür Zeuge, Perlen, Kupfer u. dgl. geben würde. Senu nahm den Handel an; auch mußte er wohl, wo er die Sachen zu suchen hatte, denn er fuhr stromauf und kehrte schon nach ein paar

Stunden mit einer großen, erbrochenen Blechkiste zurück. Leider hatte sie die Wäsche und Kleider Bohndorffs enthalten, die nun fehlten, doch fand ich darin noch neue Schuhe und Stiefel und andere für die Diebe unbrauchbare Gegenstände, gerade solche, die für Bohndorff unersetzlich waren, wogegen ich ihm mit Wäsche und Kleidern aus meinem Vorrat aushelfen konnte.

Dieses Resultat war nicht zu unterschätzen, ich gab also dem Heuchler und Hehler das versprochene Geschenk und spornte ihn an, das Geschäftchen zu wiederholen. In der That verschaffte er mir bald noch eine zweite Kiste zurück. Sie enthielt sehr verschiedene Gegenstände, größtenteils solche, welche

Obdachlos am Uëlle.

Bohndorff beim Einsammeln von Naturobjekten benützte; den Dieben waren sie fremd und unnütz, daher fand ich noch etwa zwei Drittel des Inhalts vor.

So verging der zweite Tag und wir hatten die trostlose Aussicht, auch die folgende Nacht am unwirtlichen Ufer des Uëlle einsam und schutzlos verbringen zu müssen. Die noch vorhandenen Lasten wurden jetzt unmittelbar am Steilufer des Stroms aufgestellt und wir lagerten vor ihnen. Abends zogen sich wieder Gewitterwolken zusammen und drohten mit neuem Ungemach. Gespannt sah ich stundenlang zu, wie sie am Firmament dahinjagten, aber sie nahmen kein Ende, immer wieder stiegen neue schwere Dunstmassen am Horizont auf, ballten sich immer hoffnungsloser zusammen, und nach so langem Hangen und

Bangen ging schließlich ein starker, anhaltender Regen nieder, der uns Obdachlose in einen jämmerlichen Zustand versetzte. Ich kauerte mich unter das schräg aufgestellte Angareb und eine kleine Wachstuchdecke, was nur wenig half; der Regen aber dauerte stundenlang fort, löschte die Feuer aus, durchweichte und durchkältete uns unbarmherzig, und so durchwachten wir eine zweite Nacht am Uelle. Endlich graute der Morgen und sehnsüchtig blickten wir nach der Sonne aus, die unsre nassen Kleider trocknen und uns wieder erwärmen sollte. Sie erschien an diesem 15. Februar nicht und wir mußten noch lange weiterfrieren, bis die Kleider endlich trockneten.

Indes brachte uns dieser Tag wenigstens die Erlösung. Gegen Mittag traf nämlich Mambangá-Sandé mit etwa 25 Leuten seines Stamms ein, und sofort gingen 16 Träger mit Lasten ab. Die übrigen jedoch weigerten sich, den geringen Rest des Gepäcks zu tragen, und abermals entstand eine lange Verzögerung, um so mehr, als Senu mit seinem Anhang wieder erschien, worauf das Schreien und Gestikulieren gar kein Ende mehr nehmen wollte. Müde und matt zog ich mich in das nahe Wäldchen eines kleinen in den Uelle mündenden Bachs zurück. Schon am ersten Tag hatte ich dort im Dickicht eine Laube ausgehauen, in der ich auch jetzt Ruhe vor dem lärmenden Gesindel suchte, denn nach den durchwachten Nächten waren meine Nerven erregt. Lange saß ich dort und betrachtete eine schöne Blüte, die ich von einem Strauch gepflückt hatte. Natur-schönheit und Waldeinsamkeit trösteten mich einigermaßen in dieser sonst freud-losen Zeit. Da begann es abermals zu regnen, aber diesmal zu meinem Glück, denn nun entschlossen sich die Leute doch zum Tragen und brachen endlich auf. Mit ihnen verließ ich den trübseligen Lagerplatz am Uelle.

Der Weg führte gegen Westen über leicht gewellten Boden; nach einer Stunde wurden die ersten Hütten der A-Bármbo erreicht, deren Niederlassungen sich von da in Entfernungen von 15 zu 20 Minuten dem Weg entlang zogen. Wiederum folgten uns überall Weiber und Kinder mit Geschrei; auch bei den Hütten saßen genug gaffende Leute umher, aber nur wenige waren willig, die A-Sandé als Träger zu ersetzen. Das Ziel, einige armselige, einsam stehende Hütten, die auch vom Sitz Mambangá-Sandés ziemlich entfernt lagen, wurde bei Sonnenuntergang erreicht. Das erste, was mir da mitgeteilt wurde, waren einige neuerdings entdeckte Diebstähle, ich war jedoch stumpf und gleichgültig gegen alles und sank völlig erschlafft, ohne irgendwelche Nahrung zu nehmen, aufs Lager. Der Schlaf, der mich sonst unter ähnlichen Verhältnissen floh, fand sich sofort ein und ich erwachte erst am hellen Morgen.

Nun erst ging ich daran, mein Hab und Gut zu durchmustern. Da fehlten vor allem eine Last Salz und eine kleine Last mit etlichen Büchsen Pulver,

Schrot und anderm; ferner war aus einem erbrochenen Kistchen eine große Blech-
dose mit arfenigsaurem Natron, unfer ganzer Vorrat davon, das zum Konfer-
vieren von Fellen und Bälgen diente, verschwunden, desgleichen die Metallkurbel,
welche an die große Drehorgel geschraubt wurde, um fie zu drehen. Außerdem
hatten die Diebe bei einer Anzahl der Berliner Blechkisten die dünnen Deckel,
ohne die Schlösser zu erbrechen, gewaltsam aufgebogen und weiche Gegenstände,
wie Wäsche, Kleider, Zeuge, durch den Spalt herausgezerrt, fo viel eben in
der Eile genommen werden konnte. Im Grunde waren alle diese Verlufte zu
verschmerzen, aber die nunmehr unabweisliche Gewißheit, daß mich ein frembes
Volk von Dieben umgab, und mein Plan, zu Balangái zu reifen, unter folchen
Verhältniffen faft unausführbar war, stimmte mich besonders sorgenvoll. Aber
ich raffte mich auf und faßte wieder Hoffnung; ich war entschloffen, wenigstens
nichts unverfucht zu laffen, um das einmal gesteckte Ziel zu erreichen.

Das Stammland der A-Bármbo wird vom Uelle und Bomokándi ein-
geschloffen. Aber auch füdlich davon bis zum Fluß Makóngo im Westen und
dem Pokfo im Often leben A-Bármbostämme. Am Südufer des Uelle grenzen
fie gegen Often an das Gebiet des Mangbattufürften Mambangá. Sie find ein
zahlreiches Volk von gleicher Abstammung, waren aber unter zahllofen Häuptlingen zerbröckelt, welche fich immerfort bekämpften. Dadurch wurden fie Vafallen
der A-Sandé, und in der That standen derzeit die A-Bármbostämme füdlich vom
Bomokándi noch unter der Botmäßigkeit des Fürften Balangái, während die
nördlichern Stämme ihre Selbständigkeit wieder erlangt hatten. Aus jener frühern
Zeit, als noch die A-Sandé unter dem Fürften Kipa, Balangáis Vater, über
das ganze A-Bármbovolk herrfchten, stammten aber die noch jetzt im Land
anfäffigen A-Sandékolonien unter ihren Häuptlingen fürftlichen Geblüts. Und
fo war Mambangá-Sandé der Sohn Ingimmas und Enkel Kipas. Er hatte
zwar neben den vielen kleinen A-Bármbo-Älteften feine Selbständigkeit gewahrt,
war jedoch ihnen gegenüber eigentlich machtlos und lebte, wie er felbst gestand,
in steter Sorge um fein Leben.

Ein ähnliches Verhältnis bestand auch bei den weiter gegen Westen unter
den A-Bármbo feßhaften A-Sandékolonien; fie standen unter den Gebietern
Bándia, Bangatélli, Nbaffo, Baggi und Kamfa, teils Söhnen, teils entferntern
Nachkommen Kipas. Aber von ihnen allen entfaltete nur Kamfa, in der Nähe
der Mündung des Bomokándi, noch einige Macht.

Der jugendliche und unerfahrene Mambangá-Sandé nährte nun in jeder
Weife mein Mißtrauen gegen die A-Bármbo. Durch ihn erfuhr ich, daß die
umwohnenden Stämme der A-Medio, A-Bádunga und A-Búkunda fich haupt-

fächlich an dem Tragen der Lasten beteiligt und auch die letzten Diebstähle begangen hatten. (Unter vielen andern Stämmen lebten weiter gegen Osten die A=Mesimá, durch deren Gebiet der Weg Osman Bédauis zu Bakangái führte, während unsere nächsten Nachbarn die A=Bángele waren.) Mambangá=Sanbé warnte mich aber auch, zu Bakangái weiterzureisen und wollte wissen, daß die A=Bármbo geplant hätten, mich in der Wildnis auf dem zweitägigen Marsch zum Bomokándi auszurauben. Er fürchtete sogar, wozu übrigens die meisten Eingeborenen der angesehenen Klasse für ihre Person geneigt sind, ich könnte vergiftet werden, und warnte daher vor dem Genuß der Merissa. So weit ging mein Mißtrauen denn doch nicht und ich wollte dieses nahrhafte Bier wenigstens meinen Dienern zu gute kommen lassen; ich trank also, um ihnen die Furcht zu benehmen, selbst einen Becher voll davon aus.

Mein Entschluß für die nächste Zukunft war durch die Verhältnisse vor=geschrieben. Die Vorsicht mahnte mich, vor allem Bohndorffs Ankunft abzuwarten. Weitere Pläne konnten dann mit ihm und der Hilfe von mehr Dienern leichter zur Ausführung kommen. Es stand mir also ein längerer Aufenthalt bevor, und da die zwei vorgefundenen Hütten sich unzureichend erwiesen, sorgte ich nun für besseres Obdach, wozu anfangs auch die Leute Mambangás behilflich waren, während die A=Bángele müßig umhersaßen und keinen Finger rührten. Jedenfalls hätte ich gern Boten zu Bakangái gesendet, das war aber auch hier unmöglich wegen der Furcht der Leute und, wie ich nur zu bald gewahr wurde, auch aus andern Beweg=gründen, welche Mambangá=Sanbé bestimmten, meine Weiterreise zu hindern.

In jenen Tagen nach meiner Ankunft kamen nur wenige A=Bármbo=Älteste zu mir und auch die A=Bángele, die mich anfangs besucht hatten, blieben bald wieder fort. Am meisten aber suchte mich wohl Bassansá zu meiden, der bereits gemeinschaftlich mit Senu das Ränkespiel gegen mich begonnen hatte. Doch auch ihn sollte ich unter ganz andern und für ihn wie für alle A=Bármbo=stämme sehr mißlichen Verhältnissen wiedersehen. Die Zurückhaltung der Leute befremdete mich natürlich und erweckte in mir die Sorge, ob nicht das Gesindel doch ernstlich Böses gegen mich im Schilde führe. Mambangá=Sanbé hörte seinerseits nicht auf, die Absichten der A=Bármbo auf das schwärzeste dar=zustellen, aber meinen dringenden Aufforderungen, die ihm befreundeten Häupt=linge zu Besuchen bei mir zu veranlassen, kam er nicht nach. So vergingen die Tage in Unruhe und die Nächte, soweit es die Kräfte zuließen, in steter Wachsamkeit. Nicht einmal die begonnene Hütte beendigten die A=Sanbé, sobaß das Gepäck, die Ziegen und Esel, und folglich nachts auch die Diener als Wächter, noch immer ohne Obdach waren.

Am 20. Februar, fünf Tage nach unserer Ankunft, verbreitete sich das Gerücht, ein Fremder sei angekommen, doch würden ihm am Ufer von den Embatá die Boote zum Übersetzen verweigert. Ich dachte an Bohndorff und schickte daher Farag Allah ab, doch erwies sich die Nachricht als falsch; dagegen hatte der Diener von den A=Bármbo gehört, die gestohlenen Dinge würden uns zurückgebracht werden. Endlich kam auch einer der A=Bángele=Ältesten wieder zu mir und ich sparte nun keine Worte, um ihm vorzuhalten, wie thöricht das Fernbleiben der Eingeborenen sei, und wie grundlos die Furcht, die er als Ursache angab, da sie mich doch getrost besuchen könnten. Zu derselben Zeit stellte sich ein angeblicher Bote von Basingebánno ein, einem Ältesten der A=Mesimá, und gab an, Bakangái habe bei ihnen Erkundigungen über uns eingezogen. Ja, dasselbe Individuum erschien bald darauf nochmals mit der Anfrage, ob Basingebánno in meinem Namen Boten zu Bakangái senden solle. Ich schenkte zwar all dem keinen Glauben, aber ich wollte doch nichts unversucht lassen und schickte daher auch an Basingebánno Geschenke. Später erfuhr ich dann, daß in der That auch jene Botschaften nichts als Lüge und Betrug gewesen waren. Mambangá=Sandé fuhr seinerseits mit seinen Einflüsterungen fort und gab vor, er habe von einer Sklavin erfahren, daß die A=Bármbo die Absicht hätten, mich zu töten, weshalb er in der Angst um seine eigene Haut bat, mich nicht ohne Gewehr zu den Leuten zu setzen und den gleichzeitigen Besuch vieler zu verbieten. Ist es ein Wunder, daß mir, so sehr ich meine Ruhe und Kaltblütigkeit wahrte, bei diesen beständigen Wiederholungen des Sandé, man trachte nach meinem Eigentum, ja nach meinem Leben, oft schwer zu Mute ward? Doch ahnte ich bei alledem, daß meine Absichten mißdeutet werden könnten, was dann zu weitern Spaltungen mit den A=Bármbo führen mußte; auch wuchs mein Verdacht gegen Mambangá=Sandé, daß er unsern gezwungenen Aufenthalt für seine Zwecke ausbeute. Einstweilen schickte ich Farag Allah und Belahl mit Geschenken an die Häuptlinge der Umgegend, um vielleicht noch auf diese Weise freundschaftliche Beziehungen anzuknüpfen. Dabei bestätigte es sich, daß mein Mißtrauen nicht grundlos war und Mambangá=Sandé in der That die A=Bármbo von mir fernzuhalten suchte; auch äußerten sie, ich beabsichtigte doch den A=Sandéhäuptling in seinen Ansprüchen auf Herrschaft zu unterstützen, da er selbst erklärt habe, meine Soldaten würden bald nachkommen. Ja selbst die Weiber hatten Farag Allah klagend angegangen, warum wir ihnen denn feindlich gesinnt wären. Und diese Furcht konnte ich den Leuten auch später nicht benehmen, denn sie wurde offenbar von den A=Sandé fortwährend genährt. Etliche A=Bármbo=Älteste besuchten mich wohl im Lauf der kommenden Wochen und brachten auch Bananen oder Bier, worauf ich ihnen meine kleinen Merkwürdigkeiten zeigte und manches schenkte, aber trotzdem blieben mir die meisten A-Bármbo auch später fern.

Um so mehr war ich eines Tags überrascht, als ein Bündel an mich gelangte, das die von den A-Bádunga, wie ich nun erfuhr, seinerzeit aus den Kisten herausgezerrten Kleidungsstücke enthielt. Viele waren von der roten Lateriterde beschmutzt. Die europäischen Kleider mögen den Naturmenschen wohl recht unbequem und unnütz erschienen sein, wertvoller dagegen die Metallknöpfe an den Hosen, denn sie waren alle abgeschnitten. Immerhin lieferte mir die Rücksendung des Gestohlenen den etwas beruhigenden Beweis, daß der Plan meiner Ausplünderung und ein vorbedachter Anschlag auf mein Leben doch wohl nur Hirngespinste Mambangá-Sandés und in seiner eigenen Furcht begründet seien; deshalb empfing ich auch die zurückgesandten Sachen mit doppelter Freude.

Die von den A-Sandé für mich begonnene Hütte war noch immer nicht beendet, es fehlte daran gerade die Hauptsache, das Gras auf dem Dach. Nun war aber auch die Langmut meiner Diener erschöpft, sie gingen also mit meiner Zustimmung und mit Hilfe der Dienerinnen selbst daran, Gras herbeizuschleppen und beendigten den Bau der Hütte. Als dann auch die Gestelle für das Gepäck, Lattenbänke, ähnlich wie bei Ndóruma, fertig waren, bezog ich am 25. Februar mein neues Heim.

Zu jener Zeit beobachtete ich einen höchst merkwürdigen Naturvorgang. Als ich nämlich eines Morgens aus der Hütte trat, sah ich an vielen Stellen des von Gras gesäuberten Platzes eine weiße, etwas gelbliche Masse gleich kleinen Maulwurfshügeln aufgeworfen. Der breiige Stoff sah dem durch ein Sieb gedrückten, frischen Quarkkäse sehr ähnlich, enthielt aber einzelne runde, festere, weiße Körnchen wie Tapioka. Das Ganze war das Produkt der Thätigkeit, vielleicht der Vorrat angehäufter Nährstoffe einer Termitenart, und ich fand auch einzelne Tierchen in der weißen Masse vor. Ob die Körnchen Eier waren, was mir wahrscheinlich schien, lasse ich dahingestellt, denn dann entstünde die Frage, warum sie zum Verderben an die Erdoberfläche gebracht wurden, oder ob dies etwa ein Beispiel für Zweckwidrigkeit in der Natur sein solle? Meine Diener aber hatten die betreffenden Stellen seltsamerweise mit Stöckchen umsteckt und zum Schutz mit Laub bedeckt und bedeuteten mir, daß daraus etwas Eßbares entstehen werde. In der That folgte bald das Eigentümlichste bei dem rätselhaften Vorgang, denn schon nach wenigen Stunden war die Oberfläche der Häuschen, welche sich seither durch weiteres Auswerfen von innen aus vergrößert hatten, wie besät mit kaum millimetergroßen, weißen, deutlich geformten

Pilzen. Diese wuchsen auf zierlichen, dünnen Stielen empor und waren am folgenden Tag schon 1 bis 2 Zoll hoch, worauf sie durch die stets nach Genießbarem ausspähenden Eingeborenen als besonderer Leckerbissen verspeist wurden. Doch auch ich ließ mir davon ein Gericht herstellen, das mir in Wahrheit ausgezeichnet mundete. Die aus der Erde emporgequollene Masse aber hatte sich mittlerweile verflacht, sie war gleichsam zusammengefallen und dann verdorrt und verkommen.

Ich erwähnte schon, daß mit Eintritt der Regenzeit das Einsammeln gewisser Termitenarten wieder begonnen hatte. Der Vorgang dabei ist folgender: Schon Wochen vorher wählen sich die Leute unter den vielen Termitenhügeln jene, an denen sie die Tiere beim Ausschlüpfen einsammeln wollen. Zu dem Zweck graben

Das Einsammeln von Termiten.

sie an der Basis des Hügels ein rundes Loch, 1 Fuß breit und mehrere Fuß tief, wodurch zugleich die Stelle für eine bestimmte Person belegt ist und fortan von andern unberührt bleibt. Auch meine Diener hatten dies gethan und dazu eine Anzahl langer Bündel aus trockenem Gras vorbereitet, die hier die sonst üblichen Harzfackeln vertraten. Regnerische Tage und große Feuchtigkeit sind für das Auffliegen der Tiere ungünstig, wogegen dasselbe nach sonnigen Tagen an trockenen Abenden von den Eingeborenen mit Sicherheit erwartet wird. Dann sieht man auch die Leute in der Dunkelheit, sobald die

Tiere erscheinen, überall mit den Feuerbränden lauern, jeden an seinem vorher
bezeichneten Hügel vor dem Loch, das er gegraben. Die auskriechenden weiblichen Termiten gehen alsbald, ohne recht zum Fliegen zu kommen, dem Feuer
nach, andere steigen in die Luft, wenden sich aber auch noch zum Teil dem
Licht zu, während der Rest im Flug entkommt. Was sich dem Loch nähert, wird
mit Laubbüscheln hineingefegt und dort zurückgehalten; viele verlieren dabei durch
Absengen oder Abbrechen ihre Flügel, sie brechen sie sich sogar naturgemäß durch
Vorwärtsschieben derselben vermittelst der Füße ab; die Mehrzahl ist halb betäubt,
und so werden sie schließlich in Körbe, Gefäße oder Säcke eingesammelt. Das Auffliegen der Termiten erfolgt meist an mehreren Tagen nacheinander, oder bei
ungünstigem Wetter in Zwischenräumen.

Die Ankunft Bohndorffs, die ich mit Ungeduld erwartete, erfolgte zu
meiner Freude am 27. Februar. Meine Hündin Lady war die erste, die mir
spät abends durch freudiges Gewinsel die noch weit Entfernten ankündigte. Bald
darauf trat Dsumbe, welcher mit Bohndorff gewesen, bei mir ein. Sie hatten ohne
Zwischenfall den Uelle überschritten und für ihr geringes Gepäck bald Träger
gefunden; indes nächtigte Bohndorff unterwegs, während Dsumbe zu mir vor-
auseilte. Auch meine Leute freuten sich, daß wir hier in der Verlassenheit
Gesellschaft bekamen, und jubelten die halbe Nacht hindurch. In aller Frühe
aber kehrte Dsumbe mit Farag Allah und Belahl zu Bohndorff zurück, der dann
bald wohlbehalten bei mir eintraf und die beruhigende Meldung brachte, daß
seine Mission gelungen war. Die geographischen Ergebnisse seiner Reise berühre
ich hier nicht, da ich jene nördlichen Gebiete persönlich kennen lernte und nähere
Angaben darüber später folgen lasse. Doch hatte Bohndorff den Weg auch diesmal mit Kompaß und Uhr genau aufgenommen und die Bearbeitung seiner
Aufzeichnungen füllte mir im Lauf der folgenden Wochen viele Arbeitsstunden
aus. Die Reise hatte ihn, wie bestimmt gewesen, von Bádinde über den Uerre
und durch das Land Jápatis zur Seriba Deleb geführt, der Hauptniederlassung
der Nubier im Rafáí'schen Vasallengebiet. Rafáí aber war abwesend und die
Leute daher zu mißtrauisch und ängstlich, um mein Gepäck in ihre Obhut zu
nehmen, sodaß Bohndorff, wie für diesen Fall vereinbart, drei Tagesmärsche
weiter nach Westen zu Sassa reiste und die Reservelasten seinem Schutz anver-
traute. Hierauf zog er auf westlicherm Weg, als auf der Hinreise, gegen Süden
nach dem Uerre zurück, und durch das Vasallengebiet Sassas, wo sich seine jetzige
Reise an die frühere zu Kipa anschloß, zum Uelle. Die letzte Strecke führte ihn
in der Nähe desselben gegen Osten in das A-Mádiland. Übertriebene Gerüchte,
daß ich ausgeraubt worden sei, beschleunigten dann seine Rückreise zu mir

In dem Verhältnis zu den A-Bármbo hatte sich bisher nichts geändert. Da ich von den A-Mesimá und von Basingebánno seit jenem angeblichen Boten nichts mehr gehört hatte, sandte ich am 3. März Dsumbe und Belahl mit Geschenken dorthin ab. Ihre Nachrichten lauteten jedoch trübselig, denn meine Annahme, daß Basingebánno niemals Boten zu uns geschickt habe, bestätigte sich, auch fanden die Diener eine sehr rauhe Aufnahme, die A-Mesimá drohten ihnen sogar mit dem Tod, wenn sie es wagen sollten, sich wieder sehen zu lassen, und der Häuptling äußerte ironisch, ich solle doch nur ja recht viel Perlen und Zeug mitbringen. Damit schwand denn auch die letzte Hoffnung, vielleicht mit Hilfe der A-Mesimá mit nur wenigen Lasten und allein zu Balangái zu gelangen. Ebenso scheiterte meine Absicht, zuvor das meiste Gepäck nach der Station in A-Mábilanb zurückzuschaffen; und doch mußte ich mein Hab und Gut geborgen wissen, ehe ich an die Ausführung anderer Pläne schritt. Ich hatte zu diesem Zweck Mambangá-Sandé guten Trägerlohn für seine Leute zugesichert und gesagt, er solle unter ähnlichen Bedingungen auch die besser gesinnten A-Bármbo zu gewinnen suchen, doch alle diese Mühen waren gleichfalls erfolglos. Vielmehr traten jetzt die eigentlichen Absichten des Sandé hervor und er klagte offen über meinen Wunsch zurückzukehren. Seine Hoffnung gipfelte nämlich darin, daß uns doch Hilfe von Norden kommen werde; dann aber würde es über die A-Bármbo hergehen und er daraus für sich Vorteil ziehen, ja er hoffte sogar, daß Leute mit Gewehren bei ihm würden stationiert werden. Und fast in demselben Atem, in dem er mir noch tags zuvor das neue Gerücht von einem gegen uns geplanten Überfall der A-Mesimá ausgemalt hatte, verlangte er nun thörichterweise doch, ich solle weiter im Land verbleiben. Dabei klagte er obendrein beständig, er besitze nicht genug Nahrungsmittel für uns, und die A-Bármbo seien gleichfalls zum Beistellen solcher verpflichtet; ich solle also den Häuptlingen eine Anzahl Hölzchen senden, so viele als ich Bananentrauben haben wolle, denn so pflegten in solchen Fällen die Vorgesetzten bei ihren Untergebenen zu thun. Das that ich natürlich nicht, denn es wäre jedenfalls ohne Erfolg geblieben, ich suchte vielmehr alles zu vermeiden, was die Unzufriedenheit der A-Bármbo wecken konnte.

Doch war es jetzt unleugbar meine schwerste Sorge, wie ich uns und die Leute ernähren sollte. Zum Verhungern besaß ich zwar noch zu viel Genießbares, um aber die Diener zu sättigen, war das Beschaffte bald zu wenig, zumal Bohndorff als Ersatz für seine bei Nbóruma entlaufenen Diener drei andere Jungen angeschafft hatte, sodaß nun neun Diener und fünf Mädchen zu ernähren waren. In der ersten Zeit hatte ich zwar bei Mambangá-Sandé, dank meiner steten Vorsorge für magere Tage, noch mancherlei einheimischen Proviant, was

Hütten bei Mambangá-Sandé. Gezeichnet von L. H. Fischer.

den Leuten nicht wenig zu statten kam. Dann lieferte der Landesherr anfangs reichlich Bananen, von denen die unreifen alsbald zerschnitten, an der Sonne gedörrt und nach Bedarf zu Mehl verarbeitet wurden; auch gab es ja immer wieder süße Bataten. Ferner suchten die Mädchen täglich die vielfach wild wachsende Meluchia (Corchorus olitorius), deren zerkochte Blätter dem Nubier eine beliebte schleimige Zukost zum Mehlbrei liefern und auch uns jetzt sehr erwünscht waren; ich zog die wild wachsende Meluchia der bei den Arabern gesäten vor, da sie weniger schleimig ist. Der wild wachsende Corchorus olitorius ist zugleich eine der in Indien zur Erzeugung von Jutefaser kultivierten Pflanzen; sie erreicht hier weit stattlichere Dimensionen als die Gartenpflanze, bevorzugt feuchte Niederungen und könnte ohne weiteres als kostenlose Gabe der Natur für den Handel verwertet werden. Ebenso verfügte ich noch über einen Vorrat an Kürbiskernen, welche zerrieben und mit einem Huhn gekocht ein schmackhaftes Essen boten. Und einmal schickte mir der Sandéhäuptling den Schenkel eines jungen Büffels, wovon besonders der Fuß, zu einer Suppe kurz eingekocht, eine kräftige und vorzügliche Speise ist. Dagegen mangelte es an der Hauptsache, an Getreide, ich konnte daher nur jeden zweiten Tag aus Telebūn und Mais etwas Kisra backen lassen, und auch dann nur für Bohndorff und mich. Die übrige Zeit wurden die Brotfladen aus Bananen- oder gemischtem Mehl in der eben nur nötigen Menge bereitet. Bei alledem wurde anfangs noch am Hauptproviant gespart; erst später nach Bohndorffs Ankunft und in Ermanglung von anderm griff ich ihn zu unserer eigenen Ernährung insoweit an, als nicht gelegentlich die Jagd uns mit Fleisch, am häufigsten mit Perlhühnern, versorgte.

Mittlerweile bauten die Diener noch eine Hütte für Bohndorff und einige kleinere für sich selbst, auch ich ließ mir für meine Arbeiten ein geräumiges Schattendach errichten. Das alles stand aber offen in der Wildnis, entfernt von den Ansiedlungen, die doch wenigstens mit Feldern und Bananenpflanzungen umgeben sind, wogegen dicht um unsere Hütten her das Gras schon wieder mehrere Fuß Höhe erreicht hatte. Der Mangel jeder Umzäunung ließ das Gefühl einer auch nur relativen Sicherheit nicht aufkommen, so sehr der Reisende sich mit der Zeit gewöhnt, was ihm anfangs gefährlich erschien, ruhiger und kaltblütiger anzusehen.

Die Annahme Mambangá-Sandés, daß uns von Norden Hilfe kommen müsse, hatte jedenfalls ihre Berechtigung, und ich selbst mußte schließlich, nachdem alle meine Versuche, mir selbst zu helfen, gescheitert waren, meine Hoffnung darauf setzen. Es war die Wahrscheinlichkeit vorhanden, daß Osman Bédaui auf seiner Reise zu Bakangái bei mir eintreffen werde, bis dahin aber konnten noch viele Monate vergehen. Dagegen sollte Sassa bald nach seinem Vasallengebiet reisen und dabei an den Uelle kommen. Auf Sassa und seine Leute rechnete ich also, um aus der Falle, in der ich stak, zu entkommen; einen andern Ausweg für uns sah ich nicht. Doch auch die Reise Sassas konnte sich verzögern, wenn er nicht etwa meine Bedrängnis früher erfuhr, und deshalb beschloß ich, Boten an ihn zu senden. Einige seiner Dragomane waren, wie schon erwähnt, bei Vorgesetzten der A-Bármbo nördlich vom Uelle stationiert. Sie hatten auch Bohndorff hierher geleitet und so ließ ich nun einen von ihnen durch Dsumbe holen. Seine Mitteilungen bestärkten mich noch darin, Sassa Nachricht von meiner Lage zu geben. Die Embata, sagte er, würden mir ohne Sassas Beistand große Schwierigkeiten bereiten und mich auch ohne Obdach am Uelle warten lassen; sie seien jetzt zu Gewaltstreichen ermuntert durch ihre Stammesbrüder, die seinerzeit sogar ein Boot mit Mannschaften Sassas inmitten des Uelle hätten kentern lassen. Genug, der Bote ging am 9. März in Begleitung Dsumbes ab, dessen Schutz er sich, nur für das A-Mábigebiet, erbeten hatte. Die Botschaft hielt ich geheim und gab als Grund für Dsumbes Abreise an, er solle eine längst erwartete Postsendung von den A-Mádi abholen. Indes, was nur als Ausrede gedient hatte, wurde durch günstigen Zufall zur Wahrheit, denn wirklich brachte Dsumbe, als er am 12. März mit mehreren Dragomanen aus der Station bei Mbíttima zurückkehrte, die ersehnte Post aus Europa mit. Seit September vergangenen Jahrs, als ich mit Sémio im Lager am Uelle stand, hatte ich keine Nachrichten aus der Heimat erhalten. Und so traf mich die Sendung auch jetzt in arg bedrängter Lage, wie damals in jener feindlichen, kriegswütigen Umgebung. Was man in solchem Fall empfindet, ist zu persönlicher Art, als daß es der Leser ganz mitfühlen könnte, doch wird er begreifen, daß ich mich sofort in all die Berichte vertiefte und, zumal die Nachrichten von daheim günstig lauteten, auf einige Stunden alle Trübsal der Gegenwart vergaß. Ein Brief Gessi Paschas bekümmerte mich freilich, denn er brachte mir die erste Kunde von dem großen Mißgeschick auf seiner Fahrt nach Chartum im Bahr el-Ghasal und die Gewißheit, daß sein begonnenes Werk in jenen Ländern nun doch in andere Hände übergehen werde. Ich erfuhr zugleich, daß die Verwaltung des Mangbattugebiets Gessi Pascha abgenommen und in jüngster Zeit an Emin Bey, Gouverneur der Äquatorprovinz, gefallen war. Dsumbe selbst meldete mir, daß mein Dragoman von der Station Mahmuds zu Sassa weitergereist sei. Immer aber mußte aller Berechnung nach wenigstens ein Monat vergehen, ehe die erhoffte Hilfe eintreffen konnte.

Einstweilen hieß es noch eine böse Zeit überstehen. Die Ernährung der Leute wurde immer schwieriger. Die Versuche, Lebensmittel zu laufen, scheiterten meist, weil die Eingeborenen kein Wertmaß für ihre Naturprodulte lennen und so unsinnige Forderungen stellten, daß die Diener entrüstet mit leeren Händen zurücklehrten. Da ich nun im Grunde jetzt zu viel Dienerschaft hatte, sandte ich vier Burschen und zwei Mädchen mit Farag Allah vorläufig zur Station Mahmuds zurück. Ihnen folgte später selbst die Köchin Saida, deren unverträgliches Wesen den Leuten gegenüber mich oft geärgert hatte, und die nun dauernd krank und arbeitsunfähig war. Ich selbst befand mich ziemlich wohl, bis auf gelegentliche leichte Fieberanfälle und mangelhafte Ernährung infolge von Verdauungsstörungen, denen ich durch strenge Diät, indem ich nur gelochten Reis genoß, begegnen wollte. So vergingen Wochen der Erwartung, im ganzen gleichförmig und still. Ich verbrachte die meiste Zeit mit schriftlichen Arbeiten unter dem Sonnendach oder mit kleinen praktischen Beschäftigungen, indem ich einen Kasten mit Fächern für Perlensorten zimmerte, einen Reisestuhl ausbesserte und mit Leopardenfell neu überzog u. dgl. m. Bohndorff aber nahm eine genaue Untersuchung der Gewehre vor, stellte den Kolbengriff eines Expreß-Rifle wieder her und verrichtete noch andere mechanische Arbeiten, denn für das Einsammeln von Naturalien waren Zeit und Umstände recht ungünstig, sodaß die Sammlungen nur wenig bereichert wurden. Die friedliche Arbeit wurde nur durch neue Gerüchte und allerlei kleine Episoden unterbrochen. Namentlich hieß es wiederholt, Saffa sei bereits am Uelle angelommen, erhalte jedoch von den Embatá keine Boote zum Übersetzen. Die A-Bármbo ahnten wohl, daß ich seine Ankunft erwartete, da er schon auf frühern Reisen bis an den Uelle gelommen war. Einmal schoß Dsumbe in der Nähe der Hütten nach einer Antilope, worauf alle A-Sandé kriegsbereit herbeiliefen, im Wahn, wir seien mit den A-Bármbo handgemein geworden; übrigens lamen auch die Diener, die ausgegangen waren, um Holz zu holen, atemlos vor Angst, nach Hause gerannt. Bei solchen Vorfällen verriet sich die Stimmung der Leute, denen die Tage unter beständigen kleinen Erregungen verliefen. Bei den A-Mádi hieß es ja einmal gar, wir seien bereits umgebracht, und zwar meine Wenigleit gleich durch vier Lanzenstiche auf einmal. Farag Allah, der eben in der Station bei Mahmud weilte, erschral nicht wenig und eilte sofort mit allen Dragomanen an den Fluß, wohin ihm Mbittima, ja selbst Mäsinde, mit ihren Mannschaften ehestens folgen sollten, um gegen die A-Bármbo zu Feld zu ziehen. Von dem Embatá erfuhr er indes, daß Fama gelogen, und lam dann am 21. März allein bei mir an, um mir alles zu erzählen.

Die Regenzeit beginnt, wie ich schon einmal erwähnte, in diesen südlichern
Gebieten bedeutend früher als weiter im Norden. Nach einer kurzen Pause von
mehreren regenlosen Tagen in der ersten Märzhälfte folgten also wieder häufige,
schwere Gewitterregen. Besonders das Heraufziehen solcher tropischen Gewitter,
wie ich sie namentlich bei den A-Bármbo oft beobachtete, erschien mir groß=
artig, ja beängstigend, denn die Natur zeigt sich da in ihrer vollen, ungebundenen
Riesenkraft. Graublau bis hinunter zum tiefen Schwarz, ziehen die Wolken=
massen heran und verkünden das Unheil. Vor ihnen her, den Erdboden streifend,
wälzt sich oft ein lichter, nebliger und dennoch schwerer Dunstwall, der schier
erdrückend auf uns eindringt. Und diese lichte Nebelmasse wird unaufhaltsam
vorwärts gejagt von der fernher anstürmenden Windsbraut, die sich anfangs

Falsches Kriegsgerücht.

nur durch ein wüstes Gheheul an=
kündigt; jeden Augenblick ändert die
bleiche Nebelbank ihre Schichtung und läßt dabei die ihr folgende, aber noch ent=
fernte, tiefdunkle Wolkenmasse streckenweise wie durch einen im Weltall aus=
gespannten Riesenflor erkennen. Wenige Minuten noch, und auch der Sturmwind
ist da. Wenn es aber so weit war, zögerte ich als wettergewohnter Wanderer
keine Sekunde mehr, sondern schrie den Dienern energisch zu: „Löscht das Feuer
aus! Wasser aufs Feuer!" Dringend genug war dies, denn so manchesmal lief
plötzlich feurige Nöte über das dunkle Wolkengebirge und ein paar Hütten
gingen irgendwo in Flammen auf. Aber schon zerteilt der Wind, der fast
immer aus Ost heranbraust, die lichte Dunstmasse und dabei fallen entweder
gleich die ersten schweren Regentropfen, oder das Gewitter jagt, ohne Regen
zu senden, weiter gegen Westen. In kurzer Zeit ist das ganze Firmament nacht=
schwarz überzogen, doch siehe, der Wind dreht sich, eigentümlich perlschnurartige,

unterbrochene Blitze zucken aus allen Himmelsrichtungen, das Unwetter kehrt
zurück, der Donner grollt näher, und schließlich senden die tiefhängenden Wolken
Ströme von Regen nieder.

Das Jagdglück lieferte uns für die letzten Tage des März willkommenes
Fleisch ins Haus. Farag Allah und Djumbe waren nämlich auf die Pirsch
gegangen und kehrten, obgleich ich aus Vorsicht alles weitere Umherstreifen der
Diener ungern sah, diesmal erst bei Nacht heim. Ich hatte sie stundenlang in
peinlicher Ungeduld erwartet, doch entschädigten sie mich, indem sie mit Hilfe

Gewittersturm bei den A-Bármbo.

etlicher Eingeborenen die Teile eines zerlegten jungen Büffels herbeischleppten.
Das Tier hatte übrigens Djumbe in große Gefahr gebracht, indem es ihn im
Hochgras einer Niederung über den Haufen rannte und sich ihm eben wieder
zuwenden wollte, als eine glückliche Kugel Farag Allahs es niederstreckte. Einen
Teil des Fleisches hatten die Diener den A-Bármbo als Trägerlohn überlassen,
was indes diese nicht abhielt, unterwegs in der Dunkelheit noch mehr davon
zu stehlen. Immerhin blieb uns ein tüchtiger Vorrat erhalten, von dem ich
mir besonders das Gehirn, die Zunge und die Füße vorbehielt; für einen Teil
des Fleisches, das den Eingeborenen als Tauschobjekt noch lieber war als meine
Wertsachen, handelten die Diener Getreide ein.

Um meine weitern Pläne stand es jetzt folgendermaßen: In der Hoffnung, Saffa werde uns mit Trägern zu Hilfe kommen, gedachte ich das meiste Gepäck mit Bohndorff nach Norden in Saffas Land zurückzusenden, während ich selbst die Ankunft Osman Bédauis bei den A-Mábi abwarten und dann mit ihm doch noch zu Bakangái reisen wollte. Zu diesem Zweck war ich nun darauf bedacht, das Gepäck neuerdings zu teilen, und zwar so, daß ich in der Lage sei, auf meinen künftigen Reisen in den südlichen Gebieten nur das bringend Notwendige bei mir zu haben. Über dieser Arbeit ging der März zu Ende. Um vielleicht Nachrichten über Osman Bédaui und Saffa zu erhalten, schickte ich indessen auch wieder Dsumbe zu den A-Mábi, doch kehrte er erfolglos zurück und brachte mir die schlimme Mitteilung, die A-Bármbo hätten ihm unterwegs gedroht, uns für die Folge den Weg nach dem Fluß abzuschneiden. So erneuerten sich die Sorgen unablässig und selbst meine eigenen Leute fügten oft Verdruß hinzu. Nicht einmal Farag Allah entsprach meinen berechtigten Erwartungen, und stand doch schon seit Jahren in meinem Dienst. Ich hatte ihm die jüngere Saida, auf ihren beiderseitigen Wunsch, zur Frau gegeben und ihm manchen Vorzug vor den andern Dienern eingeräumt, aber dennoch gab er mir häufig Anlaß zur Unzufriedenheit, sodaß ich ihm sogar mit Entlassung droht:.

Zur Abwechslung machte ich gelegentlich einen neuen Versuch, einen Fühler nach Süden auszustrecken. Eines Tags nämlich kam Mambangá-Sandé zu mir mit einem Boten, den angeblich Bakangái an ihn gesandt hatte. Nebenbei muß ich hier erwähnen, auf welche Art der junge A-Sandéhäuptling bei diesem Besuch seine Würde zu wahren suchte, da ich ihm jetzt grundsätzlich nie mehr einen Schemel zum Sitzen anbot; einer seiner Untergebenen mußte nämlich aus seinem Bein und Schoß einen Sitz improvisieren, auf den sich der Häuptling gravitätisch niederließ. Der Bote nun behauptete, Bakangái wisse gar nichts von unserm Hiersein. Ich zeigte ihm darauf einiges von meinen Sachen mit der Bemerkung, manches davon sei für seinen Fürsten bestimmt gewesen, ja ich gab ihm sogar kleine Geschenke an Bakangái mit, obgleich ich seine Aussagen so wenig wie irgendwelche frühern glaubte. In der That erwies sich auch dieser letzte Versuch erfolglos, denn bestimmte Nachrichten von dort, die eine Änderung in unserer Lage hätten herbeiführen können, blieben auch später aus.

Am 10. April endlich brachten uns zwei meiner Jungen von der Station Mlahmūds die sehnlichst erwartete Freudenbotschaft, daß Saffa am Uélle eingetroffen sei. Allerdings erhöhte dies zunächst meine Sorgen bei Tag und Nacht, denn was ich befürchtet, geschah. Einerseits verweigerten die Embatá der Mannschaft Saffas die Boote zum Übersetzen, anderseits bedrohten uns nun die

A-Bármbo, da sie besorgten, daß Sassa gegen sie zu Felde ziehen wolle. Ihre Feindseligkeit richtete sich zuerst gegen meine Diener, die ich sogleich an Sassa abgesandt hatte, um ein Einvernehmen mit ihm herzustellen. Sie versperrten ihnen unter Drohungen den Weg zum Uelle, sodaß die Jungen zu mir zurückflüchten mußten, obgleich sie von etlichen A-Sandé Mambangás begleitet waren. Dieser Häuptling dagegen war über Sassas Ankunft sichtlich erfreut, hoffte er doch nun seine ehrgeizigen Pläne erfüllt zu sehen. So standen wir zwischen zwei oder gar drei Feuern. Genau erwogen, hing unser ferneres Schicksal lediglich von einer ruhigen und klugen Politik Sassas ab. Wenn er sich übereilte und vielleicht den Fluß mit all seiner Mannschaft zu überschreiten versuchte, dann lag die Annahme nahe, daß die A-Bármbo ihren ganzen Groll gegen uns kehren würden. Ich sah daher der nächsten Zukunft mit einer stark aufgetragenen, aber nur geheuchelten Ruhe entgegen, und bloß die bekannte Furcht der Eingeborenen vor unsern Gewehren und den Revolvern, deren wunderbare Wirkung den Volksmund ohne Unterlaß beschäftigte, gab mir die Hoffnung, daß die Leute doch wohl keinen offenen Angriff wagen würden. Indes erheischte die Vorsicht, alle Schußwaffen bei der Hand zu haben, und so wurden selbst die für Geschenke bestimmten Revolver ohne Ausnahme scharf geladen und in Bereitschaft gehalten. Auf diese Art verfügte ich für den ersten raschen Gebrauch über 120 Schuß. Als fernere Vorsichtsmaßregel bestimmte ich schon jetzt einige Termitenhügel, die uns im Fall eines Angriffs als Deckung dienen sollten. Und somit hieß es nun, sich der größten Wachsamkeit zu befleißigen, wobei uns der Vollmond, der die nächsten Nächte erhellte, mit seinem „lieben Licht" ein freundlicher Verbündeter war.

Die Nacht zum 12. April war die erste, die wir so durchwachten, und verlief ruhig. Ich brütete eben darüber, ob ich nicht selbst zu einer Besprechung mit Sassa an den Uelle gehen sollte — nur die Furcht, mein Eigentum zu verlassen, hielt mich davon ab — da kamen unerwartet von dort zwei Boten an mich. Die A-Bármbo hatten sie unbehelligt durchgelassen, dagegen lief jenseits des Flusses das Gerücht, meine Diener seien ermordet. Daß die Leute freien Durchgang zu mir erhalten hatten, bestärkte mich einigermaßen in der Hoffnung auf einen friedlichen Ausgang der Sache. Um dazu meinerseits beizutragen, schickte ich sie ungesäumt an Sassa zurück mit der Botschaft, er möge sich ja vor jeder Übereilung hüten und den Uelle mit seiner Mannschaft nur im Einverständnis mit den A-Bármbo überschreiten. Hierauf trafen bald neue Sendlinge vom Fluß ein, mit ihnen der Sohn Senus, mit welchem Sassa inzwischen Blutsfreundschaft geschlossen hatte. Sie stellten die thörichte Frage, ob Senu

die Leute Saffas über den Fluß setzen solle oder nicht. Natürlich war dies nur
ein Vorwand, um Geschenke zu fordern, die ich dem Embatá auch gab, jedoch
mit der Weisung, er möge auf dem Rückweg die A-Bármbo für eine bessere
Einsicht gewinnen, ihnen klarlegen, daß Saffas Leute nur gekommen, um mein
Hab und Gut zurückzutragen, und sie versichern, daß Saffa nur mit Einwilligung
der A-Bármbo den Fluß überschreiten werde. Saffa selbst aber verlangte durch
seinen Geheimboten, denselben Dragoman, den ich zu ihm nach Norden gesandt
hatte, ausdrücklich Zündhütchen von mir, die ich ihm auch für alle Fälle schickte.
Mambangá-Sandé fand es indessen praktisch, auch jetzt wieder mein Mißtrauen
zu schüren und ließ uns noch spät abends warnen, die Nacht zu schlafen, denn
er habe sichere Nachricht, daß die A-Bármbo vom Fluß, wo sie bislang das
Gebaren Saffas beobachtet, sich abgewandt hätten und uns überfallen würden.
Daraufhin verlangte ich von ihm einige Leute als Nachtwache, aber wir blieben
trotzdem allein und schutzlos bei den Hütten, die jetzt schon von hohem Gras
umgeben waren; ich ließ also die Diener im Freien übernachten und teilte mich
mit Bohndorff in den Wachdienst. Indes verging auch die Nacht zum 13, April,
ohne daß die Befürchtungen des Sandé sich bewahrheitet hätten; dagegen brachte
uns der folgende Tag wieder Botschaft von Saffa. Er schickte Bananen mit,
da dort die Rede ging, wir litten hier arg an Hunger. Ein Embatá, der sich
offenbar belohnen lassen wollte, flüsterte mir bei dieser Gelegenheit heimlich die
Lüge zu, Saffa werde in der folgenden Nacht bei Vollmond über den Uëlle
setzen und mit allen seinen Leuten hierherkommen. In jener Nacht schrieb ich
Folgendes in mein Tagebuch: „Die Diener erhielten abends zur Abwechslung
statt der sonstigen spärlichen Bataten reichlich Bananen. Gesättigt und wieder
mehr beruhigt, schlafen die ermüdeten Leute und auch Bohndorff hat sich der
Nachtruhe überlassen. Ein heftiger Sturm mit nachfolgendem Regen leitete die
Nacht ein; von kurzen Pausen unterbrochen, währte der Regen fort und prasselt
auch in den frühen, noch dunkeln Morgenstunden auf das Dach der Hütte
nieder. So beginnt der Gründonnerstag. Wir stehen vor dem Osterfest. Was
aber wird es uns noch bringen?! Ich spähe oft aus der Thür der Hütte in
die dunkle Nacht hinaus, denn der Mond, der sich meist hinter Gewölk verbirgt, leuchtet leider nur selten und kurze Zeit mit vollem Licht. Die Nerven
sind gespannt und erregt. Das leiseste Geräusch wird beachtet und ich lausche
beständig wachsam in die Ferne." In jenen durchwachten Nächten bei den
A-Bármbo, deren jede den Gedanken näherrückte, ob wir auch die darauf-
folgende Nacht noch erleben würden, durchmusterte ich meine Schriften und Briefschaften und vernichtete manches, was für fremde Hand kein Interesse bot.

Die Embatá waren bei Saffas Ankunft am Uelle mit ihren Booten an das jenseitige Flußufer übergefahren und nur der Sohn Senus ruderte in einem kleinen Boot als Unterhändler hin und her. Offenbar gingen die Embatá im Einverständnis mit den A-Bármbo vor und es wurde inzwischen mutmaßlich auch bei ihnen darüber verhandelt, was jetzt zu thun sei. Doch schon der 14. April brachte eine recht beruhigende Änderung in die Sachlage, denn mit neuer Botschaft von Saffa kamen zugleich viele Embatá und Senu selbst. Wieder wurde die Frage aufgeworfen, ob er auch ohne die Bewilligung der A-Bármbo Saffas Leuten die Überfahrt gestatten solle. Dabei erklärte er, daß die A-Bármbo jetzt gewillt seien, mein Gepäck zum Uelle zu tragen. Darauf aber ging ich um so weniger ein, als auch Saffa mich davor hatte warnen lassen. Und so wiederholte ich Senu, was ich schon seinem Sohn eingeschärft, daß Saffa nur mit Zustimmung der A-Bármbo ihr Land betreten solle. Freilich unterließ ich es diesmal nicht, ein strenges Mahnwort an die Leute zu richten, mit dem Auftrag, es an die A-Bármbo weiterzugeben. Unter anderm sagte ich, mein Leben könnte ich wohl unter ihnen einbüßen, doch wisse ich bestimmt, daß Osman Bédaui binnen kurzem eintreffen werde, und auch ein Bruder von mir sei mit Booten flußabwärts unterwegs, dann aber würden sie alle schonungslos vernichtet werden. Die letzte Pille galt ausdrücklich den Embatá, die sich allzuviel auf ihre Boote zu gute thaten.

Mittlerweile hatte es Saffa doch ermöglicht und zugleich gewagt, in Begleitung einer Anzahl Embatá 30 seiner Träger zu mir abzuschicken, welche von den A-Bármbo unbehelligt, sehr unerwartet bald nach dem Abgang Senus bei mir eintrafen. Dies erhöhte unsere Zuversicht noch mehr, nun durften wir ja wohl annehmen, die Eingeborenen wären mit der Art und Weise, die Lasten in kleinen Teilen fortzuschaffen, einverstanden. Inzwischen wurde es Abend, die Träger lagerten für die Nacht bei meinen Hütten und auch ich fand halb beruhigt den ersehnten Schlaf. Tags darauf begleitete Bohndorff die ersten 32 Lasten zu Saffas Lager, um am nächsten Tag zurückzukehren. Als das Gepäck fort war, kamen viele A-Bármbo zu mir und wollten nun auch Lasten zum Fluß tragen. Wieder schlug ich das rund ab und hielt dabei der zahlreichen Versammlung eine lange Standrede, in der ich ihnen unter die Nase rieb, was sie alles für schöne Dinge bei mir versäumt hätten, weil sie mich aus alberner Furcht oder in böser Absicht halsstarrig gemieden. Dabei holte ich allerlei Musikinstrumente heraus, ließ aber von jedem nur einige Töne hören und wiederholte beständig, was sie alles durch ihre Übelberatenheit eingebüßt, besonders an Geschenken, die ich für sie mitgebracht. Dann erzählte ich ihnen, wie bei andern Negerstämmen selbst die Frauen mich furchtlos besucht, wie ihre Kinder auf meinen Knien gesessen und Perlen erhalten hätten; es waren nämlich jetzt auch viele A-Bádunga mit ihren Weibern und Kindern herbeigekommen. Die etwas zerknirschte Volksmenge hatte sich dicht um mich geschart und manche erkletterten, um mich zu sehen, die Bäume. Wenn sie das alles früher gehört und gewußt hätten, so versicherten viele, wären sie sicher zu mir gekommen, und Feindliches gegen mich hätten sie durchaus nicht beabsichtigt, vielmehr sich vor mir gefürchtet. Am folgenden Tag kamen manche wieder, setzten sich im Kreis herum und befriedigten jetzt nachträglich ihre Neugier. Jene A-Bármbo aber, an deren Hütten Bohndorff auf dem Marsch vorbei kam, versteckten sich sämtlich und er erreichte unbehelligt den Uelle. Inzwischen war Saffa in größter Sorge gewesen, denn er hatte gleichfalls einen Überfall der A-Bármbo auf uns befürchtet und war deshalb mit aller Vorsicht zögernd vorgegangen. Auch war er so behutsam, neuerdings wieder nur einen Teil der Träger mit einigen Basingern herüberzusenden. Am 17. April, dem Ostersonntag, schickte ich nun abermals 52 Lasten ab, und dies

Ein Sandé. Gezeichnet von F. Rheinfelder nach einer Photographie von R. Buchta.

machte mir die allerbeste Festtagsfreude. Getrübt wurde sie leider durch manchen Ärger über meine nächste Umgebung; auch trat schwerer Regen ein, der eine Durchnässung des abgesandten Gepäcks besorgen ließ, denn die Deckel schützten wohl den Inhalt der Kisten bei regelrechtem Tragen, doch nahmen die ungelehrigen Träger die Lasten oft verkehrt, mit dem Deckel nach unten, auf.

Noch zwei halbe Nächte hatte ich zu durchwachen, denn noch immer konnte ich das Mißtrauen gegen die A-Bármbo nicht ganz unterdrücken; auch war mir das nachgerade zur Gewohnheit geworden, und so schrieb ich nachts, um wach zu bleiben, immer Briefe und Berichte nach Europa. Am 19. April langten die noch nötigen Träger von Sassa an, und nun wurde auch das Letzte zusammengepackt. Dabei machte jetzt wohl Mambangá-Sandé ein recht klägliches Gesicht, denn sein genialer Plan, die A-Bármbo mit Sassas Hilfe sich tributpflichtig zu machen, war gescheitert, und er hoffte nur noch, daß Sassa ihm auf meine Fürsprache vielleicht einige Basinger als Schutz zurücklassen werde.

Am 20. April endlich war ich frei. Und doch verließ ich den ungastlichen Ort, wo ich über zwei Monate in einer Art Gefangenschaft verlebt hatte, mit gemischten Gefühlen. Wohl war es erfreulich, diese nur zu schwanken Hütten, die bei nächtlichen Stürmen oft über unsern Köpfen zusammenzubrechen drohten, zu verlassen, und auch all die Nahrungssorge und Lebensgefahr hinter mir zu haben, doch empfand ich es anderseits bitter, daß die notgedrungene Abreise mich von dem selbstgesteckten Ziel, Balangái zu erreichen, jetzt weit ablenkte. Und so folgte ich an jenem Morgen ziemlich trüben Sinns den davoneilenden Trägern, dem letzten Gepäckstück und dem abgemagerten Esel, der mich von Sauakin bis Berber und von der Meschra er-Rek zu Ndóruma und dann nach Mangbattu und endlich hierher ehrlich getragen hatte. Die A-Bármbo aber hielten sich auch jetzt während unsers Durchmarsches versteckt und nur wenige spähten uns verstohlen nach. Doch es sollte noch eine Zeit kommen, wo ich mit ihnen in engern und für sie drückenden Verkehr trat; für jene Zeit also will ich mir und dem Leser alles aufsparen, was ich über dieses Volk als solches zu berichten habe.

Der Uelle zeigte jetzt ein ganz anderes Bild als im Februar. Wo damals abseits im Flußbett flache Felsbänke über die Wasserfläche ragten, verschwanden sie nun unter einer verstärkten Strömung. Der Fluß war besonders in den letzten Tagen über 10 Fuß gestiegen, sodaß einige Hütten, welche die Embatá aus Furcht vor Sassa auf den Felsbänken im Fluß erbaut hatten, jetzt schon vom Wasser umspült waren. Ich fuhr ohne Säumnis über und erreichte bald das Lager Sassas; Bohndorff leitete noch die Einschiffung des Gepäcks. Selbstverständlich vergingen die nächsten Stunden unter Mitteilungen und Erzählungen, wobei ich mit wahrem Behagen einige Kalebassen Palmsaft schlürfte. Als Bohndorff dann auch die letzten Sachen, Leute und Tiere geborgen, und wir alle

in guten Hütten Unterkunft gefunden, welche von friedliebenden Menschen umgeben waren, da zog die lange entbehrte Ruhe wieder in das Gemüt ein.
Dieser Ruhe gab ich mich während der folgenden Tage ausschließlich hin. Am
Abend nach der Ankunft erschien mir selbst der sternklare Himmel prächtiger
und Bohndorff meinte, auch die Luft sei hier besser als bei den A-Bármbo.

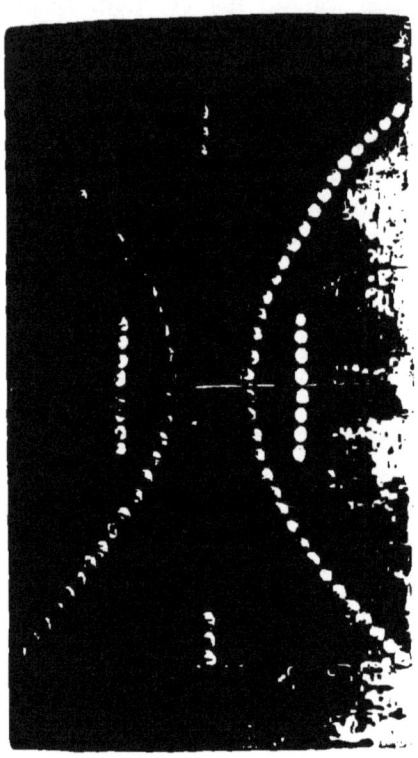

Holzschilb der Mangbattu, A-Bármbo
und A-Mábi.

Und welches Wonnegefühl bemächtigte
sich später des müden Geistes und
matten Körpers, die ich jetzt beide
furcht- und gefahrlos dem Schlaf anvertrauen durfte. Kein Wunder, daß
ich erst erwachte, als die Sonne schon
hoch am Himmel stand.

Meine Dienerschaft, die ich zeitweilig in der Station Mahmuds
untergebracht, war jetzt auch zurückgekehrt. Da gab es denn gleich neuen
Verdruß, weil ich erfuhr, daß der
Diener Morbjan, der mir schon manchen Ärger bereitet, mich nun auch
bei den A-Bármbo bestohlen, und zwar
Messer, Scheren und allerlei Kleinigkeiten aus dem Kistchen mit Geschenken
für die Häuptlinge entwendet und sie
in der Station bei den A-Mábi versteckt hatte. Zur Warnung für die
übrigen erhielt er seine gründlichen
Prügel, dann wurde ihm, um sein
Entlaufen zu verhindern, ein Halsjoch angelegt, und schließlich trug ich
Saffa auf, ihn später in der Mudirije
Dem Soliman auszuliefern. Und noch

weitere Änderungen mußte ich mit meinem Dienstpersonal vornehmen. Die Köchin
Saida erwies sich unfähig für ferneres Reisen. Ein altes Leiden war bei ihr
neuerdings ausgebrochen und sie wurde krank zu Saffa gebracht. Ich gab ihr
Geld und Empfehlungen, damit sie nach Chartum zurückkehren könne, doch blieb
sie später, als sie wieder gesund geworden, lieber im Bahr el-Ghasalgebiet, wo
sie dank ihrer Kochkunst eine gute Stellung fand. Ferner mußte etwas mit

Farag Allah geschehen, mit dem ich oft unzufrieden war. Häufiges Mahnen hatte nichts gefruchtet. Überdies schien er jetzt als verheirateter Mann nach Selbständigkeit zu streben, und in Mdlarald, wo er als Monbúneger geboren war, sich ein Heim gründen zu wollen. Ich rechnete also mit ihm ab und zahlte ihm 152 Thaler aus. Mit ihm entließ ich aber auch Belahl, um die Zahl der Diener möglichst zu beschränken, denn ich behielt für die folgende Zeit nur die Dienerin Halima bei mir, die dann für uns alle sorgen mußte. Außer ihr hatte ich noch Dsumbe, den Mangbattu, den Dinka Farag und den Sandé Rensi.

Die übrigen Mädchen und Bursche folgten Bohndorff in das Land Sassas. Dort sollte er, wie bei Ndóruma, eine Station gründen, wogegen ich an meinem Plan festhielt, bei den A-Mádi eine günstige Reisegelegenheit nach dem Süden abzuwarten. Farag Allah und Belahl wollten durch Ndórumas Land das Bahr el-Ghasalgebiet erreichen und blieben daher vorläufig bis zu den A-Mádi noch bei mir.

Die Entlassung Farag Allahs that mir weh, doch sah ich dabei wieder, wie locker im Grunde die Bande sind, die den Schwarzen an uns fesseln, und wie leicht er sich in seinem Wahn überhebt, sobald ihm der Europäer zu früh eine bevorzugte Stellung unter seinen Genossen einräumt. Wie ich später erfuhr, hat es ihn noch arg gereut, daß er die Bedingungen, an welche ich sein ferneres Verbleiben in meinem Dienst knüpfte, nicht annahm, denn nun lernte er die Sorge kennen, sich selbst ernähren zu müssen. Auch sollte er sich nicht lange seiner Selbständigkeit erfreuen. Statt nämlich nach Mdlarald zu reisen, blieb er im Bahr el-Ghasalgebiet, und als zwei Jahre später der Dinka-Aufstand ausbrach, verlor er in einer von den Empörern überfallenen Station mit der übrigen Besatzung sein Leben.

Als ein freudiges Sühnopfer gleichsam, weil ich den A-Bármbo glücklich entronnen, ließ ich zu dieser Zeit das letzte Schaf aus meiner ängstlich bewahrten kleinen Herde schlachten, doch blieben mir noch immer einige Ziegen aus dem Bahr el-Ghasalgebiet, ja ich sah selbst ihrer Vermehrung entgegen und durfte wieder auf den Genuß von Milch hoffen. Denn wie die A-Sandé, so besitzen auch die A-Mádi und A-Bármbo weder Rindvieh noch Ziegen.

Sassa hatte vollen Anspruch auf meinen Dank, denn erst durch seine Hilfe ist unser Rückzug möglich geworden. Ich suchte ihn durch Geschenke zu belohnen, und da Angehörige der neuen Vasallenhäuptlinge Berissángo und Ngbia mit ihm gekommen waren, erfüllte ich gern seinen Wunsch und verteilte auch unter die Leute Geschenke.

Mit Bohndorff vereinbarte ich alles Nötige für eine längere Trennung und überließ den größten Teil des Gepäcks seiner Fürsorge, nur etwa 15 Traglaften behielt ich bei mir. So kam der 24. April heran, an dem ich die Rückreise zu den A-Mádi antrat, während Bohndorff mit Saffa erst tags barauf in nördlicher Richtung zu Berifsángo abzog. Die Embatá aber mieden uns zuletzt und ich forderte Senu, der sich auch bei meiner Überfahrt nicht gezeigt hatte, vergeblich auf, zu mir zu kommen; das böse Gewissen traute dem Landfrieden nicht und ließ sich nicht mehr bei mir blicken. Ich ahnte freilich nicht, daß ich mit diesen Leuten noch einmal in Berührung kommen, ja später sogar noch einiges von den gestohlenen Dingen zurückerhalten würde.

Antilope Madoqua.

Aufenthalt bei den A-Mádi
und Reise nach der Station Hauasch.

In der Station Mahmûds. Verkehr mit Eingeborenen. Bewirtung der Häuptlinge. Schel-
sucht Mbittimas. Zank, Streit und Lärm. Raubzug der Bongobragomane. Meine Unzufriedenheit. Übersiedlung zu Mâsinde. Häusliche Einrichtung und Arbeiten. Verhandlungen
mit Mâsinde. Wieder die Weiberfrage. Zur ältern Geschichte der A-Mádi. Raubzug Mâsindes.
Bodenprodukte und Zeit der Ernte. Weiteres vom Schimpansen. Lianenwucherung an
Lichtungen im Uferwald. Nachrichten von Hauasch. Orakelapparate außer dem „Bänge".
Festlichkeiten. Tanz der A-Mádifrauen. Alte Herren beim Bier. Vergleich der A-Mádi mit
andern Völkern. Sprache, Tanz und Volksmelodie als Unterscheidungsmerkmale der Völker.
Mâsinde immer beutelustig. Auch der Neger raubt Sklaven. Vorbedingungen für den Erfolg
der Kulturarbeit in Afrika. Brief von Casatt. Abreise zu der Station Hauasch. Östliches
Gebiet der A-Mádi. Weg zum Uëlle. Landschaftsbild bei Erruka. Weiterreise von Bau.
Über den Uëlle. Bei den A-Bármbo. Ankunft in der Station Hauasch.

Nach der Trennung von Sassa und Bohndorff erreichte ich auf dem vom
Februar her bekannten Weg am 24. April die Station Mahmûds.
Meine Stimmung war eine gehobene, denn ich hatte mich meiner steten
Hauptsorge, um die Fortschaffung des umfangreichen Reisegepäcks, entledigt.
Allerdings erkaufte ich diese Erleichterung durch den Verzicht auf Behagen jeder

Art und ahnte dabei nicht, daß ich 16 volle Monate von meinen Sachen getrennt sein würde. Auch hieß meine nächste Aufgabe eigentlich nur: warten, um den Durchzug Osman Bédauis bei den A-Mádi nicht zu verpassen. Und so wartete ich und wartete, nutzlos, monatelang, bis es sich zu meinem größten Verdruß herausstellte, daß in jenem Jahr wegen später eintretender Verhältnisse gar keine Expedition zu Bakangái ausgesandt wurde. Ich richtete mich also vorderhand für einen unbestimmten Aufenthalt in der Station ein und hoffte, durch Boten Nachrichten über Osman Bédaui einziehen zu können; die furchtsamen und im Seribenleben auch träge gewordenen Bongo weigerten sich jedoch, zu Ndóruma zu reisen. Aus Mangel an Reisegesellschaft blieben daher auch Farag Allah und Belahl noch wochenlang in der Station. Für mich trat dabei eine tote Zeit ein, wenn auch gerade keine stille, denn das laute Wesen der Bongoneger, das Geschrei der Säuglinge, die von den zärtlichen Bongovätern auf den Knieen geschaukelt wurden, und der häufige Zank und Streit der Leute machten sich unliebsam geltend. Die wenigen Basinger der Station waren gleichfalls noch immer unzufrieden, sowohl mit ihrem Aufenthalt unter den A-Mádi, als auch mit Mahmúd, den sie häufig bei mir verklagten, obgleich sie selbst insgesamt oft genug Eigenmächtigkeiten und strafwürdige Handlungen begingen. Sie brand-schatzten die eingeschüchterten, wehrlosen Häuptlinge aus nichtigen Ursachen, gewiß auch oft grundlos, und nahmen ihnen dabei sogar Frauen und Kinder weg, die dann entweder teuer ausgelöst werden oder Sklaven der Bongo bleiben mußten.

Unsere Basinger bekamen Zuwachs in einem, welchen Sassa auf den dringenden Wunsch Mambangá-Sandés bei diesem zurückgelassen hatte, der jedoch aus Furcht, von den A-Bármbo getötet zu werden, bald zu uns entfloh. Einige andere Dragomane, welche, um Sassas Interesse zu vertreten, bei verschiedenen A-Bármbohäuptlingen nördlich vom Uélle stationiert waren, hatten nämlich das Leben verloren. Auch einige im Süden des Landes lebende A-Mádihäuptlinge, Jango, Nangu und andere, welche, wie früher erwähnt, ihre Selbständigkeit vor Mbíttima zu wahren suchten, kamen nun zu mir und versahen mich reichlich mit ihren Landesprodukten. Ich erhielt namentlich Mais, der in feuchten Niederungen früh ausgesteckt wird und schon genießbar war, ferner die ersten Kürbisse. Perlhühner wurden in nächster Nähe so zahlreich erlegt, daß nicht nur meine Leute, sondern auch Mahmúd und Mbíttima davon bekamen. Weitere Fleischkost verdankten wir einem Büffel, der, von Dsumbe angeschossen, später verendet aufgefunden wurde und dessen gedörrtes Fleisch lange Zeit vorhielt.

Auch Mäsinde, der mit Mbittima nach wie vor auf gespanntem Fuß
lebte, hatte mir inzwischen Lebensmittel, selbst Honig geschickt und zeigte sich
erbötig, eine Botschaft an Osman Bédaui zu entsenden. Das bestärkte mich in
meinem Plan, die Station Mahmuds zu verlassen und die damals noch wahr-
scheinliche Ankunft Osmans bei Mäsinde abzuwarten, denn die Unzukömmlichkeiten im Gebiet Mbittimas hatten mir den dortigen Aufenthalt bald verleidet.
Mein Verhältnis zu ihm war und blieb ein kühles, wogegen mein freundschaft-
licher Verkehr mit allen seinen Rivalen ihn zur Eifersucht reizte. Hatte ich
z. B. genügenden Proviant, so bewirtete ich gern auch Häuptlinge, die aus
der Ferne zu mir gekommen waren, eine Gastfreundschaft, welche die Nubier
in ihrem Eigendünkel gegen Eingeborene nicht üben, welche also die Häuptlinge
als Auszeichnung betrachteten und mir hoch anrechneten. Bei solchen Anlässen
verstieg ich mich wohl so weit, daß ich eine Büchse Sardinen oder dergleichen
opferte, um sie unsere Leckerbissen kosten zu lassen. Geschah dies, so wurde der
Fall förmlich zum Landesgespräch, um so mehr, als die Bevorzugten oft baten,
etwas davon für ihre Frauen, oder um es andern zu zeigen, mitnehmen zu dürfen.

Zu jener Zeit erschien auch Sémio wieder am Uëlle, den er sogar überschritt; er hielt sich nun im Gebiet Burus auf, mit dem er die Freundschaft
neu befestigt hatte. Unbestimmte Gerüchte über meinen Aufenthalt bei den
A-Mädi veranlaßten ihn, Boten an mich zu senden. Nachdem er dann seine
Geschäfte bei den A-Bármbo erledigt, kehrte er wieder nach Norden zurück.
Doch war es diesmal bei den A-Bármbo nicht ohne Schwertstreich abgelaufen,
vielmehr wurden einige Buru feindlich gesinnte Stämme mit Sémios Hilfe
bekriegt und manche von ihnen suchten dann bei den A-Mädi Zuflucht.

Ein doppelt bemerkenswerter Tag in meinem einförmigen Leben war mir
der 7. Mai. Er versetzte mich in die Heimat zurück, wo meine Gedanken an
einem frohen Familienfest teilnahmen, während anderseits auch in meiner Nähe
ein freudiges Ereignis stattfand, nämlich die Geburt eines Pärchens rehgrauer
Zicklein, denen tags darauf ein anderes Muttertier noch ein zweites Pärchen bei-
gesellte. Leider wurde einer der neuen Pfleglinge gar bald von dem Esel getreten
und starb; die andern drei dagegen gediehen prächtig, und von den Mutterziegen
erhielt auch ich später Milch, die mir bei meiner einförmigen Ernährungsweise
hochwillkommen war. Ein Glas heißer Milch, über ein Lugmagericht oder
Kisrabrot gegossen, war für mich während der kommenden Monate jeden Morgen
ein wahres Labsal.

Ehe ich Mbittima verließ, verwickelte er sich noch in ernste Streitigkeiten
mit dem Häuptling Nangu. Die Veranlassung dazu gab, wie so oft bei den

29*

Eingeborenen, ein „Raub der Sabinerinnen". Mbittima war der bedrohende Teil und Rangu bat um meine Vermittlung, während jener mir wieder vorlog, dieser wolle ihn angreifen. Die Erregung in der Station war groß, tagelang kam ich nicht aus Geschrei und Getöse heraus, dem ich mich jedoch durchaus fernhielt, zumal die erste unternommene Razzia resultatlos blieb. Bald aber zogen die Dragomane wieder auf Raub aus und kehrten abends mit fremdem Eigentum beladen heim. Lärmend wurde erzählt, daß etliche Eingeborene erschossen seien; dabei hatten die Banditen unmündige Kinder geraubt, die sie zusammengebunden in die Station trieben; an Fahrhabe jeder Art schleppten sie, was sie eben tragen konnten, mit sich: Mais, Lanzen, Messer, Bänkchen und anderes Hausgerät, selbst Stellnetze zum Einfangen von Wild. Als ich meine Entrüstung kundgab, bemerkte Mahmud nur schüchtern, daß die Heimgesuchten in der That „nâs batalîn" (schlechtes Volk) seien.

Angewidert von diesem Schauspiel, beschloß ich, nun zu Máfinde überzusiedeln, der mir inzwischen mehrmals Lebensmittel geschickt hatte und sich jetzt höchlich freute, daß ich sein Gast werden wollte. Die Leute der Station hingegen setzten alles daran, mich zurückzuhalten, und auch Mbittima bemühte sich, wenn auch vergeblich, in diesem Sinn. Die wenigen Habseligkeiten waren bald gepackt,

Elaeispalme.

und als am 21. Mai die Träger Máfindes anlangten, brach ich trotz drohenden Regens noch nachmittags ungesäumt auf. Obwohl es im letzten Monat bei

den A-Mábi häufig geregnet hatte, blieben wir doch gerade heute vor Durch-
näffung bewahrt und ich erreichte auf schon bekanntem Weg den Berg Málingbe,
den ich aber nun im Osten umkreiste, statt weftwärts den kürzern Weg zu
Mäfinde zu nehmen. Wir mußten daher am Fuß seines Südabhangs übernachten und umgingen den Berg tags darauf im dicht bewohnten Gebiet der
nördlichen A-Mábi, welche meist in Abhängigkeit von Mäfinde lebten. Reiche
Kulturen, Bananenhaine und Elaeispalmen, die ich zum Teil schon früher von

Wohnhütten bei Mäfinde.

der Höhe des Bergs aus mit Vergnügen geschaut, umgaben dort die Siedlungen
der Eingeborenen. Nun sah ich diese lauschigen Heimstätten aus der Nähe, denn
der Weg führte uns durch ein Gehöft nach dem andern, wie sie kranzförmig
um die zum Teil schroff abfallenden Berglehnen her lagen, vielfach auch an
einem braufenden Waldbach, der rechtshin in tiefer Schlucht eine Strecke weit
den Bergstock umzieht. Mäfindes Hütten fand ich seither 10 Minuten weiter
an das Nordufer des Flüßchens Helle verlegt. Er kam mir ein gut Stück
Wegs entgegen, um mich zu begrüßen, und ich bezog bei ihm alsbald eine

proviforische Behausung, denn ich hatte es mir vorbehalten, den Bau neuer
Hütten selbst zu leiten. Auf Máfindes Wunsch hatte mich Mahmud begleitet,
um für Osman Bédaui gesammeltes Elfenbein zu besichtigen; dabei kam es
wieder zu langen Verhandlungen, denn der Sandéhäuptling brachte neue Klagen
gegen Mbíttimas Unterthanen vor. Als corpus delicti wurde ein durch Lanzenwurf durchlöcherter Schild gezeigt und ein Mann trat auf, der im Grenzgebiet
der beiden Rivalen von Leuten Mbíttimas überfallen und an der Schulter verwundet worden war.

Die neue Niederlassung Máfindes und seiner nächsten Zugehörigen lag
an dem sanft zum Helle abfallenden Gelände. Dort fand auch ich in der Nähe
schattenspendender Bäume und Buschwerks, unweit der dicht geschlossenen Laubwand der Flußvegetation, einen geeigneten Bauplatz für meine Hütten. Alles
dazu Erforderliche war schon beschafft, und unter Máfindes persönlicher Leitung
regten sich alsbald viele fleißige Hände, sodaß ich diesmal schon nach wenigen
Tagen mit meinen Leuten und Tieren unter Dach und Fach war. Nur die
mühsamere Arbeit einer Umzäunung unterblieb, denn ich hoffte immerfort auf
die baldige Ankunft Osman Bédauis und meine Weiterreise; der Platz vor
den Hütten aber wurde weithin vom hohen Gras gesäubert, und ringsumher
lagen die neuen Kulturfelder der A-Sandé und zogen sich bis zum Flußwald
hinab. Nahe bei meiner improvisierten Heimstätte wuchs ein kleines, dichtes
Gebüsch, in dem ich mir alsbald mit der Axt eine naturwüchsige, herrliche
Laube aushieb, einen trauten, gegen die Sonnenstrahlen geschützten Schlupf-
winkel, wo ich von da an so manche genußreiche Stunde der Einsamkeit ver-
lebte. Dabei entdeckte ich im Gebüsch drei Elefantenzähne, die der Schelm
Máfinde beiseite gebracht hatte. Auf diese und ähnliche Art pflegen oft die
Häuptlinge ihr Elfenbein an verschiedenen Stellen zu verstecken, um es bei
Überfällen geschützt zu wissen, aber auch weil sie den durchziehenden Nubiern
nicht gern alles auf einmal herausgeben, sondern es sich lieber stückweise
abdingen lassen. Wollen sie ganz sicher gehen, so vergraben sie es an sumpfigen
Stellen.

Mein Aufenthalt bei Máfinde wurde in den westlichen und nördlichen
Gebieten unter den Vafallenhäuptlingen Saffas bald bekannt. Sie waren mit
der Herrschaft Saffas nach wie vor unzufrieden, daher nun zwei Häuptlinge,
der nordwestlich hausende Sirro und der westlich am Uëlle wohnende Beriffángo,
Boten zu mir schickten. Jener bot mir sein Elfenbein an und dieser beabsichtigte,
um sich der Herrschaft Saffas zu entziehen, sein Gebiet zu verlassen. Auch
diese machtlosen Häuptlinge waren also, wie ich mehrfach erwähnt, noch in dem

Glauben befangen, die Einsammlung des Elfenbeins geschehe für Rechnung der durchziehenden Karawanen. Hätte es sich übrigens nur um das Elfenbein allein gehandelt, so wäre auch hier die Fremdherrschaft Sassas gewiß gern ertragen worden, aber leider gingen ja alle solche Züge einem Privatinteresse nach, und obgleich Sassa wie Sémio ihre Reisen selbständig ohne Nubier unternahmen, wurden dabei doch genug gesetzwidrige Handlungen begangen, die Eingeborenen beraubt oder gar fortgeschleppt, denn auch Sassa kannte den Wert der heim-gebrachten Sklaven sehr wohl. Genug, es erwuchs mir auch jetzt die Pflicht, jenen Boten, sowie Leuten aus andern Gebieten, die mich um Schutz und Behebung der Mißstände angingen, die Verwaltungsverhältnisse der Bahr el-Ghasalprovinz näher auseinanderzusetzen und sie auf angebahnte bessere Zeiten zu vertrösten. Das Elfenbein aber, das mir angeboten wurde, nahm ich selbst-verständlich in keinem Falle an.

Zu jener Zeit erhielt ich Nachricht von Bohndorff. Er hatte mit dem Gepäck glücklich sein Ziel erreicht und war eben mit der Anlage der Station und eines Gemüsegartens beschäftigt. Unterdessen hatte Sémio den Uelle verlassen und weilte bei Palembatá. Dorthin und weiter zu Ndóruma, beziehungsweise Osman Bédaui, gingen dann endlich auch Boten Mäsindes ab, da das Gerücht ging, daß auch Osman Bédaui sich am Krieg gegen Mbio beteilige; ob der geplante Angriff wirklich begonnen und was weiter geschehen, darüber hörte ich nur viele und widersprechende Gerüchte, aber keine genauen Nachrichten. Mit jenen Boten an Ndóruma reisten nun auch meine entlassenen Diener ab. Freilich bereute Farag Allah seinen Starrsinn schon bei Palembatá und wäre, wie mir später Sémio mitteilte, nun seinerseits gern bedingungslos zu mir zurückgekehrt. Meine volle Zufriedenheit erwarb dagegen Dsumbe, obwohl erst ein Jahr im Dienst, denn er war weit aufmerksamer bei der Arbeit als Farag Allah.

Zu derselben Zeit wurde ohne mein Wissen, doch um meinetwillen, wieder einmal das Hühnerorakel auf die Probe gestellt. Mäsinde hatte nämlich das dringende Bedürfnis gefühlt, sich auf diesem Weg unanfechtbare Gewißheit über mein weiteres Schicksal zu verschaffen. So ward denn das „Bänge" einem Huhn eingeflößt, welches die Unliebenswürdigkeit gegen mich so weit trieb, als-bald aus der Welt zu scheiden. Mäsinde aber teilte mir dann zaghaft und untröstlich die Besiegelung meines Fatums mit, demgemäß ich, wie er ganz genau zu wissen vorgab, leider mein Leben bei ihm verlieren würde, natürlich nicht durch seine Leute, sondern, wie ihm das Orakel verraten habe, durch die Leute Sirros oder Berissángos. Er war samt seiner Sippe sehr verdutzt, als ich seinem blutigen Ernst mit Scherz und Spott begegnete, ihren Aberglauben verlachte und ſie aufforderte, ihre Bängehühner lieber mir zu ſchicken, ſtatt auf meine Koſten ſo lebensgefährliche Verſuche anzuſtellen;. dann wäre ich, ſo fügte ich hinzu, wenigſtens ſicher, bei ihm nicht Hungers zu ſterben.

In der nahen Uferwaldung des Hekke lebten mehrere Affenarten: Meerkaßen, Cercopithecus, auch der Colobus Guereza; eine Art war beſonders hübſch gezeichnet, mit bläulichem Geſicht, weißbehaarter Naſe und weißem Backenbart. Ich beobachtete ſie oft von meiner Hütte aus, wie ſie am Waldrand in Geſellſchaften vereinigt luſtig von Baum zu Baum ſprangen oder auch frech in die angrenzenden Maisfelder einbrachen. Mit Lärm und Geſchrei ſuchten dann die Negerknaben die ungebetenen Gäſte zu verſcheuchen, doch hatte immer ſchon ſo mancher ſeine Backentaſchen geſchwind mit Maiskörnern gefüllt.

Als ich das neue Heim bei Mâſinde mit Hilfe meiner Jungen in gewohnter Weiſe mit den kleinen häuslichen Bequemlichkeiten ausgeſtattet hatte, ſorgte ich auch wieder für eine geregelte und nützliche Thätigkeit der Diener. Ich unterwies Dſumbe im Skelettieren, und mit der Zeit wurden nicht nur Skelette von kleinen Säugetieren, ſondern auch von großen tropiſchen Vogelgattungen kunſtgerecht präpariert. Nebenbei ſuchte ich Felle von Säugern aufzubewahren, obwohl ich, nachdem die A-Bârmbo mir den größten Teil des arſenigſauren Natrons geſtohlen, mit dem noch vorhandenen Reſt ſehr ſparſam umgehen mußte. Ich ließ daher die Felle ſorgſamer von den anhaftenden Fettbeſtandteilen reinigen und dann noch ſtundenlang mit poröſem Geſtein abreiben. Ferner mußten die Jungen Schmetterlinge und Käfer herbeiſchaffen und ich brachte davon eine hübſche Sammlung zuſammen. Leider war alle dieſe Mühe und Arbeit vergeblich, denn es ſollte mir nicht beſchieden ſein, irgend etwas von alldem zu retten und nach Europa zu bringen.

Mâſinde weilte oft bei mir. Er intereſſierte ſich lebhaft für allerlei und ſo erzählte ich ihm viel von unſern Kulturländern. Seine berechtigte Frage, wozu wir denn das viele Elfenbein brauchten, führte zu eingehenden Mitteilungen, wie die Regierung der „Turk" (Türken, d. h. hier ägyptiſche Regierung) alles Elfenbein nach unſern Ländern verkaufe, wo es zu den verſchiedenſten Dingen verarbeitet werde. Dabei zeigte ich ihm verſchiedene kleine, aus Elfenbein und Horn gearbeitete Gegenſtände, Hefte von Meſſern, Griffe von Gerätſchaften in einem reichhaltigen Nähkäſtchen u. dgl. Auch an den wertvollern Erzeugniſſen unſerer Induſtrie hatte er ſeine Freude, vor allem an meiner kleinen Sammlung verſchiedenartiger Meſſer, deren blankgeſchliffene Klingen, zu ſeinem hellen Jubel, ihm das eigene Spiegelbild zeigten. Bei ſolchen Gelegenheiten ging er nie ohne Geſchenk heim, wodurch ich zugleich meinen neu erworbenen ſchwarzen Freund

für seine Gaben entschädigte. Doch ich belehrte ihn auch über andere ihm faßliche Dinge, so über die Bearbeitung des Bodens in unsern Kulturländern,
und daß dort fast alles Land bebaut sei, Steine, Wurzelwerk und Unkraut von
den Feldern sorgsam entfernt werden, in den gepflegten Wäldern kein Baum
nutzlos gefällt werden dürfe, ferner über die Gerechtsame der Jagd und Fischerei
u. dgl. m. Alles das hörte Mäsinde mit Teilnahme an und brachte mich oft
durch Fragen zu neuen Erörterungen. Aber auch ich suchte meine Kenntnis
von Land und Volk zu erweitern und dabei war mir nicht nur Mäsinde nützlich, sondern hauptsächlich der A-Mádihäuptling Buru (nicht zu verwechseln mit
dem gleichnamigen A-Bármbohäuptling). Er war eigentlich ein Rivale Mäsindes,
lebte mit ihm auf gespanntem Fuß, war ihm nur nominell unterthan und klagte
auch oft über die Fremdherrschaft im Gebiet. Mäsinde war überhaupt bei den
A-Mádi mehr gefürchtet als beliebt und so nahm seine Herrschaft in diesem
Teil des Landes bald nach meiner Abreise ein Ende. Buru besuchte mich oft
und ich erfuhr dabei folgendes Wenige über die ältere Geschichte des Landes:

Im Mund der Leute lebt Silabi als ältester Alleinherrscher über die A-Mádi.
Ihm folgte sein Sohn Batinnepále, und diesem Dundále, welcher zur Zeit Basimbés,
des Großvaters Ndórumas, lebte, die A-Mádi bekriegte und die Fremdherrschaft
der A-Sandé über sie brachte. Zu jener Zeit wurde das Ländchen aber auch
von den Mangbattu befehdet. Durch innere Zwistigkeiten fiel dann ein Teil
der Herrschaft an den A-Mádihäuptling Runsa. Als hochbejahrter Greis lebte
dieser noch zu meiner Zeit, doch war ihm die Herrschaft durch Kánninga ent-
rissen worden. Und seitdem hatten die Feindseligkeiten im Innern nicht mehr
aufgehört, während gleichzeitig die Einfälle fremder Elemente zur jährlichen
Plage wurden. Dies fällt jedoch bereits in die neuere Geschichte des Landes
und ist von mir schon früher besprochen worden. Bemerkt sei nur noch, daß
Buru ein Sohn Kánningas war. Außer andern Häuptlingen lebten noch zwei
Söhne des alten Runsa, Ngurra und Bani, in angesehener Stellung, doch
auch sie standen, wie Buru, in sehr lockerm Abhängigkeitsverhältnis zu Mäsinde.
Gleich den A-Bármbo zerfällt auch das Volk der A-Mádi in eine Anzahl
Stämme, die sich nur dem Namen nach voneinander unterscheiden.

So verstrich der Monat Mai. In den ersten Tagen des Juni fand eine
langwierige Gerichtssitzung statt. Es handelte sich um das Ausmaß der Strafe,
die ein A-Mádi wegen Verführung einer Frau erleiden sollte, und die kriminal-
rechtlichen Ausführungen der beteiligten Staatsangehörigen dehnten sich über
Gebühr aus. Mäsinde wollte den Angeklagten nach A-Sandérecht aburteilen,
ihm also die Finger abhacken lassen; dagegen appellierten Buru und die übrigen

an meinen Rechtsspruch, und so erkannte ich in höherer Instanz auf Entrichtung einer Anzahl Lanzenspitzen an den beschädigten Besitzer der Frau, was denn richtig angenommen wurde. Gerade zu jener Zeit sah ich aber auch wieder ein Individuum, das ein Jahr vorher für das nämliche Vergehen jene Strafe wirklich erlitten hatte, und zwar verschärft durch den Verlust eines andern wichtigen Körperteils. Ich untersuchte die Wundflächen und fand nur noch kleine Schorfbildungen vor, im übrigen war eine gute Naturheilung erfolgt, und zwar angeblich unter ausschließlicher Behandlung mit heißem Wasser. Der Verstümmelte stammte aus dem Gebiet der Söhne des A-Sandéfürsten Málingbe und gab an, etwa 20 Männer zu kennen, an denen das gleiche Strafmaß vollzogen worden sei. Kurz nach jener Gerichtsverhandlung wäre ich selbst bald die unschuldige Ursache irgend eines landesüblichen Strafakts geworden. Eines Tags nämlich kam Máfinde aufgeregt zu mir und erklärte, er sei in Angst um mein Leben, da ein Zauberer in der Nähe sei, der mir Böses zufügen wolle. Er werde ihn aber suchen lassen und töten, denn der Unhold habe ihm auch eines seiner Weiber behext und verführt. In der That dauerte es nicht lange, so war der fürchterliche Hexenmeister gefunden. Ein armer, kaum erwachsener Junge sollte es sein und er beeilte sich, bei mir Schutz zu suchen, indem er seine Unschuld beteuerte. Natürlich nahm ich seine Partei und stieß sogar Drohungen gegen Máfinde aus, der Junge aber lebte trotzdem in beständiger Furcht und floh schließlich aus dem Land.

Unter den auffallenden Gebräuchen der A-Mädi und der am Uelle lebenden Mangbattuvölker ist noch der allgemeine Brauch der Beschneidung anzuführen, für den mir indes mein Gewährsmann Buru keinen Grund anzugeben wußte und nur betonte, daß sie die Sitte von ihren Vätern überkommen hätten. Die A-Sandé und die übrigen nördlich lebenden Negervölker dagegen üben diesen Brauch nicht aus.

Die gleichförmigen, ereignislosen Tage bei Máfinde ließen mir Muße für schriftliche Arbeiten und die Konstruktion von Kartenskizzen; auch schrieb ich Berichte und Briefe nach Europa. Meine über 100 Briefseiten umfassende Postsendung aus dem A-Mädiland ging jedoch später unterwegs verloren und hat Europa nie erreicht. Einige Zerstreuung boten allerlei falsche Gerüchte und oft genug ein blinder Kriegslärm. Dann erschollen auch aus der Ferne plötzlich die dumpfen Töne der Nugara, doch handelte es sich meist nur um eingebildete Feinde, oder es wurde ein ausgebrochener Streit nach vielem Geschrei gütlich beigelegt. So wurden wir eines Nachts durch lautes Geschrei in den nahen Hütten geweckt. Alles lief zusammen, denn es hieß sogleich, ein Leopard sei

Moschude führt geraubte Weiber vor. Gezeichnet von L. H. Fischer.

bei den Leuten eingebrochen. Bald aber stellte es sich heraus, daß es sich nur um eine kleine häusliche Scene mit Prügeln handelte. Einen weniger privaten Charakter hatte der Alarmruf, der sich einst erhob, daß die A-Bármbo vom Uëlle gegen Mäsinde heranzögen und einige ihrer Kundschafter bereits in der angrenzenden Wildnis gesehen worden seien. Sofort ertönte die Kriegstrommel und rief das kampfbereite Volk zusammen, das dann die Nacht hindurch auf dem Mbanga Mäsindes unter Kriegsgeheul sich lärmend belustigte. Auf alle Fälle mußte ich mitthun, indem ich die Mordwaffen in Bereitschaft hielt und die Nacht angekleidet auf dem Bett verbrachte. Als der Tag anbrach, erschienen in der That einige A-Bármbo vom Stamm der A-Bóbbo, aber als furchtsame Flüchtlinge, die sich in der Wildnis verborgen gehalten hatten und nun um Aufnahme baten. Und so erwies sich auch dieses Kriegsgerücht nur als Hirngespinst einiger Furchtsamen. Dabei wurden aber verworrene Aussagen gemacht über Krieg beim Fürsten Mambangá, den die Nubier aus den östlichen Stationen angegriffen hätten. Und weiter berichteten jene Flüchtlinge, daß ihre Stammesbrüder, denen sie sich nicht hatten anschließen wollen, Mambangá zu Hilfe gezogen, daß also die Frauen und Kinder der A-Bóbbo ohne namhaften Schutz zurückgeblieben seien. Mehr brauchte Mäsinde nicht; angeblich hatten die A-Bóbbo früher auch ihm Angehörige geraubt, und so zog er mit seiner Mannschaft noch am selben Tag zu einer Razzia bei ihnen aus.

Sein Abmarsch hatte für mich das Gute, daß ich endlich seine Weiber näher kennen lernte. Diese Damen lebten nämlich in großer Furcht vor ihrem Gebieter, kamen aber, sobald er fort war, zu mir und ließen sich mutig in meiner Nähe nieder, nicht ohne zu beteuern, daß ihr gestrenger Herr jeden Mann töte, mit dem sie angetroffen würden. Und in der That büßt mancher A-Sandé selbst ein ganz unschuldiges, zu der Frau eines Fürsten gesprochenes Wort nicht nur mit dem Verlust der Finger, sondern gleich mit dem Tod.

Unter den obwaltenden Umständen mußte der Raubzug Mäsindes begreiflicherweise ergiebig ausfallen und die Leute kehrten am nächsten Tag mit vollen Händen zurück. Der gelungene Raubanschlag wurde nun im Mbanga des Gebieters durch große Versammlung, Lustbarkeit und Tanz gefeiert. Ich gestehe, daß auch ich später meinen blutigen Anteil davon trug. Mäsinde kannte meinen Sammeleifer und wußte, daß ich auf Schädel einheimischer Rassen fahndete. Darum hatte er einige Köpfe der beim Überfall getöteten A-Bóbbo vom Fleisch reinigen lassen und sie mehrten nun meine Sammlung typischer Schädel; doch nahm ich nur solche, deren Herkunft genau verbürgt war. Solche Erwerbungen gelangen mir freilich nicht immer; es entging mir z. B. einst der Schädel eines wegen Mordes Gelynchten, dessen Leichnam durch die Angehörigen schleunigst beseitigt worden war. Das Hauptergebnis der Razzia bildeten die geraubten Weiber mit Kindern und Säuglingen und die Mädchen. Másinde ließ mir am folgenden Tag etwa 20 derselben vorführen, wobei mich mein schwarzer Freund durch das Geschenk eines sehr hellfarbigen A-Bárimbomädchens zu erfreuen hoffte. Die Farbe ihrer Haut erinnerte an dunkles Ledergelb, dadurch war aber auch aller Schmutz auf der Haut um so deutlicher sichtbar. Um meinen Gönner nicht zu erzürnen, ließ ich das arme Geschöpf vorderhand bei meiner Dienerin, schickte sie aber später an Másinde zurück.

Solche Räubereien in kleinerm und größerm Maßstab kommen bei den meisten Menschen der schwarzen Rasse, die an kein größeres Gemeinwesen gebunden sind, zahllos vor und sind der beste Beweis für den civilisatorischen Wert größerer Staatenbildungen, sie beweisen aber auch, daß nicht nur die Nubier und überhaupt die Araber auf Sklavenraub ausziehen, sondern daß Menschenraub und Haussklaverei in der uralten Sitte der schwarzen Bevölkerung wurzeln. Die Nuboaraber haben im Gegenteil, wenigstens in Gebieten, die sie dauernd besetzten oder verwalteten, einen günstigen Einfluß geübt, indem sie diesem größten Elend der centralafrikanischen Völker, wenn auch aus Eigennutz, zu steuern suchten. In den von ihnen bewohnten Mittelpunkten liegen nämlich die Verhältnisse anders. Dort haben sie zerfahrene und durch Kriege halb aufgeriebene Völkerstämme verschiedener Rassen gezwungen, friedlich neben und durcheinander zu leben. Ich erinnere nur an die Provinz Mákaraká, wo trotz des bunten Völkergemisches solche Gewaltstreiche einzelner Häuptlinge unerhört waren. Bei dem vererbten Frevel des Menschenraubs und der Häufigkeit des freiwilligen Entlaufens der Weiber wird es erklärlich, daß die geraubten, entlaufenen und zurückverlangten Frauen im Mbanga der Häuptlinge das meistbesprochene Thema bilden, Streitigkeiten herbeiführen und die Ursache zu Feindschaft und Krieg werden. Selbst Buru klagte in dieser Hinsicht über Másinde, zog aber dann wieder seinerseits oft aus, um angeblich entlaufene Weiber zurückzuerhalten.

Mittlerweile war auch der Juni vergangen und noch immer verlautete nichts über Osman Bédaui. Die letzten regenreichen Monate hatten manche einheimische Feldprodukte zu voller Reife und dadurch auch in die einförmige Bananenkost der Eingeborenen einige Abwechslung gebracht. Vor allem war nun der Mais (Mbája der A-Sandé, A'bundo der A-Mábi, Ándo der Mangbattu) größtenteils reif und geschnitten; er wird nämlich in verschiedenen Monaten gesetzt und so ist auch die 70 Tage nach der Aussaat beginnende

Erntezeit eine verschiedene. Ich ließ oft halbreifen Mais kochen, stampfen und davon dicke Brotfladen backen, welche durch das Verfahren sehr locker und wohlschmeckend wurden. Die reifen Maiskolben werden vermittelst ihrer äußersten Blattumhüllung paarweise zusammengebunden und an hohen Gestellen neben- und übereinander aufgehängt; sie bilden dann von der Erde abstehende, hochragende Mauern, sind dabei der Luft und Sonne ausgesetzt, werden vollkommen dürr und sind auch vor Termitenfraß geschützt. Geringere Mengen werden auch büschelweise auf hohe Bäume gehängt, wo sie oft als Saatkorn bis zum neuen Ausstecken aufbewahrt bleiben. Die Bewohner der hier behandelten Gebiete scheinen nur eine Art von Mais zu bauen, deren Kolben zwar verschiedener Größe und mitunter gescheckt, rötlich oder ganz rot sind, jedoch durchweg einer kleinen Art angehören. Südlich des Uelle werden wir aber einen Volksstamm kennen lernen, der eine unsern größten und besten Maissorten nicht nachstehende Art baut.

So liefert denn der Mais schon während der Regenmonate einen Teil der Nahrung, dagegen wird die andere hauptsächlichste Getreideart in jenen südlichen Ländern, die Eleusine coracana (Telebün der Sudanaraber, Mónlu der A.-Sandé, A'girro der A.-Mádi, Ríétjimbo der Mangbattu), jetzt im Juli ausgesät und erst nach der Regenzeit gelappt. Man bedient sich dazu kleiner eiserner Ringe, deren eine Seite geschärft, und die auf die Kuppe des Daumens der rechten Hand gezogen werden. Das Durrakorn (Sorghum vulgare) und Duchn (Penicillaria oder besser Pennisetum typhoideum) der nördlichen und östlichen Länder wird auch bei den A.-Mádi nicht gebaut. Wenn daher nach der eigentlichen Erntezeit das Eleusinekorn bei der Sorglosigkeit der Neger bald aufgezehrt ist, so tritt für sie oft eine Periode des Darbens ein, bis die neuen Regen anderes Genießbare hervorgebracht haben; da helfen denn hauptsächlich die Bananen aus, deren Früchte mehr oder weniger zu jeder Jahreszeit reifen. Freilich besitzt der Eingeborene noch manchen andern Ersatz für Getreide. Ich will nicht nochmals der süßen Bataten und des Maniols gedenken (A'baugbä und Bárora der A.-Sandé), nur über das Vorkommen der verschiedenen Kürbisarten sei hier Näheres angeführt. Drei Arten werden davon zum Essen angebaut, von drei andern Arten aber nur die Kerne enthülst und zerstampft, um als Zukost zum Mehlbrei zu dienen. Die kleinste, doch sehr schmackhafte Art (Bissande der A.-Sandé) ist unserer kleinen warzigen Melone sehr ähnlich, ihr Fleisch rötlichgelb und süßlich; gekocht ist sie oft beim Bruch angenehm mehlig und nicht wässerig, was dagegen bei den größern Arten (Bóffo und Abellibó), die äußerlich eher unsern Wassermelonen gleichen, der Fall ist.[1]) Die drei Kürbisarten reifen in der Regenzeit und waren bei den A-Mádi im Juni, einzelne schon früher, zu erlangen. Obwohl sie an Güte nicht gleich sind, lernte ich sie doch, wie Gemüse zubereitet, als Nahrung hoch schätzen, da mir ihr Fleisch bei Unwohlsein und Appetitlosigkeit nie widerstand und der Magen es gut vertrug, wogegen Bananen oft Blähungen verursachten. Ich genoß die Kürbisse meist als dünne Schnitte in Fett geröstet, aber auch mit Huhn, Perlhuhn oder Fleisch zu einer Suppe eingekocht, oder zerrieben als Brei, der oft mit gehacktem Fleisch gemischt und so zu Koteletten geformt und gebraten wurde. Der Versuch, Kürbisse zum Aufbewahren, nach Art der aus verschiedenen Gemüsegattungen hergestellten Julienne, fein zu zerschneiden und zu dörren, glückte nur zum Teil. Die erhaltene Masse war wohl genießbar, doch nicht schmackhaft. Die drei andern Kürbisarten (Détiro, Bogumbä und Págo bei A-Sandé) bleiben nach der Regenzeit noch lange auf den Feldern liegen, bis ihre Kerne eingesammelt werden. Die Kerne der ersten Art sind groß und haben eine graue, runzelige Schale, die der zweiten Art kleiner, glatt und von weißgelblicher Farbe. Das Enthülsen selbst einer kleinen Menge für eine Mahlzeit ist eine zeitraubende Arbeit, die von den Frauen mit den Finger-nägeln verrichtet wird. Außer den angeführten Arten werden dann noch nebenher in allen jenen Gebieten einige andere von mannigfaltiger Form als Material zur Herstellung von häuslichen Gerätschaften angebaut. Sesam (Rbigpálla der A-Sandé) wird unter diesen Breiten im Juni ausgesät, stand bei den A-Mádi im Juli in junger Saat und wird nach der Regenzeit geerntet. Außerdem bauen die A-Mádi Erdnüsse (Arachis hypogaea, Uandä der A-Sandé), ferner eine andere Art Erdbohne (Voandzeia subterranea, A'bóndu der A-Sandé), die aber weniger zart und schmackhaft als die vorige ist und deren Kerne kein Öl liefern; auch traf ich hier wieder, wenn auch vereinzelt, doch kultiviert, die hochragende Bamia (Hibiscus esculentus, Mbójo der A-Sandé). Dabei sei bemerkt, daß dieses Gemüse der Araber und Inder wahrscheinlich in den meisten

---

[1]) Hierbei sei erwähnt, daß die echte Wassermelone (Citrullus vulgaris) in ver-schiedenen Teilen des tropischen und auch des südlichen Afrika wirklich wild angetroffen wurde, wenn schon mit kümmerlich entwickelten Früchten. Dr. Schweinfurth fand bei den A-Sandé und Mangbattu eine in Bananenhainen kultivierte, der Wassermelone nahe verwandte Kürbisart, die auch am Niger, sowie in Ober- und Unterguinea gefunden worden ist, Cucumeropsis edulis Cogn. Nach Schweinfurth ist die Frucht bald cylindrisch, bald kugelrund und doppelt faustgroß. Sie ist hellebergelb oder reif ganz weiß, glatt und mit dünner, ganz verhärteter Rinde versehen. Das weißliche Fleisch ist fade von Geschmack, doch ohne Bitterkeit. Die Samen sollen, unter Tabak gemischt, beim Rauchen eine betäubende Wirkung ausüben.

Gebieten des tropischen Afrika einheimisch ist, wenigstens hier von den Nubiern nicht in jüngster Zeit eingeführt wurde. Nicht zu vergessen seien ferner die schon früher bei den A-Sandé erwähnte Ölfrucht, Hyptis spicigera, Abdalla jenes Volkes, und die wilde Melochia[1] (Molumbidda, Corchorus olitorius und C. capsularis). Helmia bulbifera (Männä der A-Sandé) ist ein Schlinggewächs, welches an Baumstämmen hinaufgezogen wird und dessen Wurzelknollen, sowie namentlich die in den Blattachseln sitzenden großen Luftknollen, gegessen werden und nach Struktur und Geschmack an unsere Kartoffeln erinnern. Aber auch dicke Jamsknollen (Dioscorea alata, Mbarra der A-Sandé) werden hier gezogen und die A-Mádi unterscheiden sie je nach ihrer rötlichen oder weißen Farbe durch besondere Namen. Von der Colocasia werden sowohl die Knollen, als auch die jungen Blätter genossen. Wie der Corchorus olitorius, Melochia der Araber, so wächst auch in allen jenen Gebieten die Portulaca oleracea (Ridichel der Araber, Assässära der A-Mádi) wild und bot mir oft ein willkommenes Gemüse.

Von Hülsenfrüchten baut man am häufigsten Vigna sinensis (Lubia der Nubier, A'bagpá der A-Sandé). Diese niedrigen Bohnenbüsche haben dünne, fingerlange Hülsen, welche kleine, runde, graugrüne Kerne enthalten. Die jungen, noch frischen Hülsen können wie unsere Schnittbohnen gegessen werden und ich genoß sie, wo ich ihrer nur habhaft werden konnte. Die in Ägypten so viel angebaute Lubia ist eine von den tropischen Formen dieser weit verbreiteten Kulturpflanze nur wenig abweichende Varietät. Außer der Lubia finden sich gelegentlich noch andere Bohnenarten angepflanzt, die von den A-Sandé als A'manjenfi, A'urró und A'bángua unterschieden werden. Die beiden ersten Arten, mit rotbraunen und schwarzen Kernen, bleiben niedrig und buschförmig, die dritte dagegen, mit schwarzen Kernen, ist eine Rankenbohne (Phaseolus lunatus?). Aber auch das Zuckerrohr wächst bei den A-Mádi. Man genießt es, indem man die äußere harte Schicht abstreift und dann den innern Teil stückweise abbeißt und aussaugt. Den Honig verzehren die Eingeborenen samt dem Wachs und oft auch mit den weißen Larven in den Zellen. Der bei den A-Mádi in solchem Zustand erhaltene Honig nahm nach dem Auskochen und Reinigen einen bittern Geschmack an.

Endlich sei noch des Tabaks (Nicotiana tabacum, Gundo der A-Sandé) gedacht. Dazu ist zu bemerken, daß alle mir bekannten Negervölker mehr oder

---

[1] Hierbei sei erwähnt, daß eines der gemeinsten Sumpfkräuter des tropischen Afrika, Melochia corchorifolia, aus der Familie der Sterculiaceen, von Linné zum Typus einer Gattung gewählt wurde, deren Name leicht zu Verwechslungen Anlaß geben kann.

weniger Tabak bauen, aber nicht jedermann raucht, denn der Anbau der Tabak-
staude beschränkt sich immer nur auf einige Dutzend Pflanzen, die in nächster
Nähe der Hütten auf erhabenen Beeten mit besonderer Sorgfalt gepflegt werden.
Große Felder mit Tabak werden nicht angelegt, da seine Kultur Mühe und
beständige Aufsicht erfordert, und dabei ist er doch stets und vielen ein so
begehrter Artikel, daß oft einzelne Blätter frühreif gebrochen, gleich am Feuer
gedörrt und meist mit Holzkohle gemengt geraucht werden. Man trifft daher
in diesen Gebieten selten bedeutende Tabakvorräte, wogegen die Bevölkerung
anderer Länder, beispielsweise am Rohl, in Kalifá, Latuka, vornehmlich aber
in Unjoro und Uganda, größere Mengen anbaut; er diente dort auch als
Tauschobject und deckte den Bedarf der ägyptischen Stationen. Mein eigener
mitgeführter Tabak war seit dem Aufenthalt bei den A-Bármbo bis auf einen
bei den Reservelasten verwahrten kleinen Teil auf die Neige gegangen. Den
letzten hatte ich schon mit Negertabak gemischt und weiterhin wurde dieser meine
einzige Quelle für das ungern entbehrte Genußmittel.

Unter meinen Wahrnehmungen während des Aufenthalts im Bergland
der A-Mábi ist auch eine akustische zu verzeichnen. Ich vernahm nämlich
wiederholt eine eigentümliche, schier unerklärliche Detonation, einen lauten einmaligen Knall, der an einen fernen Kanonenschuß erinnerte. Schon Living-
stone hat ähnliches beobachtet. Die Eingeborenen wußten die Erscheinung nicht
zu deuten und bezogen solches Getöse zur Zeit meines Aufenthalts bei den
A-Bármbo auf den Knall meiner Büchsen. Ebenso naiv glauben sie, ein Gewehr-
feuer sei auf viele Tage Entfernung hörbar; Sémio und seine Leute z. B.
behaupteten steif und fest, das Schießen im Krieg Solimans mit Gessi, also beiläufig acht Tagereisen weit, daheim gehört zu haben. Zu jenem Knallphänomen ist
noch zu bemerken, daß es stets bei Sonnenuntergang und wolkenlosem Himmel
ohne Gewitter eintrat. Das nackte Gestein der Felsberge aber zeigt oft Spalt-
bildungen und Absprengungen, die nicht allmählich, sondern durch Bersten plötzlich entstanden zu sein scheinen, was auf raschen Temperaturwechsel, auf plötzliche
Abkühlung des Gesteins bei Sonnenuntergang zurückgeführt werden kann. Und
so möchte die Ursache solcher Detonationen in dem Abspringen oder Bersten
des Gesteins zu suchen sein. Wer denkt dabei nicht an einen andern „tönenden
Stein" in Afrika, die Memnonssäule?

Der Schimpanse lebt auch in den dunkeln Uferwaldungen des A-Mábi-
landes. Ich veranlaßte daher Másinde, mit Dsumbe und seinen Leuten aus-
zuziehen, um womöglich mit Hilfe von Stellnetzen junge Tiere lebend zu erlangen.
Nach zweitägigem Suchen wurde richtig eine Schimpanjenkolonie von 10 bis

15 Stück aufgespürt. Die Leute umstellten den Platz mit Netzen, zogen sich dann zurück und rührten in der Ferne die Nugaratrommel, was die Tiere veranlaßte, herabzuklettern und die Flucht zu ergreifen. Klugerweise hoben sie aber, wie mir berichtet wurde, die Stellnetze auf, schlüpften unten durch und entkamen auf diese Art fast sämtlich. Nur ein altes Weibchen ließ sein Junges vor dem Netz zurück, kehrte jedoch bald wieder und flüchtete bei Annäherung der Leute nach seinem Nest auf einem nahen Baum. Dsumbe und Mâsinde feuerten ihm vergeblich einige Dutzend Kugel- und Schrotschüsse nach, sodaß sie einhellig schworen, das Tier sei verhext gewesen. Das Junge, ein Männchen, wurde mir lebend überbracht; es war erst wenige Tage alt und hatte noch den Rest der Nabelschnur an sich; sie fiel am zweiten Tag ab und hinterließ eine kleine eiternde Stelle. Die Körpermaße waren beiläufig die eines sechsmonatlichen menschlichen Fötus, die Gesichtszüge eigentümlich greisenhaft, was gerade bei jungen Schim-

Junger Schimpanse saugt an einer Ziege.

pansen besonders auffällt. Der Kopf war im Vergleich zum Rücken stark behaart, Brust und Bauch dagegen haarlos. Das Tierchen zeigte beständig den Trieb, Arme und Beine zum Umklammern der Mutter auszustrecken und suchte nach Nahrung. An die Brust geschmiegt war es zufrieden und still, winselte und schrie aber, sobald es niedergesetzt wurde. Ich machte sogleich den Versuch, es durch eine meiner Ziegen nähren zu lassen und in der That saugte es bald kräftig ihre Milch, worauf es in ein Tuch gehüllt bei Tag und Nacht ruhig in einem Körbchen schlief. Der kleine Tom — so hatte ich ihn benannt — nahm fleißig Nahrung zu sich, sodaß ich die Hoffnung hegte, ihn am Leben zu erhalten; dennoch starb er in der zweiten Woche. Ich erwies ihm den letzten Liebesdienst, indem ich sein Skelett eigenhändig für die Sammlung präparierte.

Nun wollte ich aber die Schimpansen persönlich in ihrem Versteck belauschen und ließ zu diesem Behuf vorher ihren vielleicht neugewählten Standort auskundschaften. Tags darauf erhielt ich befriedigende Nachricht und brach mit den Führern sofort nach dem nördlich gelegenen Ort auf, wo ein Teil der Mannschaft unterdessen die Tiere im Auge behielt. Eine Stunde lang folgten wir einem schmalen Fußweg, den wir dann verließen, um längs eines Flüßchens pfadlos durch das Unterholz eines hochstämmigen Waldes zu wandern. Die Üppigkeit und Eigenartigkeit einzelner Teile dieser Wildnis ist unbeschreiblich und ganz verschieden von dem gewöhnlichen Urwald der Flußläufe. An einzelnen Stellen fehlt nämlich aus mir unbekannten Gründen die hohe Stammvegetation, oder der Hochwald ist durch Busch und Strauch ersetzt, aus dessen Massen aber immer wieder einzelne Baumriesen aufragen. Solche Strecken sind mit einem undurchdringlichen Geflecht von Schlinggewächsen und Lianen buchstäblich bedeckt und fortlaufend überzogen. Diese überwältigende Vegetationsmasse zieht in horizontaler Richtung dahin, doch je nach der Höhe der Büsche, Sträucher und Bäume, aus denen sie besteht, in stark gewellter Linie, als ein Labyrinth von grünen Hügeln und saftigen Thälern. Der von der Natur gewebte, ununterbrochene, halb schwebende Riesenteppich senkt sich von der Laubkrone eines Baums über Buschwerk zur Tiefe, überspannt, in gefälliger Bogenlinie dahinwuchernd, den Boden, steigt alsbald zum nächsten Gesträuch empor, senkt sich wieder zu Thal, erklimmt neuerdings das ihn stützende Unterholz und die modernden Reste alter Stämme, und schwingt sich dabei immer höher, sodaß es selbst recht stattliche Hochbäume überbrückt. Zu den Laubkronen der Baumriesen freilich spinnen sich nur einzelne Fäden dieses unvergleichlichen Naturteppichs hinan, aber diese längsten Ranken der Schlinggewächse scheinen auch endlos zu sein und streben selbst in jener schwindelnden Höhe noch weiter und weiter, buchstäblich ins Blaue hinein. Man könnte sich getrost auf diese kunstvoll gewebten Hängematten niederlassen und würde nicht durchbrechen; beweist doch schon die schwere Mühe, sie als Marschhindernisse zu beseitigen, hinlänglich ihre große Elasticität und Haltbarkeit. Aber nur diese offenen, lichthellen und feuchten Uferteile der Gewässer gestatten zugleich eine so massenhafte Entwicklung des Blattschmucks, dem es anderwärts im ewigen Schatten der nahe zusammenstehenden Hochbäume an Licht mangelt. Auch dort sind es zwar vielfach dieselben Vegetationstypen und -gebilde, welche gleich dick gedrehten Tauen hin und her ranken, in die hohen Laubkronen aufsteigen und dem Licht zustreben, aber sie treiben unten keine Seitenranken und setzen keinen Blätterschmuck an. Erst hoch oben, von Luft und Sonne getränkt, finden noch einzelne die Kraft, sich zu reicher Laubfülle zu entwickeln und umkleiden dann auch das Astwerk der sie stützenden Bäume boskettartig mit dichtem Grün. Diese kleinen, für das Auge oft undurchdringlichen Lauben in den hohen Laubwipfeln sind die beliebten Schlupf-winkel der Schim-

panfen. Aber auch die niedere Tierwelt regt sich munter in jenen luftigen Höhen. Mannigfache Amei-senarten namentlich erklettern die höchsten Gipfel der Bäume, und ihre kunstvoll aus Lehm oder Blät-terwerk und Klebstoff hergestellten Gehäuse, die unsern Tönnchen und Fässern nachge-bildet scheinen, hän-gen zahlreich und in allen Größen an den Ästen.

Schimpanse.

Unter den Hoch-bäumen und durch das Niederholz und Buschwerk dieses Uferwalds vorwärts-dringend, erreichten wir endlich den Ort, wo die Schimpansen zuletzt geweilt hatten. Doch sie waren be-reits entwischt, ob-gleich die Mannschaft sie während der Nacht mit einem Kranz von Lagerfeuern umschlossen hatte; nur ein altes Männchen hielt sich in einer jener Naturlauben auf dem Gipfel eines hohen Baums verborgen und war kaum zu erblicken. Ich brachte jedoch meinen Kugelschuß in einem günstigen Augenblick an, worauf er mehrere

Meter tief herabfiel, dann aber sich am Gezweige festhielt, abermals Deckung suchte und erst nach mehreren andern Verletzungen zu Boden kam. Der letzte Schuß hatte das Herz durchbohrt. Die Nester der Schimpansen sind aus gebrochenen Zweigen und Laub zusammengefügt, sie befinden sich in den Kronen der höchsten Bäume, und zwar an regengeschützten Stellen, woraus zu schließen wäre, daß sie oben nicht geschlossen sind. Dort wirft das Tier sein Junges. Eine beliebte Nahrung des Schimpansen ist die kopfgroße, runde, braune Frucht eines riesenhaften Baums aus der Familie der Brotfruchtbäume (Treculia, Pusso der A-Sandé). Sie enthält bohnengroße Kerne, 1000 an Zahl, und er soll die Frucht, nach Menschenart aufrecht schreitend, auf dem Kopf forttragen. Das Aufsuchen der entwichenen Tiere war schon vor meiner Ankunft erfolglos geblieben, und so eilte ich noch vor Einbruch der Nacht heim. Das erlegte Exemplar war ein ausgewachsenes Männchen, und zwar ein recht altes, denn es war, besonders am untern Teil des Rückens, schon stark weißlichgrau gefärbt und nur das Kopfhaar erschien noch rein schwarz. Dies ist aber ein Merkmal für das Alter dieser Tiere und hat wohl auch die irrige Meinung der Eingeborenen verursacht, daß es weiße Schimpansen gebe. Bei der Section fiel mir namentlich die ungewöhnlich große Gallenblase auf. Die von den Knochen gelösten Fleischteile wurden im Mbanga Mäsindes verspeist, Skelett und Fell jedoch geborgen und auch den Kehlkopf präparierte ich zum Aufbewahren.

Gegen Mitte Juli schickte der Leiter einer Regierungsexpedition südlich vom Uëlle Boten zu mir, da ihm Gerüchte über meinen Aufenthalt bei den A-Mädi zu Ohren gekommen waren. Daraufhin verlangte ich, um Näheres zu erfahren, er möge mir Leute senden, die des Arabischen kundig wären, und solche trafen in der That am 23. Juli mit zahlreicher Begleitung ein. Nun erst erhielt ich genauere Kunde über alles, was sich die verflossenen Monate her in den Mangbattuländern ereignet hatte. Hier sei nur vorläufig erwähnt, daß der Mangbattufürst Mambangá bekriegt worden war und ein ägyptischer Officier, Hauasch Efendi, mit regulären Soldaten aus Mákaraká beim A-Bármbohäuptling Buru eine feste Station gegründet hatte. Sein Feldzug gegen Mambangá war noch nicht zu Ende und da meine Stellung zu dem Fürsten bekannt war, bat er mich zu kommen und eventuell meinen Einfluß geltend zu machen. Ferner wurde mir die Ankunft des italienischen Reisenden Hauptmann Casati in Mangbattu gemeldet, und das phantastische Gerücht einer von Süden heraufziehenden Expedition, die aber einstweilen mit den Affa Krieg führen sollte. Die Gesandtschaft Hauaschs bestand aus einem Dutzend bewaffneter Dragomane und etwa 40 A-Bármbokriegern, die von einem gewissen Nejim geführt wurden.

Sie war mir schon vorher angemeldet, sobaß ich die Häuptlinge aufgefordert hatte, Nahrungsmittel für die Gäste bereit zu halten. Das Aufsehen im A-Mädiländchen war natürlich groß, noch größer das Mißtrauen, das aber bald der Neugier wich. Als daher die Botschaft feierlichst bei mir einzog, waren die A-Mädi-Ältesten mit ihren Angehörigen zugegen und auch Mäfinde hatte die Kriegsmacht seiner A-Sandé entfaltet und führte bald darauf sein Häuflein im Paradenmarsch vor, indem er es die Gäste mehrmals in weitem Bogen umkreisen ließ. Es folgte nun eine lange Festsitzung mit Ansprachen und volkstümlichen Gesängen und die einzelnen Parteien suchten sich durch freundschaftliches Anschreien gegenseitig zu überbieten. Die Gesänge der A-Bärmbo klangen übrigens recht melodisch und feierlich, und dabei sprangen mitunter einzelne auf einander zu und schüttelten sich brüderlich die Hände.

Dem Wunsch Hauasch Efendis, mich seinen Leuten sogleich anzuschließen, konnte ich allerdings nicht willfahren, denn ich hoffte noch immer auf die Rückkehr der Boten, die ich an Osman Bédaui gesandt. Ich ließ ihm also einstweilen sagen, daß ich wahrscheinlich später nach der Station kommen würde. Inzwischen waren aber auch oft langwierige Erörterungen mit Mahmud und Mäfinde wegen der Station bei Mbittima geführt worden. Gegen diesen kamen immer neue Klagen von den Bongodragomanen; sie waren wohl vielfach auf alberne Furcht, Mißtrauen und Aberglauben zurückzuführen, doch hielten die unbegründeten Gerüchte von geplanten Überfällen, von Verunreinigung und Vergiftung des Trinkwassers, die Streitigkeiten über entwendete und entlaufene Weiber u. dgl. m. die Leute beständig in Atem. Dabei hetzte auch Mäfinde gegen Mbittima und drängte Mahmud, die Station zu ihm zu verlegen, um sich Osman Bédaui gefällig zu zeigen, hauptsächlich aber, um dadurch die Macht über die A-Mädi in seine Hände zu bekommen; schließlich blieb aber doch alles beim alten.

Und hier muß ich noch einiges über die landesübliche Art, das Recht zu ermitteln, einschalten. Vor allem zur Kenntnis des mehrerwähnten „Bänge"-gifts, mittels dessen das Schicksal befragt wird. Bei Mäfinde erlebte ich den seltenern Fall, daß das „Bänge" keinem Huhn, sondern dem der Hexerei Verdächtigen selbst eingegeben wurde. Er starb daran, folglich war er nach den herrschenden Begriffen „schuldig"; wäre er am Leben geblieben, so hätte ihn dies vom Verdacht befreit. Beistehende Illustration aber stellt einen Apparat dar, der trotz seines harmlosen Aussehens — er gleicht einem Spielzeug unserer Kinder, bei dem eine Anzahl sich kreuzender Stäbchen durch Druck sich in die Länge dehnen lassen — gleichfalls berufen ist, über Leben und Tod zu entscheiden.

Bei dem verhängnisvollen Spielzeug der Niam-Niam sind die Stäbchen nur durch Fäden aneinander geheftet, sodaß das Ding keine Stabilität hat, sondern, wenn es senkrecht, nicht wagerecht gehalten wird, die Neigung zeigt, sich nach der einen oder andern Seite zu wenden. Eine unmerkliche Handbewegung ist schon im stande, dem schmalen Holzgitterchen die gewünschte Richtung nach

Orakelapparat.

rechts oder links zu geben, von der der Schicksalsspruch auf „Schuldig" oder „Nichtschuldig" abhängt. Der Apparat heißt bei den A-Sandé „Bágara múje" (Hölzchen komm!). Der das Ding handhabende Schelm thut nämlich, als locke er durch diesen Ausruf die Hölzchen an, wobei nur erstaunlich ist, daß ein so grober, in die Augen springender Betrug nicht erkannt, vielmehr dem Hokuspokus Glauben geschenkt wird. Übrigens ist die Liste der Orakelapparate der A-Sandé und auch der A-Mádi damit noch nicht erschöpft. Auch das „Jvna" ist nicht zu verachten. Es besteht aus zwei Holzstücken, deren oberes, das eine Handhabe besitzt, auf dem untern, das einem Miniaturbänkchen gleicht, hin und her gerieben wird. Die Holzflächen sind genau geschliffen und, je nachdem sie durch das Reiben aneinander und durch Auspressen der Luft aus dem Zwischenraum fest zusammenhaften oder nicht, wird der Verdächtige als schuldig oder nichtschuldig erkannt.

So war denn auch der regenreiche Juli über das Land gegangen. Er endete insofern erfreulich, als er mir zuletzt noch neue Nachrichten von Boyndorff brachte und gleichzeitig mit dessen Brief eine Postsendung aus Chartum uud Europa, die dritte seit meiner Abreise aus Chartum. Dagegen wartete ich noch immer vergebens auf Nachrichten von Osman Bédani, die es mir ermöglicht hätten, zu Bakangái zu reisen. Langes Stillliegen an einem Ort kann aber dem Reisenden verhängnisvoll werden, weil es seine Energie zu regelmäßiger Arbeit lähmt und selbst seine Gesundheit schädigt. So habe auch ich die meisten Fieberanfälle und Zustände von Unwohlsein in den Zwischenzeiten der eigentlichen Reisen durchgemacht, während ich mich auf dem Marsch meistens wohl und elastisch fühlte. Aber auch zu unnützen Gedanken, Grübeleien und Grillenfangen wird man durch die Unthätigkeit an einem Ort leicht gestimmt. Es ist eigentümlich, wie mich gerade damals gewisse Gedanken verfolgten und im Geist bis in die kleinsten, nichtigsten Einzelheiten ausgesponnen wurden. Anderseits führte mich das Gedächtnis in die frühesten Kinderjahre zurück und uralte, gleichgültige Dinge, die mir früher gar nie eingefallen, beschäftigten jetzt mein Gehirn und ließen mich selbst im Schlaf nicht los.

Unterdessen war es auf den Feldern und später auch im Mbanga Másindes lebhaft zugegangen. Neuer Boden wurde neben den

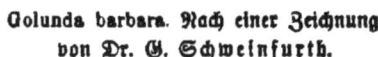

Golunda barbara. Nach einer Zeichnung von Dr. G. Schweinfurth.

schon bestellten Äckern für Másindes Feldbau vorbereitet, woran nach geltender Sitte viele Unterthanen teilnahmen. Und als diese Arbeiten beendigt waren, hatte der Gebieter, wiederum nach geltendem Brauch, seinem Volk ein mehrtägiges Fest zu geben, mit Tanz und Gesang, mit vielem Essen und noch mehr Merissatrinken. Da plagten sich denn die Frauen weiblich, um aus gemalztem Telebűn das allbeliebte Negerbier zu brauen, während die Männer zur Jagd auszogen, um zum Festschmaus womöglich auch Fleisch zu beschaffen. Freilich war die Jagd mit Stellnetzen im hohen Gras wenig erfolgreich, immerhin brachte man einige Stück von der kleinen, gelblichen Antilopenart (Antilope Madoqua) heim. Dabei wird wohl in Ermangelung von Mehrerem und Besserem auch manche andere und leichter zugängliche Fleischgattung von fragwürdiger Herkunft in die Kochtöpfe der sorgsamen Hausfrauen gewandert sein. Ich will nicht gerade behaupten, daß auch bei diesem Festschmaus die Teilnehmer durch Fleisch von homo sapiens erfreut wurden, denn auch die A-Mádi sind Gelegenheitskannibalen, auf alle Fälle aber bargen die nahen Waldungen Äfflein in Hülle und Fülle. Und dann bildet ja der Fang von Ratten und Mäusen einen ebenso beliebten als ergiebigen Sport der männlichen Jugend. Die Jungen bedienen sich dazu kleiner, recht sinnreicher und weit umher gebräuchlicher Fallen, in Form von nahezu fuß-langen, weitmaschigen, aus Rotang geflochtenen Trichtern, deren Eingangs-öffnungen etwa so groß wie Mäuselöcher sind und die sich allmählich bis zu einem spitzen Ende verjüngen. An der Innenwand des Trichters sind mehrere dünne, dornige Zweige angebracht, die hakenförmigen Dornen gegen das ge-schlossene Ende des Trichters gekehrt. Unbeschädigt schlüpft die Maus bis ans Ende vor, kann aber dann nicht zurück, weil sich die Dornen in ihr Fell ein-haken. Unter den kleinen Nagetieren sei hier noch einer sehr verbreiteten Art, der Golunda barbara gedacht. Sie kommt auch in den Atlasländern besonders häufig vor und scheint sich über Korbofan, wo Brehm sie beobachtete, bis über die Nilregion hinaus in Centralafrika verbreitet zu haben. Ihr Körper ist 10, der Schwanz 12 Centimeter lang. Das sehr hübsche gelbbraune Fell, mit schwarzbraunen Längsstreifen, welche regelmäßig am Körper entlang laufen, veranlaßte mich, zahlreiche Exemplare dieser Feldmaus zu sammeln und die Felle auf Brettchen ausgespannt zu trocknen. Das niedliche Pelzwerk sollte spätern Privatzwecken dienen.

Mehrere Tage währten die Festlichkeiten im Mbanga Mâsindes; der letzte Tag, an dem auch fern wohnende Häuptlinge anwesend waren, wurde mit besonderm Nachdruck gefeiert. Auch ich trug dazu bei, indem ich allerlei kleine Geschenke an Mâsinde und seine Ergebenen verteilen ließ. Im Brennpunkt der Fröhlichkeit tummelten sich die tanzenden Gruppen, an denen sich auch die Frauen und Kinder beteiligten. Da aber die A-Sandé anders tanzen als die A-Mbi, so wurde der verschiedene Rhythmus der Tänze abwechselnd gepaukt und danach in gesonderten Gruppen getanzt. Am Tanz der A-Mbimädchen, der nur ein trippelndes Umhergehen im Kreis nach bestimmtem Rhythmus ist, fiel mir besonders die Eigentümlichkeit auf, daß sie dabei den Kopf abwechselnd in den Nacken zurück und auf die Brust hervor werfen. Diese Kopfbewegungen erfolgen bei vollkommen erschlaffter Halsmuskulatur, und zwar so rasch, aus-giebig und unermüdlich, daß man die Gelenkigkeit der Halswirbel bewundert und zugleich staunt, wie die Tanzenden nicht vor Schwindel zusammenbrechen. Jedenfalls sind die Köpfe der A-Mbifrauen bei ihren Tanzübungen mehr in Mitleidenschaft gezogen als die Beine. Einige alte Mütterchen, die in den Reihen der Fröhlichen mithüpften, waren es freilich schon zufrieden, wenn sie nur die Beine bedächtig im trippelnden Tanz regen durften, das junge Volk aber geriet nachgerade in förmliche Verzückung und überbot sich gegenseitig in

den tollsten Halsverdrehungen. Die alten Herren saßen unterdessen gruppenweise im Kreis umher und schöpften den Labetrunk mit kleinen Kalebassen aus
gewaltigen Thongefäßen. Diese wieder wurden ab und zu neu gefüllt aus ganz
eigentümlichen Behältnissen, die einen unversieglichen Born zu enthalten schienen.
Diese erstaunlich großen Biertröge, mehr als meterhoch und weit über ½ Meter
im Durchmesser, konnten es schon mit recht stattlichen Fässern aufnehmen, und
bestanden doch nur aus einem Stück Baumrinde und dem Holzboden, sodaß
sie hohlen Baumklötzen nicht unähnlich waren. Die Stoßfuge des großen, kreisförmig gebogenen Rindenstücks wird vernäht und ebenso der Boden eingefügt,
worauf man die Lücken von außen und innen verpicht. Freilich müssen solche
Riesenbehälter, um keinen Schaden zu nehmen, an Ort und Stelle gefüllt und
entleert werden. Ähnliche Behältnisse aus Baumrinde zu andern Zwecken, unsern
Schachteln und Büchsen gleich, mit Stülpdeckeln versehen, stellen die Eingeborenen
in allen Größen her. Sie erinnern an die aus Birkenrinde verfertigten, z. B.
die Schnupftabaksdosen der Bauern, in nordischen Ländern. Sie ersetzen unsere
Kisten und Schieblaben und dienen den Häuptlingen auch als Reisekoffer. Einige
fanden gelegentlich in meinem afrikanischen Haushalt Verwendung.

Schroffe Gegensätze in Sitten und Gebräuchen findet man um so weniger,
je mehr die Völker durch den Strom der Zeit miteinander in Verkehr geraten.
Dies aber wird bei der schwarzen Rasse, wie schon öfters hervorgehoben, durch
Wander- und Kriegslust und durch Ansiedlung in fremden Gebieten gefördert.
Zudem sind dort Denkungs- und Gefühlsart, sowie das Gesamtinteresse an
der Erhaltung des Lebens, bei den gleichen und primitivsten Vorbedingungen,
trotz aller Verschiedenheit der Abstammung doch bei allen so gleichförmig, daß
Äußerlichkeiten sich oft abschleifen und dann nur noch gewisse Sonderzüge als
bestimmende Merkmale eines Volks zurückbleiben. Das ist nun auch bei den
A-Mâdi der Fall. Dem Äußern nach sind sie in vieler Beziehung den umgebenden Völkern ähnlich und stehen nach Körperbau und Hautfarbe den
A-Sandé nahe, doch fehlt ihnen die kräftige Muskulatur und Fülle ihrer nördlichen Nachbarn. Die A-Bârmbo dagegen sind in der Hautfarbe um einen Ton
dunkler. Die Sitten und Gebräuche der A-Mâdi erinnern zum Teil an die der
A-Sandé, andererseits erkennt man den Einfluß der Mangbattuvölker. Ich
habe schon auf den Brauch aufmerksam gemacht, daß sie sowohl Hütten mit
konischen, als auch solche mit Giebeldächern bauen. Die Stirnbinden der Mangbattu werden auch von vielen A-Mâdi getragen; ebenso bedienen sie sich des
Kriegsgeräts, besonders der großen hölzernen Schilde jener südlichen Völker,
dabei aber auch der einfachern Waffen der A-Sandé. Freilich sind ihre Eisen-

unb Holzarbeiten nicht so vollkommen, wie bie ber Mangbattu, boch ist bies
bei ihnen, einem Volk, bas seit jeher bekriegt worden, erklärlich. Die A-Mábi
zeigen baher in biesen Äußerlichkeiten, bie im Lauf ber Zeit, ja schon nach
wenigen Generationen, großen Veränderungen unterliegen können, nur wenig
ausgeprägte Eigenart. Das nämliche läßt sich aber an vielen Völkern ber
schwarzen Rasse wahrnehmen unb nur zu oft sinb Hautfarbe, Körperbeschaffen-
heit, Gesichtsausbruck, Haartracht u. bgl., ja selbst bie Schäbelbilbung ganz
ungenügende Unterscheidungsmerkmale. Das beste Hilfsmittel, um Verschiebenheit
unb Zusammengehörigkeit zu beurteilen, ist bie Sprache ber Völker, sie belehrt
uns über beren verwandtschaftliche Beziehungen unb wirb uns noch gründlicher
belehren, wenn erst bie Specialforscher ben für sie aufgehäuften Arbeitsstoff

bewältigt haben. Es giebt aber noch ein anberes
Merkmal, bas oft bezeichnend ist unb ein Volk auch
bann noch als ein eigenartiges erkennen läßt, wenn
bie Zeit unb bamit bie Anpassung es äußerlich geändert unb ihm scheinbar eine nahe Verwandtschaft
mit einem andern aufgeprägt hat. Dieses Merkmal
bezeichnen wir ja sehr richtig mit dem Wort „Volksweise". Diese, bie volkstümliche Melobie, bas Lieb,
bleibt von ber Eigenart eines Volks am längsten
erhalten unb bietet uns auch bei ber schwarzen Rasse
einen guten Anhalt für bie Bestimmung unb Trennung ber Völker. Zwar ist bie Volksweise ber
Afrikaner weit bavon entfernt, ein Lieb im geläufigen
Sinn zu sein, boch enthalten selbst bie wenigen,

sich unablässig wiederholenden, oft aber melobischen Accorbe, bie Recitative,
ber Rhythmus, Tonfall unb anberes mehr, soviel Eigenartiges, baß bie Unter-
schiebe bes Volkstümlichen in ben Gesängen ber verschiebenen Völker sich bem
Ohr aufbrängen. Unb ebenso wie bie Volksweise, bie Melobie ber Neger-
gesänge, unverkennbar ihre Eigentümlichkeiten hat, prägt sich bie Eigenart vielfach auch im Nationaltanz bes Negers aus. Die Tänze verschiebener Völker
erscheinen zwar oft auf ben ersten Blick sehr ähnlich, aber wenn man sie
aufmerksamer beobachtet, findet man sie bennoch vielfach verschieben in Rhythmus unb Takt, in Körperstellung unb Gebärbe ber Gliebmaßen. Unb so lehrt
ein Vergleich ber bisher besprochenen Völker, ber A-Sanbé, Mangbattu,
A-Bármbo unb A-Mábi, baß alle sich in ber erwähnten Weise merklich von-
einanber unterscheiben.

Mâsinde hatte mittlerweile einige Bârmbostämme, die innerhalb des Uelle-
bogens nahe dem Fluß lebten, mehrfach beraubt. Immer beutelustig, fand er
zu solchem Thun nach seiner Ansicht stets triftigen Grund und benützte dazu
jede Gelegenheit. Als er daher einst erfuhr, der Embatáhäuptling Bâmadsi
trage abends einen mir früher gestohlenen Rock, und eine geschlossene Blech-
büchse sei auch noch in seinem Besitz, da war er gleich bereit, gegen ihn aus-
zuziehen, wovon ich ihn aber zurückhielt. Er handelte allerdings in seinen
Angelegenheiten nach eigenem Ermessen und suchte sich bei derartigen Streifzügen mir gegenüber erst hinterher zu rechtfertigen. Dafür hatte er aber auch
eine offene Hand und verteilte die Beute, die geraubten Mädchen und Frauen,
an die ihm ergebenen Häuptlinge und Unterthanen. Dies ist übrigens gewöhn-
licher Brauch und die Mannschaft zieht deshalb gelegentlich gern mit ins Feld.
In der zweiten Hälfte des August wurde wieder ein solcher Raubzug unternommen und die eingebrachte bunte Gesellschaft von Frauen, Mädchen und
Kindern kam dann in einer Generalversammlung zur Verteilung. Dabei betone
ich ausdrücklich, daß solche Dinge hier, sowie anderswo, ohne die Nubier und
auch ohne arabischen Einfluß geschehen. Ich trete somit der geläufigen Ansicht,
daß ausschließlich das arabische Element den Sklavenraub betreibe, einer Ansicht,
die auf der Unkenntnis centralafrikanischer Verhältnisse beruht, nochmals mit
aller Entschiedenheit entgegen. Daraus ergiebt sich aber in weiterer Folge, wie
unzweckmäßig für den kulturellen Erfolg in Afrika, wie gefährlich sogar es ist,
gegen die ja zweifelsohne bedauerlichen Mißstände solche Mittel der Abhilfe
ergreifen zu wollen, wie sie gerade in letzter Zeit von etlichen, den wahren
Verhältnissen Fernstehenden gepredigt und leider von leichtgläubigen Philanthropen befürwortet worden sind. Es ist doch einleuchtend, daß solche seit Jahr-
tausenden bei allen Negervölkern tief eingewurzelte Mißstände nicht mit Feuer
und Schwert bekämpft und in kurzer Zeit beseitigt werden können. Und obwohl
das strenge Vorgehen nur gegen das arabische Element geplant ist, so wird
doch beim Versuch der Ausführung bald die Überzeugung gewonnen sein, daß
in der streitigen Frage ein Auseinanderhalten der Elemente nicht denkbar sei,
denn der Eingeborene Afrikas ist gleichfalls schuldig. Der Schlag aber würde
vor allem die Pulsader des Negers treffen, welcher plötzliche Neurungen, wie
Gesetze zur Befreiung der Sklaven und zur Aufhebung der Haussklaverei, nicht
begreift. Er bedarf wahrlich noch einer langen Erziehungsperiode, bis er ein-
sehen wird, daß er sich unter bessern Bedingungen ohne Sklavenraub ein
behaglicheres und menschenwürdigeres Leben schaffen kann. Jetzt, bevor er sich
noch mit den bessern Verhältnissen der ihm aufgezwungenen europäischen Kultur

befreunden konnte, wird er sich bei übereiltem Vorgehen in seinen Interessen geschädigt fühlen, sein Mißtrauen gegen europäischen Einfluß wird wachsen und er wird sich dem Weißen nicht nähern, sondern sich ihm eher entfremden. Der Erfolg einer wirklichen Kulturarbeit ist dadurch verzögert, denn ein solcher kann doch nur erst eintreten, wenn in den Negerländern genügende Vorbedingungen dazu geschaffen sind. Und dahin gehören: dauernde Besetzung der Gebiete durch militärisch organisierte Stationen der Kulturstaaten, wie beispielsweise die des Kongostaats, ferner bedingte Gewährung der Haussklaverei (dabei brauche ich wohl nicht zu betonen, daß ich hier nicht dem Sklavenhandel und der Ausfuhr von Sklaven das Wort rede, deren Unterdrückung allmählich auch die Haus-sklaverei beseitigen wird), endlich Arbeitszwang und Frondienst. Der Verkaufs-sklave also möge dem Araber genommen werden, das Hörigkeitsverhältnis der Eingeborenen zu ihren Gebietern jedoch bleibe unangetastet; und mit demselben notwendig gewordenen Recht, das den civilisierten Ländern die allgemeine Wehr-pflicht auferlegte, führe man in Afrika, um den Ausdruck Zwangsarbeit oder Arbeitszwang abzuschwächen, die allgemeine Arbeitspflicht ein. Die volle Frei-heit aber sollte nach meinem Ermessen als Krönung des Erfolgs der beginnenden Kulturarbeit in Afrika angesehen und dem Neger erst nach Ablauf einer Über-gangsperiode, nachdem seine Erziehung zum freien Menschen gelungen, zuge-sprochen werden. Jeder erfahrene Afrikakenner wird diesen maßvollen Vorschlägen beipflichten, und in der That sind mir kaum Forschungsreisende vorgekommen, die denselben nicht ihre vollste Zustimmung angedeihen ließen.

Meine Verpflegung hatte durch den Abgang der Chartumer Köchin Saida nicht gewonnen und die Ansprüche auf virtuose Zubereitung der Speisen mäßigten sich gründlich. Halima, die jetzige Verwalterin meines leiblichen Wohls, zeigte nämlich mehr guten Willen, als Fachkenntnis in der edlen Koch-kunst. Ich mußte mich daher bequemen, ihr Vorträge über Gastrochemie zu halten und diese durch Experimente zu unterstützen, indem ich manchmal selbst darauf los kochte und briet; auf diese Art brachte ich sie soweit, daß sie mir später einen bescheidenen Ersatz für die unverschmerzbare Saida bot. Nur in einem Punkt war sie ein geborenes Talent; sie wußte sehr gutes Fladenbrot, Kisra, zu bereiten, und dieses war ja doch immer die Grundlage auch meiner Nahrung. Und gerade bei den A-Mäbi mundete mir das Kisrabrot besonders, da ich es bis zuletzt früh morgens mit heißer Milch getränkt genießen konnte.

Unterdessen besserten sich die Aussichten auf mein Weiterkommen. Die zu Osman Bédaui gesandten Boten kehrten zwar nicht wieder und auch auf anderm Weg erhielt ich keine Nachrichten über sein Kommen oder Nichtkommen, sodaß ich endlich Dsumbe mit neuen Boten zu Nbóruma schickte, wo er zugleich Nachrichten über den Verlauf des Kriegs mit Mbio einholen sollte, denn auch darüber wußte ich nichts. Dagegen kamen wenige Tage nach Dsumbes Abgang neue Sendlinge von Hauasch Efendi und dazu ein Brief vom Hauptmann Casati aus Tangási, der den Wunsch aussprach, mich in der Station Hauasch zu treffen. Dies bestimmte mich um so mehr zur Abreise, als auch Hauasch dringend bat, ich möchte dorthin kommen; dabei berichteten die Boten, Mambangá stehe noch immer auf Kriegsfuß mit der Stationsbesatzung. Zudem glaubte ich nicht mehr an eine diesjährige Reise Osman Bébauis zu Bakangái. Dsumbe aber sollte nach seiner Rückkehr uns nachkommen. Die Boten Hauaschs, ein Basinger, Namens Dembe-Dembe, der mich auch später auf einigen Reisen begleitete, und etliche A-Bármbo Burus blieben bis zu meiner Abreise bei mir. Másinde und die A-Mádi beklagten natürlich meinen Entschluß, denn ich war für sie ein Mittelpunkt geworden, ein Berater, dem sie gelegentlich ihre kleinen Anliegen und Streitigkeiten vorbrachten. Oft kamen die Häuptlinge, von ihren Hörigen gefolgt, zu mir und baten, ihnen doch „gute Ansprache" zu halten, „süße Worte" zu sagen, und dann lauschten sie gern meiner Rede und befolgten meine mahnenden Ratschläge. So wurden z. B. auf mein Drängen die Hauptwege im Gebiet vom Hochgras gereinigt, wodurch sich der Verkehr auch für die Leute selbst erleichterte. Wenn ich jetzt abreiste, würden, so fürchteten sie, wieder neue Streitigkeiten mit Mbíttima ausbrechen, und selbst Saffa, der sie ja früher bekriegt hatte, sie wieder überfallen. Ich beruhigte sie durch das Versprechen wiederzukehren und dadurch, daß ich einiges bei Másinde zur Aufbewahrung zurückließ. Es war dies besonders ein Teil der Sammlungen, gebleichte Schädel, Knochen und Skelette, ethnographische Gegenstände und Samen von einheimischen Pflanzen, während ich die Käfer und Schmetterlinge mitnahm, um sie lüften zu können. Auch das junge Ziegenpärchen vertraute ich der Obhut Másindes an. Von meinem Esel aus Sauakin mußte ich mich leider für immer trennen. Er blieb zum Skelett abgemagert und von Ungeziefer verzehrt zurück und verendete. Vergebens hatte ich alle mir zu Gebote stehenden Mittel angewandt, um ihn vom Ungeziefer zu befreien; ich hatte ihn sogar mit Teerseife waschen und bis auf die Haut abscheren lassen. Und dabei ist zu bemerken, daß sich sonst auf Eseln höchst selten Ungeziefer hält und auch die Zecken nicht an ihnen haften, obgleich diese lästigen Schmarotzer bei Hunden sich auch an den behaarten Teilen, bei Ziegen aber gern an haarlosen Stellen, wo sie nicht abgewehrt werden können, vollsaugen. Möglich übrigens, daß ungeeignete Kost ihn an Blutarmut zu Grunde gehen ließ; auf alle Fälle

hatte er unter Verhältnissen, die seiner Natur so fremd waren, lange genug
gedient.

Das wenige Reisegepäck stand bald bereit und am 28. August 1881, nach
dreimonatlichem Aufenthalt bei Mássinde, brach ich auf, diesmal in der Richtung
gegen Südosten, weil ich dort auch den östlichen Teil des A-Mádilandes und
noch an mehreren Punkten den Uelle sah uud dazu die im Norden und Osten
desselben lebenden A-Bármbostämme kennen lernte. Einige ihrer Häuptlinge
waren mit Mássinde befreundet und so war meine Reise dorthin bekannt geworden.
Das eigentliche Ziel, die Station Hauasch, lag allerdings östlich von Mássinde,
doch wäre ich auf direktem Weg durch große Strecken unbewohnten Gebiets
gekommen, während der Umweg mit südlichem Bogen durch viel kultiviertes
Land führte.

Nach meiner Abreise von Mássinde kamen wir aus dem bekannten Gebiet
am östlichen Abfall des Málingbebergs in neue Bezirke einer Anzahl kleiner
Häuptlinge und erreichten nachmittags bei dem A-Mádi-Ältesten Báttara das
Nachtlager. Wir kreuzten auf dem Marsch den Oberlauf des Tong, wohl des
bedeutendsten Flusses im A-Mádiländchen, und später seinen Nebenfluß Ha.
Beide waren jetzt, in der starken Regenzeit, obgleich noch fern von ihrer
Mündung in den Uelle, schon zehn Schritt breit und mit Wasser gefüllt.

Mássinde und der A-Mádihäuptling Buru begleiteten mich zu Báttara.
Dieser war noch vor kurzem Vasallenhäuptling Mbittimas gewesen, schwor jedoch
nun zur Fahne Mássindes. Ich blieb daher auf dessen Bitte am folgenden Tag
dort und gab hierdurch seinen neuen Unterthanen Zeit, zu unserer Begrüßung
herbeizukommen. Mássinde war es freilich vor allem darum zu thun, daß ich
dazu beitrug, ihm die neue Vasallenschaft dauernd zu sichern, indem ich ihn vor
den Leuten auszeichnete und seine Macht und Vorzüge pries. Das that ich ihm
zu Gefallen, allerdings zog sich dadurch mein Aufenthalt noch einige Tage
hinaus, um so mehr, als die Leute über den weitern Weg nicht einig werden
konnten. Erst die Ankunft des A-Bármbo-Ältesten Mánda, vom Stamm der
A-Manglt am Uelle, machte alledem ein Ende, deun er lud mich dorthin ein,
und so verlangte ich aufzubrechen. Nun hieß es aber wieder, das hohe Gras
auf der Strecke müsse zuvor niedergelegt werden, und so verschob sich die
Weiterreise bis zum 1. September.

Der Bezirk Báttaras lag im Grenzgebiet des A-Mádilandes und bis zum
nächsten Nachtlager bei dem A-Manglthäuptling Bau erstreckte sich Wildnis.
Sie umschloß die A-Mádi mit einem breiten Gürtel und trennte sie von den
am nördlichen Uéllebogen lebenden A-Bármbo; dabei beschränkten sich die

Ansicht der Insel Loté im UÉÉe. Gezeichnet von L. H. Fischer.

A-Wádi nur auf den bergigen Kern des Gebiets. Der Boden gewann allmählich wieder das Ansehen des einförmigen, breitrückig gewellten Flachlandes, in dem die Gewässer nach Südwesten dem Tong zuflossen. Bald entschwand auch der Berg Lingua dem Blick, wogegen im Süden der Angba deutlicher hervortrat.

Strömender Regen durchnäßte mich unterwegs bis auf die Haut und überdies mußte ein 30 Schritt weit über sein Ufer getretenes Flüßchen bis zur Brusthöhe durchwatet werden. Der Rest des Tags nach der Ankunft bei Bau verging also mit dem Trocknen der Kleider am lodernden Feuer. Folgenden Tags kamen wieder viele Neugierige herbei; auch der Häuptling Manda, mit dem ich einen Abstecher nach seinem Gebiet machte, obgleich dieses meinem Reiseziel entgegengesetzt lag, und später doch zu Bau zurückmarschiert werden mußte. Der Ausflug war aber lohnend, denn ich genoß den Anblick eines für Centralafrika selten schönen Landschaftsbildes, mit herrlicher Flußscenerie. Der Weg von Bau zu Manda, dessen Hütten nach 1½stündigem Marsch erreicht wurden, führte gegen Süden. Das Flußgebiet ist von dem A-Bármbostamm der A-Mangli dicht bewohnt, und daher schlossen sich unserm Zug eine Menge Leute an. Mein trübseliger Aufenthalt bei den A-Bármbo im Osten fiel mir dabei ein, und wie ich dort in ihrer Mitte einsam und verlassen hatte bittere Tage verleben müssen. Freilich plagte meine neuen Freunde kein böses Gewissen, die erste Scheu der Neuhinzukommenden war bald abgelegt und jetzt, wie an den folgenden Reisetagen, umgaben mich die A-Bármbo oft mehr als mir lieb war.

Eine bedeutende Erhebung des ganzen Gebiets reicht jenseits der Hütten Mandas hart an den Uëlle heran und fällt dann als Bergabhang mit einem Böschungswinkel von etwa 45° unmittelbar zum Strom ab. Berg und Ufer sind dort mit einem schmalen Vegetationsgürtel von hochstämmigen Bäumen umsäumt, von dem aus Busch und Wald auch in den Schluchten des Bergabhangs hinanziehen. Der obere Rand des Abhangs liegt etwa 150 Fuß über dem Wasser und bietet dem Beschauer ein schönes Landschaftsbild. In der Tiefe fließt der majestätische Strom gegen Südwesten und erreicht dabei durch Inselbildungen eine namhafte Breite. Von den sichtbaren Inseln heißt die größte Totá; sie liegt mitten im Strom und man übersieht von oben auch jenen Teil des Uëlle, der an ihrem Südufer hinzieht. An ihre Südwestspitze schließt sich die zweite Insel, Namens Paali, während die dritte, ein kleines Eiland, in der Mittellinie des Flusses von Totá gegen Nordosten zieht. Diese Inseln ragten gleich großen Smaragden aus dem in der Sonne glitzernden Silberspiegel des herrlichen Stroms empor, dessen jenseitiges Ufer, ähnlich wie das tief unter uns hinziehende, mit einem schmalen Saum stattlicher Bäume besetzt war. Die Baumgruppen und Boskette auf Totá und Paali schimmerten in mannigfaltigen Schattierungen von Grün, am hellsten die Bananenhaine mit ihrem großen, schöngeformten Blätterwerk, und aus dieser Umgebung lugten zierliche Häuschen und Hütten kokett hervor. Jenseits des Uëlle, noch in nächster Nähe, im Bezirk der A-Mubánga, dehnte sich sonniger Steppenwald hin, dessen sonst gleichförmiger Charakter jedoch für den Blick aus der Höhe verschwand, weil das ermüdend Gleichartige durch banbartig umhergeschlängelte dunkle Streifen, die Ufervegetation der kleinen Flüsse und Rinnsale, angenehm unterbrochen war. Den Fernblick im Süden begrenzten der tafelförmige Berg Madjánu, und ihm zur Seite das weite A-Bármboland, dort erst schloß ein verschwimmender Horizont das Gemälde. Mein Ausblick nach Osten und Westen war durch die Bäume des Bergabhangs in meiner Nähe behindert, aber nur um so malerischer umrahmten diese das freundliche Bild, welches sich zu meinen Füßen und gegen Süden hinaus ent-rollte und mich lange Zeit gefesselt hielt. Die Bewohner der Inseln und der Uëlleufer sind auch hier Embatá, und einer ihrer Ältesten, Namens Érruka, herrschte auf der Insel Paali. Außer ihnen wohnen noch A-Masílli an den Flußufern und besitzen gleichfalls Boote. Érruka verließ bei meiner Ankunft sein paradiesisches Eiland und kam zu mir herüber. Bei den Hütten Manbas wurde dann die Unterhaltung geführt und ich ließ mir manches über diese Gebiete berichten. Das vielbesprochene Ereignis des Tages war die neugegrün-dete Regierungsstation, und Érruka hatte schon durch Boten an Hauasch Efendi seine friedliche Gesinnung kundgeben lassen.

Beiläufig sei bemerkt, daß die hoch aufschießende Bamia (Hibiscus escu-lentus) auch hier häufig angepflanzt ist, sodaß ich davon bei Manda recht viel einsammeln ließ. Ein Beweis mehr, daß dieses Gemüse wohl ohne arabischen Einfluß selbständig in den Gebieten kultiviert worden ist. Überdies brachten mir die Leute Tabak, etwas Sesam u. dgl. m.

Heftiger Regen überraschte uns auch auf dem Rückmarsch zu Bau, die Waldsümpfe und triefenden Bäume thaten gleichfalls das ihrige, und so kam ich wieder durchnäßt in meinem Standquartier an, doch hatte mir der Ausflug sehr gute Aussichtspunkte für Winkelmessungen der rückwärts liegenden Berge geboten und war daher auch für die Kartenkonstruktion von praktischem Wert.

Inzwischen erboten sich die A-Manglí, den Weg für die Weiterreise vom Gras zu säubern und ich blieb darum noch länger bei Bau, zumal die täglichen Regengüsse Wege und Gras am Trocknen hinderten.

Jetzt besuchte mich noch ein anderer Häuptling von den „Inseln der Glückseligen". So möchte ich die Uëlleinseln fast wirklich nennen, denn ihre

Bewohner sind glücklich vor vielen andern Menschen und fühlen sich auf ihren kleinen Eilanden so sicher wie die Maus in ihrem Loch. Da außer ihnen beinahe niemand Boote hat, brauchen sie kaum Überfälle zu befürchten und selbst die wilden Tiere sind ihnen ungefährlich. Die Enge ihrer Heimat hält sie mehr zusammen als die Landbewohner, sie können sich nach Belieben absperren und ohne tägliche Lebensgefahr sorgloser das Dasein fristen, was sie aber auch gegen die Bewohner des ungeschützten Festlandes übermütig macht. Nun denn, vom Inselhäuptling Njeki erfuhr ich, daß zwischen Bau, dessen Hütten in einiger Entfernung vom Fluß lagen, und Erruka noch eine Gruppe von drei andern bewohnten Inseln sei, nämlich Kissakébbi, Buggä und Mansiggo. Außer diesen und den bereits angeführten sollen im Oberlauf des Uelle, von Bau stromauf, angeblich keine andern Inseln vorkommen, mit Ausnahme des kleinen Eilandes Mábangi, welches nördlicher liegt, und zwar dort, wo ich den Uelle zweimal kreuzte.

Während ich so am Uelle mich geographisch unterhielt, weilten aber meine Gedanken häufig im Norden. Tagte doch gerade in jenen ersten Tagen des September der dritte internationale geographische Kongreß in Venedig; die letzten Zeitungen hatten es mitgeteilt und da sehnte ich mich lebhafter als je nach der einstigen Wiegenstadt überseeischer Interessen, wo so viele meiner Freunde und Gesinnungsgenossen anwesend sein mußten.

Die Abreise von Bau verzögerte sich wegen anhaltenden Regens auch am 6. September bis Mittag; dann erfolgte endlich der Abmarsch, und zwar bei geänderter Wegrichtung gegen Nordosten. Der Uelle wurde auf Augenblicke sichtbar, um dann wieder dem Blick zu entschwinden, und auch die letzten Wohnsitze der A-Mangli blieben hinter uns zurück. Es folgte der Distrikt des A-Bärmbostamms der A-Böbbo, mit Wohnstätten und bebautem Land, doch waren viele Hütten verlassen und die Besitzer entflohen, denn sie waren erst kürzlich ausgeraubt worden. Der Leser wird sich entsinnen, daß auch Másinde sie seinerzeit überfallen hatte. Die unterwegs überschrittenen kleinen Gewässer sind alle direkt dem Uelle tributär; vor dem letzten derselben, dem Búrua, lagen verfallene Hütten der A-Böbbo, und wir blieben dort im Nachtlager. Ich kampierte im Freien, wie meistens, wenn bei verfallenen und schmutzigen Hütten genächtigt wurde. Sobald nämlich die Besitzer sie verlassen, setzt sich allerlei Gewürm in ihnen fest und in den Dächern nisten sich sogar Schlangen ein. Regnete es nicht, so lagerte ich daher nachts gern im Freien, der Regen freilich trieb mich auf jede Gefahr unter Dach. Der Zelte bediente ich mich, wie schon einmal erwähnt, im äquatorialen Afrika niemals. Der einsame Reisende schließt

sich eben den Eingeborenen näher an und benützt auch ihre Hütten als Nachtlager. Überdies ist dort reichlich Baumaterial vorhanden, sodaß man jederzeit
rasch Hütten erbauen kann, was in andern Teilen des Kontinents weit weniger
der Fall ist. Vor allem aber ist eine gute Negerhütte dem besten Zelt vorzuziehen, weil sie besser vor Nässe schützt und anderseits das Strohdach auch die
Wärme unbestritten weit mehr abhält.

Neue Nachrichten von Hauasch, auch über einen Angriff Mambangás auf
die Station, der mit großem Verlust der Eingeborenen zurückgeschlagen worden
sei, beschleunigten meinen Marsch, da ich die Hoffnung hegte, Mambangá vielleicht endlich zum Frieden zu bewegen. Am folgenden Morgen erreichten wir
den Uelle, konnten jedoch nicht gleich übersetzen, da die ständigen Besitzer von
Booten wegen der Kriegsunruhen geflohen waren; erst die Leute Errulas, die
zufällig in der Nähe weilten, liehen uns ihre Fahrzeuge. Schwierig gestaltete
sich das Hinüberschaffen meines Esels, denn der Fluß war hoch angeschwollen,
die Strömung reißend und das Boot wurde samt dem nebenher schwimmenden
Tier von der Strömung an eine andere, beschwerliche Landungsstelle getrieben.
Dann wieder mußte auf Träger gewartet werden, und als wir endlich vom
Fleck kamen, wurde uns sogleich die äußerst mühselige Aufgabe, mitten im
dichtesten Wald, wo alte Baumstämme, Wurzelwerk und Reisig den Weg verlegten, die ausgetretenen Hinterwasser des Uelle zu überwinden.

Die Station Hauasch lag von der Fähre direkt gegen Osten. Der kürzere
Weg dorthin führte aber durch Gebiete unabhängiger, der Station noch feindlicher A-Bármbostämme, ich mußte also einen weiten Umweg nach Norden
machen, und zwar in einer Krümmung des Uelle gegen Norden (siehe Kärtchen
Band II, Tafel 6), wo die Stämme, die A-Bóndu, A-Bángo, A-Mágo und
andere, der Stationsverwaltung schon unterthan waren. In ihren bevölkerten
Distrikten lagen die Behausungen dicht am Weg und waren häufig nach Art
der Mangbattuhäuschen mit Giebeldächern versehen, zum Teil auch von stattlicher Größe und vollendetem Bau. Das Gerücht von meinem Herannahen ging
mir überall wie ein Lauffeuer weit voraus, die Leute strömten zusammen und
geleiteten mich von Gehöft zu Gehöft. Ich nächtigte bei Niebállo und blieb
dort auch den folgenden Tag unter vielen Herbeigeeilten, die ich in ihren neuen
Pflichten gegen die Regierung unterwies und ermahnte, hübsch Frieden zu halten
und reichlich Feldbau zu treiben. Dann kamen mir aus der Station, wo mein
Eintreffen bei Niebállo gemeldet worden war, etliche Araber und Basinger entgegen und mit ihnen erreichte ich am 9. September mein vorläufiges Reiseziel,
wieder einmal ahnungslos, daß eintretende Umstände mich auch dort länger,

als ich wünſchte, zurückhalten würden. Von Niebállo ab änderte ſich die Wegrichtung und lief nun gegen Nordoſt. Die lokalen Gewäſſer ſind unbedeutend,
doch hat das vorletzte vor der Station einen kleinen Waſſerfall aufzuweiſen.
Dann folgte eine baumloſe Grasfläche, bemerkenswert durch einen alten Verhau
Sémios, in dem er noch vor wenigen Monaten von den A-Bármbo bedrängt
worden war und, vom Waſſer abgeſchnitten, eine tiefe Grube für Regenwaſſer
hatte graben laſſen. Über einen großen Teil dieſes Gebiets herrſchte Buru.
Sowohl Sémio wie auch Hauaſch Efendi hatten ſich mit ihm befreundet. Dabei
nahm Buru unter ſeinesgleichen eine geſonderte Stellung ein, inſofern ſchon
früher viele A-Bármboſtämme des Bezirks ihn als ihren Gebieter anerkannt
hatten. Ich erinnere dabei, daß auch ich von dem Fürſten Mambangá aus mit
ihm Boten und Geſchenke gewechſelt hatte. Jetzt ſchickte er mir ſeine Mannſchaft mit Zeichen der Ergebenheit entgegen, und mit dieſem zahlreichen Geleite
erreichte ich die Station, von deren Maſtbaum mir das Halbmondbanner
entgegenwehte.

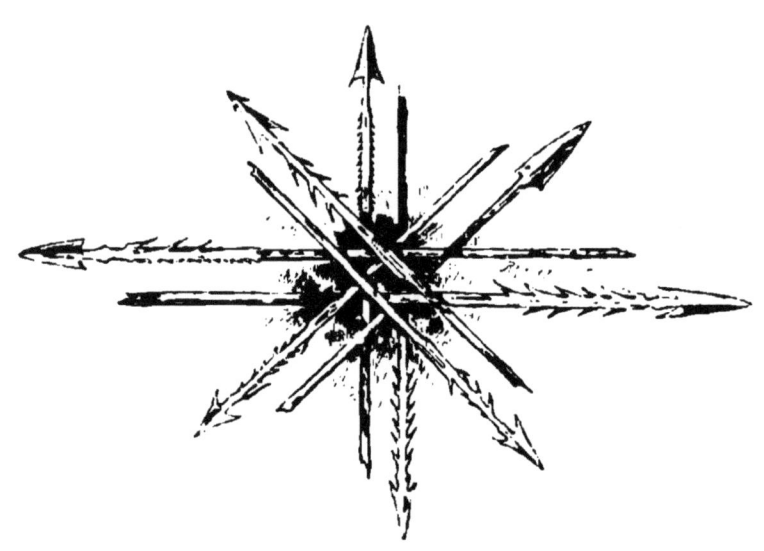

Prügel auf die Fußsohlen.

Friedensverhandlungen mit Mambangá und Aufenthalt in der Station Hauasch.

Empfang in der Station. Mambangás Kriegszug. Die Besatzung. Überfall auf die Station. Rache und Roheit Mambangás. Die Gefallenen werden verspeist. Hauasch Efendi. Anlage der Station. Wieder Abatám. Abmahnung, Mambangá zu besuchen. Durch das Kriegs= volk hinburch in die Wildnis zu Mambangá. Sein Mißtrauen. Die Nacht mit ihm. Unsere Blutfreundschaft. Rückkehr zur Station. Falscher Kriegslärm. Zurück zu Mam= bangá. Seine Diplomatie. Seine Weiber und Schwester. Versammlung. Meine Ansprache an sie. Mambangás Rede. Mapluge. Der A=Bärmbohäuptling Böbeli. Mambangás Aus= flüchte. Ankunft Casatis. Neue Orakelsprüche. Friedensbemühungen ohne Erfolg. Rückkehr zur Station. Dsumbes Nachrichten. Brief Emin Beys. Furcht der Besatzung und Demon= stration. Abreise Casatis. Bleibe zur Sicherung der Station zurück. Weitere Unterhandlungen Mambangás durch Boten. Das Geierperlhuhn. Der Flattermaki. Ankunft Másindes. Bahit Beys Nachrichten. Neuer Friedensversuch. Mambangá lehnt ab. Sein Größenwahn. Wahr= sager. Fliegenfänger. Vorkehrungen zum Krieg. Zänkereien in der Station. Ankunft Bahit Beys. Mambangás Flucht. Einzug der Truppen. Geschenk Emin Beys. Rüstung zur Abreise.

In der Station ward mir ein ehrenvoller Empfang zu teil. Die Soldaten standen unter Gewehr, Begrüßungsschüsse knallten und viele Neugierige der Umgegend harrten vor der Niederlassung. Nach den ersten Begrüßungen saß ich bald in der geräumigen Empfangshalle, trank von dem Honigwasser mit Abré (gedörrte Kisra in Wasser oder durch Honig versüßtem Wasser wird dem

Reisenden nach seiner Ankunft von den Nuboarabern stets gereicht) und schlürfte wieder einmal gezuckerten Kaffee. Der sichtlich freudige Empfang und die rein- liche, sehr zweckmäßig angelegte Station machten einen wohlthuenden Eindruck auf mich und ich plauderte fröhlich nach langer Zeit wieder ohne Dolmetsch. Wichtige Dinge hatten sich mittlerweile in dem entlegenen, beschränkten Erd- winkel Mangbattu zugetragen, wenigstens für mich damals interessantere als irgendwelche politische Umwälzungen unserer Kulturwelt. Folgendes war der Hergang:

Die Vorsteher der Mangbattuseriben rüsteten nach meiner Abreise aus Tangási zum Krieg und überfielen Mambangá, obgleich ich ernstlich davor gewarnt hatte. Als ich bei Palembatá Mambangás Boten und Geschenke empfing, war der Krieg noch nicht ausgebrochen, doch mochte der Fürst schon damals durch Spione über die Absichten der Araber unterrichtet sein. Genug, der Überfall geschah sehr bald darauf. Mambangá wurde aus seinem Verhau geworfen, wo sich die Verwalter Abb el-Min und Abb Allah festsetzten. Sieges- trunken machten sie bald nachher einen Ausfall, wurden aber an der Spitze ihrer Leute von den Scharen Mambangás niedergemacht. Nur wenige retteten sich in den Verhau, von wo sie Nesim, derselbe Dragoman, welchen Hauasch an mich zu Másinde geschickt hatte, samt den übrigen im nächtlichen Dunkel nach Tangási zurückführte. Mambangá hatte durch die Unvorsichtigkeit der Ver- walter gegen 40 Gewehre erbeutet und zudem waren der Regierung bei einem Überfall auf die Momfú im Osten noch andere Gewehre verloren gegangen. Nun sandte der Gouverneur Emin Bey, zu dessen Verwaltungsgebiet die Pro- vinz Mangbattu seit Jahresfrist gehörte, den Hauptmann Hauasch Efendi mit neuen Vollmachten und 40 Mann regulärer Truppe aus Mákaraká nach Mang- battu, um Ordnung zu machen. Hauasch Efendi Montassir war ägyptischer Offizier, weilte schon seit Jahren in den Negerländern und kannte die Ver- hältnisse am obern Nil, am Rohl und in den Mákarakáländern. Seine Aufgabe war jetzt, in Verbindung mit den Nubiern und ihren Basingern die durch Mambangá erbeuteten Gewehre zurückzuerhalten und ihn unter die Regierungs- verwaltung zu stellen. Mambangá aber hielt nicht Stand, sondern wußte ihm fortwährend gewandt auszuweichen, wobei Hauasch Efendi auf A-Bármbogebiet und selbst bis zum Berg Madjánu kam, bald nachdem ich mit Sassas Hilfe das Westgebiet wieder verlassen hatte. Freilich konnten mir die dunkeln Gerüchte, die ich darüber bei den A-Mádi hörte, nicht recht glaubwürdig erscheinen. Als- bann entstanden Zerwürfnisse in der Führung und ein Teil der Expeditions- mannschaft kehrte nach Tangási zurück, doch war damals der A-Bármbohäupt-

ling Buru schon für die Regierung gewonnen, die Station bei ihm gegründet
und einige A-Bármbostämme unterworfen. Da aber angeblich auch diese westlichen Gebiete unter dem Protektorat Emin Beys standen, so erhielt Sémio,
der damals im Land weilte, von Hauasch die Weisung, seine Expeditionen nicht
mehr über den Uëlle auszudehnen. Wahrscheinlich galt vorläufig der Uëlle als
Grenze der Ausbeutung für das Gouvernement Bahr el-Ghasal und für die Hat
el-Estiva („der Äquator", Emin Beys Gebiet), wenngleich genaue Bestimmungen
darüber noch nicht vorlagen. Diese begreiflichen Mißstände führten naturgemäß zu
Eigenmächtigkeiten sonst guter Beamten, da sie oft ohne bestimmte Befehle nach
Gutdünken handeln mußten. Aber auch die Mangbálle, dem Leser wohl noch von
meiner ersten Reise zum Uëlle erinnerlich, blieben nach Sémios Abzug Hauasch
freundschaftlich gesinnt. Ihre Boote wurden sehr nützlich, indem sie den Verkehr zu Wasser mit der Station Ali (am Zusammenfluß des Gabba und
Kíbali) vermittelten; inzwischen war nämlich Mambangá in sein Gebiet zurückgekehrt und hatte damit den Landverkehr mit den östlichen Stationen abgeschnitten.
An den mit ihm verbündeten A-Bármbostämmen besaß er eine treffliche Hilfe
und unter diesen nahm der Häuptling Bóbeli, ein Rivale Burus, eine hervorragende Stellung ein. Buru hatte sich während der Feindseligkeiten mit seinen
Leuten zur Sicherheit in nächster Nähe der Station angesiedelt. Dort lebten
viele A-Bármbo in ausgedehnten Dörfern dicht zusammengedrängt, verbanden
sich bei Überfällen mit den Stationssoldaten, und dann fanden die Frauen mit
ihren Kindern und Habseligkeiten hinter dem Verhau der Station Schutz. Bei
alledem beschränkte sich Hauasch auf die Defensive, war umsichtig, suchte sich
vor allem mit den A-Bármbostämmen zu befreunden, und das war ihm in der
That zum Teil schon gelungen. Viele andere freilich wurden von Bóbeli beeinflußt und hielten mit ihm zu Mambangá.

So lagen die Verhältnisse, bis wenige Tage vor meiner Ankunft Mambangá mit Bóbeli und angeblich noch 15 kleinern A-Bármbostämmen seinen
Angriff auf die Station machte. Mit großer Keckheit griff der Feind tagsüber
mehrmals und auf verschiedene Weise an. Einige suchten sich der Station mit
Feuerbränden zu nähern. Andere schleppten einen schweren hölzernen Haken
herbei, der an einem Seil befestigt war, und wollten damit im günstigen
Augenblick den Verhau einreißen. Diese Ausgeburt naturwüchsiger Negererfindung
fand ich noch als Trophäe aufbewahrt vor. Von Mambangá selbst berichtete
man mir einige Züge, in denen Zartheit und Roheit des Gemüts sich seltsam
mischten. Kurz nach meiner vorjährigen Abreise von ihm war ihm ein Knabe mit
besonders heller Haut geboren worden, der den Namen Hawabja („Frembling",

eigentlich „Kaufmann", die allgemeine Bezeichnung für alle Europäer in Ägypten und im Sudan) erhielt, weil auch ich von den Nuboarabern und danach von meinen Dienern oft mit diesem Namen genannt wurde. Das Knäblein war Mambangás Lieblingskind und er trennte sich so ungern von ihm, daß er es bei dem letzten Überfall an seiner Seite sogar in den Kampf tragen ließ und sich mit ihm den Kugeln der Soldaten aussetzte, um nötigen Falls gemeinschaftlich mit seinem Fleisch und Blut zu sterben. An einer andern That hat das Gemüt schon weniger Anteil. Nach der Niedermetzelung der Stationsvorsteher schickte er nämlich den Kopf Abb el-Mins an den unabhängigen Mangbattufürsten Sanga, im Süden des Bomokándi, und eine Hand desselben an den Häuptling Niángara, aus Freude und zum Beweis, wie gründlich er das Mangbattuland von den verhaßten Arabern befreit habe. Sein Angriff auf die Station hatte allerdings keinen Erfolg, und obgleich eine Anzahl Tollkühner bis zum Verhau vorzubringen wagte, zogen sich die feindlichen Scharen abends doch zurück. Es waren an dem Tag aus 40 Remington-Gewehren allein 1800 Patronen verschossen worden, die aus Vorderladern abgegebenen Schüsse gar nicht gerechnet. Die den Arabern früher abgenommenen Gewehre kamen allerdings in den Händen der Leute Mambangás nicht zur Geltung, denn die wenigsten verstanden damit umzugehen, und es fehlte ihnen wohl auch an genügender Munition. Deshalb hatten die Soldaten nur einige Leichtverletzte, während der Feind über 200 Krieger verlor. Die Frauen und Kinder aus Burus Dorf hatten während des Kampfs thatsächlich in der Station Schutz gefunden. Die Toten aber waren teils vom Feind fortgezerrt, teils nachträglich von Burus Mannschaft, ländlich sittlich, verspeist worden, Beweis genug, daß auch die A-Bármbo Gelegenheitskannibalen sind.

Im Verhältnis zu Mambangá hatte sich nach dem Überfall nichts geändert. Neue Angriffe erfolgten zwar nicht, aber auch der Friede stand noch weit aus und Unterhandlungen durch Boten schienen mir nutzlos. Ich faßte also den Plan, Mambangá selbst aufzusuchen, im Vertrauen auf meine guten Beziehungen zu ihm und auf seinen schon früher bekundeten Glauben, daß ich ihm nach Belieben helfen könne; an eine Gefahr für meine Person glaubte ich dabei nicht, obgleich sie unter den geänderten Verhältnissen eigentlich nicht ausgeschlossen war. Hauasch stimmte meinem Vorhaben bei. Die Bedingungen für Mambangá wurden vereinbart und es fand sich auch ein Bote, der dem Fürsten meine Geschenke mit der Anfrage überbrachte, ob er mich sehen und sprechen wolle. In diesem Fall würde ich ihm, von einem Diener und Dolmetsch begleitet, bis mittwegs zu seinem Lager entgegenkommen.

Während ich die Rückkehr des Boten erwartete, richtete ich mich in der Station für einen längern Aufenthalt ein. Das Gepäck wurde ausgepackt, nicht ohne daß allerlei kleine nützliche Dinge an meine neue Umgebung verteilt wurden. Sogar mit Palmöl beglückte ich sie. In Ermanglung von Butter ist nämlich in diesen Ländern neben dem Sesamöl auch das rote Palmöl selbst bei den arabischen Beamten geschätzt. Die Elaeïspalme, die es liefert, beschränkt sich aber auf das östliche Mangbattugebiet, sie war schon bei Mambangá selten und kommt noch westlicher bei den A-Bármbo nur mehr vereinzelt vor. Darum wird das Palmöl in fester Verpackung gelegentlich versandt, deswegen hatte auch ich aus A-Mádi welches mitgebracht und machte es nun Hauasch Efendi und andern zum Geschenk. Auch die Station nahm ich jetzt genau in Augenschein. Sie war in der That mit Umsicht angelegt und dauerhaft ausgeführt. Mit einem starken Pfahlzaun umgeben, stand sie auf einem flachen und breiten Hügel. Die vier Ecken waren mit vorstehenden Festungsthürmchen verstärkt, von denen aus die Seitenfronten bestrichen werden konnten. Hohe, gedeckte Balkengestelle über-brückten die an der Ost- und Westseite angebrachten Thüren und dienten als Standort für die Wachtposten. Die Munition war zum Schutz gegen Feuers-gefahr in einer mit Tierhäuten gedeckten Grube geborgen; ein leichtes und hochgebautes Strohdach schützte sie gegen Regen und konnte bei ausbrechendem Feuer rasch entfernt werden. In der Mitte der Station aber erhob sich ein geräumiger und sorgfältig ausgeführter Bau (Dahr et-tor) für die täglichen Zusammenkünfte der Leute. Dorthin kamen Buru und die A-Bármbohäuptlinge, brachten ihre Sitzbänkchen mit, welche denen der Mangbattu glichen, lauschten den Worten Hauaschs und hörten seine Befehle an. Er hatte Geduld im Ver-kehr mit den Eingeborenen und, obwohl ein strenger Herr, verstand er es doch, bei ihnen Zutrauen zu erwecken. In der Mitte der Station und um die Ver-sammlungshalle her war genügend freier Raum gelassen, und von dort erstreckten sich seitlich bis zum Palissadenzaun hin die einzeln umgrenzten kleinen Gehöfte der Soldaten. Außerhalb der Station waren die Lehnen des sachte abfallenden Hügels größtenteils abgeholzt und daher gut unter Feuer zu halten. Die schwächste Neigung des Hügels lag nach Südwest, dort aber begannen auf 200 Schritt Entfernung die provisorischen Dörfer der Leute Burus. Die eng zusammen-gepferchten, kleinen und schmutzigen Hütten boten ein reges und mannigfaltiges Bild, umrahmt von der Stille des dichten Hochwaldes, der, wie ich schon früher erwähnt, südlich des Uelle in dieser Form als Ausläufer von Ufer-waldungen sich oft zu bedeutender Breite entwickelt. Für den Bau von Hütten und die Anlage von Feldern muß derselbe oft erst ausgeholzt werden, und den-

Begegnung mit Mambangs. Gezeichnet von L. H. Fischer.

noch zogen sich die Niederlassungen der A-Bármbo Burus in solchen Rodungen weit hin. Die Fernsicht vom Hügel war durch den Wald behindert; ich sah nur die Berge in A-Mádi, nicht aber den Uëlle, der etwa zwei Stunden weit nördlich vorüberfloß, gerade wo ich ihn auf der frühern Reise mit Sémio zum erstenmal erblickt hatte.

Der Bote an Mambangá kehrte tags darauf, am 12. September, zurück und der Fürst schickte einige seiner Leute mit, auch diesmal begleitet von meinem frühern Diener Abatám, demselben, der mir damals seine Geschenke zu Palembatá überbracht hatte. Jetzt sandte Mambangá einen Trumbasch als Begrüßungsgeschenk und dazu den Bescheid, er würde mir meinem Vorschlag gemäß am folgenden Tag den halben Weg entgegenkommen. Meine zustimmende Antwort ging sofort zurück und dabei bestimmte ich die Wildnis zwischen zwei Flüssen als den Ort für das Stelldichein. Abatám und die Boten blieben und geleiteten mich am nächsten Tag zu dem Fürsten.

Mittlerweile waren aber Stimmen laut geworden, die mir den sichern Untergang bei der Zusammenkunft mit Mambangá verkündeten. Buru hatte eigens sein Orakel, das „Mapinge" befragt und es war zu meinen Ungunsten ausgefallen. Selbst Hauasch Efendi sprach nun Befürchtungen für mich aus, suchte mich zurückzuhalten und die Zusammenkunft hinauszuschieben. Ich aber schenkte alledem kein Gehör, sondern stand zur anberaumten Stunde bereit. In der Station ging es die ganze Zeit recht lebhaft her. Hauasch gab täglich lange Audienzen und hielt „Cercle", wozu sich nach meiner Ankunft noch mehr Leute drängten, da alles mich sehen und meine Sehenswürdigkeiten anstaunen wollte. Buru und seine Auserwählten redeten dabei die üblichen langen Reden und äußerten ihre Freude über meine Ankunft in Ansprachen an mich, in Festspielen und leidenschaftlichen Wechselgesängen.

Am Tag der Zusammenkunft stellte sich der erwartete Bote neuerdings ein und meldete, Mambangá sei aufgebrochen und ziehe mir entgegen. Die Aufregung in der Station war groß; kleinmütig und zaghaft, aber lautlos umstanden die Leute zu Hunderten den Hügel, als wir in der Richtung gegen Osten abmarschierten, um ihren Blicken alsbald zu entschwinden. Dann aber eilte ein Bote zu Mambangá voraus, um auch ihm meinen Aufbruch zu melden. Auf dem Marsch begegneten wir bald nacheinander den Vorläufern des Fürsten, die aber immer sogleich Kehrt machten, offenbar um ihrem Herrn zu berichten, daß sie mich leibhaftig gesehen, daß ich ohne bedenkliche Begleitung und keine Gefahr im Anzuge sei. Schließlich sah ich die Scharen Mambangás selbst in weithin gestreckter Schlangenlinie mir entgegenziehen. Als ich sie erreicht hatte, bildeten

Hunderte von Kriegern Spalier und ließen mich unter freudigen Rufen und Gebärden hindurchschreiten. Doch bemerkte ich, daß viele Leute auch dann noch weitergingen, vermutlich als Späher, ob nicht etwa doch eine Überrumpelung der Mannschaft im Werke sei. Und so näherte ich mich zwischen den eng-geschlossenen Reihen der mit Speer und Schild Bewaffneten, gleichsam durch einen Wald von Lanzen, allmählich dem Ziel. Manches mir von früher noch wohlbekannte Gesicht grüßte mir freudig zu, und endlich stand ich dem gefürchteten Herrscher selbst gegenüber.

Ich begrüßte Mambangá unbefangen wie einen guten Freund, während er anfangs ängstlich schien. Sein Gedankengang dabei war schwer zu erraten, nur äußerte er sogleich sein Erstaunen über mein Kommen, das, sowie mein furchtloses und freimütiges Entgegentreten unter den obwaltenden Verhältnissen, seinem Begriffsvermögen gar wenig entsprechen mochte. Wir setzten uns dann am Weg nieder und seine Umgebung schloß einen engen Kreis um uns, wobei die den Arabern abgenommenen Gewehre bedeutsam über ihre Köpfe hervorragten. Aber schon sank die Sonne im Westen, die Dunkelheit mußte uns nach kaum begonnenen Verhandlungen umhüllen und ich machte daher den Vorschlag, gemeinschaftlich dort zu nächtigen. Mambangá hätte mich freilich am liebsten gleich zu seinen Hütten mitgenommen, doch ging er auf meinen Vorschlag ein und so wurden an einem geeigneten Ort in der Nähe, bei verfallenen Hütten, sehr bald die Vorbereitungen für das Nachtlager getroffen, während ich um Brot und eine Decke für die Nacht zur Station schickte. Mambangá aber hatte plötzlich einen neuen Anfall von Mißtrauen und wollte nun doch zu seinen Hütten zurückkehren. Ich machte ihm herbe Vorstellungen über das Unwürdige seines Benehmens, indem ich auf die untergehende Sonne deutete und ihm vorwarf, er hätte mich hierher gelockt und wolle mich nun in der Nacht allein zurücklassen, nachdem ich auch meinen Diener bereits nutzlos zur Station geschickt. Gut, sagte ich, mich werde er nicht wiedersehen, und schon klappte ich auch meinen Stuhl zusammen und wandte mich zum Gehen, obwohl Gewitterwolken sich zusammenballten und in der Ferne bereits der Donner grollte. Da gab der mißtrauische Fürst klein bei und schickte sogar, indem er selber nur etwa 100 Mann bei sich behielt, die übrigen Krieger zum Schutz seiner Zurückgebliebenen heim. Und nun begann eiligst der Bau von provisorischen Hütten aus Bananenblättern, die Spannung des Moments war für mich vorüber und ich sah ruhig zu, wie die Leute arbeiteten.

Ein solches Obdach ist rasch genug hergestellt und entspricht vollkommen dem Zweck, vor Regen zu schützen. Zuerst wird das Holzgerüst eines Giebel-dachhäuschens aus leichten Baumstämmchen aufgestellt. Die Längssparren des

Hütte mit Dach aus Bananenblättern.

Dachs werden einfach durch Lianen-
stränge ersetzt und Querſparren ſind
gar nicht erforderlich. Bemerkenswert
iſt die Befeſtigung der Bananenblätter,
welche, damit der Regen leichten Abfluß habe, die Hütte dachziegelartig
decken müſſen. Da werden denn ihre
wulſtigen Mittelrippen im untern
Drittel ſchräg eingeſchnitten und die
Blätter dann mittels dieſes Ein-
ſchnitts, der ſie am Hinabgleiten
hindert, an den Lianensträngen aufgehängt. Dieſe Arbeit beginnt aber
am unterſten Strang, wo die Blätter
neben und ſeitlich übereinander ohne
weiteres Verbandmaterial angeheftet
werden, wodurch der Längsraum
zwiſchen den beiden unterſten Dach-
ſparren geſchloſſen iſt. Auf dieſelbe
Weiſe wird der Reihe nach längs
der höher ausgeſpannten Dachſtränge
verfahren, wobei das untere Drittel
jeder Blätterreihe das obere Drittel
der darunter liegenden decken muß.
Auf dem Dachfirſt werden die Blätter

in der Mitte eingeknickt und nach beiden Seiten herabgebogen. Zuletzt wird noch das ganze System von lose aufgehängten und sich deckenden Bananenblättern zum Schutz gegen Wind und Wetter festgemacht, indem man Ranken und Lianen über das Ganze hinwegspannt. Die beistehende Zeichnung mag das Gesagte erläutern.

Einmal unter Dach und Fach, kam das Gespräch mit Mambangá bald auf die jüngsten Ereignisse. Ich suchte ihm auf jede Weise die Vorteile eines Anschlusses an die Regierung begreiflich zu machen. Ich wies ihm nach, wie die Verhältnisse in den Gebieten mit den frühern verglichen sich gebessert hätten, die Räubereien der Nubier aufhören würden, die Regierung die Interessen der Eingeborenen wahrnähme und Hauasch Efendi gerade deshalb entsandt sei, um zum Rechten zu sehen. Ausdrücklich fügte ich hinzu, daß Mambangá für den Tod Abd el-Mins und Abd Allahs nicht zur Rechenschaft gezogen, sondern auch fernerhin Herrscher in seinem Land bleiben solle, ja vielmehr dann erst recht zu Macht und Ansehen emporsteigen würde, indem er sich mit Hilfe der Regierung manche jetzt noch unbotmäßige Stämme der A-Bissanga und A-Bárumbo tributpflichtig machen könnte. Auf das alles antwortete Mambangá wiederholt, er wünsche nichts sehnlicher als den Frieden, wolle sich auch der neuen Verwaltung gern fügen und die erbeuteten Gewehre ausliefern, aber — und das war immer der Haken, woran alle Verhandlungen hängen blieben — Furcht und Mißtrauen gewannen bei ihm stets wieder die Oberhand. Er fürchtete, er würde dann doch eines Tags ermordet werden, wie so viele seiner Verwandten, oder es würde ihm ergehen wie Mbittima, dem Sohn Uándos, der, wie noch erinnerlich, seinerzeit zu Tangási in Ketten lag, seitdem übrigens durch Hauasch schon befreit worden war und sich jetzt bei ihm aufhielt.

Das dem Neger ohnedies angeborene Mißtrauen ward bei Mambangá noch durch häufigen Betrug und Wortbruch der Nubaaraber beständig genährt; da war es denn freilich eitles Bemühen, seinen Kleinmut in wenigen Stunden brechen zu wollen, obgleich ich kein Mittel unversucht ließ. Vor allem kam es darauf an, ihn zu einem Besuch in der Station zu überreden. Ich erbot mich sogar, während seiner Abwesenheit als Geisel bei seinen Leuten zurückzubleiben, und falls ihm dort Böses zugefügt würde, für ihn hier den Tod zu erleiden. Dann schlug ich ihm vor, ich wolle mit ihm nach einheimischem Brauch die Blutfreundschaft eingehen, und dies allerdings erregte einen förmlichen Jubel. So dauerten die Unterhandlungen unter Kopfschütteln und Freudengeschrei bis tief in die Nacht, dann schlief Mambangá ein, während seine Umgebung abwechselnd wachte. Ich meinesteils verbrachte die Nacht fast schlaflos auf meinem Stuhl und dabei quälte mich nach dem stundenlangen Reden ein brennender Durst, denn niemand hatte für Wasser gesorgt.

Der Erfolg meiner ersten Zusammenkunft mit Mambangá bestand schließlich darin, daß er mir versprach, später mit mir zusammen nach der Station zu kommen, nur müßte ich vorher mehrere Tage bei ihm weilen, um, wie er meinte, die Furcht seiner Weiber zu beschwichtigen. Obgleich ich nun auf sein Versprechen wenig Wert legte, wollte ich doch auch die leise Hoffnung, die es mir gab, nicht verlieren, und erfüllte daher seinen Wunsch, kehrte aber, um das

Ceremonie des Bluttausches.

Nötige mitzunehmen, erst noch für eine Nacht in die Station zurück. Wie furchtsam und dabei schlau Mambangá in der ganzen Sache vorging, mag der Zug illustrieren, daß er am Abend unserer Unterredung selbst unter einem nichtigen Grund Boten nach der Station schickte, die dort zu wachen hatten, ob nicht doch für die Nacht ein Anschlag auf ihn geplant wäre.

Vor unserer Trennung aber wurde die Freundschaft mit Mambangá richtig durch die Ceremonie des Bluttausches besiegelt, und zwar auf folgende Weise: Der Herrscher saß mir gegenüber. Ein dritter machte uns beiden seine Hautritze in die Herzgrube und drückte ein Tröpfchen Blut hervor. Dieses wischten wir uns gegenseitig mit einem Stückchen Zuckerrohr weg, zerkauten

32*

dann die geröteten Scheibchen und spuckten die Fasern derselben halb pustend, halb speiend, einander teils in die Herzgrube, teils in den Nacken. Hierauf sagte jeder die für ihn wesentlichen Punkte her, um derentwillen er die Blut-freundschaft eingegangen und die nun gleich einem Schwur zu halten waren. Jedem dieser Punkte wurde der Zusatz beigefügt: „und wenn du das nicht thust, so möge mein Blut dich töten", und jedesmal wurden diese Worte von einer dritten Person durch Stampfen mit einem Stein auf eine Baum-frucht oder auf einen beliebigen Gegenstand bekräftigt. Mambangá hatte zuerst das Wort und sprach eine lange Reihe von Forderungen aus, nach denen ich mich dann bei den meinigen richtete. Mein Hauptpunkt aber lautete, daß Mambangá oder seine Leute keinen neuen Angriff auf die Station Hauasch wagen dürften.

Diese sonderbaren Freundschaftsformalitäten mit diplomatischem Durchschuß wurden mit einem gewissen Ernst, wie ihn der Augenblick forderte, ausgeführt und bewiesen mir, daß der Neger ein ganz guter Theoretiker sein kann, wenn auch die Praxis sich schwerlich mit der Theorie decken dürfte. Dabei sei bemerkt, daß nicht etwa Forderungen materieller Art gestellt wurden, sondern daß die-selben mehr oder weniger das Ideale streiften und in gewissermaßen elemen-tarischer Weise den Notschrei oder Hilferuf bei Gefahr je nach den verschiedenen Lebensstellungen ausdrückten. Ich allein machte für einen Augenblick eine Aus-nahme, denn es reizte mich, den lange genug zur Schau getragenen Ernst mit etwas Humor zu würzen. Und so sprach ich meine letzte Bedingung mit neu-erhobener Stimme und sagte: „Großer Herrscher! Wenn ich aber morgen zu dir komme und ruhig und zufrieden bei dir weilen soll, so erfülle auch noch mein Verlangen nach einem Korb voll Tabak; thust du aber dieses nicht, nun, so bist du ein schlechter Freund." Brausender Jubel begleitete meine Worte, denn die unerwartete Wendung vom Ernst zu einer trivialen Forderung hatte die Leute auf das höchste ergötzt. Weitere Zugeständnisse waren von Mambangá vorderhand nicht zu erwarten, ich kehrte also vorläufig nach der Station zurück. Dort empfingen mich die Leute, die mich gestern so still und kleinmütig hatten abziehen lassen, desto lauter und freudiger. Hunderte trieb die Neugier hinaus, um mich zu sehen, viele drängten sich an mich heran und der alte Buru drückte mir freudestrahlend die Hände. Dabei veranlaßte ich sogleich die A-Bármbo aufzubrechen und mir für den folgenden Tag eine Strecke Wegs vom hohen Gras zu säubern.

Als ich dann später Hauasch Efendi die Einzelheiten der Unterredung mit Mambangá mitteilte, erschollen unerwartet von dorther, wo die Leute den

Weg reinigten, die bekannten Signallaute, durch welche zum Krieg gerufen wird. Man bringt sie mit dem Mund hervor, wobei man gleichzeitig mit den Fingern gegen die Mundspalte schlägt. Hastig stürzten die zurückgebliebenen A-Bármbo mit Schild und Lanze den Hügel hinab, während die Soldaten unter Gewehr traten und vor der Station Stellung nahmen. Entrüstet wies ich die Mannschaft zur Ruhe und erklärte alles für Täuschung, obgleich noch Leute atemlos herbeirannten und die Nachricht verbreiteten, daß ein Überfall bevorstehe; gesehen hatte freilich keiner von ihnen etwas Gefahrdrohendes, nur die Kriegslaute hatten alle gehört. Einem dieser Vielwisser gab ich kurzerhand eine derbe Ohrfeige, worauf es mit diesen Lügen ein Ende nahm. In der That kehrten die A-Bármbo alsbald lachend zurück und meldeten, Buru selbst habe jenen Kriegslärm insceniert, um die daheim gebliebenen Faulpelze aufs wirksamste zur Wegreinigung herbeizulocken.

Über die eingeleiteten Friedensunterhandlungen ließ ich einen Brief an die östlichen Stationen schreiben, damit von dort aus keine unzeitgemäßen Schritte gethan würden. Auch ein Schreiben an Kapitän Casati fügte ich bei, und diese Postsendung ging später von Mambangá auf dem Landweg nach der Station Ali.

Als ich wieder aufbrach, um zu Mambangá zurückzukehren, wurden die Leute neuerdings furchtsam und abermals weissagte mir Buru eine Katastrophe, denn er hatte auch jetzt sein Mapinge befragt und dieses delphische Orakel hielt seine ominösen Ansichten über mein Ende noch immer aufrecht. Und in sehr geringer Begleitung ging ich diesem Schicksal entgegen. Mein Diener Dsumbe war von seinem Botengang zu Abóruma noch nicht zurück. Die Köchin Halima und Farag litten an Beingeschwüren, einem häufigen und langwierigen Übel der Neger, und blieben lange dienstunfähig. Dagegen war uns auf der letzten Reise ein kleiner A-Mádi, Namens Binsa, gefolgt. Der Junge ließ sich zur Arbeit gut an und blieb später auf allen meinen Reisen bis Sansibar bei mir. Henry M. Stanley nahm ihn dann von Sansibar aus auf seine Reise zur Befreiung Emin Paschas mit und er kehrte auch mit der Expedition wieder an die Küste zurück. Kurz, Rensi und Binsa waren damals meine einzigen Diener, doch leistete mir Dembe-Dembe, der als Bote Hauasch Efendis wiederholt bei mir in A-Mádi gewesen, Dienste als Dolmetsch bei Mambangá.

Die derzeitige Niederlassung dieses Fürsten lag etwa vier Stunden südöstlich von der Station und wohl drei Stunden südlicher als sein vorjähriger Sitz. Auf dem Marsch wurden drei Flüßchen gekreuzt und jenseits des letzten begannen erst die Wohnsitze seiner Unterthanen. Mambangá kam uns entgegen und reichte mir als Willkommgeschenk wieder einen schön gearbeiteten Trumbasch. Die Nacht verbrachte ich in einem kleinen Giebeldachhäuschen, die folgenden Tage aber mit dem Herrscher zusammen meist in einer offenen Halle. Und nun begannen aufs neue die schier endlosen Unterhandlungen, im Grunde immer wieder das- selbe mit andern Worten. Er sprach dabei fast ausschließlich von dem Thun und Treiben der verhaßten Araber. Für meine dringenden Ermahnungen hatte er jetzt kaum Gehör; er schlug zwar nichts ab, machte aber anfangs auch keine bestimmten Zugeständnisse, sondern zog die Fragen nur in die Länge und trieb echte Negerpolitik, die sich selbst keines Endziels bewußt ist. Oft brach er plötzlich ab und sprang auf ganz nebensächliche Dinge über, oder forderte rück- sichtslos Geschenke von mir. Dann freilich sagte auch ich ihm ohne Schonung ins Gesicht, wie kläglich sein Benehmen sei, und drohte mit den schlimmsten Folgen; nur trug ich seiner Überhebung und unglaublichen Sorglosigkeit so weit Rechnung, daß ich eine gewisse Grenze des Drängens einhielt und, wenn er allzu schwierig wurde, ablenkend zu Tanz, Spiel und Lustbarkeit aufforderte. Wenn er dann sein Publikum selbstgefällig als vollendeter Cancantänzer mit grotesken Sprüngen zu stürmischem Beifallklatschen hinriß und auch ich laut in das schmeichelhafte Geschrei seiner Umgebung: Mokúa viviiiiii . . . .! (großer, erhabener Herrscher!) einstimmte, da war wieder alles gut.

Er kam indes doch immer selbst auf seine Angelegenheiten zurück und stellte mitunter ganz sinnlose und seiner unwürdige Forderungen. Eine der- selben bestand in folgendem: Beim letzten Überfall war in der Station ein Ägypter mit sehr weißer Hautfarbe bemerkt worden, der nun den Leuten als etwas Besonderes galt. Er hieß Omar, war wegen allerlei früherer Vergehen bestraft worden, Soldat gewesen und diente jetzt als Schreiber. Mambangá bestand nun darauf, mit ihm Blutsfreundschaft zu schließen. Vergebens machte ich ihn aufmerksam, daß dies seiner unwürdig wäre und er als Fürst nur mit Hauasch Efendi die Blutsfreundschaft eingehen dürfte; er blieb dabei und ich schickte schließlich nach der Station, um seine Sehnsucht zu stillen. Das Beispiel kann als Beweis dienen, wie der Weiße dem Eingeborenen als ein Wesen von besonderer und ihm überlegener Art gilt. Wie oft wurde es darum von mir verlangt, ich sollte Füße und Beine nackt zeigen; auch diesmal wünschte es Mambangá und ich willfahrte ihm zum großen Ergötzen der Leute so weit, daß ich gestattete, meine für sie überraschend weichen Fußsohlen zu betasten.

Die Privathütten des Fürsten lagen im Wald versteckt, dagegen bildeten etwa 20 Hütten für seine Weiber auf einem gereinigten Platz am Waldessaum einen Kreis. In diesem erhob sich die Versammlungshalle und nebenan wurden auch die Festspiele abgehalten. Mambangá verschwand meist schon bei Sonnen-

Verfammlung der Verbündeten Mambangas. Zeichnung von L. H. Fischer.

untergang in seinem Waldversteck und ich blieb dann noch lange in der Halle
beim Feuer sitzen, plauderte mit seinen Untergebenen und erfuhr dabei, es seien
ein kleiner Sohn Abd el-Mins, Sklavinnen, der Esel Abd Allahs, ein Angareb
mit Decken und Kissen und noch anderes als Kriegsbeute in seinen Händen
geblieben. Eines Abends kamen auch Frauen Mambangás hinzu und setzten
sich zu mir ans Feuer. Mit ihnen kam die Schwester des Fürsten, und sowohl
sie wie auch andere sprachen, da sie zeitweilig Sklavinnen der Nubier gewesen,
etwas arabisch. Es ist Brauch der Mangbattuherrscher, eine Schwester bei sich
zu behalten. Sie bleibt ledig, weilt beständig in der Nähe ihres Bruders und
vertritt seine Interessen. An jenem Abend wurde gescherzt und gelacht, die
Frauen rauchten sehr ungeschickt Cigaretten, die ich ihnen gedreht hatte, horchten
aber doch immer furchtsam auf, um nicht vom strengen Gebieter überrascht zu
werden. Da trat plötzlich in der That die lange Gestalt Mambangás aus der
Dunkelheit hervor und er versetzte mit seinem breiten Trumbasch der ihm zunächst
sitzenden Frau einen freilich nur flachen Hieb über die Schulter. In demselben
Augenblick waren aber die Weiber auch schon verschwunden und Mambangá
folgte ihnen. Nur die Schwester blieb sitzen und äußerte, der Bruder habe in
dieser Hinsicht keine Befugnisse über sie. Ich machte mich im stillen auf eine
Eifersuchtsscene und auf die Vorwürfe eines gekränkten Ehemanns gefaßt, aber
als Mambangá bald nachher zurückkam, sagte er, er sei auf seine Weiber nur
erzürnt, weil er schon dreimal um sein Essen ausgeschickt und doch nichts
erhalten habe. Ob er damit nur seine Eifersucht, oder vielleicht Furcht vor
meinem zunehmenden Einfluß bemänteln wollte, weiß ich nicht. Allerdings ist
es den Männern streng untersagt, mit den Frauen ihres Herrschers zu sprechen.
Selbst mir machte einst der Fürst, als ich dies bei einer Festsitzung wagte,
halb scherzend Vorwürfe darüber. Ich erzählte ihm darauf von unsern Sitten
und Gebräuchen, wie wir beim Tanz die Frauen anderer herumwirbelten, Arm
in Arm mit ihnen einhergingen u. dgl. m. Das alles aber demonstrierte ich
zum Jubel der Leute so plastisch als möglich, und in diesem Fall mußte mir
der strenge Gebieter als Versuchsobjekt seinen Arm leihen.

Um die Angelegenheiten vorwärts zu bringen, veranlaßte ich Mambangá,
eine große Versammlung seiner Unterthanen und der mit ihm verbündeten
A-Bármbo einzuberufen. Am 18. September erschollen daher vom frühen Morgen
an die Signalhörner und Paulen, und bald begannen die Mannschaften heran-
zuziehen. Doch wurde es Nachmittag, ehe die letzten Gruppen der fern wohnenden
A-Bissanga und A-Bármbo erschienen. Indes war auch der Herrscher bis Mittag
unsichtbar, denn er ließ sich neu frisieren und aufputzen. An gewöhnlichen Tagen

geschah das mitunter in meiner Gegenwart, wobei er sich der Länge nach auf eine Bank streckte und mehrere Weiber mit spannenlangen Elfenbeinstöckchen abwechselnd seinen Wollkopf bearbeiteten.

Inzwischen hatten die Eingetroffenen Laubbäumchen, Zweige und Busch-werk herbeigeholt und je nach persönlichem Ermessen sich Lauben oder Schatten-dächer errichtet, denn solche Schattengänge wie im Berhau Mambangás fehlten hier. Das viele Buschwerk bildete dann, als die Versammlung vollzählig war, einen weitgezogenen Kranz und gab, durch Tausende von Kriegern belebt, ein buntes, höchst seltsames Bild. Die Vorgänge des Tags waren ähnlich, wie ich sie schon früher geschildert, nur gab es diesmal mehr langgesponnene Reden, als festliche Aufzüge und Kriegsspiele. Böbeli, der gefürchtete A-Bármbohäupt-ling und Rivale Burus, war gleichfalls zugegen, eine lange, hagere Gestalt mit einem greisen, runzligen Gesicht und für einen A-Bármbo heller Hautfarbe.

Auf Mambangás Wunsch hielt ich die erste Ansprache. Zu diesem Zweck trat ich aus der Laube auf den freien Platz hinaus und ließ meine satzweise gesprochenen Worte durch Dembe-Dembe laut und verständlich verdolmetschen. Ich schilderte, wie schon so oft bei derartigen Versammlungen, meine fort-während en Friedensbestrebungen und die Vorteile eines freundlichen Verhältnisses der Eingeborenen zu der Regierung. Dann forderte ich sie direkt auf, furchtlos und friedfertig zur Station Hauaschs zu kommen, indem ich sie versicherte, daß für Vergangenes niemand zur Rechenschaft gezogen werden würde.

Noch während meiner letzten Worte trat Mambangá neben mich und hob nun seinerseits an. Langatmig salbaderte er über die Zeiten Munsas, und wie dieser, gleich seinen Brüdern und Verwandten, im Krieg der „Dongolaui" (Dongolaner, beliebter Ausdruck für alle Nuboaraber) und „Bahara" gefallen und viele ermordet worden seien; dabei wurde er nicht müde, seinen Ingrimm und tiefen Haß gegen die Eindringlinge auszudrücken. Übrigens beteuerte er ebenso oft, daß er jetzt auch keinen Krieg mehr wolle, doch habe sich Hauasch Buru angeschlossen und dieser sei nun sein Sklave. Der einzige positive Gedanke, den er einmal aussprach, war die Forderung, die Station solle auf sein Gebiet verlegt werden. Das übrige aber, so lang und breit es war, bestand aus nichts als Redensarten und leeren Worten, bestimmt, mit dem Augenblick zu ver-fliegen. Wenn seine Rede mich trotzdem fesselte, so lag dies an ihrer überaus komischen Inscenesetzung. Während er nämlich redete, sprang ein Polizist mit der Gelenkigkeit eines Affen auf dem Platz umher, gebot Ruhe, obgleich sich kein Mäuschen rührte, und plapperte oft papageiartig die Endworte eines längern Satzes der Rede nach, oder suchte durch Grunzen die Äußerungen des erlauchten Demosthenes zu bekräftigen. Zugleich machten sich andere unterthänige Adjutanten unausgesetzt in der Nähe des Gebieters zu schaffen, indem sie ihn mit Dienstleistungen überhäuften, die ich schon früher gelegentlich geschildert. In den längern Pausen der Rede aber lärmten die weithin schallenden Töne von Signalhörnern, die aus einem durch künstlichen Ansatz bis auf 2½ Meter und mehr verlängerten Elefantenzahn bestanden, und das kreischende, knirschende Gebimmel von großen eisernen Glocken.

Dann sprachen noch einige andere Häuptlinge, besonders Böbeli, der die Schuld aller Feindseligkeiten energisch von sich wies und gleichfalls beteuerte, keinen weitern Krieg zu wollen. Auf die Reden folgten Kriegsspiele, an denen sich selbst Mambangá beteiligte, indem er unter dröhnendem Jubel seiner Unterthanen eigenhändig einige Speere gegen den nicht vorhandenen Feind schleuderte. Das nachfolgende Scheingefecht mit Flinten machte aber noch mehr Effekt, wenn auch einen höchst komischen. Die Leute warfen nämlich die Gewehre wie Stöcke sinnlos in den Händen herum und fingierten bald mit der rechten, bald mit der linken Hand zu schießen. Und als etliche Gewehre wirklich losgeschossen wurden, da fielen ein paar Dutzend Leute, die zunächst standen, vor Schreck jählings auf den Bauch, offenbar in der unwillkürlichen Erinnerung an die Kugeln, deren Bekanntschaft sie kürzlich vor der Station gemacht hatten. Ich mußte laut auflachen und Mambangá polterte nicht wenig über die Furchtsamkeit seiner Leute. So wechselten bis gegen Abend Kriegsspiele, Tänze und Reden ab. Dann folgte eine Schlußversammlung der Häuptlinge im Dunkel des Waldes, nahe bei Mambangás Hütten, und zwar an dem für das Mapingeorakel geweihten Ort. Ich wurde auch dieser Sondersitzung beigezogen, meine Hoffnung aber, daß nun ein bestimmter Beschluß gefaßt werden würde, ging nicht in Erfüllung. Das einzige, worin alle einig waren, blieb das Vornehmen, keinen Krieg mehr zu führen und keinen neuen Angriff auf die Station zu machen. Nun, wenn sie dieses Versprechen nur hielten, so war ja schon das ein Gewinn, denn Hauaschs Munition war knapp; aber trotzdem strengte ich mich noch weidlich an, die Leute zu überreden, daß sie zur Station kämen, besonders den griesgrämigen Böbeli, den ich in Grund und Boden redete.

Mittlerweile war mein Bote von Hauasch Efendi mit der Nachricht zurückgekehrt, er selbst wolle an Omars Stelle mit Mambangá die Blutsfreundschaft eingehen und würde ihm dazu, wie ich gethan, den halben Weg entgegenkommen. Aber der Negerfürst konnte sein Mißtrauen nicht überwinden und so wurde nichts daraus. Ärgerlich drang ich nun auf irgendwelchen bestimmten Bescheid, da ich abreisen wolle. Ich sei es mehr als satt, um seinetwillen die mir nötigsten Dinge zu entbehren und mit Überwindung die Kost seiner Leute zu essen, um die ich obendrein oft genug förmlich betteln müsse. Er war betroffen und suchte mich zurückzuhalten, indem er mir neuerdings versprach, er werde dann mit mir gemeinschaftlich nach der Station gehen. Ich wollte aber Positives; er solle mir durch Hölzchen die Zahl der Tage bestimmen, wie lange ich noch auf ihn warten sollte, und als er sich dazu nicht entschließen konnte, brach ich die Unterhandlung ab und ließ ihn stehen. Nun besann er sich und

Zusammentreffen mit Kapitän G. Casati.

schickte mir später zwei Hölzchen, aber ich blieb trotzdem überzeugt, daß er nach Ablauf der zwei Tage doch wieder wortbrüchig werden würde.

Am 19. September traf mich die überraschende Nachricht, Hauptmann Casati sei in einem Boot von der Station Ali zu Mambangá unterwegs. Er wußte um meinen Aufenthalt beim Fürsten und suchte mich daher dort auf. Ich veranlaßte Mambangá sogleich, Casati mit Trägern von der Fähre abzuholen, und blieb recht mißmutig zurück; dies war nämlich der erste Tag in Afrika, an dem ich nichts zu rauchen hatte. Der Tabak war mir aber notwendig, denn er ersetzte mir so manchesmal die Speise oder beschwichtigte doch das aufkeimende Hungergefühl. Abends erst erbarmte sich meiner ein Weib Mambangás und brachte mir einige frische Tabakblätter; sofort dörrte ich dieselben über dem Feuer und sog dann begierig den kostbaren Rauch ein, während ich in der Empfangshalle am lodernden Feuer sitzend meinen Gast erwartete. Er traf aber mit Mambangá erst zu später Nachtstunde ein.

Hauptmann Casati ist Italiener und stand lange bei den Bersaglieri in Sizilien und Calabrien. Er war auf die Veranlassung Gessi Paschas, doch erst kurz vor dessen Abreise nach Chartum, in das Bahr el-Ghasalgebiet gekommen und dann selbst sehr bald durch das Kohlgebiet und das Land der Abaká nach Mangbattu gereist. So begrüßten wir uns denn als europäische Landsleute, Leidens- und Gesinnungsgenossen, auf das herzlichste. Ich lernte in ihm sehr bald eine wackere und biedere Natur kennen; er war äußerst anspruchslos, opfermutig, rechtliebend und furchtlos. Bei den Abaká hatte er lange krank gelegen und, vom Fieber besinnungslos, Chinin im Übermaß gebraucht. Erst in Mangbattu erholte er sich und war nun ganz wohl. Wir saßen bis spät in die Nacht hinein plaudernd beisammen, obgleich meine Zunge sich erst wieder an die italienische Sprache gewöhnen mußte und sie unwillkürlich mit arabischen Brocken mengte. Dabei erfuhr ich, daß Mambangás Leute den Ankömmling vor allem schon auf dem Marsch bestohlen hatten; und zwar waren die Perlen von Casatis Dienerin verschwunden. Ich schlug sofort Lärm und ruhte nicht, bis der Herrscher das Gestohlene wieder herbeigeschafft hatte. Unerwartet wurde ich jetzt auch an Bohndorff erinnert, denn ich sah die beiden ihm einst bei Nbóruma entlaufenen Jungen jetzt in Casatis Gefolge wieder, dem sie sich im Bahr el-Ghasalgebiet zur Reise nach Mangbattu angeschlossen hatten. Auch einen kleinen aufgeweckten Dinkajungen hatte er mit, gleichsam als Vermächtnis Gessi Paschas. Dieser kleine „Wekil" (Verwalter) genoß noch in spätern Jahren eine bevorzugte Stellung und sein Herr behandelte ihn liebevoll wie einen Adoptivsohn.

Casati war bald über den Stand der Dinge bei Mambangá unterrichtet und suchte nun auch seinerseits den furchtsamen und dünkelhaften Herrscher für die Regierung zu gewinnen. Dieser aber gierte jetzt vor allem nach kostbaren Geschenken, z. B. nach der Vetterlibüchse seines neuen Gastes. Ja, er entblödete sich nicht, den von Abd el-Min erbeuteten Esel für „viel" Pulver eintauschen zu wollen, und zwar mitten in unsern Bemühungen, Frieden zu schließen; dabei vergaß er ganz, daß er ohne meine direkte Forderung wiederholt versprochen hatte, die erbeuteten Gewehre an die Station auszuliefern. Da machte ich ihm denn ernste Vorwürfe über seine Doppelzüngigkeit und sein nichtswürdiges Benehmen im allgemeinen, welches so weit gehe, daß er mich ja sogar ohne Tabak lasse.

Und auf diesem Tabak blieb ich so nachdrücklich sitzen, daß Mambangá sich schließlich selbst aufmachte, um für mich einen Korb voll Tabakskraut einsammeln zu lassen.

So kam der letzte Termin zur Abreise heran und auch Casati wollte mit mir nach der Station Hauasch aufbrechen. Jetzt führte Mambangá, um uns noch länger an sich zu binden, sein schwerstes Geschütz ins Feuer und verkündete, er werde am folgenden Tag das „Mapinge" zu Rate ziehen und wir sollten uns durch eigenen Augenschein von dem Ausfall des Orakels überzeugen. Das war allerdings verlockend und ich blieb, um mir diesen Schwindel noch einmal anzusehen. Richtig wurden am nächsten Tag alle Vorbereitungen getroffen und ich hörte, daß einem Teil des Apparats eigens die Aufgabe zugemutet sei, zu verraten, ob ich Mambangá wirklich wohlgesinnt wäre. Nun, das Schicksal hatte diesmal Einsicht und der Orakelspruch fiel für mich gut aus, d. h. es rührte sich keines der Hölzchen und ihre langen Reihen blieben unverrückt liegen. Der andere Teil des Apparats galt Mambangá und sollte weissagen, ob der Herrscher die Station Hauasch ohne Schaden betreten könnte. Auch dort lagen die Hölzchen in Reih und Glied geordnet, die Auguren begannen ihr Schreien, Springen und Händeklatschen, und siehe da, eines der Häufchen von je drei Hölzern wich plötzlich auseinander und fiel hinab, wobei aber der diensttuende betrügerische Orakeldiener einen Seitensprung machte, als hätte ihn eine giftige Schlange gebissen. Und als ob es an diesem furchtbaren Omen noch lange nicht genug sei, begannen nun die Hölzchen auch von einem andern Baumstamm massenhaft hinabzupurzeln und bekräftigten so die unheilvolle Prophezeiung. Da half freilich meine Überredungskunst nichts, gegen das „Mapinge" kam ich nicht auf. Ich sehnte mich fort aus der Nähe dieses einfältigen und dunkeln Treibens, doch schärfte ich Mambangá vor meiner Abreise noch ein letztesmal ein, meinem Rat zu folgen, aber nicht zu spät, da ich ihn dann nicht mehr vor Krieg und sicherm Untergang schützen könnte. Wie der arme Fürst so in die finstere Wolke seines Mißtrauens gehüllt dastand, that er mir aufrichtig leid, denn ein Teil der Schuld fiel auf seine Leute, die ihn fortwährend durch blöde Einflüsterungen irre machten. Er gestand dies auch unumwunden und erklärte, er wolle vorderhand recht oft Boten zu Hauasch schicken und später dann doch jedenfalls selbst nach der Station kommen.

Meine siebentägigen Bemühungen bei Mambangá hatten mich in noch nähere Beziehungen zu ihm und seiner Umgebung gebracht und ich konnte wenigstens sicher sein, daß die Station, so lange ich dort weilte, vor neuen Überfällen unbedingt geschützt war. Am 22. September traf ich mit Casati in der Station ein. Mittlerweile war Dſumbe von Nbóruma zurückgekehrt; er kam mir eine Strecke weit entgegen und meldete mir die neuſten Ereigniſſe in den nördlichen Gebieten. Das wichtigſte für mich war, daß Osman Bédaui in dieſem Jahr nicht zu Balangái reiſen werde, da er ſich an dem Krieg gegen Mbio beteilige. Übrigens hatte er damit zu meinem Erſtaunen noch gar nicht begonnen und jetzt erſt wurden angeblich die Truppen dazu zuſammen- gezogen. Einſtweilen hatte Osman Bédaui Regierungsgut aus Meſchra er-Rek abgeholt, und dorthin waren ihm auch die von Máſinde aus an ihn geſchickten Boten nachgefolgt; daher ihr langes Ausbleiben. Weiter meldete mir Dſumbe, Nbóruma erwarte aus Norden ein Kiſtchen für mich, das mir nach ſeinem Eintreffen ſofort nachgeſchickt werden ſolle.

In der Station wurden wir feſtlich empfangen. Die Beſatzung ſtand wieder unter Gewehr und auch Buru war mit ſeinen Leuten anweſend, mußte aber gleich meine Neckerei anhören, daß ſein Mapinge doch wohl nichts tauge, ſintemalen ich trotz ſeiner Weisſagungen doch noch ſo ziemlich am Leben ſei. Indes war auch Hauaſch Efendi einigermaßen um uns beſorgt geweſen, da ſich einmal plötzlich das Gerücht verbreitet hatte, mein Diener Renſi ſei von Mambangás Leuten erſchlagen worden. Die allgemeine Freude über meine Rück- kehr wurde leider durch einen plötzlichen Unglücksfall geſtört. Ich hatte meine Hütte noch nicht betreten, ſondern ſtand draußen und erzählte Hauaſch Efendi von unſerm Aufenthalt bei Mambangá, als in nächſter Nähe ein Schuß fiel und gleich darauf gemeldet wurde, eine Frau ſei durch Unvorſichtigkeit erſchoſſen. Ich war nicht wenig betroffen, als ich weiter erfuhr, mein Mauſergewehr hätte das Unglück angerichtet. Es verhielt ſich damit wie folgt: Dſumbe hatte das Mauſergewehr auf der Reiſe zu Nbóruma mit ſich gehabt. Nach ſeiner Rück- kehr hatte Hauaſch Efendi es zu ſehen gewünſcht, und es war unglücklicher- weiſe, ohne daß man erſt die Patrone entfernt hätte, in die Hütte auf meine Kiſten gelegt worden. Renſi hatte nach meiner Rückkehr wahrſcheinlich unvor- ſichtig daran gezerrt, der Schuß ging los und drang erſt durch mehrere Stroh- zäune, dann durch die Bruſt der Frau und ſchließlich durch die Hohlhand eines Jungen. Das unglückliche Ereignis ſchien mir näher zu gehen als dem Beſitzer der erſchoſſenen Frau, einem Soldaten, der augenſcheinlich ſehr zufrieden war, da ich ihm ein Quantum Zeug als Schmerzensgeld einhändigte, während Hauaſch ihm verſprach, er werde ihm eine andere Frau verſchaffen. Die durch- bohrte Hand des Jungen heilte bald und lieferte mir einen Beweis mehr, wie äußerſt günſtig der Heilungsproceß beim Neger unter ſonſt guten Vorbedingungen verläuft.

Zu den interessanten Neuigkeiten, die meiner harrten, gehörten noch Nachrichten aus Ladó. Ein Brief Emin Beys erfreute mich, zumal er seine baldige
Reise nach Mangbattu in Aussicht stellte. Freilich brachte er mir auch die trübe
Mitteilung vom Tod Gessi Paschas. Dank seinem sehnigen Körper und einer
bedeutenden Willenskraft hatte dieser nach dem schweren Unglück im Bahr el-Ghasal
doch noch Sues zu erreichen vermocht, dort aber ereilte ihn das Geschick, und
ohne die Seinen wiederzusehen, nach denen der stahlfeste Mann sich unter
Thränen gesehnt, starb er dennoch einsam in der Fremde. Ich aber gedachte
seiner in Liebe und Trauer, denn alle die freundlichen Erinnerungen an unser
vielfaches Zusammensein im Lauf der Jahre wachten wieder auf. Und ebenso
gedenke ich des geschiedenen Freundes auch jetzt, obwohl nur in wenigen Worten;
sein Bild wird mir niemals verbleichen.

Mit Casati verbrachte ich manche angenehme Stunde und wir kamen
einander innerlich näher, indem wir unsere Erinnerungen an die Heimat aus-
tauschten und uns so gegenseitig gleichsam nach Hause begleiteten. Er hatte mit
einer Sendung aus Chartum guten Gedaref-Tabak erhalten, dessen Genuß uns
den Wert dieser behaglichen Plauderstündchen noch erhöhte.

Die Zugehörigen Mambangás, die uns zur Station geleitet hatten,
kehrten am folgenden Tag zurück, doch veranlaßte ich Hauasch, erst noch die
reguläre Truppe vor ihnen manövrieren zu lassen, damit sie ihrem Herrscher
die Schlagfertigkeit der Soldaten und ihre Überlegenheit über die Eingeborenen
recht eindringlich schildern könnten. Hierauf folgte noch eine Art Nationalfest,
an dem sich auch die A-Bármbo mit ihren Kriegsspielen, Tänzen und Gesängen
beteiligten, ja selbst ein Dragoman der Station tanzte mit viel Geschick und
Gelenkigkeit den beliebten Einzeltanz der Mangbattu; auch an Reden fehlte es
nicht, die sich auf den Frieden bezogen, und über das alles sollten die Boten
an Mambangá berichten.

Casatis Gepäck war in Tangási zurückgeblieben, sein Aufenthalt bei uns
daher nur kurz. Schon am 25. September stand er wieder vor seiner Abreise.
Da traten Umstände ein, welche es mit sich brachten, daß ich meinen Aufenthalt in der Station auf unbestimmte Zeit verlängerte. Der Hauptgrund
dafür war die allgemeine Unzufriedenheit und Furcht der Stationsbesatzung.
Die Soldaten besprachen nämlich das Tagesereignis so laut und aufgeregt,
daß Hauasch sie antreten ließ, worauf sie sich mir gegenüber in demonstrativer
Form über die Abreise Casatis beschwerten und die Besorgnis äußerten, daß
dann auch ich fortgehen würde. Für uns war dies gewiß sehr schmeichelhaft,
aber trotzdem mußte die Art und Weise ihres Auftretens mich erzürnen, denn

ihr Gebaren war eine strafwürdige Demonstration, welche in der Erklärung gipfelte, daß sie, sobald ich fortginge, die Station und das feindliche Land gleichfalls verlaffen würden. Ich kanzelte sie natürlich mit derben Worten ab und sagte ihnen, daß, wenn sie dergleichen bei uns zu Land gewagt hätten, jeder fünfte oder zehnte von ihnen ohne Gnade und Barmherzigkeit über die Klinge springen müßte, denn sie befänden sich in offener Rebellion gegen Hauasch Efendi, ihren Kommandierenden. Und gerade wenn unser Verbleiben in der Station wirklich ihr Wunsch sei, hätten sie das gewaltthätige Auftreten unterlaffen sollen, denn dieses würde mich sicherlich nicht bestimmen, länger zu bleiben, als ich beabsichtigt. Kleinmütig zogen die Bursche nun ab, worauf mir Hauasch erzählte, die Soldaten wären schon seit längerer Zeit unzufrieden und sehnten sich nach Mákaraká zurück, da es bei den A-Bármbo keine Fleischrationen, sondern meist nur Bananenmehl gebe, und sie überdies die Station nicht verlaffen dürften, um sich dem beliebten Fouragieren zur Deckung ihrer kleinen Bedürfniffe hinzugeben. Auch fürchteten sie, daß nach meinem etwaigen Abgang Mambangá sie neuerdings angreifen würde, während doch, wie sie wußten, nur noch etwa 3000 Remingtonpatronen vorhanden waren, an Zündhütchen für die Vorderlader der irregulären Truppe aber schon jetzt Mangel war, sodaß ich bereits 100 Stück aus eigenem Vorrat hatte verteilen laffen. Mit Rücksicht auf diese Verhältniffe und um einer nicht unmöglichen Katastrophe vorzubeugen, entschloß ich mich also in der Station zu bleiben, bis entweder Emin Bey oder neue Verstärkung an Munition und Soldaten eingetroffen wäre. In diesem Sinn berichtete ich an Emin Bey und teilte meinen Entschluß auch den Soldaten mit. Casati aber reiste ab und dabei zeigte es sich wieder, wie wenig im Grunde die schon mit der Station befreundeten A-Bármbo dienstwillig waren, denn obgleich Buru und seine Leute täglich viele Stunden in der Niederlaffung verbummelten, waren doch nicht einmal fünf Träger für Casati zu finden. Hauasch ließ dann die wenigen und leichten Lasten durch Leute der Station zum Uelle schaffen.

Von den feindlichen A-Bármbostämmen erschienen oft Überläufer. Sie sehnten sich in geordnete Verhältniffe, zu ihren Hütten und Feldern zurückzukehren, vagabondierten aber trotzdem noch meistens in der Wildnis umher. Der halsstarrigste von allen war Böbeli, der dadurch auch die übrigen ins Verderben stürzte. Der Botenverkehr mit Mambangá wurde nach meiner Rückkehr anfangs noch unterhalten; erst war es Dembe-Dembe, nach ihm aber andere, die an ihn abgesandt wurden. Geschah es dann einmal, daß der Bote einige Tage ausblieb, so wurden auch gleich wieder die buntesten Befürchtungen laut, denen schließlich die Rückkehr des Sendlings, meist mit Geschenken von Mambangá an Hauasch, ein Ende machte.

Die A-Bármbo schließen sich in Sitten und Gebräuchen am nächsten den Mangbattustämmen an, unterscheiden sich jedoch sehr merklich in der Sprache. Ihre Gerätschaften aus Holz und Eisen, sowohl für den Haushalt wie für den Krieg, sind vielfach die gleichen. Dabei stehen aber ihre Industrieerzeugnisse, wie (erwähntermaßen) die der A-Mádi, auf niederer Stufe. In Mangbattu nämlich haben sich große Länderkomplexe unter regierenden Fürsten am längsten erhalten und dies leistete der Vervollkommnung ihrer Industrie allen Vorschub. Im allgemeinen sinkt ja der Kunstfleiß mit dem Zerfall des Großstaats in Kleinstaaterei, und in dieser Beziehung ist auch die Glanzperiode der Mangbattu im Niedergang begriffen. Noch einige Jahrzehnte und die schönen, mühsamen Arbeiten autochthoner Kunst in jenen Ländern werden im Kampf um die Erhaltung des nackten Lebens einfachern Erzeugnissen gewichen sein, die nur auf das nötigste Bedürfnis berechnet sind. Unter den Eigentümlichkeiten der A-Bármbo sei hier noch erwähnt, daß die Frauen ihre Trauer über den Verlust ihres Herrn und Gebieters durch das Tragen eines mehrfach um den Schurz gewundenen dicken Baststricks kundgeben. Bei andern Stämmen trauern sie anders; in Málaralá z. B. bestreuen sie sich den Körper mit Asche und Erde und werfen auch oft ihre Schambedeckung ab. Die Mangbattufrauen wieder, denen der Haarwuchs als wichtiger Schmuck gilt, schneiden im Witwenstand, so lange sie von keinem andern Mann erworben werden, ihr Haar kurz ab; indes ist ein solches Haaropfer in Afrika auch sonst eine der verbreitetsten Äußerungen des Schmerzes und der Trauer um Hingeschiedene. Übrigens macht auch bei diesen Naturkindern die Mode zeitgemäße Fortschritte; so wurden hier seit dem Krieg mit Mambangá die Messinghülsen der verschossenen Remingtonpatronen sehr bald ein begehrter Mode- und Tauschartikel. Allerdings konnten die betreffenden Stutzer schwer einen neuen Gegenstand finden, der geeigneter gewesen wäre, als gerade diese blankpolierten Hülsen, in die kreisrunden Löcher der Ohrmuscheln gesteckt zu werden. Auch die aristokratische Sitte, die Fingernägel lang wachsen zu lassen, blüht bei den A-Bármbo, wo ich deren von 2 Zoll Länge sah; ja die Schwester Mambangás trug sogar lange Fingernägel auf eine Schnur aufgereiht als seltenes Halsband.

In den letzten acht Tagen des Septembers fielen täglich schwere Gewitterregen und am 29. September erlebte ich den ersten Hagelschlag auf dieser zweiten Reise in Centralafrika.

Ich hatte mittlerweile Boten zu Mäsinde geschickt, um Ausschau nach
meiner durch Dsumbe angekündigten Kiste halten zu lassen. Sie kehrten jedoch
um, weil am Uelle ein Gerücht ging, daß bei den A-Mäbi neuerdings Krieg
ausgebrochen und die Hütten Mäsindes verbrannt worden seien. Ungläubig,
wie ich allen Gerüchten gegenüber war, sandte ich sie mit Dembe-Dembe alsbald wieder fort, und richtig erwiesen sich jene Nachrichten auch diesmal übertrieben und lügenhaft.

Der Oktober wurde in der Station durch Festlichkeiten eingeleitet, welche
den neuerdings erfolgten Anschluß eines Häuptlings Böbelis an Hauasch Efendi
feiern sollten. Bei solchen Gelegenheiten, wie bei allen großen Ansammlungen
der Eingeborenen, gestattete man aus Vorsicht nicht dem ganzen Publikum,
die Station zu betreten, und auch den Eintretenden wurden für die Dauer
ihres Aufenthalts die Waffen an den Eingangsthüren abgenommen. Übrigens
tragen viele Mangbattu und A-Bármbo in Friedenszeiten statt der Lanzen nur
lange, oft hübsch gemusterte Stöcke. Auf einen solchen gestützt kam auch der
alte Buru täglich nach der Station. Er war leutselig, von einnehmendem
Wesen und ganz und gar ein würdiger Greis, dabei aber jugendlich elastisch
genug, um noch kräftig die Lanze zu führen. Sein langer grauer Vollbart
hatte durch die Färberöte des Körpers und der Hände gleichfalls eine wohl
nicht unbeabsichtigte rötliche Farbe angenommen. Es ist erwähnenswert, daß
ich gerade dort verhältnismäßig viele alte Leute traf. Burus Vater selbst, ein
über und über verrunzeltes Männchen, belustigte uns oft durch scherzhaftes
Gebärdenspiel und die Nachahmung von Tänzen. Immerhin mag das Alt-
werden der A-Bármbo auf zufälligen Nebenumständen beruhen, die hier ob-
walten, denn im allgemeinen verlieren die Neger dieser Gebiete in den besten
Jahren ihr Leben.

Die weitern Friedensverhandlungen wurden, wie üblich, durch endlosen
Klatsch und lügenhafte Gerüchte über feindliche Absichten Mambangás sehr
gehemmt. So sollten A-Bissanga den Mangbálle erzählt haben, Mambangá sei
die Blutsfreundschaft mit mir nur aus Politik eingegangen, um uns die Furcht
vor ihm zu benehmen, werde aber die Station in einem unbewachten Augenblick dennoch angreifen, alle töten und dann über den Bomokándi zu Sanga
flüchten. Alle derartigen Gerüchte fanden selbstredend bei den schwarzen Soldaten
und Arabern ihre Gläubigen, um so mehr, als die Halbaraber, in ihrem eigenen
Aberglauben befangen, auch den der Neger, das „Mapínge" und „Bänge" mit-
inbegriffen, gerne zu dem ihrigen machten. Diese aber vermuteten, auch ich
müsse Mittel zum Erfragen des Schicksals besitzen und wollten durchaus mein

33*

„Mapínge" sehen. Namentlich unser Schreiben, sowie das beschriebene oder gedruckte Papier, wird von ihnen oft als Fragestellung an das Schicksal oder als Orakelapparate gedeutet.

Aber auch Mambangá trug nichts dazu bei, die Gemüter zu versöhnen. Wohl schickte er einigemal Boten mit Freundschaftsergüssen an Hauasch, aber es waren stets dieselben Leute und keine ihm näherstehenden Personen, die zu senden er doch ausdrücklich versprochen hatte. Dazu waren seine Forderungen oft kindisch und einfältig, sodaß sie diesseits nur verstimmen konnten. Er ließ z. B. Hauasch um ein gutes Gewehr und Munition ersuchen, während er seinerseits gar keine Miene machte, die von den Arabern erbeuteten, freilich schlechten Gewehre seiner Zusage gemäß auszuliefern. Das alles aber schürte Hauaschs Unzufriedenheit und Mißtrauen, sodaß er selbst Bedenken trug, Mambangás Boten, ja sogar meinen frühern Diener Abatám, in der Station übernachten zu lassen, aus Furcht, sie könnten Feuer anlegen oder Gewehre entwenden. Und doch ließ ich Mambangá durch Abatám jedesmal dringend warnen. Bald darauf lief ein anderes Gerücht um, Mambangá wolle über den Uëlle nach Norden zu Málingde flüchten und daher mußten die Mangbálle auf dem Fluß Wache halten. Auch neue Überläufer fanden sich ein, darunter jene A-Sandé, welche früher bei der Gefangennahme Mbíttimas durch die Araber zu Mambangá geflüchtet waren. Sie kehrten jetzt zu ihrem alten Gebieter in die Nähe der Station zurück.

Erquicklicher als derartige politische Neuigkeiten waren mir die zoologischen, die ich ab und zu erhielt. So bekam ich damals zum erstenmal eine Perlhuhnart, die mir für jene Gebiete neu war. Ihr schön gezeichnetes Gefieder erinnerte mich an das Geierperlhuhn (Numida vulturina). Ich hatte schon früher die prächtigen, schwarzblauen, getüpfelten oder weiß gebänderten Federn davon an den Hütchen der Neger gesehen. Dsumbe war es, der mir endlich ein Pärchen des schönen Vogels brachte, dessen zum Teil ultramarinblau schillerndes Federkleid das Vorkommen des bisher nur vom ostafrikanischen Küstenland her bekannten Geierperlhuhns (?) oder einer dieser sehr ähnlichen Art auch in Centralafrika bestätigte. Eine Krause aus schwarzen sammetartigen Federborsten zieht sich über den Nacken von Ohr zu Ohr und verleiht dem Kopf des Vogels die entfernte Ähnlichkeit, auf welche der Name anspielt. Ich traf das Tier später nur vereinzelt, aber doch auch im fernen Westen meiner Reisen am Uëlle, und zwar vorzugsweise auf Bäumen der schattigen Uferwaldungen. Die A-Sandé nennen es Timbombo, die Mangbattu Kinge, während das gewöhnliche Perlhuhn bei jenen Nsengu, bei diesen Korandjá heißt.

Geierperlhuhn (Numida vulturina).

Bei den A-Bärmbo erhielt ich auch ein anderes, noch wenig bekanntes, für die Gebiete Centralafrikas aber neues Tier, und zwar eine Art Pelzflatterer, den Flattermaki (Galeopithecus), von dem ich vorher einige Felle gesehen hatte. Er hat etwa die Größe einer kleinen Katze und zeichnet sich durch eine Flatterhaut aus, die sich vom Hals herab zu den Vorder- und Hinterbeinen und zum Schwanz aus- breitet; indem sie ihm gleichsam als Fallschirm dient, kann er mit ihrer Hilfe von Baum zu Baum schweben. Die Haut besteht aus zwei Lamellen, die sich von- einander trennen lassen; die obere geht in die Haut des Rückens und der obern Schwanzseite über und ist mit dichtem, grauem Haar bedeckt, während die untere mit der Mittellinie der Bauch- und Brusthaut und der untern Schwanzseite verschmilzt und an den Rändern nackt, gegen die Mitte des Bauchs aber hell grauweiß behaart ist. Das ganze Fell ist gleichmäßig rehgrau, seidenartig zart und weich, es ist überhaupt das vornehmste aller Fellarten, die mir in Afrika zu Gesicht gekommen. Bemerkenswert ist auf der untern Seite, im vordern Teil des Schwanzes, eine schmale, etwa 2 Zoll lange Stelle, die haarlos, aber schuppenartig gepanzert ist; sie bedeutet eine Schwiele und weist auf häufige Berührung dieses Schwanzteils mit einem Baumast hin. Es ist daher anzunehmen, daß der Schwanz dem Tier bei gewissen Bewegungen als Stütze dient. Kleine, scharf gekrümmte Krallen zeichnen die Zehen aus; die Augen sind groß und braun. Es ist schwierig, das Tier lebend und mit unversehrtem Fell zu erhalten. Der Flattermaki lebt nämlich tagsüber in hohlen Baumstämmen, er kommt erst bei Nacht hervor und läßt dann ängstliche, einem Klagelied ähnliche Töne hören. Sein Versteck in der Baumhöhlung hat oft eine obere und untere Öffnung, was die Eingeborenen benützen, um das Tier zu fangen. Sie verschließen nämlich die obere Öffnung mit einem Korbgeflecht und zünden in der untern Feuer an. Feuer, Hitze und Rauch treiben das geängstete Tier endlich in den Korb hinauf, wobei leider oft Fell und Füße versengt werden. Auch bei einem meiner lebenden Exemplare fielen dadurch einige Krallen ab, was es aber nicht hinderte, sich wild und ungestüm zu gebärden und mit seinen sehr scharfen, langen, bräunlich gefärbten Zähnen meinen Diener tüchtig in die Hand zu beißen. Die einheimischen Namen für den Flattermaki sind: A-Sandé Nguju, A-Mádi Andúpa, Mangbattu Námbuma. Ich präparierte die Skelette sorgsam, und auch die schönen Pelze wurden geborgen. Die Insekten- und Schmetterlingsammlung wurde zu dieser Zeit durch die Jungen gleichfalls bereichert. Schließlich benützte ich einen Teil der langwierigen Muße zur Reinzeichnung einer Karte des A-Mádilandes.

Der 14. Oktober und die darauf folgenden Tage brachten durch die unerwartete Ankunft Másindes mit seinem A-Sandéanhang aus A-Mádi reges Leben in die Station. Mit ihm kehrten auch die dorthin entsandten Boten zurück, die Sendung aber, die ich erwartete, brachten sie nicht. Sie war noch nicht bei Másinde angelangt, doch waren ihretwegen Boten zu Palembatá unterwegs. Allerdings kam Másinde nicht mit leeren Händen, sondern brachte für Hauasch Efendi drei Elefantenzähne und überdies Hühner und Palmöl mit. Mein schwarzer Freund nahm durch seine lebhafte und vernünftige Art zu reden den Ägypter und dessen Umgebung gar bald für sich ein, und lächelnd erkannte Hauasch den Einfluß meines viermonatlichen Aufenthalts bei den A-Mádi, denn Másinde suchte sich nun als treuer Diener der Regierung zu zeigen. Es klang förmlich scherzhaft und bei seiner bilderreichen Ausdrucksweise oft komisch, wie er in der großen Festversammlung der A-Bármbo am folgenden Tag ihnen ihre Pflichten gegen die „Hotuma" (Regierung) in langen Reden auseinandersetzte. Da hörte ich denn freilich meine eigenen Ermahnungen, die ich ihm so häufig eingeschärft, Wort für Wort aus seinem Mund wiederklingen. Hierzu sei bemerkt, daß im allgemeinen diejenigen Fürsten und Häuptlinge der A-Sandé, die sich einmal unterworfen hatten, im Vergleich zu andern Völkerschaften bessere und treuere Vasallen wurden, wovon ja in erster Linie die Mäkarakä, ferner Sémio und Ssassa Zeugnis ablegen. Auch von Nbóruma, so jung sein Vasallen-tum war, bin ich überzeugt, und von Bábinde, Jápati, Mäsinde und noch andern nicht minder, daß sie unter richtiger Verwaltung kräftige Stützen der Regierung geworden wären. Man sieht, das Wagstück, die Völker Central-afrikas zur Anerkennung einer festen und geordneten Regierungsgewalt zu bewegen, ist nicht überall so schwer und unausführbar, wie es auf den ersten Blick erscheinen mag.

Mäsinde kam mit der ehrgeizigen Absicht, vielleicht nun mit Hauaschs Hilfe zu einer angesehenen und festen Stellung, wohl gar zur Alleinherrschaft im A-Mädiländchen zu gelangen. Der nähere Zweck aber waren allerlei Klagen, die er vorbrachte, auch über neue Einfälle südlicher A-Mädihäuptlinge in das Gebiet der ihm befreundeten A-Mangli. Ferner hoffte er durch Hauasch einige Töchter und Sklavinnen, die ihm bei frühern Räubereien hiesiger A-Bärmbo-stämme entwendet worden, jetzt zurückzubekommen. Sein heißester Wunsch endlich war, einige Soldaten aus der Station zu erhalten, um durch sie seinen Macht-bestrebungen Nachdruck zu verleihen.

Bei der Erörterung, ob dieser Wunsch nach Recht und Gesetz zu erfüllen sei, entstand aber die Hauptfrage wegen der Gebietsgrenzen. Gehörte das A-Mädi-land zum Verwaltungskreis Emin Beys oder zum Bahr el-Ghasalgebiet? Diese bis dahin auch andernorts nicht berücksichtigte Frage führte eben, wie schon früher angedeutet, zu Mißständen, welche sowohl die Eingeborenen wie auch die Verwaltungen schädigten. A-Mädi ist das beste Beispiel dafür. Einerseits hatte Osman Bédaui seine Leute dort stationiert, die nicht nur Elfenbein forderten, sondern auch noch ihre Privatansprüche erhoben und — um das Kind beim rechten Namen zu nennen — auf Raub ausgingen. Anderseits standen die Dragomane Ssassas an Eigenmächtigkeit nicht hinter jenen zurück, und nun sollte dasselbe kleine Gebiet noch mit Blutsaugern dritter Kategorie geplagt werden. Bei solchen willkürlichen Besetzungen von Gebieten mußte es ferner unter den verschiedenen Verwaltungsorganen, welche die Ausbeutungsgebiete meist noch als unbegrenzt ansahen, unbedingt zu Reibungen und Streit kommen. Hauasch Efendi hatte z. B. Sémio untersagt, seine Expeditionen fernerhin über den Uellé nach Süden auszudehnen; hinwiederum stand aber wahrscheinlich auch ihm nicht die Befugnis zu, seine Machtsphäre über das A-Mädigebiet auszu-breiten, wenigstens auf keinen Fall, so lange die Bahr el-Ghasalverwaltung noch ihre Vertreter dort hatte. Schließlich kam noch hinzu, daß unter den Stationsverwaltern, sowie unter den höhern Beamten der Regierung ein Wettstreit, eine gewisse Rivalität herrschte, möglichst viel Elfenbein zu erlangen und das Gebiet für ihre Ausbeute zu erweitern. Für das erstere ernteten sie die Anerkennung ihrer Vorgesetzten und des Gouverneurs der Provinz, ein größeres Ausbeutungsgebiet aber brachte ihnen vermehrte Macht und dadurch persönliche Vorteile. Was nun mich betrifft, hätte ich Máfindes Vasallenherrschaft unter andern Umständen gern unterstützt und gekräftigt gesehen, da ich mir davon Nutzen für die Regierung versprach; vom Rechtsstandpunkt aus jedoch konnte ich es nicht billigen, daß nun Hauasch Efendi in der That Máfindes Wunsch erfüllte, ihm die erbetenen Basinger mitgab, ihn von sich abhängig machte und dadurch die Rivalität unter den A-Mádi schürte, daher den bestehenden Mißständen noch ein neues Übel hinzufügte, ohne doch eigentlich dauernde und bessere Verhältnisse schaffen zu können. Wenn nun aber schon die Beamten in Ungewißheit über die Grenzlinie zwischen den beiden großen Verwaltungsgebieten verharrten, wie ich ja auch selbst darüber im Dunkeln tappte, so wußten die Häuptlinge erst recht nicht, zu welcher Fahne sie zu schwören hatten. So kam es, daß jetzt auch andere Gebieter nördlich vom Uelle, die ihr Elfenbein früher an Osman Bédaui abgeliefert hatten, sich Hauasch Efendi tributpflichtig erklärten und ihm Elfenbein zusandten. Dies that selbst der alte Fürst Málingbe. Unzweifelhaft waren das Unzukömmlichkeiten, und zwar wurden in diesem Fall die Rechte der der Bahr el-Ghasalverwaltung dienenden Beamten geschädigt, während anderswo dasselbe im umgekehrten Verhältnis stattfand. Auch sollen diese Erörterungen nicht den Beamten als Vorwurf dienen, sondern nur bestätigen, daß leider in der Verwaltung noch nicht daran gedacht worden war, den einzelnen Häuptlingen eine Art von Schutzbriefen auszustellen, die in ihren Händen von Wirkung gewesen wären und denen sie eine Bedeutung zugemessen hätten. Und endlich sei noch des schweren Übelstands gedacht, daß, wie alle seinesgleichen, auch Hauasch Efendi über gar wenig Wertgegenstände verfügte, die er dem Brauch gemäß als Gegengeschenke für die unter Botmäßigkeit gestellten Häuptlinge verwenden konnte. Das Wort vom Zweck, der das Mittel heiligt, trat also gebieterisch in sein Recht. Hauasch nahm leicht, um leichter geben zu können. Ein Schild, eine Lanze, ein Messer oder andere einheimische Gegenstände, die er erhielt oder sich zu verschaffen wußte, dienten ihm dann gelegentlich wieder als Freundschaftsgaben.

Der A-Mádihäuptling Mbittima wollte auch nicht hinter Máfinde zurückbleiben und kam später gleichfalls zur Station, um nun seinerseits die Staats-

politik des Ländchens vor Hauasch zu verfechten. Auch da wurden voreilige
Bestimmungen getroffen, welche später nicht haltbar sein konnten. Angesichts
derselben hielt ich mit meiner Meinung wohl nicht zurück, mischte mich aber
weiter nicht in die Sache. Hauasch Efendi war allerdings hartnäckig, er beging
oft Eigenmächtigkeiten und Ausschreitungen, welche Fehler ihm, wie er selbst
zugab, schon manche Rüge seiner Vorgesetzten eingebracht hatten und ihm später
auch die zeitweilige Ungnade Emin Beys zuzogen. Aber die Unermüdlichkeit
im Verkehr mit den Eingeborenen, der richtige Ton, den er ihnen gegenüber
anzuschlagen verstand und ein reger Thätigkeitssinn waren doch Vorzüge, die
er vor vielen andern Verwaltern voraus hatte. Das Sudanbeamtentum will
mit besonderer Elle gemessen sein, und da dort viel gesündigt wird, so muß
auch viel vergeben werden. Frei von Schuld ist dort überhaupt niemand, und
das war ja eben, wie schon mehrfach betont, die Schwierigkeit für Gordon,
Gessi, Emin Bey und Lupton, daß sie ihre civilisatorische Arbeit durch schuld-
beladene Beamten, die von eingewurzelten Fehlern nicht abließen, mußten ausführen lassen. Ich werde in der Geschichte der folgenden Jahre den Namen
Hauasch noch oft zu nennen haben; er war unter solchen Verhältnissen ein
guter, brauchbarer Offizier und hat mit Emin Pascha schließlich auch die Küste
und Ägypten erreicht.

Das neue Bündnis mit Mäsinde gab Hauasch Efendi den Gedanken ein,
mit Hilfe der A-Mädi Mambangá neuerdings anzugreifen und der Sande-
häuptling sollte daher später mit allen seinen Leuten zurückkehren. Ich konnte
auch dem nicht beistimmen. Allerdings kam es nicht dazu, denn ein Gerücht
aus Tangási, daß Bahit Bey mit Soldaten aus Mákaraká unterwegs sei, um
den Krieg mit Mambangá wieder aufzunehmen, vereitelte den Plan. Ein Brief
von ihm mit bestimmtern Nachrichten machte endlich am 22. Oktober alles
fernere Mutmaßen unnötig. Der Leser kennt Bahit Bey als Mudir von
Mákaraká von meiner ersten Reise her. Gessi Pascha hatte ihn später seiner
Stelle enthoben und nun war er durch Emin Bey wieder in Mákaraká eingesetzt. Bahit meldete seine Ankunft aus dem Gebiet Hókuas (Sohns von
Uándo), in Gemeinschaft mit Abd Allah Abu Seb, Verwalter aus Rimó in
Mákaraká, nebst zahlreicher Mannschaft und wünschte, daß eine möglichst große
Zahl von Booten an den Zusammenfluß des Kbali und des Gabba beordert werde.
Ohne Zweifel war auch Mambangá schon durch seine Spione von der Annäherung
des Feinds unterrichtet, denn wir hörten alsbald, daß er zur Flucht rüste.

Die Nachricht von der Ankunft der Hilfstruppen berührte mich insofern
freudig, als ich nun bald, jeder Verbindlichkeit enthoben, meine Reisen wieder

aufnehmen konnte, gleichzeitig aber wurmte es mich, daß Mambangá, nachdem er all meinen Rat in den Wind geschlagen, nun doch in der Wildnis umhergehetzt werden und schließlich vielleicht zu Grunde gehen sollte. Ich hätte begreiflicherweise den Starrsinn des verblendeten Herrschers gern auf friedlichem Weg gebeugt und auch Hauasch Efendi die Genugthuung gegönnt, die Gewehre noch vor Ankunft Bahit Beys für die Regierung zurückzuerlangen. Jetzt, in der ärgsten Bedrängnis Mambangás, wollte ich noch einen letzten Versuch machen und schickte im Einvernehmen mit Hauasch Boten an ihn. Sie überbrachten ihm ein Geschenk von mir, zeigten ihm die bevorstehende Gefahr an und sollten ihn bringend mahnen, zur Station zu kommen und die Gewehre auszuliefern. Ich wollte ihm sogar, ließ ich ihm sagen, am nächsten Tag wieder wie damals entgegengehen, doch solle er nun ja nicht länger zögern, denn die Gefahr für ihn sei ganz nahegerückt. Käme er aber und lieferte die Gewehre aus, so würde ihm Hauasch sofort zehn Soldaten und einen Trompeter mitgeben, um die von Osten her anrückenden Truppen von jedem Akt der Feindseligkeit abzuhalten.

Die nächsten 24 Stunden verliefen uns in gespannter Erwartung, denn das Schicksal Mambangás hing von seiner Antwort ab. Sie traf am 23. Oktober ein, aber mit ihr schwand jede Hoffnung auf einen friedlichen Ausgang. Seine Botschaft bestand aus lauter Widersprüchen; das einzige, was ganz deutlich daraus hervorklang, war immer noch das alte Lied von Mißtrauen und Größenwahn. Hauasch, so ließ er antworten, führe gegen ihn sicherlich nichts Gutes im Schild, sonst hätte er wohl häufiger Boten an ihn geschickt; ich aber sollte, wenn ich in der That auf sein Wohl bedacht wäre, zu ihm kommen und bei ihm bleiben. Meine Aufforderung, er solle wie damals in unsere Nähe kommen, erscheine ihm als eine Falle; er selbst sei zwar furchtlos, seine Umgebung jedoch fürchte für sein Leben. Mir persönlich teilte der Bote dann noch mit, daß Mambangá selbst den Krieg wolle und geäußert habe, er werde noch jahrelang gegen die Türken Krieg führen, denn er besitze noch viele Kampfmutige und habe viele seiner Verbündeten noch gar nicht zu Hilfe gezogen. Ich beklagte seine eitle Verblendung, konnte ihm aber im Grunde nicht gut zürnen, denn er verteidigte doch nur sein angestammtes Recht, seinen und seiner Leute Besitz und den heimatlichen Herd. Freilich war das direkt gegen mich gerichtete Mißtrauen beleidigend und reizte meine Empfindlichkeit. Ein großer Kreis von A-Bármbo und der Häuptling Súrunga mit seinen Leuten, früher ein Verbündeter Mambangás, waren beim Eintreffen seiner Botschaft zugegen. Súrunga hatte gerade an jenem Morgen zum erstenmal die Station betreten und noch einige andere Häuptlinge folgten später seinem Beispiel; sie beteuerten ihre Friedfertigkeit und versprachen, beim Anrücken der Soldaten ihre Wohnstätten nicht verlassen zu wollen. Der starrsinnige Böbeli und andere blieben dagegen auch dann noch auf Mambangás Seite. Ich ließ also den Boten in lautem und erregtem Ton für jedermann verständlich meine Antwort verdolmetschen: Dies sei mein letzter Versuch gewesen, Mambangá vor sicherm Verderben zu retten, nun aber sei meine Rolle als sein Schützer zu Ende und er habe jetzt seine Sache selbst zu verfechten. Oft, doch leider vergebens, hätte ich ihm geraten und ihm die Hand zu seiner Sicherung geboten; es fiele mir aber nicht ein, auf seinen Kommandoruf wieder zwecklos zu ihm zu kommen. Er werde nun sein Land und seine Heimstätte verlieren und wie ein Stück Wild in der Wildnis herumgehetzt werden. Und in der That war dies meine letzte Botschaft an Mambangá, denn die schweren Ereignisse, die ich ihm verkündet, sollten nur zu bald über ihn hereinbrechen.

Auf einer andern Seite wurde zu jener Zeit ein Erfolg erzielt. Buru hatte nämlich, durch einige Gewehre unterstützt, einen Ausfall gegen Westen unternommen und 30 A-Bármboweiber als Geiseln heimgebracht. Die Angehörigen derselben kamen dann, was in solchen Fällen oft geschieht, zu uns, um sie auszulösen, und das ist stets die beste Gelegenheit, um die Leute willfährig zu machen. So wurden auch diese jetzt tributpflichtig.

Für die Málaraßexpedition ließ Hauasch eine Anzahl Hütten errichten und so entstand mit Hilfe der A-Bármbo am Fuß der östlichen Berglehne sehr bald ein ansehnliches Dorf.

Am 26. Oktober vernahmen wir von Südost her, aus der Richtung von Mambangás Sitz, dumpfe Nugaratöne; sofort wurden allerlei Vermutungen laut und man munkelte sogar von einem Überfall Mambangás auf die Station. Den Soldaten wurde also Achtsamkeit eingeschärft, die Wachen wurden vermehrt und Burus Leute mußten auch nachts außen umherstreifen; doch hielt sich der Feind fern, die Gemüter beruhigten sich wieder und auf die Besorgnis folgte bald Fröhlichkeit. Burus Leute trieben diese so weit, daß sie vor der Station ein Tanzfest aufführten. Dabei zeichneten sich vier phantastisch geschmückte Wahrsager aus, welche wie rasend tanzten und dazwischen den einzelnen Anwesenden die Zukunft verkündeten, ganz ähnlich, wie ich es bei Ndóruma gesehen und dort näher beschrieben. Bei allen solchen Festen, sowohl der Mangbattu wie der A-Bármbo, spielt auch ein Spaßmacher eine Hauptrolle. Sein Amt ist es ursprünglich, dem Herrscher die Fliegen abzuwehren, er ist dessen Hofzwerg oder „lustiger Rat", bei Volksfesten aber wird das drollige

Kerlchen zum Eulenspiegel für das ganze Publikum. Und es war in der That höchst ergötzlich anzusehen, wie er z. B. eine imaginäre Fliege verfolgte, sie erst behutsam zu fangen trachtete, dann sie zornig niederschmetterte und schließlich mit stolzer Siegermiene oder in freudiger Erregung ob seiner gelungenen Jagd an ihre Tötung schritt. Wer erinnert sich dabei nicht der nämlichen Heldenthaten der Clowns in unserm Cirkus? In jenen Ländern aber sind solche Fliegenfänger weit höher geachtet als bei uns; sie allein genießen den Vorzug, sich in der Nähe der Hochgestellten bewegen zu dürfen, und treten mit in die Wohnungen ein. Auch mir folgte häufig ein solcher Hanswurst wie mein eigener Schatten und fuchtelte dabei mit seinem Fliegenwedel beständig in der Luft umher.

Die Verbindung mit den östlichen Stationen war seither nur durch die Boote der Mangballe aufrechterhalten worden. Ihren Häuptlingen Násima und Bangusá, die ich auf meiner Reise mit Sémio kennen gelernt, war es im Krieg Mambangás mit den Arabern schlecht ergangen; Bangusá war gefallen und Násima hatte einen Schuß in den Fuß erhalten. Die Mangballe also beteiligten sich nun auch beim Übersetzen der Truppen Bahit Beys über den Uelle und brachten am 29. Oktober die letzten Mannschaften bei der Station Ali an das Südufer. Die ersten genauen Nachrichten brachte uns Nestm, derselbe, der vor drei Monaten als Bote Hauaschs bei den A-Mábi zu mir gekommen. Er war darauf nach Labó zu Emin Bey geschickt worden und kehrte jetzt mit der Expedition zurück.

Einige kleine Ereignisse, welche die Station berührten, seien hier noch angemerkt. Vor allem der Versuch, sechs Kühe, welche für die Soldaten in Tangási bereit standen, am Nordufer des Uelle der Station zuzuführen, wo schon seit Monaten kein Vieh geschlachtet worden. Der Versuch scheiterte, denn das bewohnte Land der Söhne Málingbes lag weit landeinwärts, näher am Fluß aber fehlte es an Wegen. Dann gab es einmal eine Elefantenjagd, zu der ein Massenaufgebot der A-Bármbo erfolgte. In der Nähe der Niederlassung war nämlich unerwartet ein Trupp der Tiere aufgetaucht, doch die Dickhäuter merkten bald Unrat, nahmen den Weg zum Uelle und schwammen einfach über den Fluß. Dann kamen wieder Boten von Másinde mit sechs Elfenbeinzähnen und einem jungen Schimpansen für Hauasch Efendi. Und dann gab es zur Abwechslung wiederum langwierige Verhandlungen mit dem A-Mábihäuptling Mbíttima, der noch in der Station weilte, und das Wohl und Wehe des kleinen Berglandes stand wiederholt auf der Tagesordnung.

Auch über die Prügelstrafe konnte ich neue Studien machen. Nachdem ich bei einer frühern Gelegenheit geschildert, wie sie gewöhnlich in den nubischen und danach auch in den Negerländern jener Gebiete ausgeführt wird, sei hier nun ein Wort über die andere Methode, nämlich das Prügeln auf die Fußsohlen gesagt. Diese Strafart war in Ägypten noch vor wenigen Jahren sehr gebräuchlich, wurde dagegen im Suban nur ausnahmsweise von ägyptischen Beamten verhängt. Dabei ist eine Vorrichtung zum Festhalten der Füße erforderlich, die aus einem langen und dicken Stock besteht, in dessen Mitte eine Schlinge für die Füße befestigt ist. Der Patient liegt bäuchlings auf der Erde und seine Unterschenkel sind aufwärts gebogen, sodaß sich die Fußsohlen nach oben kehren. Nun werden die Füße durch die Schlinge gesteckt, während zwei Leute den Stock an den Enden halten und gleichzeitig drehen, sodaß sich die Schlinge enger zieht und die gleichsam aufgehängten Füße fest aneinander preßt. Jetzt tritt die breite Peitsche aus Nilpferbhaut ihr böses Amt an und arbeitet in so folgenschwerer Weise, daß sie schon oft den Tod verursacht hat. Die biegsame Peitsche legt sich nämlich, wenn nicht bloß mit der äußersten Spitze geschlagen wird, um die Fußränder herum, sodaß der hauptsächlich getroffene Teil der Fußrücken ist. Die dünne Haut desselben und die oberflächliche Lage der Knochen bringen es mit sich, daß oft schwere Entzündungen und bösartige Vereiterungen eintreten. Ich sah einst einen Jungen, dem die Haut auf beiden Fußrücken völlig zerstört war, nach monatelangem Leiden zu Grunde gehen. In Ägypten freilich fehlt es nicht an Leuten, die eine erstaunliche Menge von Sohlenhieben ohne Schaden für ihre Gesundheit in Empfang zu nehmen vermochten. Dort wird aber diese Art Bastonnade nicht mit der stielrunden Nilpferdpeitsche, sondern mit einem eigenen 2 Zoll breiten Lederstreifen appliciert.

Mittlerweile nahm ich jede Gelegenheit wahr, um Erkundigungen über die südlichen Gebiete einzuholen und faßte sie, wie auch sonst immer, vorläufig zu einem oberflächlichen Kartenbild zusammen. Später war es mir beschieden, auch jene Strecken zu bereisen und, was ich jetzt in Erfahrung gebracht, zu berichtigen. Doch lange bevor ich selbst den nördlichen Teil jenes unermeßlichen Waldes betrat, welchen seither Henry M. Stanley der ganzen Breite nach durchzogen und geschildert hat, hörte ich davon reden und erfuhr weiters, daß dort gegen Westen das große Volk der A-Babúa lebe, die sich den Kopf mit Thonerde bedecken. So ging unter neuen Hoffnungen und Plänen der Oktober zu Ende und der 1. November brachte uns das große Fest der Araber, „Id el kebir". Schon am frühen Morgen zogen die Trompeter und Trommelschläger von Hütte zu Hütte und warteten nach bestehendem Brauch überall auf ein kleines Geschenk. Wer ein Festkleid besaß, legte es an, doch fehlte den Leuten schließlich das Beste, nämlich der Festschmaus, denn man war nicht in der Lage, nach arabischer Sitte an diesem großen Tag einen Hammel oder eine Ziege zu schlachten.

Tag für Tag erwarteten wir nun die Ankunft der Expedition, doch stellte es sich heraus, daß Bahit Bey sich vorderhand nach Tangási gewendet hatte, und die ganze erste Hälfte des Novembers verging noch, bis er eintraf. Hauasch Efendi war nicht sehr entzückt davon, daß ihm ein Vorgesetzter auf den Hals geschickt wurde, und ließ sich darüber oft recht taktlos und ungerecht aus. Es ärgerte ihn, nun wieder in Abhängigkeit treten zu müssen und bei der Unterwerfung der Gebiete seine Ehre, aber auch seine Vortheile geschmälert zu sehen. Deshalb versuchte er nochmals, doch natürlich ohne Erfolg, eine Annäherung an Mambangá. Aber auch Bahit Bey unterhandelte bereits von Tangási aus mit Mambangá und schickte ihm aus diesem Anlaß einen seiner Söhne zu, die früher von den Arabern gefangen worden waren. Darauf sandte ihm der Fürst wohl als Gegengeschenk etliche der mehrerwähnten Gewehre, einen weitern Erfolg aber hatte auch jenes Entgegenkommen nicht. Vielmehr meldeten die Späher Hauaschs, Mambangá habe seine Weiber und alles Hab und Gut in die Wildnis von Böbeli vorausgesandt, weile jedoch, um die vielen Leute ernähren zu können, mit seiner Heerschar noch bei den Hütten. Daraufhin wurde von unseren A-Bármbo, den Mangbálle und Dragomanen aus der Station eine Razzia unternommen, um Böbelis Lager in einem unbewachten Augenblick zu überfallen — die dortigen A-Bármbo mußten nämlich ihren Proviant täglich auf weiten Märschen beschaffen — und die Weiber zu rauben. Der schlau angelegte Plan hatte jedoch keinen rechten Erfolg, denn das eigentliche Lager wurde nicht aufgefunden.

Endlich lief die bestimmte Botschaft von Bahit Bey ein, die Expedition werde in den nächsten Tagen, und zwar um Mambangá nicht entschlüpfen zu lassen, partienweise aufbrechen. Abd Allah und der Verwalter Baschir sollten von Tangási einen südlichen Weg durch das Gebiet des Häuptlings Bauli einschlagen, um Mambangá die Flucht in dieser Richtung zu erschweren. Der Dragoman Mabub werde unterdessen mit seiner Abteilung in Booten von der Station Ali stromab fahren und Mambangá verhindern, den Uëlle zu überschreiten. Bahit Bey endlich wollte auf direktem Weg in das feindliche Gebiet marschieren. Gleichzeitig mit dieser Nachricht waren Mlásinde und Mahmúd aus der Station Osman Bédauis angelangt und erhielten nun ihrerseits von Hauasch den Befehl, zurückzukehren und gemeinschaftlich darüber zu wachen, daß die A-Bármbo bei dem wahrscheinlichen Vorrücken der Expedition gegen Westen nicht auf das nördliche Uëlleufer und zu den A-Mádi flüchteten.

Am 15. November wurde gemeldet, die drei Abteilungen der Expedition seien von Tangási aufgebrochen. Mambangá hatte dies durch seine Spione gewiß früher als wir erfahren, denn auch er verließ nun mit seinen Kriegern sein Gebiet, in das die Truppen des Mudirs so rasch einrückten, daß schon am 17. November die ersten Boten Bahit Beys aus Manbangás Bezirk bei uns eintrafen und dessen Flucht, sowie die Besetzung der Hütten bestätigten. Dort sollte nun eine feste Station gegründet werden, woraus Hauasch voreilig schloß, daß Bahit die Verfolgung Mambangás von dort aus auf eigene Hand betreiben werde. Dieses, nebst Eifersüchteleien und Klatsch aller Art, welchem Hauasch sein Ohr lieh, veranlaßte ihn neuerdings zu maßlosen Ausbrüchen gegen Bahit Bey. Dabei war er bei seinen eigenen Untergebenen mißliebig wegen seiner Strenge und weil er manchen ihrer übertriebenen Forderungen nicht nachkommen konnte. Wohin das führte, sah ich an demselben Abend, als die Nachricht von der Ankunft Bahits bei Mambangá eintraf, denn es kam da wieder zu einer Scene, wie sie nur bei der geringen Disciplin des naturwüchsigen Soldaten- tums jener Länder möglich ist. Ein Unteroffizier erzwang sich nämlich, nachdem die Thore der Station am Abend schon geschlossen waren, den Ausgang und stürmte, mit einem Remingtongewehr bewaffnet, schimpfend in die dunkle Nacht hinaus, um bei Bahit Bey über Hauasch Klage zu führen. Sobald die Meldung davon kam, wurden ihm Leute nachgesandt, aber da war er schon verschwunden. Das Merkwürdigste dabei ist, daß diese sträfliche Handlung auch von Bahit Bey später nicht geahndet wurde, vielmehr der Strafwürdige sich bald darauf mit seiner frechen That brüstete. So wurden fortwährend, je nachdem es den Macht- habern in den Kram paßte, übergroße Strenge und übel angebrachte Milde geübt, was sich natürlich rächen mußte. Ich selbst nahm solche Dinge ernster, und als einst ein Unteroffizier mir gegenüber die Achtung im Wort verletzt hatte, drang ich energisch auf seine Bestrafung, und er mußte ohne Gnade in das Halsjoch. Erst nachträglich verwendete ich mich für ihn, sodaß er bald wieder frei kam.

Im Gebiet Mambangás, wo jetzt auch die Abteilung Baschir Salehs zu Bahit Bey gestoßen war, wurde in der That eine feste Niederlassung mit 60 Soldaten gegründet; der frühere Herrscher aber, der, wie erkundet worden, sich gegen Südwesten gewandt hatte, wurde des Landes verlustig erklärt und Mbittima, Uándos Sohn, an seiner Stelle eingesetzt. Er herrschte dann dort mit seinem A-Sandé-Anhang auch über jenen Teil der Unterthanen Mambangás, welche später zurückkehrten.

Inzwischen war Bahit Bey, ehe noch Schritte zur Verfolgung der Flüchtigen gethan wurden, vorläufig allein zu unserer Station gekommen und

ich begrüßte in ihm einen alten Bekannten. Hatte ich doch schon vor Jahren
die Reisen von Labó nach Mákaraká und zurück, und auch in das Bahr el-Ghasalgebiet in seiner Gesellschaft gemacht, Anknüpfungspunkte zur gemütlichen Unterhaltung gab es also genug. Weniger freundlich gestaltete sich der Verkehr zwischen
den beiden Vertretern der Regierung. Bahit und Hauasch warfen sich gegenseitig wahre und unwahre Anklagen an den Kopf und ihre Erörterungen wurden
oft mit zügelloser Leidenschaftlichkeit, zum Nachteil der Sache selbst, geführt.
Bei diesen Wortschlachten waren stets viele Leute anwesend und konnten sich
ein Beispiel an ihren Vorgesetzten nehmen. Ich hielt mich nach Möglichkeit
abseits, mußte aber trotzdem oft genug Zeuge dieser Scenen sein. Bahits
Benehmen war jedenfalls ruhiger und taktvoller, während Hauasch seine Leidenschaftlichkeit kaum zu beherrschen vermochte. Das einzige, was ich an dem vielen
unnützen Gepolter billigen mußte, war eine Standrede, in welcher Bahit Bey
den Soldaten das Unziemliche ihrer Forderungen und ihres Benehmens energisch
vorhielt. Erst als man sich in dieser Weise ausgetobt hatte, dachte man an das
Dringendste, nämlich an die Verfolgung Mambangás und die Erwerbung der
weiter nach Westen liegenden A-Bármbogebiete für die Regierung.

Einstweilen hielten die Mannschaften am 21. November ihren feierlichen
Einzug in die Station. Hunderte von A-Bármbo hatten sich zu diesem Schauspiel versammelt und staunten über die Streitkräfte, welche in immer neuen Massen
aus der Ferne heranzogen. Die Anführer schritten an der Spitze ihrer Scharen
einher, mit wehenden Bannern, unter Pauken- und Nugaragedröhn, unter dem
Blasen von allerlei Signalhörnern und dem Gerassel von Lärminstrumenten.
Sie zogen erst vor die Station, umkreisten sie dann, nahmen für kurze Zeit
vor einem für uns errichteten Sonnendach Stellung und erhielten schließlich
ihre Lagerplätze auf dem Hügelgelände angewiesen. Da sah man die reguläre
Truppe mit etwa 50 Remingtongewehren unter Leitung eines schwarzen Sudan-
offiziers; dann die Mannschaft der Station Rimó in Mákaraká unter Führung
Abd Allah Agas Abu Sed, mir gleichfalls von meiner Reise nach Kalifá wohlbekannt; ferner über hundert Irreguläre mit dem berüchtigten Baschir Saleh
an der Spitze, von dem ich noch später zu erzählen haben werde; sodann Niángara, den Nachfolger Munsas, mit seinen Mangbattu, A-Bángba, Niapú und
andern Kriegern mit Schild und Lanze oder Bogen und Pfeilen, dabei auch den
A-Sandéhäuptling Bauli aus dem Südosten vom Bomokándi mit seiner Streitmacht; den Schluß des unabsehbaren Zugs bildete mein schwarzer Freund Ringio
aus Kabajéndi in Mákaraká, dem Leser meiner ersten Reise wohl auch noch
erinnerlich. Er führte seine kriegstüchtigen Bombé und Mákaraká unter hell-

Einzug der Truppen Bahit Beys. Zeichnung von L. H. Filcher.

tönendem Schellenklang und dem Blasen der langen Elfenbeinhörner mit Selbst-
bewußtsein heran und nahm dann wie die andern die Befehle Bahit Beys
entgegen. Alle diese Abteilungen aber wurden noch durch Träger, Weiber, Diener
und Sklaven bedeutend vermehrt, denn außer dem Privateigentum der Beamten
und der nötigen Munition wurde auch Regierungsgut für die Station befördert.

Und wieder folgte ein lebhaftes Bild, als die vielen Leute an das Hütten-
bauen gingen, denn die von den A-Bármbo errichteten Hütten genügten bei
weitem nicht für den Bedarf. Aber auch in der Station ging es nun lebendig
zu. Die Beamten und Schreiber hatten Arbeit bekommen, denn die angelangten
Lasten wurden geöffnet, das Gut übernommen, in die Listen eingetragen, das
meiste auch gleich an die Soldaten und Angestellten verteilt und von ihrem
Guthaben abgeschrieben. Da gab es denn endlich wieder Zeuge, Tarbusche,
Schuhe, Seife, Proviant u. dgl., und manches unzufriedene Gemüt fühlte sich
durch solchen Überfluß an irdischen Gütern beschwichtigt. Aber auch auf dem Reibstein und in der Küche rührten sich fleißige Hände, denn es galt nun Freunde
und Bekannte zu bewirten und vielen hungrigen Magen gerecht zu werden.

Das größte Aufsehen bei den Stationsleuten machte indes die neue
Equipierung, welche in Kairo eigens für die Soldaten des Sudan erdacht
worden war. Tausende dieser Anzüge hatte man nach Chartum geschickt und
einige Dutzend davon fanden nun ihren Weg auch in diesen entfernten Erd-
winkel. Ein solcher Anzug bestand aus einer weißen Kniehose und langen weißen
Gamaschen mit zahllosen Häkchen zum Schließen, ferner einem faltenreichen
Kittel aus einer Art grauem Kaliko und einem großen Kopftuch aus demselben
Stoff, über dem Tarbusch zu tragen und durch dicke Stränge, wie bei den
Beduinen der Wüste gebräuchlich, festzuhalten. Das war allerdings großartig.
Leider nur sind die meisten solchen Dinge den Soldaten in den Negerländern
blos unnütz und lästig. Ein Parademarsch in der nagelneuen Maskerade impo-
nierte zwar den zusammengelaufenen A-Bármbo gewaltig, die Soldaten selbst
aber fühlten sich darin ohne Zweifel schlimmer als der Bauernlümmel im Frack.
Das Kopftuch zumal fand sehr bald eine praktischere Verwendung, nämlich als
Schurz. Wahrscheinlich aber hat die ganze weise Erfindung nicht lange Stand
gehalten, wenigstens entsinne ich mich nicht, später in den Stationen solche
Anzüge im Gebrauch gesehen zu haben.

Für mich selbst war das Wichtigste eine Sendung Emin Beys. Er schrieb
mir neuerdings, daß er bald nach Mangbattu reisen werde. In einem Kistchen
aber, mit dem er mich überraschte, fand ich eine ganze Musterkarte begehrens-
werter und nützlicher Dinge, die er mit kluger Rücksicht auf materiellen und

34*

geistigen Genuß für mich zusammengestellt hatte. Unter lebhaften Dankgefühlen packte ich alles aus. Da war unter Linsen, Kaffee, Seife, Lichten, Streichhölzchen, Sardinen u. dgl. verpackt ein Stoß von Nummern der „Neuen Freien Presse", ja selbst zwei Fläschchen Chartreuse und Mixed Pickles und ein Kistchen mit gold= farbenem türkischen Tabak gehörten zu dem Schatz. In meiner Freude opferte ich gern davon beim gemeinschaftlichen Abendessen, zu dem sich Gäste bei Hauasch Efendi eingefunden hatten. Dabei machte das Gläschen mit Chartreuse mehrfach die Runde und fand bei den weniger skrupulösen Anhängern Mohammeds vollen Anklang.

Halima und der Dinkabursche Farag mußten wegen ihrer Beingeschwüre bei der Abreise in der Station bleiben, doch erhielt ich ein anderes Mädchen als Köchin und Dembe=Dembe blieb mir als Dragoman zugeteilt. Briefe und Berichte nach Europa nahmen diesmal ihren Weg über Labó, und ich sandte für Emin Bey ein provisorisches Kärtchen jener südlichen Gebiete mit. Beiläufig sei bemerkt, daß ich auf die Postsendung von Nbóruma vergeblich gewartet hatte; sie gelangte erst später in meine Hände. Inzwischen besuchten mich alte Bekannte aus Mátaraká und ich erfuhr besonders von Ríngio manches, was mich interessierte. Und nun hätte ich aus jenen Tagen nur noch einer Prima Ballerina zu erwähnen, wie ich sie noch nie gesehen. Sie war eine Virago der A=Bármbo, ein wirklich riesenhaftes Mannweib, und galt in dem Gebiet als die genialste Wahrsagerin, tanzte aber dabei auch einen den Männern nach= geahmten Mangbattutanz mit einer Kraft und einem Gebärdenspiel, welche selbst auf mich Eindruck machten.

Das Wetter für den Aufbruch wurde nun günstig. Die erste Woche im November hatte noch fast täglich Regen gebracht, dann wurde er seltener und schließlich trat auch für diese Breiten eine kurze regenlose Zeit ein. So erfolgte denn am 25. November der gemeinsame Abmarsch unter Bahit Bey und Hauasch, denen auch ich mich anschloß. In der Station blieb eine Besatzung mit 70 Gewehren zurück, dafür wurde unser Zug noch durch eine zahlreiche Mannschaft der A=Bármbo vermehrt. Gleichzeitig mit uns fuhr aber wieder Mabub mit 30 Booten der Mangbálle unter Násima und 20 mit Gewehren Bewaffneten stromab.

Jagd auf Nilpferde.

Reise von der Station Hauaidi zum Fürsten Bakangái.

Erstes Nachtlager. Berg Mabjánu. Lager bei Magarágare. Landschaftsbild am Uëlle. Mambangá wird verfolgt. Plünderung des Gebiets. Bearbeitung des Rotto. Mambangás Truppen gesprengt. Seine Flucht. Kriegsbeute. Überläufer. Teilung des A-Bármbo-landes. Seltener Riesenkäfer. Regenzeit. Ein Wort über Ningio. Trennung der Expedition. Bei den diebischen A-Bármbo. Plünderungssystem der Nuboaraber. „Mitgegangen, mit-gehangen.“ Vandalismus. Unterhandlungen mit den A-Bármbo. Geräuschvolle Tage. Lynchjustiz. Erhalte gestohlene Sachen zurück. Briefe aus der Heimat. Abberufung der Expedition. Boten zu Bakangái. Meine Trennung von Hanaſch und der Expedition. Nacht und Sturm im Wald. Landschaftsbild am Bomolándi. Beginn des großen Waldes. Empfang beim Fürsten. Meine Ansprache. Am erſehnten Ziel zur Jahreswende von 1881 auf 1882.

Lahit Bey hatte mir zu meiner großen Erleichterung 15 Mákaralátträger überlaſſen. Die im Trägerdienſt geſchulten Leute nahmen ohne Geſchrei und Lärm, wie ich es ſchon ſeit Jahr und Tag nicht mehr kannte, die Laſten willig auf, und fort ging es mit der nach Tauſenden zählenden Menſchen-menge. Allerdings traten in der erſten Stunde, bis ſich das Getümmel zu der üblichen Gänſemarſchlinie formiert hatte, jeden Augenblick läſtige Stockungen ein. Dieſe erſchwerten auch die Arbeit der Routenaufnahme, denn jeder Aufent-halt und die verſchiedene Marſchgeſchwindigkeit mußten in Rechnung gezogen und notiert werden.

Die Marschroute verlief an den ersten zwei Tagen gegen Südwest bis jenseits des Bergs Mabjánu. (Siehe Kärtchen Bd. II, Taf. 6.) Das lang-gewellte Land war auch hier mit Steppenwald und dazwischen mit mannshohem, zum Teil schon vergilbtem Gras bedeckt. Auf das Gebiet Burus folgte der A-Bármbostamm der A-Bánja, während der Bezirk der A-Majála östlich vom Weg liegen blieb. Alle Hütten, auch die Bóbelis, waren verlassen und die Felder dem Raub unserer durchziehenden Horde preisgegeben. Gegen Mittag wurde der 20 Schritt breite, wasserreiche Fluß Kibóngo überschritten und bald darauf, jenseits des Bachs Konsála, das Lager errichtet. Es befand sich etwa eine halbe Stunde vom Uelle auf einer flachen, zum Strom hin abfallenden Land-erhebung. Das lang entbehrte Lagerleben in zahlreicher Gesellschaft übte nun neuerdings seinen Reiz auf mich. Tagsüber fesselte den Blick die Emsigkeit von Hunderten rühriger Hände beim Hüttenbau und abends erwachte das lange nicht mehr empfundene Behagen an den unzähligen Lagerfeuern, die zwischen den Hütten aufflammten. Auch war ich eben empfänglich für solche Stim-mungen, denn nun ging es ja wieder andern Gebieten und neuem Schaffen entgegen. Aber selbst nach der materiellen Seite gestaltete sich der Beginn der Reise erfreulich, denn ein Kala-Bock (Antilope leucotis) war den Leuten zur Beute gefallen und es gab daher für uns Auserwählte sogar Fleisch; jedes erlegte Wild wird nämlich dem Brauch gemäß vor den Leiter der Expedition gebracht, der dann das Fleisch verteilt.

Der zweite, und zwar starke Tagesmarsch führte südlich am Berg Mabjánu vorüber noch ein gutes Stück weiter. Die Steppe hatte anfangs nur niederes Gras und die Menschenmenge konnte daher in vielen Kolonnen nebeneinander dahinziehen, bis dies durch Bodenschwierigkeiten und Hochgras verhindert wurde. Das an diesem Tag überschrittene Hauptgewässer ist der Totá, 20 Schritt breit und 4 Fuß tief; er heißt so wie die von Erruka beherrschte Insel vor seiner Mündung in den Uelle, die ich früher vom Nordufer aus betrachtet hatte. Jetzt sah ich sie nicht und ebensowenig seit dem ersten Lagerplatz den Uelle. Die Übersetzung des reißenden Totá dauerte länger als eine Stunde und ich hatte mit Bahit Bey genug zu thun, um die Ordnung aufrechtzuerhalten und Unglücksfälle zu verhüten; die Weiber und Kinder wurden sogar von Männern gehalten und unterstützt. Südlich vom Fluß lag der Bezirk der A-Bóndu, auf welche die A-Másunga folgten, während die A-Múbanga ein Hügelland am Fuß des Mabjánu bewohnten. Auf der zweiten Hälfte des Marsches trat dann auch großgewelltes, zum Teil hügeliges Land auf; es breitete sich um den Mabjánu her und noch weit gegen Süden hin aus, ist auch gerade für diesen

Teil des A-Bármbolandes auf einige Stunden Ausdehnung bezeichnend. Der Mabjánu bildet nämlich das noch jetzt deutlich hervortretende südliche Glied eines frühern Gebirgszugs, der von Südsüdost nach Nordnordwest verlief und in den Berggruppen des Ángba, Lingua und Málingbe im A-Mádiland noch jetzt seinen höchsten Ausbruck findet. Das Hügelland im Süden des Mabjánu aber deutet wohl noch südliche Ausläufer jener einst großen Gebirgskette an.

Kala-Bock (Antilope leucotis).

Wie im Osten, so hört der hügelige Charakter des Landes nach mehreren Stunden auch im Westen des Mabjánu auf und weicht der gewöhnlichen Bodengestalt.

In nächster Nähe des Bergs wurde dann der Fluß Sano überschritten. Er war 16 Schritt breit und dabei so tief, daß außer einem hinübergelegten und vom Wasser bespülten Baumstamm weiter aufwärts noch eine Brücke für die vielen Menschen improvisiert werden mußte. Jenseits breiteten sich die Kulturfelder und Hütten der A-Bármbo aus, waren aber ebenfalls verlassen und preisgegeben. Da der Befehl, die Nacht dort zu lagern, gegeben wurde, sorgte denn jeder für seinen Magen, und außer allerlei Mundvorrat wurden alsbald ganze Häuschen, Hüttendächer, Holz, Gras, Geschirre, Töpfe und Kürbisschalen in allen Größen herbeigeschleppt. Von hier aus sollte nämlich Mambangá nachgespürt werden und der Kern der Expedition daher mehrere Tage in dem Gebiet bleiben, wo die Leute, dank den bebauten Feldern, leichter zu ernähren waren. Indes wurde in nächster Nähe ein noch vorteilhafterer Lagerplatz gefunden und somit das Lager am nächsten Morgen, den 27. November, dorthin verlegt. Es befand sich dann auf einem Hügel bei den Hütten des Häuptlings Magarágare, welche überall umher lagen. Obgleich weder der Araber, noch der Neger den Reiz des Naturschönen kennt, aus solchem ästhetischen Grund also der Platz wahrlich nicht gewählt war, hätte doch für mich im weitesten Umkreis schwerlich ein lohnenderer Punkt gefunden werden können, es sei denn auf dem Madjánu selbst. Die Aussicht vom Hügel Magarágares auf das Land gegen Norden hin war nämlich wieder eine afrikanische Scenerie, nicht weniger lieblich als jenes Naturbild, das ich bei Errukas „Inseln der Glückseligen" zu schildern versucht habe. In einer Entfernung von 20 Minuten floß der majestätische Strom, mehrfach geschlängelt, in einem uns zugekehrten kleinen Bogen thalwärts und auf seiner Flut wiegten sich auch hier bewohnte Inseln. Aus seinem südlichsten Teil, der mir zunächst lag, lauschten drei Inseln durch die hohen Stämme der Uferwaldung zu mir herauf. Ihr Beherrscher war der Häuptling Goggi. Gegen Osten hin entschwand der Uelle auf kurze Strecke dem Auge, wurde aber im Norden bald wieder sichtbar, um sich dann erst hinter den Vorhügeln des Madjánu vollends zu verbergen. Dort lagen, für mich jetzt unsichtbar, die Inseln Errukas. Der westliche Teil dieses kleinen Bogens aber zog als breite Wasserstraße wohl eine Stunde lang gegen Nordwest hin und umschloß dort ebenfalls eine lange, unregelmäßig geformte Insel, Namens Apuká. Sie ist stromab das zehnte nennenswerte Eiland und wurde von dem Embatáhäuptling Nendiká beherrscht. Weit hinter ihr biegt der Uelle nach Westen um und ist nicht weiter zu verfolgen. Doch liegt dort die Inselgruppe des Häuptlings Káimba. Der sichtbare westliche Teil hat als fernen Hintergrund die A-Mádiberge, von denen der Angba dem Beschauer am nächsten ist; östlich von ihm liegt in weiterer Ferne der Lingua und noch östlicher schließt der Málingde den Horizont. Eine kleine, noch in blauester Ferne wahrnehmbare Bergkuppe gehört wohl der nördlich von A-Mádi sich ausdehnenden Wildnis an. Das Land zunächst nördlich des Uelle ist hochgewellt und auch dort zog eine üppige Randvegetation der kleinen Wasserläufe den Bodenfalten entlang.

Ansicht des Ueïïe von Magarägare. Gezeichnet von L. H. Fischer.

Die Aussicht vom Magarágarehügel gestattete mir abermals wichtige Winkelmessungen vorzunehmen, welche mir neue Anhaltspunkte für die Triangulation des A-Mádilandes gaben. Im Süden, auf der Wasserscheide des Uelle und Bomokándi, lag der Bezirk des A-Sandéhäuptlings Ganfi, eines Sohns von Kipa. Er beherrschte dort, noch von der beffern Zeit seines Vaters her, einige A-Bármboftämme (A-Ngúja, A-Meférre u. a.), ähnlich wie der Sandé Mambangá im Westen, ferner Bangátelli, Kamsa und andere Söhne und Verwandte Kipas.

Plötzlich kam von Ganfi die Nachricht, Fürst Mambangá befinde sich nebst Anhang in seiner Nähe und er bat uns, schleunigst zu kommen. So wurden denn am 25. November Abb Allah und Baschir mit etwa 160 Soldaten und Ringio mit seinen Bombé, desgleichen die Leute Baulis zur Auffuchung Mambangás abgesandt, während ich mit Bahit Bey, Hauasch und wohl der gleichen Anzahl von Gewehren, ferner mit den A-Bármbo, den Leuten Niángaras und allen Weibern, Dienern und Trägern im Lager zurückblieb. Inzwischen hatten die Mangbálle unter Mabúb auf ihrer Stromfahrt gebrandschatzt und geraubt und ich sah die fliehenden Embatá in ihren Booten abwärts treiben. Es hieß auch, daß an 40 Boote erbeutet, einige Embatá erschoffen und (leider) auch die Inseln Érrukas geplündert worden seien; er selbst hätte sich zu seinem Vater Káimba geflüchtet und ebenso wären nun auch die in Sicht liegenden Inseln vorläufig von ihren Bewohnern verlaffen. Dazu kam vom jenseitigen Ufer die Nachricht, Mdsinde halte, wie ihm Hauasch befohlen, dort in der That Wache. In unserm Lager ging es nun freudig her, denn leicht erworbene Dinge mancher Art wurden herbeigeschleppt. Das Telebüngetreide war zwar noch nicht vollkommen reif, doch wurde es durch Schlagen, Klopfen und Reiben gesichtet und mundete vielen beffer als die Bananen. Auch Maniot, Bataten, kleine Mengen Mais, Sesam, Tabak u. a. m. wurden eingebracht. Was die rote Durra betrifft, sei bemerkt, daß sie hier, wenn auch in geringer Menge, angebaut wird, wie ich dies einst schon beim Fürsten Mambangá wahrgenommen. Selbstverständlich fiel den Leuten auch allerlei Hausgeräte in die Hände. Sehr erwünscht war ihnen, daß der Rokkobaum sich bei den Behausungen überall angepflanzt fand, ja in den Hütten sogar schon seine abgeschälte trockene Rinde zu Handen lag, sodaß mancher nun seinen alten Rokkofetzen ohne weiteres durch ein schönes neues Kleid ersetzen konnte. Allerdings wollte es erst noch „gewebt" sein, d. h. das Stück Rinde mußte zuvor in ein gewebeartiges Zeug umgewandelt werden, aber auch das ging verhältnismäßig rasch, und bis tief in die Nacht hinein hörte man auf allen Seiten das emsige Hämmern und Klopfen der Rokkorinde. Hierzu bedienen sich die Eingeborenen dieser Gebiete gewöhnlich der Antilopenhörner oder fußlanger Spitzen von kleinen Elefantenzähnen, die auf ihrem Querschnitt gitterartig tief eingerieft werden. Mit dieser 1 bis 2 Zoll großen runden Fläche wird die angefeuchtete Rinde auf einer Holzunterlage längere Zeit gestampft und geklopft, was ihre Faserschicht auseinandertreibt und das Ganze dünn und geschmeidig macht. Im Notfall indes genügen wohl auch runde Steine zum Klopfen, die Wagánda und Wanyóro aber bedienen sich dazu großer, gut geformter Holzhämmer.

Bald kamen die Embatáhäuptlinge ins Lager, vor allen Errula, später auch Káimba und die übrigen. Sie brachten Lebensmittel aller Art, darunter Körbe voll Hühner, und bezeugten damit ihre Ergebenheit. Sie wurden angewiesen, ihre Leute zu sammeln, ihre Heimstätten furchtlos wieder zu beziehen und hinfort friedfertig den Anforderungen der Regierung nachzukommen. Manche von ihnen erhielten auch ein langes rotes Kattunhemd, als Abzeichen ihrer neuen Unterthanenschaft.

Bei dieser, wie bei frühern ähnlichen Gelegenheiten hörte ich von Bahit Bey und Hauasch die wohl berechtigte Klage, daß es ihnen an Geschenken und Entschädigungen für die Neger und an genügenden Tauschobjekten für das Elfenbein fehle. Und in der That war es oft aus diesem Grund schwer, die Eingeborenen, die ja eigentlich mit wenigem zu befriedigen sind, dauernd an die Regierung zu binden. Nur ein geringer Bruchteil des Werts, der in dem Elfenbein ausgeführt ward, kam als Ware wieder zurück, kaum genug, um die Bedürfnisse der Beamten zu decken.

Ein Brief vom Schreiber der gegen Mambangá ausgezogenen Expedition gab schon am Abend des 29. November Nachricht von ihrem Erfolg. Mambangás Anhang war zersprengt und namhafte Beute gemacht; der Fürst und Bóbeli hatten sich jedoch wieder geflüchtet. Ein zweites Schreiben am 3. Dezember kündigte die Rückkehr der Expedition für den folgenden Tag an, und ich erfuhr dann besonders durch Ringio die Einzelheiten der Ereignisse. Mambangá hatte nämlich auf die Hilfe des Sandéhäuptlings Gansi gerechnet, der jedoch den Aufenthaltsort der Flüchtigen an Bahit Bey verriet. Beim Anrücken der Unsern bildeten die A-Sandé Gansis und Ringio mit den Bombé den Vortrab, sie wurden daher von Mambangás Leuten erst als Feinde erkannt, als auch schon die Nuboaraber, die Soldaten mit ihren Gewehren, und die Fahnen in Sicht kamen. Darauf entstand allgemeine Panik und viele warfen, um besser laufen zu können, ihre großen Holzschilde, ja selbst (nach Negerbrauch) die Rottos fort, weil diese bei der Flucht hinderlich sind. Die Schilde wurden später massenhaft in den Lagerfeuern verbrannt, denn das reichlich fortgeworfene andere Gerät war für die Krieger eine wertvollere Beute. Und in der That kehrten die Bombé mit schönen Mangbattumessern (Trumbasch), Lanzen u. dgl. zurück. Der Feind wurde dann von Ringio und Ganſi bis in die Nähe des Bomokándi verfolgt, wo endlich die Spuren so vielfach auseinandergingen, daß man die richtige verlor. Abd Allah und Baschir aber kampierten inzwischen im verlassenen Lager Mambangás, wo denn auch manch einer der getöteten Feinde verspeist wurde. Vom persönlichen Eigentum Mambangás gelangte einiges zu uns ins Lager; auch gegen 100 Weiber und zwei Söhne des Flüchtigen, dabei der kleine hellfarbige Hawádja und die Mutter der Söhne, wurden als Kriegs- beute mitgeführt.

Mambangá also und Bóbeli waren mit den meisten Leuten entkommen, aber es stellten sich nun täglich Überläufer ein, einmal sogar zwei erwachsene Söhne Bóbelis mit einigen Hundert ihrer A-Bármbo. Nach Kriegsrecht nahm man ihnen 150 Lanzen und 75 Schilde ab, worauf sie, unter die Botmäßig- keit Burus gestellt, an ihre Heimstätten zurückkehrten. Was bei dem ganzen Handel mit Mambangá am widerlichsten berührte, war das verräterische Wesen der Neger. Denn nicht nur Ganſi hatte Mambangá verraten — er stand ihm ja auch im Grunde fern und hoffte dadurch selbst zu Ansehen und Ehren zu kommen — sondern selbst die Söhne Bóbelis erboten sich nun eiligst zum Verrat an ihrem Verbündeten und machten sich anheischig, ihn durch Nugara- töne in der Wildnis anlocken und dann gefangen zur Stelle schaffen zu wollen. Indes blieb ihr ehrloser Plan ohne Erfolg, denn der gehetzte Fürst fand auf Schleichwegen doch noch einen Ausweg und entkam schließlich mit wenigen Begleitern zu dem unabhängigen Mangbattufürsten Sjanga Pópo, im Süden des Bomokándi. Das tragische Geschick seiner Vorgänger blieb freilich auch ihm nicht erspart, doch gehört das Nähere hierüber einer spätern Zeit an.

Unterdessen waren auch die nächsten A-Bármbohäuptlinge und Magarágare zurückgekehrt, hatten sich unterworfen und unser weiterer Vorstoß konnte beginnen. Dabei verfolgte Hauasch Efendi den Plan, das ganze A-Bármboland mit Hilfe der Regierungstruppen allmählich wieder unter die Herrschaft der Nachkommen Kipas, d. h. unter die bereits im Gebiet seßhaften A-Sandéhäuptlinge, zu stellen. Ich gestehe, daß ich dieses Vorhaben befürwortete, denn es war das beste Mittel, die zahllosen kleinen A-Bármbostämme zu maßregeln; Buru blieb aller- dings auch später der Beherrscher des östlichen Gebiets. Was Bóbeli betrifft, irrte er mit seinen wenigen Getreuen auch weiterhin noch lange umher, bis das Geschick endlich auch ihn ereilte. Ganſi dagegen wurde als Oberhaupt des mittlern A-Bármbogebiets bestellt und bald darauf folgte die Gründung einer Station auf dem Hügel Magarágare. Der nächste Plan war nun, auch das westliche A-Bármbogebiet, womöglich bis zum Sandéhäuptling Kamsa, an der Mündung des Bomolándi in den Uelle, für Regierungszwecke zu gewinnen.

Abseits der Kriegsereignisse verfolgte ich natürlich meine friedlichen Interessen. Von Mabúb, der neuerdings mit Soldaten und Mangbálle den Strom hinab auf Rekognoscierung gesandt worden, erfuhr ich, daß bis zu den von mir

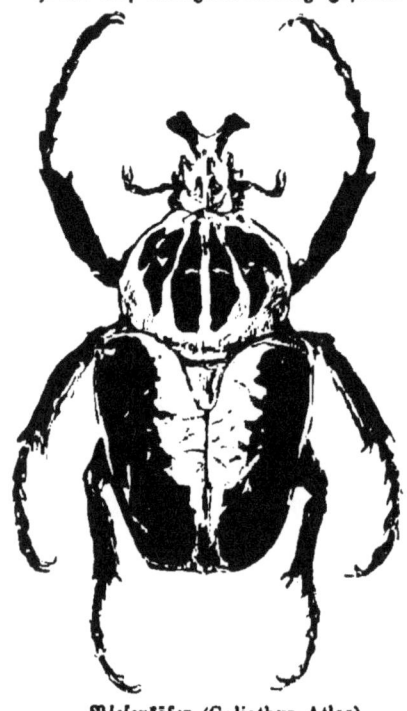

Riesenkäfer (Goliathus Atlas).

früher besuchten Embatá im Westen noch etwa zehn bewohnte Inseln vorhanden seien. Ferner hatte ich bei Magarágare die große Genugthuung, meine Sammlung abermals mit einem seltenen Tier zu bereichern. Es war wohl nur ein Käfer, aber von einer Größe, daß er wahrlich eher in jene Zeitepoche zurück gepaßt hätte, in der unsere Welt noch, wie eine Fabelwelt, von riesenhaften Tierformen belebt war.

So wie wir den Elefanten noch als einen Nachfahren weit größerer Dickhäuter anzusehen gewohnt sind, ist auch mein bei den A-Bármbo gefundener Käfer einer der nachgebliebenen Riesen unter den Koleopteren. Als das Tier über unsere Köpfe hinschwirrte, erschien es mir wahrhaftig einen Augenblick wie ein Vogel, doch schon im nächsten Moment ward ich meines Irrtums inne und nun ging es mit Hilfe der Leute an eine wilde Jagd. Zu meinem Glück fiel der Käfer in einen nahen Baum ein, wo er bald gefangen wurde. Er hatte braune Flügeldecken und auf dem schwarzen Schild konvergierten breite, weiße Streifen zum Kopf hin. Die Bauchseite und Beine waren dunkel olivengrün. Die Länge des Körpers betrug 10, die Breite 4½ Centimeter. Leider ist auch dieses Exemplar von Goliathus Atlas mit meinen Sammlungen verloren gegangen. Die beistehende Abbildung in etwa zwei Drittel der natürlichen Größe zeigt ein Exemplar im k. k. naturhistorischen Hofmuseum zu Wien. Auch Fell und Skelett einer jungen Fischotter erwarb ich bei Magarágare für die Sammlung. Endlich erhielt ich dort ein eigentümliches Armband aus den an eine

Schnur gereihten Brustschilden großer Rüsselkäfer, und seltsam geformte Amulette aus Holz. Solche wunderkräftige Hölzchen und Wurzeln werden zum Schutz der Person im Krieg, zum Hervorrufen oder Abwenden von Regen u. s. w. sowohl von den A-Sandé wie von vielen andern Negervölkern jener Gebiete an Schnüren getragen. Mittlerweile hatte die eigentliche Regenzeit mit der zweiten Hälfte des Novembers ihr Ende erreicht, obwohl noch fast täglich Gewitter von Osten heranzogen und auch im Dezember einige Regengüsse niedergingen. Die ersten Regenfälle waren, wie erinnerlich sein mag, im Februar bei den westlichen A-Bármbo erfolgt, und daraus ergiebt sich eine Regenzeit von fast zehn Monaten für jene Breiten. Übrigens erlebte ich, wie man bald sehen wird, selbst noch Ende Dezember am Bomolándi einige heftige Regengüsse; allerdings beginnt dort schon jener unermeßliche Wald, der sich gegen Süden ausdehnt. Diese über den größten Teil des Jahrs verteilte Regenmenge ist aber auch eine günstige Vorbedingung der Fruchtbarkeit des Landes. Wie im Beginn der Regenzeit, so wehten oft auch im letzten Monat zwischen 11 Uhr vor- und 4 Uhr nachmittags ziemlich heftige Nordostwinde. Für den 4. Dezember hatte ich den Leuten eine Mondfinsternis vorausgesagt, deren richtiges Eintreten bei allen das größte Erstaunen ob meiner Allwissenheit hervorrief.

Diese ganze Zeit her weilte Ringio oft bei mir. Er stand seit fast einem Vierteljahrhundert im Dienst der Araber und der Regierung und kannte die eingewurzelten Mißstände besser als andere. In seiner amtlichen Stellung als erster Dragoman für die Mákaraká und Bombé, welche als die zuverlässigsten der Vasallenstämme auch am ausgiebigsten zu Frondiensten verwendet wurden, war er durch die übermäßigen Anforderungen an seine Leute in erster Linie betroffen. Schon früher hatte er mir oft über die obwaltenden Verhältnisse geklagt und beteuerte jetzt aufs neue, daß nichts besser geworden, das Volk unzufrieden und folglich seine Stellung zwischen seinen Leuten und der Regierung eine äußerst schwierige sei. Er war in den Sitten und Gebräuchen der Nuboaraber alt geworden, verrichtete wie sie täglich seine Gebete und machte auf mich stets den Eindruck eines gehorsamen und treuen Dieners der Regierung, wenn er auch als Vermittler vielleicht nicht immer im stande war, den strengen Anforderungen, die an sein Volk gestellt wurden, nachzukommen. Nun denn, ich sah ihn hier zum letztenmal und habe daher schon an dieser Stelle ganz objektiv mein Urteil über ihn abgegeben, um dann seinerzeit noch kurz über sein späteres Schicksal zu berichten.

Um diese Zeit wurde mir auch ein nichtsnutziger Heuchler wieder in Erinnerung gebracht, der mir einst den Aufenthalt in Tangási so sehr verleidet hatte. Dieser Schurke war nämlich jüngst auf seinem Rückweg am Rohl mit Sklaven abgefaßt worden und hatte hierbei 16 Araber in Mangbattu als Eigentümer derselben angegeben. Emin Bey sandte nun den Befehl, alle Teilnehmer an diesem Sklavengeschäft nach Labó zu schicken. Es mag dies zugleich als Beweis dienen, wie im Princip noch alle dem Sklavenhandel huldigten; nur die Ausfuhr nach Norden hatte sich weit schwieriger gestaltet, um so mehr aber wurde im Land selbst mit Sklaven geschachert.

Zwischen Bahit Bey und Hauasch Efendi wollte sich leider kein besseres Verhältnis einstellen, und dies war wohl auch die Ursache, warum Bahit sich plötzlich eines andern besann und mit der Hälfte der Mannschaft, den Mákaraká, den Rückweg antrat, angeblich um Mambangá weiter nachzuspüren. Hauasch und Baschir aber, denen ich mich nun anschloß, setzten die Reise dem Plan entsprechend am 9. Dezember fort. Wir wurden dabei durch Ganfi mit seinen Leuten und viele A-Bármbo des neuen Gebiets verstärkt, Buru dagegen kehrte mit seinem Volk heim. Der noch immer sehr ansehnliche Zug sammelte sich am Fuß des Magarágarehügels und marschierte dann auf Befehl in geschlossener Reihe weiter, denn es hieß, daß die westlichen A-Bármbo uns anzugreifen beabsichtigten. Auf das Gebiet der A-Mubánga, das sich noch durch die früher geschilderte Hügelbildung auszeichnet, folgten nach einer kurzen Strecke unbewohnten Landes die A-Bála, und auf sie die A-Gánda, in deren Gebiet gelagert wurde. Die Reiseroute verlief am ersten wie an den folgenden Tagen in zahlreichen Windungen gegen Westen und entfernte sich wieder vom Uelle. Die Eingeborenen waren auch hier und weiterhin entflohen, wagten aber keinen Angriff.

Am zweiten Marschtag kreuzten wir den Fluß Uárra. Er ist etwa 20 Schritt breit und 6 Fuß tief und mußte auf Baumstämmen überschritten werden. Viele Behausungen und ausgedehntes Kulturland ließen auf eine recht dichte Bevölkerung schließen. Indes waren auch hier wieder die bevölkerten Teile im Vergleich zu der ganzen Strecke nur klein, denn die bewohnten Striche sind überall durch Wildnis voneinander getrennt, auch sind nur die dem Fluß näher gelegenen Distrikte bewohnt, während das eigentliche Gebiet der Wasserscheide zwischen Uelle und Bomokándi fast ausschließlich unbewohnte Wildnis ist. Die Jahreszeit war für den Marsch einer zahlreichen Mannschaft sehr günstig, denn das Telebúngetreibe lag hier schon meist gelappt und füllte die Speicher. Leider aber begnügten sich unsere Leute nicht, es als Nahrung zu rauben, sondern der viele Troß übte auch seinen Vandalismus daran und mancher Getreidebehälter ging in Flammen auf.

Auf das Gebiet der A-Gánda folgten, wieder nach einer kurzen Strecke Wildnis, die A-Mesimá, und dort kam in der Nähe des zweiten Nachtlagers der Uëlle auf etwa 20 Minuten Entfernung abermals in Sicht. Die Inseln von Káimba bis zu den A-Mesimá liegen meist in Gruppen beisammen. Die Schlupfwinkel meiner schwarzen Freunde bösen Angedenkens, der Diebe und Hehler Bámadsi und Senn, lagen weiter gegen Nordwesten, doch waren auch bis dahin noch Inseln im Strom eingebettet. Ich hatte demnach bei den A-Mesimá wieder Fühlung mit den in der Umgebung von Mambangá-Sandé lebenden A-Bármbo, waren es doch gerade die A-Mesimá, und zwar deren Häuptling Basingebánno, gewesen, welche einst Dsumbe bedroht hatten.

Am dritten Reisetag, dem 11. Dezember, brachte uns ein kurzer Marsch an das vorläufige Ziel, denn die nun folgenden Friedensunterhandlungen wurden von dort aus geführt. Wohl machte das Rauben und Plündern der Mannschaft gerade nicht den Eindruck einer friedfertigen Expedition, aber es ist nun einmal die Art und Weise der Araber, den Neger ihre volle Macht empfinden zu lassen und ihn zu demütigen, bis Not und Hunger ihn zur Unterwerfung zwingen. Ich will diesem fortgesetzten Raub= und Plünderungs= system gewiß nicht das Wort reden, doch muß ich bekennen, daß der Neger oft schlechterdings nicht willfährig wird, ehe er nicht die ganze Kraft seiner Gegner kennen gelernt hat und durch die schwere Prüfung des Kriegs gezähmt ist. Die allmähliche Ausbreitung der europäischen Macht in den Kolonialgebieten findet zum Teil freilich andere Bedingungen vor, ihr werden der gute Ruf des Europäers, seine Machtvollkommenheit und hoffentlich auch seine Milde, als Bahnbrecher vorausgehen und die Notwendigkeit des Kriegs seltener machen. Dabei bleibt nicht ausgeschlossen, daß Pulver und Blei unter Umständen das beste Mittel ist, um ans Ziel zu kommen.

Als wir bei den A-Mesimá anlangten, eilte jeder, sich vor allem den nötigen Proviant zu verschaffen, denn der Blöde und Träge hat später nur die kümmerliche Nachlese. Auch ich mußte — „mitgegangen, mitgehangen" — meine Leute einfach mitrauben lassen. So erwischte Dsumbe Hühner und Tabak, Dembe-Dembe kehrte mit einem Korb voll Sesam zurück, die Träger aber schleppten Mais und dergleichen herbei. Leider war auch hier der Zerstörungs= lust der Mannschaft nicht zu steuern; in wenigen Minuten fielen unter den Hieben der Trumbasche ganze Bananenhaine. Die Leute stellten dann je fünf oder sechs Stämme zu einer Pyramide zusammen, die sie mit den Blättern belegten, und hatten ihr Obdach für die Nächte fertig. Das Fällen dieser für die Besitzer so wichtigen Fruchtgewächse bleibt unter allen Umständen bedauerns=

wert, auch wenn man berücksichtigt, daß neue Sproßen in wenigen Monaten Ersatz für die abgeschlachteten Schäfte zu liefern vermögen, und wenn es, wie hier, einen Zweck erfüllt; wie viele Hunderte von Stämmen aber wurden auf

dem Marsch lediglich aus Zerstörungssucht gekappt! Wenigstens muß ich Hauasch Efendi die Gerechtigkeit widerfahren lassen, daß er der Mannschaft den strengen Befehl erteilte, sich jeder Gewaltthat gegen die Person der Eingeborenen zu enthalten. Auch sandte er Unterhändler mit friedlicher Botschaft an die Häuptlinge aus, die nun zum Teil nicht lange zögerten, sondern ins Lager kamen und ihr Elfenbein überbrachten. Und die nämlichen Leute, die ihr belastetes Gewissen, ihre Ängstlichkeit, aber auch Böswilligkeit damals von mir ferngehalten, trieb jetzt wirkliche Furcht

Ruchloses Fällen von Bananenstämmen.

und unabweisliche Notwendigkeit zur Unterwerfung, denn sie wußten gar wohl, daß sonst sämtliche Gewehrläufe der „Turk" auf sie gerichtet sein würden. So sah ich denn Senu bald wieder, welcher sein Elfenbein als Tribut kriechend freundlich überbrachte; desgleichen Bassansá, denselben, unter dessen bewährter Leitung damals von 40 Lasten mehrere Kisten gestohlen worden waren. Er hatte wohl gehofft, ich würde ihn aus der Menge nicht herausfinden, hatte er doch, um sein Inkognito zu verstärken, sogar seinen Namen gewechselt, ich erkannte ihn jedoch schon von weitem an der etwas gebückten Haltung. Und auch Basingebánno stellte sich ein, doch klangen seine Äußerungen jetzt bei weitem weniger übermütig als jener Bescheid, den er mir seinerzeit durch Djumbe gesandt hatte.

Von den tagelangen Unterhandlungen zwischen Hauasch Efendi und den A-Bármbo hielt ich mich meist fern. An Verwicklungen fehlte es zwar nicht. Viele A-Bármbo waren bei unserm Durchzug auf das Nordufer des Uélle entflohen, wo aber schon neue Feinde auf sie warteten. Sehr bald kam denn auch die Klage, Mäsinde, der A-Mádi Mbittima, die Dragomane der Station Osman Bédauis und andere Häuptlinge vom jenseitigen Ufer hätten die dorthin entkommenen Weiber geraubt. Dies wieder brachte begreiflicherweise Hauasch in Harnisch und er schickte eine Abteilung hinüber, um die Opfer zu befreien, Mahmud aber nebst den Bongodragomanen womöglich gefangen einzubringen. In der That brachten die Leute 12 Sklaven aus der Station herbei; an sieben derselben, lauter Kindern, war selbst das Sklavenzeichen schon gemacht worden, sie hatten drei noch frische Einschnitte in jeder Wange. Mahmud jedoch, sowie die meisten Bongodragomane, Mäsinde und Mbittima, hatten sich vor Ankunft der Soldaten zu bergen gewußt. Die nächste Folge dieses Befreiungszugs war übrigens, daß alsbald die Gegenklage laut wurde, unsere Mannschaft habe ihrerseits drüben geraubt und geplündert. Kurz, es gab nur wieder neue Mißstände auch bei den A-Mádi, ohne daß, wie wir bald sehen werden, etwas Begonnenes zu Ende geführt wurde. Es hatten sich nicht einmal alle A-Bármbo des Gebiets willfährig gezeigt, vielmehr hielten sich manche versteckt, während ihr Hab und Gut auf den Inseln geborgen war. Da mußten allerdings schärfere Maßregeln ergriffen werden, und auch sonst blieben Zusammenstöße unserer Leute, die oft nur in kleinen Trupps auszogen, mit den A-Bármbo nicht aus. Dabei floß auch Blut. Als z. B. Djumbe bald nach unserer Ankunft mit etlichen Soldaten zu Mambangá-Saubé gesandt und unterwegs unerwartet von den A-Búkunba angegriffen wurde, erschoß er einen Eingeborenen, dessen durchlöcherten Schild er dann als Trophäe heimbrachte. Mambangá war natürlich sehr erfreut, auf diese Weise seinem lange angestrebten Ziel näher zu rücken und nun wieder zu einiger Macht über die A-Bármbo zu gelangen.

In diesem Chaos von beständigem Unterhandeln, Klageführen, Prozeßschlichten, Wegfangen und Austausch von Weibern, Aussenden von Streifpartien, Diktieren von Strafen, noch dazu unter dem Lärm und Getöse des

Lagerlebens, vergingen geräuschvoll die Tage. Einer ruchlosen und bedauerns= werten Scene sei dabei besonders gedacht. Die Soldaten glaubten nämlich eines Tags unter dem Troß der A=Bármbo einen Menschen zu erkennen, der früher einmal bei einem Ausfall aus der Station Hauasch einen der ihren getötet haben sollte. Die wutentbrannte Menge stürzte sich auf den Unglücklichen und dabei Unschuldigen; mit Gewehrkolben hieb man auf ihn los und ein Jubelgebrüll erhob sich, so oft er seinen Peinigern zu entfliehen glaubte, und jedesmal wieder zu Boden gerannt wurde. Ehe ich noch den Sachverhalt erfuhr und einschreiten konnte, hatte das grauenhaft zugerichtete Opfer im tobenden Menschenknäuel sein Leben ausgehaucht.

Befriedigender war die Gerechtigkeit, die mir zu teil wurde, indem eifrige Nachforschungen einiges von den ehemals mir gestohlenen Dingen wieder zur Stelle brachten. Wohl leugneten die Hehler, auch jetzt noch etwas zu besitzen, doch fanden sich die Sachen nebst andern Dingen auf einer Insel versteckt, und zwar vier Büchsen englisches Pulver, Wäsche und noch mancherlei, was ich nun zum Teil verschenkte. Senu und Bámabsi waren somit durch ihr Leugnen neuer= dings kompromittiert; jener konnte noch rechtzeitig entfliehen, während sein Helfershelfer zur Strafe in das Haléjoch wanderte. Ich gestehe, daß ich für den Kummer und die Sorge, welche mir die Schelme einst zugefügt, nun eine Genug= thuung beanspruchte, und zwar verlangte ich, Hauasch solle von den Schuldigen 10 Trumbasche und 30 Lanzen beitreiben lassen. In der That erhielt ich das Verlangte und empfand dann eine gewisse Schadenfreude, die Gegenstände an meine Mákarakáträger und die Unteroffiziere verteilen zu können.

Allerdings war es mir noch weit erfreulicher, daß ich jetzt endlich die längst erwartete und ersehnte Sendung aus Chartum erhielt, das Kistchen, von welchem Dsumbe schon bei Nbóruma erfahren hatte. Auf den ersten Blick glaubte ich, es enthalte Proviant, doch war der Inhalt noch weit wertvoller, denn er bestand lediglich aus Drucksachen: Zeitungsbündeln, einem Jahrgang von Peter= manns „Mitteilungen", den kurz zuvor veröffentlichten Karten meiner ersten Reise, und zu all dem Guten kam noch das beste: ein Päckchen lieber Briefe. Leider war diese Freude wieder durch Kummer getrübt, denn die Briefe aus der Heimat brachten mir auch eine Trauerbotschaft.

Um dieselbe Zeit kam von Bahit Bey aus Tangási der Befehl, Hauasch solle zurückkehren, um nach Mákaraká zu reisen, wohin Emin Bey ihn beordert habe. Diesem waren Klagen über Eigenmächtigkeiten, welche Hauasch früher in Tangási gegen Niángara begangen, gemeldet worden und damit hing der Befehl zusammen. Infolge der plötzlichen Abberufung der Expedition blieb bedauer=

licherweise die im A-Bärmbgebiet begonnene Arbeit nur Stückwerk, und die
Gegenleistung an die geschädigten Eingeborenen, nämlich die Regelung ihrer
Verhältnisse und die Sicherung des Friedens bei ihnen, mußte für jetzt, und
wie es die spätern Ereignisse mit sich brachten, auch in späterer Zeit unerfüllt
bleiben. Ich ließ mich durch die bald erfolgende Umkehr der ganzen Mannschaft nicht beirren, sondern ermöglichte jetzt endlich die Ausführung eines alten
Plans, indem ich es auch allein unternahm, zu Bakangái zu reisen. Jetzt
weigerte sich Basingebánno nicht mehr wie ehemals, mir Boten und sogar
Träger zu stellen, ich schickte also vor allem einige Leute zu Bakangái, ließ aber,
um von vornherein jede falsche Botschaft zu verhüten, Dsumbe mit ihnen gehen.

Einstweilen unternahm ich einen Ausflug an den Uélle, durch welchen ich
einen neuen festen Punkt am Fluß und dadurch für die Reiseroute vom Februar
genauern Anschluß an die jetzige Reise gewann. Der Strom lag etwa 40 Minuten
Marschzeit von unserm Lager, und die Entfernung von dort bis zu der Stelle,
wo ich ihn damals auf dem Weg zu Mambangá-Sandé überschritten hatte, betrug
in nordwestlicher Richtung ungefähr ebensoviel. Zahlreiche Felsbänke ragten auch
hier über den Wasserspiegel empor, denn der Uélle war jetzt, am 19. Dezember,
schon wieder um 2 Meter gefallen. Eine Menge Nilpferde belebten den Fluß
und zeigten ihre breiten Köpfe über der Wasserfläche, doch immer nur für einen
Augenblick. Die Jagd auf sie ist oft erfolglos, denn die krankgeschossenen oder
getöteten Tiere treiben weit ab, sind für den Jäger verloren und fallen dann
nur zufällig in die Hände der Eingeborenen. Nach einem guten Treffschuß bäumt
ihr ungetümer Körper sich plötzlich aus dem Wasser empor und verschwindet
ebensoschnell wieder. Die wunden Tiere aber gehen in ihren Grasdickichten
verborgen bald an Land, da sie außer Wasser leichter atmen.

Noch ehe der Befehl zur Rückkehr der Expedition eintraf, waren Boten
an Kamsa, den Bruder Bakangáis, gemeinschaftlich mit Leuten von Mambangá-
Sandé nach Westen abgegangen. Sie kehrten nun mit einigen Leuten Kamsas
zurück, welche Elfenbein brachten und die Freude ihres Herrn aussprechen sollten,
daß die Regierung auch seine Macht unter den A-Bärmbo kräftigen wolle, weshalb er nunmehr Hauasch Efendi bei sich erwarte. Aber auch meine Botschaft
an Bakangái kehrte bald wieder und brachte gute Mär. Der Fürst schickte gleichfalls Gesandte an mich mit, welche mir einen Schimpansen und drei Elefantenzähne als Geschenke überbringen und mich recht bald zu ihm geleiten sollten.
Zur Abreise hatte ich inzwischen schon alles Nötige vorbereitet, auch die Briefe
und Berichte nach Europa beendet, und so brach ich tags darauf ohne Zögern
auf. Hauasch verlegte sein Lager gleichzeitig weiter zurück gegen Osten. Dort

ſollte er aber noch meine Nachricht erwarten, daß ich mit den Trägern Baſingebánnos den Bomokándi erreicht und überſchritten hätte, denn bald nach dem
erſten Befehl an Hauaſch kam ein zweiter, und dieſen überbrachten 30 Soldaten
aus Tangáſi, ſodaß die Rückkehr der Expedition nun noch dringender erſchien.

Die Embatá hatten mittlerweile ihre Boote der Mannſchaft mehrfach verweigert und ſo waren ihnen gelegentlich zehn derſelben weggenommen worden.
In dieſen wurden dann das Elfenbein und noch andere Güter zum erſtenmal
aus jenen weſtlichen Gebieten zu Waſſer nach der Station am Gabba befördert
und dadurch endgültig der Beweis geliefert, daß die ganze Strecke, deren Ausdehnung etwa 150 Kilometer beträgt, frei von Stromſchnellen und gut fahrbar
ſei. Auch ich ſchickte bei dieſer Gelegenheit meinen Schimpanſen und die neuerdings geſammelten Gegenſtände den Fluß hinauf. Von Bakangái aus gedachte
ich auf einem andern, ſüdlichen Weg mich wieder nach Oſten zu wenden und
ließ deshalb auch meine in der Station bei Buru zurückgelaſſene kranke Dienert-
ſchaft nebſt dem dort gebliebenen Gepäck inzwiſchen nach Tangáſi befördern.

Am 26. Dezember ging denn endlich mein längſt gehegter Wunſch in
Erfüllung und in ſehr zufriedener Stimmung folgte ich meiner kleinen Schar
von 15 A-Bármboträgern gegen Süden. Zu meinen eigenen Dienern geſellte
ſich für dieſe Reiſe noch der Dragoman Dembe-Dembe nebſt einer kleinen
Dienerin, und auch Djumbe hatte von Hauaſch ein Mädchen erhalten, das nun
den Hausſtand vermehrte.

Der Weg führte während der nächſten Reiſetage, auch jenſeits des Bomokándi und bis zu Bakangái, mit wenig Abweichungen beſtändig gegen Süden
Bald nach dem Aufbruch zogen wir an den Hütten Baſingebánnos vorüber,
durch das Gebiet der A-Meſimá, und erreichten dann den Sitz Ngíllimas. Von
dort aus erſtreckt ſich gegen Süden unbewohnte Wildnis, die Träger mußten
ſich alſo erſt den nötigen Proviant verſchaffen und hierdurch erlitt die Weiterreiſe einige Stunden Verzögerung. Das dann im Süden der A-Meſimá folgende
Hügelland bildet die Waſſerſcheide zwiſchen den Flüſſen, die in den Uelle-Mákua
münden, und jenen, die ſeinem ſüdlichen Nebenfluß, dem Bomokándi, tributär
ſind; es hat eine Stunde gegen Oſten in der von Südſüdoſt gegen Nordnord-
weſt verlaufenden Berglette Bongotú ſeine größte Erhebung, hinter dieſer führte
der Weg, welchen Osman Bédaui im vergangenen Jahr zu Bakangái ein-
geſchlagen hatte. Das erſte Gewäſſer, das dann dem Bomokándi zufließt, iſt
der 10 Schritt breite Gadſi. Am folgenden Tag mußte ich ihn abermals überſchreiten an einem Punkt, wo er gegen Südweſt floß. Alle kleinern Gewäſſer
wenden ſich ihm zu und erreichen ihn während der erſten Hälfte des Marſches

von Osten, später von Westen her. Der Weg selbst war von den A-Bármbo bis zu Bakangái so wenig begangen, daß er im über mannshohen Gras schier unsichtbar wurde. Wir drangen daher noch leichter in den Waldcomplexen vor, die sich allmählich häuften, indem die Uferwaldungen der kleinen Flüsse immer breiter wurden; auch das Lager für die Nacht schlugen wir im Waldesdunkel auf. Zur Erbauung einer Hütte waren freilich die trägen Leute nicht zu bewegen, indes stand Regen kaum zu befürchten, und so richtete ich mich, so gut es eben ging, unter den Laubkronen der mächtigen Bäume ein.

Eine Nacht im Wald.

Der Mond stand im zweiten Viertel und seine Strahlen brachen ab und zu durch die dünnern Stellen des hehren Walddoms, der von der Fröhlichkeit meiner Leute wiederhallte. Auch ich war heiter gestimmt und verzehrte wohlgemut das einfache Abendbrot, Kisra mit Huhn und Maniokwurzel; dann genoß ich mit Behagen meine Cigarette und zählte unbewußt die freundlich lodernden Lager-feuer, während meine Gedanken doch eigentlich an das langersehnte Ziel voraus-eilten. Doch bald verstummte rings Scherz und Gelächter, die Müdigkeit setzte sich beinahe plötzlich in allgemeinen Schlaf um.

Nur mich floh der Schlummer, dagegen stellten sich die Vorboten des Fiebers ein. Ich hatte es nämlich vor mehreren Tagen unterlassen, bei Fieberanfällen

Chinin zu nehmen und das rächte sich nun. Zähneklappernd lag ich unter der wollenen Decke. Dann folgte dem Frost die Hitze und nun erst schläferte mich das leise, eintönige Flüstern des Windes im Blätterwerk so weit ein, daß ich in einen leichten Schlaf verfiel, in dem jedoch die erregte Phantasie nicht recht zur Ruhe kam. Auch diese Halbruhe dauerte nicht lange, denn jählings weckte mich ein heftiges Rauschen und Krachen; die Bäume schwankten im Wind hin und her, ein Sturm war im Anzug. Es sah unheimlich genug aus. Schwarze Wolken= massen zogen heran und erdrückten das Mondlicht; was sie davon übrig ließen, verblich an der grellen Beleuchtung des südlichen Himmels, der über dem nahen Waldesrand wie ein Feuermeer erglänzte. Ein verheerender Steppen= brand war nämlich in der Ferne ausgebrochen und heulend wälzte ihn der Sturm dahin.

Da war denn freilich wenig Zeit zu Betrachtungen, der Augenblick drängte, denn der Gewitterregen konnte jede Minute auf uns niederbrechen. Schon raste die Windsbraut durch die Bäume und schleuderte Laub und dürres Geäst auf uns herab, noch ein Augenblick, und es folgten auch die ersten schweren Regen= tropfen. Schleunigst traf ich meine Maßregeln, die Decken wurden in aller Hast zusammengerollt und in dem mit Ölfarbe gestrichenen Sack geborgen, die Füße des Angareb beiderseits auf Kisten gestellt und dann das Ganze noch mit einer Wachstuchdecke geschützt. Ich selbst duckte mich darunter, um gegen den strömenden Regen ein Obdach zu haben. Mittlerweile verlor sich der Feuerschein am Himmel, denn der Regen löschte die Flammen bald; die Lagerfeuer ertranken gleichfalls und da auch der Mond durch Wolkenmassen verhüllt war, herrschte nun pech= finstere Nacht. Nur für Sekunden erhellte sich die tiefe Schwärze durch Blitz= strahlen, die nach allen Richtungen durcheinander zuckten, um Baumstämme, Menschen und Gegenstände aller Art plötzlich gleich Gespenstern erscheinen und wieder verschwinden zu lassen. Der Donner aber überdröhnte das Rauschen der Bäume und oft krachte es gleich Kartätschenschüssen über uns hin, um so erschreckender, da ich, wie schon bei manchem ähnlichen Gewittersturm, sekunden= lang den plötzlich verstärkten Luftdruck am Körper empfand. Und zu alledem prasselte der Regen unaufhörlich auf das Laubdach des Waldes herab, das dann die empfangenen Wassermassen auf uns Ärmste niedergoß. Nun denn, nach einer halben Stunde war alles vorüber, die erloschenen Feuer wurden geschwind wieder entzündet und ganze Berge von Holz darauf geschichtet, die Neger wärmten sich weidlich die erstarrten Glieder, ich trocknete meine durchnäßten Sachen und schließlich konnte ich, in den Mantel gehüllt, sogar noch einige Stunden schlafen.

Ansicht des Somolándi. Gezeichnet von L. H. Fischer.

Das erste Morgengrauen fand aber schon alle wieder wach um die Feuer her, denn ein starker Tagesmarsch lag vor uns. Wir brachen auch früh auf und erreichten an diesem Tag, dem 27. Dezember, den Bomokándi. Der Gadsi wurde schon am Morgen gekreuzt, später ein Nebenflüßchen, und dann noch ein kleines Gewässer, das direkt dem Bomokándi zufloß. Das Land ist zum Teil breitrückig, hoch gewellt, und von einer solchen Erhebung aus erblickte ich den Berg Mándjéma im Süden des Bomokándi. Der Weg führte auch heute oft durch lange Waldbestände, wo das Fortkommen recht beschwerlich und häufig nur in gebückter Stellung möglich war. Ohne Weg und Steg wäre überhaupt kaum vorwärts zu kommen gewesen, doch giebt es hier wie anderwärts meistens Fußpfade, nur sind sie zeitweise verlegt und bieten dann wahrlich schon Hindernisse genug. Oft sind es lediglich Fährten von Tieren, die aber auch der Mensch gern benützt. Die Wege führten aus dem lichten Steppenwald immer wieder in geschlossene Waldbestände, wo ja der Eingeborene zuzeiten Dinge sucht, die er in jenem nicht findet, z. B. Wurzeln, Früchte, Honig u. dgl. m. Aber auch bestimmten Arten von Termiten wird selbst in den entlegensten Gegenden nachgestellt. Doch vor allem führen die großen Jagden ganze Scharen von Eingeborenen gerade in die unbewohnten Distrikte und dabei werden die Fußpfade ausgetreten. Gelegentlich werden dann dort auch Schutzdächer errichtet und ein solches kam uns eben jetzt zu statten, denn noch ehe wir den Bomokándi erreicht hatten, entlud sich nachmittags ein neues Gewitter über uns. Die meisten Träger eilten vorwärts, andere aber blieben zurück und suchten mit mir Schutz vor dem Regen. Trotzdem erreichten wir schon lange vor Sonnenuntergang den Bomokándi, wo es jedoch an Booten zum Übergang fehlte, obwohl Leute mit der Meldung unseres Anmarsches schon gestern vorausgeeilt waren. So mußten wir hier eine zweite Nacht in der Nässe verbringen, und zwar auf dem feuchten Überschwemmungsgebiet des Flusses, denn das nördliche Ufer war flach und zeigte Spuren von zurückgetretenem Wasser, während das südliche Ufer auch jetzt noch 2 Meter über den Wasserspiegel emporragte. Die Breite des Flusses betrug etwa 200 Schritt. Beide Ufer waren mit einem breiten Waldsaum eingefaßt, ähnlich wie die kleinen Gewässer, und auch dadurch unterschied sich der Bomokándi wesentlich vom Uelle-Mákua, dessen steile Ufer nur eine schmale Einfassung von Bäumen zeigen. In seiner schönen, gleichmäßigen Umrahmung bot der ruhige Wasserspiegel, aus dem sich zwei Inselchen erhoben, ein herrliches Bild. Allerdings war das nächste der Eilande bloß ein einziger Felsbrocken mit einem verwaisten Baumstamm, die andere Insel aber maß wohl 100 Schritt in der Längsachse des Flusses und war dicht bewaldet. Der Bomokándi fließt von hier annähernd nach Nordwesten und mündet in der Nähe von Kamsa in den Uelle. An unserer Übergangsstelle bog er jedoch sehr bald nach Süden um und auch die Aussicht über ihn weg nach Osten blieb beschränkt. In der Nacht bedrohte uns neuerdings Regen, doch kam es nicht dazu, hingegen störten meinen Schlaf lästige Wadenkrämpfe, eine Folge des langwierigen Dahinkriechens durch Busch und Wald. Obwohl der Dezember nicht mehr zu den Regenmonaten gerechnet werden kann, so bewiesen mir doch gerade die letzten Tage, daß unter diesen Breiten, wie ich schon früher bemerkt, selbst noch im Dezember schwerer Regen fällt; ich erlebte solchen im Jahr 1881 am 9., 13., 26. und 27.

Am folgenden Morgen wurde versucht, einige von den Fischen, die sich im Uferschatten tummelten, zu angeln, als endlich die Boote eintrafen. Nun ging das Gepäck über den Fluß und wir erreichten nach einer Stunde die Behausungen eines A-Bármbohäuptlings. Von hier konnte ich nicht weiter, denn ich hatte keine Träger mehr. Dagegen kamen die Eingeborenen bald herbei, um mich anzustaunen, und ich konnte zur Abwechslung wieder ein dunkles Völkchen mit Musik und Bildern unterhalten.

Das Land südlich vom Bomokándi wird von zahlreichen A-Bármbostämmen bewohnt. Ihr Gebiet reicht im Westen bis zum Makóngo, einem Nebenfluß des Bomokándi, und grenzt dort an die A-Babúa. Im Osten überschreiten sie den Pokko, gleichfalls einen südlichen Nebenfluß des Bomokándi, bilden aber dort unter den A-Sandé nur noch einzelne Enklaven. Im Gebiet Bakangáis dagegen steht das Verhältnis umgekehrt, denn dort bilden die A-Sandé Enklaven unter den A-Bármbo, die aber doch alle im Vasallenverhältnis zum Fürsten Bakangái stehen. Die A-Bája und A-Mbárandi leben in der Nähe der Fähre, ihnen schließen sich gegen Osten die A-Mokublo, A-Miáro u. s. w. an. Gegen Westen haben die A-Mangále, A-Belijóro, A-Báli und eine ganze Reihe anderer Stämme ihre Sitze.

Nacheinander trafen nun mehrere Boten Bakangáis ein mit der Aufforderung, doch ja eiligst zum Fürsten zu kommen. Sie kündigten sich als Abgesandte des Herrschers schon von ferne durch lautes Schellengeklingel an. Ich nahm sie vor allem in Anspruch, um Träger zu erhalten; diese zu beschaffen, wurde aber auch ihnen nicht gerade leicht, trotz all ihres Glockengebimmels und Geschreis, das den Zorn des Fürsten auf die Widerspenstigen herabbeschwor. Inzwischen war ein Teil meiner A-Mesimáträger mit der Nachricht von unserer Ankunft am Bomokándi zu Hauasch Efendi zurückgekehrt; die andern gingen mit uns zu Bakangái und stellten sich deshalb unter meinen

A-Saubékrieger. Nach einer Photographie von R. Buchta, gezeichnet von Fr. Rheinfelder.

Schutz, wofür sie nun auch weiterhin freiwillig Trägerdienst leisteten. Was noch an Trägern fehlte, wurde dann irgendwie aus den dortigen A=Bármbo zusammen= getrieben.

Kurz vor dem Abmarsch am 29. Dezember kamen neuerdings Boten und mit ihnen schickte mir der Fürst einen Akkajungen vom Stamm des im Süden lebenden Zwergvolks. Er hieß Akángai und blieb während der nächsten Jahre bei mir.

Das Land, das wir nun direkt gegen Süden durchzogen, ist teils groß gewellt, teils flachhügelig und sehr reich an kleinen Gewässern, die alle gegen Westen, zumeist dem Sesse, einem Nebenfluß des Bomokándi, zufließen. Der geschlossene Wald aber tritt hier in noch größern Beständen auf, sodaß mehr im charakteristischen Regenwald, als im lichten, offenen Steppenwald marschiert wurde. Das hohe, zum Teil noch grüne Gras war wiederum ein Beweis, daß südlich vom Bomokándi auch der Dezember noch zu den Regenmonaten gezählt werden kann. Das Gebiet war dicht bevölkert, die Wohnsitze lagen 10 bis 15 Minuten auseinander, nach denen der A=Bajá die der A=Mappúru und dann die der A=Bánja. Der Kern der A=Sandé dagegen lebt weithin um den Gebieter geschart, sodaß während der letzten Marschstunden bis zum Sitz des Fürsten ausschließlich ihre Niederlassungen berührt wurden.

Bakangái schickte mir aber noch bis zuletzt Boten auf Boten entgegen, die immer eiligst Kehrt machten und ihm meine Annäherung meldeten. Um so mehr war ich aber von dem Empfang bei ihm enttäuscht. Ich hatte erwartet, man würde mich direkt auf den Versammlungsplatz führen, und nun geleiteten mich seine Leute einfach zu ein paar armseligen Hütten, wo sie mir bedeuteten, Bakangái weise mir dieselben als Wohnung an. Entrüstet wollte ich mein Gepäck unter einem nahen Baum ablegen und dort Lager schlagen lassen, doch sagte man mir, der Fürst würde bald selbst erscheinen, und in der That nahte er bereits, von seinem Stab umgeben. Ich aber blieb gegen meine Gewohnheit lautlos auf meinem Stuhl sitzen, während Bakangái sich auf seinem Schemel in einiger Entfernung niederließ. Es folgten einige Minuten absoluten Schweigens. Als aber der Fürst Miene machte, es durch Worte an seine Umgebung zu unterbrechen, fiel ich ihm in die Rede und sagte: Es sei für ihn, einen unum= schränkten Herrscher, ungeziemend, zu mir zu kommen, vollends nach diesen halb= verfallenen Hütten, anstatt den Fremdling, wie doch recht und üblich, in seinem Mbanga zu empfangen. Die Hütten, die er mir da habe anweisen lassen, seien selbst für meine Diener zu schlecht und ich zöge es daher vor, dort unter jenem Baum im Freien zu lagern. Übrigens, fügte ich hinzu, müsse er in mir nicht einen „Dongolaui“, einen Osman Bédaui, einen Ali oder Majo vermuten. (Mit den beiden letztern Arabern war nämlich Miani zu Bakangái gereiſt.) Immerhin wolle ich ihm darob nicht gram ſein, denn er kenne uns „Weiße“ ja noch ungenügend, und deshalb begrüße ich ihn nun, nachdem ich ihm das Nöti ſagt, als den allmächtigen Gebieter ſeines Landes. Und damit ſtand ich a. ging auf ihn zu und ſchüttelte ihm kräftig die Hand. Bakangái war durch meine Worte ſichtlich verwirrt und meinte, er habe nicht gewußt, daß die Behauſung hier ſo ſchlecht ſei, dann gab er ſofort Auftrag, eine neue und große Hütte zu erbauen, die unter der Mitwirkung vieler Hände auch in der That bis zum Abend fertig daſtand. Tags darauf aber wurden noch ein Sonnen-dach für mich und andere Hütten für meine Leute errichtet.

So war denn nahe an der Jahreswende von 1881 auf 1882 das Ziel, dem ich ſeit Jahresfriſt zugeſtrebt, das Gebiet des Fürſten Bakangái, endlich erreicht. Wohl lag ein langer Zeitraum zwiſchen dem erſten mißlungenen Ver-ſuch und dem nunmehrigen Erfolg, und dabei war das neugewonnene Karten-material in Bezug auf die Ausdehnung der erforſchten Strecken nur beſcheiden, dafür aber hatte ein langer Aufenthalt an verſchiedenen Orten mir tiefern Einblick in Sitten, Lebensweiſe und das ganze Treiben der dortigen Völker geſtattet. Ich durfte mir ſagen: dieſes Jahr iſt nicht verloren.

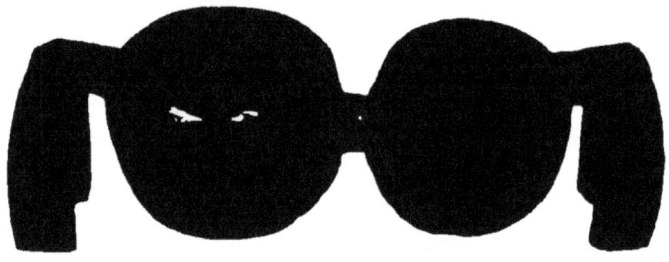

Doppelholzſchüſſel der A-Sandé.

DIE QUELLEN DES MBOMU, BIKKI UND UÉRRE IN NDORUMA'S GEBIET.
Dr. W. Junkers B^m   M^o 1: 750 000   Band II Tafel 2.

WIEN: ED. HÖLZEL
1880.

DIE UMGEBUNG von NDÓRUMA'S RESIDENZ
Nach Dr Junkers Routen-Aufnahmen in 1:185.000.

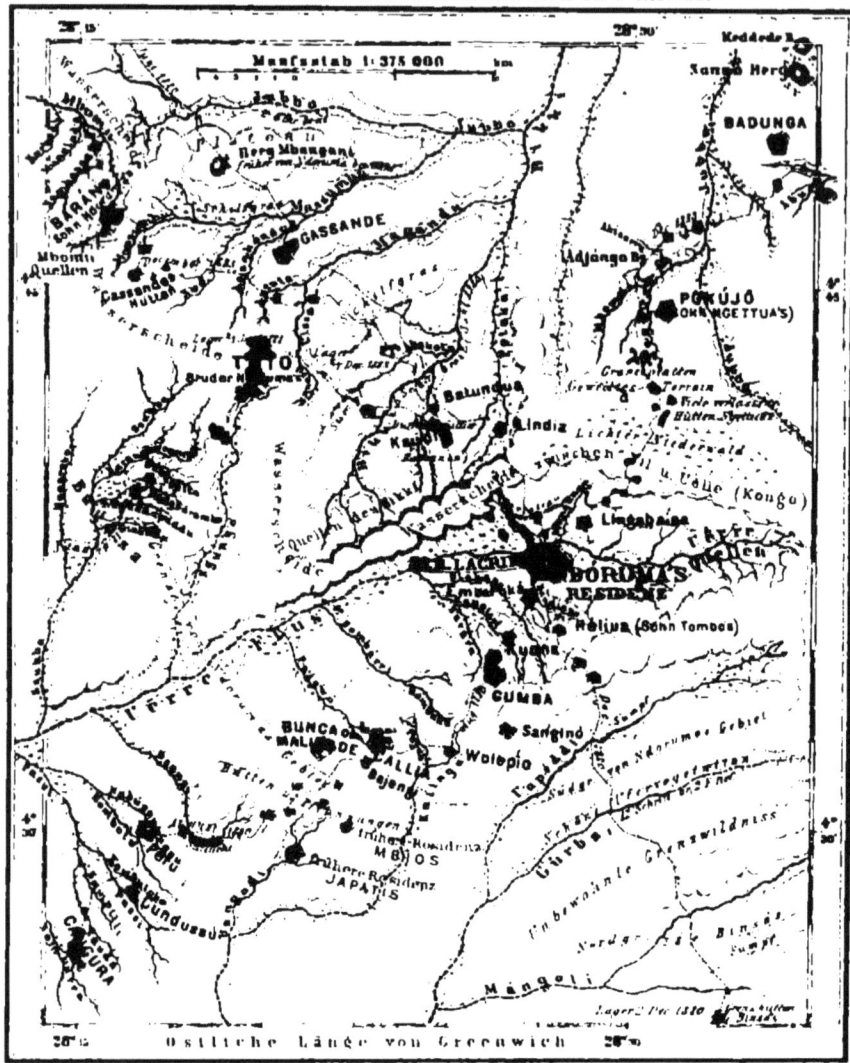

Zu Junkers Reisen, Bd II. Tafel 3.

WIEN: ED. HÖLZEL.
1890.

SERIBA TANGASI und UMGEBUNG.

Nach Dr Junkers Aufnahmen u Erkundigungen gez. v Dr B. H.

Maassstab 1 : 375 000

WIEN: ED. HÖLZEL
1890.